知识产权案例精选

Selected Intellectual Property Cases

(2013—2014)

上海市高级人民法院知识产权审判庭 编
茆荣华 主编

Compiled by Intellectual Property Division
of Shanghai High People's Court

Mao Ronghua　Chief Editor

知识产权出版社
全国百佳图书出版单位

图书在版编目（CIP）数据

知识产权案例精选．2013－2014／茆荣华主编．—北京：知识产权出版社，2017.4

ISBN 978－7－5130－4882－8

Ⅰ．①知… Ⅱ．①茆… Ⅲ．①知识产权法—案例—汇编—中国 Ⅳ．①D923.405

中国版本图书馆CIP数据核字（2017）第099618号

责任编辑：彭小华　　**责任校对：**潘凤越

特约编辑：郭广通　　**责任出版：**刘译文

知识产权案例精选（2013－2014）

上海市高级人民法院知识产权审判庭　编

茆荣华　主编

出版发行：知识产权出版社有限责任公司	**网　　址：**http：//www.ipph.cn
社　　址：北京市海淀区西外太平庄55号	**邮　　编：**100081
责编电话：010－82000860转8115	**责编邮箱：**huapxh@sina.com
发行电话：010－82000860转8101/8102	**发行传真：**010－82000893/82005070/82000270
印　　刷：三河市国英印务有限公司	**经　　销：**各大网上书店、新华书店及相关专业书店
开　　本：787mm×1092mm　1/16	**印　　张：**41.25
版　　次：2017年4月第1版	**印　　次：**2017年4月第1次印刷
字　　数：730千字	**定　　价：**99.00元

ISBN 978－7－5130－4882－8

《知识产权案例精选》编委会

序

经过半年多的编撰工作，《知识产权案例精选（2013－2014）》一书终于正式出版了。

在知识经济全球化的今天，知识产权已经成为提升国家核心竞争力、促进经济社会发展的重要力量和战略资源。2015年12月，国务院发布了《关于新形势下加快知识产权强国建设的若干意见》，要求“深化知识产权领域改革，加快知识产权强国建设”。中共中央和国务院2016年5月发布的《国家创新驱动发展战略纲要》明确要求，“充分发挥知识产权司法保护的主导作用，增强全民知识产权保护意识，强化知识产权制度对创新的基本保障作用”。2016年5月召开的全国科技大会也明确提出到新中国成立100年时要使我国成为世界科技强国。这些都充分说明了国家从战略高度对知识产权工作进行了更高的定位，充分体现了知识产权工作在我国全面深化改革进程中的极端重要性，也对知识产权司法保护工作提出了新的更高要求。面对新变化、新特征、新态势，人民法院作为知识产权保护的核心环节，必须责无旁贷地肩负起司法保护知识产权的重大责任和光荣使命，充分发挥司法保护创新和维护公平竞争的主导作用，不断完善知识产权司法保护体制机制，全面加强知识产权司法保护，确保知识产权法律制度全面有效实施，为知识产权强国和世界科技强国建设提供有力的司法保障。

司法保护知识产权主导作用的充分发挥，关键要通过案件审判来实现。多年来，上海法院的知识产权审判工作一直走在全国法院前列，通过对每一起案件的公正裁判，平等保护中外当事人的合法权益，树立了公正、高效、权威的良好形象。同时，借助上海创新驱动发展的环境优势，以及上海独特的地域优势，我们也精心审理了一批在全国乃至国际上有影响力的新类型、疑难复杂知识产权案件，抽象出一些具有权威性、影响力的裁判规则。将这些具有代表性、指导性和典型性的精品案件编写成典型案例，将案例中蕴含的法律精神、法律规则传播给社会，对于加强知识产权保护和运用，激励科技创新的规范、引导、教化功能具有十分重要的意义。上海法院历来十分重视知识产权案例编写工作，建立了案例编选和发布制度，加强对案例的多视角研究，深度开发案例的应用价值，不断提升案例的权威性和指导性。自1997年以来，一共编辑出版了10本案例集，充分发挥了对司法实践的指导作用、对法学理论创新的启发作用、对宣传法制的教育作用以及对化解纠纷的示范作用。这些案例集是二十多年来上海法院知识产权审判工作的缩影和结晶，为构建中国特色社会主义案例指导制度发挥了积极作用，值得研究、记取和珍惜。

本书正是对上海法院历年来知识产权审判精品案例工作的传承和延续。其中汇编的37件案例是2013－2014年上海法院审理的在国内外具有一定影响的案件，案件类型覆盖著作权、商标、专利、反不正当竞争等民事案件以及知识产权刑事、行政案件，集中展现了上海法院知识产权法官的专业化审判能力和水平。例如，圣莱科特国际集团等诉华奇（张家港）化工有限公司等侵害商业秘密纠纷案涉及涉外商业秘密平行诉讼案件的审理原则，该案入选“2013年中国法院知识产权司法保护十大案件”；维多利亚的秘密商店品牌管理有限公司诉上海锦天服饰有限公司侵害商标权及不正当竞争纠纷案涉及正规渠道进口正牌商品并转售是否构成商标侵权，该案入选2013年《最高人民法院公报》案例；北京锐邦涌和科贸有限公司诉强生（上海）医疗器材有限公司等纵向垄断协议纠纷案系国内首例纵向垄断协议纠纷案，涉及限制最低转售价格行为反垄断分析与认定中的一系列法律未规定而需要明确的基本问题，该案入选“2013年中国法院知识产权司法保护十大创新性案件”和2014年《最高人民法院公报》案例；钜泉光电科技（上海）股份有限公司诉深圳市锐能微科技有限公司等侵害集成电路布图设计专有权纠纷案涉及集成电路布图设计的侵权认定，该案入选“2014年中国法院知识产权司法保护十大案件”，同时入选“2014年度人民法院十大民事案件”；张俊雄侵犯著作权罪案涉及网络服务提供行为构成侵犯著作权罪的司法认定，该案入选“2014年中国法院知识产权司法保护十大创新性案件”及“《人民法院案例选》2014年度优秀案例”；白先勇诉上海艺响文化传播有限公司等侵犯改编权纠纷案以及派诺特贸易（深圳）有限公司诉上海派若特国际贸易有限公司、仇刚侵害商标权及不正当竞争纠纷案，分别涉及将电影作品改编为话剧进行演出是否需要同时取得制片者和原作品作者的授权许可以及以仿冒注册商标、企业字号为手段，损害权利人的经营秘密是否应当分别规制手段行为和结果行为，这两起案件均入选最高人民法院“2014 年中国法院知识产权司法保护 50 件典型案例”。此外，为满足中外人士的需求，本书采用中英文对照体例，以期成为向国际社会展示上海法院司法保护成果的重要窗口，成为推进上海法院开展知识产权国际交流的重要载体，成为参与、推动甚至引领国际知识产权保护和规则制定的重要平台。

案例是法律理念和法律条文的具体化，每一个案例都是燃起法治之火的火种。本书收录的案例不仅展现了上海法院知识产权法官在知识产权审判工作中的孜孜不倦和辛勤付出，也折射出法官们在每一起案件中运用法律思维、追求公平正义的拳拳之心和智慧才情。在本书付梓之际，我衷心希望多年来关注知识产权审判的各界有识之士，给予上海法院更多的关心与支持！也希望上海各级法院知识产权审判庭和知识产权法官，继续审理好、总结好、宣传好知识产权精品案件，不断增强上海法院知识产权审判的权威性和影响力，努力把上海法院建设成为当事人信赖的国内乃至国际知识产权司法保护的“优选地”，为世界知识产权强国和科技强国建设，为上海加快具有全球影响力的科技创新中心和亚太知识产权中心城市建设作出新的更大的贡献！

是为序！

茆荣华

2016 年 9 月 10 日

Preface

Upon the compilation work of more than half a year, this *Selected Intellectual Property Cases* (*2013 – 2014*) is officially published now.

In the globalized knowledge economy, intellectual property right has become a vital force and strategic resource in improving national core competitiveness and promoting economic and social development. In December 2015, the State Council issued the Opinions on Speeding up the Construction of a Powerful Country in Intellectual Property under New Situation, requiring to "deepen the reform in the field of intellectual property, and speed up the construction of a powerful country in intellectual property". In May this year, the Central Committee of the Communist Party of China and the State Council issued the Outlines of National Innovation-Driven Development Strategy, clearly requiring to "give full play to the leading role of IP judicial protection, enhance the national IP protection awareness, and intensify the basic role of IP system in protection innovation". The National Conference on Science and Technology held in May this year also put forward clearly that we should make China a world technology superpower by the 100th anniversary of the People's Republic of China. All of these have fully indicated that China has highly positioned the work concerning intellectual property from a strategic height and that the work concerning intellectual property is of crucial importance in the course of comprehensively deepening reforms in China. Besides, they have also brought forward new and higher requirements on judicial protection of intellectual property. Facing the new changes, new characteristics and new conditions, the people's court as the core link of intellectual property protection must assume the great responsibility and glorious mission of IP judicial protection, give full play to its leading role in protecting innovation and maintaining fair competition, continuously improve the IP judicial protection system and mechanism, comprehensively enhance the IP judicial protection and ensure the full and effective implementation of IP laws and regulations, so as to provide forceful judicial guarantee for the construction of a powerful country in intellectual property and technology.

Trial of IP cases is crucial to giving full play to the leading role of IP judicial protection. The IP trial work of courts in Shanghai has always been among the best in the whole country for years. Through just judgment of each case and safeguard of the legitimate rights and interests of both Chinese and overseas parties on an equal basis, courts in Shanghai have built a fair, efficient and authoritative good image both at home and abroad. Meanwhile, with the environmental advantage of Shanghai in innovation-driven development and its unique geographical advantage, we have also tried a batch of complicated IP cases of new types with influence in China and even in the world, and summarized some judgment rules with authority and influence. Compiling these excellent representational cases of guiding and typical importance into typical cases and spreading the legal spirits and rules embodied by these cases to the public are of great importance for strengthening the protection and application of intellectual property and intensifying the function of technology innovation in respect of standardization, guidance and education. Courts in Shanghai have always been attaching great importance to the compilation of IP cases and have established a system of case selection, compilation and publication, so as to enhance the multi-perspective case research, develop in depth the application value of cases and improve continuously the authority and guidance of cases. Since 1997, totally 10 case collections have been compiled and published, giving full play to their guiding role to judicial practice, inspiring role to innovation of law theory, educating role to legal publicity and the demonstration effect on dispute resolution. These case collections are the microcosm and achievements of IP trial work of the courts in Shanghai, and play a positive role in the construction of the socialism case guidance system with Chinese characteristics, which deserve to be studied, remembered and treasured.

This case collection has inherited and continued the work of the courts in Shanghai in collecting excellent cases on intellectual property. 37 cases contained herein were tried during 2013 – 2014 with certain influence both at home and abroad, including civil cases involving copyright, trademark, patent, anti-unfair competition, etc. as well as criminal and administrative cases on intellectual property, showing the professional capability and level of IP judges of the courts in Shanghai in hearing cases. For example, the case on the dispute over infringement upon trade secrets between SI Group et al. and Sino Legend (China) Chemical Co. Ltd. et al. involved the trial principle of parallel litigation concerning foreign trade secrets and was selected into the "2013 China's 10 Cases on Judicial Protection of Intellectual Property"; the case on the dispute over trademark right infringement and unfair competition between Victoria's Secret Store Brand Management Co., Ltd. and Shanghai Jintian Clothing Co., Ltd. involved the issue of whether the import and resale of genuine goods from formal channel should constitute trademark infringement, and was selected into the Cases Selected by the *Gazette of the Supreme People's Court* in 2013; the case on the dispute over vertical monopoly agreement between Beijing Ruibang Yonghe Technology and Trade Co., Ltd. and Johnson & Johnson (Shanghai) Medical Company et al. was the first case on dispute over vertical monopoly agreement in China involving a series of basic issues not specified in the laws but required to be clarified during the anti-monopoly analysis and determination of the act of restricting the minimum resale price, and was selected into the "2013 China's 10 Innovative Cases on Judicial Protection of Intellectual Property" and the Cases Selected by the *Gazette of the Supreme People's Court* in 2014; the case on the dispute over infringement upon the layout design of integrated circuit between HiTrend Technology (Shanghai) Co., Ltd. and Shenzhen Renergy Technology Co., Ltd. et al. involved the identification of infringement upon the integrated circuit layout design, and was selected into the "2014 China's 10 Cases on Judicial Protection of Intellectual Property" and the "Top Ten Civil Cases of the People's Court in 2014"; the case on the crime of copyright infringement committed by Zhang Junxiong involved the judicial determination of whether the act of providing network service shall constitute crime of copyright infringement, and was selected into the "2014 China's 10 Innovative Cases on Judicial Protection of Intellectual Property" and the "2014 Excellent Cases in the *Case Collection of People's Court*"; the case on the dispute over infringement upon adaptation right between Bai Xianyong and Shanghai Yixiang Culture Communication Co., Ltd. et al. and the case on the dispute over infringement upon trademark right and unfair competition between Parrot Trade (Shenzhen) Co., Ltd. and Shanghai Parrot International Trade Co., Ltd., Qiu Gang respectively involved the issue of whether the adaptation of a film work for drama performance should obtain the authorization of both the producer and the original work author and the issue of whether the act of impairing the right owner's trade secrets by means of counterfeiting the registered trademark, trade name should be regulated in terms of means behavior and purpose behavior respectively, both of which were selected into the "2014 China's 50 Typical Cases on Judicial Protection of Intellectual Property" of the Supreme People's Court. Furthermore, to meet the demands of readers both at home and abroad, this book will be published in Chinese and English, hoping to become an important window showing the judicial protection achievements of the courts in Shanghai to the world, an important carrier advancing the international IP exchange carried out by the courts in Shanghai, and an important platform to participate, promote and even lead the international intellectual property protection and intellectual property rule making.

Cases embody legal concepts and provisions of laws, and each case is like a spark shining the light of the rule of law. The cases contained herein not only embody the diligence and hard work of intellectual property judges of the courts in Shanghai in their trial work concerning intellectual property, but also reflect the judges' sincerity and wisdom of applying legal thinking and pursuing fairness and justice in each case. On this occasion, we sincerely hope that all people paying close attention to the trial work concerning intellectual property for years would give more care and support to the courts in Shanghai! I also hope that the IP tribunals and IP judges of all courts in Shanghai would continuously try, conclude and propagandize the excellent cases on intellectual property, constantly enhance the authority and influence of the courts in Shanghai in the trial concerning intellectual property, strive to construct the courts in Shanghai into the "first choice" of intellectual property court in the country and even in the world that gains the trust of parties concerned, so as to make new and greater contributions to the construction of a powerful country in intellectual property and technology, and accelerating the construction of Shanghai into a technology innovation center with global influence and into the intellectual property center city in Asian-Pacific region!

This serves as a preface!

Mao Ronghua

September 10, 2016

目　录

一、著作权民事纠纷案件

3 展台设计图的作品归类与著作权保护
——上海九加建筑装饰工程有限公司与广州世泰服饰发展有限公司等侵害作品发行权、复制权、展览权纠纷案

9 手机搜索接口服务的性质认定及法律责任
——袁腾飞与上海第九城市信息技术有限公司侵害作品信息网络传播权纠纷案

14 关于汇编作品的法律性质及合理使用范围的界定
——徐正魁与上海大学出版社有限公司侵害作品署名权、复制权纠纷案

19 图形作品的著作权保护及其权利边界
——威亭设备（加拿大）有限公司诉上海阳程科技有限公司等侵害作品署名权、复制权纠纷案

28 将电影作品改编为话剧进行演出是否需要同时取得制片者和原作品作者的授权许可
——白先勇诉上海艺响文化传播有限公司等侵犯改编权纠纷案

34 动漫形象美术作品著作权侵权的司法认定
——艾影（上海）商贸有限公司与苏宁云商集团股份有限公司等著作权侵权纠纷案

43 纪录片是否构成著作权法意义上的“作品”以及视频网站未经许可进行传播的法律责任
——央视国际网络有限公司与上海全土豆文化传播有限公司侵害作品信息网络传播权纠纷案

49 涉网络小说著作权侵权赔偿数额的认定
——上海玄霆娱乐信息科技有限公司诉北京幻想纵横网络技术有限公司侵害作品信息网络传播权纠纷案

二、商标民事纠纷案件

57 在先使用有一定影响的未注册商标的认定
——合肥伍伍壹网络科技服务有限公司与上海拍拍贷金融信息服务有限公司侵害商标权纠纷案
64 确认不侵权之诉与行政处理并行的可行性
——苏州国信集团旺顺进出口有限公司与特制自行车配件有限公司确认不侵害商标权纠纷案
70 商标合理使用的司法认定
——上海久游网络科技有限公司与广游信息科技（上海）有限公司侵害商标权纠纷案
74 商标“混淆性近似”的理解与适用
——刘征与上海汉涛信息咨询有限公司侵害商标专用权纠纷案
81 回收刻有他人商标的啤酒瓶销售自家啤酒构成商标侵权
——百威英博（中国）销售有限公司与浙江喜盈门啤酒有限公司等侵害商标权及不正当竞争纠纷案
87 正规渠道进口正牌商品并转售的不一定侵犯商标权
——维多利亚的秘密商店品牌管理有限公司与上海锦天服饰有限公司侵害商标权及不正当竞争纠纷案
95 商标权与在先权益的冲突与解决
——杭州博客旅行社有限公司与上海驰誉网络科技有限公司侵害商标权纠纷案

三、专利民事纠纷案件

105 权利要求中功能性特征的认定
——诺基亚公司诉上海华勤通讯技术有限公司侵害发明专利权纠纷案

111 专利侵权判定中对等同特征的判断
——方俊霞诉上海圣济国际贸易有限公司、上海寿君堂实业有限公司侵害实用新型专利权纠纷案

117 当事人伪造案件关键证据的司法责任
——沐恩实业股份有限公司诉苍南县鑫邦有机玻璃制品有限公司等侵害外观设计专利权纠纷案

120 判断近似外观设计的“一般消费者”应当是被控侵权产品的购买者
——豪雅冠得股份有限公司诉上海爱别特电子科技有限公司、ARK TECH株式会社侵害外观设计专利权纠纷案

125 职务发明报酬的认定
——钱鸣诉上海昂丰矿机科技有限公司职务发明创造发明人报酬纠纷案

四、不正当竞争民事纠纷案件

133 限制最低转售价格行为的司法评价
——北京锐邦涌和科贸有限公司诉强生（上海）医疗器材有限公司、强生（中国）医疗器材有限公司纵向垄断协议纠纷案

142 集成电路布图设计的侵权认定
——钜泉光电科技（上海）股份有限公司诉深圳市锐能微科技有限公司等侵害集成电路布图设计专有权纠纷案

151 以仿冒注册商标、企业字号为手段，损害权利人的经营秘密，是否应当分别规制手段行为和结果行为
——派诺特贸易（深圳）有限公司与上海派若特国际贸易有限公司、仇刚侵害商标权及不正当竞争纠纷案

157 不具备识别商品来源功能的产品形状不能作为知名商品特有装潢保护
——BTSR国际有限公司与慈溪太阳洲纺织科技有限公司不正当竞争纠纷案

167 《反不正当竞争法》适用主体及侵害商业秘密行为的界定
——上海华联罗森有限公司与张亦文侵害经营秘密纠纷案

173 律师与律师事务所业务之争可以适用《反不正当竞争法》规制
——原告王仲宇、吕小林与被告居福恒、上海慧谷律师事务所商业诋毁纠纷案

179 通用词汇作为企业名称保护的法律考量及限制
——上海人才网（集团）有限公司与网聚精英（北京）信息技术有限公司等擅自使用他人企业名称纠纷案

五、知识产权民事合同纠纷案件

189 涉外商业秘密平行诉讼案件的审理原则
——圣莱科特国际集团、圣莱科特化工（上海）有限公司与华奇（张家港）化工有限公司等侵害商业秘密纠纷案

195 《反不正当竞争法》一般条款对数据信息的保护
——上海钢联电子商务股份有限公司诉上海纵横今日钢铁电子商务有限公司等不正当竞争纠纷案

203 知名商品装潢特有性的认定
——卡骆驰公司等与厦门卡骆驰贸易有限公司等擅自使用知名商品特有名称、包装、装潢纠纷案

210 书面合同欠缺时商标转让合同意思表示真实性的判断
——上海涵大隆贸易有限公司与上海朱家角投资开发公司等商标权转让合同纠纷案

六、知识产权刑事案件

219 侵犯著作权罪与销售侵权复制品罪的定罪量刑
——朱建君、宁传银侵犯著作权，被告人罗明勇、宁传银等十三人销售侵权复制品案

223 披露型侵犯商业秘密罪中权利人损失的认定
——吴广侵犯商业秘密案

229 侵犯著作权罪定罪量刑标准的适用
——何爱伟、上海同伟图文制作有限公司、杨雄伟、蔡志华侵犯著作权罪案

232 网络销售盗版 ISO、IEC 国际标准文件的定罪与量刑
——王凯侵犯著作权罪案

238 网络服务提供行为构成侵犯著作权罪的司法认定
——张俊雄侵犯著作权罪案

七、知识产权行政案件

247 对行政处罚幅度合理性的审查
——豪润餐饮（上海）有限公司不服工商行政处罚决定案

I. Cases of Civil Dispute over Copyright

255 Classification and Copyright Protection of Booth Design Works
—Shanghai Jiujia Architectural Decoration Engineering Co., Ltd. v. Guangzhou Shitai Apparel & Accessories Development Co., Ltd. et al. Dispute over Infringement upon the Rights of Distribution, Reproduction and Exhibition

264 Determination on Search Interface Service of Mobile Phone and the Legal Liability
—Yuan Tengfei v. Shanghai Ninth City Information Technology Co., Ltd. Dispute over Infringement of the Right to Network Dissemination of Information

272 Determination of the Legal Nature and Fair Use of Collective Work
—Xu Zhengkui v. Shanghai University Press Co., Ltd. Dispute over Infringement upon the Rights of Signature and Reproduction

279 Copyright Protection and Right Limitation of Graphic Work
—Whiting Equipment Canada, Inc. v. Shanghai Yangcheng Science & Technology Co., Ltd. et al. Dispute over Infringement upon the Rights of Signature and Reproduction

293 Whether the Adaptation of a Film Work for Drama Performance Should Be Subject to the Authorization of Both the Producer and the Original Work Author
—Bai Xianyong v. Shanghai Yixiang Culture Communication Co., Ltd. et al. Dispute over Infringement upon Adaptation Right

302 Judicial Determination of Infringement upon Copyright of Animation Image Artwork
—Animation International (Shanghai) Ltd. v. Suning Commerce Group Co., Ltd. et al. Dispute over Copyright Infringement

315 Whether Documentary Shall Constitute the "Work" As Defined in the Copyright Law and the Legal Liability of Video Website for Unauthorized Dissemination of Documentary
—CCTV International Network Co., Ltd. v. Shanghai Tudou Culture Communication Co., Ltd. Dispute over Infringement upon the Right to Network Dissemination of Information

324 Determination of the Amount of Damages for Infringement of Copyright of A Network Novel
—Shanghai Xuanting Entertainment Information Technology Co., Ltd. v. Beijing Huanxiang Zongheng Network Technology Co., Ltd. Dispute over Infringement upon the Right to Network Dissemination of Information

II. Cases of Civil Disputes over Trademark

335 Determination of the Prior Used Unregistered Trademark with Certain Influence
—Hefei Wuwu Yi Network Technology Service Co., Ltd. v. Shanghai PPDAI Financial Information Service Co., Ltd. Dispute over Trademark Infringement

346 Feasibility Study concerning the Coexistence of Lawsuit on Non-Infringement Affirmation and Administrative Proceedings
—Suzhou Guoxin Group Wangshun Imp. & Exp. Co., Ltd. v. Tailoring Bicycle Accessories Co., Ltd. Dispute over Trademark Non-Infringement Affirmation

356 Judicial Determination of Trademark Fair Use
—Shanghai 9you Network Technology Co., Ltd. v. IGAWorks Information and Technology (Shanghai) Co., Ltd. Dispute over Infringement upon Exclusive Right to the Use of Trademark

361 Understanding and Application of "Confusing Similarity" of Trademarks
—Liu Zheng v. Shanghai Hantao Information Consulting Co., Ltd. Dispute over Infringement upon Exclusive Right to the Use of Trademark

372 Recycling the Beer Bottles Engraved with Other Person's Trademark for the Sale of One's Own Beer Shall Constitute Trademark Infringement
—AB InBev (China) Sales Co., Ltd. v. Zhejiang XIYINGMEN Brewery Co., Ltd. et al. Dispute over Infringement upon Exclusive Right to the Use of Trademark and Unfair Competition

381 Import and Resale of Genuine Goods from Formal Channel Should not Be Held to Necessarily Infringe the Trademark Right
—Victoria's Secret Store Brand Management Co., Ltd. v. Shanghai Jintian Clothing Co., Ltd. Dispute over Trademark Infringement and Unfair Competition

392 Conflict between the Trademark Right and the Prior Rights and Interests and Settlement Thereof
—Hangzhou Boke Travel Agency Co., Ltd. v. Shanghai Chiyu Network Technology Co., Ltd. Dispute over Trademark Infringement

III. Cases of Civil Disputes over Patent

407 Determination on the Functional Attributes in the Claims
—Nokia Corporation v. Shanghai HUAQIN Telecom Technology Co., Ltd. Dispute over Invention Patent Infringement

416 Judgment of Equivalent Feature in Patent Infringement Determination
—Fang Junxia v. Shanghai Shengji International Trade Co., Ltd., Shanghai Shoujuntang Industrial Co., Ltd. Dispute over Infringement of Utility Model Patent

426 Judicial Liabilities of the Party Concerned for Counterfeiting Key Evidence in a Case
—Muen Industrial Co., Ltd. v. Cangnan Xinbang Organic Glass Products Co., Ltd. et al. Dispute over Infringement upon Design Patent

431 The "General Consumer" Who Determines the Similar Design Shall Be the Purchaser of the Alleged Infringing Product

—HOYACANDEO Co., Ltd. v. Shanghai Aibiete Electronic Technology Co., Ltd., ARK TECH Co., Ltd. Dispute over Infringement upon Design Patent

438 Determination of Service Invention Remuneration

—Qian Ming v. Shanghai Angfeng Mining Technology Co., Ltd. Dispute over Remuneration of the Inventor of Service Invention-Creation

IV. Cases of Civil Disputes over Unfair Competition

449 Judicial Evaluation on Behavior of Restricting the Minimum Resale Price

—Beijing Ruibang Yonghe Technology and Trade Co., Ltd. v. Johnson & Johnson (Shanghai) Medical Company, Johnson & Johnson (China) Medical Company Dispute over Vertical Monopoly Agreement

464 Identification of Infringement upon the Layout Design of Integrated Circuit

—HiTrend Technology (Shanghai) Co., Ltd v. Shenzhen RENERGY Technology Co., Ltd. et al. Dispute over Infringement upon the Layout Design of Integrated Circuit

480 Whether Means Behavior and Results Behavior Should Be Regulated Respectively for the Behavior of Impairing the Right Owner's Trade Secrets by Means of Counterfeiting the Registered Trademark, Trade Name

—Parrot Trade (Shenzhen) Co., Ltd. v. Shanghai Parrot International Trade Co., Ltd., Qiu Gang Dispute over Trademark Infringement and Unfair Competition

490 The Product Shape Not Featuring the Recognition Function of Commodity Source Should not Be Protected as Special Decoration of Well-Known Goods

—BTSR International S. P. A. v. Cixi Taiyangzhou Textile Technology Co., Ltd. Dispute over Unfair Competition

506 Applicable Subjects of the Anti-Unfair Competition Law and Definition of Infringement upon Trade Secret
—Shanghai Hualian Lawson Co. , Ltd. v. Zhang Yiwen Dispute over Infringement upon Trade Secrets

515 Competition between the Lawyer and the Law Firm May Be Regulated by Applying the Anti-Unfair Competition Law
—The Plaintiffs Wang Zhongyu and Lv Xiaolin v. The Defendants Ju Fuheng and Shanghai Huigu Law Firm Dispute over Discrediting

525 Legal Considerations and Restrictions for Protecting the Generic Word as Enterprise Name
—Shanghai Talent (Group) Co. , Ltd. v. Wangju Jingying (Beijing) Information and Technology Co. , Ltd. et al. Dispute over Unauthorized Use of Other's Enterprise Name

V. Civil Contract Disputes over Intellectual Property

539 Trial Principle of Parallel Litigations Concerning Foreign Trade Secrets
—SI Group, SI Chemical (Shanghai) Co. , Ltd. v. Sino Legend (China) Chemical Co. Ltd. et al. Dispute over Infringement upon Trade Secrets

548 Protection of Data Information by General Terms of Anti-Unfair Competition Law
—Shanghai Ganglian E-commerce Co. , Ltd. v. Shanghai Zongheng Jinri Iron and Steel E-commerce Co. , Ltd. et al. Dispute over Unfair Competition

562 Peculiarity Identification of the Decoration of Well-Known Goods
—Crocs Company et al. v. Xiamen Crocs Trade Co. , Ltd. et al. Dispute over Unauthorized Use of the Special Name, Packaging, Decoration of Well-Known Goods

572 Judgment on Authenticity of the Intention of Trademark Transfer Contract In Absence of the Written Contract
—Shanghai Handalong Trade Co. , Ltd. v. Shanghai Zhujiajiao Investment Development Co. , Ltd. et al. Dispute over Trademark Transfer Contract

VI. Criminal Cases over Intellectual Property

585 Conviction and Sentencing of Copyright Infringement and Sale of Infringing Duplicates

—Case of Copyright Infringement Committed by Zhu Jianjun and Ning Chuanyin, and Sale of Infringing Duplicates by Thirteen People Including Luo Mingyong and Ning Chuanyin

592 Determination of Losses of Right Owner in the Disclosure-type Crime of Infringement upon Trade Secrets

—Case of Infringement upon Trade Secrets Committed by Wu Guang

601 Application of Standards for Conviction and Sentencing in Copyright Infringement

—Case of Copyright Infringement Committed by He Aiwei, Shanghai Tongwei Graphic & Text Co., Ltd., Yang Xiongwei and Cai Zhihua

605 Conviction and Sentencing of Online Sale of Pirate ISO and IEC International Standard Documents

—Case of Copyright Infringement Committed by Wang Kai

613 Judicial Recognition of Copyright Infringement in Provision of Network Services

—Case of Copyright Infringement Committed by Zhang Junxiong

VII. Administrative Cases over Intellectual Property

627 Review of Reasonableness of Extent of Administrative Punishment

—Case of Haorun Catering (Shanghai) Co., Ltd.'s Dissatisfaction with the Administrative Punishment

一、

著作权民事纠纷案件

展台设计图的作品归类与著作权保护

——上海九加建筑装饰工程有限公司与广州世泰服饰发展有限公司等侵害作品发行权、复制权、展览权纠纷案

【提要】

展台设计图虽具有图形的表现形式，却往往因未标注与设计、施工相关的具体数据，不具有精确特征而不能构成著作权法意义上的图形作品。但是，如果设计的展台外观造型独特、具有一定艺术美感，则因其表达上的独创性而可以构成美术作品，应受著作权法保护。以此类展台设计图为基础搭建与其实质性相似的展台实物，构成将美术作品的艺术美感从平面到立体的复制，应按侵害作品复制权进行规制。

【案情】

原告（上诉人）：上海九加建筑装饰工程有限公司

被告（被上诉人）：广州世泰服饰发展有限公司

被告（被上诉人）：上海诺金文化传播有限公司

被告（被上诉人）：上海凡高展览策划有限公司

案由：侵害作品发行权、复制权、展览权纠纷

一审案号：（2013）浦民三（知）初字第553号

二审案号：（2014）沪一中民五（知）终字第81号

2011年12月，被告广州世泰服饰发展有限公司（以下简称世泰公司）为参加第94届中国针棉织品交易会（以下简称中针会），委托被告上海诺金文化传播有限公司（以下简称诺金公司）就展台设计进行招标。原告上海九加建筑装饰工程有限公司（以下简称九加公司）参加投标，并承诺先进行展台设计，如设计方案通过则进行报价，如报价通过则进行施工，如设计方案不通过或没有实际施工则无须支付设计费。此后，诺金公司向九加公司发送了中针会展商手册（含中针会会址图、世泰公司展台所在位置图等）、上海世博会意大利馆外立面形状、其他展台内的吊灯形状图及展位规划图等资料，确定了展台出入口、秀台、洽谈

区等位置，并明确设计要求为：通过英国代表性视觉符号体现世泰公司“格丽顿”品牌的英伦风范，内部以概念性产品陈列和英国文化展示为主，融入伦敦奥运会元素以体现品牌的国际性和使命感等。

2012年1月4日，九加公司向诺金公司发送了两套初步设计方案，分别由平面布局图、透视图、局部图和鸟瞰图组成，图片上有其公司的水印署名及版权声明。1月15日，九加公司向诺金公司发送了最终版的展台设计方案，该方案由12张图片组成：除第1张封面、第12张封底外，其余10张图片包含平面布局图1张、鸟瞰图2张、透视图4张、局部图2张和材质图1张。平面布局图显示了橱窗、洽谈区、更衣间、出入口等位置，无展台外形。其余9张图片显示所设计的展台为用建筑装饰材料围成的一个在室内的半封闭的展馆。其中，鸟瞰图、透视图显示了展台的整体外形及“格丽顿”品牌标识，接待台及背景板和接待台内的模特、橱窗等；局部图显示了站台内的沙发布置、吊灯形状等；材质图显示了展台外形及展台框架、墙体、橱窗、沙发、地板等建材的不同材质、颜色等选项。

2012年1月18日，九加公司就展台搭建项目报价19万余元，其中无设计收费项目。诺金公司认为该报价过高。1月19日，被告上海凡高展览策划有限公司（以下简称凡高公司）就涉案展台搭建项目向诺金公司报价16万余元。2月6日，凡高公司向诺金公司发送了有其公司署名的展台设计方案（由9张图片组成），其中展台外观形状、吊灯形状等内容与原告设计方案相同，但无橱窗模特造型，沙发摆放角度与原告设计方案有所区别。后凡高公司报价降低至15万余元。2月11日，诺金公司向世泰公司转发了凡高公司的最终版展台设计方案（由8张图片组成，内容与2月6日的设计方案基本相同）。2月16日，世泰公司与凡高公司签订《展台设计制作服务合同》，约定凡高公司为世泰公司参加中针会设计、制作、维护展台，服务费用153 000元，另付图纸审核费4 000元。3月7日，根据世泰公司要求，凡高公司再次修改了展台设计方案并交世泰公司确认。该方案由8张图片组成，内容与2月11日的设计方案基本相同。在上述过程中，诺金公司与案外人上海神奇会展服务有限公司（以下简称神奇公司）就涉案展台设计方案有过邮件沟通，神奇公司设计的展台外形、吊灯形状等与原告的设计方案区别明显。

2012年3月13日至15日，中针会在上海新国际博览中心举行，世泰公司参展的场馆为半封闭的展馆，无门，顶部不作封闭但有桁架。展台的整体外形、展台内的吊灯形状等与原告设计方案所呈现的内容极其相似，区别仅在于展台无原告设计方案中的伦敦桥等图片、进口宽度不同和橱窗内模特造型不同。“中国服装网”、“中国服装人才网”、“华衣网”等网站对世泰公司参加中针会的情况进行了报道，配图中显示了展台的部分形状。上述展馆由凡高公司搭建，诺金公司参与了支付施工证押金及在施工过程中提出布置要求等与施工相关的行为。

原告九加公司诉称：原告投标世泰公司的涉案展台项目，几易其稿后形成了展台设计方案。原告设计的展台外形独特、整体感强烈，墙体、橱窗、吊灯及内部空间等细节设计时尚，体现了英式风格和“格丽顿”品牌气质，具有独创性。这些图纸属于图形作品中的产品示意图、产品设计图作品。原告将三张图片作为美术作品进行了登记，该三张图片既是美术作品又是图形作品。涉案展台的整体外形、吊灯外形与原告作品构成实质性相同，三被告以招标为名取得原告作品，擅自在国际展览会及互联网上使用，侵权手段恶劣、主观恶意明显，共同侵害了原告对涉案作品享有的发行权、复制权及美术作品的展览权，应当承担共同侵权责任。据上，请求判令三被告连带赔偿原告经济损失 50 万元以及维权的合理费用20 500元。

被告世泰公司辩称：涉案展台设计制作等活动由诺金公司负责并由其承担因相关稿件、文案等出现违法行为而产生的全部责任，世泰公司与原告之间无合同关系或直接业务往来。世泰公司支付了涉案展台设计及施工的全部对价，在最终设计方案选定之前未接触到原告的设计方案。世泰公司无从质疑凡高公司就其提交的设计方案享有知识产权的声明，无法判断该设计方案是否侵害原告著作权。原告主张的经济损失没有依据，即使遭受侵权，其损失也应仅为设计费。

被告诺金公司辩称：在涉案展台设计过程中，诺金公司向原告提供了相关图样、初稿，原告仅是按样设计，机械性地加上了相关品牌标识，故原告的设计方案没有独创性，不属于著作权法意义上的作品。即使原告的设计方案属于作品，由于设计创意和设计素材均由诺金公司提供，故著作权人应为诺金公司而非原告，至多属于诺金公司和原告的共同作品。即使原告单独享有著作权，由于原告未提供具体的施工图纸，不能实现从平面到立体的复制，故三被告并没有实施发行、复制和展览行为，不构成侵权。同时，诺金公司在招标过程中向各投标方提供了相同创意、素材及修改意见，故各投标方的设计方案存在近似亦属合理，涉案展台实际使用的是凡高公司的设计方案，不构成侵权。

被告凡高公司辩称：原告设计的展台外形与上海世博会意大利馆的外形实质性相似，吊灯外形属于已有设计，故原告的展台设计方案没有独创性，不属于作品。凡高公司主要为世泰公司参展进行展台材质的选择及展台的布置、维护，而非展台、吊灯的设计，不产生著作权法意义上的作品。凡高公司严格按照诺金公司的指示开展工作，对相关设计方案的知识产权已尽到应有的注意义务。

【审判】

上海市浦东新区人民法院经审理认为：原告展台设计方案中包含的鸟瞰图、透视图以绘画方式具体描绘了展台的整体外形，该外形较为独特，具有一定的视觉吸引力和艺术美感，在展台外形设计的表达上具有独创性，构成美术作品。原告为承揽涉案展台项目而创作上述作品，已在作品上署名并作版权声明及美术作品著作权登记，故该作品属于由原告主持、代表原告意志进行创作并由原告承担责任的作品，其著作权人为原告。涉案展台虽系临时性搭建物，但在参展期间具有一定的固定性和相对封闭性，具有向公众展示世泰公司及其商品形象等实用功能，可以视为著作权法意义上的构筑物。该构筑物外形与原告美术作品的对应部分在视觉上基本无差别，构成实质性相似。由于诺金公司已于2012年1月15日取得了原告创作完成的涉案美术作品，凡高公司于2012年2月6日出具的设计方案及其后的修改版本在展台外观形状和伦敦桥等多个细节方面与原告的设计方案高度相似，且这些相同内容并非诺金公司提供的现有设计或展台设计的通用元素，也非依照诺金公司设计要求所产生的必然结果，故可以推定诺金公司向凡高公司提供了原告作品。在明知系原告作品的前提下，凡高公司略作修改后将其作为自己的设计方案并进行施工，实施了将原告展台外形设计的艺术美感复制到展台上的行为，诺金公司参与了相关施工行为。因此，诺金公司、凡高公司为商业营利目的，以平面形式先共同复制了原告的美术作品，再将原告平面美术作品的外形造型艺术美感复制到立体的构筑物中，构成共同侵害原告作品复制权。世泰公司系设计方案的样稿提供者和是否采用的最终确认者，知道或者应当知道原告的在先设计与凡高公司的所谓在后设计存在实质性相似，但仍与凡高公司签订并履行相关合同，共同侵害了原告作品的复制权。世泰公司虽对涉案展台的设计、搭建支付了一定对价，并约定相关违法行为由诺金公司承担全部责任，但上述情形均不构成免责事由。

综上，上海市浦东新区人民法院依照《中华人民共和国侵权责任法》第八条、第十五条第一款第（六）项，《中华人民共和国著作权法》第十条第一款第（五）项、第十一条、第十三条第一款、第四十八条第（一）项、第四十九条，《中华人民共和国著作权法实施条例》第二条、第三条、第四条第（八）项、第（九）项，最高人民法院《关于审理著作权民事纠纷案件适用法律若干问题的解释》第七条、第二十五条第一款、第二款、第二十六条的规定，判决：世泰公司、诺金公司、凡高公司共同赔偿原告经济损失30 000元及公证费6 000元、交通费500元、律师费10 000元，合计人民币46 500元。

一审判决后，原告九加公司不服，提起上诉。

上海市第一中级人民法院经审理后认为，一审判决认定事实清楚、适用法律正确，审判程序合法，所作判决并无不当，判决驳回上诉，维持原判。

【评析】

本案系因搭建与他人设计方案实质性相似的展台实物所引发的著作权侵权纠

纷，具有一定典型性，判决结果确定了展台设计图在著作权法上的作品归类及其复制权所能控制的范围。

一、不具有精确数据的展台设计图不构成图形作品但可能构成美术作品

展台设计图从外在样态上看具有图形的表现形式，但与著作权法规定的图形作品之间却又存在一定的区别。著作权法意义上的图形作品，是指为施工、生产绘制的工程设计图、产品设计图，以及反映地理现象、说明事物原理或者结构的地图、示意图等作品。由此可见，工程设计图、产品设计图应当具有能够直接应用于施工和生产的特征，一般而言需具备详细的尺寸数据、精确的缩放比例等，以此指引相关施工。而展台设计图多涉及结构简单的构筑物或临时搭建物，往往仅有展台的外观样貌和内部陈列，无法直接按图索骥搭建展台实物，故无法归类于图形作品的范畴。

尽管不具有精确数据的展台设计图无法作为图形作品受到保护，但美术作品这一作品类别的存在仍为其提供了著作权保护的路径。著作权法意义上的美术作品系指以线条、色彩或者其他方式构成的有审美意义的平面或者立体的造型艺术作品，其所要求的艺术之美与图形作品要求的科学之美具有显而易见的差别。从构成要件角度分析，展台设计图构成美术作品需满足以下要件：

第一，由作者独立创作完成，这是展台设计图构成作品的基本要件。作为美术作品的展台设计图，其本身不得属于对既有设计方案的复制，或是对既有设计方案未作实质性改变的简单再现。

第二，具有艺术表达的美感，即呈现美术作品所要求的艺术之美。即便设计的展台结构简单、不具有长期固定性，即便对于展台内外部细节和整体的描绘不甚精细，但其至少应具备基本的审美意义，能够透过设计图呈现展台外观样貌的艺术美感。反之，以本案中原告主张权利的材质图为例，其作为展台设计方案的组成部分，仅提供了展台外形及展台框架、墙体、橱窗、沙发、地板等建材的材质、颜色等选项，表述的方式简单粗略，故不属于美术作品的范畴。

第三，设计的表达不具有唯一性或必然性。室内展台与建筑物不同，往往结构较为简单。同时，为了满足展示商品或服务的需要，委托方在委托设计之初通常已对设计思路和设计要求进行了详细规定。因此，展台设计图若要构成美术作品，不得属于根据某种设计思路所形成的唯一设计结果，也不得属于由某一实用功能之需而产生的唯一设计样态。

二、根据展台设计图美术作品搭建实物构成侵害作品复制权

对于构成美术作品的展台设计图，其所包含的独特展台形象能够更好地展示参展商的商业形象并有助于赢得商机，故搭建展台成为展台设计图形成之后的必然环节。从著作权保护的角度分析，根据展台设计图美术作品搭建展台的行为构

成侵害作品复制权，应当依法予以规制以保护设计人的合法权益。

首先，以展台设计图为基础搭建展台的行为属于复制作品的行为。我国著作权法所规定的复制，是指以印刷、复印、拓印、录音、录像、翻录、翻拍等方式将作品制作成一份或者多份的行为。复制权的控制范围不仅包括平面到平面的作品复制，也包括平面到立体的作品复制。以展台设计图为基础，将平面的展台形象以建筑材料加以构筑，其实质是将平面载体上的作品经复制后固定在三维载体上，显然属于复制行为的范畴。

其次，实建展台与展台设计图之间构成实质性相似。尽管由于展台设计图不具有精确的尺寸以及施工技术、场地条件等诸多因素的限制，实际搭建的展台与设计图中的展台形象可能存在一定的差异，但是实建展台确以设计图中的展台形象为原型，而设计图创作的初衷亦是为了搭建展台实物。从二者整体进行对比，因客观因素的影响而导致部分细节的差异并不阻却实质性相似的判断。

最后，实际搭建的展台具有一定时空范围内的固定性，可以认定为著作权法所规定的建筑作品。此时，展台设计图具有双重的作品属性，既属于平面美术作品，又属于建筑作品的平面表现形式。实际搭建的展台，同样具有建筑作品所呈现的艺术美感，而此种艺术美感恰恰来源于平面设计图中的展台形象。因此，相关搭建行为属于对该平面美术作品的复制，即以立体形式复制了平面美术作品的艺术美感。

（撰稿人：许根华　徐弘韬）

手机搜索接口服务的性质认定及法律责任

——袁腾飞与上海第九城市信息技术有限公司侵害作品信息网络传播权纠纷案

【提要】

通过网络演示及逆向分析，依法认定手机阅读 App 调用第三方搜索引擎的搜索功能并非提供内容服务，而是提供搜索接口服务，该服务模式对搜索结果是否侵害作品的信息网络传播权不存在过错，故不构成侵权。

【案情】

原告（上诉人）：袁腾飞

被告（被上诉人）：上海第九城市信息技术有限公司

案由：侵害作品信息网络传播权纠纷

一审案号：（2012）浦民三（知）初字第 594 号

二审案号：（2013）沪一中民五（知）终字第 75 号

原告袁腾飞是文字作品《历史是个什么玩意儿》1 ~ 4 的作者。被告上海第九城市信息技术有限公司是手机阅读软件“开卷有益 3. 1”的经营者。在手机上运行该软件时，显示有“开卷书城”、“在线搜索”等栏目，其中“开卷书城”中有作品列表，但无搜索框；“在线搜索”页面为一个搜索框，框内为“网络全本小说搜索”字样，下方空白。

原告在手机上对被告软件进行公证取证，显示：在搜索框输入“历史是个什么”可搜索到若干结果并下载 txt 文档，其中有的文档无作品内容，有的则分别对应涉案作品的部分章节，所有文档中均有“TXT 小说下载网 - www. 85txt. com”等其他网址。

被告在收到诉讼材料后所做公证显示：通过电脑在 Android 模拟器上运行涉案软件，在搜索框搜索“历史是个什么”，得到数个结果，但与原告前述公证过程中得到的结果不完全相同。在搜索时通过网络抓包软件可抓取到案外人网址“http：//api. shupeng. com/search？ psize = 30&q = % E5% 8E% 86% E5% 8F% B2%

E6% 98% AF% E4% B8% AA% E4% BB% 80% E4% B9% 88&format = txt&p = 1”，对该地址进行解码为“http：//api. shupeng. com/search? psize = 30&q = 历史是个什么&format = txt&p = 1”，表明系通过该网站进行搜索；点击某个搜索结果下载文档时，抓取到“http：//r. book118. com/……”其他第三方网站地址，表明系从这些网址下载文件，且在 IE 浏览器输入该些地址下载的文档与通过涉案软件下载的文档内容完全相同。

法院在两次开庭时主持双方先后两次通过涉案软件搜索“历史是个什么玩意儿”，第一次可以搜索到相关结果，但与原、被告公证中的搜索结果均不完全相同，第二次则无法搜索到涉案作品，仅出现两个标题为“一切好书，尽在书朋网m. shupeng. com”和“手机书朋网 m. shupeng. com，超越您的预期”的返回结果。第二次开庭时还主持双方在电脑上通过 Android 模拟器对涉案软件进行进一步分析，显示：从“开卷书城”下载作品时可抓取到被告的服务器地址，而在搜索框进行搜索时的网络抓取过程与上述被告公证中基本相同，但此次无法搜索到涉案作品，亦出现与前述演示中相同的两个结果。

另查明，书朋网（www. shupeng. com）在首页的搜索框提供搜索链接服务，以“历史是个什么玩意儿”为关键词可搜索到若干结果，点击则跳转至第三方网站。

原告袁腾飞诉称，被告擅自将原告享有信息网络传播权的作品《历史是个什么玩意儿》1～4 上传至服务器，通过其所有及经营的开卷有益软件供人下载阅读、浏览，牟取高额利润，侵犯了原告对上述作品享有的著作权。即便该软件如被告所称系指向书朋网的搜索引擎接口，则被告与书朋网必然存在利益合作分成，也应认定被告与书朋网共同提供内容服务。被告作为专业的依靠在线图书浏览和阅读赚取利润的企业，对作品版权应具有更高的注意义务，涉案作品知名度高，而被告疏于审查，明显存在过错。故起诉请求判令被告：1. 立即停止侵权行为；2. 在《法制日报》上公开赔礼道歉；3. 赔偿原告经济损失人民币238 400元；4. 赔偿原告公证费、律师费、差旅费等合理费用45 000元。审理中，原告申请撤回第一项和第二项诉讼请求。

被告上海第九城市信息技术有限公司辩称：被告并未上传涉案作品。涉案软件的“网络搜索”是一个第三方搜索引擎接口，涉案作品的搜索链接地址、搜索结果均来源于第三方，与被告无关；且被告已经在搜索框中作出了“网络全本小说搜索”的必要提示，下载到手机上的作品段落中也明确标明了作品来源网址。因此，被告不构成侵权，请求驳回原告诉请。

【审判】

上海市浦东新区人民法院经审理认为，认定被告是否构成侵权的关键在于：

被告是否直接提供了涉案作品；若被告没有直接提供涉案作品，被告的其他行为是否构成侵权。关于被告是否直接提供了涉案作品，现有证据及本院演示过程表明，用户通过涉案软件的搜索框进行搜索时，被告系根据用户设定的关键词向书朋网发出请求，由书朋网将从互联网搜索的结果返回搜索页面，用户点击后则直接从第三方网站下载，因此涉案作品并非由被告直接提供。原告称被告与书朋网存在合作分成故应认定为共同提供内容服务，但未提交相应证据，对该主张不予采纳。关于被告是否构成侵权，取决于其对于通过涉案软件“网络搜索”中的信息构成侵权是否存在过错。被告系在接到用户指令后根据用户的要求将关键词发送给书朋网，其事先无法判断用户将键入什么关键词、是否能够搜索到相关结果以及该结果是否能够被下载；且被告并未对搜索结果做任何修改，系如实、被动地将书朋网自互联网搜索的结果呈献给用户。基于这种服务的技术性、自动性和被动性等性质，即使被告施予其能力所及的注意，也难以知道其所提供服务涉及的信息是否侵权，因此被告主观上不存在过错，其行为不构成侵权。据此，依照《中华人民共和国民事诉讼法》第六十四条第一款，《最高人民法院关于民事诉讼证据的若干规定》第二条、第七十三条第一款，《最高人民法院关于审理侵害信息网络传播权民事纠纷案件适用法律若干问题的规定》第四条、第六条之规定，判决：驳回原告袁腾飞的诉讼请求。

判决后，原告袁腾飞不服，提起上诉。

上海市第一中级人民法院认为原审判决具有相应的事实和法律依据，判决驳回上诉，维持原判。

【评析】

本案所涉“开卷有益3.1”软件系一款手机阅读软件，其“网络搜索”功能使得用户可以搜索并下载电子书。这一服务模式的性质是内容提供还是网络服务，成为本案审理的关键。

一、本案中搜索服务的性质认定

涉案搜索功能与传统搜索相比，区别在于搜索、下载过程中并未出现任何第三方网站链接或进行页面跳转。对于用户而言，其能够直观感受到的，是通过涉案软件能够进行搜索和下载，这样极易使人认为侵权作品系由软件经营者即被告提供。然而，被告提出了其仅提供搜索接口服务而非内容提供服务的抗辩，并为此提交了相应证据。

从技术角度看，通过回到涉案软件的开发环境对其运行过程进行逆向分析，有助于准确认定该搜索服务的性质。通过对搜索过程进行网络抓取可知，涉案软件的搜索功能利用了书朋网的API（应用程序编程接口，指用于软件组件间彼此通信的接口的协议），而书朋网提供的是搜索链接服务。可见，涉案软件系根据用户设定的关键词向书朋网发出请求，由书朋网在互联网上进行搜索后将搜索结果返回涉案软件的相关页面，用户点击搜索结果则直接从第三方网站将作品下载到用户手机上。上述过程所体现的技术特征即调用书朋网的搜索功能，可以认定被告提供的是搜索接口服务。

从合理性角度分析，根据被告提交的公证书及法院主持的演示过程，从涉案软件的“开卷书城”中下载作品的地址为被告的服务器地址，但通过搜索框搜索涉案作品的搜索地址为书朋网、下载地址为第三方网站，若如原告所称涉案作品由被告直接提供，则上述情况无法解释。因此，被告主张其提供搜索接口服务具有高度的合理性。

基于上述理由，法院确认涉案作品并非被告直接提供。

二、主观上不存在过错的搜索接口服务提供者不构成侵权

搜索接口服务提供者是否侵权，主要是指是否构成间接侵权。根据《最高人民法院关于审理侵害信息网络传播权民事纠纷案件适用法律若干问题的规定》第六条、第八条的规定，间接侵权的归责原则是过错责任原则。因此，被告是否构成侵权，取决于其是否存在主观过错，主要是指被告是否对侵权行为实施诱导、鼓励，是否明知或应知侵权行为的存在。然而，本案中，涉案软件的搜索页面并无任何诱导或鼓励侵权的信息。根据被告的服务模式，其对于下载的信息是否合法并无预见性和识别性，搜索结果的产生方式对被告而言具有自动性，其无法从网络上数量庞大且不断变化、更新的信息中逐条甄别并预先过滤可能构成侵权的搜索结果，也无法控制用户是否能够成功完成搜索和下载过程。可见，在整个搜索及下载过程中，并不存在所谓的“红旗”即“侵权具体事实明显”的情形。原告在起诉前也未向被告发送通知，而事实上，即便原告向被告发送了侵权通知，被告也无法对某个具体作品断开链接，除非停用整个搜索功能，可见被告对搜索结果也不具有控制力。综上，被告对侵权作品的传播不存在主观过错，其行为不构成侵权。

三、版权保护与技术创新的利益平衡

本案被控侵权的“网络搜索”是被告自书朋网的开放平台获取 API 后所开发的一项服务，据此可调用书朋网的搜索功能，这是随着网络和移动终端设备迅速发展而产生的一项新技术。涉案软件运行的表面过程符合侵权条件，但若简单据此认定侵权，则无异于宣判了该项技术的死刑，不利于技术创新和信息传播。因此，需要在加强著作权保护、推动技术创新和促进信息传播方面找到平衡点。正如最高人民法院《关于充分发挥知识产权审判职能作用推动社会主义文化大发展大繁荣和促进经济自主协调发展若干问题的意见》第七条规定：“既要准确把握技术作为工具手段所具有的价值中立性和多用途性，又要充分认识技术所反映和体现的技术提供者的行为与目的。既不能把技术所带来的侵权后果无条件地归责于技术提供者，窒息技术创新和发展；也不能将技术中立绝对化，简单地把技术中立作为不适当免除侵权责任的挡箭牌。”

根据现有证据体现的技术过程，涉案软件的搜索功能旨在使用户不必登陆书朋网，即能通过搜索框享受到与直接在书朋网进行搜索相同的服务，可见被告主观上并非为了传播侵权作品；客观上看，搜索结果来自互联网，数量繁多且千变万化，并不限于侵权作品，也不能证明主要是侵权作品。从制止涉案侵权作品的传播来看，由于侵权作品的直接提供者是第三方网站，书朋网提供的是针对第三方网站的搜索链接（可见书朋网也未必侵权），原告可以通过起诉侵权作品的直接提供者或通知书朋网断开链接来达到保护其著作权的目的。若认定提供搜索接口服务构成侵权，人们将无法获得使用开放 API 开发的应用程序所提供的服务。因此，从利益平衡的角度来看，也不宜认定被告的此种服务模式构成侵权。

（撰稿人：陈惠珍　叶菊芬）

关于汇编作品的法律性质及合理使用范围的界定

——徐正魁与上海大学出版社有限公司侵害作品署名权、复制权纠纷案

【提要】

本案的判决明确了汇编作品合理使用的界限。涉案书籍属于体现独创性的汇编作品，涉案书籍对明信片的使用方式，超过了我国著作权法规定的介绍和评论的幅度，使涉案书籍产生了较强的欣赏性、收藏性，同时客观上阻碍了摄影作品作者独立行使复制权并获得报酬的权利，这种使用方式不能构成合理使用。

【案情】

原告（被上诉人）：徐正魁

被告（上诉人）：上海大学出版社有限公司

案由：侵害作品署名权、复制权纠纷

一审案号：（2013）杨民三（知）初字第136号

二审案号：（2014）沪二中民五（知）终字第39号

原告徐正魁系中国摄影家协会会员，多年被上海市摄影家协会授予“上海市十佳摄影家”称号。原告在2000－2008年拍摄了涉案34幅摄影作品，分别为《陆家嘴夜景》、《卢浦大桥》、《外滩信号台》、《和平饭店》、《外滩夜色》、《上海城市规划馆》、《南京西路中信泰富广场》、《花园饭店和新锦江饭店》、《淮海中路新建筑群》、《淮海路时代广场》、《淮海路夜色》、《香港广场》、《人民广场与南京路》、《杨树浦水厂》、《上海马戏城》、《地铁二号线》、《浦东新区世纪广场》、《日晷》、《浦东世纪大道》、《东方明珠与金茂大厦》、《浦东的晨曦》、《上海夜色》、《流光溢彩》、《今日浦东陆家嘴》、《上海国际赛车场》（两幅）、《复兴公园》、《延中绿地》、《共青森林公园》、《市区鸟瞰》、《上海市中心鸟瞰》、《夜上海鸟瞰》、《陆家嘴》、《城市鸟瞰》。上述34幅摄影作品中，《卢浦大桥》、《浦东的晨曦》、《流光溢彩》等多幅作品多次在摄影比赛中获奖。经原告授权，

上海人民美术出版社、上海科学技术文献出版社、上海画报出版社等出版的《上海城市鸟瞰》、《上海新景观》、《上海新建筑》、《摩天大楼》、《世纪杨浦》、《上海夜色》等上海风光明信片收录了由上述34幅摄影作品制作成的明信片，在明信片的背面有“摄影　徐正魁”、“徐正魁　摄”等字样。

2002年5月27日，原告等作为著作权人与上海人民美术出版社签订《图书出版合同》，出版作品为明信片，名称为上海新建筑20景，合同约定的稿酬为每幅照片180元。另外，2009年5月19日，上海人民美术出版社的稿酬支付通知备查单记载，作品名称为视觉上海，作者徐正魁，稿酬为每幅照片600元。

2012年3月6日，原告从上海新华传媒连锁有限公司购得《美好城市的百年变迁——明信片上看上海》一书（以下简称涉案书籍），价格为320元。该书由被告于2010年4月出版，分上、下两册，作者为姚丽旋，定价为320元。该书共收集、编著了包括由涉案34幅摄影作品制成的34张明信片在内的1 400余张上海城市风光明信片，全书共710页，分为10个章节，每页基本均由两张明信片的正面（即使用摄影作品的一面）上下排列（使用时未注明摄影作者）而成，在每一章的开篇处则用较少篇幅的文字对所使用明信片涉及的老城厢、黄浦江、外滩、南京路、淮海路等上海城市特色街区进行简单介绍，从历史回顾的角度对比一百多年来上海城市及建设的演变。

关于涉案书籍的出版过程，被告称该书使用的明信片均是作者姚丽旋的个人收藏品。作者姚丽旋先期对明信片进行了选择，并对明信片正面进行了高倍扫描，将扫描后的明信片和全书文字稿，编制成电子书稿，被告在收到电子书稿后与姚丽旋进行过多次研究，作了一些局部修改后，最终形成了现书稿，交美术编辑排版、印刷。

原告徐正魁诉称：其系中国摄影家协会、上海市摄影家协会会员，新华社签约摄影师，连续多年被评为上海市十佳摄影家。其创作的多幅摄影作品曾多次获奖。2012年3月，原告发现被告未经授权，在被告出版的涉案书籍中使用原告的摄影作品多达34幅，且未署名，原告遂与被告联系，要求妥善解决该事宜，但未果。在2012年8月的上海书展中，原告发现被告仍在其展位上销售涉案书籍。原告认为，被告的行为侵犯了其对34幅摄影作品享有的署名权、复制权，故向法院提起诉讼，请求判令：1. 被告立即停止侵权行为；2. 被告赔偿原告经济损失人民币50 000元（以下币种均为人民币）；3. 被告在《新民晚报》上向原告公开道歉；4. 被告赔偿原告支付的律师费3 000元。审理中，原告向法院撤回第一项诉讼请求。

被告上海大学出版社有限公司辩称：1. 原告提供的胶卷底片或数码文件、明信片等证据不足以证明其是34幅摄影作品的著作权人；2. 被告出版的涉案书籍中使用的并非原告的摄影作品，而是经原告授权已经合法出版的明信片，原告混淆了摄影作品与明信片的著作权；3. 涉案书籍是一本采用明信片讲述上海从古至今变迁的集邮书籍，其中使用的明信片系作者支付对价的合法个人收藏，作者是明信片的所有权人，其享有展示的权利，书籍的出版符合相关的集邮规则，亦符合我国著作权法的规定，属于合理使用，不需要明信片中所使用摄影作品的作者同意，亦不需要在使用中注明该作者；4. 原告对其主张的经济损失，既未提供其受到损失的依据，也未提供被告获利的依据；被告共出版涉案书籍4 500册，其中作者自购3 000册，另1 500册中500 册作为赠送书籍，其余1 000册目前仍未销售完毕，被告出版涉案书籍亏损 11 万余元。综上，被告不存在侵权行为，原告的主张缺乏事实和法律依据，被告请求法院驳回原告的诉讼请求。

【审判】

上海市杨浦区人民法院经审理认为，涉案书籍中使用的明信片是该书作者的个人收藏，作者对明信片享有物权，但其在行使物权时不能影响该明信片所使用的摄影作品著作权人的权利。涉案书籍对明信片的使用方式，超过了我国著作权法规定的介绍和评论的幅度，使涉案书籍产生了较强的欣赏性、收藏性，同时客观上阻碍了摄影作品作者独立行使复制权并获得报酬的权利，这种使用方式不能构成合理使用。被告出版的涉案书籍，侵害了原告对涉案摄影作品享有的署名权和复制权，依法应当承担停止侵权、赔礼道歉、赔偿损失等民事责任，审理中，原告撤回要求被告停止侵权的诉讼请求，并无不当，应予准许。但如果被告对涉案书籍进行再版，仍需征得原告许可，并予以署名。据此判决被告向原告书面赔礼道歉并赔偿原告经济损失37 000元。

一审判决后，被告不服，提起上诉。

上海市第二中级人民法院经审理认为，涉案书籍属于体现独创性的汇编作品，因此其对涉案 34 张明信片图案的使用，亦属于汇编行为的一部分，并不属于为说明某一问题，在作品中适当引用他人已经发表的作品。被告作为涉案书籍的出版者未能举证证明其对涉案书籍的出版行为，获得了涉案书籍中涉案 34 张明信片图案的原摄影作品作者即原告的许可。因此，被告的行为侵犯了原告对涉案 34 张摄影作品享有的署名权、复制权。故驳回上诉，维持原判。

【评析】

本案审判的核心在于判断涉案书籍的作品类型及其法律性质、涉案书籍对原告摄影作品的使用方式是否属于合理使用等。

一、涉案书籍的作品类型及其法律性质

汇编若干作品、作品的片段或者不构成作品的数据或者其他材料，对其内容

的选择或者编排体现出独创性的作品为汇编作品。本案中，涉案书籍的编著者使用其收集的1 400余张上海城市风光明信片中的图案部分，将其分为10个章节，并在每章中使用一定篇幅的文字对所使用明信片涉及的老城厢、黄浦江、外滩、南京路、淮海路等上海城市特色街区进行简单介绍，从历史回顾的角度对比一百多年来上海城市风貌及建设的演变。因此，涉案书籍的编著者对明信片图案的上述选择、编排，属于汇编行为，涉案书籍属于体现独创性的汇编作品。

根据我国《著作权法》的相关规定，汇编作品的著作权由汇编权人享有，但其在行使著作权时，不得侵犯原作品的著作权。汇编作品的出版，须取得汇编作品著作权人和原作品的著作权人的许可。原作品，不但包括被汇编的单个作品，还应当包括该单个作品中所涉及的可以独立行使其著作权的其他作品。涉案书籍系将众多明信片分类整理、编排而形成的汇编作品，故其出版行为必须取得汇编人、明信片著作权人和明信片中所包含的可以独立使用的摄影作品著作权人的许可。

二、汇编作品合理使用的界定

我国《著作权法》规定的合理使用共有12种情形，其中第二种情形即为介绍、评论某一作品或者说明某一问题，在作品中适当引用他人已经发表的作品。因其中的“评论”“问题”“适当”具有一定的模糊性，《著作权法实施条例》第21条对此进行了进一步的限制，要求“使用可以不经著作权人许可的已经发表的作品的，不得影响该作品的正常使用，也不得不合理地损害著作权人的合法利益”。对于合理使用的该第二种情形，“引用适当”是合理引用的关键，引用的目的、数量都是“适当”判断的因素。适当引用并不能机械地理解为只要是对他人作品的部分或者片段引用即为适当，或者是引用的篇幅内容在新的作品中所占的比例很小就认为是适当。“适当引用”应当是被限于“介绍、评论和说明”而必要地引用他人的作品。

本案中，被告出版的涉案书籍共使用了1 400余张明信片，涉案书籍对涉案34张明信片图案即原告摄影作品的使用，属于汇编行为的一部分。涉案书籍对该34张明信片的使用，并不是为了对原告的摄影作品进行介绍、评论等，而是直接利用原告摄影作品所呈现的景观来展现上海城市风貌及建设的演变。这一使用方式，超过了我国《著作权法》所规定的介绍和评论的幅度，使涉案书籍产生了较强的欣赏性、收藏性，同时客观上侵犯了摄影作品作者独立行使复制权并获得报酬的权利，因此不能构成合理使用。

三、拥有物质载体并不意味着拥有著作权

涉案书籍中使用的明信片是该书作者的个人收藏，作者对其合法收藏的明信片享有物权，但其在行使物权时不能影响该明信片所使用的摄影作品著作权人的权利。本案中，原告徐正魁对其拍摄的作品享有著作权，而其授权上海人民美术出版社等使用其作品制作明信片，消费者购买了印有其作品的明信片后就享有对该明信片的所有权。但这并不意味着原告丧失了明信片上摄影作品的著作权。著作权是一种非物质性的权利，或者更明确地说是一种可以与其载体分割的权利。

涉案书籍的作者虽然购买了明信片从而对明信片拥有物权，根据物权的性质，其作为所有权人可以对明信片进行占有、使用、收益等，但其行使的权利应当是有限制的，不能侵犯明信片上所承载的摄影作品的著作权。

（撰稿人：吴盈喆　刘　名）

图形作品的著作权保护及其权利边界

——威亭设备（加拿大）有限公司诉上海阳程科技有限公司等侵害作品署名权、复制权纠纷案

【提要】

除非过于简单的图形设计，一般图形设计作品的点线面设计往往比较复杂，应推定为具有独创性。如果被告认为系争作品不具有独创性，应当提供相反证据予以证明。按照图形作品进行施工是否构成侵权，关键看施工后形成的产品是否再现了图形作品的表达或美感，即判断施工后形成的产品是否与图形作品构成近似。在确定损害赔偿数额时，应当根据图形作品的不同使用方式，兼顾图形作品的经济价值和贡献确定侵权人应承担的损害赔偿数额。

【案情】

原告：威亭设备（加拿大）有限公司

被告：上海阳程科技有限公司

被告：阳程科技股份有限公司

被告：南亚塑胶工业股份有限公司

第三人：浙江内曼格机械制造有限公司

案由：侵害作品署名权、复制权纠纷

一审案号：（2013）沪二中民五（知）初字第64号

2004年，原告威亭设备（加拿大）有限公司（以下简称威亭公司）中标南亚塑胶工业股份有限公司（以下简称南亚公司）昆山项目一期工程后，向浙江内曼格机械制造有限公司（以下简称内曼格公司）提交了设备原图，内曼格公司转化后形成制造图，并进行了设备制造。本案中，威亭公司主张的一期图纸包括32张威亭公司的原图以及32张内曼格公司转化后的图纸。上述设备图纸上有“图纸归威亭公司所有”的声明。

内曼格公司转化后的图纸除署名为“浙江天正设计工程有限公司”（以下简称天正公司）外，均署名“浙江内曼格冶金设备制造有限公司”。

2009年10月14日，上海阳程科技有限公司（以下简称上海阳程公司）（甲方）与内曼格公司（乙方）签订《上海阳程科技有限公司工程合约书》（以下简称《工程合约书》）。其中第一条约定工程名称：南亚昆山EPOXY废盐回收工程（蒸发罐/浓缩罐系统设备）（二期工程）。第三条约定货价总计4 250 000元。第十四条2. 约定，甲方所提供乙方之图面规格，乙方应妥善保管，不得转借于第三者，如有转借或毁损遗失，因此造成甲方之损害，甲方得请求乙方赔偿，乙方不得异议。合同附件的会议记录（2008年9月25日）记载：上海阳程公司需于2008年10月23日前提交所有制造图，因制造图影响Alloy－400材质交货，故南亚公司要求上海阳程公司于2008年10月17日前完成所有制造图（目前完成45%）。

威亨公司主张阳程科技股份有限公司（以下简称台湾阳程公司）交付给内曼格公司的二期图纸共59张，图纸署名均为“阳程科技股份有限公司”，其中名称后缀为“A”的图纸为大样图共17张，绘制时间为2008年10月16日；其他图纸为细节图，绘制时间为2008年10月18日及22日。

2014年8月19日，经各方当事人同意，法院委托工信部鉴定所就如下技术问题进行专家咨询，工信部鉴定所出具的《咨询意见》载明：威亨公司主张的权利图纸不属于相关行业惯常或通用的设计。署名为威亨公司的图纸与署名为内曼格公司的图纸不仅设备图号、结构（形状）相同，数字、数据基本相同，而且与设备有关的相应变化趋势（变大或变小）和变化后的数字、数据也相同。署名为台湾阳程公司的图纸与威亨公司、内曼格公司的图纸中的主结构图、平面图和管口方位图、焊缝详图等，不仅结构（形状）相同，数字、数据基本相同，而且与设备有关的相应变化趋势（变大或变小）和变化后的数字、数据也相同，图纸编号相似。如果台湾阳程公司自行设计图纸，需要具有详尽的计算和设计资料。

2013年3月27日，内曼格公司出具《关于威亨设备（加拿大）有限公司享有技术图纸著作权的声明书》，载明：“浙江内曼格机械制造有限公司不是涉案技术图纸的著作权人，也不享有涉案技术图纸的著作权。”同日，天正公司出具《关于威亨设备（加拿大）有限公司享有技术图纸著作权的声明书》，载明：“浙江省天正设计工程有限公司在设备名称为主表面冷凝器的图纸和设备名称为一效换热器（HE1）的图纸上署名，是因为我公司具备设计资质，故将图纸交于我公司按照中国压力容器标准进行转换设计，转化设计后由我公司盖章。我公司不是涉案技术图纸的著作权人，也不享有技术图纸的著作权。”

另，在天正公司转化后的主冷凝器（E－8441）装配图（二）NOTES8中的“PROGECT”应为“PROJECT”，系拼写错误，署名为台湾阳程公司的二期图纸中的Main Conden（E－8441，HE4）－C中亦出现相同的拼写错误。二期图纸与一期图纸中各图纸标注采用的序号、符号、文字说明以及部分图纸中的管口表的结构、技术要求的文字表述基本相同。

庭审中，威亭公司明确本案中主张的侵权行为不包括根据图纸制造设备的行为。

原告威亭公司诉称：威亭公司是一家专业从事压力容器、换热器等设备生产销售的公司。内曼格公司是威亭公司设立的全资子公司。2004 年，威亭公司中标南亚公司废盐水处理系统（以下简称一期工程）后，设计完成设备图纸，交由内曼格公司制造设备，并依约向南亚公司交付了设备及图纸。2008 年，南亚公司就昆山项目二期工程进行招标，威亭公司多次调整投标价格未中标。2010 年 10 月，威亭公司发现上海阳程公司向内曼格公司采购蒸发罐/浓缩罐系统设备所交付的设备图纸（以下简称二期图纸），与威亭公司为南亚昆山项目一期工程设计的图纸（以下简称一期图纸）相同。由于二期图纸上的署名为台湾阳程公司，且是为了履行南亚公司的项目而绘制，南亚公司向台湾阳程公司提供了一期图纸。故上海阳程公司、台湾阳程公司及南亚公司共同侵害了原告对一期图纸享有的署名权、复制权。在原告两次向上海阳程公司发送《律师函》协商未果的情况下，为维护自身合法权益，原告诉至法院，请求判令：1. 三被告立即停止侵权并销毁侵权图纸；2. 三被告在各自的公司网站刊登声明为原告消除影响；3. 三被告共同赔偿原告包括合理费用在内的经济损失人民币（以下币种均为人民币）6 162 057. 30元。

被告上海阳程公司、台湾阳程公司共同辩称：上海阳程公司和台湾阳程公司没有侵害原告的著作权。台湾阳程公司自行独立设计了 18 张大样图并交付给内曼格公司，其他图纸并非台湾阳程公司设计。上海阳程公司仅是与内曼格公司签订了合同，并没有抄袭原告的图纸。故请求法院驳回原告的全部诉讼请求。

被告南亚公司辩称，南亚公司确曾收到威亭公司提供的 25 张一期图纸以及署名内曼格公司的 32 张图纸，但南亚公司从未向上海阳程公司和台湾阳程公司提供过上述图纸，原告主张的赔偿金额没有事实和法律依据。故请求法院驳回原告的全部诉讼请求。

第三人内曼格公司述称，内曼格公司是南亚公司昆山项目一期工程和二期工程的设备制造者，分别与威亭公司和上海阳程公司签订合同。在一期工程制造过程中，内曼格公司收到威亭公司交付的图纸，并结合中国的制造标准进行转化，但没有进行创造性设计，图纸的著作权均为威亭公司享有。在二期工程制造过程中，无论大样图，还是细节图均由台湾阳程公司设计提供。

【审判】

上海市第二中级人民法院经审理认为，威亭公司主张的图纸是威亭公司基于南亚公司一期工程的设备需求进行专门设计而形成的，在点、线、面的排列、组合等设备结构的表达以及焊接方法的表达等方面具有独创性，并不是相关行业惯常或通用的设计，也不是相关行业必须采用的表达，属于为施工、生产绘制的图形作品，应当受到《著作权法》的保护。

将台湾阳程公司绘制的二期图纸与威亭公司绘制的一期图纸比较发现，各图纸的主结构图、管口方位图以及焊缝详图等的结构表达基本相同，存在相同的错误之处，且台湾阳程公司没有提供其自行设计图纸计算书及设计依据。故现有证据可以证明台湾阳程公司绘制的二期图纸抄袭了威亭公司主张权利的一期图纸。法院根据侵权图纸的数量、美感价值等情节，参考化工行业设计费收费标准、涉案图纸设计的难易程度、被告的主观过错等酌情确定本案的赔偿金额。

综上，上海市第二中级人民法院依据《中华人民共和国著作权法》第四十七条第（五）项、第四十九条以及《最高人民法院关于审理民事案件适用诉讼时效制度若干问题的规定》第十七条第二款之规定，判决：一、被告上海阳程公司、台湾阳程公司应予判决生效之日起十日内共同赔偿原告威亭公司包括合理费用在内的经济损失人民币500 000元；二、被告上海阳程公司、台湾阳程公司应予判决生效之日起十日内在各自公司网站刊登声明消除因侵权行为给原告威亭公司造成的影响（声明内容须经法院审核）；三、对原告威亭公司的其余诉讼请求不予支持。

【评析】

产品设计图、工程设计图等图形作品是对某种技术方案或事实原理的图形化表达，其之所以受到著作权法保护，“与其设计方案以及与其对应的工程和产品的技术实用性毫无关系，而是因为工程和产品设计图是由点、线、面和各种几何图形组成的，包含着设计者眼中严谨、精确、简洁、和谐与对称的科学之美”①。但在图形作品独创性判定、权利范围以及损害赔偿责任确定等方面，如何准确地区分图形作品中的技术与表达，确保著作权法仅保护其中的“科学之美”，并没有切实可行的规范或标准可以遵循，争议与不确定性仍然存在。本案涉及图形作品的抄袭判断，希望本案的裁判能够对技术与表达在图形作品著作权保护中的准确界分有所裨益。

一、图形作品独创性判断中的技术与表达

著作权法保护的作品应当是文学、艺术或科学领域内具有独创性的智力成果。一般而言，文学、艺术领域内作品的独创性判断主要是法律问题，在司法实

① 王迁：《著作权法》，中国人民大学出版社2015年版，第112页。

践中应由法官根据系争作品的具体外在表达进行综合判断。“作品的独创性实际上是由能够接触到该作品的社会公众‘自然而然’地加以评判的。我们平常所说的‘文如其人’就是这种评判机制的真实写照。也就是说，作品独创性评判是一个自然而然的过程，它不是哪个机构能够胜任的——只是在特殊情况下，当当事人对某一作品的独创性发生争议而不能调和时，才需要由法官作为最后的裁断者加以认定”①。

但由于图形作品等科学领域内的作品具有较强的技术性，判断图形作品的表达是否具有独创性，判断者往往需要知悉相关行业或领域是否存在通常设计或标准设计、特定的设计是否是实现某种技术功能所必需的设计等技术背景知识，这就使得图形作品的独创性判断不仅仅是法律问题，更多地表现为技术事实和法律判断的交织。“纯粹的事实问题独立于法律而存在，其产生、解决均无须法律的介入；纯粹的法律问题也只需通过法律规范的解释、识别或选择予以解答，跟案件事实无涉。但是，法律向下滋生进事实的根部，而事实持续不断地向上延伸进法律，当事实因素与法律因素不断趋近并逐渐交织融合，就产生了区别或定性的难题”②。就图形作品的独创性判断而言，上述“难题”主要体现为图形作品的独创性是否需要当事人举证证明，举证责任应当如何分配。我们认为，除非过于简单的图形设计，此类作品的点线面设计往往比较复杂，应推定为具有独创性。如果被告认为系争作品不具有独创性，应当提供证据予以证明。当然，原告应当尽可能地明确图形作品独创性的具体表现，例如是产品的外观设计，还是整体的设计布局、图示选择等具有独创性。总体而言，图形作品的独创性主要体现为三个方面：一是图形设计的整体排列、布局。大多数工程设计图并不是由单一的图纸构成，而是包含大量不同部位、配件等细节图。不同细节图如何排列组合、整体如何布局能够更好地体现“科学之美”都离不开设计者的独特构思、选择和编排；二是具体设计的标注和绘制方式。设计者在具体设计过程中对于不同的部件、方位可以选择用不同颜色、形状、比例的标识进行标注和区分，也可以通过不同的绘制方式进行设计。三是对设计细节或要点的选择和取舍。设计者在进行具体的工程设计或产品设计时，往往会根据自己对技术方案的理解、受众的知识水平、图纸用途等选取最能体现技术内容的设计要点进行设计，上述选择和取舍往往凝结了设计者独特地智力创造。

此外，在图形作品侵权纠纷中，被告经常引用“混合原则”与“场景原则”进行抗辩，称系争作品与原告作品体现的是相同的技术方案，相应的设计也必然

① 冯晓青、杨利华：《知识产权法学》，中国大百科全书出版社2008年版，第95页。

② 陈杭平：“论‘事实问题’与‘法律问题’的区分”，载《中外法学》2011年第2期，第325页。

是相同或近似的，或者为了表现相同的技术内容，设计者进行自由设计的空间或表达是有限的。对此，我们认为，图形作品的独创性判断应防止将技术方案的唯一性等同于图纸设计的唯一性或有限性。图形作品的独创性并不体现在技术方案本身，而是设计者对技术方案的图形化表达。不同设计者在设计图纸整体布局、图示标注、设计要点的选择等方面都会做出不同的考虑和设计，在此种意义上，著作权法中的“有限表达”或“唯一表达”原则在图形作品独创性判断中很难有适用的空间。

二、图形作品权利范围界定的观点争议

确定图形作品著作权保护范围的主要争议在于按照图形作品进行施工是否属于对图形作品的复制行为。对此，有观点认为，不应将对工业设计图的保护局限于禁止“平面到平面的复制”，而应当延及根据工业设计图建造工程或制造工业品的行为。“工业设计的使用价值既不在于复制工业设计图形，也不在于制作工程或产品模型，而在于完成工程建设和批量生产工业品，这种行为恰恰是对有独创性的工业设计作品的利用。如果对这种行为不加以控制，那么著作权法规定的对工程设计、产品设计的保护，就会成为一句空话。……保护范围仅限于‘图纸’而未延及工程和产品本身……实际上没有起到保护工业设计的作用”①。相反观点则认为，“工程设计、产品设计”的价值所在，确实是建造和制造出有一定创造性的工程和工业品，但这并不意味着著作权法是保护这种实用价值的适当法律机制。与工业设计有关的技术方案可以依法申请专利权。在获得授权之后，他人未经许可实现该技术方案的行为，比如根据设计图制造工业品和销售工业品，都将构成对专利权的侵犯，但这与著作权法的保护毫无关系。因此，著作权法只能禁止他人未经许可对工业设计图进行“平面到平面”的复制。② 还有观点基于作品使用权与复制权的关系认为，复制属于著作权意义上的一种具体的作品使用方式。某种具体的使用作品行为不属于复制行为，但这并不意味着这种行为就一定不属于著作权意义上的使用行为。按工程设计、产品设计图及其说明进行生产、施工的行为不属于著作权法意义上的复制，但属于著作权法意义上的作品使用行为。他人未经许可，擅自按工程设计、产品设计图及其说明进行生产、施工的行为是著作权的侵权行为，侵犯著作权人的作品使用权。③ 该观点还进一步援引了广东省高级人民法院的案例予以佐证。在深圳某艺术公司与某科技公司涉

① 刘春田：《知识产权法》，中国人民大学出版社2009年版，第63页。

② 王迁：“论著作权法保护工业设计图的界限——以英国《版权法》的变迁为视角”，载《知识产权》2013年第1期，第29页。

③ 邓启红：“按图形作品进行生产施工的法律性质探析”，载《湘南学院学报》2006年第1期，第27页。

展板施工工程图著作权侵权纠纷中，法院认为：“科技公司的样板房的展板是使用展板施工平面图制作出来的实物，将艺术公司创作的施工平面图与科技公司使用的展板对照，展板立体物形状及其效果与艺术公司的设计施工图平面及其描述的效果高度相似，而科技公司无法对创造了相同或相似的平面图的事实进行举证。因此，应认定科技公司使用了艺术公司设计的图纸作品……科技公司的行为已损害艺术公司获得报酬的权利，应承担法律责任。”①

三、按图形作品施工行为的法律性质判断

我们认为，讨论按产品设计图、工程设计图等施工是否属于著作权法中的复制，前提应当明确何为著作权法中的复制。《伯尔尼公约》第九条规定：“受本公约保护的文学艺术作品的作者，享有授权以任何方式和采取任何形式复制这些作品的专有权利。”我国1990年《著作权法》第五十二条曾经规定：“本法所称的复制，指以印刷、复印、临摹、拓印、录音、录像、翻录、翻拍等方式将作品制作一份或多份的行为。按照工程设计、产品设计图纸及其说明进行施工、生产工业品，不属于本法所称的复制。”现行《著作权法》删除了1990年《著作权法》关于“按照工程设计、产品设计图纸及其说明进行施工、生产工业品，不属于本法所称的复制”的规定，对复制权重新进行了界定，即“复制权即以印刷、复印、拓印、录音、录像、翻录、翻拍等方式将作品制作一份或多份的权利”。上述规定主要是从使用方式的角度对复制的外延进行界定，但没有规定著作权法中“复制”的内涵或本质。我们认为，著作权法中的“复制”是对作品表达或美感的再现，不论是平面到平面，还是平面到立体，只要复制后的成果再现了原作品的表达或美感，都属于著作权法中的“复制”行为。因此，判断按产品设计图、工程设计图等图形作品进行施工是否属于复制，应当判断施工后形成的成果或产品是否与图形作品的表达构成近似。实践中，大多数情况下，按照产品设计图、工程设计图等施工后形成的产品并没有再现原图形作品中由点线面结合形成的科学之美，已经不再表现为图形化的表达，因而不构成作品，进而不存在比对表达是否近似的基础。因为只有二者均构成作品的情况下，才存在判断是否构成复制的可能性。但这并不意味着所有的产品设计图、工程设计图等图形作品施工后形成的产品都不构成作品。如果施工后形成的产品属于实用艺术产品，此时便需要对该实用艺术产品与原图形作品中的表达进行比对，判断二者在表达上是否构成近似。上文提及的广东省高级人民法院的案例即属于此种情况。该案中，按展板施工平面图制作出来的实物的立体形状及效果具有美感，此时就需要对实物和平面图中的造型进行比对。因此，虽然按照工程设计图、产品设计

---

① 参见广东省高级人民法院（2002）粤高法民三终字第123号民事判决书。

图等进行施工在大多数情况下不属于著作权法中的“复制”，但我们认为不宜直接断定著作权法不保护对图形作品由平面到立体的复制。事实上，我们只需要按照一般作品侵权判断的规则去判断二者是否构成近似即可，这才是侵权判断的本质，至于是从平面到平面，还是平面到立体，仅仅是作品使用的方式而已。《伯尔尼公约》也规定复制包括“任何方式”和“任何形式”，著作权法并非不保护“从平面到立体”的复制，关键看施工后的产品与原作品是否构成近似。

此外，著作权法并没有赋予著作权人一般意义上的“使用权”，如果按图形作品进行施工的行为不构成复制，该行为也不侵害权利人的使用权。一方面，与商标法、专利法突出“使用”在权利范围和侵权判断中的作用有所不同，除计算机软件最终用户的商业使用外，① 著作权法并没有规定一般意义上的“使用权”，而是根据作品的使用方式进行具体化，即《著作权法》第十条规定的发表权、复制权、信息网络传播权等十七项权利。这些具体权利本质上都属于对作品的使用行为，因此，著作权法已经明确了著作权人有权禁止他人擅自使用作品的权利类型和范围。即使说著作权人享有一种使用权，该权利也限于《著作权法》第十条规定的范围，不存在超出该范围的作品使用权。另一方面，《著作权法》第十条第（十七）项规定的“应当由著作权人享有的其他权利”应指《著作权法》第十条明确规定的十六项具体权利以外的其他使用作品的方式。对于某种作品使用行为，只有穷尽前面规定的十六项权利仍然无法对其调整，且该行为又有必要进行调整时才存在适用第（十七）项规定的“应当由著作权人享有的其他权利”的空间和可能。而且第（十七）项的适用还应限于文学、艺术或科学领域内关涉作品表达或美感的使用行为。如果按照产品设计图、工程设计图进行施工形成的产品属于作品，此时该行为应属于复制权调整的范围，如果二者构成近似，施工行为构成对原作品的复制，应适用《著作权法》第十条第（五）项有关复制权的规定；如果按照产品设计图、工程设计图进行施工形成的产品不属于作品，那么该施工行为便不涉及文学、艺术或科学领域内作品表达或美感，也不存在第（十七）项的适用可能。

四、侵害图形作品民事赔偿责任的确定

在确定侵害图形作品损害赔偿责任时，经常有权利人以被告抄袭自己的设计图纸导致自己未中标，要求被告承担权利人因未中标带来的损失。这实际上混淆了图形作品与按图形作品进行施工形成的工程项目或产品之间的区别，一般而

---

① 《最高人民法院关于审理著作权民事纠纷案件适用法律若干问题的解释》第二十一条规定：“计算机软件用户未经许可或者超过许可范围商业使用计算机软件的，依据著作权法第四十七条第（一）项、《计算机软件保护条例》第二十四条第（一）项的规定承担民事责任。该规定可以理解为计算机软件著作权人禁止他人商业使用的权利。”

言，图形作品侵权与是否中标或工程项目的价值并无直接关联，不能以图形作品背后的工程项目或产品价值为依据确定侵害图形作品的损害赔偿责任。但图形作品属于科学作品范畴，与文学、艺术领域的文字、美术作品仅仅具有艺术性不同，图形作品兼具实用性和艺术性，是技术功能和科学美感的结合。而且图形作品的主要价值在于应用，而不是出版、发行。因此，在确定侵害图形作品损害赔偿数额时，应当根据使用图形作品的不同方式，主要根据图形作品所发挥的价值或贡献确定侵权人应承担的损害赔偿数额。

如果侵权人未经允许擅自将权利人的图形作品结集出版，此种作品使用行为主要为了实现图形作品的美感价值，在确定损害赔偿责任时可以参考美术作品等确定损害赔偿责任的方式，主要赔偿权利人稿酬等方面的损失。如果侵权人抄袭、复制权利人图形作品用于施工等生产经营活动，由于此种侵权使用并不是为了欣赏或传播图形作品中的“科学之美”，而是为了实现其中的技术价值，图形作品所发挥的贡献已经远远超出了单纯艺术欣赏的范围，此时应当考虑图形作品在整个生产经营过程中的经济价值或贡献确定侵权人应承担的损害赔偿数额。“对于工程设计图、产品设计图等图形作品而言，对其的使用并不仅仅满足于通过平面的表现形式展现建筑物或工业产品的形式和结构，更在于通过对工程的施工和产品的生产来实现设计的艺术价值和经济价值，从而使作品的创作者、使用者和社会公众在其中实现利益的分配和享有，充分利用作品的价值”①。因此，虽然按图形作品进行施工在大多数情况下不构成复制，但如果在这一过程中侵权人存在抄袭、复制图形作品表达的行为，图形作品的经济价值和艺术价值可以在确定损害赔偿数额时得到实现。在此种意义上，著作权法虽然不保护图形作品中的技术方案，但并不意味着不保护图形作品的经济价值。在确定损害赔偿数额时，生产经营过程中对图形作品的使用与对一般的文字、美术作品的使用还是应有所区别。

（撰稿人：凌宗亮）

① 唐毅：“从平面到立体——对图形作品复制方式的理解”，载《人民司法·案例》2009年第2期，第59页。

将电影作品改编为话剧进行演出是否需要同时取得制片者和原作品作者的授权许可

——白先勇诉上海艺响文化传播有限公司等侵犯改编权纠纷案

【提要】

电影作品作为一种特殊的演绎作品在权利行使方面有其特殊性，其中存在原作品作者和演绎者所享有的双重权利。电影作品作为一个整体被使用时，只能由电影作品的著作权人即制片者去行使权利。但如果使用改编已有作品而产生的作品进行演出，则应取得改编作品的著作权人和原作品的著作权人许可，并支付报酬。本案判决明确：对于虽取得制片者许可，但未取得原作品作者授权的改编及演出行为，认定构成侵权并判决承担相应民事责任。

【案情】

原告：白先勇

被告：上海电影（集团）有限公司

被告：上海艺响文化传播有限公司

被告：上海君正文化艺术发展有限公司

第三人：上海电影制片厂有限公司

案由：著作权权属纠纷

案号：（2014）沪二中民五（知）初字第83号

原告白先勇诉称：其为我国台湾地区著名作家，是小说《谪仙记》的作者。根据我国著作权法规定，白先勇依法享有对该作品的著作权。1989年，经白先勇许可，原上海电影制片厂有限公司（以下简称上影厂）将小说《谪仙记》改编为电影《最后的贵族》，该电影由谢晋导演，并于同年上映。

2013年8月，上海艺响文化传播有限公司（又名海上话剧工场，以下简称艺响公司）举行话剧《最后的贵族》新闻发布会，介绍对该话剧的筹备制作过程，各大报纸、网站等媒体也陆续对话剧《最后的贵族》进行了相关报道。同年12月上旬，话剧《最后的贵族》开始公演前的宣传，宣传彩页上以及演出场所的大型宣传海报上，均公开宣称该话剧是根据谢晋导演的同名电影改编，主办单位为上海电影（集团）有限公司（以下简称上影集团），承办单位为艺响公司、上海君正文化艺术发展有限公司（以下简称君正公司）。此后，原告向媒体发表公开声明，同时委托律师发函给艺响公司，要求立即停止侵权行为，但三被告仍于2013年12月17日至22日，连续六天在上海人民大舞台进行了公开演出。该话剧演出取得巨大轰动，各大媒体纷纷报道，三被告也因此取得巨额收入，按其售票价格及演出场所的座位数计算，六场演出的票房总收入为人民币1 849 320元。

原告于2014年4月9日提起诉讼，以三被告在未取得原作品《谪仙记》的著作权人即原告的许可，也未向原告支付报酬的情况下，擅自使用电影《最后的贵族》进行话剧演出，侵犯了原告的著作权为由，请求判令：1. 三被告立即停止对原告亨有著作权的小说《谪仙记》的侵害；2. 三被告在《文汇报》、《新民晚报》、新浪网、腾讯网、人民网等报刊和网站上刊登声明向原告公开赔礼道歉、消除影响；3. 三被告赔偿原告经济损失人民币50万元，赔偿为制止侵权和因诉讼所支付的合理开支人民币54 934元；4. 三被告向原告支付精神损害抚慰金人民币2万元。审理中，原告放弃了第4项诉讼请求，并明确其所主张的著作权权利为署名权、改编权、获得报酬权。

被告上影集团辩称：1. 上影集团与上影厂为关联企业，上影集团授权艺响公司改编话剧得到了电影作品权利人上影厂的许可；2. 上影集团从未有过利用电影《最后的贵族》改编话剧的意图和行为，未参与过话剧的改编、演出和宣传行为；3. 话剧《最后的贵族》在宣传中将上影集团列为主办方未经上影集团许可；4. 上影集团许可将电影《最后的贵族》改编为话剧完全基于无偿的公益目的，上影集团未因许可改编而获得任何经济收益。综上，上影集团无主观侵权故意，也无客观侵权行为，原告将上影集团列为被告欠妥。

被告艺响公司、君正公司共同辩称：1. 两被告将电影《最后的贵族》改编为话剧得到了中国文学艺术界联合会（以下简称中国文联）、上海市文学艺术界联合会（以下简称上海文联）的同意以及上影集团授权，而且通过中间人与原告白先勇就授权事宜进行了联系；2. 改编并进行话剧演出的目的是为了纪念谢晋，出于公益目的；3. 演出票绝大部分以赠票形式送出，演出实际并未赢利反而亏本。

第三人上影厂述称：同意上影集团的答辩意见。

上海市第二中级人民法院经审理查明：白先勇系小说《谪仙记》的作者。《谪仙记》——《纽约客》首篇，刊于1965年我国台湾地区出版的《现代文学》第二十五期。在我国大陆地区，小说《谪仙记》最早于2005年5月收入于同心出版社出版的《首届北京文学节获奖作家作品精选集——白先勇（卷）》，后另被收入《白先勇经典作品》、《一把青》、《纽约客》、《世纪文学·60家：白先勇精选集》等书中出版发行。

1989年，经原告白先勇许可，原上海电影制片厂将小说《谪仙记》改编为电影《最后的贵族》，该电影由谢晋导演，并于同年上映。

2013年年初，艺响公司开始筹备将电影《最后的贵族》改编为同名话剧的工作。同年8月31日，艺响公司作为承办单位举办纪念谢晋诞辰90周年暨话剧《最后的贵族》首演新闻发布会，介绍了该话剧的筹备制作过程。

2013年10月16日，上影集团作为授权人向被授权人艺响公司出具一份《授权书》，其内容为：依据《中华人民共和国著作权法》及有关法律规定，授权人授权艺响公司使用电影作品《最后的贵族》，授权条款为：一、授权人同意被授权人在包括但不限于话剧《最后的贵族》剧情、台词、场景、音乐、舞美及其他被授权人认为适当的范围内使用电影《最后的贵族》。二、授权人保证其授权被授权人使用电影《最后的贵族》的相关著作权等知识产权全部及肖像权属授权人所有，且保证其授权被授权人使用的电影《最后的贵族》不侵犯他人任何知识产权等权利及其他权利。三、授权人保证被授权人在使用电影《最后的贵族》时不会卷入任何知识产权及其他纠纷，没有任何第三人、单位、政府机关向被授权人追究任何法律责任。四、授权人根据本授权书所做出的授权不得撤销。五、授权人声明放弃就做出本授权而向被授权人提出任何抗辩及提起任何诉讼的权利。六、本授权书自授权人签署后生效。

2013年12月12日，相关报刊媒体刊登信息：话剧《最后的贵族》昨晚进行第一次带妆彩排，将于12月17日起在上海人民大舞台首演。该剧是“海上话剧工场”为纪念著名导演谢晋诞辰90周年而创排。2013年12月16日，原告委托律师向“海上话剧工场”发出律师函称其将原告作品改编成话剧《最后的贵族》并将进行公开表演，属于未经许可，严重侵犯原告著作权的行为，要求停止侵权行为、消除影响、赔礼道歉、赔偿损失。

2013年12月17～22日，话剧《最后的贵族》在上海人民大舞台公开演出六场。根据艺响公司（甲方）与演出场所管理单位签订的演出场租合同，艺响公司为六场演出每场支付乙方演出用场费人民币2万元，装、走台占用舞台费按节计算，每节（4小时）人民币5 000元，空调费每节（4小时）人民币4 000元等。根据票务代理资料，话剧《最后的贵族》出票张数4 742张，其中赠票4 363张，总票房人民币8 360元。经结算，票务公司应付主办方艺响公司票款人民币7 106元，应收票张费、票版制作费、代理费共计人民币8 796元。

【审判】

上海市第二中级人民法院经审理认为：

一、关于被告艺响公司、君正公司的改编行为是否得到了原告白先勇和上影厂的许可问题

上影厂经原告同意，通过对文字作品小说《谪仙记》的改编，制作了电影《最后的贵族》，享有对《最后的贵族》电影作品的著作权，但电影《最后的贵族》作为演绎作品，艺响公司、君正公司将该演绎作品改编为另一种作品形式即话剧，并进行公开演出，则需同时取得原作品作者即文字作品小说《谪仙记》作者的许可和演绎作品作者即电影作品《最后的贵族》制片者上影厂的许可。

上影集团虽非该电影的制片者，但鉴于该电影制片者上影厂同意上影集团行使该授权行为，故可认定艺响公司将该电影改编为同名话剧并演出，得到了电影作品著作权人的许可。

上影集团既无权代替原告作出原作品作者的授权许可，其对演绎作品的授权也不必然导致艺响公司取得原作品作者的许可。综合所查明的事实，原告关于上影集团作出“概括性授权”的事实主张，艺响公司、君正公司关于上影集团给予其包括著作权权利人在内授权的说法，均无事实与法律依据。至于艺响公司、君正公司辩称演出系获得中国文联、上海文联等部门同意一节，仅能说明相关部门对开展“谢晋诞辰90周年纪念活动”的管理行为，并不能替代艺响公司、君正公司依法应取得原作品作者权利使用许可。

因此，艺响公司、君正公司未经原作品作者即原告的许可，将电影作品《最后的贵族》改编为同名话剧并进行演出，侵害了原告享有的对其小说作品《谪仙记》的著作权，包括署名权、改编权及获得报酬的权利。上影集团许可艺响公司、君正公司改编电影作品《最后的贵族》的行为，不构成对原告著作权的侵害。

二、关于民事责任的承担问题

艺响公司、君正公司侵害原告享有的对其作品的署名权、改编权和获得报酬权等著作权权利，依法应承担停止侵害、消除影响、赔礼道歉和赔偿损失的民事责任。艺响公司、君正公司共同实施侵害著作权行为，造成原告损害，应当承担连带责任。

上海市第二中级人民法院依照《中华人民共和国侵权责任法》第八条，《中华人民共和国著作权法》第十条第一款第（二）项、第（十四）项和第二款，第十二条，第十五条第一款，第三十七条第二款，第四十七条第（六）项、第（七）项，第四十九条之规定，判决：1. 艺响公司、君正公司立即停止对原告白先勇小说《谪仙记》著作权的侵害；2. 艺响公司、君正公司在《新民晚报》及新浪网（www. sina. com. cn）上刊登声明，向白先勇赔礼道歉、消除影响；3. 艺响公司、君正公司连带赔偿白先勇经济损失人民币20万元；4. 艺响公司、君正公司连带赔偿白先勇合理费用人民币5万元。

【评析】

一、关于电影作品著作权归属和行使规则

本案所涉电影《最后的贵族》是一部演绎作品。所谓演绎作品是指在保持原有作品基本表达的基础上，增加符合独创性要求的新表达而形成的作品。电影作品往往属于演绎作品，正如本案所涉电影《最后的贵族》，该电影是通过白先勇创作的小说《谪仙记》拍摄的。关于演绎作品，我国《著作权法》第十二条规定，“改编、翻译、注释、整理已有作品而产生的作品，其著作权由改编、翻译、注释、整理人享有，但行使著作权时不得侵犯原作品的著作权”。可见，一方面，演绎者因其在原作品基础上具有创造性的智力劳动，对作为智力劳动成果的演绎作品享有著作权。另一方面，由于演绎作品包含原作品的基本表达，其中也存在原作品作者的著作权。因此，根据该条确立的权利归属和行使规则，演绎作品既包含原作品作者也包含演绎者的智力成果，存在原作品作者和演绎者所享有的双重权利。在利用他人作品创作演绎作品时，就不仅要得到演绎作品著作权人的许可，还应得到原作品著作权人的许可。

但是，电影作品作为一种特殊的演绎作品有其特殊性。不同于其他类型演绎作品，《著作权法》第十五条对电影作品及类似以摄制电影的方法创作作品给予特别规定，由制片者享有著作权，即将此类作品的整体著作权直接确定由制片者享有。但在电影作品与原作品的关系上该条并没有做出明文规定，由此产生的问题是，如果他人意图将电影作品改编为其他作品类型，是否还要遵循前述双重权利规则，需要分别取得制片者和原作品作者的双重授权？

有一种观点认为，虽然《著作权法》第十二条的规定体现了演绎作品存在双重权利的原则，但由于第十五条没有像第十二条那样规定“但行使著作权时不得侵犯原作品的著作权”，故该条是对第十二条规定的例外，也就是说对电影作品利用，无须取得原作品著作权人的许可。

我们认为，《伯尔尼公约》明确规定，要将由文学或艺术作品派生而来的电影作品改编为其他任何艺术形式，除了要经过电影作品作者的许可之外，还要经过原作品作者的许可。这说明，《伯尔尼公约》认为根据小说、戏剧等原作品拍摄而成的电影是存在双重权利的。我国是该公约的参加国，在没有相关保留以及《著作权法》没有明确规定情况下，对我国《著作权法》相关规定不应作违反国际条约义务的解释。因此，从体系解释方法出发，能够接受的结论是，对电影作品的改编需要经过原作品著作权人和电影作品著作权人的许可。

二、未经原作品著作权人许可对电影作品改编并演出构成侵权

本案中，上影集团在得到电影《最后的贵族》制片者上影厂同意的情况下，

向艺响公司出具授权书，许可其将电影作品改编为同名话剧，因此艺响公司获得了电影作品著作权人的许可。但是，艺响公司并未获得原作品著作权人小说《谪仙记》作者白先勇的许可，艺响公司以上影集团出具的授权书做出的授权系包括原作品著作权人许可在内的“概括性授权”的说法，因无事实及法律依据，没有得到法院的支持。因此，艺响公司在未得到原作品著作权人许可，且在原作品著作权人发现其改编行为而发出律师函要求停止侵权的情况下，执意进行公开演出，法院认定其侵犯了原作品著作权人对其作品享有的改编权、署名权和获得报酬的权利。

（撰稿人：李国泉）

动漫形象美术作品著作权侵权的司法认定

——艾影（上海）商贸有限公司与苏宁云商集团股份有限公司等著作权侵权纠纷案

【提要】

本案涉及多名被告共同或单独实施系列侵权行为而侵犯知名动漫形象“哆啦A梦”相关著作权权益的司法认定问题。关于共同侵权的认定，虽然被控侵权行为的管理方未直接实施被控侵权行为，但如果因其未尽合理注意义务而导致侵权行为的客观发生，则其应与侵权行为的具体实施人构成共同侵权；此外，明知他人欲实施侵权展览行为而为之提供侵权作品复制件的行为，亦构成对涉案美术作品展览权的共同侵犯。

【案情】

原告：艾影（上海）商贸有限公司

被告：苏宁云商集团股份有限公司

被告：福州苏宁置业有限公司

被告：福州苏宁置业有限公司台江分公司

被告：福州优品文化传播有限公司

被告：上海蓝伟文化传播有限公司

案由：著作权侵权纠纷

案号：（2014）徐民三（知）初字第257号

藤子·F. 不二雄是“哆啦A梦”等6个卡通形象造型的著作权人，原告艾影（上海）商贸有限公司（以下简称艾影公司）经系列授权后享有在中国大陆境内以自己名义对涉及侵犯“哆啦A梦”等卡通形象造型著作权的行为进行诉讼的权利，授权期间自2014年1月1日起至2014年12月31日止。

2014年2月26日，福州苏宁广场为了吸引顾客，增强人气，在其商场门口及内部使用了30余个表情、动作各异的“哆啦A梦”模型用于商业活动。此外，在商场外竖立的大型广告牌、路灯上悬挂的小型广告牌以及商场内部的玻璃门贴、地贴、T形舞台的背景板、扶手电梯两侧的宣传海报、电梯门贴以及扶手玻璃贴上多处印有“哆啦A梦”等卡通形象造型。

2014年3月7日，登录被告福州苏宁置业有限公司（以下简称福州苏宁置业公司）的微博账号，显示该账号于2014年2月14日至3月3日发布的微博中有福州苏宁广场“哆啦A梦”展览活动的现场照片以及活动的电子宣传海报。经比对，福州苏宁广场上所使用的模型、宣传海报以及微博中“哆啦A梦”等6个卡通形象造型与原告主张保护的卡通形象造型基本一致。

又查明，福州苏宁置业有限公司台江分公司（以下简称福州苏宁置业台江分公司）（甲方）与福州优品文化传播有限公司（以下简称优品公司）（乙方）签订《福州苏宁广场哆啦A梦主题活动营销服务合同》，约定甲方聘请乙方进行福州苏宁广场地推活动的相关整合营销策划、广告创意、活动执行等服务，活动时间为2014年2月14日至2014年3月14日。甲方有责任对乙方提交的文件、信息与建议及时作出确认及反馈意见。乙方提供相应项目服务，并对所提供项目服务的质量和合法性负责，确保活动项目的版权合法有效，如果出现版权纠纷由乙方全额承担一切后果。

审理中，优品公司表示被控侵权模型系向上海蓝伟文化传播有限公司（以下简称蓝伟公司）租赁后提供，而宣传海报系其自行制作。2014年1月29日，被告优品公司的员工向被告蓝伟公司的法定代表人汇款3万元。

福州苏宁广场的土地使用权以及建筑工程均登记在福州苏宁置业公司名下。审理中，苏宁云商公司、福州苏宁置业公司、福州苏宁置业台江分公司均表示福州苏宁广场的管理方系福州苏宁置业公司。

原告艾影公司诉称：原告经授权在中国大陆境内享有“哆啦A梦”等卡通形象造型的著作权权益及对涉及侵犯“哆啦A梦”等卡通形象造型的行为进行诉讼等权利。被告苏宁云商集团股份有限公司（以下简称苏宁云商公司）、福州苏宁置业公司共同经营、管理的福州苏宁广场大量使用由被告蓝伟公司制造并提供的“哆啦A梦”模型及印有“哆啦A梦”等卡通形象造型的海报等宣传用品，且有人偶“哆啦A梦”的现场表演。上述活动系由被告福州苏宁置业台江分公司及优品公司合作策划并实施。福州苏宁置业公司还在新浪微博上发布了宣传海报及活动现场照片，其中大量使用了“哆啦A梦”等6个卡通形象造型，还宣称消费满一定金额即可赠送“哆啦A梦”的DIY礼物。上述被告的行为严重侵犯了原告的合法权益，给原告造成重大经济损失，其中，被告苏宁云商公司、福州苏宁置业公司、福州苏宁置业台江分公司组织哆啦A梦展览活动的行为侵害了原告的作品展览权，在活动中制作印有“哆啦A梦”等卡通形象造型的宣传海报的行为侵害了原告的作品复制权，组织人偶表演的行为侵害了原告的作品表演权，赠送DIY礼物的行为侵害了原告的作品发行权，发布微博的行为侵害了原告的作品信息网络传播权；被告优品公司向前述三被告提供哆啦A梦模型的行为侵害了原告的作品发行权，制作宣传海报的行为侵害了原告的作品复制权；被告蓝伟公司制作哆啦A梦模型的行为侵害了原告的作品复制权，出租模型的行为侵害了原告的作品发行权，故原告诉至法院，请求判令：1. 五被告立即停止侵权行为，停止使用“哆啦A梦”等卡通形象造型，将使用的“哆啦A梦”模型予以销毁；2. 五被告在《法制日报》上发表声明，澄清事实，消除影响；3. 五被告共同赔偿原告经济损失人民币（以下币种相同）200万元、为调查被告侵权行为和起诉被告所支出的合理费用5万元，合计205万元。庭审后，原告确认福州苏宁广场中被控侵权模型及宣传海报均已撤除，新浪微博中福州苏宁广场账号发布的被控侵权微博也已删除，故申请撤回要求被告立即停止侵权行为，停止使用“哆啦A梦”等卡通形象造型的诉讼请求。

被告苏宁云商公司辩称：其没有使用“哆啦A梦”等卡通形象造型进行商业宣传，没有实施侵权行为，故不应承担侵权的法律责任。即便构成侵权，原告主张的经济损失及律师费也明显过高。

被告福州苏宁置业公司、福州苏宁置业台江分公司共同辩称：被控侵权的“哆啦A梦”展览活动系福州苏宁置业公司、福州苏宁置业台江分公司委托优品公司实施，故对于该活动是否侵权不清楚，且在与优品公司签订的合同中约定若因活动侵犯第三方合法权利，由优品公司承担责任。此外，原告主张的赔偿金额缺乏事实依据。

被告优品公司辩称：优品公司受福州苏宁置业台江分公司委托策划实施被控侵权的活动，即便构成侵权也应由福州苏宁置业台江分公司来承担责任；被控侵权的模型系向蓝伟公司有偿租赁后使用，且蓝伟公司还向优品公司出具了《授权书》，故优品公司并无侵犯原告著作权的主观恶意，即使构成侵权也应由蓝伟公司承担责任。

被告蓝伟公司辩称：被控侵权的模型并非蓝伟公司制作和提供，故蓝伟公司并未实施侵权行为。此外，原告主张的经济损失没有依据，不应予以支持。

【审判】

上海市徐汇区人民法院经审理认为，根据《中华人民共和国著作权法》的规定，中国与日本均为《伯尔尼保护文学和艺术作品公约》的成员国，日本公民的作品受我国著作权法保护。藤子·F. 不二雄创作的“哆啦A梦”等形象，体现了作者的匠心独运与绘画技巧，具有艺术性、独创性和可复制性，符合我国著作权法规定的作品的构成要件，属于美术作品，应当受到我国著作权法的保护。原告经授权获得以自己名义就侵犯“哆啦A梦”等美术作品著作权提起诉讼的权利。根据诉辩意见，本案主要的争议焦点在于各被告的行为是否构成对

“哆啦A梦”等美术作品著作权的侵害，以及如果被告的行为构成侵权，应承担何种民事责任。

1. 关于各被告的行为是否构成对涉案美术作品的著作权的侵害。法院认为，首先，福州苏宁置业公司、福州苏宁置业台江分公司为提高商场人气、促进销售委托优品公司举办“哆啦A梦”主题的营销活动，活动现场摆放有30个造型各异的“哆啦A梦”模型，供商场顾客观赏、合影，此外还有大量印有“哆啦A梦”等6个卡通形象造型的宣传海报。上述模型、海报所使用的卡通形象造型与原告主张保护的卡通形象造型的基本特征一致，其未经著作权人许可公开陈列美术作品复制件以及通过印刷、复印等方式将著作权人的作品制作一份或多份的行为构成对原告主张保护的作品展览权、复制权的侵害。该营销活动由优品公司负责实际策划、实施，福州苏宁置业台江分公司负责审核、反馈、支付活动费用，福州苏宁置业公司系该活动的最终收益方，故可认定福州苏宁置业公司、福州苏宁置业台江分公司及优品公司共同实施了上述侵权行为。关于原告要求苏宁云商公司承担共同侵权责任的主张，法院认为，现有证据无法证明苏宁云商公司负责福州苏宁广场的日常经营、管理，故对于该诉请法院不予支持。

其次，福州苏宁置业公司为宣传报道福州苏宁广场举办的“哆啦A梦”主题的营销活动，在新浪微博上以“福州苏宁广场”的账号发布了该活动的宣传海报以及活动现场照片，图片上多次出现“哆啦A梦”等6个卡通形象造型，可供网络用户点阅、下载，该行为并未获得著作权人许可，构成对上述美术作品信息网络传播权的侵害。

再次，根据现有证据可以证明系被告蓝伟公司制作了“哆啦A梦”模型并向优品公司出租了“哆啦A梦”模型，其未经著作权人的许可将“哆啦A梦”卡通形象造型的美术作品进行了从平面到立体的复制，侵害了该作品的复制权。此外，其在明知侵权模型将用于福州苏宁广场所举办的侵权展览活动的情况下但仍将侵权模型出租给优品公司，为侵权展览提供侵权工具的帮助行为构成侵犯涉案美术作品展览权的帮助侵权。

最后，对于原告主张被告的其他侵权行为，法院认为，著作权法意义上的表演是指由人对文字作品、戏剧作品、音乐作品和舞蹈作品所进行的公开现场表演或对作品的表演使用机器设备予以公开播放的行为。本案中，原告主张保护的作品属于美术作品，且活动现场仅是工作人员穿着卡通形象造型的服装与顾客进行互动，并不构成著作权法意义上的表演，故对于原告主张被告苏宁云商公司、福州苏宁置业公司、福州苏宁置业台江分公司组织“哆啦A梦”的人偶表演侵害了作品的表演权的诉请，法院不予支持。此外，原告还主张被告优品公司、蓝伟公司实施了出租模型的行为构成对作品发行权的侵害，法院认为，《著作权法》规定的发行权是指著作权人享有的以出售或赠与方式向公众提供作品的原件或者复制件的权利。本案中，无论是优品公司将模型作为营销服务一部分供福州苏宁广场使用，还是蓝伟公司出租给优品公司使用，均不属于以转移作品有形物质载体所有权的方式提供作品原件或复制件的行为，故对于原告的此项主张，法院亦不予支持。

2. 关于各被告应当各自承担的侵权责任。法院认为，被告福州苏宁置业公司、福州苏宁置业台江分公司、优品公司、蓝伟公司的相关行为构成对原告著作财产权的侵犯，应当承担停止侵权、赔偿损失的民事责任。关于赔偿损失的依据，由于无法证明原告损失以及被告获利，法院依据“哆啦A梦”等6个卡通形象造型的知名度、商业价值、被告的侵权行为性质、侵权活动举办地、活动人流量、持续时间、作品的数量、权利类型和过错情节等因素，酌情确定相应的赔偿金额。关于赔偿金额的具体分担，法院认为，被告蓝伟公司制造了本案中的侵权模型，并在明知该批模型将被用于侵权展览的情况下仍将其出租给被告优品公司，被告福州苏宁置业公司、福州苏宁置业台江分公司、优品公司则共同实施了侵权模型展览，被告福州苏宁置业公司发布了包含侵权模型的微博，在上述行为共同作用下造成了“哆啦A梦”等卡通形象造型的著作权人相关权利的损害后果，应由被告蓝伟公司、福州苏宁置业公司、福州苏宁置业台江分公司、优品公司承担连带责任。此外，被告福州苏宁置业公司、福州苏宁置业台江分公司、优品公司还共同制作了侵权海报，被告福州苏宁置业公司将侵权海报以微博形式进行了发布，由此产生的侵权损害后果则应由被告福州苏宁置业公司、福州苏宁置业台江分公司、优品公司承担连带责任。其中，侵权模型系福州苏宁广场“哆啦A梦”营销活动的主要活动道具，相较于宣传海报更具吸引顾客，提高商场人气的重要作用，由此产生的侵权后果亦更为严重。被告福州苏宁置业台江分公司作为被告福州苏宁置业公司的分支机构，不具有法人资格，其民事责任应由被告福州苏宁置业公司承担。

综上，上海市徐汇区人民法院依照《中华人民共和国侵权责任法》第八条、第九条第一款，《中华人民共和国著作权法》第二条第二款，第十条第（五）项、第（六）项、第（七）项、第（八）项、第（九）项、第（十二）项，第十一条第四款，第四十七条第（六）项，第四十八条第（一）项，第四十九条，《中华人民共和国公司法》第十四条，《中华人民共和国著作权法实施条例》第二条、第四条第（八）项，《最高人民法院关于审理著作权民事纠纷案件适用法律若干问题的解释》第七条，第二十五条第一款、第二款，第二十六条，《中华人民共和国民事诉讼法》第一百四十四条，《最高人民法院关于民事诉讼证据的若干规定》第二条，第六十六条，第六十九条第（二）项、第（四）项的规定，判决：一、被告福州苏宁置业有限公司、福州优品文化传播有限公司于判决生效之日起十日内连带赔偿原告艾影（上海）商贸有限公司经济损失人民币250 000

元；二、被告上海蓝伟文化传播有限公司对被告福州苏宁置业有限公司、福州优品文化传播有限公司上述赔偿款项中人民币200 000元承担连带赔偿责任；三、被告福州苏宁置业有限公司、福州优品文化传播有限公司、上海蓝伟文化传播有限公司于判决生效之日起十日内连带赔偿原告艾影（上海）商贸有限公司为制止侵权支出的合理费用人民币30 000元；四、驳回原告艾影（上海）商贸有限公司的其余诉讼请求。

【评析】

“哆啦A梦”系境外著名动漫形象，原告在获得该美术作品的相关著作权权益后，已就侵犯该美术作品的著作权侵权行为在全国各地发起了系列维权诉讼。本案系上海市就动漫形象美术作品展览权纠纷作出的首例判决。本案中，虽然各被告对于原告是否有权就“哆啦A梦”动漫形象主张著作权异议并不大，但基于该节事实系诉权的基础，故法院综合现有证据对此作出了认定。此外，原告指控多个被告的行为均构成对“哆啦A梦”美术作品著作权的侵犯，这其中有独立侵权，也涉及共同侵权，法院不仅对各被告的行为侵犯了何种著作权类型进行了具体阐述，还对各被告在侵权行为中所发挥的作用进行了分析与认定，以合理确定各被告应承担的民事责任。

一、关于原告是否有权利就涉案动漫形象主张著作权

（一）涉案动漫形象属境外美术作品，受我国著作权法的保护

“哆啦A梦”源于日本，属于境外美术作品。对于境外美术作品的保护问题，我国和日本都是《伯尔尼公约》的成员国，按照该公约的国民待遇原则，作者在创作国以外的该公约成员国中享受该国法律给予其的国民待遇，因此，日本公民的作品受到我国著作权法的保护。根据我国《著作权法实施条例》第四条第（八）项的规定：“美术作品，是指绘画、书法、雕塑等以线条、色彩或者其他方式构成的有审美意义的平面或者立体的造型艺术作品。”“哆啦A梦”系藤子·F.不二雄创作的虚拟动漫形象，属于利用线条、色彩、图案等表现方式构成的具有审美意义的具有角色造型艺术的美术作品，符合我国《著作权法》及《著作权法实施条例》规定的美术作品的特征，达到美术作品的保护界限，应受我国《著作权法》的保护。

（二）原告经授权获得了涉案美术作品的相关著作权权益

原告经过系列授权，获得了动漫电视连续剧《哆啦A梦》的名称、标志、设计、标识、商标、肖像、视觉表现和衍生形象的推广和商品化权利。从文字表述上看，原告获得的授权并不直接源于美术作品，而是电视剧。但是，电视剧《哆啦A梦》中的“哆啦A梦”等6个卡通形象造型，与美术作品“哆啦A梦”

的造型并无二致，仅有颜色上的变化，并不能构成新的作品，可以说是美术作品“哆啦A梦”电影方法的再现，而“哆啦A梦”作为电视剧《哆啦A梦》的主要动漫形象，是电视剧《哆啦A梦》中的相关肖像、视觉表现的组成部分，自然应当落入授权的范围之内。结合授权的内容、流转过程来看，授权明确了被授权人可以以自己的名义提起诉讼，因此，本案原告有权就“哆啦A梦”美术作品主张著作权相关权益。

二、关于原告指控的各被告侵犯涉案美术作品的各项著作权是否成立

（一）被告的行为是否侵犯涉案美术作品的复制权

复制权，即以印刷、复印、拓印、录音、录像、翻录、翻拍等方式将作品复制一份或者多份的权利，这种复制不仅包括平面到平面的复制，也包括从平面到立体的复制。本案中，被告福州苏宁置业公司、福州苏宁置业台江分公司及优品公司在宣传海报中所使用的卡通图案，与原告主张保护的美术作品形象基本一致，属于通过印刷、复印等方式将涉案美术作品制作成多份的行为，侵害了涉案美术作品的复制权。同时，涉案立体模型系由被告蓝伟公司制作，其未经著作权人的许可，将“哆啦A梦”美术作品进行了从平面到立体的复制，亦侵害了该美术作品的复制权。

（二）被告的行为是否侵犯涉案美术作品的展览权

展览权，是指公开陈列美术作品、摄影作品的原件或者复制件的权利。本案中，被告福州苏宁置业公司、福州苏宁置业台江分公司及优品公司将“哆啦A梦”立体模型在福州苏宁广场公开展出，经对比，被控展出的立体模型与原告提交的“哆啦A梦”美术作品基本相同，属于对涉案作品从平面到立体的复制。因此，三被告在未获得“哆啦A梦”美术作品著作权人的许可的情形下，将涉案美术作品的复制件公开展示用以商业营销，构成对涉案美术作品展览权的侵犯。

（三）被告的行为是否侵犯涉案美术作品的信息网络传播权

信息网络传播权，是指以有线或者无线方式向公众提供作品、表演或者录音录像制品，使公众可以在其个人选定的时间和地点获得作品、表演或者录音录像制品的权利。本案中，被告福州苏宁置业公司为了宣传推广其营销活动，将包含涉案美术作品的多张图片上传至其新浪微博，并公开发布，使得网络用户可以随时点阅并下载，该行为并未获得著作权人许可，构成对涉案美术作品信息网络传播权的侵害。

（四）被告的行为是否侵犯涉案美术作品的发行权

发行权，是指以出售或赠与方式向公众提供作品的原件或者复制件的权利，其核心在于所有权的转移。本案中，原告指控优品公司将模型作为营销服务的一部分供福州苏宁广场使用、蓝伟公司将侵权模型出租给优品公司使用，构成对涉案美术作品发行权的侵犯，但我们认为，上述行为均不属于以转移作品有形物质载体所有权的方式提供作品原件或复制件的行为，并不涉及复制件所有权的转移，因此该行为不应认定为发行行为，被告并未侵犯涉案美术作品的发行权。

（五）被告的行为是否侵犯涉案美术作品的表演权

表演权，即公开表演作品，以及用各种手段公开播送作品的表演的权利。对于表演权所涉及的作品，虽然我国《著作权法》并未明确规定与限制，但根据《伯尔尼公约》第十一条之相关规定，主要体现在戏剧作品、戏剧音乐作品、音乐作品以及文字作品中。而本案中，原告所主张保护的作品属于美术作品，且其具体的表现行为是商场工作人员穿着涉案卡通形象造型的服装与顾客进行互动，并非著作权法意义上的表演，故被告在营销活动中的该种行为，并未侵犯涉案美术作品的表演权。

三、关于本案中涉及的共同侵权行为的判定

（一）未直接实施侵权活动但未尽到管理人的注意义务而导致侵权行为发生的构成共同侵权

《侵权责任法》第八条规定：“二人以上共同实施侵权行为，造成他人损害的，应当承担连带责任。”此为共同侵权的一般规定。共同侵权的构成，需要各加害人的共同过错行为产生同一损害后果。本案中，虽然侵权营销活动系被告优品公司具体操办，被告福州苏宁置业公司、福州苏宁置业台江分公司不是被控侵权行为的直接实施者，但被控侵权行为的发生与该两被告的行为有着密不可分的关系。被告福州苏宁置业台江分公司系该营销活动的主办方和审核方，福州苏宁置业公司系商场营销活动的管理者和受益人，其均应当对营销活动中涉及的知识产权问题尽到合理、必要的审查、注意义务，现其没有尽到善良管理人的注意义务，主观上存有过错，客观使得侵权行为得以继续并持续数日之久，主观与客观均达到共同侵权的要件，应当与营销活动的实际操办者优品公司构成共同侵权。

（二）明知他人意欲实施侵权展览而为之提供道具的行为构成帮助侵权

《侵权责任法》第九条规定：“教唆、帮助他人实施侵权行为的，应当与行为人承担连带责任。”根据该条规定，“帮助侵权”为“共同侵权”的一种，虽然该法并未对“帮助侵权”的构成要件加以详细规定，但根据侵权责任法的一般原理，如果行为人明知他人意欲实施侵权行为，却仍然提供实质性帮助，即构成“帮助侵权”。本案中，被告福州苏宁置业公司、福州苏宁置业台江分公司及优品公司，将涉案美术作品的复制件公开展示用以商业营销，构成对涉案美术作品展览权的侵犯，但该作品的复制件系由被告蓝伟公司提供，系侵权行为实施的主要工具，且通过其与优品公司签订的道具租赁合同，可以证明其对于将该复制件用于侵权展览活动是明知的，因此，被告蓝伟公司为侵权展览提供道具的行为，属于共同侵权中的帮助侵权，应当就侵犯涉案美术作品展览权承担相应的民事责任。

（撰稿人：刘秋雨）

纪录片是否构成著作权法意义上的“作品”以及视频网站未经许可进行传播的法律责任

——央视国际网络有限公司与上海全土豆文化传播有限公司侵害作品信息网络传播权纠纷案

【提要】

涉案节目是大型美食类纪录片，作品的剪辑方式等方面均体现了创作者独特的视角和个性化的选择，凝聚了较高程度的创造性劳动，是著作权法规定的类似电影摄制方法创作的作品。任何未经创作者许可，擅自在网站上直接向公众提供涉案作品在线播放的行为，构成侵犯信息网络传播权的侵权行为，应依法承担相应的民事责任。

【案情】

原告（被上诉人）：央视国际网络有限公司

被告（上诉人）：上海全土豆文化传播有限公司

案由：侵害作品信息网络传播权纠纷

一审案号：（2013）闵民三（知）初字第242号

二审案号：（2013）沪一中民五（知）终字第228号

纪录片《舌尖上的中国》共计7集，由中国国际电视总公司出版发行的该片DVD光盘盒及盘面上有“CCTV9纪录”字样。在光盘的播放过程中，片尾显示“中央电视台”及“CCTV9”字样。

2009年4月20日，中央电视台出具《授权书》一份，内容如下：中央电视台将其拍摄、制作或广播的，享有著作权或与著作权有关的权利，或获得相关授权的该台所有电视频道及其所含的全部电视节目（包括但不限于现有及今后之：综艺晚会［包括但不限于：春节联欢晚会、元宵晚会、专题晚会］、访谈节目……纪录片等），通过信息网络（包括但不限于互联网络……新媒体传播平台）向公众传播、广播、提供的权利，授权央视国际网络有限公司（以下简称央视国际公司）在全世界范围内独占行使，并授权其作为上述权利在全世界范围内进行交易的独家代理；央视国际公司作为上述权利的独占被授权许可人，可以以自己的名义对外主张、行使上述权利，可以许可或禁止他人行使或部分行使上述权利，可以针对侵权行为以自己的名义或委托律师等第三方采取各种法律措施；前述所有授权内容自2006年4月28日起生效，至中央电视台书面声明取消前述授权之日失效。

2012年5月23日，央视国际公司向上海市静安公证处申请证据保全。央视国际公司代理人陆佳妮使用该公证处已接入互联网的计算机进行如下操作：打开IE浏览器，输入http：//www.tudou.com/，查看“广播电视节目制作经营许可证”、“信息网络传播视听节目许可证”、“网络文化经营许可证”、“关于土豆”、“上海工商”等链接，显示该网页由上海全土豆文化传播有限公司（以下简称全土豆公司）所有，其具有信息网络传播视听等相关资质。在“土豆网”网站首页搜索框输入“舌尖上的中国”，搜索结果页有“舌尖上的中国”专辑，其介绍载明“‘舌尖上的中国’为中国中央电视台播出的人文历史纪录片，共七集……”内容，下设“20120522. 第7集……我们的田野”、“20120521. 第6集……五味的调和”、“20120518. 第5集……厨房的秘密”、“20120517. 第4集……时间的味道”、“20120516. 第3集……转化的灵感”、“20120515. 第2集……主食de故事”、“20120514. 第1集……自然的馈赠”等播放链接。点击“播放”依次播放第7集至第1集，播放框下方显示视频时长，每个链接在播放前及播放框下方均存在广告投放，播放中用“camtasia recorder”屏幕录像软件对部分播放内容进行录制，并对部分页面进行网页截屏。上海市静安公证处公证员崔亚霞及工作人员徐静监督了上述操作过程，并于2012年5月30日出具了（2012）沪静证经字第1582号公证书。涉诉后，全土豆公司删除了其网站上的上述视频。

诉讼中，央视国际公司主张为本案支出律师费（含公证费、差旅费）人民币5万元（以下币种相同），但未提交相应的发票。

原告央视国际公司诉称：涉案节目“舌尖上的中国”由中央电视台花费巨大的人力、物力和财力摄制完成，中央电视台对其享有著作权，并将通过信息网络传播的权利授予原告。2012年5月23日，原告发现被告未经许可，在其网站“土豆网”（www.tudou.com）上通过信息网络提供涉案节目的在线点播服务。被告的上述行为严重侵犯了原告的合法权益，给原告造成了重大的经济损失。原告为维护合法权益不受侵害，诉至法院，请求判令被告赔偿原告经济损失人民币80万元及为调查被告侵权行为和起诉所支出的合理费用（律师费）5万元。

被告全土豆公司辩称，原告从中央电视台获得的授权是不完整的，被告提供的是存储空间服务，无事先审查义务，不明知也不应知涉案视频的存在，其在收到诉状后已经删除了涉案视频，故不同意原告的诉讼请求。

【审判】

闵行区人民法院经审理认为，电影作品和以类似摄制电影的方法创作的作品的著作权由制片者享有；如无相反证明，在作品上署名的公民、法人或者其他组织为作者。《舌尖上的中国》共有7集，每集片尾均有中央电视台的署名，且在正版发行光盘的内容介绍上也写明该片是中央电视台纪录频道推出的。在并无相反证据的情况下，可以认定中央电视台享有涉案作品的著作权。中央电视台出具的《授权书》中虽未明确具体作品名称，但该授权书表明中央电视台将其制作的包括纪录片在内的全部电视节目的信息网络传播权独占授权给央视国际公司，故央视国际公司享有涉案作品的信息网络传播权。在被授权的期限和地区内，任何人在未经许可或不具有合理使用等免责情形下通过信息网络向公众传播涉案作品的，均构成对央视国际公司享有的信息网络传播权的侵犯，其有权提起诉讼。

关于全土豆公司是否侵害了涉案作品的信息网络传播权及应否承担相应的民事责任，原审法院认为，网络用户、网络服务提供者未经许可，通过信息网络提供权利人享有信息网络传播权的作品，除法律、行政法规另有规定外，应当认定其构成侵害信息网络传播权行为。本案中，根据央视国际公司提交的公证书显示，全土豆公司在其网站上向公众提供了涉案作品的在线点播服务，使用户可以在其个人选定的时间观看涉案作品，其虽辩称提供的系存储空间服务，涉案视频系网友上传，但未提供相应证据证明，亦未向原审法院说明涉案视频的实际上传者，故原审法院对全土豆公司上述辩称意见不予采信。全土豆公司未经许可，擅自在其网站上直接向公众提供涉案作品在线播放的行为，侵犯了央视国际公司对该作品享有的信息网络传播权，应当依法承担相应的民事责任。对于央视国际公司主张的经济损失，鉴于其未能举证证明因被侵权所遭受的实际损失或者全土豆公司因侵权所获得的利益，原审法院综合考虑涉案作品的知名度和影响力，全土豆公司直接提供涉案作品的在线播放、主观过错，侵权行为发生在作品传播期及侵权行为的持续时间，全土豆公司网站的经营规模、经营模式、影响力等因素酌情确定。关于央视国际公司主张的合理费用，系为本案委托律师参与诉讼确需支出相应的费用，原审法院根据本案标的金额、案情繁简程度及律师代理诉讼的工作量等因素酌情认定。

据此，闵行区人民法院依照《中华人民共和国著作权法》第十条第一款第（十二）项、第四十八条第（一）项、第四十九条，《最高人民法院关于审理著作权民事纠纷案件适用法律若干问题的解释》第七条、第二十五条第一款、第二款、第二十六条，《最高人民法院关于审理侵害信息网络传播权民事纠纷案件适用法律若干问题的规定》第三条之规定，判决全土豆公司于判决生效之日起十日内赔偿央视国际公司经济损失24万元、合理费用8 000元。

一审判决后，全土豆公司不服，向上海市第一中级人民法院提起上诉。

上诉人全土豆公司诉称：1. 涉案节目不是电影作品或以类似电影方法摄制的作品，而是录像制品，被上诉人不享有完整的著作权利；2. 即使涉案节目为类电影作品，中央电视台也不当然为著作权人；3. 原审法院对举证责任的分配不合理，应由被上诉人来举证涉案节目非网友上传；4. 原审判决赔偿金额过高。

被上诉人央视国际公司辩称：1. 涉案作品具有较高的艺术价值和独创性，是类电影作品；2. 中央电视台是涉案作品的当然权利人；3. 原审法院对举证责任的分配和判决金额的确定合法合理。

上海市第一中级人民法院认为：

1. 关于涉案节目是录像制品还是类似电影方法摄制的作品。涉案节目凝聚了导演、摄像、编曲、后期剪辑等参与创作者较高程度的创造性劳动，是著作权法规定的类似电影摄制方法创作的作品。

2. 关于中央电视台是否享有涉案节目的著作权。上诉人认为涉案作品是在中央电视台纪录频道播出，而且涉案光盘封面上显示总制作人刘文、执行制片人朱乐贤的字样，因而主张中央电视台不是唯一著作权人。首先，中央电视台纪录频道是中央电视台的下设频道之一，隶属中央电视台，涉案作品由中央电视台制作，中央电视台享有涉案作品的著作权理由充分，上诉人的主张不足以构成相反证明。其次，涉案光盘封面显示的总制片人、执行制片人是指在作品制作过程中相关参与者的具体分工，并非对应我国著作权法中制片者的概念。故对上诉人的以上主张不予支持。

3. 关于原审法院关于举证责任的分配是否合理。被上诉人提交的公证书显示上诉人在经营的网站上提供涉案作品的在线点播服务，证明上诉人存在侵权行为。上诉人辩称其提供的系存储空间服务，涉案作品系网友上传，应就辩称的事实提供证据证明。在其没有提供任何有关实际上传者信息的情况下，原审法院认定上诉人承担举证不力的后果并无不当。

本案中关于实际上传者的相关信息属于上诉人自行掌控和管理范围之内，理应由其举证。上诉人辩称在涉诉后删除了原始数据而不能提供，对此，作为本案争议的事实上诉人理应用合理方式保存，其自行删除原始数据导致相应事实无法查明，应对此承担不利后果。

4. 关于原审判决赔偿金额是否合理。原审法院考虑涉案作品的艺术价值、社会影响，以及全土豆公司网站播出时间、侵权行为持续时间，并结合全土豆公司网站的经营规模、经营模式、影响力以及权利人对第三方的授权许可费用综合认定赔偿金额，酌定的因素全面、合理。

【评析】

本案被告未经许可在网络上传播纪录片《舌尖上的中国》，案件争议焦点在于涉案节目是否构成著作权法意义上的“作品”，以及未经许可进行传播应承担何种责任。

一、涉案节目的类型

根据《著作权法实施条例》的定义，电影作品和以类似摄制电影的方法创作的作品，是指摄制在一定介质上，由一系列有伴音或者无伴音的画面组成，并且借助适当装置放映或者以其他方式传播的作品。录像制品，则是指电影作品和以类似摄制电影的方法创作的作品以外的任何有伴音或者无伴音的连续相关形象、图像的录制品。

可见，我国《著作权法》对录影采用了二分法，即独创性高的录影属于“电影作品及以类似摄制电影的方式创作的作品”，而独创性低的录影则是“录像制品”。故涉案节目是录像制品还是以类似电影方法摄制的作品，关键在于其是否符合狭义著作权法对“作品”独创性的要求。

涉案节目是使用高清设备拍摄的大型美食类纪录片，在全国60多个地方选景拍摄，历时13个月，在前期的调研、旁白文案的创作、摄制内容的选择，背景音乐的选取，作品的剪辑方式等方面均体现了创作者独特的视角和个性化的选择，凝聚了导演、摄像、编曲、后期剪辑等参与创作者较高程度的创造性劳动，是著作权法规定的类似电影摄制方法创作的作品。

二、举证责任的分配

根据《最高人民法院关于民事诉讼证据的若干规定》第二条的规定，当事人对自己提出的诉讼请求所依据的事实或者反驳对方诉讼请求所依据的事实有责任提供证据加以证明。央视国际公司提交的公证书显示全土豆公司在经营的网站上提供涉案作品的在线点播服务，证明全土豆公司存在侵权行为。全土豆公司辩称其提供的系存储空间服务，涉案作品系网友上传，应就辩称的事实提供证据证明。在其没有提供任何有关实际上传者信息的情况下，故全土豆公司应承担举证不力的后果。

根据《民事诉讼法》第六十四条的规定，当事人及其诉讼代理人因客观原因不能自行收集的证据，或者人民法院认为审理案件需要的证据，人民法院应当调查收集。本案中关于实际上传者的相关信息属于全土豆公司自行掌控和管理范围之内，理应由其举证。全土豆公司辩称在涉诉后删除了原始数据而不能提供，对此，作为本案争议的事实全土豆公司理应用合理方式保存，其自行删除原始数据导致相应事实无法查明，应对此承担不利后果。

三、赔偿金额的认定

鉴于本案央视国际公司未能举证证明因被侵权所遭受的实际损失和全土豆公司因侵权所获得的利益，故适用法定赔偿原则酌定赔偿金额。涉案作品在介绍美食的同时巧妙融入各地特色的文化和礼仪，表现了中华美食文化的博大精深和源远流长，并引发观众对各地文化传统和人生价值等方面的思考，有较高的艺术价值，播出后有较大的社会影响，享有较高知名度。全土豆公司经营的网站在热播期就擅自传播涉案作品，且侵权行为持续的时间较长，原审法院考虑到以上因素并结合全土豆公司网站的经营规模、经营模式、影响力以及权利人对第三方的授权许可费用综合认定赔偿金额，酌定的因素全面、合理。

（撰稿人：钱建亮　张　敏）

涉网络小说著作权侵权赔偿数额的认定

——上海玄霆娱乐信息科技有限公司诉北京幻想纵横网络技术有限公司侵害作品信息网络传播权纠纷案

【提要】

本案的原、被告均是国内知名的网络小说门户网站，涉案网络小说《永生》作为畅销作品，字数超过500万字，在搜索排行榜上排列第一。虽然本案标的仅是一部小说作品，但法院根据当事人提交的证据，作出了超出法定赔偿额上限的300万元高额赔偿判决。本判决是法院在互联网创作和娱乐时代与时俱进，加大知识产权保护力度的有力体现。

【案情】

原告（被上诉人）：上海玄霆娱乐信息科技有限公司

被告（上诉人）：北京幻想纵横网络技术有限公司

案由：侵害作品信息网络传播权纠纷

一审案号：（2013）沪二中民五（知）初字第191号

二审案号：（2014）沪高民三（知）终字第78号

原告上海玄霆娱乐信息科技有限公司（以下简称玄霆公司）是国内原创文学门户网站“起点中文网”的运营商。2010年1月18日，原告与文字作品《永生》的作者王钟（笔名：梦入神机）签署了《白金作者作品协议》。根据协议内容，在协议生效之日起4年内王钟所创作的所有作品在全球范围内的信息网络传播权及电子形式的其他权利永久转让给原告。同日，双方签署了附属合同，约定在协议期间内王钟创作的作品的著作权以及相关的一切衍生权利完全排他地归属于原告。2010年7月，原告发现王钟在被告北京幻想纵横网络技术有限公司经营的纵横中文网（www. zongheng. com）上发表上述《永生》作品，后经诉讼已有生效判决确认原告享有《永生》作品的著作权。之后被告继续在其经营的纵横中文网上非法传播上述作品，并授权案外人中国移动通信集团浙江有限公司（以下简称中国移动浙江公司）及上海畅声网络科技有限公司在手机阅读基地和畅听网上使用该小说。原告认为，被告的行为严重侵犯了原告对《永生》作品享有的信息网络传播权等合法权益，非法获利数额巨大，故诉至法院，请求判令：1. 被告立即停止侵权，即停止在纵横中文网上传播文字作品《永生》及基于该作品的对外授权行为；2. 被告赔偿原告经济损失人民币1 200万元（以下币种均为人民币）；3. 被告赔偿原告支出的合理费用51 500元。后在庭审中，原告撤回了部分要求被告停止侵权的诉讼请求，将该诉请改为要求被告停止基于《永生》作品的对外授权行为。

被告北京幻想纵横网络技术有限公司（以下简称幻想纵横公司）辩称：1. 被告的行为没有侵犯原告就《永生》作品享有的信息网络传播权，被告也已经于2013年11月将《永生》作品从纵横中文网上删除。根据上海市第一中级人民法院于2012年5月4日作出的（2011）沪一中民五（知）终字第136号民事判决书，王钟有权继续在纵横中文网上发布其创作的《永生》作品，因此，被告在纵横中文网上刊载《永生》作品的行为亦属合法行为，不构成对原告就该作品享有的信息网络传播权的侵犯，且被告在纵横中文网上刊载《永生》作品的行为已经在上述生效判决中被处理过，该事实不应在本案中再次被审理。2. 被告在前述原告与王钟的著作权合同纠纷诉讼的二审判决作出之前将《永生》作品授权给中国移动浙江公司开展相关业务是善意行为，因此获得的财产权益应受到法律保护，且被告在得知前述二审判决结果之后已经与原告就《永生》作品开展合作事宜进行协商，直至2012年11月仍协商未果，被告随即停止了与该案外人的合作。被告没有授权案外人上海畅声网络科技有限公司使用《永生》作品。3. 原告主张的1 200万元经济损失畸高，且没有事实与法律依据。综上，请求法院驳回原告的诉讼请求。

【审判】

上海市第二中级人民法院经审理认为：鉴于（2011）沪一中民五（知）终字第136号民事判决书已经确认《永生》作品的著作权（除法律规定不可转让的权利以外）归原告所有，被告自2010年7月18日至2013年11月在纵横中文网上传播《永生》作品的行为，构成未经著作权人许可通过信息网络向公众传播其作品的著作权侵权行为。关于被告有权继续发布《永生》作品的辩称意见，本院认为上述生效判决撤销原审判决主文第三项“王钟停止在纵横中文网上继续发表《永生》的行为”的原因在于，二审判决作出前，《永生》作品已经创作并发表完毕，王钟的发表权已经一次性用尽，无法再回复到未发表的状态，原审的此项判决已无实际必要。但该项判决主文的撤销不能视为是对被告继续使用《永生》作品的授权和许可，即被告在《永生》作品发表完毕后继续在纵横中文网上传播该作品的行为仍然构成侵害原告的作品信息网络传播权。因此，被告的辩称意见系对上述生效判决的误解，本院对此不予采信。关于被告一事不再理的辩称，本院认为，上海市第一中级人民法院的生效判决仅是处理原告与王钟之间的著作权合同纠纷，所判决的违约金也是针对王钟违约行为的惩罚，并未涉及被告的侵权行为，因此本案对于被告侵权行为的审理并不违反一事不再理原则。

另外，根据本案相关证据以及生效判决，可以认定被告未经许可实施将《永生》作品的信息网络传播权授权中国移动浙江公司以及上海畅声网络科技有限公司使用的行为构成侵害原告的信息网络传播权。关于被告系善意使用的辩称，首先，我国著作权法没有关于著作权善意取得的规定，被告认为其可因主观原因免除侵权责任的辩称意见没有法律依据；其次，根据原告提交的网络微博证据并结合原、被告属同业竞争者这一事实，在其未提交有力反驳证据的情况下，被告关于自己属于善意第三人的主张缺乏事实依据。

综上，被告未经许可在纵横中文网上传播《永生》作品以及授权案外人中国移动浙江公司及上海畅声网络科技有限公司使用《永生》作品的行为侵害了原告就《永生》作品享有的作品信息网络传播权，应当承担停止侵权、赔偿损失的民事责任。由于在本案中，已经有证据证明被告的获利超过了著作权法规定的法定赔偿数额的上限 50 万元，法院将综合全案的证据情况，在法定赔偿最高限额之上酌情合理确定赔偿数额及合理费用的数额。

据此，上海市第二中级人民法院依照《中华人民共和国著作权法》第十条第一款第（十二）项、第四十八条第（一）项、第四十九条，《信息网络传播权保护条例》第十八条第（一）项之规定，判决如下：（1）被告幻想纵横公司立即停止对原告玄霆公司就《永生》文字作品享有的信息网络传播权的侵害；（2）被告幻想纵横公司应于判决生效之日起十日内赔偿原告玄霆公司经济损失人民币 300 万元；（3）被告幻想纵横公司应于判决生效之日起十日内，赔偿原告玄霆公司合理费用人民币 3 万元；（4）驳回原告玄霆公司的其余诉讼请求。

一审判决后，被告不服，提起上诉。

上海市高级人民法院经审理后认为：本案中，上诉人从案外人中国移动浙江公司移动阅读基地处所获收益分成达 173 万余元，上诉人仅该一项获利就已超过我国著作权法规定的法定赔偿数额的上限 50 万元，故上诉人关于本案赔偿应当在法定上限 50 万元以内酌定的理由不能成立。原审法院在酌情确定本案赔偿数额时以纵横中文网上 2 亿余次的点击数作为参考因素之一并无不当。前述生效判决已经认定《永生》作品的著作权（除法律规定不可转让的权利以外）归被上诉人玄霆公司享有，本案中亦无证据可以证明上诉人幻想纵横公司对该作品的创作投入了智力和财力，至于王钟是否从上诉人处获取高额回报的事实则属于上诉人与王钟之间的法律关系，并不能作为本案确定侵权损害赔偿数额的考量因素。综上所述，原审法院综合考虑《永生》作品的实际价值、幻想纵横公司的侵权行为方式、侵权持续时间、侵权损害后果、幻想纵横公司从案外人处的获利分成收入等因素，酌情确定的300万元赔偿数额并无不当。

据此，上海市高级人民法院认为上诉人幻想纵横公司的上诉请求与理由缺乏事实和法律依据，应予驳回。依照《中华人民共和国民事诉讼法》第一百七十条第一款第（一）项之规定，判决：驳回上诉，维持原判。

【评析】

网络小说是依托网络基础平台，由网络作家发表的小说，它随着网络的快速发展而成为一种新兴的小说类型，随着网络时代的到来以及新媒体的蓬勃发展，人们的阅读习惯以及阅读需求发生了巨大的转变，加之背后的商业推手，网络小说的数量以及读者群早已经超越了传统的文学作品，形成了一个新兴的文化产业。本案所涉作品就是一部知名度较高的网络小说，在以往的司法实践中，一部由出版社正式出版的文学作品即使是畅销书，在著作权侵权纠纷中所能获得的赔偿数额也十分有限，这是因为除了文学价值等主观因素，传统文学作品的字数、发行量、作者稿酬以及侵权人的侵权方式、获利等与现今的网络文学作品相比不可同日而语，而这些因素又是著作权法中侵权赔偿计算时衡量的重要因素，因此在涉及网络小说的著作权侵权案件中赔偿数额的认定也必然会有所不同。

根据我国《著作权法》第四十九条的规定，侵犯著作权或者与著作权有关的权利的，侵权人应当按照权利人的实际损失给予赔偿；实际损失难以计算的，可以按照侵权人的违法所得给予赔偿。赔偿数额还应当包括权利人为制止侵权行为所支付的合理开支。权利人的实际损失或者侵权人的违法所得不能确定的，由人民法院根据侵权行为的情节，判决给予50万元以下的赔偿。在大部分著作权侵权案件中，由于当事人存在举证方面的困难，权利人会要求法院适用法定赔偿规则确定最终的赔偿数额。通常，在著作权侵权诉讼中，法院一般综合以下因素酌定赔偿数额：（1）著作权的权利价值；（2）侵权情节；（3）侵权损害后果；（4）侵权人过错程度；（5）其他应予考虑的因素。其中，法院可根据以下因素衡量著作权权利价值：（1）作品的类型、独创性程度、创作投入、创作难度、创作周期、知名度、市场价值、获奖情况；（2）侵权行为发生时的合理转让价格、合理许可费用、行业内的通常许可使用费或者国家规定的有关使用费标准；（3）行业稿酬标准；（4）著作权集体管理组织的许可使用费；（5）其他可以衡量著作权权利价值的因素。侵犯文字、美术、摄影等作品著作权的，可以在国家规定的稿酬标准的2~5倍范围内确定法定赔偿额，文字作品不足千字的以千字计算。著作权人证明其作品能获得更高稿酬的，应予支持。以网络方式传播文字、美术、摄影等作品侵犯著作权的，参考作品许可费、作品知名度、侵权网站经营规模、传播范围、侵权作品点击次数等因素来确定赔偿数额。由此可见，网络小说与传统文字作品出版物相比，在获得赔偿方面具有以下几点优势：1. 作为稿酬计算依据的字数。一般来说，虽然没有明确的规定，但传统文学作品字数在 8 万字以上就可作为长篇小说，而网络小说作品的字数普遍都有几十万字甚至上百万字。2. 侵权范围。依赖于互联网传播的便捷性，网络小说的传播速度与传播途径均胜过传统文学作品，而且网络小说的读者群范围也比较广泛。3. 许可费用。网络小说的商业运作体制更为灵活，网络作家大多会与大型的中文门户网站签约，许可方式灵活，签约金动辄上百万元，而传统小说的出版成本较高，受市场波动影响大，出版合同约定的权利金普遍不算高。由此可见，在著作权侵权案件中，涉及网络小说作品的判赔数额高于涉及传统文学作品的判赔数额也应属于合理结果。

此外，除了适用法定赔偿规则，对于难以证明权利人受损或者侵权人非法获利的具体数额，但有证据证明前述数额确已超过法定赔偿最高限额的，不应适用法定赔偿方法，而应综合全案的证据情况，在法定赔偿最高限额以上合理确定赔偿数额。在本案中，根据被告以及案外人中国浙江公司提交的证据，被告获利的最低数额确实有 1 737 002. 11 元，因此本案不应适用法定赔偿规则，而可以适用酌定赔偿规则，在 50 万元以上确定赔偿数额。法院认为，虽然考虑到网络读者的阅读习惯，网站的阅读点击数不能作为确定赔偿数额的客观依据，但是可以作为参考因素。被告的经营方式是免费看书，在给自己带来经济利益同时也会给原告造成损失，既然通过许可手机阅读都可以获利超过 100 万元，被告网站提供免费阅读涉案小说的侵权行为也会给原告造成超过 100 万元的经济损失，被告从中的获利也不会低于 100 万元。而且被告在纵横中文网上传播作品的时间还比手机阅读基地的时间多一年。此外，被告还向畅听网授权的事实是客观存在的，虽然目前无法查明被告到底从中获得了多少收益，但是考虑到授权时间，以及有声作品的读者范围等因素，仍然可以保守估计至少收入在 50 万元。因此，最终法院在法定赔偿额的上限以上确定了本案的经济赔偿数额 300 万元。

（撰稿人：凌宗亮）

二、

商标民事纠纷案件

在先使用有一定影响的未注册商标的认定

——合肥伍伍壹网络科技服务有限公司与上海拍拍贷金融信息服务有限公司侵害商标权纠纷案

【提要】

商标注册人申请商标注册前，他人已经在同一种商品或者类似商品上先于商标注册人使用与注册商标相同或者近似并有一定影响的商标的，注册商标专用权人无权禁止该使用人在原使用范围内继续使用该商标。判断在先使用的未注册商标是否有一定影响，应考虑商标使用的持续时间及地域范围、商标的宣传情况、相关公众的知晓情况等因素。

【案情】

原告（上诉人）：合肥伍伍壹网络科技服务有限公司

被告（被上诉人）：上海拍拍贷金融信息服务有限公司

案由：侵害商标权纠纷

一审案号：（2014）浦民三（知）初字第68号

二审案号：（2014）沪一中民五（知）终字第187号

合肥伍伍壹网络科技服务有限公司（以下简称伍伍壹公司）于2012年8月14日成立。伍伍壹公司的关联公司广州市俊烨办公设备有限公司（以下简称俊烨公司）于2007年6月27日成立。商标局于2010年9月28日核准俊烨公司在第36类服务上注册第7188389号"拍拍贷 PPDAI"商标，核定使用服务项目为分期付款的贷款、金融贷款、金融服务、金融管理、融资租赁、金融咨询、信用卡服务、电子转账、担保、典当，注册有效期限至2020年9月27日止。该注册商标的申请日期为2009年2月5日。2013年6月13日，商标局核准俊烨公司将上述注册商标转让给伍伍壹公司。2013年12月，伍伍壹公司及其关联公司在自行印制的出版物上对"拍拍贷 PPDAI"商标进行宣传，伍伍壹公司未在其他场合使用该商标。

上海拍拍贷金融信息服务有限公司（以下简称拍拍贷公司）于2011年1月18日成立，原企业名称为上海厦众信息技术有限公司，于2012年4月变更为现企业名称。登记经营范围为：金融信息服务，计算机网络专业领域内的技术开发、技术咨询、技术服务、技术转让，数据处理服务，电子商务，市场信息咨询与调查等。

拍拍贷网的域名（ppdai. com）于2007年4月6日注册，原由上海代丰投资咨询有限公司（拍拍贷公司的关联公司，以下简称代丰公司）运营。2011年6月28日，代丰公司、拍拍贷公司等签订《合作协议书》，约定拍拍贷网（www. ppdai. com）移交给拍拍贷公司运营。2014年3月27日，拍拍贷公司与代丰公司签订《吸收合并协议书》，约定拍拍贷公司吸收合并代丰公司。

拍拍贷网系国内首家P2P（个人对个人）网络借贷平台。有资金需求的网络用户可在拍拍贷网发布借款需求，有闲余资金的网络用户可通过拍拍贷网将自己的闲余资金出借给借款人。作为国内率先开展个人对个人信用借贷业务的平台，拍拍贷网自上线以来就引起媒体的广泛关注。在伍伍壹公司的第7188389号商标申请注册之前（2009年2月5日之前），《信息方略》、《青年周末》、《东南快报》、《浙中新报》、《成都晚报》、《每日经济新闻》、《都市快报》、《今日早报》、《IT经理世界》、《竞争力》等报纸、杂志就已对代丰公司运营的拍拍贷网及业务模式进行大量报道。上述报道中通常将“拍拍贷”或“拍拍贷网”指称网站www. ppdai. com。其中，早在2008年1月23日，《信息方略》即刊登了《去网上借钱》一文，该文称：这种网上个人对个人的借贷方式，实际上从2005年就已经在英美两国悄然兴起。在国内同样存在出现类似网站的条件，而这个网站已经出现了，那就是“拍拍贷”（www. ppdai. com）。虽然仅仅成立几个月，这家成立于2007年的公司的会员数量就已经达到5 000人以上。2008年7月18日，《浙中新报》刊载的《向网络借钱　解燃眉之急》一文的配图表明，当时拍拍贷网所使用的标识即为“拍拍贷 ppdai.com”。2009年2月5日之后，中央电视台新闻频道、中央电视台二套《经济半小时》栏目、上海电视台新闻综合频道、上海电视台新闻综合频道、中央电视台二套《经济信息联播》栏目先后报道了拍拍贷网的业务模式。2013年11月19日，拍拍贷公司获得上海市科学技术委员会、上海市财政局等单位颁发的“高新技术企业”证书，有效期为三年。

2013年9月9日，伍伍壹公司法定代表人张龙向安徽省合肥市衡正公证处（以下简称衡正公证处）申请办理保全证据公证。衡正公证处出具的（2013）皖合衡公证字第13972号公证书载明：（一）进入www. ppdai. com网站，网站首页的左上角有“拍拍贷 PPDAI.COM”标识，右上角有“您好，欢迎来到拍拍贷”字样。（二）网站的“公司简介”栏载明：拍拍贷公司成立于2007年6月，公司全称为"上海拍拍贷金融信息服务有限公司"，总部位于国际金融中心的上海，是中国第一家 P2P（个人对个人）网络信用借贷平台。拍拍贷同时也是第一家由工商部门特批，获得"金融信息服务"资质，从而得到政府认可的互联网金融平台。

伍伍壹公司诉称：拍拍贷公司未经许可，在金融服务上使用了与伍伍壹公司第 7188389 号注册商标相同或近似的标识，侵害了伍伍壹公司注册商标专用权，要求拍拍贷公司停止在其网站及公司名称中使用"拍拍贷、PPDAI"字样。拍拍贷公司辩称：伍伍壹公司第 7188389 号商标于 2009 年 2 月 5 日申请注册，在此之前，代丰公司已持续使用"拍拍贷"、"PPDAI"一年多时间。经过代丰公司的持续使用，并经媒体广泛报道，上述标识具有较高的知名度。俊烨公司以不正当手段抢注涉案商标，伍伍壹公司的诉讼请求没有法律依据，应驳回伍伍壹公司的诉讼请求。

【审判】

上海市浦东新区人民法院经审理认为：商标注册人享有的商标专用权，受法律保护。商标注册人申请商标注册前，他人已经在同一种商品或者类似商品上先于商标注册人使用与注册商标相同或者近似并有一定影响的商标的，注册商标专用权人无权禁止该使用人在原使用范围内继续使用该商标，但可以要求其附加适当区别标识。

1. 关于拍拍贷公司是否在相同或类似服务上使用与伍伍壹公司注册商标相同或近似的商标。拍拍贷公司经营的拍拍贷网是民间借贷信息中介平台，其提供的服务属于类金融服务，与伍伍壹公司的第 7188389 号注册商标核定使用服务项目中的金融服务类似。第 7188389 号注册商标由中文"拍拍贷"和字母"PPDAI"组成，"拍拍贷"、"PPDAI"属于臆造词，两者均具有显著性。拍拍贷公司在网站上使用的"拍拍贷 PPDAI.COM"、"拍拍贷 ppdai.com"、"拍拍贷"等标识，具有表明服务来源的作用，属于商标意义上的使用。拍拍贷公司所使用的"拍拍贷 PPDAI.COM"标识与第 7188389 号"拍拍贷 PPDAI"注册商标的组成要素基本相同，排列方式相同，两者属于近似标识。同理，拍拍贷公司所使用的"拍拍贷 ppdai.com"标识及"拍拍贷"标识与伍伍壹公司第 7188389 号商标亦属于近似标识。

2. 关于拍拍贷公司使用的涉案标识是否属于在先使用有一定影响的商标。"拍拍贷"既是拍拍贷公司运营的网站的名称，也是拍拍贷公司的企业字号，"ppdai. com"系拍拍贷公司经营的拍拍贷网的域名。作为国内率先开展个人对个人的信用借贷业务的平台，拍拍贷网引起媒体的关注。在伍伍壹公司的第 7188389 号商标申请注册之前，《信息方略》、《青年周末》、《东南快报》、《浙中新报》、《成都晚报》、《每日经济新闻》、《都市快报》、《今日早报》、《IT 经理世界》、《竞争力》等报纸、杂志就已对代丰公司运营的拍拍贷网及业务模式进行大量报道。上述报道中通常将“拍拍贷”或“拍拍贷网”指称网站 www. ppdai. com。其中，早在 2008 年 1 月 23 日，《信息方略》即刊登了有关拍拍贷网的报道。2008 年 7 月 18 日，《浙中新报》刊载的《向网络借钱　解燃眉之急》一文的配图表明，当时拍拍贷网所使用的标识即为“拍拍贷 ppdai.com”。“拍拍贷”、“ppdai”系臆造词，且上述中文和字母的字面含义与拍拍贷网的业务模式相契合，标识具有较强的显著性。经过代丰公司一年多的连续使用及媒体的频繁报道，在伍伍壹公司第 7188389 号商标申请注册之前，代丰公司在拍拍贷网使用的“拍拍贷 ppdai.com”、“拍拍贷”等标识已经具有一定的影响。此后，随着拍拍贷网经营规模的扩张，上述标识的知名度得以持续提升。拍拍贷公司成立后，拍拍贷网改由拍拍贷公司运营。此后，拍拍贷公司和代丰公司又签署了吸收合并的协议。代丰公司因在先使用“拍拍贷 ppdai.com”、“拍拍贷”等标识所享有的权益，可由拍拍贷公司承继，伍伍壹公司无权禁止拍拍贷公司在原使用范围内继续使用上述标识。故浦东新区人民法院判决驳回伍伍壹公司的诉讼请求。

一审判决后，伍伍壹公司提起上诉。二审法院经审理后判决驳回上诉，维持原判。

【评析】

“拍拍贷网”是国内首家 P2P（个人对个人）网络信用借贷平台，由于其创新的经营模式，该网站自创建以来就广受关注，但在本案中却面临着禁用“拍拍贷”品牌的风险。重技术创新、忽视知识产权保护是许多初创互联网企业的通病，知识产权保护方面存在的漏洞是这些企业快速发展的软肋，甚至可能对其造成致命一击。本案通过依法保护拍拍贷公司在先使用并有一定影响的未注册商标，制止了商标抢注的不诚信行为，也有助于创新型企业提升知识产权保护意识。

一、我国商标法中未注册商标保护制度的发展路径

商标保护有两种基本原则：使用原则和注册原则。使用原则强调商标经过真实使用才能获得保护，注册原则强调商标经核准注册后才能得到保护。注册原则有法律关系明确、权利稳定性强等优点，有利于快速建立商标制度。但注册原则也存在弊端：（1）理论上，根据注册原则，商标权的产生与使用无关，未使用的商标也被赋予权力，这在经济学和法哲学上缺乏正当性。（2）实行注册原则会出现大量的注册商标被闲置不用的情况，不可避免导致商标囤积、商标抢注等

情况。(3) 严格按照注册原则行事，未注册商标将不能获得有效的保护。①

我国的商标法最初实行较严格的注册原则，经过数次修正，逐步吸收了使用原则的一些制度，加大了对未注册商标的保护力度。1982 年 8 月 23 日发布的《商标法》未规定在先使用未注册商标是否受保护的问题。1993 年 2 月 22 日修正的《商标法》第二十七条第一款规定，以欺骗手段或者其他不正当手段取得注册的商标，由商标局撤销该注册商标；其他单位或者个人可以请求商标评审委员会裁定撤销该注册商标。国务院于 1995 年发布的《商标法实施细则》规定，“违反诚实信用原则，以复制、模仿、翻译等方式，将他人已为公众熟知的商标进行注册的”属于不正当手段。根据上述规定，在先商标使用人的权利获得保护必须满足两个条件：一是商标的知名度要达到“已为公众熟知”的程度；二是商标注册人采取了不正当手段，即其主观上存在恶意。2001 年 10 月 27 日修正的《商标法》第三十一条规定，申请商标注册不得损害他人现有的在先权利，也不得以不正当手段抢先注册他人已经使用并有一定影响的商标。第四十一条第二款规定，已经注册的商标，违反本法第十三条、第十五条、第十六条、第三十一条规定的，自商标注册之日起五年内，商标所有人或者利害关系人可以请求商标评审委员会裁定撤销该注册商标。对恶意注册的，驰名商标所有人不受五年的时间限制。根据上述规定，在先使用的商标获得保护必须满足两个条件：一是降低了未注册商标知名度的要求，商标“有一定影响”即可；二是商标注册人采取了不正当手段。对于在后申请注册的商标，若商标注册人是善意注册的，在先使用人能否继续使用，法律未明确规定。且上述规定仍限于商标异议、商标争议的行政程序，对于在先使用人能否在侵害商标权民事纠纷中提出在先使用抗辩，亦未明确规定。《最高人民法院关于充分发挥知识产权审判职能作用推动社会主义文化大发展大繁荣和促进经济自主协调发展若干问题的意见》（法发〔2011〕18 号）中指出，注册商标属于以不正当手段抢注他人已经使用并有一定影响的商标，被诉侵权的在先商标使用人以此为由提出抗辩的，应当予以支持。该文件明确了商标注册人存在恶意的情况下，在先商标使用人有抗辩权，但未规定商标注册人属于善意的情况下，在先商标使用人是否有抗辩权。2013 年 8 月 30 日修正的《商标法》第三十二条规定，申请商标注册不得损害他人现有的在先权利，也不得以不正当手段抢先注册他人已经使用并有一定影响的商标。第五十九条第三款规定，商标注册人申请商标注册前，他人已经在同一种商品或者类似商品上先于商标注册人使用与注册商标相同或者近似并有一定影响的商标的，注册商标专用权人无权禁止该使用人在原使用范围内继续使用该商标，但可以要求其附加适当区别标识。新《商标法》规定了恶意抢注他人在先使用商标的法律责任，

① 文学：《商标使用与商标保护研究》，法律出版社 2008 年版，第 177 页。

同时还规定即使在后商标注册人是善意的情况下，在先商标使用人亦可在商标侵权纠纷中提出在先使用的抗辩。

二、新《商标法》第五十九条第三款的适用

根据新《商标法》第五十九条第三款的规定，在先使用抗辩需满足两个条件：一是在先使用商标在相关公众中已有一定影响；二是使用人在原使用范围内继续使用。

认定在先使用未注册商标是否有一定影响，应当就个案情况综合考虑下列各项因素：(1) 商标使用的持续时间、地域范围；(2) 商标的宣传情况；(3) 相关公众的知晓情况；(4) 其他因素，如商标获奖情况、他人仿冒情况等。未注册商标亦可通过《反不正当竞争法》第五条第（二）项规定的知名商品特有名称、包装、装潢获得保护。未注册商标一旦认定为知名商品特有名称、包装、装潢，使用人不但可以自己使用，还可以禁止他人仿冒。而新《商标法》规定的有一定影响的未注册商标，在先使用人只能自己在原有范围使用。鉴于两者的保护力度不同，认定有一定影响的商标时对知名度的要求应该低于认定知名商品特有名称、包装、装潢时对知名度的要求。拍拍贷网是国内首家开展个人对个人的信用借贷业务的平台，由于其创新的业务模式，网站自开通以来就引起媒体的持续关注。2008 年 1 月 23 日出版的《信息方略》即刊载了有关拍拍贷网的报道，此后，不断有各种媒体对该网站进行报道。由于持续使用及相关媒体的广泛报道，可以认定在伍伍壹公司申请注册涉案商标前（2009 年 2 月 5 日前），“拍拍贷”等标识及网站域名“ppdai. com”在相关公众中已经有一定的影响。

我国以商标注册制度为主，虽然法律上有必要给予在先使用的未注册商标一定的保护，但保护水准不宜过高，以免冲击到注册制这一商标管理中的基本制度。① 有一定影响的未注册商标的在先使用权应受到限制。(1) 不得扩大使用商品的范围，在先使用权人只能在他人冲突商标申请日前已经使用的商品上继续使用其商标。(2) 不得改变商标图样，但以加大与冲突商标相区别的方式所做的改变除外。(3) 在先使用权不得转让或许可使用。(4) 连续三年停止使用将导致在先使用权丧失。② 我们认为，在先使用权通常不能转让或许可给他人使用，但可以承继。拍拍贷网原由代丰公司运营，后由拍拍贷公司运营，代丰公司因在先使用“拍拍贷 ppdai.com”、“拍拍贷”等标识所享有的权益，可由拍拍贷公司承继，伍伍壹公司无权禁止拍拍贷公司在原使用范围内继续使用上述标识。

---

① 全国人大常委会法制工作委员会编，《中华人民共和国商标法释义》，法律出版社 2013 年版，第 114 页。

② 文学：《商标使用与商标保护研究》，法律出版社 2008 年版，第 221 页。

根据《商标法》第五十九条第三款的规定，注册商标专用权人可以要求在先商标使用人附加适当区别标识。对于何种情况下法院可以作出附加区别标识的判决，法律没有明确规定。我们认为，是否判决附加区别标识，应根据商标注册人是否善意进行区别对待。若商标注册人系善意注册了商标，为避免混淆，商标注册人可以要求在先商标使用人附加区别标识。若商标注册人不正当抢注了商标，因在先商标使用人可以根据新《商标法》第四十五条的规定，请求商标评审委员会宣告该注册商标无效，故法院在处理商标侵害商标权纷时，在认定在先商标使用人可以在原有范围继续使用的同时，不应要求其附加区别标识。

三、商标注册人主观恶意的认定

商标注册人明知他人在先使用的未注册商标有一定影响，而抢注商标的，可认为系不正当抢注。商标注册人的主观恶意系其一种心理状态，除非商标注册人自认，在先商标使用人通常没有直接证据证明其主观上存在抢注的恶意。在审判实务中，可综合考虑以下因素推定注册人是否存在恶意：（1）在先使用商标的独创性；（2）在先使用商标的知名度；（3）在先使用商标与注册商标的近似程度；（4）商标注册人接触在先使用商标的可能性；（5）商标注册人实际使用注册商标的情况。就本案而言，拍拍贷公司在先使用“拍拍贷 ppdai.com”等商标，其中“拍拍贷”和“ppdai”都是臆造词，根据现有证据，可认定该标识是代丰公司设计并在先使用的。经过代丰公司使用及媒体宣传，该未注册商标有较高的知名度。伍伍壹公司第7188389号“拍拍贷 PPDAI”商标与代丰公司所使用的“拍拍贷 ppdai.com”标识比较，其组成要素基本相同、排列方式相同，伍伍壹公司自己独立设计出涉案商标的可能性很低。伍伍壹公司亦从事与金融有关的业务。伍伍壹公司注册该商标后，长期未实际使用。根据以上因素，可推定伍伍壹公司恶意抢注拍拍贷公司在先使用的有一定影响的商标。商标评审委员会于2013年10月受理了针对第7188389号涉案注册商标的争议。根据商标局网站（http：//sbcx. saic. gov. cn）的查询结果，第7188389号商标已于2015年4月5日被宣告无效。

（撰稿人：邵　勋）

确认不侵权之诉与行政处理并行的可行性

——苏州国信集团旺顺进出口有限公司与特制自行车配件有限公司确认不侵害商标权纠纷案

【提要】

确认不侵权之诉是知识产权诉讼领域中的一种特有的制度，提起此类诉讼必须满足一定的条件。本案涉及的争议是，在行政机关针对涉嫌侵权的产品已经启动相关程序进行调查的情况下，被控侵权方能否以知识产权权利人为被告，向法院提起确认不侵权之诉。对于这一问题，目前尚没有统一的规范。本案的审理结果为探索和完善知识产权领域的确认不侵权诉讼制度以及同类案件的处理提供了有益的参考。

【案情】

原告：苏州国信集团旺顺进出口有限公司

被告：特制自行车配件有限公司

案由：确认不侵害商标权纠纷

一审案号：（2013）浦民三（知）初字第424号

二审案号：（2013）沪一中民四（商）终字第1435号

被告是第3734637号“FATBOY”注册商标专用权人，并将该商标向中国海关申请了知识产权保护备案。2012年12月，国内加工厂昆山小龙人儿童用品有限公司生产了一批标有“Fatboy”标识的儿童自行车，并将该批自行车委托原告出口至马来西亚。上述货物在出口报关过程中，因涉嫌侵犯被告“FATBOY”商标权被上海海关扣留。海关扣留后对该批自行车是否侵犯被告的“FATBOY”注册商标专用权展开调查，至原告提起诉讼时尚未作出定论。

原告诉称，原告主要经营国际贸易进出口代理业务，已建立起婴儿推车、儿童自行车等出口基地。海关扣留的货物系来样定牌生产，并将全部出口至马来西亚，在中国境内并无任何销售，故不会使中国境内的相关公众产生混淆，且被告的“FATBOY”商标并未在马来西亚申请注册保护。故原告的定牌加工并出口的行为不构成商标侵权。为此，原告请求确认被查扣货物不侵犯被告第 3734637 号“FATBOY”注册商标专用权。

【审判】

上海市浦东新区人民法院认为，提起确认不侵权之诉的目的在于结束由于权利人的侵权警告所带来的不稳定的法律状态，作为一种辅助性救济手段，其提起必须满足一定的条件，包括：（1）原告受到了内容明确的侵权警告；（2）权利人未在合理期间内启动争议解决程序；（3）由于不启动争议解决程序致使争议法律关系状态不明；（4）这种不明法律状态导致原告的合法权益受到或可能受到损害。本案中，因原告申报出口的商品涉嫌侵犯被告的注册商标专用权，被告向海关申请扣留了原告的商品。海关是国家的进出关境监督管理机关，具有认定、查处知识产权侵权行为的权利和义务。根据《中华人民共和国知识产权海关保护条例》（以下简称《条例》）第二十条的规定，海关发现进出口货物有侵犯备案知识产权嫌疑并通知知识产权权利人后，知识产权权利人请求海关扣留侵权嫌疑货物的，海关应当对被扣留的侵权嫌疑货物是否侵犯知识产权进行调查、认定。《中华人民共和国海关关于〈中华人民共和国知识产权海关保护条例〉的实施办法》第二十九条第一款规定，对海关不能认定有关货物是否侵犯其知识产权的，知识产权权利人可以根据《条例》第二十三条的规定向人民法院申请采取责令停止侵权行为或者财产保全的措施。上海海关于 2012 年 12 月 25 日作出《扣留（封存）决定书》后，应对涉案货物是否侵权作出认定，而至目前为止上海海关对于本案所涉争议仍在处理期间。被告请求海关进行查扣说明被告作为商标权利人已经要求海关处理涉案商标侵权纠纷，该处理程序可以使处于不确定状态的法律关系得到解决。因此原告在海关处理争议期间提起本案诉讼，不符合提起确认不侵权之诉的条件，原告的起诉应予驳回。据此，依照《中华人民共和国民事诉讼法》第一百一十九条、第一百五十四条第一款第（三）项，《最高人民法院关于适用〈中华人民共和国民事诉讼法〉若干问题的意见》第一百三十九条之规定，裁定驳回原告的起诉。

一审裁定后，原告不服，提出上诉。原告认为本案争议符合确认不侵权之诉的必要受理条件，应当予以受理。原审对法律适用存在偏颇，存在怠于管辖之嫌，故上诉请求二审法院撤销原审裁定，依法继续审理本案。

上海市第一中级人民法院经审理后认为，上海海关系国家进出关境监督管理机关，有权对知识产权的侵权行为作出认定。本案争议目前处于上海海关处理期间，故上诉人另行提起民事诉讼，缺乏依据，不予支持。故裁定驳回上诉，维持原裁定。

【评析】

一、提起确认不侵权之诉的条件

确认不侵权之诉是指在知识产权权利人发出侵权停止警告而又怠于交有权处理的机构处理的情形下，被警告人或者利害关系人请求法院确认不构成侵权的民事诉讼。最高人民法院在《民事案由规定》中将确认不侵权纠纷定义为“利益受到特定知识产权影响的行为人，以该知识产权权利人为被告提起的，请求确认其有关行为不侵犯该知识产权的诉讼”。确认不侵权之诉是知识产权诉讼领域中的一种特有的制度，作为一种非常态的、辅助性的救济手段，可以让被控侵权人掌握主动权，及时有效地减少由于权利人的侵权警告给被控侵权人的经营活动带来的影响，故有其存在的必要性和合理性，但也应防止因基于不正当竞争或其他非法目的而被不恰当地滥用，因此必须严格确认不侵权之诉的受理条件。2010年1月1日起施行的《最高人民法院关于审理侵犯专利权纠纷案件应用法律若干问题的解释》中，首次在司法解释的层面上对提起确认不侵权之诉的条件作了具体规定。其中第十八条规定：“权利人向他人发出侵犯专利权的警告，被警告人或者利害关系人经书面催告权利人行使诉权，自权利人收到该书面催告之日起一个月内或者自书面催告发出之日起二个月内，权利人不撤回警告也不提起诉讼，被警告人或者利害关系人向人民法院提起请求确认其行为不侵犯专利权的诉讼的，人民法院应当受理。”虽然上述规定针对的是专利权，在有关商标、著作权等的法律法规中至今未对确认不侵权之诉作出相应的规定，但毕竟使确认不侵权之诉在立法层面上确立了受理的条件，使涉及商标、著作权等的确认不侵权之诉有了参照执行的法律依据。因此，提起确认不侵权之诉除了必须符合民事诉讼法规定的受理条件外，根据上述司法解释的精神，还应当符合以下几个条件：（1）原告受到了内容明确的侵权警告；（2）权利人未在合理期间内请求有权处理机关启动争议解决程序；（3）由于不启动争议解决程序致使争议法律关系状态不明；（4）这种不明法律状态导致原告的合法权益受到或可能受到损害。

二、行政执法部门的处理能否与确认不侵权之诉并存

我国对知识产权采取司法保护与行政保护并行的双轨制。根据相关法律法规的规定，工商、海关等行政执法部门也有权对商标、著作权等侵权行为作出认定和处理。权利人既可以选择向法院起诉，也可以选择向行政执法部门申请处理侵权纠纷。但如果行政部门已经率先启动行政程序介入对侵权行为的调查，被控侵权人能否同时向法院提起确认不侵权之诉，在审判实践中有很大的争议，不同的法院在这一问题上采取了不同的处理方式。如在江苏省南通市中级人民法院审理的通州市南洋灯泡有限公司诉德国奥斯拉姆公司确认不侵犯商标专用权及不正当

竞争一案纠纷［（2005）通中民三初字第0003号］中，南洋公司因涉嫌侵犯奥斯拉姆公司的注册商标专用权被举报，南通市工商行政管理局认定南洋公司构成侵权，遂进行了处罚。南洋公司不服，向南通市崇川区人民法院提起了行政诉讼。但在一个多月后，南洋公司又以同一事实向南通市中级人民法院提起了确认不侵权之诉，法院予以受理。此后，行政诉讼一案中止审理，确认不侵权诉讼先行处理。而在江苏省南京市中级人民法院一审、江苏省高级人民法院终审的南京大学出版社诉武汉亚新地学有限公司请求确认不侵犯商标权纠纷一案［（2007）宁民三初字第211号、（2008）苏民三终字第0052号］中，由于该案所涉纠纷已由湖南省益阳市工商行政管理局资阳分局在先立案处理，认定南京大学出版社侵犯了武汉亚新地学有限公司的注册商标专用权，并予以了行政处罚，故法院认为：原告的相关权利在行政程序或者行政诉讼程序中可以得到救济，原告提起请求确认不侵犯商标权之诉不符合法律规定的受理条件。南京大学出版社若对该行政处罚决定不服，亦可依法提起行政诉讼，以维护自身权益。商标注册人通过工商行政管理部门启动查处商标侵权程序是依法维权行为，被查处人不能据此提起请求确认不侵犯商标权之民事诉讼，否则会造成行政程序或者行政诉讼程序与民事诉讼程序的对立与冲突，亦会扰乱请求确认不侵害商标权之诉的法律目的和效果。法院遂裁定驳回了原告的起诉。南京大学出版社不服裁定提起上诉，江苏省高级人民法院驳回上诉，维持原裁定。

我国《商标法》第六十条规定，《商标法》第五十七条所列侵犯注册商标专用权行为之一，引起纠纷的，由当事人协商解决；不愿协商或者协商不成的，商标注册人或者利害关系人可以向人民法院起诉，也可以请求工商行政管理部门处理。据此，商标权利人可以选择请求通过行政或司法途径解决商标侵权纠纷。如果商标权利人选择通过行政程序解决纠纷的，被控侵权方应当积极应对，配合行政程序的顺利进行，行政部门作出的认定结果同样具有法律效力。如果当事人对处理决定不服的，可以在规定期限内依照行政诉讼法的规定向人民法院起诉。也就是说通过行政程序处理的纠纷仍然可以通过司法程序作出最终的处理。司法保护与行政保护不存在孰轻孰重的问题，行政机关针对被投诉行为作出的是否侵权的决定一旦生效，该行为的性质就已经有了定论，也就不存在争议法律关系状态不明的问题，根据提起确认不侵权之诉的条件，行为人提起确认不侵权之诉的基础也就不存在了。而如果允许被控侵权方在行政机关处理期间提起确认不侵权诉讼，造成行政机关与司法机关必须同时对同一个行为作出定性，从某种程度上讲，行政机关独立处理行政案件的权力就受到了限制。又或者如前述案件采取“先民事后行政”的处理方式，行政诉讼中止审理，在后受理的民事案件先行处理，这种方式不仅漠视了权利人的选择，把权利人选择的行政救济方式撇在一边，而且等于漠视了行政机关认定侵权的法定权力。在2005年11月的全国法院知识产权审判工作座谈会纪要中讲到："提起确认不侵权诉讼一般以利害关系人受到侵权警告而权利人又未在合理期限内依法启动程序请求有权机关做出处理为基本条件。"上述纪要中讲到的"有权机关"应当包括对知识产权侵权行为有查处权的行政执法机关。

有观点认为，《最高人民法院关于审理商标案件有关管辖和法律适用范围问题的解释》第三条规定，"商标注册人或者利害关系人向工商行政管理部门就侵犯商标专用权行为请求处理，又向人民法院提起侵犯商标专用权诉讼请求损害赔偿的，人民法院应当受理"。《最高人民法院关于审理著作权民事纠纷案件适用法律若干问题的解释》第三条规定："对著作权行政管理部门查处的侵犯著作权行为，当事人向人民法院提起诉讼追究该行为人民事责任的，人民法院应当受理。"因此按照上述规定，知识产权权利人可以同时行使司法、行政救济权，既然法律法规已经赋予权利人这一诉权，根据当事人地位平等原则，显然没有理由不允许被控侵权人在行政机关处理期间提起确认不侵权之诉。上述观点对司法解释的理解存在一定的偏颇。虽然权利人提起的民事诉讼与行政处理都要对涉案行为是否构成侵权作出认定，但行政处理重在对行政相对人的处罚，是行政机关依法在其执法权限内对行政相对人作出处罚的行政行为，罚款将上缴国库。而民事诉讼是权利人基于要求被控侵权人承担停止侵权、赔偿损失等民事责任而提起的。被控侵权人受到行政处罚不影响权利人获得民事赔偿。也就是权利人在寻求行政途径保护后，还可以请求被控侵权人赔偿经济损失，而赔偿在行政处理阶段是无法由行政机关作出裁决的，行政机关只能就损失赔偿主持双方调解。因此权利人要求行政机关处理与其向法院提出民事赔偿是不冲突的。相反，被控侵权人提起的确认不侵权之诉主要是针对行为性质要求法院作出认定，而行政机关同样有权对行为性质作出认定，并可以使处于不确定状态的行为性质有一个定论。因此，只有在权利人既未选择请求行政机关进行处理，也未向法院提起诉讼的情况下，被控侵权人才能向法院提起确认不侵权之诉。

三、本案不符合提起确认不侵权之诉的条件

本案中，根据《条例》第二十条的规定，海关发现进出口货物有侵犯备案知识产权嫌疑并通知知识产权权利人后，知识产权权利人请求海关扣留侵权嫌疑货物的，海关应当自扣留之日起30个工作日内对被扣留的侵权嫌疑货物是否侵犯知识产权进行调查、认定；不能认定的，应当立即书面通知知识产权权利人。《中华人民共和国海关关于〈中华人民共和国知识产权海关保护条例〉的实施办法》第二十九条第一款规定，对海关不能认定有关货物是否侵犯其知识产权的，知识产权权利人可以根据《条例》第二十三条的规定向人民法院申请采取责令停止侵权行为或者财产保全的措施。海关是国家的进出关境监督管理机关，具有认定、查处知识产权侵权行为的权利和义务。被告向海关总署申请了知识产权海关保护备案，上海海关在出口货物检查的过程中查获涉嫌侵权的货物后，通知了被告，被告向海关提出了扣留侵权货物的申请，海关随即扣押了该批货物。被告请求海关进行查扣说明被告作为商标权利人已经要求海关处理涉案商标侵权纠纷，海关作为处理机关有权对出口行为依法作出侵权或不侵权的结论，该处理程序可以使处于不确定状态的法律关系得到解决。上海海关于 2012 年 12 月 25 日作出扣留决定后，应对涉案货物是否侵权作出认定，而至本案原告提起诉讼直至法院作出裁定之日，上海海关对于本案所涉争议仍然没有作出是否侵权的认定，也没有发出不能认定是否侵权的通知。被告已经启动了争议解决程序，并在等待海关作出处理，其并没有怠于行使其诉权。如果海关最终作出了不能认定侵权的决定，权利人依法可以在规定的期限内向法院提起民事诉讼，请求法院作出裁判。若权利人在规定的期限内不起诉，则被控侵权行为处于不确定的状态，为结束这种状态，被控侵权人可以提起确认不侵权之诉。因此原告在海关处理争议期间提起本案诉讼，不符合提起确认不侵权之诉的条件，原告的起诉应予驳回。

（撰稿人：倪红霞）

商标合理使用的司法认定

——上海久游网络科技有限公司与广游信息科技（上海）有限公司侵害商标权纠纷案

【提要】

被控侵权标识的使用并非用以表明某类服务的共同特点或服务的通用名称，不构成商标的合理使用，仍应认定为商标侵权行为。

【案情】

原告（上诉人）：上海久游网络科技有限公司

被告（被上诉人）：广游信息科技（上海）有限公司

案由：侵害商标专用权纠纷

一审案号：（2013）浦民三（知）初字第556号

二审案号：（2014）沪一中民五（知）终字第60号

2005年5月起，原告上海久游网络科技有限公司（以下简称久游公司）开始运营“劲乐团”音乐网络游戏，并获得诸多奖项。2008年7月，原告关联公司久之游信息技术（上海）有限公司（以下简称久之游公司）获得“劲乐团O2JAM”商标注册证（注册号：4409523）。2009年12月，原告从久之游公司处受让了上述商标。2013年7月，原告发现被告在360手机助手、91助手、PP助手、新浪微博、腾讯微博网站上提供游戏推广服务，并在360手机助手提供的游戏下载服务中使用“劲乐团”、“劲乐团U”、“劲乐达人”字样作为其游戏名称使用，侵犯了原告对上述商标享有的注册商标专用权。故起诉要求被告停止使用“劲乐团”、“劲乐团U”、“劲乐达人”（以下简称被控侵权文字）、停止对原告注册商标的侵权行为、支付原告侵权损失赔偿款人民币50万元、律师费人民币4万元、公证费人民币5 000元。

被告广游信息科技（上海）有限公司（以下简称广游公司）辩称：1. 原告注册涉案商标后，并未宣传使用涉案商标，涉案商标不具有任何知名度和社会关注度。2. 被告将“劲乐团”或“劲乐”用于手机游戏中，不属于原告商标核定注册的使用范围。3. 被告使用的游戏名称与原告注册商标既不相同也不近似。4. 被告基于韩国 O2MEDIA 公司的授权，在代理的手机游戏名称中使用被控侵权文字，系为了说明游戏来源，属于合理使用。5. “劲乐团”是音乐打击类游戏的通用名称，不具有显著性，被告使用被控侵权文字是对游戏的描述，未作为区分商品来源的商标使用。

【审判】

上海市浦东新区人民法院经审理认为：2005 年上半年原告从韩国 O2MEDIA 公司处引进一款名为“O2JAM”的音乐打击节奏类游戏，该游戏在国内的名称为“劲乐团”，亦同时使用“O2JAM”字样。2012 年 10 月 23 日，被告与韩国 MOMO 公司签订协议，约定韩国 MOMO 公司授予被告在中国地区以中文进行翻译并进行木地服务和运营代理“O2JAM U”游戏的权利。该游戏系韩国 MOMO 公司开发的 IOS/Android 平台专用韵律动作游戏。

现原告注册商标中包括有韩国“O2JAM”游戏在中国的中文名称，当被告从韩国版权方再次引进该款游戏时，有权在其代理运营的游戏中使用“劲乐团”或者与“劲乐团”有关的文字，用于说明游戏的来源。被告对被控侵权文字的使用系出于善意，且未作为商标使用，不会造成相关公众的混淆和误认，属于商标合理使用的范畴。据此，依照《中华人民共和国商标法实施条例》（2002 年）第四十九条的规定，判决驳回久游公司的诉讼请求。

一审判决后，久游公司不服，向上海市第一中级人民法院提起上诉，请求撤销原审判决，改判支持上诉人原审全部诉讼请求。

上诉人久游公司上诉称：1. “劲乐团”非行业通用名称，被上诉人使用“劲乐团”作为商业标识不属于合理使用；2. 被上诉人运营的手机游戏与上诉人曾经运营的 PC 端游戏非同一款游戏，彼此没有传承关系，被上诉人无理由使用“劲乐团”作为商业标识；3. 被上诉人的非善意使用行为已造成相关公众的混淆和误认。

被上诉人广游公司经上海市第一中级人民法院传唤，无正当理由，未到庭参加诉讼。

上海市第一中级人民法院经审理后确认原审法院查明的事实属实。

上海市第一中级人民法院认为：首先，被上诉人在新浪微博、腾讯微博、360 手机助手中突出使用“”和“”标识，以“劲乐团 U－广游科技”作为其新浪微博名，在腾讯微博附图中突出使用“劲乐团”字样、在游戏截屏中使用“劲乐团 U”字样，均构成标识性使用，并与上诉人注册商标构成近似。其次，“劲乐团”并非手机音乐打击节奏类游戏服务的通用名称。最后，

被上诉人不具有使用被控侵权标识的合理性。因此，原审法院关于被上诉人使用被控侵权标识系用于说明游戏来源，并未作为商标使用，不会造成相关公众的混淆和误认，属于商标合理使用的范畴认定不当。被上诉人未经上诉人许可，在类似服务上使用与注册商标近似的被控侵权标识的行为，侵害了上诉人享有的注册商标专用权，依法应承担停止侵权、赔偿损失的民事责任。据此，依照《中华人民共和国民法通则》第一百一十八条，《中华人民共和国商标法》（2001 年修正）第五十二条第（一）项、第五十六条第一款，《最高人民法院关于审理商标民事纠纷案件适用法律若干问题的解释》第十一条第二款、第十七条，《中华人民共和国民事诉讼法》第一百七十条第一款第（二）项的规定，判决：一、撤销上海市浦东新区人民法院（2013）浦民三（知）初字第 556 号民事判决；二、被上诉人广游信息科技（上海）有限公司应于本判决生效之日起停止侵害上诉人久游网络科技有限公司享有的第 4409523 号注册商标专用权；三、被上诉人广游信息科技（上海）有限公司应于本判决生效之日起 10 日内赔偿上诉人久游网络科技有限公司合理费用人民币25 000元；四、驳回上诉人久游网络科技有限公司的原审其余诉讼请求。

【评析】

本案系一起商标侵权纠纷，审理的关键在于被上诉人使用被控侵权标识的行为是否构成对上诉人注册商标专用权的侵害。如果被上诉人使用的被控侵权标识系用以表明其所提供的某类服务的共同特点，则不应被认定为商标侵权行为。因此，本案审理的核心问题即在于商标合理使用的司法认定。

一、“劲乐团”非音乐打击节奏类游戏服务的通用名称

根据法律规定，注册商标中含有的本商品的通用名称、图形、型号，或者直接表示商品的质量、主要原料、功能、用途、重量、数量及其他特点，或者含有的地名，注册商标专用权人无权禁止他人正当使用。

原审法院认为“劲乐团”是音乐打击类游戏的通用名称，不具有显著性。被上诉人使用该文字作为游戏名是对游戏本身的描述，旨在说明游戏特点，并未作为区分商标来源的商标使用。然而，根据上诉人在二审中提交的证据可见，同为提供手机音乐打击节奏类游戏服务，不同的运营商采用了不同的游戏名称作为服务标识，如：“节奏大师”、“乐动达人”。因此，对于手机音乐打击节奏类游戏而言，“劲乐团”并非该类游戏服务的通用名称。

二、“劲乐团”因上诉人的使用而具有识别游戏服务来源的作用

上诉人曾在国内以“劲乐团”为名作为其从韩国 O2MEDIA 公司引进的 PC 版“O2JAM”音乐打击节奏类游戏的中文名称，该中文名系上诉人自行命名。

在上诉人经营该游戏期间，“劲乐团”游戏获得了一定奖项。因此，相关公众对以“劲乐团”为名的音乐打击节奏类 PC 游戏服务系由上诉人提供，具有相应的认知，即“劲乐团”具有指示该游戏服务来源的作用。现被上诉人在类似服务上使用与注册商标近似的标识，且非该类服务的通用名称，会因相关公众对“劲乐团”与上诉人之间已建立的联系而造成混淆和误认。

三、被上诉人不具有使用被控侵权标识的合理性

首先，上诉人在“劲乐团”游戏正式上线运营之前即已申请注册商标，虽然其获准注册时“劲乐团”游戏（PC 版）已经停止经营，但被上诉人实际使用被控侵权标识的时间在 2012 年之后，远远晚于注册商标的核准时间（2008 年 7 月 7 日）。其次，在韩国 MOMO 公司与被上诉人的双方协议中，被上诉人广游公司仅获权在中国地区以中文进行翻译并运营“O2JAM U”手机游戏，并未对该游戏如何使用中文名进行约定。尽管上诉人运营的 PC 版游戏来源于韩国 O2MEDIA 公司，且含有“O2JAM”字样，但现有证据仅能表明被上诉人运营的手机版游戏来源于韩国 MOMO 公司，无证据证实 O2MEDIA 公司、MOMO 公司以及 O2JAM 游戏、O2JAM U 游戏之间还存在承继关系，故被上诉人亦不具有使用被控侵权标识的合理性。

（撰稿人：桂　佳）

商标“混淆性近似”的理解与适用

——刘征与上海汉涛信息咨询有限公司侵害商标专用权纠纷案

【提要】

关于近似商标的侵权认定，应当以“混淆性近似”为标准，仅商标标识本身近似，并非必然构成商标侵权，如果被控侵权标识与权利商标在构成要素上很相似，但相关公众客观上能够将两者相区分，不会造成市场混淆的后果，则不应认定为商标侵权。

【案情】

原告（上诉人）：刘征

被告（被上诉人）：上海汉涛信息咨询有限公司

案由：商标权权属、侵权纠纷

一审案号：（2012）徐民三（知）初字第539号

二审案号：（2013）沪一中民五（知）终字第247号

2004年8月10日，原告刘征在第35类广告等服务上向国家工商行政管理总局商标局（以下简称国家商标局）提出商标注册申请。2008年1月7日，国家商标局核准注册第4213221号“”商标，注册人刘征，核定服务项目为第35类室外广告、广告传播、代理、设计、策划等，注册有效期限为2008年1月7日至2018年1月6日止。

2004年7月21日，重庆主流广告传媒有限公司注册成立，刘征任该公司副总经理，其名片上有橘红色的“”标识和主流传媒® 标识；2010年12月20日，嘉兴优咔科技信息有限公司（以下简称优咔公司）注册成立，法定代表人刘征，其名片上突出标识了橘红色的“”图形和“优咔科技”文字；优咔公司的网站注册于2011年7月30日，该网站使用橘红色的“”图形和“优咔科技”文字作为标识；优咔公司在淘宝网店铺的标识为橙色的“”图形和“优咔科技”文字；原告刘征在新浪微博也注册了用户名为“言吾言视觉”的账号，使用橙色的“”图形和“优咔科技”文字作为账号标签。

2012 年 5 月 30 日，刘征就“”图形向国家版权局申请著作权登记。2012 年 7 月 2 日，国家版权局向原告颁发“”美术作品的著作权登记证书。

被告上海汉涛信息咨询有限公司（以下简称汉涛公司）注册成立于 2003 年 9 月 23 日，注册资本 100 万元，经营范围为商务咨询、计算机软件专业技术领域内的四技服务、市场调研策划、设计、制作、代理各类广告等。

被告汉涛公司主办的大众点评网创立时间为 2004 年 5 月，网站左上角有“”“大众点评”“zSurvey. com”组合标识。

在大众点评网网站的页面上，左上角有“大众点评 dianping.com”标识，部分页面有“大众点评 dianping.com”或“t.dianping.com 点评团”标识，部分团购信息图片的右下角有“”及“点评团”组合图案。

截至 2012 年第三季度，大众点评网月活跃用户数超过5 400万，点评数量超过2 200万条，收录商家近 180 万家，覆盖全国2 300多个城市，月综合浏览量（网站及移动客户端）超过 12 亿人次，影响广泛。

2010 年 9 月 1 日，被告汉涛公司在第 38 类服务上向国家商标局申请注册第 8630310 号“t.dianping.com 点评团”商标。2011 年 9 月 21 日，国家商标局核准注册该商标，有效期限至 2021 年 9 月 20 日止。2011 年 9 月 1 日，被告汉涛公司在第 38 类服务上向国家商标局申请注册第 9919691 号“大众点评 dianping.com”商标。2012 年 11 月 7 日，国家商标局核准注册该商标，有效期限至 2022 年 11 月 6 日止。

2010 年 9 月 1 日和 2011 年 9 月 1 日，汉涛公司在第 35 类广告、计算机数据库信息系统化服务等上分别向国家商标局递交了“t.dianping.com 点评团”商标及“大众点评 dianping.com”商标的注册申请。2011 年 8 月 15 日和 2012 年 5 月 28 日，国家商标局以汉涛公司申请注册的“t.dianping.com 点评团”商标和“大众点评 dianping.com”商标在图形部分与在先注册的包括原告刘征在内的他人在类似服务上注册的商标构成近似为由，驳回了汉涛公司的注册申请。

原告诉称：被告汉涛公司在第 35 类广告服务上使用“”标识与原告第 4213221 号“”商标构成近似，造成了相关公众的混淆误认，侵害了原告的商标专用权，故诉至法院，请求判令：一、被告立即停止侵害原告第 4213221 号“”注册商标专用权，停止在经营活动中和互联网移动客户端使用“”标识，停止在 www. baidu. com 网站进行百度推广；二、被告在 www. dianping. com 首页及《新民晚报》、《解放日报》中缝以外的版面刊登声明、消除影响，网站刊登声明时间不少于三十日；三、被告赔偿原告经济损失人民币（以下币种相同）10 万元；四、被告赔偿原告合理开支2 272元。

被告汉涛公司辩称：大众点评网于 2003 年 4 月即上线，2003 年 9 月，汉涛公司成立，由公司员工王宏开始设计大众点评的小人 LOGO“”。2003 年 12 月，“”开始作为网站 LOGO 使用，早于原告“”商标申请注册的时间。汉涛公司拥有第 38 类第 8630310 号“”注册商标和第 9919691 号“”注册商标的专用权，被告提供的服务属于第 38 类电信信息服务，没有跨类别在第 35 类广告服务上单独或突出使用“”小人图形或“”、“”注册商标。被告的“”、“”商标及“”小人图形与原告“”商标具有明显区别，既不相同也不近似，相关公众不会产生混淆误认，不构成商标侵权。

【审判】

上海市徐汇区人民法院经审理认为：第一，被告汉涛公司虽然未向普通消费者、注册会员及收录的普通商户收取费用，但其提供关键词搜索推广、签到推广等服务时会向合作商户收取一定的信息费，为合作商户进行优先或特别的宣传及推广；团购和优惠券则直接向消费者介绍特定商户提供的服务的内容和价格，符合商业广告的一般特征。因此，被告汉涛公司运营的大众点评网存在向相关公众提供广告服务的行为，与原告“”商标核定使用的服务项目中的广告构成相同服务。

第二，对于被告的“”标识与原告的“”标识是否构成近似，依据本案查明的事实，“”标识的主体结构为竖直站立的平面小人图形，头部为地球，上肢和下肢均为标准等长的半个圆圈，上肢和下肢紧密结合。“”标识的主体结构为向左倾斜、右脚离地的橙色小人图形，头部为实心的小球，上肢为半个圆圈，下肢为半径更大的半个圆圈，且下肢较上肢更为粗壮。左脚接地的阴影显示其为立体造型。头部为小球形，四肢为半个圆圈的小人图形结构较为简单，不同表达的演绎空间较小且案外人亦在不同类别的商品或服务上注册了其他类似商标，小人图形的固有显著性较弱，被告汉涛公司及大众点评网通过长期经营取得了较大的商业成就，获得了众多行业内外的褒奖和荣誉，“”图形的知名度远远大于原告刘征注册的“”商标，相关公众已将“”图形与大众点评网建立了固定而持续的联系，对“”商标和“”图形的区别有着清晰的认知和判断，而附加了中文文字和网址的“”、“”标识与“”商标的区别则更为明显；从图形的使用时间来看，“”图形虽然以美术作品的形式进行了著作权登记，刘征在著作权登记申请表中填写该作品创作完成于2003年10月1日，但并未提供其他证据佐证。而相关网站的记录显示“”最迟于2004年5月在线使用，早于“”商标的申请注册时间及核准注册时间，被告主观上无依附原告“”商标的可能和故意。

上海市徐汇区人民法院认为，被告汉涛公司及其经营的大众点评网并未在原告的“”商标核定相同或类似的服务上使用相同或近似的商标，因而并未侵害原告的注册商标专用权，无须承担侵权责任。据此，依照《中华人民共和国商标法》第四条第三款、第五十二条第（一）项，《最高人民法院关于审理商标民事纠纷案件适用法律若干问题的解释》第九条、第十条之规定，判决驳回原告刘征的全部诉讼请求。

一审判决后，刘征不服，以原审判决认定被控侵权标识与原告的权利商标不构成近似属定性不当、两者在整体视觉上不存在明显差异，原判认定两者不构成近似的理由过于牵强，且与国家商标局认定两者近似的结果相反等理由，提出上诉，请求撤销一审判决，依法改判支持其原审全部诉讼请求。

上海市第一中级人民法院经审理后认为，被控侵权标识“”、与涉案商标“”在构成要素上虽有一定的相似，但两者并不构成混淆性近似，故上诉人指控被上诉人汉涛公司构成商标侵权的主张不能成立。商标行政程序与商标侵权诉讼并无必然关联，两者对于标识近似的审查标准也不完全相同，上诉人认为原审判决对于近似标识的认定与国家商标局的认定相冲突，属于认定错误的主张不能成立，亦不予以支持。相关公众客观上能够将被控侵权标识与上诉人的权利商标相区分，不会造成市场混淆的后果。因此，一审法院认定事实清楚，适用法律正确，上诉人的上诉请求不能成立，判决驳回上诉，维持原判。

【评析】

传统商标保护中以“混淆可能性”作为侵权判定标准，符合商标保护的功能要求和目的。我国第三次修订前的《商标法》第五十二条关于商标近似侵权没有规定“混淆”侵权标准，直接以“类似商品”和“近似商标”认定商标侵权，未采用“混淆”标准，与商标法基本理论不符。但《最高人民法院关于审理商标民事纠纷案件适用法律若干问题的解释》（以下简称司法解释）则引入了“混淆”标准，其第九条第二款规定：《商标法》第五十二条第（一）项规定的商标近似，是指被控侵权的商标与原告的注册商标相比较，其文字的字形、读音、含义或者图形的构图及颜色，或者其各要素组合后的整体结构相似，或者其立体形状、颜色组合近似，易使相关公众对商品的来源产生误认或者认为其来源与原告注册商标的商品有特定的联系。2014 年生效的新《商标法》第五十七条确认了上述司法解释的“混淆”标准。本案中，尽管被控侵权标识与涉案商标在构成要素上很相似，但法院依然以二者并不构成混淆性相似为由，判决驳回原告诉讼请求。因此，何谓“混淆性近似”，如何认定构成混淆性近似，行政授权与法院侵权认定中对商标近似的理解有何不同，是值得探讨的问题。

一、混淆性近似的含义

与近似相关的概念有“商标标识近似”、“商标近似”、“混淆性近似”等，厘清其含义对于商标侵权认定至关重要。

商标标识的近似，强调的是商标的自然状态或者说物理意义上的近似，即司法解释中所谓“文字的字形、读音、含义或者图形的构图及颜色，或者其各要素组合后的整体结构相似，或者其立体形状、颜色组合近似”。当然，新《商标法》中纳入了声音商标，如何认定声音商标的相似，本文暂且不作讨论。

而商标近似不仅包括商标标识的近似，还包括因两种商标使用在同一种或者类似商品上存在着足以造成相关公众对商品来源混淆的可能性。因此，可以说，商标近似包括商标标识近似和混淆可能性两部分内容。换个角度来说，商标的生命在于使用，认定商标是否近似，不应仅仅停留在对商标标识构成要素的对比分析上，而应把更多的注意力转向商标在商业活动中的使用情况上。通过商标标识的使用，商标标识成为商品和消费者沟通的媒介，商标的基本功能即识别功能得以发挥，使相关公众不会对商品来源产生混淆。商标标识近似是一种静态的近似，混淆可能性更多是商标使用中的动态近似。静态的商标标识近似不一定造成相关公众的混淆，也就不会有损商标的识别功能，只有存在混淆可能性时，商标的识别功能才有受损之虞，从而构成对商标权的侵害。

因此，从商标侵权认定的意义上来说，所谓商标近似指的是一种混淆性近似。混淆性近似意味着仅仅商标标识近似不足以造成相关公众对商品来源产生混淆的，不宜认定为商标侵权。

二、认定混淆性近似的考量因素

如上所述，单单商标标识本身近似，如果相关公众客观上能够将被控侵权标识与权利商标相区分，不会造成市场混淆的后果，因而没有构成混淆性近似，不足以认定商标侵权。而引起混淆性近似的原因有很多，是一个复杂的命题，需要综合考量多种因素，才能准确予以判断。

引起混淆最直接的因素是商标的标识本身近似，其前提则是商品类似，否则，如果商标标示的商品或服务分属于不同的类别，不同类别的商品或服务面向的相关公众存在交集的可能性较小，自然不会在相关公众中产生混淆。因此，判断混淆的前提是对商标标示的商品类别进行甄别，如本案中法院首先认定被告汉涛公司运营的大众点评网存在向相关公众提供广告服务的行为，与原告“”商标核定使用的服务项目中的广告构成相同服务。

商标标识本身近似，只是一种物理意义上的静态近似，商标的价值体现在商业活动中的动态使用情况。商标的使用，使该商标标识获得更强的显著性，在相关公众中具有更大的知名度，为商品提供者积累了良好的商誉，从而使得商标与特定提供者的商品建立了稳定持续的对应关系，具备指示和区分商品来源的能力，避免了混淆。因此，除了商标标识构成要素是否近似之外，还要从相关公众的角度考察涉案商标标识的注册情况、使用时间、使用方式、营销渠道、业务领域、面向的主要相关公众群体等因素，借以衡量商标的显著性和知名度。法院在本案中经审理认为，被告汉涛公司及大众点评网通过长期经营取得了较大的商业成就，获得了众多行业内外的褒奖和荣誉，“”图形的知名度远远大于原告刘征注册的“”商标，相关公众已将“”图形与大众点评网建立了固定而持续的联系，对“”商标和“”图形的区别有着清晰的认知和判断，不会造成混淆和误认，两商标不构成混淆性近似，因而被告标识不构成对原告商标权利的侵犯。

本质上，法律维护商标识别功能的目的在于推动商标使用者积极开拓属于自己的市场，而不必存有市场混淆之虞。一旦商标的识别功能遭到损害，消费者有混淆商品来源的可能性，则意味着市场的划分界限不再明晰，商标侵权者可能侵犯了商标权利人经过辛苦经营取得的市场成果。反过来，法院判定涉案商标或标识不构成混淆性近似，则意味着法院通过定纷止争的手段，明晰权利界限，尊重被控侵权标识使用者业已创造的市场格局。

三、商标行政程序与商标侵权诉讼对混淆性近似的不同审查标准

《商标法》第九条规定：“申请注册的商标，应当有显著特征，便于识别，并不得与他人在先取得的合法权利相冲突。”商标标识获得行政注册的首要条件是该标识具有显著性。而在商标注册阶段，一般情况下申请注册的标识并未经过市场的实际使用，因此是否足以防止混淆只能通过商品的类似性和商标标识的相似性进行推定，标识本身的构成、标识与对象之间的关系、标识与在先商标的关系，当然地成为审查的重点，某一标识只要不含有法律禁止的内容，就直接推定其具备显著特征，可以获得注册。反过来，如果商标标识与在先商标的标识从其构成要素等自然属性判断，可以推定已然有混淆之虞，则不予注册，如《商标法》第三十条规定，“申请注册的商标，凡不符合本法有关规定或者同他人在同一种商品或者类似商品上已经注册的或者初步审定的商标相同或者近似的，由商标局驳回申请，不予公告”。

《商标法》第五十七条规定：“有下列行为之一的，均属侵犯注册商标专用权：……（二）未经商标注册人的许可，在同一种商品上使用与其注册商标近似的商标，或者在类似商品上使用与其注册商标相同或者近似的商标，容易导致混淆的。”这表明在商标侵权诉讼中，法院考察的仍然是被控侵权标识与权利商标之间的混淆可能性，不一定是实际发生的混淆情况，但这种混淆可能性的判断基础不是商标标识本身相同或近似的推定，而是综合考虑被控侵权标识在实际商业使用中所形成的显著性和知名度，这种显著性和知名度是否足以使消费者（相关公众）得以区别商品或服务的来源，从而避免混淆误认。

应该说，在维护商标的识别功能，避免相关公众对商品来源产生混淆这一目的上，商标行政授权与商标侵权认定是一致的。商标行政程序是从商标标识构成要素本身是否相同或近似把好第一关，如果商标标识近似，则推定有混淆可能性，而商标侵权诉讼则从商标实际使用中是否构成混淆性近似的考察中更加贴近了商标的实质。因为脱离了商品或服务，任何标识符号都不是真正的商标，也就无所谓“商标权”。商标保护的客体不是商标标识本身，而是商标标识经过商业使用所积累和承载的商誉，是商标标识与商品提供者之间的稳定而持续的对应关系。这一认识对于进一步理解商标侵权认定中的“混淆标准”有着十分重要的意义。

（撰稿人：王利民　张克伟）

回收刻有他人商标的啤酒瓶销售自家啤酒构成商标侵权

——百威英博（中国）销售有限公司与浙江喜盈门啤酒有限公司等侵害商标权及不正当竞争纠纷案

【提要】

在啤酒瓶上刻有商标浮雕文字，是对商标的使用行为。啤酒瓶的转移占有只代表了物权的转移，与商标权无涉。同业者回收利用啤酒瓶虽符合环保政策导向，但因啤酒瓶带有竞争者的商标，投入市场后，事实上仍使用了该商标。这种使用将导致相关公众对两种啤酒提供者的混淆，不属于商标的合理使用，构成商标侵权。

【案情】

原告：百威英博（中国）销售有限公司

被告：黑龙江北国啤酒集团有限公司

被告：浙江喜盈门啤酒有限公司（原浙江汾湖啤酒有限公司）

被告：抚州喜盈门啤酒有限公司

被告：浙江蓝堡投资有限公司

案由：侵害商标专用权及不正当竞争纠纷

一审案号：（2012）沪一中民五（知）初字第188号

二审案号：（2013）沪高民三（知）终字第111号

2011年8月7日，安海斯－布希公司经核准注册了第7069881号“百威英博”文字商标，核定使用商品为第32类的啤酒等。2012年7月，安海斯－布希公司（许可人）与原告百威英博（中国）销售有限公司（被许可人）签订《商标使用维权许可协议》，约定由许可人许可被许可人使用附件所列的注册商标，授权被许可人就制止协议生效前已经发生和协议生效后可能发生的侵犯许可商标的行为，在中国境内以被许可人的名义提起诉讼，并因维权获得赔偿款项。该协议附件中包含了第7069881号“百威英博”商标。

2012年5月8日，原告代理人在公证员的监督下，前往上海市通海路275号的仓库，对存放在该处的喜盈门冰纯啤酒进行拍照。该库存为上海市工商行政管理局浦东分局委托存放，其中500毫升的啤酒105箱，每箱12瓶。在其中抽样2瓶啤酒，酒瓶在瓶体下部有“百威英博”或“百威英博专用瓶”浮雕字样。上海市长宁公证处对上述事实进行了公证。

2012年5月25日，原告代理人在公证员的监督下，前往位于浙江省诸暨市草塔镇凯翔大道与智圣路交汇处的世纪华联（诸暨市草塔慧东平价商店）购买了喜盈门冰纯啤酒（580毫升）一箱（12瓶），支付价款人民币（以下币种同）35元。原告代理人另购买了2瓶上述啤酒，支付价款10元。上述啤酒瓶在瓶体下部均有“百威英博”或“百威英博专用瓶”浮雕字样。酒瓶背贴以小字记载浙江喜盈门啤酒有限公司（以下简称汾湖公司）出品、哈尔滨喜盈门公司监制，并以更小字体注明“瓶体字样与本产品无关”。上海市长宁公证处对上述事实进行了公证。

同年6月，原告代理人在公证员的监督下，前往位于上海市浦东新区崂山路585号的跃民崂山店用餐，购买菜品若干并在啤酒类菜单上选购“哈啤冰纯”啤酒2瓶，共支付价款280元。用餐后，原告代理人取得空酒瓶1个，未饮用的啤酒1瓶。啤酒瓶容积均为500毫升，瓶体下部分别有“百威英博”、“百威英博专用瓶”浮雕字样。酒瓶背贴以小字记载，生产厂家及日期见瓶盖。喷码编号：A. 汾湖公司，B. 抚州喜盈门啤酒有限公司（以下简称抚州喜盈门公司），C. 黑龙江北国啤酒集团有限公司（以下简称北国公司），哈尔滨喜盈门公司监制，并注明“瓶体字样与本产品无关”。未饮用的啤酒瓶盖上喷码为“20120601 A”。上海市普陀公证处对上述事实进行了公证。

原告委托代理人支出了合理的公证费16 000元，翻译费990元。

还查明：浙江蓝堡投资有限公司（以下简称蓝堡公司）投资管理的企业包括北国公司、汾湖公司、哈尔滨喜盈门公司、抚州喜盈门公司等。汾湖公司、抚州喜盈门公司均系蓝堡公司控股的啤酒生产企业。

蓝堡公司的股东兼董事为杨姆狄、谢炳超和蔡付弟，杨姆狄任董事长，同时兼任哈尔滨喜盈门公司、抚州喜盈门公司监事。谢炳超兼任哈尔滨喜盈门公司的执行董事、总经理及财务负责人，蔡付弟兼任汾湖公司总经理。抚州喜盈门公司的股东为张建辉和蓝堡公司，徐秋华为经理。杨姆狄曾任英博双鹿啤酒集团有限公司副董事长，徐秋华曾任金华英博双鹿啤酒有限公司总经理。

2011年2月25日，蓝堡公司授权汾湖公司使用“喜盈门”和“Heimen”商标，使用期限从同年3月1日至2013年3月1日。2011年6月13日，蓝堡公司受让了第3201694号“喜盈门”和第6940579号“Heimen”商标，核定使用商品均为第32类的啤酒等。

原告诉称："百威"（Budweiser）是世界著名的啤酒品牌，在中国市场上享有极高的知名度，曾被认定为中国驰名商标。原告根据《商标使用维权许可协议》享有"百威"和"百威英博"注册商标的使用权，有权对侵权行为提起诉讼。原告企业名称中"百威英博"字号经多年宣传使用，已经具有极高的市场认可度，依法可以作为企业名称保护。四被告共同生产、销售啤酒，擅自在其生产和销售的啤酒瓶上使用"百威"、"百威英博"商标和"百威英博"字号，导致相关公众误认。该行为对原告的商标、字号、声誉造成了严重损害，故原告请求本院判令四被告立即停止生产、销售使用原告"百威英博"字号的产品，停止生产、销售使用"百威"、"百威英博"商标的产品；四被告连带赔偿原告经济损失及合理费用500万元；四被告共同在《文汇报》上刊登声明，向原告赔礼道歉、消除影响。

四被告辩称：在程序上，商标权和字号权是两个不同的权利，原告应分别起诉。在实体上，首先，酒瓶上的"百威英博"并非作为商标使用。其次，被控侵权的啤酒系被告汾湖公司生产，其余被告未实施生产行为。再次，汾湖公司使用的是回收酒瓶，使用的是酒瓶的容器功能，没有将酒瓶上的文字作为商标使用，且使用回收瓶符合国家政策和行业惯例。最后，消费者并非按照啤酒瓶上的文字来区分商品来源，被告在瓶贴上已经突出使用了自己的商标，与原告有显著区别，消费者不会误认。

【审判】

上海市第一中级人民法院经审理认为：根据《中华人民共和国商标法》第三条和第四十条的规定，商标注册人享有商标专用权，受法律保护，商标注册人可以通过签订商标使用许可合同，许可他人使用其注册商标，故原告作为"百威英博"商标的被许可人，其商标使用权应受法律保护。

被告汾湖公司用以盛装其啤酒的酒瓶上刻有"百威英博"或"百威英博专用瓶"浮雕文字，这是对"百威英博"商标的使用。即便是回收利用带有他人商标的酒瓶也不属于商标的合理使用。被告使用前述酒瓶将会导致消费者对原、被告啤酒来源的混淆，属于商标侵权行为。由于四名被告互为独立法人，由其承担连带责任尚缺乏事实和法律依据，故该责任由汾湖公司承担。

鉴于原告没有证据证明其因侵权所受损失或被告因侵权所获利益的具体金额，故考虑"百威英博"商标的声誉，商标使用许可的种类、时间、范围，汾湖公司侵权行为的性质、期间、后果及原告制止侵权行为的合理开支等因素酌情确定被告应承担的赔偿额。

原告请求判令被告在报纸上公开赔礼道歉、消除影响，但赔礼道歉一般用于抚慰自然人因人身权受损害而造成的精神创伤。本案原告为法人，其人格为法律所拟制，即便遭受侵害，亦无精神创伤可言，故对原告的该项请求不予支持。被告的行为侵犯了原告的商标权，而商标的使用涉及相关公众对商品来源的识别，故原告有关消除影响的主张于法有据。

据此，依照《中华人民共和国侵权责任法》第八条、第十五条第一款第（一）项、第（六）项、第（八）项，第二款，《中华人民共和国商标法》第五十二条第（一）项，第五十六条第一款、第二款，《中华人民共和国民事诉讼法》第一百四十四条的规定，判决：一、被告浙江喜盈门啤酒有限公司立即停止侵害原告百威英博（中国）销售有限公司享有的第7069881号“百威英博”商标使用权；二、被告浙江喜盈门啤酒有限公司于本判决生效之日起十日内赔偿原告百威英博（中国）销售有限公司经济损失及合理费用人民币10万元；三、被告浙江喜盈门啤酒有限公司于本判决生效之日起三十日内在《文汇报》上刊登声明以消除影响（内容须经本院审核，费用由该被告负担）；四、驳回原告百威英博（中国）销售有限公司其余诉讼请求。

一审判决后，被告浙江喜盈门啤酒有限公司不服，向上海市高级人民法院提起上诉。二审法院经审理，判决驳回上诉，维持原判。

【评析】

一、在酒瓶上使用“百威英博”或“百威英博专用瓶”文字是否属于对“百威英博”商标的使用

原告认为，原告在其啤酒瓶上使用“百威英博”或“百威英博专用瓶”浮雕文字，为的是区分啤酒的来源，就是将“百威英博”作为商标使用。

被告认为，这种浮雕文字与瓶体颜色一致，又处于瓶体下部，无法起到商标的作用，且原告明知其酒瓶会被其他啤酒厂家回收利用，不能独占使用，故该浮雕文字不是作为商标使用，而是作为字号使用。

对这个问题作出判断，可以分两个层次进行分析，即该使用方式是否属于商标使用的方式以及该使用是否会产生商品来源识别的效果。

首先，该使用方式是否属于商标使用的方式。我国商标法对商标使用的具体方式并没有作限制性规定，而是做了开放式的列举。《中华人民共和国商标法实施条例》第三条规定，“商标的使用，包括将商标用于商品、商品包装或者容器以及商品交易文书上，或者将商标用于广告宣传、展览以及其他商业活动中”。在啤酒瓶上使用“百威英博”或者“百威英博专用瓶”的浮雕文字，显然是在商品容器上使用商标，属于商标使用的范围。

其次，该使用是否会产生商品来源识别的效果。使用方式属于商标使用方式并不能必然得出该使用为商标使用的结论，关键还要看这种使用是否可以区分商品来源。根据《中华人民共和国商标法》第一条的规定，该法的立法目的之一

是维护商标信誉。该目的的实现取决于商标最基本的功能，即商品来源识别功能是否实现。只有市场经营者各自使用自己的商标，商品的来源得到有效的区分，商标信誉才可能得以维护。因此，一项标识的使用是否具有商品来源的识别功能是判断该使用是否属于商标性使用的关键因素。被告认为，该使用方式容易被忽视，不能产生商品来源的区分效果。然而，凡是注意到酒瓶上“百威英博”字样的相关公众通常都会认为该啤酒来源于百威英博，这种认识相当清晰，不会产生歧义，换言之，这一文字标识的使用会产生来源识别作用。被告提出的该文字与酒瓶同色以及位于酒瓶下部等问题只同其实现识别功能的强弱有关，而与其是否具有啤酒来源识别功能无关。因此，酒瓶上“百威英博”文字的使用属于商标使用。

二、回收利用带有他人商标的酒瓶是否属于合理使用

原告认为，被告虽然提供了瓶箱验收单，但无法证明其使用的是回收瓶，即便被告使用的的确是回收瓶，也不得侵犯他人的合法权益。

被告主张，其使用的酒瓶系回收使用，符合清洁能源和循环经济的国家政策，故其行为具有正当性。

事实上，仅凭被告目前提供的证据尚不足以证明其使用的“百威英博”瓶是回收瓶，退一步讲，即便被告所述属实，其使用的是回收瓶，其主张也不能成立。

首先，回收利用啤酒瓶固然符合环保的政策导向，但这不能解释为该政策导向具有妨碍他人行使商标权的意图。现行法律法规中并没有使用回收酒瓶的强制性规定，可见啤酒生产企业并没有回收利用酒瓶的法定义务，其不会因履行法定义务而产生损害他人商标权的风险。

其次，酒瓶的转移占有只代表了物权的转移，与商标权无涉，故不能认为酒瓶转移的事实赋予了其占有人使用酒瓶上商标的权利。如果允许被告用带有原告商标的酒瓶灌装被告的啤酒，则原告商标的商品来源识别功能必然受损。商标法上合理使用的抗辩必须具备足够的正当性，本案中被告使用“百威英博”商标所带来的是双方当事人利益的明显失衡，难谓其正当性，故被告的此节抗辩不能成立。

三、被告使用前述酒瓶是否会导致啤酒来源的混淆

原告主张，被告的使用方式容易使相关公众误认商品来源。

被告认为，由于酒瓶上的“百威英博”文字不易察觉，且被告突出使用了自己的商标，故不可能导致相关公众对啤酒来源产生混淆。

《中华人民共和国商标法》第五十二条第（一）项规定，未经商标权人许可，在同一种商品上使用与注册商标相同的商标的，属于侵犯商标权的行为。根据该法律规范，在相同商品上使用相同商标并不以混淆可能性为侵权构成要件。只要被告实施了该商标使用行为，就当然构成侵权。被告虽然主张其回收使用酒瓶是将其作为容器使用，而非将酒瓶上的“百威英博”文字作为商标使用，但该抗辩显然不能成立。尽管酒瓶本身是一种容器，但酒瓶上的文字是客观存在，该文字的使用是商标使用，故被告的行为构成商标侵权，理应承担停止侵害、赔偿损失、消除影响的侵权责任。

（撰稿人：胡震远）

正规渠道进口正牌商品并转售的
不一定侵犯商标权

——维多利亚的秘密商店品牌管理有限公司与上海锦天服饰有限公司侵害商标权及不正当竞争纠纷案

【提要】

根据商标权利用尽原则，在平行进口的国际贸易中，由于买家销售正牌商品的行为不会造成相关公众的混淆，虽有超出授权范围销售的违约行为，但该行为本身不构成侵害商标专用权。然而，其在销售中未经许可自称为品牌总经销商的行为却构成虚假宣传的不正当竞争。

【案情】

原告： 维多利亚的秘密商店品牌管理有限公司

被告： 上海锦天服饰有限公司

案由： 侵害商标权及不正当竞争纠纷

一审案号：（2012）沪二中民五（知）初字第86号

原告维多利亚的秘密商店品牌管理有限公司（以下简称维多利亚的秘密公司）是一家注册于美国的公司，原告是案外人 Intimate Brands Holding，LLC 的全资子公司，Intimate Brands Holding，LLC 是案外人 Intimate Brands，Inc 的全资子公司，Intimate Brands，Inc. 是 Limited Brands，Inc.（以下简称 LBI 公司）的全资子公司。另，LBI 公司旗下还有一家全资子公司维多利亚的秘密商店有限公司（Victoria's Secret Stores LLC）（以下简称 VSSLLC 公司）。原告负责 LBI 公司旗下包括涉案注册商标在内的所有"VICTORIA'S SECRET"（维多利亚的秘密）品牌商标的注册、使用、管理和保护，是上述商标的所有权人，LBI 公司和其他全资子公司经原告许可使用包括涉案注册商标在内的"VICTORIA'S SECRET"（维多利亚的秘密）商标。

原告是涉案系争四个注册商标的专用权人，该四个注册商标是：1. "维多利亚的秘密"，商标注册证号为第4481217号，核定服务项目类别为第35类：邮购订单形式的广告、直接邮件广告、商业橱窗布置、数据通信网络上的在线广告、商业信息、为广告或销售组织时装展览、推销（替他人）、艺术家演出的商业管理。注册有效期自2008年9月14日至2018年9月13日。2. “维多利亚的秘密”，商标注册证号为第4481218号，核定使用商品类别为第25类：服装；女内衣等。注册有效期自2008年12月21日至2018年12月20日。3. “VICTORIA’S SECRET PINK”，商标注册号为第6699957号，核定服务项目类别为第35类：广告、商业信息、推销（替他人）等。注册有效期自2010年11月7日至2020年11月6日。4. “VICTORIA’S SECRET”，商标注册证号为第1505378号，核定使用商品类别为第25类：服装、服装带（衣服）、短筒袜、长筒袜、围巾、手套（服装）。续展有效期自2011年1月14日至2021年1月13日。

被告上海锦天服饰有限公司（以下简称锦天公司）成立于2007年，公司类型是一人有限责任公司，经营范围是针纺织品、服装、床上用品、鞋帽、围巾、纺织原料、日用品百货销售、服装加工。

2011年3月至2012年10月，被告锦天公司向在上海市、天津市、湖南省、四川省、河北省、山东省、山西省、辽宁省、浙江省、广东省等地商场内的部分“维多利亚的秘密”品牌专柜销售了内衣商品，上述内衣商品的内标签上印有“VICTORIA’S SECRET”文字，上述店铺的店招、内部装潢、衣架、包装袋及内衣商品吊牌上印有“VICTORIA’S SECRET”、“维多利亚秘密”、“VS”、“PINK”、“中国总经销：上海锦天服饰有限公司”、“维多利亚的秘密中国区特许总经销等字样。

2011年12月至2012年5月24日，原告发现火爆服装招商网（www. 3188. tv）、中国时尚品牌网（http：//brand. chinasspp. com）和中国品牌服装网（http：m. china-ef. com）等网站网页上载有“上海锦天服饰有限公司是美国顶级内衣品牌维多利亚秘密和美国最畅销休闲品牌OLD NAVY唯一指定总经销商……”等内容，上述网站还载有维多利亚服装产品的图片等，上述图片下方配有“招商厂家：上海锦天服饰有限公司”等文字内容。

被告锦天公司曾与案外人余艳琼、崔亚峰、威海佳沃贸易有限公司签订过《“维多利亚秘密”品牌终端销售合同》，该合同的主要内容包括：“甲方（被告）授权乙方（案外人）为……地区终端销售商。负责维多利亚秘密品牌内衣系列产品在该地区以专柜的方式进行销售和推广……”、“甲方以产品全国统一零售价的3. 5折向乙方供货”、“B类店（即专柜或店中店）不少于四个维多利亚秘密形象展柜，维多利亚秘密系列产品款式不得低于50个，要求店铺内显著位置张贴维多利亚秘密主体形象画。可以与其他同类型品牌共同经营”、“乙方在签订协议书生效之日起，全年进货额达……万元，甲方保证足额供货”、“甲方义务：授权乙方终端销售维多利亚秘密品牌体系的货品”、“乙方义务：乙方签订终端销售合同后，必须在合同签订之日起……日内向甲方支付信誉保证金……”

2013 年 2 月 14 日，原告、VSSLLC 公司和 LBI 公司共同发表声明称：1. 该三家公司从未通过 AFB 公司向锦天公司或锦天公司的委托代理公司宁波亿泰控股集团股份有限公司（以下简称宁波亿泰公司）出售或提供“维多利亚的秘密”商标的任何产品，也从未授权 AFB 公司作为中间人。2. 该三家公司不知道 AFB 公司是否与锦天公司或宁波亿泰公司有任何合同或销售关系。3. 该三家公司从未与锦天公司或宁波亿泰公司签订过任何协议，也没有与锦天公司或宁波亿泰公司建立过任何合同关系。4. VSSLLC 公司与 AFB 公司签订了一份《库存出售协议》，该协议从 2007 年 1 月 1 日起生效，授权 AFB 公司在包括中国在内的多个地区出售某些标记为缺货的库存。根据上述协议，AFB 公司仅可向有实体店铺的零售商或获得了 VSSLLC 公司书面同意的批发商出售产品。此外，上述批发商仅可将所购买的产品出售给也已经事先获得了 VSSLLC 公司书面同意且拥有实体店铺的零售商。除了上述方式，批发商不得以其他任何方式出售这些产品。同时，该协议还指明 VSSLLC 公司从未发出任何授权，也未指定 AFB 公司或其子公司、顾客或 AFB 产品的购买者作为代理人代表自己。AFB 公司也承诺，在上述购买者签署“非代理人声明”之前，不得向上述购买者出售任何产品。

另查明：1. 2007 年 9 月 10 日，LBI 公司品牌保护总监 Dean Brocious 出具的确认函称“LBI 公司很高兴确认 AFB 公司被选中来协助销售维多利亚秘密商店当前质量第一的多余库存，并且通过该公司向上海锦天服饰有限公司提供商品在中国销售，大部分衣物标有世界著名的维多利亚的秘密商标和 INTIMISSIMI 品牌。AFB 公司经 LBI 公司批准（非目录或因特网）向传统的零售商提供商品，在被批准的国家内销售（除美国、加拿大）。LBI 公司将在有库存以及 AFB 公司是否遵守合同的基础上向 AFB 公司继续提供额外的库存，AFB 公司的买家们必须遵守相同的条件和规则……”。2. 2007 年 8 月 22 日，AFB 公司首席执行官 Mohamed A. Barry 出具授权书称“……AFB 公司已由 Limited Brands 授权，将这些商品供应常规的零售商（非产品目录或互联网销售）。AFB 公司已经选定上海锦天时尚有限公司，地址为中国上海市打浦桥路 1 号，邮编：200023，在中国独家处理进口和分销该商品事务。”3. 2007 年 9 月 1 日，被告委托案外人宁波亿泰公司代理进口美国“维多利亚的秘密”品牌内衣服饰，数量：810 000件（文胸、内裤、睡衣），价格条款：FOB OHIO，USA，总金额；USD6 000 000；4. 2007 年 9 月，案外人宁波亿泰公司通过中国工商银行宁波分行和中国建设银行宁波支行住房城市建设支行开出了两份信用证，一笔金额约为 310 万美元和另一笔金额为 200 万美元，信用证号分别为 LC83028010002528 和 LC333010701666，受益人为 LBI 公司，上述信用证已于 2007 年 10 月和 11 月承兑完毕。5. 2007 年 9 月，宁波亿泰公司从 LBI 公司处进口价值约 510 万美元的内衣商品并获得相关财务凭证，其中LBI公司出具的商业发票上有落款为“Mr. John Talamo/VP Limited Brands，Inc.”的签名，还盖有印有原告公司名称的钢印。LBI公司出具的装箱单以及海运提单背面有“Limited Brands，Inc Dean Brocious”的签名。

原告诉称：被告未经授权对外宣称其为原告的总经销商，在中国以直营或特许加盟形式开展经营活动，并在上述经营活动中使用原告的“维多利亚的秘密”、“VICTORIA’S SECRET”商标和企业名称对外销售商品。原告认为，被告的行为侵害了原告的注册商标专用权，并构成擅自使用他人企业名称和虚假宣传的不正当竞争行为，故诉至法院请求判令：1. 被告停止商标侵权及不正当竞争行为；2. 被告赔偿原告经济损失人民币500万元，其中包括合理费用人民币233 323元。

被告辩称：1. 本案不存在注册商标跨类保护的必要性，被告不同意认定原告的涉案注册商标为驰名商标。2. 被告销售的商品来源于原告的母公司案外人LBI公司，即被告销售的是正牌的维多利亚的秘密品牌内衣商品。其整个购买经过是：2007年，经案外人American Fashion Brands，LLC（以下简称AFB公司）介绍，LBI公司与被告达成出售LBI公司价值约510万美元“VICTORIA’S SECRET”品牌内衣商品的交易，并于2007年当年实际履行完毕。在该笔交易履行过程中，被告委托案外人宁波亿泰公司于2007年10月和11月，先后开具信用证付款给LBI公司200万美元和约310万美元，后LBI公司于2007年11月和12月委托运输将相应商品由美国加利福尼亚州运至中国宁波港。因此，原告的注册商标专用权利已经用尽，被告有权再行出售上述商品并进行必要宣传，并不构成商标侵权。3. 原告的企业名称不是在中国境内进行商业使用的企业名称，对涉案企业名称权不享有民事权益，被告没有擅自使用他人企业名称的不正当竞争行为。4. 由于原告在中国境内没有经营零售业务，被告作为LBI公司“VICTORIA’S SECRET”品牌的经销商，事实上也确实是中国大陆境内唯一的经销商，被告自称总经销商并无不可，故被告不存在虚假宣传的不正当竞争行为。综上，请求法院驳回原告的全部诉讼请求。

【审判】

上海市第二中级人民法院经审理认为：被告销售的被控侵权商品系来源于原告的母公司LBI公司。被告向百货公司内零售商销售的被控侵权商品来源于原告的母公司LBI公司。被告不存在以特许加盟形式授权他人销售维多利亚的秘密品牌内衣商品的行为，被告与上述零售商之间仍属于购销关系。根据《商标法》第五十二条第（二）项规定，销售侵犯注册商标专用权的商品的，属于侵犯注册商标专用权的行为。而在本案中，被告销售的商品是正牌商品，不属于侵犯原告注册商标专用权的商品，不存在会使相关公众产生误认的情形，因此，不构成商标侵权。根据《反不正当竞争法》第九条的规定，经营者不得利用广告或者其他方法，对商品的质量、制作成分、性能、用途、生产者、有效期限、产地等作引人误解的虚假宣传。在本案中，被告没有证据证明自己确实是“美国顶级内衣品牌维多利亚秘密唯一指定总经销商”，事实上，被告仅是从原告母公司 LBI 公司处购进了库存产品在国内销售，被告的这种宣称会使相关公众误以为被告与原告存在授权许可关系，从而获取不正当的竞争优势，也会对原告今后在中国境内的商业活动产生影响，致使原告的利益受到损害。因此，本院认定被告存在虚构事实以引人误解的主观恶意，实施了虚假宣传的客观行为，构成不正当竞争，应当承担停止侵权、赔偿损失的民事责任。

据此，上海市第二中级人民法院依照《中华人民共和国商标法》第五十二条第（二）项，《中华人民共和国反不正当竞争法》第五条第（三）项、第九条、第二十条，《最高人民法院关于审理不正当竞争民事案件应用法律若干问题的解释》第六条第一款、第十七条第一款，《最高人民法院关于审理涉及驰名商标保护的民事纠纷案件应用法律若干问题的解释》第三条第一款第（一）项之规定，判决：（1）被告上海锦天服饰有限公司立即停止对原告维多利亚的秘密商店品牌管理有限公司虚假宣传的不正当竞争行为；（2）被告上海锦天服饰有限公司应于本判决生效之日起十日内，赔偿原告维多利亚的秘密商店品牌管理有限公司经济损失人民币 6 万元；（3）被告上海锦天服饰有限公司应于本判决生效之日起十日内，赔偿原告维多利亚的秘密商店品牌管理有限公司合理费用人民币 2 万元；（4）驳回原告维多利亚的秘密商店品牌管理有限公司的其余诉讼请求。

一审宣判后，双方当事人均未提起上诉，该判决已经发生法律效力。

【评析】

一、本案不是典型的商标平行进口案件

由于本案纠纷产生的根源是含有商标权的商品的国际贸易活动，因此，对于本案是否属于商标平行进口案，有不同看法。有观点认为，本案原告与国外的商品制造商是母子公司的关系，他们之间有内在的关联关系，而且在行使商标权方面对外是由一个主体即本案原告控制的，因此，本案属于商标平行进口纠纷案。但笔者认为，本案不属于典型的商标平行进口纠纷。商标平行进口是指在国际贸易中，进口商未经本国商标所有人或商标使用权人许可，从境外进口经合法授权生产的标有相同商标的同类商品的行为。商标平行进口行为包括如下构成要件：1. 平行进口的商品为正品，不是假冒伪劣商品；2. 平行进口的商品是合法购得的，不是通过非法渠道（如走私）获得的；3. 进口商品上标注的商标与本国商标权人的商标来源于同一个商标权人；4. 进口商的行为未得到本国商标权人的许可。根据本案的事实情况，原告维多利亚的秘密公司是一家注册于美国的公司，原告与被控侵权商品的国外生产商案外人LBI公司之间是子母公司关系，双方对于“VICTORIA’S SECRET”（维多利亚的秘密）品牌商标权的注册使用有明确约定，即由原告负责LBI公司旗下所有商标的注册、使用、管理和保护等事宜，LBI公司和其他全资子公司经原告许可使用包括涉案注册商标在内的“VICTORIA’S SECRET”（维多利亚的秘密）商标。因此，在世界范围内，“VICTORIA’S SECRET”（维多利亚的秘密）品牌商标在不同国家法域内的商标权均归属于原告，也即涉案商品上标注的商标的商标权利人与中国境内“VICTORIA’S SECRET”（维多利亚的秘密）注册商标的商标权人是同一个人。但是，法院根据LBI公司出具的商业发票上盖有原告公司的钢印以及银行信用证开证材料等证据最终认定涉案商品来源于LBI公司，且原告对此知情，这意味着被告作为进口商的销售行为是得到原告许可的，事实上，原告对于自己的母公司通过中间商向海外销售过季商品这一事实是明知并且是许可的。因此，本案事实因缺乏“进口商的行为未得到本国商标权人的许可”这一构成要件，导致被告的行为不属于典型的商标平行进口行为。

二、本案被告的行为是否构成商标侵权行为

实际上，本案要解决的法律问题是：在国际贸易背景下，被告超许可范围销售涉案商品的行为是否构成商标侵权。对此存在不同的观点：

一种观点认为被告的销售行为构成商标侵权。主要理由是：虽然被告销售的商品系正牌而非假冒商品，但是根据《库存出售协议》以及授权书中对于转售行为的限制约定，即被告只能在自营店内零售相关商品，而不能向其他未经授权的零售商批发销售，而被告在实际经营中却超出了上述授权范围进行了批发销售，这会对原告的商标声誉产生影响，构成商标侵权。

另一种观点认为被告的销售行为不构成商标侵权。主要理由是：被告销售的商品系正牌而非假冒商品，虽然被告违反了其与商标权人之间的约定，超出授权范围进行了销售，但该销售行为本身并不会造成相关公众对于涉案注册商标的混淆、误认，该行为本质上属于违约行为，不属于商标侵权行为。

最终，法院结合原告自身在中国境内实际使用涉案商标的具体情况，并运用混淆标准理论，采纳了上述第二种观点。法院认为，在本案中，首先，根据原告与VSSLLC公司和LBI公司的声明，LBI公司经原告授权可以合法使用涉案注册商标，故LBI公司销售的维多利亚的秘密品牌商品应属正牌商品，并非侵害涉案注册商标的假冒商品；其次，根据原告提交的《库存出售协议》以及被告提交的LBI公司的确认函，被告从原告母公司LBI公司处购进维多利亚的秘密品牌正牌内衣商品后，以批发销售的方式向多家零售商销售商品的行为确实有违其与

LBI公司"转售只能（非目录或因特网）传统零售"的约定，但被告销售的商品是从LBI公司处购买并通过正规渠道进口的维多利亚的秘密品牌正牌内衣商品，而非假冒商品，被告在销售商品的过程中在商品吊牌、衣架、包装袋、宣传册上使用原告涉案注册商标的行为属于销售行为的一部分，不会造成相关公众对商品来源的混淆、误认。也就是说，根据商标权利用尽理论，被告从原告关联公司处购入正牌商品后有权将附有其商标的商品进一步转售，包括在销售过程中正当地使用该商标。如果被告与原告关联公司之间就商品销售方式、销售渠道进行了约定，在被告违约的情况下，只能由原告关联公司根据他们之间的协议追究被告的违约责任，而非商标侵权责任。

三、被告的行为是否属于不正当竞争行为

关于被告在销售过程中自称是"美国顶级内衣品牌维多利亚秘密唯一指定总经销商"的行为是否属于虚假宣传的不正当竞争行为，对此争议不大。法院认为，根据《反不正当竞争法》第九条的规定，经营者不得利用广告或者其他方法，对商品的质量、制作成分、性能、用途、生产者、有效期限、产地等作引人误解的虚假宣传。在本案中，被告没有证据证明自己确实是"美国顶级内衣品牌维多利亚秘密唯一指定总经销商"，事实上，被告仅是从原告母公司LBI公司处购进了库存产品在国内销售，被告的这种宣称会使相关公众误以为被告与原告存在授权许可关系，从而获取不正当的竞争优势，也会对原告今后在中国境内的商业活动产生影响，致使原告的利益受到损害。因此，法院认定被告存在虚假宣传的不正当竞争行为。

但是值得思考的是，被告超许可范围销售涉案商品的行为虽不构成商标侵权，但该行为是否可以从反不正当竞争法的角度予以规制。有观点认为，原告的"VICTORIA'S SECRET"（维多利亚的秘密）商标在时尚内衣行业具有相当高的知名度，虽然原告在中国没有开设过实体店进行销售活动，但并不代表原告商标在中国境内没有知名度。事实上，原告以网络销售、电话销售的方式也向中国消费者出售过其内衣商品，原告就其商标所做广告宣传的对象也涵盖了中国境内的消费者。被告在明知道其所销售的商品是原告公司的过季商品的情况下，仍然超出许可范围向商场专柜以新品形式大量销售，这种行为会损害原告商标的美誉度，降低社会公众对该商标的评价，同时，由于各个商场专柜之间不存在关联，因此其销售服务必然处于无序状态，无法提供周到的销售服务和完善的售后服务，同时也损害了消费者的利益，因此，可依据我国《反不正当竞争法》的原则性条款追究被告的不正当竞争行为责任。笔者认为，应当慎重适用《反不正当竞争法》原则性条款，对于将不属于法律已经列举的七种不正当竞争行为之外的行为定性为不正当竞争，应对被告行为的构成要件和原告的举证责任适用更加严格的标准。就本案而言，原告作为商标权人在中国境内从未进行过大规模的实体店铺销售活动，其现有的销售模式也是非主流的，原告在中国境内尚未建立起自己的市场环境和秩序，对于涉案商标商誉和品牌形象的积累也没有作出太大的贡献。因此，就目前看来，被告的行为还算不上构成对原告市场份额的挤占和对其建立的商品声誉损害，对此不宜适用反不正当竞争法的原则性条款。

（撰稿人：凌宗亮）

商标权与在先权益的冲突与解决

——杭州博客旅行社有限公司与上海驰誉网络科技有限公司侵害商标权纠纷案

【提要】

本案是一起由商标抢注引发的纠纷，诉讼由商标抢注人发起，针对被告的域名、未注册商标、商号提起侵权之诉。案件审理过程中，法院查明，被告使用的域名、未注册商标、商号中的识别部分确与原告的注册商标中的识别部分相同，但被告对上述商业标识的使用却早于原告商标注册时间，且原告在商标注册前知晓且接触过上述商业标识。本案判决的精彩之处在于对各项在先权利的分层界定以及对域名“权益”是否适用在先“权利”的判定，法院对此采取请求权基础分析法，认定原告主张被告域名侵权的权利基础不成立，创造性地对该问题作出了裁判。

【案情】

原告：杭州博客旅行社有限公司

被告：上海驰誉网络科技有限公司

案由：侵害商标权纠纷

案号：（2014）沪二中民五（知）初字第130号

原告杭州博客旅行社有限公司（以下简称博客公司）注册成立于2007年1月10日，经营范围为国内旅游业务、入境旅游、代订客房、代办票务、会展服务等业务。法定代表人为李松晋。2007年10月26日，原告向国家工商行政管理总局商标局申请注册中、英文及图形组合商标HAppytoo，并于2010年6月28日获得核准注册，注册号为第6342012号。核定服务项目为第39类快递（信件或商品）、旅游陪伴、安排游艇旅行、观光旅游、安排游览、旅游安排、旅行座位预订、旅行预订、旅行社（不包括预定旅馆）和导游。该商标注册有效期限自2010年6月28日至2020年6月27日止。

被告上海驰誉网络科技有限公司（以下简称驰誉公司）注册成立于2008年4月15日，经营范围为（网络科技、计算机）领域内的技术开发、技术转让、技术咨询和技术服务，网页设计、制作，网络产品销售，旅游咨询，企业管理咨询，商务咨询，会务服务，展览展示服务，设计、制作各类广告，利用自有媒体发布广告等。被告驰誉公司旗下运营多个网站，其中一个网站为驰誉旅游网，域名为www. tripb2b. com，网站原名为旅游交易网；另一个网站为驰誉欢途网，系一家专业发布旅游信息，进行旅游安排的B2B（企业对企业）网站，域名为www. happytoo. cn。

2014年4月23日，原告委托的代理人汪刚向浙江省杭州市西湖公证处申请网页证据保全，进行了如下主要操作：连接互联网，进入驰誉旅游网，网站域名www. tripb2b. com，该页面标签显示"驰誉旅游网（原旅游交易网）…"，该页面导航栏下方中部显示有英文"Happytoo. cn"及中文"驰誉·欢途"字样。进入驰誉欢途网，网站域名www. happytoo. cn，该页面左上方显示有中文"驰誉·欢途"及英文"www. happytoo. cn"字样。

被告所运营的驰誉欢途网（www. happytoo. cn）的域名系案外人陈强（被告的证人）于2007年1月14日注册。现happytoo. cn的网站域名注册者已变更为被告驰誉公司，有效期自2007年1月14日起至2020年1月14日止。happytoo. cn域名首次进行ICP备案的时间为2007年10月26日，主办单位为案外人杭州东运航空票务服务有限公司（以下简称东运公司）。东运公司系陈强与案外人徐小青出资设立，已于2014年1月8日办理了注销手续，并于2014年3月20日办理了happytoo. cn域名注销ICP备案的手续。现该域名ICP备案信息中网站主办单位已变更为被告驰誉公司，网站备案号亦相应变更为沪ICP备09009739号－10，网站名称变更为驰誉欢途网。

陈强于2006年与原告法定代表人李松晋等人出资设立杭州博客旅游信息服务有限公司（以下简称博客信服公司），该公司因经营不善于2007年11月办理了注销手续。庭审中，证人陈强作证称，在与李松晋合作经营博客信服公司期间，陈强已经开始以happytoo. cn域名运营旅游网站并使用"欢途网"标识，所以李松晋当时在与其交流中就已接触到这些信息，对此，原告表示2007年9月通过《汇众旅游快讯》广告刊物已知晓欢途网（www. happytoo. cn）的存在。2008年8月19日，陈强与他人出资设立了上海欢途网络科技有限公司（以下简称欢途公司），并以欢途公司的名义运营以www. happytoo. cn为域名的欢途网。2013年底，欢途公司与被告驰誉公司开展合作，双方将各自原有的平台整合后由被告驰誉公司进行运营。2014年3月被告驰誉公司使用www. happytoo. cn域名，并以驰誉欢途网为网站名称运营该网站。

关于happytoo. cn域名及相关标识的使用情况：1. 杂志推广。2007年9月3

日出版的《汇众旅游快讯》（浙江省范围内免费发放的旅游广告刊物）（NO. 125 上册）封面、正册等多处的旅游广告中刊有“欢途网”、“www. happytoo. cn”字样。被告提供的2011 年9 月5 日至2014 年4 月21 日出版的《汇众旅游快讯》《畅游天下》《信游天下》等杂志中均刊载有对“欢途网”、“happytoo. cn”以及“www. happytoo. cn”宣传、推广的旅游广告。2. 定制电话机。2009 年，欢途公司定制电话机发放给该公司的旅行社客户，该定制电话机上印有“Happytoo. cn”、“欢途网”的字样。3. 网站运营。驰誉欢途网（www. happytoo. cn）现涵盖有“上海”、“杭州”等32 个城市站点。据统计，该网站2014 年6 月24 日8：20 至2014 年7 月24 日14：52 总计11 845次的交易记录，累计交易金额达1. 2 亿余元。截至2014 年，加盟该网站的旅行社已有305 家。浙江省旅行社协会出具证明，欢途网（happytoo. cn）自2007 年开通后从事旅游业内B2B（企业对企业）交易网上平台业务，在本行业协会内具有较高的知名度。

原告认为被告使用happytoo. com 域名及使用“欢途”、“Happytoo”、“HAppytoo”的行为侵犯了其注册商标专用权，要求被告承担停止侵权，赔偿损失等责任。

【审判】

上海市第二中级人民法院经审理认为：原告是第6342012 号注册商标的权利人，该注册商标在有效期内，其所享有的商标专用权受法律保护。本案主要的争议焦点如下：一、被告注册“happytoo. cn”域名的行为是否侵害了原告享有的注册商标专用权；二、被告在其网站上使用“happytoo”、“欢途”等字样是否侵害了原告享有的注册商标专用权；三、如果被告的上述行为构成侵权，则应承担何种民事责任。

关于争议焦点一，原告诉称，被告所注册的域名happytoo. cn 中的“happytoo”与原告注册商标中的英文组成部分“HAppytoo”相同，且被告通过该域名运营的网站系提供旅游批发服务的网站，与原告注册商标所核定使用的服务亦相同，易导致公众产生混淆，故被告该行为构成对原告注册商标专用权的侵害。被告辩称，域名happytoo. cn 早在2007 年1 月14 日就已获得注册，先于原告申请注册商标的时间，构成在先权利，故原告不能妨碍被告行使在先权利。

法院认为，根据《最高人民法院关于审理商标民事纠纷案件适用法律若干问题的解释》第一条第三款的规定，将与他人注册商标相同或者相近似的文字注册为域名，并且通过该域名进行相关商品或服务交易的电子商务，容易使相关公众产生误认的行为属于给他人注册商标专用权造成损害的侵权行为。《最高人民法院关于审理涉及计算机网络域名民事纠纷案件适用法律若干问题的解释》第四条规定：“对符合以下各项条件的，应当认定被告注册、使用域名等行为构成侵权：

（一）原告请求保护的民事权益合法有效；（二）被告域名或其主要部分构成对原告驰名商标的复制、模仿、翻译或音译；或者与原告的注册商标、域名等相同或近似，足以造成相关公众的误认；（三）被告对该域名或其主要部分不享有权益，也无注册、使用该域名的正当理由；（四）被告对该域名的注册、使用具有恶意。”本案中，原告的注册商标系由英文“HAppytoo”、中文“欢途”及一道弧形曲线三个部分组成，其中英文“HAppytoo”占据商标中间的主要位置，且字体较大，中文“欢途”位于字母“H”下方，字体较小，而弧形曲线沿英文“HAppytoo”环绕呈现。经比对，被告所注册的域名中的主要组成部分“happytoo”与原告注册商标中主要构成的英文部分“HAppytoo”除前两个英文字母存在大小写的区别之外，其他字母的顺序、排列均完全一致。被告通过该域名所运营的网站系向旅行社提供与旅游相关的信息等服务，与原告注册商标所核定使用的服务相同。但是，根据查明的事实，早在2007年1月，案外人陈强就已将happytoo.cn域名注册，且至迟于2007年9月3日出版的《汇众旅游快讯》上刊登关于欢途网（www.happytoo.cn）的广告时，该域名就已投入使用。而原告提出注册商标申请的时间为2007年10月26日，且原告未提供证据证明其在申请注册商标之前使用过其注册商标。可见，被控侵权域名的注册、使用时间明显早于原告注册商标申请及使用的时间。因此法院认为，happytoo.cn域名的原始注册人陈强系为自身经营业务的需要注册该域名，并于注册后对该域名进行了积极使用，并无造成与原告提供的服务混淆的恶意，被控侵权的域名构成对原告注册商标专用权的在先权利。根据《商标法》第三十二条的规定，申请商标注册不得损害他人现有的在先权利。现被告经受让后获得被控侵权的域名，并作为该域名的注册者取得了该域名的注册证书，其行为属于对在先权利的合理行使，不构成对原告注册商标专用权的侵犯。被告关于被控侵权域名构成在先权利的抗辩意见，可予采纳。原告关于被告注册happytoo.cn域名的行为构成商标侵权的主张，缺乏事实和法律依据，不予支持。

关于争议焦点二，原告诉称，根据《商标法》的相关规定，未经商标注册人的许可，在同一种服务上使用与其注册商标近似的商标，或者在类似服务上使用与其注册商标相同或者近似的商标，容易导致混淆的属于侵犯注册商标的行为。故原告认为被告在其运营的驰誉旅游网（www.tripb2b.com）上使用“欢途”及“Happytoo”的组合标识，在驰誉欢途网（www.happytoo.cn）网站上使用“欢途”及“happytoo”的组合标识、“欢途网”标识，与原告的注册商标构成相近，且原、被告所提供的服务相同，故被告侵害了原告的注册商标专用权。被告辩称，被告并没有突出使用“Happytoo”、“happytoo”、“欢途”字样，与原告的注册商标不近似，因原告从未使用过其注册商标，故不会造成混淆。“欢途”具有“欢乐旅途”含义，为国内多家旅行社所使用，无法起到区分原告与其他旅行社的作用。此外，原告明知欢途网（www. happytoo. cn）的相关标识早在2007年就开始使用却从未提出异议，反而抢注商标并自2014年4月起开始推广宣传，主观上具有恶意。

法院认为：首先，“欢途”一词虽与旅游行业结合易使人联想到其有“欢乐的旅途”的含义，但该词语本身并不属于现有词汇，而是从“欢乐”及“旅途”两个现有词汇中各取一字进行组合所构成，具有一定的显著性，故对于被告认为“欢途”一词无法起到区分服务来源作用的抗辩，不予支持。原告现将该词作为其商标的一个组成部分申请注册并获得核准，其注册商标专用权就应依法受到保护。

其次，关于被告提出的原告从未使用过其注册商标的抗辩，法院认为，根据《商标法》的相关规定，只要注册商标在其保护期内并未被依法撤销或宣告无效，原告作为注册商标专用权人就享有禁止他人实施侵犯其注册商标专用权的权利。

再次，商标是商品或服务的提供者为了将自己的商品或服务区别于他人提供的同种类或类似商品或服务而使用的标记，其主要作用在于区分商品或服务来源。本案中，被控侵权标识“Happytoo”、“happytoo”、“欢途”在被告运营的驰誉旅游网（www. tripb2b. com）、驰誉欢途网（www. happytoo. cn）上，分别以“Happytoo. cn”、“www. happytoo. cn”和“驰誉·欢途”、“欢途网”的形式进行使用。其中“Happytoo. cn”、“www. happytoo. cn”系被告合法注册并享有权利的域名，被告在其经营的网站上使用该域名，系宣传、推广其域名的合理行为。“Happytoo”、“happytoo”的字样并未从完整的域名中脱离出来，所使用的字体、大小、颜色、排列等方面均不存在突出使用的情形，并未使人产生独立于域名本身的视觉印象。故本院认为被告在域名中所使用的“Happytoo”、“happytoo”字样并不使之具有除域名本身之外相当于商标的标识作用，不属于商标法意义上的使用，因此不构成对原告注册商标专用权的侵害。“驰誉·欢途”及“欢途网”系被告在happytoo. cn域名上所运营的网站的名称，作为该网站所提供服务的标识，客观上能起到区分不同网站提供的服务的作用，故“驰誉·欢途”、“欢途网”应认定为商标法意义上的使用。

最后，根据《商标法》的规定，商标注册人申请商标注册前，他人已经在同一种商品（服务）或者类似商品（服务）上先于商标注册人使用与注册商标相同或者近似并有一定影响的商标的，注册商标专用权人无权禁止该使用人在原使用范围内继续使用该商标，但可以要求其附加适当区别标识。据此，本院认为：第一，在www. happytoo. cn网站上使用“欢途网”包含原告注册商标中的“欢途”文字。从被告所提供的广告刊物等证据来看，www. happytoo. cn网站上的相关广告内容均为各类旅游信息，可见“欢途网”的标识系在与原告注册商标所核定使用的服务类别相同的行业范围内进行使用。第二，对于“欢途网”这一网站名称，相关权利人在原告申请商标注册前已与 www. happytoo. cn 域名在网站广告宣传中进行了使用。而且，法院注意到，陈强注册 happytoo. cn 域名并开始运营欢途网的时间正处于其与原告的法定代理人李松晋合作经营博客信服公司期间，原告当时明知欢途网（www. happytoo. cn）的存在，却仍在此之后将包含“欢途”、“HAppytoo”的中、英文文字的标识进行了商标注册。对此，原告却未能提供证据证明其对所申请注册并使用的商标享有正当权利。因此，法院认为，被告对“欢途网”标识的使用从主观上看是出于善意，不存在攀附原告商标已取得的良好信誉的不正当意图。第三，根据被告提供的广告刊物，证明 www. happytoo. cn 网站开通后，相关权利人就已通过在杂志刊登广告的方式对被控侵权的标识进行推广、宣传，使得被控侵权标识在原告申请商标注册之前就在浙江省的范围内具有一定影响和知名度。从被告提供的各类旅游广告刊物、定制电话机、欢途网地接社的加盟协议、行业协会证明等证据可表明，该商标的使用一直持续至今，未发生中断，并通过多年使用积累了众多用户及较高的行业影响力和知名度。第四，从被告现行使用相关标识的情况看，被告已通过在“欢途”前附加“驰誉”的方式，帮助相关公众对原、被告的商标作出区分，以尽量避免产生混淆。综上，被告在先使用抗辩成立，有权继续使用，原告无权禁止被告继续使用上述标识。故原告认为被告在 www. happytoo. cn 网站上使用“驰誉·欢途”标识构成侵权的主张，不予支持。

关于争议焦点三，鉴于被告注册“happytoo. cn”域名以及在其网站上使用“Happytoo”、“happytoo”、“欢途”等标识均不构成对原告享有的注册商标专用权的侵害，被告相关诉讼请求均不予支持。

一审法院最终判决驳回原告全部诉讼请求。一审判决后，原告不服，提出上诉。上海市高级人民法院经审理，驳回上诉，维持原判。

【评析】

本案是典型的在先域名、商号和未注册商标与在后注册商标关系的案例。《商标法》第五十九条第三款规定：“商标注册人申请商标注册前，他人已经在同一种商品或者类似商品上先于商标注册人使用与注册商标相同或者近似并有一定影响的商标的，注册商标专用权人无权禁止该使用人在原使用范围内继续使用该商标，但可以要求其附加适当区别标识。”该款是关于商标侵权认定的规定。同时《商标法》第三十二条规定：“申请商标注册不得损害他人现有的在先权利，也不得以不正当手段抢先注册他人已经使用并有一定影响的商标。”该条是关于商标注册的规定。上述条款一起确定了注册商标的权利范围不得及于在先商标和权利的规则。本案中，被告对涉案商标中文字部分“欢途”享有在先权利，在原告商标注册后，其通过在“欢途”前添加商号的方式与被告的商标作出区分，以满足法条中“附加适当区别标识”的要求。

但在我国法学理论中，“域名”一直是被认定为“利益”而不是“权利”，那么在先域名是否应该适用上述规则，被列入在先“权利”呢？本案中，法庭采取了侵权排除的判断方法，判决中援引《最高人民法院关于审理涉及计算机网络域名民事纠纷案件适用法律若干问题的解释》第四条的规定“对符合以下各项条件的，应当认定被告注册、使用域名等行为构成侵权：（一）原告请求保护的民事权益合法有效；（二）被告域名或其主要部分构成对原告驰名商标的复制、模仿、翻译或音译；或者与原告的注册商标、域名等相同或近似，足以造成相关公众的误认；（三）被告对该域名或其主要部分不享有权益，也无注册、使用该域名的正当理由；（四）被告对该域名的注册、使用具有恶意”。本案中，被告通过在先使用和宣传，持续地保有了对涉案域名的“权益”，无法落入上述第（三）项中规定的“不享有权益”的要求，从而排除了涉案域名的侵权可能性。可见，法庭并未突破现有理论，并未将“域名”定义为权利。

至此，原告的诉讼请求已经无法得到支持，但是出于规范引导竞争秩序的目的，法庭对原告在商标注册中的行为进行了判断：原告明知 happytoo. cn 域名已经注册，欢途网已经开始运营却仍在此之后将包含“欢途”、“HAppytoo”的中、英文文字的标识进行了商标注册，但原告依然不得在没有先于他人的权利时因商标注册而褫夺他人利益。

最后，法庭表明，所谓在先权利，并不是指在商标注册时间的在先权利，而是相对于商标注册人的在先权利，判决书中提及“原告却未能提供证据证明其对所申请注册并使用的商标享有正当权利”，即如果注册商标权利人较被告使用涉案域名或标识之前享有正当权利，依然得援引注册商标专用权主张救济，从另一个侧面对法条中“在先权利”的定义进行了指引。

注册商标专用权与在先未注册商标、商号和域名的使用冲突以及合理使用界限的判断是商标法中较为复杂的问题，该案中法庭通过细致严谨的梳理，将注册商标专用权与在先各类权利、权益的关系进行了梳理，条分缕析，具备很强的指导意义。

（撰稿人：凌宗亮）

三、

专利民事纠纷案件

权利要求中功能性特征的认定

——诺基亚公司诉上海华勤通讯技术有限公司侵害发明专利权纠纷案

【提要】

说明书及附图没有记载实现权利要求中功能性特征所记载功能的具体实施方式时，依据《最高人民法院关于审理侵犯专利权纠纷案件应用法律若干问题的解释》第四条的规定，不能确定权利要求中相应功能性特征的内容，进而也无法确定权利要求的保护范围。由于权利要求的保护范围不能确定，故可直接认定专利侵权指控不能成立。

【案情】

原告（上诉人）：诺基亚公司

被告（被上诉人）：上海华勤通讯技术有限公司

案由：侵害发明专利权纠纷

一审案号：（2011）沪一中民五（知）初字第47号

二审案号：（2013）沪高民三（知）终字第96号

诺基亚公司系名称为“选择数据传送方法”发明专利（专利号为：ZL200480001590.4，以下简称涉案专利）的专利权人。涉案专利于2008年7月9日获得授权。2012年5月31日，中华人民共和国国家知识产权局专利复审委员会（以下简称专利复审委）针对上海华勤通讯技术有限公司（以下简称华勤公司）就涉案专利提出的无效宣告请求作出第18676号无效宣告请求审查决定书，宣告涉案专利权利要求1、3、5、6、8、10无效，权利要求4通过权利要求3引用权利要求1的技术方案、权利要求9通过权利要求8引用权利要求6的技术方案无效，维持权利要求2、7有效，权利要求4通过权利要求3引用权利要求2的技术方案、权利要求9通过权利要求8引用权利要求7的技术方案有效。

涉案专利权利要求1为：“一种用于在其中存在若干数据传送方法用于选择的电信系统中选择数据传送方法的方法，所述方法包括：基于从用户接收的输入，确定待传送的消息；检查涉及正在被输入或已经被输入的消息的至少一部分特性信息；以及选择在预定选择条件下与所述消息的特性信息相关联的数据传送方法，以便传送所述消息，其特征在于：所述特性信息是下列信息之一：信息类型，其指定所述消息中输入的和/或为所述消息选择的信息的格式；接收方的标识符；接收方标识符的类型。”

权利要求2为：“如权利要求1所述的方法，其特征在于：将所述方法应用于终端设备中用于输入消息的消息编辑器；基于在所述消息编辑器中执行的所述数据传送方法的选择，将所述消息传送到支持所选择的数据传送方法的数据传送应用程序；以及根据所述数据传送应用程序所使用的数据传送协议，将所述消息传送到电信网络。”

权利要求6为：“一种终端设备，被配置为基于从用户接收的输入来确定待传送的消息，所述终端设备还被配置为：检查涉及正在被输入或已经被输入的消息的至少一部分特性信息；以及所述终端设备被配置为：为了传送所述消息，选择在预定选择条件下与所述消息的特性信息相关联的数据传送方法，其特征在于：所述特性信息是下列信息之一：信息类型，其指定所述消息中输入的和/或为所述消息选择的信息的格式；接收方的标识符；接收方标识符的类型。”

权利要求7为：“如权利要求6所述的终端设备，其特征在于：所述终端设备被配置为：将所述数据传送方法选择应用于用于输入消息的消息编辑器；所述终端设备被配置为：基于在所述消息编辑器中执行的所述数据传送方法的选择，将所述消息传送到支持所选择的数据传送方法的数据传送应用程序；以及所述终端设备被配置为：根据所述数据传送应用程序所使用的数据传送协议，将所述消息传送到电信网络。”

涉案专利说明书对背景技术和发明目的作了如下说明：“现有无线终端设备（如移动台）备有几种向电信网络或另一个终端设备传送消息的不同方式。许多终端设备支持例如，文本形式的短消息（短消息服务SMS）、多媒体消息（多媒体消息服务MMS）和电子邮件消息的传送。由于例如SMS和MMS消息允许传送不同类型的信息，所以为每种不同的消息类型配备了其自己的独特编辑器。当用户要传送消息时，他或她通常首先必须选择数据传送应用以用于传送该消息。在用户选择了数据传送应用之后，消息编辑器在用户界面打开，以允许用户利用例如该终端设备的小键盘输入消息”。“但是对于不熟练的用户，并不总是明白要选择哪种编辑器来传送期望消息。例如，如果用户要传送修改的文本，他或她要选择MMS应用（和编辑器）而非SMS应用，因为修改的文本无法作为SMS消息传送。用户通常不清楚数据传送方法及其中所用的编辑器的这种特别特征和限制，这在传送消息时造成一些问题，使用户不满意”。“因此，本发明目的在于提供一种方法和实现该方法的装置，以避免或至少缓解上述问题”。

2010年9月16日，案外人北京市翔鲲律师事务所的委托代理人周可枫在华勤公司住所地上海市张江高科技园区科苑路399号1幢与华勤公司单位员工程海日、王舒翀、张宁、王慧萍就购买手机事宜进行了洽谈。2010年10月14日，案外人王志刚向案外人珠海华贝科技有限公司电汇了人民币18 257.5元。2010年10月21日，案外人北京市翔鲲律师事务所的委托代理人周可枫在华勤公司住所地上海市张江高科技园区科苑路399号1幢提取了包括本案被控侵权的L160A、V91、S300C、S520A和L18等五种型号在内的手机共计48部，同时取得王慧萍签名并加盖华勤通讯香港有限公司印章的收据一张（该收据记明的银行、账户信息与案外人王志刚电汇汇入行、账户信息相一致）。

原告诺基亚公司诉称：其向华勤公司购买的手机实施了涉案专利权利要求7所要求保护的技术方案。华勤公司未经许可擅自制造、许诺销售、销售被控侵权产品的行为构成对诺基亚公司上述专利的侵犯。故请求判令：1. 确认华勤公司制造、许诺销售、销售L160A、V91、S300C、S520A和L18型号手机的行为侵犯了诺基亚公司的ZL200480001590.4号专利；2. 华勤公司立即停止对诺基亚公司上述专利的侵权行为；3. 华勤公司赔偿诺基亚公司经济损失2 000万元。

被告华勤公司辩称：华勤公司从未制造、销售诺基亚公司指控的五个型号的手机，诺基亚公司指控的许诺销售行为也不存在；被控侵权手机的技术特征与诺基亚公司专利完全不相同，未落入诺基亚公司专利权利保护范围，且使用的是现有技术；诺基亚公司专利权利要求1、3、5、6、8、10都已被宣告无效，1和6是本案独立权利要求，是其他权利要求的基础，而涉案专利和现有技术的区别只是文字表述的不同，故涉案专利权并不稳定。

【审判】

上海市第一中级人民法院经审理认为：涉案专利权利要求7要求保护的是一种能够实现或执行权利要求1及2所述方法的装置。权利要求7的撰写方式是在方法步骤特征前附加“被配置为”进行限定，在文义上应该将“被配置为”理解为使具备或达到其所限定的执行某一步骤的功能或效果。权利要求中以“被配置为”表述的技术特征均应结合说明书和附图描述的具体实施方式及其等同方式确定其内容。诺基亚公司所主张的专利说明书对权利要求所作说明或所提供实例，多数涉及的仍然是方法、步骤或者功能，而缺乏对装置本身的描述。并且进一步检查说明书全文，仍然不能发现关于装置本身如何“被配置为”的具体实施方式。因此，涉案专利权利要求的保护范围结合说明书仍然不能确定。鉴于涉案专利权利要求7的保护范围不能确定，无须亦无法就华勤公司是否实施了诺基亚公司专利进行确定，自不应判定华勤公司构成侵权。

据此，上海市第一中级人民法院依照《中华人民共和国专利法》第十一条第一款、第五十九条第一款，《最高人民法院关于审理侵犯专利权纠纷案件应用法律若干问题的解释》（以下简称《专利司法解释》）第四条、第七条之规定，判决：驳回诺基亚公司全部诉讼请求。

一审判决后，诺基亚公司不服，向上海市高级人民法院提起上诉。

上诉人诺基亚公司上诉称：第一，一审判决关于涉案专利权利要求 7 属于功能性技术特征的认定错误，涉案专利权利要求 7 的内容不应当被认定为功能性技术特征。第二，一审判决关于涉案专利权利要求 7 的保护范围不能确定的认定错误，权利要求 7 的保护范围是可以确定的。第三，一审判决对装置发明本身所谓的“贡献”的认定是错误的。第四，原审法院在适用《专利司法解释》第四条的时候，并未结合该司法解释第二条来适用，在适用法律的顺序上存在错误，属适用法律错误。综上，请求撤销一审判决，发回重审。

被上诉人华勤公司答辩称：第一，从采取的撰写方式、文意表达来看，涉案专利权利要求 7 属于功能性技术特征。第二，涉案专利说明书及附图没有公开“消息编辑器”的具体实施方式，通过阅读涉案专利权利要求书和说明书，无法理解“消息编辑器”如何被配置。故本案中无法确定涉案专利权利要求 7 的保护范围，一审判决正确。第三，诺基亚公司没有说清楚其描述的终端与现有终端在硬件上的区别为何，事实上，诺基亚公司不愿意承认两者的区别实际上是软件的区别。第四，专利申请授权意义上的判断并不能适用于侵权判定，本案一审判决认定涉案专利权利要求 7 保护范围不清楚，与行政程序的相关认定并不矛盾。

上海市高级人民法院经审理后认为，一审法院查明的事实基本属实。

上海市高级人民法院认为：涉案专利权利要求 7 包含功能性技术特征。涉案专利说明书及附图中没有记载终端设备、消息编辑器“被配置为”实现相应功能的具体实施方式，故依据《专利司法解释》第四条的规定，不能确定涉案专利权利要求 7 中以“被配置为”所限定的技术特征 5 的内容，进而也无法确定涉案专利权利要求 7 的保护范围。由于涉案专利权利要求 7 包含功能性技术特征，且结合涉案专利说明书及附图仍然不能确定权利要求 7 的保护范围，故无论被控侵权产品的技术方案如何，上诉人诺基亚公司的侵权指控均不能成立。上海市高级人民法院依照《中华人民共和国民事诉讼法》第一百七十条第一款第（一）项之规定，判决：驳回上诉，维持原判。

【评析】

本案主要涉及功能性技术特征的判定及其技术内容的确定。《最高人民法院关于审理侵犯专利权纠纷案件应用法律若干问题的解释》第四条规定，对于权利要求中以功能或者效果表述的技术特征，人民法院应当结合说明书和附图描述的该功能或者效果的具体实施方式及其等同的实施方式，确定该技术特征的内容。根据上述规定，在确定功能性技术特征的内容时，首先，必须确定相关技术特征是否属于功能性技术特征；其次，如果相关技术特征属于功能性技术特征，则再根据专利说明书及附图描述的实施方式，确定该技术特征的内容。

功能性技术特征，是指对于产品的结构、部件、组分或其之间的关系或者方法的步骤、条件或其之间的关系等，通过其在发明创造中所起的作用、功能或者效果进行限定的技术特征，但本领域普通技术人员通过阅读权利要求书、说明书和附图可以直接、明确地确定技术内容的技术特征除外。例如放大镜此类技术术语，虽然其也采用了功能性语言描述，但本领域普通技术人员知晓该类技术特征的惯常实施方式，故该类技术特征并不属于功能性技术特征。

本案中，首先，根据涉案专利权利要求书及说明书的记载，涉案专利权利要求 1 及权利要求 2 要求保护的是一种在电信系统中选择数据传送方法的方法，而权利要求 7 要求保护的是一种能够实现或执行上述方法的终端设备。涉案专利权利要求 7 采取了在方法权利要求对应的每一个步骤特征前附加“被配置为”的撰写方式来表征其所限定的相关技术特征，而“被配置为”在文意上应当被理解为使该设备、部件能够实现或达到其所限定的执行某一步骤的功能或效果，因此，涉案专利权利要求 7 的技术特征均属于使用功能性词语限定的技术特征。其次，对于权利要求中使用功能性词语限定的技术特征，如果通过阅读权利要求书和说明书及附图，对该技术特征的理解，与本领域普通技术人员的通常理解一致，能够明了该技术特征所体现的功能或者效果是如何实现的，在这种情况下，按照通常理解确定该技术特征的内容即可，该技术特征不属于功能性技术特征，反之，则属于功能性技术特征。虽然诺基亚公司认为，权利要求 7 的文字描述并未超出本领域普通技术人员的通常理解范围，本领域普通技术人员能够明了每一个“被配置为”的技术特征是如何实现的，其结构是如何改进的，但是，诺基亚公司同时主张涉案专利权利要求 7 中限定的“消息编辑器”是其与现有技术的主要区别所在。因此，诺基亚公司也认为，至少对于“消息编辑器”的理解，其与本领域普通技术人员的通常理解并不一致，也不存在能够实现该技术特征所体现的功能或者效果的惯常技术手段。综上，涉案专利权利要求 7 中技术特征“所述终端设备被配置为：将所述数据传送方法选择应用于用于输入消息的消息编辑器”仅表述了该特征所要实现的功能，且本领域普通技术人员通过阅读权利要求书、说明书和附图亦不能直接、明确地确定该技术特征的技术内容。因此，涉案专利权利要求 7 中包含功能性技术特征。

涉案专利权利要求 2 要求保护的方法和权利要求 7 要求保护的实施该方法的装置，在技术上具有关联性，但是两者的保护对象以及保护范围应当是不同的。在撰写方式上，涉案专利权利要求 7 的技术特征仅仅是在其所对应的方法权利要求的每一个步骤前加上“被配置为”而组成。涉案专利说明书第 6 ~ 9 页分别记载了如下内容：“图 3 说明根据实施例用于选择数据传送方法的方法，图中的方法具体应用于移动台 MS；根据实施例应用于消息编辑器 ED”，“图 4a 说明根据实施例如何使用选择条件，所述选择条件确定要用于不同信息类型的数据传送方法”，“图 4b 说明根据另一个实施例如何使用选择条件，所述选择条件确定要用于接收方标识符类型的数据传送方法”，“图 4a 和图 4b 中所示的实施例可以应用于消息编辑器 ED”。根据上述记载，并结合涉案专利说明书中的图 3、图 4a、图 4b 以及对应于相关附图所做的具体描述，可以明确涉案专利说明书结合图 3、图 4a、图 4b 所公开的实施例均是针对方法、步骤、功能所做的描述。涉案专利说明书仅简单陈述了上述方法步骤可以应用于移动台 MS 或者应用于消息编辑器 ED，并说明可以通过软件、硬件或软硬件结合的解决方案来实施所述创新手段，但是说明书及附图中并没有关于如何将上述方法步骤应用至终端设备或消息编辑器的具体技术手段的描述。也就是说，说明书及附图中没有记载终端设备、消息编辑器“被配置为”实现相应功能的具体实施方式，故依据《最高人民法院关于审理侵犯专利权纠纷案件应用法律若干问题的解释》第四条的规定，不能确定涉案专利权利要求 7 中以“被配置为”所限定的技术特征 5 的内容，进而也无法确定涉案专利权利要求 7 的保护范围。

综上，由于涉案专利权利要求 7 包含功能性技术特征，且结合涉案专利说明书及附图仍然不能确定权利要求 7 的保护范围，故无论被控侵权产品的技术方案如何，上诉人诺基亚公司的侵权指控均不能成立。

（撰稿人：马剑峰）

专利侵权判定中对等同特征的判断

——方俊霞诉上海圣济国际贸易有限公司、上海寿君堂实业有限公司侵害实用新型专利权纠纷案

【提要】

在判定被诉侵权技术方案是否落入专利权之保护范围时，人民法院应当审查权利人主张的权利要求所记载的全部技术特征。被诉侵权技术方案的技术特征与涉案专利权利要求记载的一个以上技术特征既不构成相同也不构成等同特征的，人民法院应当认定其没有落入专利权的保护范围。判断等同特征是否构成，必须将被控侵权产品相应技术特征与涉案专利相应技术特征进行具体比对，以判断两者是否是以基本相同的手段，实现基本相同的功能，达到基本相同的效果，并且本领域的普通技术人员在被诉侵权行为发生时无须经过创造性劳动就能够联想到的特征。

【案情】

原告（被上诉人）：上海圣济国际贸易有限公司

被告（上诉人）：方俊霞

原审被告：上海寿君堂实业有限公司

案由：侵害实用新型专利权纠纷

一审案号：（2012）沪二中民五（知）初字第85号

二审案号：（2013）沪高民三（知）终字第48号

涉案实用新型专利的名称为“可折叠盲杖”（以下简称涉案专利），专利号为ZL200820153676.4，专利申请日为2008年9月28日，专利授权日为2009年6月10日。2011年12月30日，涉案专利原权利人金明与原告上海圣济国际贸易有限公司（以下简称圣济公司）签订《专利权转让合同》，将其拥有的涉案专利权转让给原告。2012年1月4日，金明与原告就上述《专利权转让合同》签订补充协议，约定“自转让合同签署之日起，有关前述专利因任何第三方在专利转让生效之前或者之后因侵害前述专利权而需以起诉、申请行政调处或其他任何方

式主张权利的，相关权利均由乙方（本案原告）行使，包括但不限于以乙方名义提起诉讼、获取赔偿等”。根据专利登记簿副本记载，2012 年 2 月 2 日，涉案专利权人正式由金明变更为原告圣济公司。

2012 年 7 月 9 日，被告方俊霞向国家知识产权局专利复审委员会（以下简称专利复审委）申请宣告涉案专利无效。2012 年 12 月 10 日，专利复审委作出第 19638 号无效宣告请求审查决定，宣告涉案专利的权利要求 1、2、5～9 无效，在权利要求 3、4、10 的基础上继续维持专利权有效。

在本案中，原告要求保护的专利权利范围为权利要求 4（引用权利要求 1）和权利要求 10（引用权利要求 1）。权利要求 1 的技术方案是：一种可折叠盲杖，包括手柄、与手柄连接的杆身以及与杆身连接的触地部，其特征在于，所述杆身包括多节可插接配合的杆管和一弹性带；每节杆管一端设有一连接部，所述连接部的外径小于杆管的内径；所述弹性带的一端固定在杆身顶部，其另一端固定在杆身底部。权利要求 4 的技术方案为在权利要求 1 的技术方案基础上再加上“各所述杆管在插接配合处套有一环，当各杆管插接配合时，插接配合处的两环对接在一起”这一技术特征。权利要求 10 的技术方案为在权利要求 1 的技术方案基础上再加上“所述触地部包括一套鞘和一滑轮，所述套鞘紧套于杆身下端部，所述滑轮包套于套鞘的底部，并能绕套鞘的轴转动”这一技术特征。

2012 年 1 月 4 日，原告向上海市东方公证处申请保全证据公证，在该处公证员的现场监督下，原告委托代理人金明于 2012 年 1 月 4 日晚来到上海市昌化路 977 弄 12 号 4 楼门口有“402”字样标识的房间内，购得三支“盲杖”，当场收到一张发票联、一张确认函（反面为收据）以及一张名片。购物后，金明将上述物品装箱密封，再由该公证处公证员加贴该处封条予以固定。金明还对购物地点方位及所购物品等拍摄照片十六张。为此该公证处制作了（2012）沪东证经字第 47 号公证书予以证明。上述公证购得的产品实物包括：四节直头盲杖、七节直头盲杖、四节滚头盲杖各一根，其中七节直头盲杖上还贴有内容为“心迹 xinji 南通霞飞五金厂 www. ntlj. com 13862906248”的标签。

2012 年 3 月 9 日，原告向上海市东方公证处申请保全证据公证，在该处公证员的现场监督下，原告委托代理人金明通过该处电脑上网，对 www. ntlj. com 网站上的相关网页进行浏览并打印了二十八页网页打印件。为此该公证处制作了（2012）沪东证经字第 2328 号公证书予以证明。根据该份公证书记载，该网站的主办单位是南通市霞飞五金厂，网站负责人姓名是方俊霞，该网站网页上有盲杖系列产品的图片，网页上还载有“南通市港闸区霞飞小五金厂　地址：江苏省南通市闸西路工业园区 44 号　电话：0513－85563760　手机：13862906248　联系人：方俊林”等内容。

被告方俊霞系个体工商户经营者，www. ntlj. com 是其经营的网站，但认为其仅发布了产品信息，不存在实际销售行为。

被告上海寿君堂实业有限公司（以下简称寿君堂公司）表示其确实销售了被控侵权盲杖产品，并提交了网页打印件、情况说明、牡丹灵通卡账户历史明细清单、快递单等证据，以证明其销售的被控侵权盲杖产品购自方俊霞经营的个体工商户，具有合法来源。

原告为诉讼支出了购货金额 168 元和公证费2 500元。

原告圣济公司诉称：原告经受让获得名称为“可折叠盲杖”（以下简称涉案专利）的实用新型专利权，原告发现由被告方俊霞生产、被告寿君堂公司销售的盲杖产品使用了上述涉案专利技术，侵害了原告享有的涉案专利权，故诉至法院，请求判令：1. 两被告立即停止侵权，并销毁所有侵权产品；2. 被告寿君堂公司赔偿原告经济损失人民币 2 万元（以下币种均为人民币）；3. 被告方俊霞赔偿原告经济损失 50 万元；4. 两被告共同赔偿原告合理费用2 668元（该合理费用包含在上述经济损失赔偿额中）。

被告寿君堂公司辩称：被告寿君堂公司已经停止了销售行为，被告寿君堂公司销售的盲杖产品系来源于本案另一被告方俊霞，被告寿君堂公司作为销售商不知道其销售的是专利侵权产品，并已提供了合法来源，故不应承担赔偿责任，请求法院驳回原告的诉讼请求。

被告方俊霞辩称：1. 被控侵权盲杖产品不是被告方俊霞生产的；2. 被控侵权盲杖产品的技术特征与原告涉案专利的技术特征相比既不相同也不等同。综上，被告方俊霞并未实施侵害原告涉案专利权的行为，请求法院驳回原告的诉讼请求。

【审判】

上海市第二中级人民法院经审理认为：被控侵权盲杖实物的标贴上载有与方俊霞经营的个体工商户有关信息，该信息与方俊霞经营的 www. ntlj. com 网站上的相关信息具有对应性。根据寿君堂公司提交的快递单，也可以证明方俊霞曾通过快递向寿君堂公司供货，寿君堂公司还提供了方俊霞经营的个体工商户的联系人、联系电话和银行账户等信息，与上述网站上的相关信息也具有对应性。此外，方俊霞也未提供任何相反证据对上述事实予以反驳。因此，结合全案证据，被控侵权盲杖产品系由方俊霞生产、销售。

关于权利要求 4（引用权利要求 1），首先，被控侵权的四节直头盲杖、七节直头盲杖和四节滚头盲杖产品的弹性带贯穿于盲杖手柄和杆身，并由一塑料搭扣将其固定于手柄顶端，而权利要求 4（引用权利要求 1）和权利要求说明书中关于“8. 所述弹性带的一端固定在杆身的顶部”这一技术特征的描述和解释并未明确将上述弹性带的固定方式排除在外，因此，被控侵权的四节直头盲杖、七节直头盲杖和四节滚头盲杖均具有“8. 所述弹性带的一端固定在杆身的顶部”这一技术特征。其次，被控侵权的四节直头盲杖、七节直头盲杖和四节滚头盲杖产品的杆管上因贴有彩色膜使得近地端在视觉上呈现金属色环状形态，杆管远地端呈锥形过渡结构，但在各杆管的插接配合处并没有独立的环状结构，因此，被控侵权的四节直头盲杖、七节直头盲杖和四节滚头盲杖产品均缺乏“各杆管在插接配合处套有一环，当各杆管插接配合时，插接配合处的两环对接在一起”这一技术特征。综上，经比对，被控侵权的四节直头盲杖、七节直头盲杖和四节滚头盲杖产品未落入原告涉案专利权利要求4（引用权利要求1）的保护范围。

关于权利要求10（引用权利要求1），经比对，被控侵权的四节滚头盲杖的技术方案除了具有权利要求1的全部技术特征外，还具备了“10. 所述触地部有一套鞘和一滑轮；11. 所述套鞘紧套于杆身下端部；12. 所述滑轮包套于套鞘的底部，并能绕套鞘的轴转动。”这3项技术特征，因此，被控侵权的四节滚头盲杖落入原告涉案专利权利要求10（引用权利要求1）的保护范围。

综上，两被告的行为构成侵权，应当承担停止侵权、赔偿损失的民事责任。寿君堂公司作为销售商提交了合法来源证明，可以不承担赔偿责任。另因销毁侵权产品不属于民事责任的承担方式，故原告相关诉讼请求缺乏法律依据，不予支持。据此，上海市第二中级人民法院依照《中华人民共和国侵权责任法》第十五条第一款第（一）项、第（六）项、第二款，《中华人民共和国专利法》第十一条第一款、第五十九条第一款、第六十五条、第七十条，《最高人民法院关于审理侵犯专利权纠纷案件应用法律若干问题的解释》第十六条第一款之规定，判决：一、被告寿君堂公司、被告方俊霞立即停止对原告圣济公司享有的名称为“可折叠盲杖”实用新型专利权（专利号：ZL200820153676.4）的侵害；二、被告方俊霞应于判决生效之日起十日内赔偿原告圣济公司经济损失人民币40 000元；三、被告方俊霞应于判决生效之日起十日内赔偿原告圣济公司为制止侵权行为所支付的合理费用人民币2 668元；四、驳回原告圣济公司的其余诉讼请求。本案一审案件受理费9 000元，由圣济公司负担4 131元，由方俊霞负担4 869元。

方俊霞不服一审判决，向上海市高级人民法院提起上诉，要求撤销原判，直接改判或发回重审。其主要上诉理由为：一、原判基于寿君堂公司提供的商品合法来源的证据，综合认定方俊霞为涉案产品的生产者和销售者，该节事实的认定证据不足。二、手柄和杆身为不同部件，权利要求1“所述弹性带的一端固定在杆身的顶部”中，弹性带的上端位置不可能超出手柄，因此原判对该技术特征的解释有误，技术比对结论错误。

被上诉人圣济公司答辩认为：原审判决事实认定清楚，法律适用正确。原审关于方俊霞的两点上诉理由的事实认定和相关法律适用均正确无误，故请求二审法院驳回上诉，维持原判。

原审被告寿君堂公司答辩认为：其是从南京市港闸区霞飞小五金厂购买到涉案产品，对于该产品是否构成侵权，其并不清楚。

上海市高级人民法院经审理后认为，原判认定寿君堂公司提供的商品具有合法来源，具有事实和法律依据。本案被控侵权产品“弹性带贯穿杆身和手柄并固定于手柄外部”之技术特征，与涉案专利“所述弹性带的一端固定在杆身的顶部”这一技术特征并不构成相同或等同特征，故被诉侵权技术方案未落入专利权之保护范围，不构成对涉案专利权的侵害。原判判定被控侵权产品因落入涉案专利的保护范围而构成专利侵权有误，应予纠正。据此，判决：一、撤销上海市第二中级人民法院（2012）沪二中民五（知）初字第85号民事判决；二、对圣济公司的诉讼请求不予支持。

【评析】

本案双方当事人的争议主要在于被控侵权产品是否具有涉案专利权利要求“所述弹性带的一端固定在杆身的顶部”之技术特征。

根据我国专利法，人民法院在判定被诉侵权技术方案是否落入专利权之保护范围时，应当审查权利人主张的权利要求所记载的全部技术特征。被诉侵权技术方案包含与权利要求记载的全部技术特征相同或者等同的技术特征的，人民法院应当认定其落入专利权的保护范围；被诉侵权技术方案的技术特征与权利要求记载的全部技术特征相比，缺少权利要求记载的一个以上的技术特征，或者有一个以上技术特征不相同也不等同的，人民法院应当认定其没有落入专利权的保护范围。

本案中，被控侵权产品是否落入了引用权利要求1的权利要求4、10之保护范围，应对被控侵权产品与上述专利权利要求的所有技术特征进行一一比对。如果被控侵权产品缺少引用权利要求1的权利要求4、10的一项以上技术特征，或有一项以上技术特征不相同也不等同，则侵权指控不能成立。经比对，双方当事人对两者其他技术特征相同均无异议，仅对被控侵权产品是否具有“所述弹性带的一端固定在杆身顶部”之技术特征具有分歧。

我国专利法规定，实用新型专利权的保护范围以其权利要求的内容为准，说明书及附图可以用于解释权利要求的内容。因此，对涉案权利要求1之“所述弹性带的一端固定在杆身顶部”文字的解释，应结合本案涉案专利说明书及附图的描述进行理解。根据专利说明书及附图记载，“手柄由硅橡胶材料制成，顶部具有一空腔；而杆身包括多节可插接配合的杆管和一弹性带”，因此手柄和杆身为涉案专利的两个部件。根据权利要求1的描述，“所述弹性带的一端固定在杆身的顶部”，故该弹性带的固定位置应在于杆身而非手柄部。本案中，被控侵权产品的弹性带贯穿整个杆身和手柄，并以一塑料固定件固定在手柄外部，其弹性带的固定方式与涉案专利“所述弹性带的一端固定在杆身的顶部”这一技术特征并不相同。因此，此时必须考虑两者技术特征是否构成等同特征。

根据《最高人民法院关于审理专利纠纷案件适用法律问题的若干规定》，等同特征则是指与所记载的技术特征以基本相同的手段，实现基本相同的功能，达到基本相同的效果，并且本领域的普通技术人员在被诉侵权行为发生时无须经过创造性劳动就能够联想到的特征。本案中，被控侵权产品弹性带贯穿杆身和手柄并固定于手柄外部之技术特征，与涉案专利技术方案“固定在杆身的顶部”之技术特征相比，前者使用的技术手段是可调节固定方式，而后者则是不可调节固定方式，因此两者所使用的技术手段并非基本相同。退而言之，即便两者使用了基本相同的技术手段，其所实现的功能和达到的使用效果也并非基本相同。首先，被控侵权产品的弹性带贯穿整个杆身，可以让使用者根据个人在折叠盲杖时对弹性带松紧程度的喜好进行任意调节；其次，在弹性带部分丧失弹性的情况下，使用者可以通过抽紧弹性带并予以固定的方式对该弹性带的弹性程度进行修正从而保证产品的正常使用，而涉案专利的相应技术特征并不具备上述功能和使用效果。同时，涉案专利文件中也无任何技术启示可以使本领域的普通技术人员能够联想到被控侵权产品对弹性带的此种固定方式，本案中亦无证据证明上述技术人员可以无须经过创造性劳动就能够联想到这种固定方式的改进。因此，两者不属于以基本相同的手段，实现基本相同的功能，达到基本相同的效果，并且本领域的普通技术人员无须经过创造性劳动就能够联想到的等同特征。综上，由于被控侵权产品缺少涉案专利“所述弹性带的一端固定在杆身的顶部”之技术特征，故不构成对涉案专利权的侵害。

（撰稿人：王　静）

当事人伪造案件关键证据的司法责任

——沐恩实业股份有限公司诉苍南县鑫邦有机玻璃制品有限公司等侵害外观设计专利权纠纷案

【提要】

打击侵权假冒行为系知识产权司法审判工作的重要职能之一。本案中，被上诉人公司不仅对权利人的外观设计专利权实施了侵犯，且在被起诉时还伪造了关键证据，严重影响了人民法院的案件审理和知识产权司法保护工作。上述行为性质十分恶劣，在审判实践亦较为罕见。对此，二审法院主动出击，赴实地开展依职权调查，查明了案件事实，在依法改判并加大赔偿力度的基础上，对两起关联案件中的该同一当事人及其法定代表人分别处以人民币 20 万元和 10 万元的罚款，系上海人民法院此类司法处罚中的最高额，为严厉打击此类不法行为起到了积极的示范意义。

【案情】

原告（上诉人）：沐恩实业股份有限公司

被告（被上诉人）：苍南县鑫邦有机玻璃制品有限公司

被告（被上诉人）：上海欣邦国际贸易有限公司

案由：侵害外观设计专利权纠纷

一审案号：（2013）沪一中民五（知）初字第 129、130 号

二审案号：（2014）沪高民三（知）终字第 67、68 号

沐恩实业股份有限公司（以下简称沐恩公司）系两涉案外观设计专利“沐浴乳瓶”和“马桶刷组”的专利权人。该公司认为上海欣邦国际贸易有限公司（以下简称上海欣邦公司）未经其许可销售仿冒上述外观设计专利的产品，苍南县鑫邦有机玻璃制品有限公司（以下简称苍南鑫邦公司）未经其许可制造、许诺销售、销售仿冒上述外观设计专利的产品，故起诉主张两被告停止侵权、共同赔偿经济损失及合理费用人民币 22.35 万元并消除影响等。

一审中，苍南鑫邦公司向法院提交了 2008 年“第七届中国国际日用消费品

博览会会刊”，该会刊第 34 页系苍南鑫邦公司相关沐浴乳瓶和马桶刷产品的广告图片，用以证明两案被控侵权产品实施的设计属现有设计。

【审判】

上海市第一中级人民法院经审理，最终依据该会刊认定被告现有设计抗辩成立，并据此驳回了沐恩公司的全部诉讼请求。

二审中，沐恩公司亦向法院提交了购自案外人宁波新锐国际展览有限公司的“第七届中国国际日用消费品博览会会刊”，该会刊第 34 页系案外人“浙江嘉立德休闲用品有限公司”相关产品的广告图片，与苍南鑫邦公司提交会刊的相关内容完全不同。

对此，上海市高级人民法院赴实地开展依职权调查，并于案外人中国国际日用消费品博览会组委会办公室处取得“第七届中国国际日用消费品博览会会刊”封面及第 34 页复印件（上盖该办公室印章）一份，以及于“第七届中国国际日用消费品博览会会刊”全案设计单位宁波新锐国际展览有限公司购得“第七届中国国际日用消费品博览会会刊”一本作为法院依职权调取之证据。上述证据材料显示“第七届中国国际日用消费品博览会会刊”第 34 页内容与沐恩公司提交会刊的第 34 页内容完全一致。

上海市高级人民法院经审理认为，被上诉人苍南鑫邦公司于一审提交之“第七届中国国际日用消费品博览会会刊”第 34 页广告页之内容系原审法院认定该公司实施涉案外观设计系属现有设计之关键证据。鉴于本案二审中，经上诉人举证及法院依职权调查核实，被上诉人苍南鑫邦公司提交之该份证据第 34 页广告页之内容系伪造，故该被上诉人于一审主张之现有设计抗辩已无相应证据及事实支持，原审法院对此事实认定有误，法院依法予以纠正。鉴于被控侵权产品与涉案专利设计在整体形态及构成元素上均无差异，构成相同设计，即被控侵权产品落入涉案专利权之保护范围，故两被上诉人之相应行为构成了对上诉人涉案外观专利权之侵犯。

据此，上海市高级人民法院依照《中华人民共和国民法通则》第一百三十四条第一款第（一）、（七）项，《中华人民共和国专利法》第十一条第二款、第五十九条第二款、第六十五条，《中华人民共和国民事诉讼法》第六十四条第二款、第一百四十四条，第一百七十条第一款第（三）项、第一百七十四条，《最高人民法院关于适用〈中华人民共和国民事诉讼法〉若干问题的意见》第七十三条第（三）项，《最高人民法院关于审理侵犯专利权纠纷案件应用法律若干问题的解释》第八条，《最高人民法院关于审理专利纠纷案件适用法律问题的若干规定》第二十二条之规定，判决：一、撤销上海市第一中级人民法院（2013）沪一中民五（知）初字第 129、130 号民事判决；二、上海欣邦公司、苍南鑫邦公司立即停止对沐恩公司享有的两涉案外观设计专利权的侵害；三、苍南鑫邦公司于两案判决生效之日起十日内合计赔偿沐恩公司经济损失人民币157 000元，上海欣邦公司就上述款项在合计人民币3 000元范围内承担连带赔偿责任；四、苍南鑫邦公司于两案判决生效之日起十日内合计赔偿沐恩公司为制止侵权行为所支付的合理费用人民币46 000元，上海欣邦公司就上述款项承担连带赔偿责任；五、沐恩公司的其余诉讼请求不予支持。

案件判决的同时，上海市高级人民法院认为，经法院依职权查明，苍南鑫邦公司于一审中提交的关键证据“第七届中国国际日用消费品博览会会刊”第34页广告页系该公司伪造；该公司法定代表人吴绍梧负有配合法院调查核实具体伪证行为的义务，但其于法院调查核实期间始终拒绝予以配合。该公司及其法定代表人的行为均妨碍了人民法院的案件审理，行为恶劣，情节严重。故依照《中华人民共和国民事诉讼法》第一百一十一条第一款第（一）项、第二款，第一百一十五条第一款，第一百一十六条第三款之规定，决定：一、对苍南鑫邦公司两案罚款合计人民币20万元；二、对苍南鑫邦公司法定代表人吴绍梧两案罚款合计人民币10万元。

【评析】

本案系一起普通的外观设计专利权侵权纠纷，但因被上诉人苍南鑫邦公司伪造涉案关键证据的行为而凸显其司法指导意义。

本案中，经法院实地调查了解，涉案伪证的制作成本极为低廉，制作方法极其简单，制作时间亦不长。在巨大的经济利益诱惑和低廉的证据伪造成本面前，涉及书证尤其是印刷品类证据的案件中法院如何严把证据核实关就显得尤为重要。尤其在对方当事人就该证据存有异议的情形下，应当严格坚持孤证不能定案的原则，要求提交相关证据的一方对待证内容予以补强，对当事人拒不补强的，或认为有必要的，还可主动依职权予以审查核实，以最大限度避免此类情况的发生。

此外，鉴于此类伪证行为性质恶劣，系对司法审判工作的严重藐视，为法治中国建设所不容。尤其是该公司法定代表人在法院调查核实期间，始终拒绝予以配合，态度蛮横嚣张。为此，二审法院决定给予该公司及其法定代表人以司法制裁，在惩戒此类伪证行为、打击当事人藐视法律和司法的嚣张气焰的同时，为此类案件的审理起到积极的示范作用。

（撰稿人：陶　冶）

判断近似外观设计的"一般消费者"应当是被控侵权产品的购买者

——豪雅冠得股份有限公司诉上海爱别特电子科技有限公司、ARK TECH 株式会社侵害外观设计专利权纠纷案

【提要】

判断外观设计是否相同或者近似的"一般消费者"应当为被控侵权产品的购买者，并且该购买者应当熟知所属领域的在先设计。人民法院认定外观设计是否相同或者近似时，应当根据授权外观设计、被诉侵权设计的设计特征，以外观设计的整体视觉效果进行综合判断；授权外观设计区别于现有设计的设计特征相对于授权外观设计的其他设计特征对产品的整体视觉效果更具有影响。

【案情】

原告：豪雅冠得股份有限公司

被告：上海爱别特电子科技有限公司

被告：ARK TECH 株式会社

案由：侵害外观设计专利权纠纷

案号：（2012）沪一中民五（知）初字第120号

2009年7月8日，中华人民共和国国家知识产权局授予原告豪雅冠得股份有限公司（以下简称豪雅冠得公司）"放电灯"的外观设计专利权。专利申请日为2008年1月28日，专利号为ZL200830004776.6。豪雅冠得公司委托案外人珊华高科电子（深圳）公司（以下简称珊华公司）购买被控侵权产品。2011年3月4日，被告上海爱别特电子科技有限公司（以下简称爱别特公司）向珊华公司出具报价单。该报价单载明：型号为WD250-A5D的紫外灯生产国为日本，数量十件以下为每个人民币7 500元，十一件至五十件为每个人民币7 300元。此后，珊华公司以人民币7 500元的单价向被告爱别特公司购买了该型号的放电灯两只。该产品从上海寄到深圳，被告爱别特公司为此出具了发票。被告ARK TECH株式会社确认，该产品系由其制造。

另查明：原告为本案支付购买产品费用人民币15 000元。

原告诉称，原告是名称为“放电灯”（专利号为 ZL200830004776.6）外观设计专利权人。被告 ARK TECH 株式会社生产的 WD250-A5D 的紫外灯与原告专利外观设计为近似设计，落入了系争专利保护范围。被告 ARK TECH 株式会社未经其许可，擅自生产、销售了被控侵权产品，被告爱别特公司未经许可，擅自进口、销售、许诺销售被控侵权产品，均构成专利侵权行为。由于两被告系共同侵权，故应当承担连带赔偿责任。请求判令：1. 被告爱别特公司停止进口、销售、许诺销售的专利侵权行为；2. 被告 ARK TECH 株式会社停止制造、销售、许诺销售的专利侵权行为；3. 两被告共同赔偿原告的经济损失人民币 30 万元；4. 两被告共同支付原告为制止侵权行为所支出的合理费用人民币66 376.20元。

被告爱别特公司辩称：1. 被控侵权产品与涉案专利外观设计既不相同也不近似，因此销售该产品的行为不构成专利侵权；2. 被告爱别特公司没有实施进口行为，被控侵权产品是从被告 ARK TECH 株式会社处以样品形式在日本获得，被告爱别特公司主观上没有侵害原告专利权的故意，已经尽到合理注意义务，且产品有合法来源。根据法律规定，即使侵权也不承担赔偿责任。故请求驳回原告的诉讼请求。

被告 ARK TECH 株式会社辩称：1. 被控侵权产品与涉案专利外观设计既不相同也不近似，该产品没有落入原告专利权的保护范围；2. 被控侵权产品使用的是现有设计，不构成对原告外观设计专利权的侵犯；3. 被控侵权产品是被告 ARK TECH 株式会社在日本以自己的专利技术制造的产品，被告 ARK TECH 株式会社从未在中国境内实施被控侵权产品的制造、销售、许诺销售行为，因此即使该产品落入原告专利权保护范围，被告 ARK TECH 株式会社也没有实施任何侵犯专利权的行为。请求法院驳回原告全部诉讼请求。

经比对：被控侵权产品与涉案专利之间相同点在于：整体均由灯头、灯管和电极等部分组成，其中灯管两端为圆柱体，中间为向外鼓起的气泡状，气泡状灯管上有一圆形突起，灯管内有电弧放电器。两者的主要区别在于：1. 灯头部分不同，具体而言：涉案专利灯头部分整体为相对两侧均被部分切除的圆柱体，端部有一圆形垫片，圆形垫片中央有一螺母，被控侵权产品的灯头部分靠近灯管处为两侧被部分切除的圆柱体，中间部分为由对称 S 形曲线和弧线共同组成的异形，端部为一椭圆形垫片，垫片除中央有一螺母外还在两边有两个较小的螺母；2. 电极部分不同，被控侵权产品电极部分的导线明显长于涉案专利外观设计中相应部分。被告所主张的现有设计与涉案外观设计相比，在灯头部分、电极部分均具有比较明显的区别。

【审判】

上海市第一中级人民法院经审理认为：认定被控侵权产品是否落入涉案外观设计专利的保护范围是本案争议的首要问题。根据我国专利法及其司法解释的相关规定，外观设计专利权的保护范围以表示在图片或者照片中的该外观设计专利产品为准。在与外观设计专利产品相同或者相近种类产品上，采用与授权外观设计相同或者近似外观设计的，人民法院应当认定被诉侵权设计落入《专利法》第五十九条第二款规定的外观设计专利权的保护范围。本案的争议焦点主要在于被控侵权产品与系争专利外观设计相比，两者在灯头部分和电极部分的区别是否足以对产品的整体造成显著影响。

首先，根据专利法司法解释的规定，人民法院应当以外观设计专利产品的一般消费者的知识水平和认知能力，判断外观设计是否相同或者近似。涉案产品的普通消费者通常同时就是该产品的购买者、实际使用者。但是就本案而言，由于涉案的放电灯产品是相对专业的产品，其购买者、实际使用者与普通消费者很可能不是同一个群体，各自所确立的判断标准不同。因此，在本案中对“一般消费者”的理解对认定是否构成近似设计具有重要意义。对于专业类产品而言，其产品外观设计上的变化对于产品的购买者选择产品时会产生较显著的影响，只有产品的购买者在选择产品时所受的影响才可能导致侵占专利产品市场份额的损害后果。因此在本案中，司法解释所规定的“一般消费者”应理解为放电灯产品的购买者，应将放电灯产品购买者的知识水平和认知能力作为本案是否构成近似外观设计的判断标准。作为放电灯产品的购买者，应当对放电灯产品先前的设计具有常识性了解，被控侵权产品与涉案专利在灯头及电极部分的外观设计差异相对于其他部位的设计，应属于其购买者更容易关注的设计。

其次，根据司法解释的相关规定，人民法院认定外观设计是否相同或者近似时，应当根据授权外观设计、被诉侵权设计的设计特征，以外观设计的整体视觉效果进行综合判断；授权外观设计区别于现有设计的设计特征相对于授权外观设计的其他设计特征对产品的整体视觉效果更具有影响。对于光源类产品的一般消费者而言，灯头部分和电极部分的区别对整体视觉效果造成影响较大。且通过被告提供的检索报告可以证实，涉案外观设计区别于在先设计的设计特征亦在于灯头部分和电极部分。因此，法院认为，被控侵权产品与涉案专利外观设计在灯头部分以及电极部分的区别足以影响两者的整体视觉效果，使两者在整体视觉上具有实质性差异。

综上所述，被控侵权产品与涉案专利不构成专利侵权意义上的近似设计。据此，依照《中华人民共和国专利法》第十一条第二款之规定，判决：驳回原告豪雅冠得公司的全部诉讼请求。

判决后，各方当事人均未提起上诉。

【评析】

本案审理的意义在于：明确了司法解释中所规定的判断外观设计是否相同或者近似的“一般消费者”应当为被控侵权产品的购买者。根据专利法司法解释的规定，人民法院应当以外观设计专利产品的一般消费者的知识水平和认知能力，判断外观设计是否相同或者近似。对于该“一般消费者”究竟应该是产品的购买者还是实际使用者在专利侵权和确权程序中一直存在分歧，在司法实践中也存在认识不一致的情况。

在通常情况下，被控侵权产品的普通消费者通常同时就是该产品的购买者、实际使用者，两者具有一定的同一性，对判断近似外观设计不会产生实质影响。但是在某些特殊情况下，被控侵权产品的购买者、实际使用者是不同的主体。究竟是从产品购买者还是实际使用者的知识水平和认知能力出发来进行近似性判断，是司法审判实践中经常要面对的问题。本案就是这样一起比较典型的案例。由于涉案的放电灯产品是相对专业的产品，其购买者与实际使用者很可能不是同一个群体，各自所确立的判断标准不同。因此，在本案中对“一般消费者”的理解对认定是否构成近似设计具有重要意义。由于“放电灯”为比较专业的产品，被控侵权产品与系争专利外观设计相比较，整体均由灯头、灯管和电极等部分组成，其中灯管两端为圆柱体，中间为向外鼓起的气泡状，气泡状灯管上有一圆形突起，灯管内有电弧放电器，两者的差异主要在灯头部分和电极部分，这两个部分的区别是否足以对产品的整体造成显著影响直接影响到近似外观设计的判断。原告主张被控侵权产品与涉案专利外观设计仅在头部有细微区别，在整体上构成近似，而被告则辩称就涉案的放电灯产品而言，灯头部分和电极部分的区别足以对产品的整体视觉效果构成实质性差异。法院认为，对于专业类产品而言，其产品外观设计上的变化对于产品的购买者选择产品时会产生较显著的影响，只有产品的购买者在选择产品时所受的影响才可能导致侵占专利产品市场份额的损害后果。因此在本案中，司法解释所规定的“一般消费者”应理解为放电灯产品的购买者，应将放电灯产品购买者的知识水平和认知能力作为本案是否构成近似外观设计的判断标准。作为放电灯产品的购买者，应当对放电灯产品的在先设计具有常识性了解。被控侵权产品与涉案专利在灯头及电极部分的外观设计差异相对于其他部位的设计，应属于其购买者更容易关注的设计。

对于放电灯产品的惯常设计这一技术事实的查明，法院在审理中参考了以下两个因素：1. 被告 ARK TECH 株式会社提供被控侵权产品在日本被授予的外观设计专利，该专利申请日期在本案原告系争外观设计专利申请日之后，虽然并不能构成法律规定的现有设计抗辩。但是，由于日本对于外观设计专利采用实质审查后再授予专利的方式，在原、被告两者的产品在日本先后都享有专利权的情况下，可以据此认为两个产品之间的设计差异较大；2. 通过被告提供的检索报告可以证实，涉案外观设计区别于在先设计的设计特征就在于灯头部分和电极部分。因此，法院认为，被控侵权产品与涉案专利在灯头及电极部分的区别对整体视觉效果造成影响较大，两者不构成近似设计。被控侵权产品不落入系争外观设计专利权的保护范围。

（撰稿人：孙　倩）

职务发明报酬的认定

——钱鸣诉上海昂丰矿机科技有限公司职务发明创造发明人报酬纠纷案

【提要】

职务发明报酬的实现需要满足两个条件，一是相关职务发明已经实施；二是单位在实施职务发明中获得经济利益。上述事实，职务发明人往往面临举证难的困境。在此类纠纷的审理中，可以借鉴劳动法对劳动者“倾斜保护”的价值理念，适当降低发明人的证据保全门槛，适时适用举证妨碍规则。被授予专利权的单位能够提供相关产品、财务账册等证据而拒不提供，甚至转移、毁灭证据的，人民法院可以结合发明人诉讼主张的合理性，推定发明人的相关诉讼请求成立，无须再次对该事实进行举证。

【案情】

原告： 钱鸣

被告： 上海昂丰矿机科技有限公司

案由： 职务发明创造发明人报酬纠纷

一审案号：（2012）沪二中民五（知）初字第124号

二审案号：（2013）沪高民三（知）终字第88号

2005年3月29日，原、被告签订《专利使用协议》，该协议第一条约定，原告在被告处任职期间，利用本身多年工作经验与理论知识，结合被告产品需要而研发的专利，由被告申请经审查批准后，适用本协议。其他专利为原告的非职务专利。第四条约定原告任职期间，或原告虽然离职但不单独使用专利时，被告向原告支付产品（含成套部件、专利部分的配件）售价的1%作为专利使用费。被告在每年一月结算并支付前一年度原告应得的专利使用费。但每项专利的使用费每年最低为一万元，最高为三万元；第六条约定本协议在专利有效期内生效。失效的专利双方均不受本协议的约束。

2005年7月15日，被告向中华人民共和国国家知识产权局（以下简称国家知识产权局）先后申请名称为“双液流自动控制阀块”（以下称为专利1）、“双液流差动油缸自动控制阀块”（以下称为专利6）、“遥控换向电动液压抓斗”（以下称为专利8）以及“具有电磁插装阀控制结构的电动液压抓斗”（以下称为专利10）的专利，并均获得专利授权。

2010年4月20日，被告与东莞中科电力有限公司（以下简称东莞中科公司）签订《遥控抓斗改造协议》，东莞中科公司对被告改造后的抓斗进行了验收，并向被告支付另加的改造费用人民币5万元。

庭审中，被告提交了AMG、AMGD、AMG-F型系列液压抓斗的销售情况，其中，2010年上述三个型号液压抓斗的销售金额分别为5 648 000元、1 640 800元、1 242 500元（2010年4月13日起）；2011年的销售金额分别为8 781 130元、1 549 800元、4 132 039元；2012的销售金额分别为7 126 000元、280 000元、2 812 000元。

被告在庭审中表示，其在AMG、AMGD、AMG-F型系列液压抓斗中并没有使用原告主张的专利，而是对相关专利进行了技术改进。被告在对东莞中科公司的抓斗进行改造过程中对专利8和专利10进行了试用，但因未改造成功，故被告也没有使用过专利8。为证明其主张，被告提交了其生产的AMG型、AMGD型、AMG-F型产品所使用自动控制阀块实物及AMG型产品的液压原理图。

原告诉称，自2003年至2011年6月，原告在被告处任总工程师。2005年3月29日，原告与被告签订《专利使用协议》。之后，原告共为被告研发并申请获得多项专利。被告生产的AMG型、AMGD型、AMG-F型产品分别使用了专利1、专利6和专利10；在对东莞中科公司的抓斗进行改造过程中使用了专利8和专利10。按照《专利使用协议》的约定，被告应当向原告支付相应的专利报酬。因多次催要专利报酬未果，原告故诉至法院，请求判令被告立即向原告支付自2010年1月至2012年8月止的专利使用报酬人民币25万元。

被告辩称：1. 双方确实签订过《专利使用协议》，但之后双方并未实际按照《专利使用协议》履行。被告虽然曾经向原告给付过奖励，但这并非专利使用费或专利报酬；2. 2009年前，被告确实曾使用过涉案部分专利，但2010年后，被告对所用的技术进行了改进，不再使用涉案专利，故被告不应向原告支付所谓的专利报酬。因此，请求法院驳回原告的诉讼请求。

【审判】

上海市第二中级人民法院经审理认为，原告是涉案专利的发明人，其依法享有的获得职务发明报酬的合法权益应当受到保护。经比对，被告生产的AMG、AMGD、AMG-F型系列液压抓斗分别落入了专利1、专利6及专利10的保护范围；东莞中科公司对被告使用专利8改造后的抓斗进行了验收，并向被告支付另加的改造费用人民币5万元，可以认为被告在改造项目中使用了专利8。原告与被告签订的《专利使用协议》系双方的真实意思表示，依法成立并生效。虽然《专利使用协议》使用的是“专利使用费”的表述，但从协议约定的内容看，《专利使用协议》约定的“专利使用费”实质上即为《专利法》规定的职务发明报酬。因此，在没有证据证明《专利使用协议》已经终止的情况下，原告请求按照《专利使用协议》的约定向原告支付职务发明报酬，并无不当。按照《专利使用协议》第四条约定，原告任职期间，或原告虽然离职但不单独使用专利时，被告向原告支付产品（含成套部件、专利部分的配件）售价的1%作为专利使用费。被告在每年一月结算并支付前一年度原告应得的专利使用费。但每项专利的使用费每年最低为一万元，最高为三万元。本案中，结合被告生产的AMG型、AMGD型、AMG-F型产品的销售金额，法院依据《中华人民共和国专利法》（以下简称《专利法》）第十六条、第四十二条及《中华人民共和国专利法实施细则》（以下简称《专利法实施细则》）第七十六条第一款之规定，判决被告应向原告支付自2010年1月至2012年8月止的职务发明报酬人民币212 451元。

一审判决后，被告不服，上诉于上海市高级人民法院。上海市高级人民法院经审理认为，原审法院查明事实清楚，适用法律正确，判决驳回上诉，维持原判。

【评析】

职务发明成果的权利归属和利益分配制度，直接影响发明人及其所在单位进行科技创新和转化运用的积极性，《专利法》及《专利法实施细则》都对此进行了较为详细的规定，但上述规定总体上重实体规范，缺乏对实现职务发明报酬的程序保障，特别是在举证责任分配方面没有充分考虑发明人与所在单位在地位上的不平等性，致使在发生纠纷时，发明人往往面临举证难的困境。为最大限度地确保有关职务发明报酬的实体规范能够真正落到实处，我们结合该案审理过程中遇到的困难和问题，重点从程序保障的角度对职务发明报酬的实现困境进行分析，并提出相应的对策建议，以期对相关纠纷的审理和立法完善有所裨益。

一、职务发明报酬实现的基本条件

根据《专利法实施细则》的规定，被授予专利权的单位可以就职务发明创造奖励与报酬同发明人、设计人进行约定。有约定的，应当依其约定确定职务发明创造相应的奖励与报酬；没有约定的，依据专利法实施细则规定的标准确定职务发明创造相应的奖励与报酬。为此，职务发明报酬应当优先适用当事人之间的约定，即实行“约定优先，法定为辅”。本案中，由于当事人之间签订了《专利使用协议》，对职务发明报酬的支付条件和数额进行了明确约定。但作为发明人的原告要顺利实现发明报酬，仍然需要满足以下条件：

首先，职务发明已经被实施。职务发明报酬不同于职务发明奖励，二者的区别在于给付的前提和条件。“目前比较一致的观点是：只要发明人完成了一项职务发明，单位就应该给予发明人一定的奖励；而职务发明报酬，则是有赖于职务发明成果的实施和利用。”① 职务发明专利的实施具体包括单位将专利使用于自身生产的产品，许可他人使用职务发明专利，将职务发明有偿转让给他人等。本案中，原、被告争议的焦点即在于被告生产的产品是否使用了原告主张的专利。这也是此类案件审理中必须查明的基本事实。

其次，单位在实施职务发明过程中获得经济效益。职务发明专利被实施后，单位必须从实施专利中实际获得经济利益，才应向发明人支付报酬。否则，单位也没有义务向发明人支付。根据《专利法实施细则》第七十八条的规定，单位获得的经济效益主要表现为营业利润，即在没有约定的情况下，单位应当从实施职务发明创造过程中获得盈利。但根据约定优先的原则，如果当事人另有约定，则应根据当事人之间的具体约定确定“经济效益”的表现方式。例如本案中，原被告约定的是“产品售价”。即只要单位实现了产品的销售，就应向发明人支付报酬，而不论单位是否在销售过程中盈利。

二、职务发明报酬实现的程序困境

首先，发明人相对于单位所处的弱势地位决定了其很难直接获得相关的证据。在职务发明报酬纠纷中，发明人实质上仍系处于劳动关系中相对弱势的劳动者，职务发明专利是否已经用于产品生产、许可他人实施或者转让等信息，往往涉及企业重大经营事项，即使是在职期间，发明人也很难有所知悉，更无法直接获得专利许可使用合同或转让合同的文本。单位往往也不会主动告知发明人。何况出于劳动关系的考虑，很多发明人都是离职以后才通过诉讼等方式主张职务发明报酬，对于职务发明专利是否已经实施的信息更加难以获得或知晓。本案中，原告在诉讼中仅提供了一些产品照片，而仅凭照片很难判断被告是否使用了原告所诉的专利。恰恰是被告试图证明其没有使用相关专利，提交了相应的产品，才使得相关事实得以查明。

其次，高昂的维权费用为发明人获取相关证据设置了事实障碍。在职务发明专利用于产品生产的情况下，发明人要顺利实现职务发明报酬，发明人一般要购买到相关产品以进行产品和专利权利要求的比对。如果相关产品的价格高昂，动辄几十万元，甚至上百万元，作为普通技术工作者的发明人根本无力负担。而没有产品实物，根本无法证明相关产品是否使用了发明人主张的职务发明专利。如

---

① 周路、肖冰：“职务发明奖酬制度的立法完善——以地方性专利法规为研究对象”，载《北京理工大学学报（社会科学版）》2013年第2期，第117页。

果技术比较复杂，还有可能会进行司法鉴定，这也需要负有举证责任的发明人预先垫付相关的鉴定费用，在当前的情况下，鉴定费用也会对发明人造成一定的负担。

最后，相对较高的证据保全门槛为发明人获取相关证据设置了法律障碍。有人也许会提出，发明人虽然无法直接获得相关证据，但可以通过《民事诉讼法》规定的诉前财产保全或诉中财产保全的方式对相关产品和财务账册进行保全。但为了防止错误保全的发生，实践中对申请证据保全往往设置了较高的门槛，发明人除了要提供相应的担保，一般还要提供初步的证据证明相关产品可能使用了发明人主张的职务发明专利。由于是否使用了专利往往需要进行复杂的技术比对，发明人很难提供初步的证据予以证明。而对于财务账册的保全，涉及职务发明报酬的数额计算，前提应为相关产品已经使用了职务发明报酬，在该前提无法满足的情况下，法院一般也很难准许发明人的保全申请。

三、当前司法实践的合理应对

从当前司法实践看，我们认为可以围绕降低证据保全门槛和适时适用举证妨碍规则两个方面进行规则设计，最大限度地减少发明人实现职务发明报酬的障碍。

1. 降低证据保全的门槛。考虑到发明人在经济实力、证据获取能力等方面存在的不足，司法实践应尽量降低发明人通过证据保全的方式获取证据的门槛。一方面，降低申请证据保全应当提交初步证据的要求。在很多情况下，即使最初步的证据，发明人很有可能也无法搜集到。我们认为，如果发明人能够证明其是相关职务发明专利的发明人，而单位亦在正常的进行生产经营，即使发明人无法提供特定产品确实可能使用了该专利的证据，人民法院也可以准许发明人针对产品或单位财务账册提出的证据保全申请。另一方面，降低担保金的数额。按照《民事诉讼法》的相关规定，当事人申请证据保全的，人民法院可以要求其提供相应的担保。因此，考虑到发明人的实际情况，人民法院可以酌情减低担保的数额，或者采用灵活的担保方式。对于经济上确有困难，而现有证据表明单位确应向发明人支付职务发明报酬的，可以不要求发明人提供担保。

2. 适时适用举证妨碍规则。举证妨碍是指不负有证明责任的一方当事人通过作为或者不作为阻碍负有证明责任的一方当事人对其事实主张的证明。① 根据《最高人民法院关于民事诉讼证据的若干规定》第七十五条的规定，有证据证明一方当事人持有证据无正当理由拒不提供，如果对方当事人主张该证据的内容不

① 张卫平："证明妨碍及对策探讨"，载何家弘主编：《证据法学论坛（第7卷）》，中国检察出版社2004年版，第157页。

利于证据持有人，可以推定该主张成立。因此，举证妨碍行为的实施者应当承担相应的不利后果。在职务发明报酬纠纷中，人民法院基于发明人的申请进行的证据保全，或者依据职权，要求被授予专利权的单位提供相关产品、财务账册等证据以供事实查明，相关单位能够提供而拒不提供，甚至转移、毁灭证据的，人民法院可以结合发明人诉讼主张的合理性，推定发明人的相关诉讼请求成立，无须再次对该事实进行举证。

（撰稿人：凌宗亮）

四、

不正当竞争民事纠纷案件

限制最低转售价格行为的司法评价

——北京锐邦涌和科贸有限公司诉强生（上海）医疗器材有限公司、强生（中国）医疗器材有限公司纵向垄断协议纠纷案

【提要】

限制最低转售价格的协议、决定或其他协同行为，具有排除、限制竞争的效果，才能构成垄断协议；纵向垄断协议纠纷的原告，应当就纵向协议具有排除、限制竞争的效果承担举证责任；分析评价限制最低转售价格行为的经济效果，可以从相关市场竞争是否充分、实施企业在相关市场是否具有很强的市场地位、实施企业是否具有限制竞争的行为动机、限制最低转售价格行为的实际效果四个方面进行综合判断；限制最低转售价格协议构成垄断协议，经销商可以主张赔偿因垄断协议造成的利润损失，但应限于按正常市场价格计算的利润损失。

【案情】

原告（上诉人）：北京锐邦涌和科贸有限公司

被告（被上诉人）：强生（上海）医疗器材有限公司

被告（被上诉人）：强生（中国）医疗器材有限公司

案由：纵向垄断协议纠纷

一审案号：（2010）沪一中民五（知）初字第169号

二审案号：（2012）沪高民三（知）终字第63号

原告北京锐邦涌和科贸有限公司（以下简称锐邦公司）是两被告强生（上海）医疗器材有限公司（以下简称强生上海公司）、强生（中国）医疗器材有限公司（以下简称强生中国公司）吻合器及缝线产品在北京地区的经销商，双方之间有着长达15年的合作，经销合同每年一签，有效期为一年。2008年1月2日，三公司签订《2008年经销合同》（以下简称《经销合同》），约定原告在两被告指定的相关区域销售缝线产品，合同期限自2008年1月1日至12月31日。《经销合同》附件五第2条规定，原告不得低于两被告规定的产品价格进行销售。

2008年7月1日，强生上海公司以原告于2008年3月在人民医院的竞标中私自降低销售价格为由，取消原告在中国医学科学院阜外心血管医院、北京整形医院（以下分别简称阜外医院、整形医院）的销售权。原告锐邦公司诉称，其因违反经销合同中限制转售价格条款，遭受两被告处罚，先是被取消在部分医院的经销权，继而被完全停止供货，遭受重大经济损失。两被告在经销合同中约定转售价格限制条款以及依据该条款对锐邦公司进行处罚直至终止经销合同的行为，构成《中华人民共和国反垄断法》（以下简称《反垄断法》）第十四条第一款第（二）项所列“限定向第三人转售商品的最低价格”之违法行为，于2010年8月向上海市第一中级人民法院提起诉讼，诉请判令两被告赔偿锐邦公司因上述违法行为而致经济损失人民币1 439.93万元，并承担全部诉讼费用。

两被告辩称，本案所涉经销合同签订行为及被控垄断行为发生在《反垄断法》实施之前，本案不应适用《反垄断法》；本案被控垄断协议由双方当事人共同签订和执行，锐邦公司本身作为被控垄断行为的直接参与者和实施者，无资格提起本案诉讼；锐邦公司主张的经济损失从性质上而言是合同纠纷项下的损失，与垄断纠纷无关，故请求驳回锐邦公司全部诉讼请求。

【审判】

上海市第一中级人民法院一审认为：首先，根据《反垄断法》第十三条第二款之规定，《反垄断法》所规定垄断协议是指排除、限制竞争的协议、决定或者其他协同行为。因此，认定《反垄断法》第十四条所规定行为构成垄断协议，不能仅依据经营者与交易相对人是否达成了固定或者限定转售价格协议，还需要进一步考察此等协议是否具有排除、限制竞争效果。本案中原告提交证据仅为被告强生上海公司在互联网上对其缝线产品所做的简短介绍，不能确切地反映出涉案产品在相关市场所占市场份额，不能说明相关市场的竞争水平、产品供应和价格的变化等情况。相反，被告提交的证据表明还存在多家同类产品的供应商。本案中认定被告实施垄断行为的事实依据不足。其次，垄断行为所造成的损害，主要应该为排除、限制竞争所带来的损害，原告在本案中所主张损失赔偿，均属于在购销合同纠纷中得以主张的损害赔偿，与价格限制条款本身并无直接关联。据此，上海市第一中级人民法院依照《最高人民法院关于民事诉讼证据的若干规定》第二条、《反垄断法》第五十条之规定，于2012年5月18日判决驳回原告全部诉讼请求。

锐邦公司不服一审判决，向上海市高级人民法院提起上诉称：1.《反垄断法》第十三条所规定横向垄断协议、第十四条所规定纵向垄断协议，都因行为目的违法而被法律明文禁止，该等协议一经签订即构成垄断协议，不需要再根据是否存在排除、限制竞争效果来确定是否构成垄断协议。2. 被上诉人限定最低转售价格，目的即在于直接限制竞争，应当构成垄断协议。3. 根据《最高人民法院关于审理因垄断行为引发的民事纠纷案件应用法律若干问题的规定》（以下简称《最高人民法院垄断纠纷审理规定》）第七条规定，被诉横向垄断协议的制定者应对该协议不具有排除、限制竞争效果承担举证责任，以此类推，被上诉人作为本案纵向协议条款的制定者也应该对涉案协议不具有排除、限制竞争效果承担举证责任。4. 被上诉人所实施转售价格限制，既非为推广新产品，又非为提高产品技术，完全不具有促进竞争的效果。相反，被上诉人的行为扭曲了市场竞争机制，既限制了品牌内竞争，又限制了品牌间的竞争，使北京地区强生缝线产品价格维持在一个很高的水平，严重损害了消费者利益。5. 上诉人所主张损失均源起于被上诉人违法实施转售价格限制，均属于反垄断法意义上的损失，被上诉人应予赔偿。请求二审撤销原审判决，并判令支持上诉人一审诉讼请求。

被上诉人辩称：1. 根据《最高人民法院垄断纠纷审理规定》第七条规定，认定横向垄断协议尚须满足排除、限制竞争效果这一要件，相对于横向协议，纵向协议对市场竞争的影响更小，因此认定限制最低转售价格协议构成垄断协议更需要以具有排除、限制竞争效果为前提。2. 因无法律和司法解释特别规定，本案所涉限制最低转售价格协议不适用举证责任倒置，仍应由上诉人承担证明涉案协议具有排除、限制竞争效果的责任。3. 上诉人未能举证证明本案限制最低转售价格协议存在排除、限制竞争效果。4. 涉案产品即医用缝线产品在中国大陆市场充分竞争，涉案协议不存在排除、限制竞争的效果，相反可以增进强生品牌内部经销商之间在产品推广、售后服务、品牌维系、诚信守约等方面的竞争。5.《反垄断法》于2008年8月1日实施，本案《经销合同》在2008年1月签订，被上诉人取消上诉人两家医院经销权发生在2008年7月，2008年8月1日后未实施上诉人所指控垄断行为，因此本案不应当适用《反垄断法》。6. 上诉人在本案中主张的损失并非属于“垄断损失”，而是合同行为导致的损失。7.《反垄断法》保护的是市场公平竞争秩序、消费者利益和社会公共利益，并不保护垄断行为参与者、实施者的利益。因此，有权提起反垄断诉讼的主体是遭受垄断行为损害的竞争者和消费者，不包括垄断行为参与者、实施者，故上诉人不是本案诉讼的适格原告。请求二审法院维持原判。

上海市高级人民法院经二审，另查明：1. 关于涉案产品营销体系。强生公司涉案产品均通过经销商销售，强生公司不进行直销；经销商不得销售其他品牌同类产品；强生公司以医院为基本销售单位进行授权，没有授权，经销商无法在医院销售；医院针对同一品牌缝线产品通常只会选择一家经销商，通常依据产品价格、业务往来、经销商销售服务、医院账期等因素选择经销商。2. 关于限制最低转售价格约定。强生公司在2009年以前一直采用最低转售价格限制，2009

年以后修改经销协议，放弃了长期以来采取的最低转售价格限制。3. 关于医用缝线产品。各品牌缝线产品均须符合国家实行的缝线产品标准，实践中对各品牌产品质量并不存在统一、权威或公认的评价；医院在不同品牌的缝线产品间选择时，对于产品价格的敏感度较低，但在同一品牌内，医院倾向于选择能够提供更低价格的经销商。4. 关于涉案产品上市时间。绝大部分涉案产品在2004年之前注册，在2008年已不是新产品。5. 关于涉案产品价格。至2008年，强生公司缝线产品在15年里维持价格基本不变；上诉人在人民医院低价竞标以后，涉案产品在人民医院的销售价格一直维持在上诉人的报价水平。6. 关于经销商的销售服务。经销商售前服务主要包括产品推广、报价和议价，售后服务主要包括备货、配送、定期不定期拜访医院，协助回答医院疑问、协助收集临床使用反馈信息等等。7. 关于被上诉人停止供货。2008年8月15日，上诉人向被上诉人发出缝线订货要求，被上诉人在上诉人并不拖欠货款的情形下拒绝供货，此后停止缝线产品供货。2008年9月11日以后，被上诉人停止吻合器产品供货，但此时上诉人已有多笔货款超过30天账期，已符合《经销合同》约定的停止供货条件。

上海市高级人民法院二审认为：

1. 本案应当适用《反垄断法》。《反垄断法》于2008年8月1日实施，本案《经销合同》虽于2008年1月2日签订，但其有效期一直延续到2008年12月31日。《反垄断法》实施后，强生公司与经销商继续履行该合同，并实施本案被控垄断行为，故本案应当适用《反垄断法》。

2. 上诉人作为经销商是本案诉讼的适格原告。经销商是限制最低转售价格协议的当事人，但由于执行限制最低转售价格协议而失去在最低限价以下销售的机会，可能因此失去部分客户和利润，属于《反垄断法》第五十条规定的因垄断行为遭受损失的民事主体，因此可以提起反垄断民事诉讼。

3. 垄断协议应当以具有排除、限制竞争效果为构成要件。《反垄断法》第十三条第二款规定：“本法所称垄断协议，是指排除、限制竞争的协议、决定或者其他协同行为。”该条规定对垄断协议的定义适用于整部法律，因此《反垄断法》第十四条所规定纵向协议，必须是“排除、限制竞争的协议”才构成垄断协议。根据《最高人民法院垄断纠纷审理规定》第七条规定，认定《反垄断法》第十三条所规定横向协议构成垄断协议，应以该协议具有排除、限制竞争效果为前提。举重以明轻，限制竞争效果相对较弱的纵向协议更应以具有排除、限制竞争效果为必要条件。

4. 上诉人对本案限制最低转售价格协议具有排除、限制竞争效果承担举证责任。由于现行法律和司法解释没有对限制最低转售价格协议举证责任作特别规定，故本案不适用举证责任倒置，根据“谁主张、谁举证”原则，仍由上诉人对本案限制最低转售价格协议排除、限制竞争承担举证责任。

5. 本案限制最低转售价格协议构成垄断协议。本案应从相关市场竞争是否充分、被告市场地位是否强大、被告实施限制最低转售价格的动机、限制最低转售价格的竞争效果四方面情况进行分析。

（1）本案相关市场竞争不够充分。首先，依据以下事实，可以确认本案相关市场为中国大陆地区的医用缝线产品市场：①医用缝线是外科手术中用于伤口缝合的必需品，目前没有其他产品可以作为医用缝线的替代品。②我国对医疗器械生产与销售采取严格的准入限制，境内与境外缺乏替代性，没有证据表明国内医院会选择从境外购买缝线产品，故本案相关地域市场应界定为中国大陆市场。其次，依据以下事实，可以确认本案相关市场是一个竞争不充分的市场：①医院采购缝线的成本最终可以转嫁给患者，因此医用缝线市场缺乏足够的来自买方的价格竞争动力。②强生公司通过培养和强化医生、护士对强生公司缝线产品的使用习惯而推进缝线销售，医生、护士由于使用习惯而对缝线产品形成品牌依赖，降低了本案相关市场的竞争。③医用缝线产品市场存在多方面较高的进入障碍，包括市场准入、品牌依赖，还包括缝线产品制造商、经销商与医院客户之间长期比较稳固的客户关系，这些障碍导致潜在竞争者难以进入这个市场。④强生公司缝线产品价格 15 年维持基本不变，说明强生公司在相关市场具有很强的定价能力，可以反证医用缝线市场是一个缺乏竞争的市场。

（2）强生公司在本案相关市场具有很强的市场地位。依据以下事实，可以认为强生公司在相关市场具有很强的市场地位：①依据强生公司网站宣传，其缝线产品在全球市场占有 70% 以上份额，在美国市场占有 80% 以上份额，强生公司有能力提供而不提供其缝线产品在中国大陆市场的确切市场份额，考虑其在本案中的诉讼地位，其缝线产品在本案相关市场的实际份额应高于其所估算的 20. 4% 左右的市场份额。本案证据表明，强生公司缝线产品在北京市三甲医院中应当占有很高的市场份额。②强生公司缝线产品价格 15 年维持基本不变、在相关市场长期具有很强定价能力这一事实，既表明相关市场竞争不充分，又表明强生公司在相关市场具有很强的市场地位。③强生公司及其缝线产品在全球市场、中国市场均享有很高声誉，其品牌影响力一定程度上维护了强生公司在本案相关市场的市场地位。④强生公司对经销商具有很强的控制力，经销商不得销售其他品牌产品，医院客户由强生公司在经销商之间调配，强生公司对经销商实行严格的监督管理，而且一年一签的短期合约安排导致经销商不得不受制于强生公司。

（3）本案限制最低转售价格的动机在于回避价格竞争。①《经销合同》及附件等证据显示，强生公司不仅禁止经销商主动降价，即使是在市场降价压力下的被动降价行为也属于对经销商业绩的负面评价。②上诉人提交的有关经销管理计划的证据显示，强生公司在其缝线产品价格处于竞争劣势情况下，宁愿通过维护客户关系来维持价格，也不愿意降价销售。

（4）本案限制最低转售价格协议限制竞争效果明显而促进竞争效果不明显。首先，本案限制最低转售价格协议具有明显限制竞争的效果：①强生公司多年来一直执行最低转售价格限制，其缝线产品价格15年维持基本不变，而又普遍高于其他品牌缝线产品，可以确认强生公司多年来所采取的最低转售价格限制行为帮助其缝线产品价格长期维持在竞争价格水平之上。②强生公司的行为，也使得其他品牌厂商亦有机会回避价格竞争，相关市场的价格竞争由此减弱。③强生公司的行为排挤了有效率的经销商，其价格体系得以维系，消费者福利却因此受损。其次，本案限制最低转售价格协议不具有明显的促进竞争效果：①不足以证明存在被上诉人所述通过限制最低转售价格促进产品质量和安全性提升的效果。缝线产品的质量安全主要在于工厂生产和医护人员使用两个环节，生产环节由强生公司来保障，对医护人员的培训也由强生公司来负责，无论是否限制价格，经销商所提供的销售服务对提高产品质量安全没有明显的贡献。②不足以证明存在被上诉人所述通过限制最低转售价格解决经销商“搭便车”问题的必要。医院客户由强生公司在经销商之间调配，没有强生公司授权，即使经销商降价也不可能从其他经销商那里夺走客户，不存在所谓“搭便车”问题。③涉案产品不是新产品，不足以证明存在通过限制最低转售价格促进新品牌、新产品进入相关市场的必要。④不足以证明本案限制最低转售价格协议存在维护产品声誉、鼓励库存、扩张经销商体系等其他经济学上可以解释的促进竞争并由消费者分享利益的效果。综上所述，本案限制最低转售价格协议促进竞争的效果不明显或者说非常有限，远远抵不上其排除、限制竞争的效果。因此，可确认本案《经销合同》中限制最低转售价格条款属于《反垄断法》所禁止的垄断协议，被上诉人制定该协议和按照该协议处罚上诉人的行为属违法行为。

6. 被上诉人应就本案垄断行为对上诉人造成损失承担赔偿责任。依据《反垄断法》第五十条规定，本案被上诉人应就其制定和实施本案垄断协议的行为对上诉人造成损失承担赔偿责任。首先，关于上诉人所主张2008年缝线产品利润损失，该项损失与本案中被上诉人执行限制最低转售价格协议的行为存在直接因果关系，上诉人主张损失的权利依据来源于反垄断法，属于反垄断法意义上的损失赔偿。但上诉人不能依据合同法规则计算损失赔偿额，即不应该按照履行限制最低转售价格协议的可得利润来计算损失，而应参照相关市场的正常利润计算利润损失。在参考同行业其他品牌产品价格、上诉人应承担税负等因素后，酌定上诉人因被上诉人垄断行为造成上诉人2008年缝线产品销售损失的正常利润为530 000元。其次，上诉人所主张其他损失均与本案垄断行为无直接因果关系，不应支持。

综上，上海市高级人民法院认为，原审判决确有错误，应予纠正。依照《中华人民共和国反垄断法》第十四条第一款第（二）项、第五十条之规定，《中华人民共和国民事诉讼法》第一百七十条第一款第（二）项之规定，于2013年8月1日判决：一、撤销上海市第一中级人民法院（2010）沪一中民五（知）初字第169号民事判决；二、被上诉人强生（上海）医疗器材有限公司、强生（中国）医疗器材有限公司应于本判决生效之日起十日内，共同赔偿上诉人北京锐邦涌和科贸有限公司经济损失人民币530 000元；三、驳回上诉人北京锐邦涌和科贸有限公司的其余诉讼请求。

【评析】

本案是国内首例纵向垄断协议纠纷案，涉及限制最低转售价格行为反垄断分析与认定中的一系列法律未规定而需要明确的基本问题，特别是限制最低转售价格行为的法律评价原则、分析评价因素两方面问题，本案二审判决对这些问题进行了开拓性的探索。

一、限制最低转售价格行为的法律评价原则

限制最低转售价格行为的法律评价原则，是当前各国反垄断司法实践所普遍关注的问题。美国在100多年前开始对限制转售价格行为进行反垄断规制，当时采用所谓“本身违法”原则，即绝对禁止上下游企业之间、制造商与经销商之间签订限制转售价格协议，限制转售价格协议本身即构成违法。2007年，美国联邦最高法院通过著名的“丽晶”案改变了对限制最低转售价格行为的法律评价原则，放弃“本身违法”原则，改采所谓“合理分析”原则，即允许被告在诉讼中以限制最低转售价格行为具有促进竞争效果来提出抗辩。这一变化，影响了美国本国和其他国家、地区的反垄断执法，美国国内绝大部分州采取与联邦最高法院相同的立场，对限制最低转售价格行为采取“合理分析”原则。欧盟作为世界上另外一个反垄断执法的最大区域，也改变了绝对禁止限制最低转售价格行为的做法，改为原则上禁止限制最低转售价格，但允许在个案中当事者通过证明其限制最低转售价格属于促进新产品推广、促进售前服务、特许加盟中对消费者有利的短期促销等促进竞争的情形，来申请豁免。我国国内对于包括限制最低转售价格在内纵向垄断协议应适用何种法律评价原则存在两种主要意见，一种意见认为我国《反垄断法》立法类似于欧盟立法，采取了“原则禁止+例外豁免”的立法模式，故除非存在《反垄断法》第十五条规定的豁免情形，否则应直接认定限制最低转售价格协议违法；另一种意见认为应借鉴美国采用“合理分析”原则，保护符合市场正常需要的能够促进市场竞争的限制最低转售价格行为，以避免反垄断执法对市场行为的过度干预。

本案判决认为限制最低转售价格协议并非当然违法，明确排除了对“本身违法”原则的适用，并进一步明确，须在限制最低转售价格行为排除、限制竞争效果难以避免又难以被其促进竞争效果抵消的情形下才构成垄断协议，采用了一种既不同于美国“合理分析”原则，又不同于欧盟“原则禁止＋例外豁免”的做法，可以暂且名之为“实质效果衡量”的评价原则。相比于美国与欧盟所采取的法律评价原则，在我国反垄断司法中采用这样一种原则有更加充分的依据：1. 目前的经济学实证研究无法确定现实经济生活中的限制最低转售价格行为到底是限制竞争的居多还是促进竞争的居多，因此对限制最低转售价格采取原则禁止的立场缺乏实证依据；2. 我国是新兴市场国家，新产品、新企业、新品牌不断进入市场，应该重视限制转售价格行为对新产品、新企业、新品牌进入市场的促进作用；3. 我国反垄断法制定时，美国“丽晶”案对中国反垄断法学研究和立法影响还不大，对限制最低转售价格行为负面效果的认识比较充分，而对其正面效果的认识还很不够，因此即使当时立法似乎采取了比较严苛的立场，但今天仍然可以利用法律条文表述留下的空间采用更符合市场规律、更符合市场发展需要的解释立场；4. 我国当前市场实践中限制最低转售价格的行为比比皆是，而我国反垄断法实践处于起步阶段，对限制最低转售价格行为采用原则禁止的立场，将造成对限制最低转售价格执法与诉讼门槛过低，造成对现实经济生活的巨大冲击；5. “合理分析”原则过于抽象，缺乏对限制最低转售价格行为反垄断分析中的方向、重点的指引，导致个案中审查和考虑因素过多，增加执法或司法成本，而采取本案二审判决所体现的“实质效果衡量”原则，可以过滤一些对市场竞争影响不够大、不够重要的因素，仅关注那些对市场竞争产生实质性影响的因素，在提高司法准确性的同时会提高诉讼效率。

二、分析评价限制最低转售价格行为的基本因素

依据什么标准、考虑哪些因素来确定纵向协议合法或违法？这是纵向价格协议案件中更具有实质意义、更为重要的司法问题，但目前学界、司法界对于这一问题却缺乏足够的关注与研究。本案二审判决在此问题上有以下几方面的突破：1. 明确提出了限制最低转售价格协议反垄断分析的分析评价因素，即相关市场竞争是否充分，被告市场地位是否强大，被告限制最低转售价格的动机，限制最低转售价格的实际效果。2. 进一步明确，上述四方面要素中，相关市场竞争不充分、实施企业具有很强市场地位两个要素作为认定转售价格维持构成垄断协议的必要条件，实际是将市场结构作为转售价格维持协议反垄断审查的筛选条件，既借鉴了其他国家的司法经验，更是考虑到我国市场经济发展的状况，市场发育不足，转售价格维持在各行业普遍存在，以市场结构作为筛选条件有助于制止那些真正对市场竞争整体造成损害的行为。3. 判决中一些具体分析结论，比如，在竞争充分的市场实施的限制最低转售价格以及市场地位不强的企业所实施限制

最低转售价格不会产生应该实施反垄断干预的限制竞争效果，在限制最低转售价格行为所有负效果中限制价格竞争效果是最关键的效果，所有正效果中促进产品质量或服务提升、促进新产品或新企业进入市场为是最关键的效果，具有很强市场地位的企业出于限制竞争目的的限制最低转售价格行为更容易产生限制竞争的实际效果，等等，遵循经济学共识，符合经济生活常识，具有较强的说服力。

（撰稿人：丁文联）

集成电路布图设计的侵权认定

——钜泉光电科技（上海）股份有限公司诉深圳市锐能微科技有限公司等侵害集成电路布图设计专有权纠纷案

【提要】

受保护的集成电路布图设计中任何具有独创性的部分均受法律保护，而不论其在整个布图设计中的大小或者所起的作用。由于集成电路布图设计的创新空间有限，在布图设计侵权判定中对于两个布图设计构成相同或者实质性相似的认定应采用较为严格的标准。

在集成电路布图设计侵权案件中，应当由原告对其主张保护的集成电路布图设计具有独创性承担举证责任，但当原告完成“独创性”的初步证明后，反驳原告布图设计“独创性”的举证责任转移到被告，若被告反驳成立，则仍由原告承担败诉后果，若被告反驳不成立，则由被告承担败诉后果。在“独创性”的举证证明问题上，既不要求原告穷尽与所有现有设计的对比，同时对于被告的反驳也仅要求提供一份有效的常规设计证据。

【案情】

原告（上诉人）：钜泉光电科技（上海）股份有限公司

被告（上诉人）：深圳市锐能微科技有限公司

被告：上海雅创电子零件有限公司

一审案号：（2011）沪一中民五（知）初字第47号

二审案号：（2013）沪高民三（知）终字第96号

2008年3月1日，钜泉光电科技（上海）股份有限公司（以下简称钜泉公司）完成了名称为“ATT7021AU”的布图设计创作，同年进行布图设计登记。该集成电路布图设计登记的图样共有16层，登记文件中的“ATT7021AU集成电路布图设计结构、技术、功能简要说明”记载：1. 达成业界相同芯片（单相电能计量）功能/性能最优化面积的版图设计诉求；2. 数模混合高抗干扰/高静电保护芯片版图设计；3. 采用电路设计技术和金属层、扩散层、信号流合理布局等版图技术实现灵敏信号噪声屏蔽，大小信号干扰隔离。

深圳市锐能微科技有限公司（以下简称锐能微公司）向国家知识产权局专利复审委员会申请撤销钜泉公司上述布图设计专有权，国家知识产权局专利复审委员会经审查，未发现钜泉公司涉案布图设计专有权存在不符合《集成电路布图设计保护条例》规定可以被撤销的缺陷，故终止了锐能微公司提出的撤销程序。

北京紫图知识产权司法鉴定中心（以下简称紫图鉴定中心）接受一审法院委托进行司法鉴定。紫图鉴定中心委托北京芯愿景软件技术有限公司对RN8209G芯片和RN8209芯片分别进行剖析，经比对，两个芯片的剖析报告相同。钜泉公司主张其ATT7021AU集成电路布图设计中具有独创性的共有十个部分。经鉴定专家的技术对比和判断，以及针对锐能微公司作为常规设计抗辩的证据逐一进行分析，最终鉴定结论为：1. RN8209、RN8209G与原告主张的独创点5（数字地轨与模拟地轨衔接的布图）相同；2. RN8209、RN8209G与原告主张的独创点7（模拟数字转换电路的布图）中第二区段独立升压器电路的布图相同；3. 依据现有证据应认定上述1、2点具有独创性，不是常规设计。

锐能微公司网站中显示：……2010年9月RN8209销售量突破1 000万片。从锐能微公司查封的部分增值税专用发票显示销售RN8209G芯片共计1 120片，单价大多在5. 50元至4. 80元，有1张发票显示单价约为2元；销售RN8209芯片共计6 610片，单价在4. 80元至4. 20元。

另查明：2003年3月21日，珠海炬力集成电路设计有限公司（以下简称炬力公司）与杨建明签订劳动合同，杨建明的工作岗位是炬力公司研发设计部工程师，双方劳动关系于2007年3月31日终止。后杨建明到被告锐能微公司担任技术顾问。2006年5月，钜泉公司与炬力公司签订技术转让合同及补充协议，约定炬力公司将电能计量系列芯片的专有技术转让给钜泉公司，合同总价款为1 200万元。钜泉公司受让该专有技术后进行后续研发，并将研发完成的布图设计到国家知识产权局申请登记，即涉案ATT7021AU布图设计。2006年，钜泉公司分别与陈强、赵琮签订劳动合同，钜泉公司聘用陈强为销售经理，聘用赵琮在研发部门从事IC设计工作，合同期限自2006年至2009年。钜泉公司还与陈强、赵琮签订了保密合同，约定其对原告的相关技术信息和经营信息负有保密义务。后陈强至锐能微公司担任总经理，赵琮亦至锐能微公司任职。

原告钜泉公司诉称：原告完成了名称为“ATT7021AU”的集成电路布图设计，并获得布图设计登记证书。原告发现在未经其许可情况下，被告锐能微公司复制其受保护的前述布图设计，并与被告上海雅创电子零件有限公司（以下简称雅创公司）为商业目的销售含有该布图设计的集成电路即RN8209G芯片和RN8209芯片。原告认为两被告的行为侵犯其集成电路布图设计专有权，遂诉至法院，请求判令两被告：1. 立即停止侵犯集成电路布图设计专有权的行为；2. 立即销毁侵权产品及涉及原告集成电路布图设计产品的宣传资料；3. 在《环球表计》或《国际电子商情》的显著位置公开向原告赔礼道歉，并保证今后不再侵犯原告的集成电路布图设计专有权；4. 赔偿原告经济损失人民币（以下币种相同）1 500万元，包括原告为制止侵权行为的合理开支。

被告锐能微公司辩称：被控芯片的布图设计系锐能微公司自主开发，并获得了登记证书，同时还获得实用新型专利权；该芯片的布图设计与钜泉公司的布图设计不同，锐能微公司通过自身的独创性实现芯片功能的提升；钜泉公司的布图设计不具有独创性，属于常规设计。综上，其行为不构成侵权，请求驳回钜泉公司诉讼请求。

被告雅创公司辩称，同意锐能微公司的答辩意见。

【审判】

上海市第一中级人民法院经审理认为：1. 钜泉公司对涉案集成电路布图设计享有专有权，即享有复制权和投入商业利用的权利。2. 经技术比对鉴定，锐能微公司 RN8209、RN8209G 芯片的布图设计与钜泉公司 ATT7021AU 芯片的布图设计中的“数字地轨与模拟地轨衔接的布图”和“模拟数字转换电路的布图中第二区段独立升压器电路的布图”相同。3. 由于钜泉公司的布图设计是其在受让案外人电能计量芯片专有技术基础上进一步研发而完成创作，故该布图设计包含了其智力劳动成果。且锐能微公司用于常规设计抗辩的证据均尚不足以证明原告“数字地轨和模拟地轨的衔接布图”和“独立升压器电路的布图”属于公认的常规设计。故钜泉公司 ATT7021AU 芯片中“数字地轨和模拟地轨的衔接布图”和“独立升压器电路的布图”不属于常规设计，具有独创性。4. 两被告制造、销售的 RN8209、RN8209G 芯片中包含了原告享有布图设计专有权的“数字地轨和模拟地轨的衔接布图”和“独立升压器电路的布图”，且锐能微公司的个别员工原先在原告处从事研发等工作，有接触原告集成电路布图设计的可能和机会，因此，被告锐能微公司未经原告许可，复制原告 ATT7021AU 芯片中具有独创性的“数字地轨和模拟地轨的衔接布图”和“独立升压器电路布图”用于制造 RN8209、RN8209G 芯片并进行销售，其行为侵犯了原告 ATT7021AU 布图设计专有权，依法应承担停止侵权、赔偿损失等民事责任。雅创公司销售的涉案芯片系锐能微公司制造，在钜泉公司未能举证两者系共同侵权的前提下，雅创公司不知道也没有合理理由应当知道涉案芯片中含有非法复制的布图设计，故其行为不应视为侵权。

关于赔礼道歉，因侵害布图设计专有权纠纷系财产权纠纷，被告的行为并没有对原告的商誉造成损害，故原告的该项诉讼请求法院不予支持。关于原告销毁侵权产品等诉讼请求，由于原告对该主张未进行举证，况且判决被告承担停止侵权、赔偿损失的民事责任后，原告的相关权利已经得到了充分保护，故对原告的该项诉讼请求亦不予支持。一审法院结合原、被告关于赔偿责任的诉辩主张，综合考虑本案的实际情况酌情确定被告锐能微公司应当赔偿原告的数额。据此，上海市第一中级人民法院依照《集成电路布图设计保护条例》（以下简称《条例》）第二条、第三条第一款、第四条、第七条、第三十条、第三十三条第一款的规定，判决：一、被告锐能微公司立即停止侵害原告钜泉公司享有的 ATT7021AU（登记号为 BS. 08500145. 7）集成电路布图设计专有权；二、被告锐能微公司赔偿原告钜泉公司经济损失以及为制止侵权行为所支付的合理开支共计人民币 320 万元；三、驳回原告钜泉公司的其余诉讼请求。

钜泉公司、锐能微公司均不服原审判决，向上海市高级人民法院提起上诉。

钜泉公司请求改判锐能微公司赔偿包括合理费用在内的损失1 500万元。其主要上诉理由为：原审法院判决锐能微公司赔偿钜泉公司 320 万元属于适用法律不当，认定事实错误。1. 锐能微公司持有被控侵权产品生产、销售的财务资料，但无正当理由拒绝提供，锐能微公司应当承担举证不力的责任。原审法院应当依法推定钜泉公司关于被控侵权产品的销售价格为 5 元、利润为 50% 的主张成立。2. 一审判决关于“涉案‘数字地轨与模拟地轨衔接的布图’和‘独立升压器电路布图’在涉案芯片中所占的布图面积较小，它们的功能和作用在涉案芯片中也并非主要和核心”的认定，属认定事实错误。

锐能微公司请求撤销一审判决第一项、第二项，驳回钜泉公司的全部诉讼请求。其主要上诉理由为：1. 紫图鉴定中心出具的《鉴定意见书》存在鉴定程序违法、鉴定结论依据明显不足的问题，不应作为本案的定案依据。2. 锐能微公司的布图设计与钜泉公司布图设计中的“数字地轨与模拟地轨衔接的布图”、“独立升压器电路布图”存在明显不同。3. 钜泉公司布图设计中“数字地轨与模拟地轨衔接的布图”和“独立升压器电路布图”是常规设计，不具有独创性。4. 锐能微公司的行为符合《条例》第二十三条第（二）项规定的情形，不构成对钜泉公司布图设计专有权的侵犯。5. 一审判决对于侵权赔偿数额的认定缺乏依据。

上海市高级人民法院经审理查明，一审法院查明的基本事实属实。另查明，锐能微公司的设计总监赵琮在二审庭审中陈述称：在钜泉公司看到过钜泉公司的 ATT7021AU 集成电路布图设计。锐能微公司没有对钜泉公司 ATT7021AU 芯片进行反向工程。

上海市高级人民法院经审理认为：第一，紫图鉴定中心根据原审法院委托展开鉴定，原审法院严格执行了鉴定专家回避程序，鉴定人员具有鉴定资格，专家组通过委托第三方进行芯片剖析、双方当事人提交证据、召开技术听证会等程序，采用科学合理方法进行鉴定，鉴定结论依据充分，应当作为本案的定案证据。第二，由于集成电路布图设计的创新空间有限，因此在布图设计侵权判定中对于两个布图设计构成相同或者实质性相似的认定应当采用较为严格的标准。本案中，即使按照较为严格的判定标准，锐能微公司涉案 RN8209、RN8209G 芯片的相应布图设计也与钜泉公司 ATT7021AU 集成电路布图设计中的“数字地轨与模拟地轨衔接的布图”和“独立升压器电路布图”构成实质性相似。第三，根据《条例》第四条的规定，布图设计具有独创性是指，该布图设计是创作者自己的智力劳动成果，并且在其创作时该布图设计在布图设计创作者和集成电路制造者中不是公认的常规设计。并且，钜泉公司应当对其主张保护的集成电路布图设计具有独创性承担举证责任，但是钜泉公司并无必要也不可能穷尽所有的相关常规布图设计来证明其主张保护的布图设计属于非常规设计。只要钜泉公司提供的证据以及所做的说明可以证明其主张保护的布图设计不属于常规设计的，则应当认为钜泉公司已经完成了初步的举证责任。在此情况下，锐能微公司主张相关布图设计是常规设计的，则锐能微公司只要能够提供一份相同或者实质性相似的常规布图设计，即足以推翻钜泉公司关于非常规设计的主张。本案中，钜泉公司对于 ATT7021AU 集成电路布图设计中的“数字地轨与模拟地轨衔接的布图”和“独立升压器电路布图”具有独创性的主张，已经完成了初步的举证责任。而锐能微公司提交的证据材料尚不足以证明钜泉公司 ATT7021AU 集成电路布图设计中的“数字地轨与模拟地轨衔接的布图”和“独立升压器电路布图”是常规设计。第四，锐能微公司生产、销售涉案 RN8209、RN8209G 芯片的行为侵犯钜泉公司享有的 ATT7021AU 集成电路布图设计专有权。首先，布图设计独创性的标准与芯片实现的功能并没有直接关系，完全有可能存在由常规设计组成的布图设计实现一个崭新的芯片功能的情况，也可能存在通过自主设计设计出非常规设计的布图来实现与其他芯片完全相同功能的情形；其次，根据《条例》第三十条的规定，复制受保护的布图设计的全部或者其中任何具有独创性的部分的行为均构成侵权。由此可见，受保护的布图设计中任何具有独创性的部分均受法律保护，而不论其在整个布图设计中的大小或者所起的作用；最后，根据《条例》第二十三条第（二）项之规定，法律并不禁止对他人芯片的布图设计进行摄片进而分析其电路原理的这种反向工程的行为。因此企业可以通过直接获得布图设计权利人的许可而复制其布图设计；亦可以在反向工程的基础上重新设计出具有独创性的布图设计从而达到模仿他人芯片而不构成侵权。但本案中，锐能微公司之所以对钜泉公司 ATT7021AU 集成电路布图设计进行部分复制，既不是为个人目的，亦不是单纯为评价、分析、研究、教学等目的，而是为了研制新的集成电路以进行商业利用；锐能微公司认可其接触了钜泉公司 ATT7021AU 集成电路布图设计，而非通过反向工程获得，无论锐能微公司涉案 RN8209、RN8209G 芯片的布图设计是否具有独创性，其行为均不适用《条例》第二十三条第（二）项的规定。综上，根据《条例》第三十条之规定，锐能微公司的行为已经侵犯了钜泉公司 ATT7021AU 集成电路布图设计专有权，应当承担相应的民事责任。第五，原审法院已经将钜泉公司主张的锐能微公司在其网站页面显示的1 000万片的销售数量作为本案赔偿数额的计算依据，即锐能微公司已经依法承担了举证不能的不利后果；本案中，双方均未提交证据证明被控侵权产品的销售利润；紫图鉴定中心的鉴定报告明确钜泉公司主张的其余独创性部分双方并不相同或实质性相似，故钜泉公司以其余模块双方亦存在相同部分为由要求锐能微公司以全部获利进行赔偿的主张，缺乏依据；“数字地轨与模拟地轨衔接的布图”和“独立升压器电路布图”在被控侵权芯片中所起的作用确非核心和主要作用且所占的布图面积确实较小；通过直接复制钜泉公司的“数字地轨与模拟地轨衔接的布图”和“独立升压器电路布图”，锐能微公司节约了自行研发的投入，缩短了芯片研发时间，并据此获得了市场竞争优势，因此也不能完全按照该两项布图在芯片中所占的比例来确定赔偿数额。综上，原审法院根据本案实际情况判决锐能微公司赔偿钜泉公司包括合理支出在内的经济损失人民币 320 万元，并无不当。据此，上海市高级人民法院依照《中华人民共和国民事诉讼法》第一百七十条第一款第（一）项之规定，判决：驳回上诉，维持原判。

【评析】

本案是一起非常典型的集成电路布图设计侵权纠纷。由于《集成电路布图设计保护条例》的规定比较原则，相关的司法实践又极少，同时集成电路布图设计又具有很强的专业性，因此司法实践中对于集成电路布图设计专有权侵权判定的标准一直难以把握。集成电路布图设计侵权判定的难点主要在于：如何理解《条例》第三十条的规定，如何确定布图设计“实质性相似”的认定标准，如何把握“独创性”的证明标准和认定依据。

一、如何理解《集成电路布图设计保护条例》第三十条规定的“任何”两字

根据《条例》第三十条的规定，“除条例另有规定的外，未经布图设计权利人许可，有下列行为之一的，行为人必须立即停止侵权行为，并承担赔偿责任：（一）复制受保护的布图设计的全部或者其中任何具有独创性的部分的；（二）为商业目的进口、销售或者以其他方式提供受保护的布图设计、含有该布图设计的集成电路或者含有该集成电路的物品的。”在司法实践中如何理解该条款，尤其对于“任何”应当如何进行解读和把握，是考虑全部复制才构成侵权还是部分复制也构成侵权？倘若部分复制构成侵权，那是否有比例限制或者重要性限制？以上问题的答案将会左右集成电路布图设计专有权侵权判定标准的界定门槛，从而影响相关产业中各个群体的利益平衡，也将成为今后指导国内业界人士界定侵权与否的重要原则。

首先，由于电子元件的特性以及设计成本材料的限制，集成电路中的任一部分布图设计均运行着特定设计功能，如果强行去掉一部分布图将会导致电路的核心设计功能无法实现或者必要的辅助功能缺失，最终会削弱集成电路产品的市场竞争力。其次，如果具有独创性的部分布图设计仅因为其在整个布图设计中所占比例很低或者并非核心部分而无法获得保护，那么对于这些部分的复制将会肆意而为，进而将无法鼓励对布图设计非核心部分的创新，《条例》鼓励集成电路技术的创新也将成为空谈，最终将无法通过有效竞争来促进整个集成电路行业的设计创新。因此，法院在本案中采用了更为严格的标准，认为占整个集成电路布图设计比例很小的非核心部分布图设计的独创性也应得到法律保护。

二、关于“实质性相似”的认定标准

考虑到集成电路布图设计创新空间的有限性，对于两项集成电路布图设计是否构成实质性相似应当采用较为严格的标准来认定，即只有在被控侵权集成电路与受保护集成电路中的全部或者部分布图设计存在“极为相似”的情形下，才认定构成“实质性相似”，从而存在侵权的可能。由于任一部分的布图设计如果达到实质性相似的标准就可能被判定为侵权，因此采用严格标准来判定实质性相似也旨在平衡专有权人和被控侵权人之间的利益，既能保护权利人的合法利益鼓励创作，也不至于让后来者束手束脚不敢利用前人的产品再创新。

法院在具体判断何为严格的“极为相似”布图设计时所采取的思路是：以电子元件、互联线路形成的三维配置为基准，重点考虑电子元件之间三维位置关系，也就是说除了考虑互联线路的三维配置外，互联线路连接着的元件所呈现的组合在三维空间的配置在判断布图设计是否“极为相似”时更为重要。如本案中，锐能微公司提出在 M2 层上两者的“数字地轨与模拟地轨衔接的布图”存在差异。结合鉴定专家的解释，法院认为，在考虑 M2 层后，虽然双方布图设计中一条布线的走向会有区别，但是布线与互联的元件之间组合的三维配置并未实质性改变，因此双方“数字地轨与模拟地轨衔接的布图”在 M2 层上的差异属于细微差异，不足以影响双方的该部分布图设计实质性相似的判断。同理，在双方争议较大的 ST 层，由于四个电容的排列方式是元件之间的布图，双方布图设计都是四个电容田字形排布因此两者在元件组合部分相同，至于用几个阱放置电容并不属于元件或互联线路的组合，而是属于工艺而非布图，所以阱是呈现口字形还是田字形的区别不影响布图相同与否的判断，法院最终认定双方“独立升压器电路布图”亦相同。

三、关于“独创性”的举证责任与认定标准

如前所述，《条例》所规定的“非比例标准”表明集成电路布图设计在我国

受到了全面、彻底的法律保护，无疑非常有利于鼓励集成电路布图设计中的创新。然而，由于集成电路布图设计的创新空间有限，应当允许存在一定程度的相互学习借鉴，对权利人的过度保护可能会造成其他设计者畏首畏尾，难以在已有设计基础上加以创新和改进，也将一定程度上抑制产业创新的积极性。因此，需要在权利人与同业竞争者之间找到利益平衡点，前文提到对“实质性相似”采取较为严格的认定标准，即是针对“非比例标准”的一种平衡。本案中，法院如何把握布图设计“独创性”的举证与认定，同样体现了这种平衡。

（一）“独创性”的证明标准和证明责任

根据民事诉讼举证规则“谁主张，谁举证”的原则，在布图设计侵权案件中，应当由原告对其主张保护的集成电路布图设计具有独创性承担举证责任，也就是说一旦原告连独创性的初步举证都无法完成，随后的对抗性诉讼活动就无须展开，也就不存在法院对于双方证据证明力的判断，直接由原告承担败诉后果。但当原告完成“独创性”的初步证明后，反驳原告布图设计“独创性”的举证责任转移到被告，若被告反驳成立，则仍由原告承担败诉后果，若被告反驳不成立，则由被告承担败诉后果。

对于原告来说，证明是自己创作出的智力劳动成果比较容易，但是如何证明创作成果是非常规设计则比较困难。要求原告穷尽所有相关的常规布图设计来进行比对，不仅实际操作上无法实现，而且将导致原告维权成本过高，因此是没有必要也不可能的。相反，被告只要能够提供一份相同或者实质性相似的常规布图设计，就足以推翻原告关于非常规设计的主张。因此，本案中法院通过合理分配举证责任来平衡双方当事人的利益并调控双方的维权成本。法院在审理中要求原告提供的证据以及所做的说明可以初步证明其主张保护的布图设计具有独创性，即认定原告已经完成相应的举证责任。其后，法院将反驳原告布图设计具有独创性的举证责任转移给被告，此时只要被告能够提供一份实质性相似的常规布图设计，即足以推翻原告关于其布图设计具有独创性、是非常规设计的主张。这样既减轻了原告过重的举证责任，又提供给被告一个比较容易证明自己主张的机会，因为双方都是集成电路布图设计者，作为该领域的专业人士，应该有能力知晓相关布图设计的存在。本案中，由于被告提供的反驳证据仅仅是有关 ESD 电路原理图以及专家陈述，却没有提供哪怕一份实际的常规设计例证，故法院认为被告的反驳不能成立。

（二）“独创性”的认定标准

首先，被告需提供一个常规设计的证据来证明能寻找到与原告设计相似的常规设计，因此该“独创性”的认定依据，只能是实际证据，而不是理论推测。因为在集成电路布图设计领域，作为设计思想存在的电路原理并不被法律保护，如果垄断了电路原理就如同钳制了思想一样，这与《条例》所追求的鼓励创新相悖。本案中，被告提供的反驳证据中有关ESD电路的原理及电原理图抑或是二极管的制造工艺等，均非布图设计，即使本案相应布图设计的设计理念与这些电路原理类似或者就是出自这些理论，也无法证明在这些原理基础上通过自身智力创新设计出的布图设计就是常规设计。虽然这些设计的基础原理是常规的，但是之后赋予的智力创新可能就使得这些布图设计成为非常规设计。

其次，被告提供的作为反驳证据的对比常规设计到底要与原告的布图设计达到何种程度的相似，才算完成对于常规设计的证伪？法院认为，该相似度的判断应当与侵权判断时的标准一致，即采用较为严格的“实质性相似”的判断标准。如果两个标准不一致，法院在判断侵权与否过程中，将原被告布图设计作是否“实质性相似”比对时掌握一个较严的标准，而在判断原告布图设计是否具有“独创性”过程中，将原告布图设计与被告所提供常规设计比对时掌握一个较为宽松的标准，导致的结果是，权利人的布图设计可能被轻易认定为不具有独创性，相比较而言，被控侵权人的布图设计却不容易被认定为侵权。最终会出现这样不合理的状况，布图设计很难因为具有独创性而获得专有权，获得专有权的布图设计却轻易被抄袭而不被认定侵权。因此，在明确前述原被告举证责任之外，还有必要明确一点，即认定原告布图设计与常规设计是否构成“实质性相似”的标准应当同于原告布图设计与被告布图设计是否构成“实质性相似”的标准。本案中，被告提供的参照布图设计的各特征点与原告相应布图设计的特征点并不能吻合，无法让法院确信两者之间相同或实质性相似；且被告委托的专家到庭作证，亦认可在电子计量表领域内没有找到二极管田字形布图，也无法提供与“数字地轨和模拟地轨的衔接布图”和“独立升压器电路布图”中相同或相似的其他案外布图设计。因此从现有证据材料来说，法院只能认定原告的布图设计具有独创性。

综上所述，法院在本案中，依照《条例》规定对集成电路布图设计采取了“非比例标准”的保护标准，强化对于集成电路布图设计创新的激励，而在侵权判断中对“实质性相似”采用严格的认定标准，在权利人布图设计“独创性”举证与认定中合理设定原被告举证义务与司法认定标准，有助于平衡权利人与竞争者之间利益，促进集成电路布图设计行业既严谨有序又充满活力的健康发展。

（撰稿人：丁文联　马剑峰　曹闻佳）

以仿冒注册商标、企业字号为手段，损害权利人的经营秘密，是否应当分别规制手段行为和结果行为

——派诺特贸易（深圳）有限公司与上海派若特国际贸易有限公司、仇刚侵害商标权及不正当竞争纠纷案

【提要】

企业高管通过使用与所在单位的注册商标相同的商标、与所在单位的字号近似的字号等仿冒手段，将所在单位的特定业务“飞单”给他人的，其“仿冒”手段行为与“飞单”结果行为侵害了不同的民事权利，不产生结果吸收手段的法律后果，应当对两者分别进行法律规制，即手段行为分别构成侵害商标权、侵害企业名称权，结果行为构成侵害经营秘密。

【案情】

原告（被上诉人）： 派诺特贸易（深圳）有限公司

被告（上诉人）： 上海派若特国际贸易有限公司

被告（上诉人）： 仇刚

案由： 侵害商标权、企业名称权、经营秘密纠纷

一审案号： 上海市浦东新区人民法院（2013）浦民三（知）初字第483号

二审案号： 上海市第一中级人民法院（2014）沪一中民五（知）终字第82号

法国派诺特股份有限公司（以下简称法国派诺特公司）是国际著名车载通信产品供应商，系G944420号“Parrot及图”和G947073号、G650645号“PARROT”商标注册人，上述商标分别核定使用在存储程序软件、无线电话、声音或图像传输用具等商品、服务上，均在注册有效期内。原告派诺特贸易（深圳）有限公司（以下简称派诺特公司）于2006年4月成立，经营范围为无线电通讯科技产品的咨询、批发、进出口等业务，系涉案商标在中国的独占许可使用

人。被告上海派若特国际贸易有限公司（以下简称上海派若特公司）于2005年1月成立，原名上海森萌国际贸易有限公司，注册资本100万元，股东为被告仇刚等三人，仇刚担任法定代表人，经营范围为汽车电子产品研发和销售等，2012年5月21日变更为现名称，变更时曾申请变更名称为上海派若特国际贸易有限公司，变更申请材料由仇刚签名。

2011年11月21日，原告与仇刚签订《劳动合同》，约定：仇刚担任原告的区域商务经理，负责经营管理工作，在合同期内不得与其他单位建立劳动关系，不得以任何形式从事与原告相同、类似或者竞争的业务，不得截流原告的业务机会或者企图说服供应商、客户不与原告发生业务；仇刚承认已取得和将取得的与原告、客户等有关的目前及预期中的客户名单等信息属于保密资料，不得披露、提供给他人或者允许他人使用。2012年4月10日起，仇刚兼任法国派诺特公司上海代表处首席代表，2013年1月1日起兼任原告上海分公司的区域商务经理。

2012年5月3日，克莱斯勒亚太投资有限公司（以下简称克莱斯勒公司）向仇刚发送向“Parrot”采购车载数字电视盒及其天线、软件、组件等产品的需求信息。次日，仇刚将该信息转发给上海派若特公司，要求跟进此事。就上述采购事宜，仇刚与克莱斯勒公司多次洽谈，在电子邮箱地址、电子邮件文本、合同磋商文本等中突出使用了涉案商标，并使用了“Parrot S. H. Co. Ltd”、“parrot中国”、“Parrot”等字样的企业名称，该企业的地址与原告上海分公司的地址十分接近。在上述过程中，克莱斯勒公司向仇刚提供了采购询价单、订购量、说明书、技术数据、时间安排、联系人信息、合同磋商文本等具体材料。在克莱斯勒公司选定“Parrot”品牌为供应商后，仇刚提交了上海派若特公司为供应商的合同，双方随后签订合同，上海派若特公司由此取得合同款项157万余元。2013年7月，克莱斯勒公司因上海派若特公司迟迟未能履行合同而向法国派诺特公司问询，导致案发。克莱斯勒公司确认因法国派诺特公司的“Parrot”品牌车载通信产品在全球享有知名度，故向该公司的在华机构即原告采购，但仇刚误导其签订涉案合同。

原告派诺特公司诉称：原告在中国大陆范围内享有G944420号“Parrot及图”和G650645号、G947073号“PARROT”等注册商标的独占许可使用权。案外人克莱斯勒公司于2012年5月向原告提供了采购车载数字电视盒产品的信息，同年7月提供了询价单、订购量、说明书、技术数据、时间安排以及联系人、合同磋商文本等信息，上述信息属于原告的商业秘密。被告仇刚自2012年4月起担任案外人法国派诺特公司上海代表处的首席代表、2013年1月起担任原告上海分公司的区域商务经理，代表原告就上述业务项目与克莱斯勒公司进行磋商，知悉上述商业秘密。仇刚在原告处工作期间又系被告上海派若特公司的股东、法定代表人，向该公司披露了涉案商业秘密，该公司使用涉案商业秘密，并通过仇刚使用涉案商标、原告的电子邮箱、与原告“派诺特”字号相近似的“派若特”字号等手段，误导克莱斯勒公司认为上海派若特公司与原告及涉案商标之间存在联系，从而与上海派若特公司达成了原本属于原告的商业交易，两被告共同构成侵害原告的商标独占许可使用权、企业名称权以及商业秘密。2013年7月29日，原告提起诉讼，请求判令：1. 两被告立即停止侵害原告商标权的行为；2. 两被告立即停止不正当竞争行为，停止使用含有“派若特”字样的企业名称；3. 两被告赔偿原告经济损失以及为维权支出的合理开支共计人民币50万元。

被告上海派若特公司、仇刚辩称：上海派若特公司以自己名义与克莱斯勒公司洽谈涉案业务，但尚未签订正式合同，也未生产任何产品，更未使用原告商标，故未侵害原告商标权。仇刚在原告处从事管理工作，其使用原告商标的行为系职务行为，故亦未侵害原告商标权。原告的“派诺特”字号无市场知名度、不为公众所熟知，且上海派若特公司合法成立，该名称与原告的名称在行政区划、字号、组织形式上均有区别，故未侵害原告企业名称权。上海派若特公司生产汽车配件，原告不生产车用产品，双方没有同业竞争关系，且原告在涉案业务发生前与克莱斯勒公司无任何合作，不存在与克莱斯勒公司有关的商业秘密，故未侵害原告商业秘密。因此，请求判决驳回原告的诉讼请求。

【审判】

上海市浦东新区人民法院经审理认为：第一，根据原《商标法》第五十二条的规定，未经商标注册人的许可，在同一种商品上使用与其注册商标相同或者近似的商标的，属于商标侵权行为。仇刚基于原告区域商务经理的身份，有权在为原告的商业活动中使用涉案商标，但其为了其系股东、法定代表人的上海派若特公司的利益，将涉案商标使用于上海派若特公司与克莱斯勒公司的商业活动，不属于正当履行职务的行为，故两被告构成侵害原告的商标独占许可使用权。第二，根据《反不正当竞争法》第二条的规定，经营者在市场交易中，应当遵循自愿、平等、公平、诚实信用的原则，遵守公认的商业道德。在企业名称发生冲突时，应当根据诚实信用、公平竞争和保护在先权利的原则进行调整。涉案车载数字电视盒属于无线通信产品、车用电子产品，原告与上海派若特公司均经营上述业务，双方存在同业竞争关系。仇刚在获悉涉案业务信息后，为截取该业务而变更上海派若特公司的原名称，意欲变更登记与原告“派诺特”字号相同的字号，实际变更的“派若特”字号与原告“派诺特”字号仅一字之差，两者读音、字体近似，且“派诺特（Parrot）”品牌在车载通信产品行业具有一定知名度，而上海派若特公司的英文企业名称“Parrot S. H. Co. Ltd”中的字号以及简称“parrot 中国”、“Parrot”中的字样与原告的英文字号“Parrot”相同，双方的地址十分接近，足以导致相关公众对上海派若特公司与原告产生混淆，使得克莱斯勒公司误认为上海派若特公司系原告而与其发生交易，故两被告构成侵害原告企业名称权的不正当竞争。第三，根据《反不正当竞争法》第十条第三款的规定，商业秘密是指不为公众所知悉、能为权利人带来经济利益、具有实用性并经权利人采取保密措施的技术信息和经营信息。原告主张保护的经营信息为克莱斯勒公司提供的缔约信息、询价单、说明书、技术数据、时间安排、联系人信息、服务协议磋商文本等，上述信息由克莱斯勒公司针对特定业务发送给原告，他人无法从公共渠道获得，具有非公知性，且能够给原告带来商业利益，具有实用性，原告亦通过《劳动合同》对其经营过程中获悉的商业信息采取了保密措施，故属于《反不正当竞争法》第十条第三款规定的经营秘密。根据《反不正当竞争法》第十条第一款的规定，经营者不得违反约定或者违反权利人有关保守商业秘密的要求，披露、使用或者允许他人使用其所掌握的商业秘密。第三人明知或者应知前述违法行为，获取、使用或者披露他人的商业秘密，视为侵犯商业秘密。仇刚违反原告的保密要求向上海派若特公司披露了涉案商业秘密，上海派若特公司明知仇刚的违法行为但仍积极使用涉案商业秘密，故两被告构成侵害原告经营秘密的不正当竞争。第四，根据《侵权责任法》第八条的规定，二人以上共同实施侵权行为，造成他人损害的，应当承担连带责任。仇刚既是原告的区域商务经理，又是上海派若特公司的法定代表人和经理，利用担任原告区域商务经理的职务便利，为谋取上海派若特公司的利益，将本应属于原告的商业机会“飞单”至上海派若特公司，上海派若特公司在明知上述事实的情况下积极与克莱斯勒公司洽谈，并实际获得该商业机会，故两被告具有共同侵权的故意，分工合作实施侵权行为，主观过错严重，构成共同侵权，应当承担连带责任。

综上，依照《中华人民共和国侵权责任法》第八条，第十五条第一款第（一）项、第（六）项，原《中华人民共和国商标法》第三条第一款，第五十二条第（一）项，第五十六条第一款、第二款，《中华人民共和国反不正当竞争法》第二条第一款，第十条第一款第（三）项、第二款、第三款，第二十条，原《中华人民共和国商标法实施条例》第二条、第三条，《最高人民法院关于审理商标民事纠纷案件适用法律若干问题的解释》第十六条第一款、第二款，第十七条，《最高人民法院关于审理不正当竞争民事案件应用法律若干问题的解释》第九条第一款、第十条、第十一条、第十三条第一款、第十七条第一款的规定，判决：两被告立即停止侵害原告的G944420号、G650645号、G947073号注册商标独占许可使用权，立即停止对原告的不正当竞争行为，停止使用含有“派若特”字样的企业字号，赔偿原告经济损失（含合理费用）40万元。

一审判决后，两被告不服，提起上诉。

上海市第一中级人民法院经审理后认为，一审判决认定事实清楚、适用法律正确，审判程序合法，所作判决并无不当，判决驳回上诉，维持原判。

【评析】

本案系公司高级管理人员通过一系列组合性手段，仿冒单位身份，实施“飞单”行为所引发的涉及侵害商标权、企业名称权、经营秘密的典型案件，具有一定代表性，判决结果明确了“仿冒单位身份”手段行为与“飞单”结果行为因侵害不同民事权利而应当对两者分别进行规制的法律适用规则。

一、仿冒单位身份实施“飞单”的行为特征

所谓“飞单”，通常是指员工为谋取私利，将在履行职务期间获得的客户对其所在单位的商品、服务的需求信息交予第三方，积极促使第三方与客户达成商业交易的行为。“飞单”行为大致可分为两类：一类是员工直接将客户的需求信息转售给第三方，由第三方履行，第三方支付员工介绍费等；另一类是员工在获得客户的需求信息后，由自己或者由与其有直接经济利益关系的第三方完成交易。一般而言，无论哪一类“飞单”行为，在交易过程中特别是在签署合同时，客户均已经知晓与其发生交易关系的对方并非是该员工所在的单位。本案所涉“飞单”行为与前述第二类“飞单”行为在形式上较为相近，但客户却始终误认为其仍在与员工所在单位进行交易，直至对方难以履行合同后才发现交易主体有误，故属于一类新型的“飞单”行为，具有仿冒单位身份的典型特征。

首先，在“飞单”行为的背景上，通常发生在交易产品不具有较大替代性、产品价值较高的高科技产品等市场领域。在该领域中，客户对交易方的品牌知名度、履行能力等影响交易达成与否的因素更为注重，往往存在特定或者相对固定的交易对象，一般不会因价格等方面的原因而轻易改变交易对象，员工进行“飞单”的难度较大，完成“飞单”的可能性较小。

其次，在“飞单”行为的实施主体上，通常系具有谈判权、决策权的公司高管或者负责具体业务操作的专业销售人员等。上述人员因职务、岗位等因素，既较易获得第一手的客户需求信息，也较易控制该些信息的知悉范围，还容易取得客户的信任，易使客户误以为是在与上述人员所代表的单位即其希望的特定对象磋商业务、达成交易。

最后，在“飞单”行为的实施手段上，通常表现为仿冒单位身份。客户在磋商中主要关注的是品牌所指向的特定交易对象，故仿冒所在单位的身份更易获得交易机会，往往表现为使用单位商标或者近似商标、使用单位名称中的字号或者近似字号等商业标识，并辅以使用单位的地址、电话、邮箱等资源，通过一系列组合性手段误导客户，造成客户自始至终混淆、误认，从而获得交易机会。

二、仿冒单位身份实施“飞单”的行为规制

对于仿冒单位身份实施“飞单”行为的法律适用，一种观点认为，“飞单”

是目的、结果，本质上侵害的是单位的经营秘密，“仿冒单位身份”仅是实现目的、追求结果的一种手段，故应当将“飞单”的行为结果即侵害商业秘密作为法律关系，以此为请求权基础进行裁判，“仿冒单位身份”的行为手段仅系认定侵权情节、主观过错的考量因素。另一种观点认为，“仿冒单位身份”与“飞单”虽为手段与结果的关系，但两者侵害的民事权利不同，不产生结果吸收手段的法律后果，即使侵权人最终未能获得客户业务，其行为手段亦已构成相应的侵权，故应当对两者分别进行规制。本案裁判采纳了第二种观点。

首先，从侵权行为侵害的客体而言，商标权、字号权、经营秘密等系权利人依法享有的不同民事权利，同一行为人实施的不同侵权行为完全可能侵害不同民事权利，只要符合侵权构成要件，就分别成立相互独立的侵权。本案中，“仿冒单位身份”手段是侵权行为的表现形式之一，被告使用原告商标、近似字号的行为分别符合侵害商标权、企业名称权的构成要件，构成各自独立存在的侵权；“飞单”结果是被告披露、使用原告经营秘密行为所造成的损害后果，是侵权行为与损害后果的综合。因此，被告实施了三个不同性质的侵权行为，应当分别予以规制。

其次，从法律适用的参考而言，本案情形类似于刑法中的“牵连犯”，可参考“牵连犯”的法律适用规则。牵连犯是指出于一个犯罪目的，实施数个犯罪行为，数个行为之间存在手段与目的或者原因与结果的牵连关系，分别触犯数个罪名的犯罪状态，因手段行为与目的行为系独立的犯罪，触犯了不同罪名，故依法应当分别定罪。本案中，被告为了截留涉案业务的唯一目的，实施了“仿冒单位身份”手段行为以及“飞单”结果行为，侵害了不同民事权利，应当分别予以规制。

最后，从司法规制的效果而言，本案中的“飞单”行为具有较大的主观恶性，损害后果较为严重，适用商标法、反不正当竞争法的规定分别予以规制，有利于体现侵权性质、情节、过错等与民事责任承担的一致性，具有较好的法律效果和社会效果。

（撰稿人：许根华　郭　杰）

不具备识别商品来源功能的产品形状不能作为知名商品特有装潢保护

——BTSR国际有限公司与慈溪太阳洲纺织科技有限公司不正当竞争纠纷案

【提要】

不具备区别商品来源的识别功能，仅具有功能性的产品形状，不会使相关公众对其产品产生混淆和误认，不应纳入知名商品特有装潢保护的范畴。《反不正当竞争法》一般条款的适用应严格限制，对于可以纳入《反不正当竞争法》第二章的不正当竞争行为，应当适用该章条款予以调整。就同一被诉行为，在寻求知名商品特有装潢保护未果的情况下，不能同时主张适用《反不正当竞争法》的一般条款。

【案情】

原告：BTSR国际有限公司

被告：慈溪太阳洲纺织科技有限公司

案由：不正当竞争纠纷

一审案号：（2013）浦民三（知）初字第269号

二审案号：（2014）沪一中民五（知）终字第5号

一、原、被告产品介绍

原告系一家意大利企业，成立于2003年11月。被告系国内企业，成立于2010年6月。两者均从事纺织机的生产、销售等业务。

涉案产品系一款用于纺织机上使用的配件，能够判断纱线在生产中的运动趋势和状态。该产品呈竖起的“W”形状［见附图（一）］，产品主体颜色为黑色，自上而下依次为：上挡板；两个可以伸缩套在一起的圆柱体，圆柱体的后面有两个圆形银色夹片；U型传感器；下挡板。上述部件中除传感器外，其余均为产品的附件。传感器可从附件中拔出，使用时传感器被固定在附件上，固定传感器的插口上下各有一个尾夹以便挂在纺织机上。产品上下挡板（挡板呈长方形）及固定圆柱体的金属杆上各有一个粉红色的塑料小孔。产品使用时，线从上孔穿入经圆柱体后方的两个夹片（以便固定），穿过传感器 U 型口，再从下挡板的小孔穿出。如此，传感器即可判断走过的纱线的运动状态（是否存在断线、缠线等状态）。传感器呈 U 型体，U 型槽部分与 U 型体底座两者的宽度基本相同。U 型体伸出的两个手臂的宽度呈不对称型，一边宽、一边窄。在宽的手臂部位前端嵌有一透明小窗口，小窗口内装有两个指示灯，用于判断纱线的运动状态（纱线断亮红灯，纱线正常亮绿灯）。发射器和接收器内置于 U 型槽内，并覆有一白色透明的装饰带。U 型体底座的上表面有四条刻痕，下表面有两条刻痕，其中上表面的后两条刻痕起到与附件连接时的固定作用，下表面的刻痕用于附件下挡板插入后的固定。

比对被告的产品，被告产品［见附图（二）］除以下方面与原告产品略有不同外，其余基本相同：1. 上下挡板接近于正方形，并对正方形的四角做了弧度处理；2. U 型传感器底座下方没有刻痕而是将下挡板固定在底座下方；3. 传感器后方的两个尾夹中下方尾夹的弧度大于原告产品的尾夹。

原、被告在其各自产品的传感器和附件上均标有各自的商标（原告为“BTSR”、被告为“ ”）。

二、原告及其产品宣传使用情况

被告及其关联企业与原告共同参加了如下展会：2005 年、2011 年《上海国际纺织工业展览会》，2008 年、2010 年、2012 年《中国国际纺织机械展览会暨 ITMA 亚洲展览会》，2010 年、2012 年《中国（义乌）国际袜子、针织及染整机械展览会》。

原告在 2005 年 3 月至 2012 年 10 月的《针织工业》杂志上共刊登了 46 期广告，除 6 期外，其余 40 期的广告内容均相同，为原告生产的包括涉案产品在内的六款产品的照片。广告首部标有“纺织设备纱线控制专家”字样，随后标有其中四款产品的中英文名称，其中中文名称分别为“断纱控制感应器、纱线品质感应器、纱线张力感应器、均衡张力送纱器”。

2013 年 3 月，案外人裕人公司出具说明，表明其是无缝纺织机械的知名生产商，自 2007 年开始从原告处购买并在纺织机上使用 IS3W/HS 纱线传感器产品（即涉案产品）。原告的 IS3W/HS 纱线传感器产品在客户中间具有非常高的知名度，是纺织机械很重要的部件，广受客户好评。

三、就原告主张将“送纱电眼”、“电眼”作为涉案产品知名商品特有名称宣传使用的情况

原告提供的一份就 SMART248TW 生产控制系统的产品宣传册中列明：“SMART248TW 是一个崭新的生产控制系统，应用于整经机和被褥缝制机。该

系统可自我学习送纱量，从而知道生产上一些不正常的情况，如断纱、缺纱……SMART248TW 必须配合 IS3W/HS 和 IS3N/HS 送纱电眼成为一套完整的控制系统。IS3W/HS（阔型）和（窄型）电子导纱电眼……从纱线移动映像的变化，感应绝对肯定的纱线真实移动或静止状态。……由于创新的电眼管理系统，SMART248TW 不需复杂的接线或长时间的安装，另外它能够一次性管理最高 248 电眼”。

在 2005 年 4 月的《针织工业》杂志中，原告在国内的代理商宝源公司就其对“BTSR 纱线监控系统”的介绍中表明：“……其中 SMART 64H/200K 系统可以运用在所有品牌的织袜机上，若与送纱电眼 IS3W/HS、IS3N/HS 配合使用，将有效减少生产上的损耗和浪费，降低生产成本。”

在《2010 第十一届中国（义乌）国际袜子、针织及染整机械展览会》的展览会会刊中刊登了相关参展商的简介，其中关于原告公司的介绍为：“BTSR 公司已迈过 30 周年，一直为业界提供领先的控制纱线方案，包括电眼和智能系统……”

四、案外人同类产品的形状及相关国家标准

2013 年 5 月 2 日，原告委托代理人在公证处的电脑上做如下主要操作：进入 Internet，在地址栏中分别输入相关网址，显示四家国外公司生产的产品，分别为 ROJ 公司的压电式传感器、STUBER 公司的电容式传感器、dinema 公司名为 Spyder 的断纱装置、fibrevision 公司两款分别名为 CapTex 和 OptoTex 的断纱传感器。上述产品中 STUBER 公司的其中几款传感器产品和 fibrevision 公司的 CapTex 断纱传感器均采用 U 型结构，只是在 U 型槽的开口大小、U 型槽开口部分的宽度和底座宽度之间的比例、U 型槽伸出的两个手臂的粗细等方面略有不同。其余产品与涉案产品的外形均不同。

在案外人光洋公司刊登在《棉纺织技术》杂志（2011 年 3 月）的广告中，刊登了其生产的几款产品照片，其中一款名为断丝传感器的产品形状与上述网页浏览过程中显示的 fibrevision 公司的 CapTex 断纱传感器形状近似。

在国家标准 GB/T 19384.1－2012《纺织机械与附件　针织机用输纱器和纱线控制装置　第一部分：术语》（2013 年 6 月 1 日实施）中，关于光感应式断纱器的定义为：当断纱、纱线静止或无纱线时发出报警信号的一种光感应式装置。所附产品图例为一款 U 型结构的产品。在 U 型口开口部位的前方左右两侧各有一个发射器和接收器。纱线从发射器和接收器中间通过，产品底座下方有电缆连接。

五、原告主张被告实施侵权行为的取证情况

被告关联公司太阳公司与宁波太阳纺织公司在 2005 年 3 月至 2009 年 10

月的《针织工业》杂志上刊登了32期广告，广告内容主要是对被告太阳洲牌产品的介绍，但并无被控侵权产品。在2009年12月的《针织工业》杂志上刊登的太阳洲产品的广告中出现了被控侵权产品，并将该产品称为“电子导纱电眼”。在2010年5月的《针织工业》杂志中，有关于太阳公司企业展品的介绍，亦涉及将被控侵权产品称为“电子导纱电眼”的相关内容。被告法定代表人在该期杂志中还刊登了名为《电子导纱电眼》的文章，详细介绍了被控侵权产品。

2012年6月和同年11月，原告委托代理人分别至《中国国际纺织机械展览会暨ITMA亚洲博览会》和《2012第十三届中国（义乌）国际袜子、针织及染整机械展览会》会场，在被告展台上取得被告产品的宣传册，并在前者的展会现场对原告展台拍摄了照片。相关照片显示原告展出了涉案产品中的主体部分U型传感器及控制面板，该展出产品上标明的名称为“SMART MATRIX TWIST”。在被告的产品宣传册封面上印有被控侵权产品的简图，宣传册内页有被控侵权产品的照片和相关介绍，并将被控侵权产品称为“电子导纱电眼”。

原告诉称，原告是一家提供纱线控制解决方案的公司。原告的IS3W/HS映像电眼管理系统（也称纱线传感器）（配合SMART 64H&200K生产控制系统一起使用）采用了复杂的控制技术，能检测到运动中的纱线图像变化，精确地判断出纱线的运动或静止状态。早在十几年前，涉案产品就已经开始进入中国市场，经过十几年的发展与宣传，已在纺织机器领域具有相当高的知名度，成为知名商品。涉案产品还采用了独特的装潢设计，经过在同行业中长期的使用，该装潢设计已经与原告之间形成了唯一、固定、对应的联系，已足以使消费者识别其产品的来源，构成了原告知名商品特有装潢。2005年起，原告在国内将该款产品命名为“送纱电眼”、“电眼”。经过原告的使用，该名称亦已成为知名商品特有名称。

原、被告系同业竞争者。现原告发现被告生产、销售并在相关展会上展出、宣传的一款型号为“SEA”系列的“电子导纱电眼”产品上，既使用与涉案产品近乎完全相同的装潢，亦使用与原告知名商品特有名称近似的名称。被告的行为违反了《反不正当竞争法》第二条及第五条第（二）项之规定，构成对原告的不正当竞争，严重侵害了原告的合法权益。故诉至法院要求：1. 被告立即停止针对原告的不正当竞争行为；2. 被告赔偿原告经济损失及为制止侵权而支出的合理费用共计人民币50万元（包括26 000元律师费和24 000元公证费）；3. 被告在其官方网站（www. nbsun. com）及《中国纺织报》上刊登声明、消除影响。

被告辩称，原告的诉讼请求没有事实与法律依据，被告根本不存在不正当竞争行为，请求法庭驳回原告的全部诉讼请求：1. 原告产品不属于知名商品，被告产品知名度远超过原告产品。原告所参加的展会、发布的广告，被告亦全部参与和发布。原告的客户与被告也存在业务关系。因此，原告提供的这些证据尚不能证明其产品的知名度。2. 原告刻意混淆“产品装潢”与产品本身，将产品本身的结构、形状及功能性部件说成是产品的装潢。原、被告产品的功能和用途完全相同，因此两者的产品结构与形态必然是差不多的，这也是产品的相关国际标准与国家标准的要求所致。3. 原告及原告的经销商和客户均未将“电眼”作为涉案产品的名称，涉案产品名称应为“传感器”。“电眼”不能成为原告的知名商品特有名称。4. 原、被告的产品根本不存在让购买者产生混淆的可能。原、被告产品均是一种工业零部件配套产品，是为生产纺织机械的主机厂提供的零部件，而不是供消费者在商场、超市购买的消费品。工业零部件的购买，都是由主机厂对配套厂家进行考察，然后样品送检，再签订合同成为供应商，再批量供货。一家主机厂如果用原、被告产品，就会直接与原、被告或是原、被告的经销商联系，根本不可能发生混淆的情形。5. 就涉案产品，原告应当通过专利制度来进行保护。但本案中，原告对其产品没有任何专利权，而被告生产的“电眼”产品已于2009年5月申请并获实用新型专利授权，该产品已获知识产权保护，不存在侵犯他人权利的情形。

【审判】

上海市浦东新区人民法院经审理后认为，本案争议焦点在于：1. 原告产品是否系知名商品；2. “送纱电眼”、“电眼”是否系原告特有名称；3. 原告产品的形状能否作为特有装潢保护。现有证据表明，虽然原告就涉案产品在相关杂志上刊登了一定的广告，但原告仅在一次展会上展出了涉案产品的主体部分，就涉案产品在国内的销售情况也仅有一家客户提供证明。原告所提供的证据，显然达不到认定知名商品需具备的商品所具有的销售规模、销售区域、销售时间及对商品的持续宣传等因素的举证要求，不能证明原告产品已在市场上具有一定知名度，为相关公众所知悉，不能认定为知名商品。由于原告几乎不将“送纱电眼”或“电眼”作为其产品的名称使用，原告提供的证据也未能证明该名称已能够具有区别商品来源的显著特征，故法院对原告要求将“送纱电眼”或“电眼”作为其知名商品特有名称保护的主张不予支持。原告产品形状属于功能性的产品形状，不具有特有性，相关公众亦不会产生混淆和误认，该产品形状不应纳入知名商品特有装潢的保护范畴。原告除了主张被告行为违反《反不正当竞争法》第五条第（二）项之规定，还主张适用《反不正当竞争法》第二条的一般条款规定。法院认为，《反正当竞争法》第二条适用的前提在于被告行为在《反不正当竞争法》中没有具体规定。本案原告主张的知名商品特有名称和特有装潢明确规定在《反不正当竞争法》第五条第（二）项中。因此，原告主张是否成立，应当以该规定的内容判断被告行为正当与否，不应再适用《反不正当竞争法》

第二条。法院对原告要求适用该条规定的主张不予支持。据此，法院依据《中华人民共和国反不正当竞争法》第一条、《最高人民法院关于审理不正当竞争民事案件应用法律若干问题的解释》第一条第一款、第二条第一款第（三）项之规定，判决驳回原告的诉讼请求。

一审判决后，原告不服，提起上诉。二审法院维持了一审判决。

【评析】

本案原告既主张知名商品特有名称，又主张知名商品特有装潢。就特有名称问题，原告主张显然不能成立。因为，原告在参展、广告及对外销售中几乎很少将涉案产品称为“送纱电眼”或“电眼”，反而是直接用中英文“IS3W/HS纱线传感器”命名的场合多，原告也不能举证证明该名称已具有区别商品来源的显著特征，故原告的该项主张不能得到法院支持。在二审中，原告也意识到了其举证方面的瑕疵，明确表示在二审中不再主张知名商品特有名称。因此，本案主要争议焦点在于原告产品的形状能否作为知名商品特有装潢保护。

一、产品形状作为知名商品特有装潢保护的构成要件

知名商品特有装潢，是指知名商品上具有区别商品来源的显著特征的装潢。[①] 现实生活中，大多数装潢都可归为文字图案类装潢和形状构造类装潢两种。一般而言，使用文字图案类装潢的产品构成知名商品的情况下，除缺乏显著性的之外，通常都可起到区别商品来源的作用，符合知名商品特有装潢保护的构成要件。但是形状构造类装潢因其本身与产品本体不可分割，相关公众更容易将其视作产品本体的组成部分，而不会直接将其与产品的生产者联系起来。因此，认定形状构造类装潢构成知名商品特有装潢，需要满足更严格的条件，即需有更充分的证据证明该形状已起到了区别商品来源的作用。在“晨光笔”特有装潢案中，最高人民法院明确了产品形状获得知名商品特有装潢保护的构成要件：“1. 该形状构造应该具有区别于一般常见设计的显著特征。2. 通过在市场上的使用，相关公众已经将该形状构造与特定生产者、提供者联系起来，即该形状构造通过使用获得了第二含义。”[②] 因此，涉案产品形状能否作为知名商品特有装潢保护，除需对其知名度进行审查外，还需看其是否满足上述构成要件并结合《反不正当竞争法》的相关规定予以认定。

---

① 奚晓明主编：《最高人民法院知识产权审判案例指导》（第三辑），中国法制出版社2011年版，第54页。

② 最高人民法院知识产权案件年度报告（2010）第29条。

二、法院对涉案产品形状的认定

根据我国《反不正当竞争法》第五条第（二）项的规定①，涉案产品形状作为知名商品特有装潢保护需满足知名商品、特有、相同或近似使用及混淆四个方面的要件。因此，原告主张能否成立，需从上述四方面的内容予以审查。

1. 经比对，原、被告产品仅在细节上略有不同，整体上构成近似。

2. 就知名度问题，根据《最高人民法院关于审理不正当竞争民事案件应用法律若干问题的解释》第一条的规定，人民法院认定知名商品，应当考虑该商品的销售时间、销售区域、销售额和销售对象，进行任何宣传的持续时间、程度和地域范围，作为知名商品受保护的情况等因素，进行综合判断。考量原告的举证情况，虽然原告就涉案产品在相关杂志上刊登了一定的广告，但原告仅在一次展会上展出了涉案产品的主体部分，就涉案产品在国内的销售情况也仅有一家客户提供证明。原告所提供的证据，显然达不到认定知名商品需具备的商品所具有的销售规模、销售区域、销售时间及对商品的持续宣传等因素的举证要求，不能证明原告产品已在市场上具有一定知名度，为相关公众所知悉，无法认定为知名商品。

3. 就特有性问题。原告主张其产品形状所具有的特有装潢集中体现在产品的形状、尺寸、曲线、弧度、条纹、色彩搭配、立体效果等因素组合而形成的整体视觉形象。主要体现在：（1）U 型槽与后半部对称。原告将 U 型传感器的底盘部分加长，使之与凹槽部分的比例接近于 1∶1，有别于传统的 U 型设计（U 型槽的凹槽深度远大于底盘），从而整体的视觉效果给人以对称感；（2）发射器与接收器内置于 U 型槽，并嵌入在一条白色透明的装饰带上。这种设计改进了传统设计在生产过程因发射器与接收器暴露在外而给人的不和谐感；（3）两条前臂加粗。加粗后使传感器横向角度本身具有对称性和谐感；（4）两个装饰灯嵌入在 U 型槽伸出部分的右前臂上，使用时发出绿光或红光。灯光本身并非传感器所必备的设备，加入该柔和型的光感设计，并将该装饰灯嵌入在右臂上，与传感器浑然天成，避免了外置型装饰灯所带来的加重感；（5）传感器的附件上有两个相互嵌套在一起的圆筒与圆环以及三个粉红色的圆孔。圆孔本身是为了迎合传感器输送纱线时候的功能作用，但加入粉红色的装饰元素却使得原本单调乏味的产品外观显得富有活力和美感；（6）传感器与附件整体上呈类似于小鸟或竖立的 W 形状。

---

① 我国《反不正当竞争法》第五条第（二）项规定：经营者不得采用下列不正当手段从事市场交易，损害竞争对手：擅自使用知名商品特有的名称、包装、装潢，或者使用与知名商品近似的名称、包装、装潢，造成和他人的知名商品相混淆，使购买者误认为是该知名商品。

就原告主张的上述特有性，首先，U型槽的设计问题。原、被告提供的证据均表明U型槽的设计系这类传感器通常采用的产品形状，如原告提供的STUBER公司的其中几款传感器产品和fibrevision公司的CapTex断纱传感器均采用该形状，只是在U型槽的开口大小、U型槽开口部分和底座之间的距离、U型槽伸出的两个手臂的粗细等方面略有不同。U型槽设计亦作为我国国标中光感应式断纱器的产品图例。这种设计也是和传感器的工作原理有关，为了判断纱线的运动状态，纱线必须要通过发射器和接收器的感应才能作出判断，因此U型槽的设计成为最佳选择。本案原告的传感器也采用U型槽的设计方式，与其他同类产品相较，仅是在U型槽的深度与底盘之间的比例、两条手臂的粗细上略有改动。这种在细节上的改动，创新程度有限，不应成为由原告独享的权利。因为U型槽的构成元素较为简单，主要为两条手臂及底盘，对设计者而言，其若进行改动，也仅在手臂的粗细、U型槽的开口大小和手臂与底盘的比例之间等部位做调整。若将原告对上述细节上的细微改动作为原告专享的权利，将限制其他同业竞争者在U型槽上的创新，不利于维护市场的自由竞争秩序。其次，发射器和接收器的内置和装饰灯的使用问题。对于U型传感器而言，其必须要在两条手臂上安装发射器和接收器以感应纱线的运动状态。发射器和接收器在两条手臂上的安装方式也有限，不外乎内置和外置两种方式，故采用内置的方式不应作为原告独创性的使用方式。至于装饰灯，绿光和红光是社会各行各业判断运行正常或异常时通常采用的颜色，故原告采用绿光和红光判断纱线运行正常与否的表示方式不足为奇。内置式的使用亦不应作为其独创性的依据。最后，关于附件的独创性问题，原告主张的附件中，三个圆孔用于输送纱线，两个相互嵌套的圆筒和圆环用于控制纱线的张力，这些都是用于实现涉案产品基本功能所需。至于三个圆孔所采用的颜色，粉红色不应成为原告独占使用的颜色。基于上述理由，虽然，原告的传感器和附件整体上呈竖立的W形，但系用于实现产品基本功能所需，不应作为原告产品特有装潢。

4. 混淆问题。根据《反不正当竞争法》第五条第（二）项的规定，“造成和他人的知名商品相混淆，使购买者误认为是该知名商品”是认定该类不正当竞争行为的构成要件之一。因此，原告对两者商品是否构成混淆负有举证义务。即原告应当对其产品形状已具有与其他同类商品相区别的特征，相关公众能够以此识别商品来源的事实进行举证，从而判断相关公众是否会将原、被告产品造成混淆。

原告提供的知名度证据表明，原告就其产品形状的宣传仅仅体现在多年来刊登在《针织工业》上的广告中，在广告中，涉案产品属众多产品之一，亦无相应的产品名称，这种宣传方式并不能使原告产品产生显著性，也不会使相关公众在看到涉案产品后与原告产生联系。鉴于原告提供的证据尚不能证明其产品已取得显著性，虽然被告产品采用与原告产品近似的外形，但相关公众并不会将两者的产品来源产生混淆。同时基于涉案产品系纺织机上的零件，销售的对象具有特定的客户群体，销售的数量也有别于其他产品的零售模式，因此纺织机的生产商在采购产品时会将注意力集中在对生产商的考察和产品的实用性角度上，在购买产品前即已知晓产品的提供者，故不会对原、被告产品的来源造成混淆。原告主张基于产品的特性，即便在直接的生产订销过程中，有可能不会产生直接的混淆，但会产生售前混淆和售后混淆。因为，当相关公众看到被告产品形状后，会误认为是原告产品，而与被告进行联系洽谈，从而造成售前混淆。同时在被告产品投放市场后，相关公众看见被告产品会误认为是原告产品，从而造成售后混淆。法院认为，产生上述混淆的前提需原告举证证明其产品已具有区别其他商品来源的显著性，鉴于原告尚未达到上述举证要求，相关公众不会将被告产品与原告产品产生联系，故不存在售前混淆和售后混淆。

综上，涉案产品形状属于功能性的产品形状，不具有区别于商品来源的显著特征，也不能使相关公众将该产品形状与原告建立起联系，亦不会将原、被告产品产生混淆和误认，该产品形状不应纳入知名商品特有装潢的保护范畴。

三、《反不正当竞争法》一般条款适用的条件

本案原告除了主张被告行为违反《反不正当竞争法》第五条第（二）项之规定，还主张适用《反不正当竞争法》第二条的一般条款规定。基于商人追逐利益的本能，市场竞争手段呈多样性和新颖性的趋势。由于法律的滞后性，法律不可能将这些新的竞争手段及时囊括在内，此时对一般条款的适用可以有效制止其中的不正当竞争行为，从而维护公平的市场竞争秩序。但是法院在运用时应当严格把握适用条件，以避免不适当干预而阻碍市场自由竞争。凡是法律已经通过特别规定作出穷尽性保护的行为方式，不宜再适用反不正当竞争法的一般规定予以规制。最高人民法院在“海带配额”不正当竞争案①中认为一般条款的适用需具备以下条件：（1）是法律对该种竞争行为未作出特别规定；（2）是其他经营者的合法权益确因该竞争行为而受到了实际损害；（3）是该种竞争行为因确属违反诚实信用原则和公认的商业道德而具有不正当性或者说可责性。

本案原告主张的知名商品特有名称和特有装潢明确规定在《反不正当竞争法》第五条第（二）项中。因此，原告主张是否成立，应当以该规定的内容判断被告行为正当与否，不应再适用《反不正当竞争法》第二条。原告就同一被

① 详见最高人民法院（2009）民申字第1065号民事裁定书。

诉行为在寻求知名商品特有装潢保护未果的情况下，又主张适用一般条款来予以保护，显然是不当的。否则会出现非知名商品非特有装潢亦可获得保护的混乱局面，显然与《反正当竞争法》第五条第（二）项的立法目的相违背。

（撰稿人：杜灵燕）

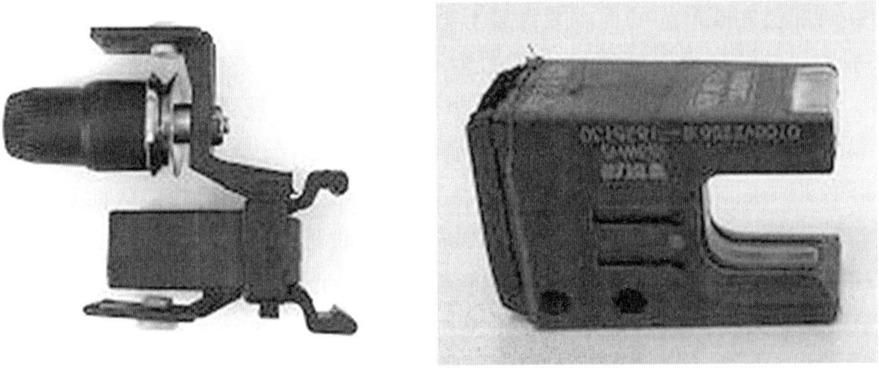

附图（一） 原告产品

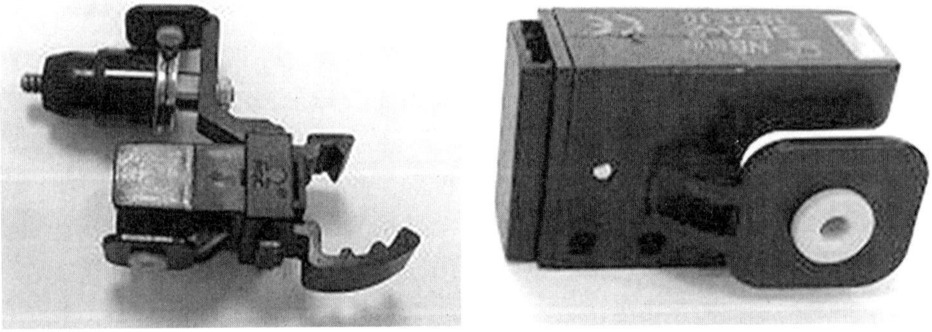

附图（二） 被告产品

《反不正当竞争法》适用主体及侵害商业秘密行为的界定

——上海华联罗森有限公司与张亦文侵害经营秘密纠纷案

【提要】

本案突破了《反不正当竞争法》中“经营者”应为市场经营主体以及不正当竞争行为必须具有不正当竞争目的的限制，转而从主体是否参与商品经营或服务，是否影响市场竞争活动的角度出发来认定是否构成“经营者”，从被控侵权行为是否破坏了竞争秩序，损害了他人竞争优势的角度出发来界定不正当竞争行为。同时，本案对于商业秘密侵权行为的类型，亦结合立法本意及案件具体情况，作出了较为灵活的解读。

【案情】

原告：上海华联罗森有限公司

被告：张亦文

案由：侵害经营秘密纠纷

案号：（2014）黄浦民三（知）初字第173号

原告上海华联罗森有限公司（以下简称华联罗森公司）成立于1996年，经营范围包括日用百货、食品、副食品，并以开设24小时营业的便利店为主业。

被告张亦文自2011年8月1日至2013年7月30日任职于原告华联罗森公司处，主要负责新便利店的寻址、开设、租金洽谈等工作。被告张亦文负责开发建立的便利店中包括了东明路2100号便利店，该店于2013年6月对外营业。建立东明路2100号便利店的相关资料，部分由张亦文制作，部分由张亦文因工作需要申请借阅并经批准借出后以复印或拍照的形式复制。上述资料包括租赁店铺保证金转账单、开张进程表、营业额本部损益表、店铺租赁合同等（以下简称涉案资料）。被告张亦文在离职前将涉案资料原件交还给原告华联罗森公司，但保留了复制件。

2013年12月，被告张亦文致函原告华联罗森公司称，“本人在贵司担任罗森便利店店铺开发担当一职期间，完成东明路2100号开办工作，该店现已正常营运。依据贵司绩效奖励规定，应于2013年11月前将奖金一次性发放至本人账户内。但经本人多次催促，至今仍未收到。至此，请贵司在收到本函后的五个工作日内将全额奖金支付给本人，若逾期仍未收到奖金，本人将通过司法途径维护自身合法权益，并向中日媒体曝光”。2013年12月4日，被告张亦文向原告华联罗森公司寄送了一张光盘，其内容包括涉案资料复制件，并写到“2个部门部长之间互相推脱借故不肯发放奖金。本人已经连续写4封邮件，只得到一封推脱的回信，所以本人收集相关材料准备向法院仲裁并向中日媒体曝光事情全过程!”2013年12月6日，被告张亦文在向原告华联罗森公司员工许世平发送的邮件中提到，“贵司欠员工奖金不发，还振振有词……既然贵司已经收到我的信函及光盘，那么离我向相关中日媒体曝光的日子还有3天的答复期，请贵司慎重考虑。本人言出必行，估计你也看见我的作风了，计划第一步日本电视媒体，第二步日本证监会，第三步日本商业媒体，请拭目以待!”

涉案资料中的目标营业额、盈亏平衡点、年销售额分类预测、风险和收益测算，属于原告华联罗森公司在长期经营便利店过程中所总结的经验、诀窍；租赁期限、店铺租金、免租期、保证金、投资额、推广费等信息，属于原告华联罗森公司通过多方努力而实现的较为低廉的运营成本，两者均属于原告华联罗森公司的经营秘密。

另查明，原告华联罗森公司与被告张亦文签订的《劳动合同书》规定被告应对在原告工作期间所掌握的信息进行最高限度的保密。上述信息包括但不限于原告或其关联企业有关生产和管理程序、包括软件在内的技术、市场或财务情况的信息，以及与原告或其关联企业的经营、产品、流程、业务、服务或事务相关的信息。在本合同期间或本合同终止后，未经原告事先书面同意，被告不得使用、发表或以其他任何方式向第三方泄露上述专有信息。在本合同终止或解除时，被告应向原告交回同原告的经营相关联的由被告掌握的所有图表、图纸、备忘录、客户名单、公式、财务资料、市场信息和所有书籍、文件、计划书、记录以及包含在任何媒体中的所有信息。被告同意不使用原告的商业秘密和专有信息与原告竞争或损害原告利益。

原告华联罗森公司的2012年版员工手册第37条第2项规定：凡员工在公司任职期间获取的任何可以给公司带来经济利益或竞争优势的且不为公众所知的具体商业信息均属公司的商业秘密。第37条第3项规定：公司的商业秘密可以书面的、电子的或其他任何形式表现，如文件、书刊、图纸、报表、磁盘、胶片、幻灯片、照片、录音带以及电子邮件、移动硬盘等。第37条第4项规定：员工在公司工作期间，或在离开公司之后，不得以任何形式将公司商业秘密泄露或公布给公司以外的任何其他人。泄露指非因工作需要的披露或者使用，如非因工作需要的转述、抄录、复制、E-mail或以其他任何形式携带出公司范围或者提供给他人阅读、复制、传递等。第37条第5项规定：在员工劳动合同终止或解除时或应公司的要求，员工应立即向公司交还同公司业务有关并由员工持有的所有公司的资料，包括但不限于图表、备忘录、客户名单、讲义、财务资料、市场信息以及记录在任何载体中的有关信息。员工不得使用公司的商业秘密和专有信息与公司竞争或损害公司利益。被告张亦文书面确认收到上述员工手册，并承诺将遵守相关规定。

原告华联罗森公司诉称，其“LAWSON罗森”品牌便利店具有相当高的知名度。被告张亦文以曝光涉案资料作为要挟，向原告提出不合理要求，其行为使原告的经营秘密存在被泄露的严重风险，构成侵害原告商业秘密的不正当竞争行为，故诉至法院，请求判令被告张亦文停止泄露原告华联罗森公司商业秘密，禁止被告张亦文披露、使用或允许他人使用原告华联罗森公司的商业秘密并赔偿原告华联罗森公司为制止侵权行为而支出的律师费用人民币48 000元（以下币种均为人民币）。

被告张亦文辩称，1. 被告是劳动者，不是市场经营主体，与原告华联罗森公司之间没有竞争关系；2. 刻录在光盘中的内容均为被告张亦文负责建立东明路2100号便利店的资料，而并非原告华联罗森公司的商业秘密；3. 原告华联罗森公司一直拒绝支付被告因建立东明路2100号便利店而应当得到的奖金。被告在无奈之下，将相关资料以光盘形式寄给原告华联罗森公司，以证明原告拖欠奖金的事实。被告之所以保留相关资料，是为了防止原告华联罗森公司在被告离职后拒绝支付奖金而留存证据，并没有侵犯原告商业秘密的主观意图。因此，请求法院驳回原告华联罗森公司诉请。

【审判】

法院认为，本案主要存在以下争议焦点：1. 被告张亦文是否是《中华人民共和国反不正当竞争法》（以下简称《反不正当竞争法》）所规定的“经营者”；2. 被告张亦文有无实施商业秘密侵权行为。

一、被告张亦文是否是《反不正当竞争法》所规定的“经营者”

《反不正当竞争法》第二条第三款规定：“本法所称的经营者，是指从事商品经营或者营利性服务（以下所称商品包括服务）的法人、其他经济组织和个人。”而在《反不正当竞争法》第一条有关“为保障社会主义市场经济健康发展，鼓励和保护公平竞争，制止不正当竞争行为，保护经营者和消费者的合法权益，制定本法”的规定，可以看出其立法目的在于规范市场竞争秩序，促进市场经济健康发展。因此，对其所指的“经营者”应作广义理解。“经营者”实质上是参与商品经营或服务，能够影响市场竞争活动的主体，包括个人。被告张亦文作为原告华联罗森公司的雇员，能够获取原告华联罗森公司的商业秘密，影响到原告华联罗森公司的市场竞争策略，其行为一旦侵犯了原告华联罗森公司的商业秘密，会带来破坏原告华联罗森公司竞争优势、损害竞争秩序的后果。由此可见，被告张亦文属于“经营者”，原告华联罗森公司有权以不正当竞争为由对被告张亦文提起诉讼。

二、被告张亦文有无实施商业秘密侵权行为

被告张亦文虽然多次向原告华联罗森公司表示会将涉案信息对外曝光，但并未真正实施，因此不构成《反不正当竞争法》第十条规定的“违反约定或者违反权利人有关保守商业秘密的要求，披露、使用或者允许他人使用其所掌握的商业秘密”的侵权行为。而根据《反不正当竞争法》第十条的规定，经营者不得采用盗窃、利诱、胁迫或者其他不正当手段获取权利人的商业秘密。本案中，被告张亦文在任职期间自行制作或因工作需要提出申请并经批准而获得相关材料，并未采取盗窃、利诱、胁迫手段，而是履行工作职责，系以正当手段获取原告华联罗森公司的商业秘密，故前述行为亦不构成商业秘密侵权行为。但被告张亦文在离职时仅上交了涉案资料的原件而有意保留了复制件，其行为违反了《劳动合同书》及员工手册的规定，具有不正当性，属于《反不正当竞争法》第十条所规定的“以其他不正当手段获取权利人的商业秘密”，构成了商业秘密侵权行为，依法应当承担相应的侵权责任。原告华联罗森公司支出的律师费系原告华联罗森公司为制止商业秘密侵权行为的必要费用。本院综合考虑本案法律关系的复杂程度、调查取证的难度等各项因素，根据合理性、必要性原则酌情确定支持其中的4 000元。

综上，依照《中华人民共和国反不正当竞争法》第二条第三款、第十条第一款第（一）项、第二十条的规定，法院作出如下判决：一、被告张亦文应于本判决生效之日起立即停止侵害原告上海华联罗森有限公司的经营秘密，即销毁其所获取的含有东明路2100号便利店目标营业额、盈亏平衡点、年销售额分类预测、风险和收益测算、租赁期限、店铺租金、免租期、保证金、投资额、推广费信息的资料，并不得披露、使用或者允许他人使用直至上述经营秘密为公众所知悉时止；二、被告张亦文应于本判决生效之日起十五日内支付原告上海华联罗森有限公司为制止侵权所支出的合理费用人民币4 000元；三、驳回原告上海华联罗森有限公司其余诉讼请求。

一审判决作出后，双方当事人均未提出上诉，一审判决发生法律效力。

【评析】

一、如何界定经营者及市场竞争行为

一般认为《反不正当竞争法》适用的法律主体必须为市场经营主体，规制的必须是具有不正当竞争目的的市场竞争行为。《反不正当竞争法》的相关规定如下："不正当竞争，是指经营者违反本法规定，损害其他经营者的合法权益，扰乱社会经济秩序的行为。经营者，是指从事商品经营或者营利性服务（以下所称商品包括服务）的法人、其他经济组织和个人。"而本案中的被告张亦文并非市场经营主体，被控侵权行为亦是因薪资纠纷而引起，被告张亦文显然不具有不正当竞争的主观意图。

对此法院认为，《反不正当竞争法》并不是对经营者予以特别保护的专门立法，法条对"经营者"定义的解读只是强调主体应遵守符合诚实信用原则或公序良俗原则的商业道德，其进行的商业行为不能破坏竞争秩序、市场秩序而已，其保护的实质仍然只是市场竞争行为而非市场竞争者。因此从其价值目标考量出发，只要是破坏竞争秩序的行为都应当受到规制，这才是《反不正当竞争法》所追求的目标。被告张亦文虽非市场经营主体，不属于传统意义上的"经营者"，但基于《反不正当竞争法》的立法目的和体系解释的立场，对"经营者"应作广义理解。"经营者"实质上是参与了商品经营或服务，能够影响市场竞争活动的主体。被告张亦文作为原告华联罗森公司的雇员，能够获取原告华联罗森公司的商业秘密，影响到原告华联罗森公司的市场竞争策略，而一旦其行为侵犯了原告华联罗森公司的商业秘密，会带来损害市场竞争秩序的后果。因此，被告张亦文属于《反不正当竞争法》所调整的对象。

同理，如果片面从是否具有竞争目的来界定不正当竞争行为，有违《反不正当竞争法》保障社会主义市场经济健康发展，鼓励和保护公平竞争，保护经营者和消费者的合法权益的立法目的。目前市场经营行为日趋多元，竞争无序化现象亦十分突出，给企业的日常运作带来重重阻力。现实中，如果拘泥于侵权构成应当包括竞争目的，则一些不正当竞争行为将得不到遏制，市场竞争秩序亦会受损。法院应当从被控侵权行为是否具有破坏市场竞争秩序的客观效果，是否会在实质上非法损害了他人竞争优势的角度来认定其是否为不正当竞争行为。

二、被告张亦文的行为是否构成"以其他不正当手段获取权利人的商业秘密"

《反不正当竞争法》规定了三种侵犯商业秘密行为，而被告张亦文并未以盗窃、利诱、胁迫手段获取涉案商业秘密，亦未披露、使用或者允许他人使用涉案商业秘密，因此其是否侵权的关键要看是否构成"以其他不正当手段获取权利人的商业秘密"。本案的特殊之处在于，被告张亦文首次获得涉案资料是通过合法、

正当手段进行的。如果机械从汉字语义上理解“获取”，它是一次完成性动词，被告张亦文在合法“获取”涉案资料后，除非曾经失去过，否则不存在之后再次“获取”的可能。而被告张亦文自首次合法获得涉案资料后，一直将其占有，不曾失去对涉案资料的控制，因此对是否构成“以其他不正当手段获取权利人的商业秘密”，学者们存在争议。

对此法院认为，应当结合法律立法本意及案件具体情况认定是否构成“以其他不正当手段获取权利人的商业秘密”，不宜过于机械解读法条。被告张亦文明知《劳动合同书》与员工手册的规定，却在离职时有意保留了涉案资料复制件，其行为违反了相关规定，具有明显的不正当性。自被告张亦文离职时起，其占有涉案资料的状态即不具有合法性，并使得原告华联罗森公司的商业秘密处于随时会被披露的危险之中，给原告华联罗森公司带来极高的经营风险，应属于“以其他不正当手段获取权利人的商业秘密”，构成商业秘密侵权行为。

（撰稿人：王维佳）

律师与律师事务所业务之争可以适用《反不正当竞争法》规制

——原告王仲宇、吕小林与被告居福恒、上海慧谷律师事务所商业诋毁纠纷案

【提要】

本案系一起因律师与原执业的律师事务所之间因争夺业务而引发的商业诋毁纠纷，所涉行业特殊，案件类型新颖。涉及律师是否属于《反不正当竞争法》的调整主体，律师与律师、律师事务所之间是否存在竞争关系以及涉案纠纷可否由《反不正当竞争法》规制等问题。

【案情】

原告（被上诉人）：王仲宇

原告（被上诉人）：吕小林

被告：居福恒

被告（上诉人）：上海慧谷律师事务所

案由：商业诋毁纠纷

一审案号：（2013）杨民三（知）初字第235号

二审案号：（2014）沪二中民五（知）终字第47号

2010年4月，原告王仲宇与被告上海慧谷律师事务所（以下简称慧谷所）签订《律师劳动合同》，合同约定，被告慧谷所聘用原告王仲宇担任其专职律师；该所实行统一收案、收费的制度，对于原告王仲宇自己寻找的案源，该所安排由原告王仲宇承办；原告王仲宇每年度应当完成不低于人民币200 000元收费的业务量；该所向原告王仲宇依照税前收入的70%分配收益；超过人民币200 000元按照75%分配收益；超过人民币300 000元按照80%分配收益等。原告吕小林2011年12月进入被告慧谷所担任其专职律师。被告慧谷所的负责人为被告居福恒。

2012年6月，原上海中益建筑工程有限公司（以下简称原中益公司）因业

务需要，与被告慧谷所签订《专项法律服务合同》，聘请被告慧谷所为其提供专项法律服务。合同第一条约定，原中益公司聘请被告慧谷所指派的由两原告以及汪绪杰律师、邢冲助理律师组成的律师团队，为该公司的项目提供全程专业法律服务；合同第三条第1款约定，原中益公司向被告慧谷所支付的法律服务报酬为人民币800 000元；第2款约定，该公司按被告慧谷所的要求将费用划至该所账户，其中该公司同意该所以差旅费的形式报销不超过法律服务报酬50%的费用；第5款约定，被告慧谷所律师办理该公司委托事项所发生的上海市（地区）外发生的差旅费等应由该公司承担。

2012年6月，两原告向被告慧谷所提出要求离职，但在办理离职手续过程中双方未能达成一致意见。

2012年8月8日，被告慧谷所向原中益公司发出函件，主要内容为："鉴于本所的王仲宇律师因转所不在本所执业。由于贵司与本所签订的《聘用律师合同》《专项法律顾问合同》仍然有效，本所提出两个方案供贵司选择：1. 贵司可以继续委托王仲宇律师为贵司提供法律服务，但是必须在与本所解除已签订的《聘用律师合同》《专项法律顾问合同》之后，才能再与王仲宇律师所在的律师事务所重新签订新的合同……2. 贵司也可以沿袭原《聘用律师合同》《专项法律顾问合同》的约定，在征得贵司同意的情况下，由本所重新组成律师服务团队为贵司服务……"

2012年8月14日，原中益公司向被告慧谷所发出《复函》，内容为："我公司委托贵所办理的下列诉讼及非诉讼律师业务，我公司要求继续由王仲宇律师承办，我公司与贵所签订的合同终止履行，我公司将变更合同履行主体为王仲宇律师转入的新所……"

2012年8月17日，被告慧谷所向原中益公司发出回函，内容为："……现在王仲宇律师还在本所工作，贵司也没有与本所达成解除《专项法律服务合同》的协议，所以贵司与本所签订的《专项法律服务合同》仍然合法、有效。今发本函的目的是要告知贵司，本所不同意执行《专项法律服务合同》第三条有关条款，具体理由是：第一，王仲宇律师以本所的名义与贵司签订的《专项法律服务合同》，是其在违背《律师劳动合同》以及本所内部管理等约定，未经本所合伙人或者本所主任审查的前提下，用违背客观事实的办法从内勤处盖章而使《专项法律服务合同》生效的。第二，本所不同意同时执行《专项法律服务合同》第三条第1、2、5款的部分规定，是因为这些约定的组合有损本所的经济利益，把近40万元的律师代理费直接非法流进了承办律师的口袋。此外，本所有理由怀疑这些费用的全部或者一部分是承办律师支付给贵司有关人员的回扣……所以本所建议：应去掉《专项法律服务合同》第三条第2款'其中甲方同意乙方以差旅费的形式报销，不得超过法律服务报酬50%的费用'的约定。如贵司有更符合本条款实际的修改方案，可由贵司进行修改，以达到《专项法律服务合同》第三条合法的目的……”

2012 年 8 月 24 日，原中益公司向被告慧谷所发出《撤销委托通知书》，内容为：“贵所 2012 年 8 月 17 日的来函收悉，贵所称我司与贵所签订的《专项法律服务合同》是王仲宇在违背贵所内部管理等约定，未经贵所合伙人或主任审查的情况下，用违背客观事实的办法从内勤处盖章而使其生效的；且怀疑其中部分代理费是承办律师给我司有关人员的回扣。我司对贵所来函十分重视，经研究，我司决定撤销本项目中对王仲宇、吕小林律师的委托。对于贵所已经做出的这两位律师给我公司‘有关人员’回扣的推断进行核查。特此函告。”

2012 年 10 月，被告慧谷所向原中益公司发出《公函》，主要内容为：“本所在开展年度审查‘对外签订的服务合同和应收的律师代理费情况’的工作中，发现本所王仲宇律师在负责对外签订的各类合同，有本所不能理解、也无法正确解释的条款。现本所带着这些问题向贵司请教，希望您能作出正确的判断，以维护贵司和本所的共同利益：一……二……从《专项法律服务合同》的第三条第 1 款第 1 项到第 4 项，约定了这份合同的法律服务费应收取的是 80 万元以及在不同的期间收取 80 万元中的具体款项的约定。这就说明，贵司向本所支付的律师服务费是不变的。在《专项法律服务合同》的第三条第 5 款中约定，由贵司承担承办律师的‘上海市外发生的差旅费’，以及法律服务费以外的所有费用。这就说明，本所以及本所承办律师都不承担也不能收取法律服务费之外的任何费用；《专项法律服务合同》的第三条第 2 款又约定了，在应向本所支付的 80 万元律师服务费中，贵司同意本所承办律师以‘差旅费的形式’报销不超过法律服务报酬 50% 的费用……这些费用从字面上可以从两个方面理解：一方面，是从本所应收取的 80 万元代理费中扣出 40 万元，由律师自行收取；另一方面，按本所应收取的 80 万元代理费的标准，律师再通过报销发票的形式向贵司另行收取 40 万以内的费用……本所认为，这些费用如果是本所律师另行向贵司提取的，那么就加大了贵司的费用支出；如果是本所律师从本所应收取的 80 万元律师服务费中扣除的，就减少了本合同约定应支付本所的律师服务费……本所发现了这一问题后，进一步查阅了王仲宇律师以本所名义与贵司以及与贵司在一起的中国建筑一局（集团）有限公司（沪）签订的法律服务合同，也发现有类似的约定……此外，在本所主任与王仲宇律师交谈时，王仲宇律师也曾无意地流露出‘单位要回扣’等意思。据此，本所认为，本所有义务与贵司配合，共同查清贵司以及中国建筑一局（集团）有限公司（沪）有否内外联手，长期利用‘法律服务合同’非法取得国有资产的事实……”

2012 年 10 月和 11 月，原告王仲宇和原告吕小林分别办理相关手续后离开被告慧谷所。

另查明，2012年9月，汪绪杰（涉案《专项法律服务合同》中约定的被告慧谷所指派的为原中益公司提供法律服务的律师团队成员）出具了一份《证明》，证明原告王仲宇让其将合同交被告居福恒审阅，被告居福恒审阅同意后将合同交内勤盖章，并让汪绪杰在用章登记表上签字。此后汪绪杰将合同送交原告吕小林。根据被告慧谷所的公章使用登记表显示，时间：2012年6月20日，盖章内容：专项法律服务合同，签名：汪绪杰，备注：一式两份（中益）。

原告王仲宇、吕小林共同诉称：被告居福恒利用其掌握公章的便利，以被告慧谷所的名义向原中益公司发函，称"鉴于本所的王仲宇律师因转所不在本所执业……"，两原告与原中益公司签订的《专项法律服务合同》是原告王仲宇违背律师事务所管理规定私自疏通内勤签订，并污蔑两原告已私自收取了该服务项目项下律师费且对该公司管理人员进行商业贿赂。被告居福恒还通过宣传其本人的执业年限、专业特长等，企图达到争取业务的目的。被告居福恒的上述行为，致使原中益公司开展调查并撤销了在该服务项目中对两原告的委托。被告居福恒捏造事实诋毁两原告声誉的行为，严重损害了两原告的执业权利，给两原告造成经济损失，构成对两原告的不正当竞争。鉴于被告居福恒的行为是利用其职务便利以被告慧谷所的名义实施的，两被告应对侵权行为共同承担法律责任。故请求判令：1. 两被告停止对两原告的不正当竞争侵权行为；2. 两被告在实施不正当竞争行为涉及的两原告业务单位（中建一局集团第一建筑有限公司和该公司的上级公司中建一局集团有限公司）以及被告慧谷所办公场所范围内发送书面澄清公告，以消除对两原告的影响，澄清公告应经法院核准；3. 两被告向两原告赔礼道歉并于《上海律师》杂志刊登书面赔礼道歉公告，道歉公告应提交法院核准；4. 两被告连带向两原告赔偿经济损失人民币150 000元。

被告居福恒、慧谷所共同辩称：1. 本案是律师事务所与律师之间的纠纷，原告不是经营者，双方的纠纷不属于《反不正当竞争法》调整的范围。2. 涉案三份函件均系以被告慧谷所的名义发送；第一份函件发送前原告王仲宇已经向被告慧谷所提交了要求离所的材料，被告慧谷所作为与原中益公司签订《专项法律服务合同》的一方，通知该公司这一事实并要求该公司对是否继续委托原告王仲宇为该公司提供法律服务作出选择，完全符合相关规定，亦没有诋毁两原告。后两份函件被告慧谷所系针对该所在上述《专项法律服务合同》发现的律师费约定中存在的问题发函给原中益公司，怀疑相关费用会流到律师口袋而提醒该公司，这些事实并非捏造，也没有诋毁两原告的任何语言。故请求法院驳回两原告的诉讼请求。

【审判】

一审法院经审理认为，两原告曾在被告慧谷所执业，执业期间两原告自己寻找的案源，由两原告承办，并根据比例与被告慧谷所分配收益，此种律师自己寻找案源的情况，往往是服务单位基于对律师的选择而与律师执业的律师事务所签订法律服务合同。本案中，原中益公司的选择直接影响到两原告、被告慧谷所及在该所执业的律师谁能继续拥有该项业务，亦直接影响到各方当事人的收益。故律师符合我国《反不正当竞争法》对竞争主体的要求，本案原、被告之间存在竞争关系，本案所涉纠纷应属于我国《反不正当竞争法》规制。涉案函件均以被告慧谷所的名义向原中益公司发送，落款处均加盖了被告慧谷所的公章，函件内容涉及的相关主体亦为被告慧谷所，被告居福恒系被告慧谷所的负责人，本案所涉发函行为应属于其职务行为，故应认定本案被控侵权行为的实施主体为被告慧谷所，而非被告居福恒。被告慧谷所对相关函件中涉及的内容，并未提供相应证据予以证实，属于捏造虚伪事实的行为。被告慧谷所将含有捏造的虚伪事实的函件发送给两原告提供法律服务的原中益公司，在一定程度上贬低了两原告的服务质量，使该公司对两原告的商业道德和执业形象等产生不良印象，损害了两原告的服务信誉，亦致使原中益公司撤销了涉案《专项法律服务合同》所涉项目中对两原告的委托，故被告慧谷所的行为构成对两原告的商业诋毁。被告慧谷所依法应当承担停止侵权、消除影响、赔偿损失等相应的民事责任。综上，一审法院依照《中华人民共和国民法通则》第一百三十四条第一款第（一）项、第（七）项、第（九）项，《中华人民共和国反不正当竞争法》第十四条、第二十条，《中华人民共和国民事诉讼法》第六十四条第一款，《最高人民法院关于审理不正当竞争民事案件应用法律若干问题的解释》第十七条第一款，《最高人民法院关于民事诉讼证据的若干规定》第二条之规定，判决被告慧谷所立即停止对两原告的不正当竞争行为；向中建一局集团第一建筑有限公司出具书面声明，消除影响；并赔偿两原告经济损失人民币 1 万元。

一审判决后，被告慧谷所不服，提起上诉。二审法院经审理认为，一审认定事实清楚，使用法律正确，判决驳回上诉，维持原判。

【评析】

本案系一起因律师与原执业的律师事务所之间因争夺业务而引发的商业诋毁纠纷，本案的争议焦点包括本案所涉律师与律师、律师事务所之间的纠纷是否属于我国《反不正当竞争法》规制、两被告的行为是否构成商业诋毁行为以及如果两被告的行为构成商业诋毁应承担的民事责任等。

本案所涉纠纷是否属于我国《反不正当竞争法》规制，应先解决律师是否属于我国《反不正当竞争法》的调整主体，律师与律师、律师事务所之间是否存在竞争关系的问题。

我国《反不正当竞争法》第二条第二款规定：“本法所称的不正当竞争，是指经营者违反本法规定，损害其他经营者的合法权益，扰乱社会经济秩序的行为。”这一定义性规范从行为主体、行为的违法属性、危害后果的角度界定了不正当竞争行为。换言之，所谓的不正当竞争行为，就是指经营者采取不正当的手段争取交易机会的行为，即反不正当竞争首先是“经营者”的行为；其次是一种“违反本法规定”、“损害其他经营者的合法权益，扰乱社会经济秩序”的行为。

1. 关于“经营者”。我国《反不正当竞争法》第二条第三款规定：“本法所称的经营者，是指从事商品经营或者营利性服务的法人、其他经济组织和个人。”本案所涉竞争主体为律师及律师事务所，根据我国《律师法》的相关规定，律师是依法取得律师执业证书，接受委托或者指定，为当事人提供法律服务的执业人员；律师事务所是律师的执业机构。由此可见，虽然律师在提供法律服务时需要以其所在的律师事务所名义与服务单位签订法律服务合同，但实际为服务单位提供法律服务的是接受委托或者指定的律师。本案中，两原告曾在被告慧谷所执业，执业期间两原告自己寻找的案源由两原告承办，并根据比例与被告慧谷所分配收益，此种律师自己寻找案源的情况，往往是服务单位基于对律师的选择而与律师所在执业的律师事务所签订法律服务合同。两原告作为在被告慧谷所执业期间自己寻找案源，并根据比例与被告慧谷所分配收益的律师，应属于我国《反不正当竞争法》意义上的经营者。

2. 关于“律师与律师、律师事务所之间是否存在竞争关系”。从民事诉讼的角度看，竞争关系就是经营者因为其他行为人的行为而受到竞争上的损害所形成的关系。最高人民法院有关审理不正当竞争案件的司法政策曾经指出：“竞争关系是取得经营资格的平等市场主体之间在竞争过程中形成的社会关系。”本案中，虽然被告慧谷所向原中益公司发函时，两原告尚未办妥离职手续，但在其发函前两原告已向其提出离职要求，也正是基于此，被告慧谷所在 2012 年 8 月 8 日发出的函件中要求原中益公司对是否继续委托原告王仲宇为该公司提供法律服务作出选择。原中益公司的选择直接影响到两原告、被告慧谷所及在该所执业的律师谁能继续拥有该项业务，亦直接影响到各方当事人的收益。故两原告与被告慧谷所之间实际已经形成了竞争关系。

需要说明的是，经营者之间是否具有同业竞争关系，并不是构成不正当竞争的先决条件，竞争关系并不限于经营者经营同类商品或者服务，经营业务虽不相同，只要其违背了我国《反不正当竞争法》规定的自愿、平等、诚实信用、遵守公认的商业道德的竞争原则，依然可以认定具有竞争关系，也就是说经营者以不正当的方式损害了其他经营者或者消费者的合法权益，就会构成不正当竞争。

（撰稿人：吴盈喆　刘　名）

通用词汇作为企业名称保护的法律考量及限制

——上海人才网（集团）有限公司与网聚精英（北京）信息技术有限公司等擅自使用他人企业名称纠纷案

【提要】

通用词汇属于公有领域的范畴，将通用词汇作为企业字号，通常因为通用词汇缺乏显著性而不受法律保护。然而，如果该通用词汇由于商业使用而产生了显著性和识别性，指向该字号的企业经营者时，该通用词汇可作为企业名称受到反不正当竞争法的保护。但相关保护应有所限制，不能禁止他人正当使用该通用词汇，但其前提是该使用行为必须是善意的，且使用不会导致相关公众的混淆或误认。

【案情】

原告（被上诉人）：上海人才网（集团）有限公司

被告（上诉人）：网聚精英（北京）信息技术有限公司

被告（上诉人）：上海助择人力资源管理有限公司

案由：擅自使用他人企业名称纠纷

一审案号：（2013）普民三（知）初字第174号

二审案号：（2014）沪二中民五（知）终字第67号

原告上海人才网（集团）有限公司（以下简称上海人才网集团）原名上海人才网信息技术有限公司，成立于2004年3月29日，注册资本人民币8 500万元，经营范围为人才信息咨询、人才推荐、人才招聘、人才培训、人才测评、人才信息网络服务、人才派遣及计算机软硬件、网络工程、电子商务、企业管理咨询等（涉及行政许可的凭许可证经营），业绩良好，并于2010年2月升级为集团公司，系在上海乃至全国均享有较高知名度的从事人力资源服务的专业企业。原告上海人才网集团的"上海人才"标贴于2004年5月获得国家知识产权局主办的中国国际专利与名牌博览会的金奖，于2004年8月获得国家知识产权局等部门主办的中国国际专利技术与名牌交易会的金奖；于2011年获国家知识产权局主办的中国（合肥）专利技术成果交易会特别金奖；“上海人才网”标贴于2008年9月获得国家知识产权局主办的中国国际专利与名牌博览会的金奖。上海市闸北区人民政府文件明确原告是该区发展人才服务产业重点引进的企业，得到了中组部、人力资源和社会保障部及市、区有关领导的关心和支持等。2005年，转引自新华社报道的《文汇报》等媒体在相关新闻报道中将原告简称为“上海人才网”。2010年5月31日原告成为中国人才交流协会的团体会员。2010年6月9日，全国人力资源服务标准化技术委员会批准同意原告作为开发建设全国人力资源服务标准化信息系统的项目实施单位。2010年6月，有关领导在上海人才大厦察看了原告等企业，了解人才服务业发展情况。中央级及上海市级的多家新闻媒体在报道上述新闻时均将原告简称为“人才网”或“上海人才网”。上海市人民政府沪府函〔2010〕41号文件明确“中国上海人才市场”是上海市政府与原人事部共建的七大区域性市场之一，作为“中国上海人才市场”载体的上海人才大厦已成为提供公共人力资源服务的核心地区，上海外服、上海人才网等机构以及一些国际知名企业已陆续入驻上海人才大厦，上海市以上海人才大厦为核心建设全国首个国家级人力资源服务产业集聚区。“上海人才网服务　上海人才网（集团）有限公司”被上海市名牌推荐委员会推荐为2010年、2012年年度上海名牌。原告被上海人才服务行业协会评为“2011－2012年信得过人力资源服务机构”。

被告网聚精英（北京）信息技术有限公司（以下简称网聚精英公司）成立于2005年3月28日，经营范围为因特网信息服务业务（含利用www. dshrc. com网站发布网络广告）；人才供求信息的收集、发布和咨询服务；人才的登记、推荐服务等。

被告上海助择人力资源管理有限公司（以下简称上海助择公司）于2010年10月19日成立，核准经营范围为人才推荐、人才招聘、人才供求信息的收集、整理、储存、发布和咨询服务，人才信息网络服务等。

原告上海人才网集团的互联网网站于2005年1月31日在上海市通信管理局备案，该网站名称为“上海人才网”、首页网址为www. shanghaitalent. com，域名包括“上海人才. 中国”、“上海人才网. 中国”等2个中文域名和dragonhr. cn、dragonhr. com等30个英文域名，备案/许可证号为沪ICP备06036084号，网站开设的栏目及其主要内容为招聘、求职、培训、会员服务、留言板等。原告上海人才网集团利用上述网站，经营人力资源业务。2001年5月23日被告网聚精英公司法定代表人吴强注册域名dshrc. com，后转让给被告网聚精英公司。2005年6月15日被告网聚精英公司获电信与信息服务业务经营许可证，经营许可证编号为京ICP证050289号，业务种类为因特网信息服务业务，服务项目为除新闻、出版、教育、医疗保健、药品、医疗器械和BBS以外的内容，同日，www. dshrc. com 网站在北京市通信管理局备案名称为大上海人才热线，2008 年 1 月 4 日变更为大上海人才网。

原告诉称，在其经营活动中，长期连续使用“上海人才网”企业名称简称、“人才网”字号、“上海人才”注册商标，使“人才网”，特别是“上海人才网”具备了区别原告与其他企业、其他人才类网站的识别功能，故原告对其企业名称中的“上海人才网”名称享有知识产权。被告网聚精英公司、上海助择公司亦从事人才中介服务业务，其使用近似度极高的“大上海人才网”作为网站名称（域名为 dshrc. com），经营与原告同类业务，并用于宣传推广活动。同时利用竞价排名购买“上海人才”等作为网络搜索关键字，足以导致相关公众产生混淆，导致原告商誉受损，构成不正当竞争。据此，原告请求判令两被告立即停止在其运营的网站、互联网、平面媒体、电视、宣传资料等一切以生产经营为目的的活动中使用“大上海人才网”、“上海人才网”、“人才网”的不正当竞争行为，两被告停止使用原告企业名称“上海人才网”、“上海人才网集团”、“上海人才网（集团）有限公司”作为关键字在雅虎 Yahoo 搜索引擎中作推广的不正当竞争行为，并承担消除影响、赔偿损失等民事责任。

被告网聚精英公司、上海助择公司共同辩称，“大上海人才网”（www. dshrc. com）是“伍亿人才网”旗下的伍亿站群 31 个省级网站之一，这些网站的共同特征是以“地区别名 + 人才网”冠名，域名均以“rc. com”结尾。dshrc. com 域名注册于 2001 年 5 月（现所有人为被告网聚精英公司），大上海人才网（www. dshrc. com）于当时起即以个人非经营性网站的方式正式上线，并于 2005 年 3 月对外正式经营。大上海人才网（www. dshrc. com）的历史及在业内的影响力，远远大于原告的上海人才网，且“大上海人才网”与“上海人才网”两个词组有明显区别，“大上海人才网”网站中的页面内容、菜单设置与上海人才网有明显区别，页头页脚也显著标明身份，不会导致公众的混淆与误认。“人才网”、“上海人才网”属于通用名称，不是原告的企业名称，故原告不享有独立、排他性使用的权利，原告字号“人才网”属于通用词，亦不具备扩大作为企业名称加以保护的市场知名度、公众知悉度，原告的使用没有导致该通用词产生特定的第二含义。被告在雅虎上设定“上海人才”作为推广词，采取的推广方式是“广泛匹配”，用户搜索凡是含有“上海人才”的词组，即能显示被告网站，并非精确竞价。综上，被告不存在不正当竞争性行为，请求判令驳回原告的诉讼请求。

【审判】

上海市普陀区人民法院经审理认为：原告长期连续使用含有“上海人才网”文字的企业名称、“人才网”字号，并开办“上海人才网”网站，可以认定“人才网”，特别是“上海人才网”在上海地区已具备区别原告与其他人才类网站的识别功能，即具备有别于通用网站名称的第二含义，其作为营业标识具有区分市场主体的功能，具有防止混淆的作用。本案中，dshrc. com 域名于 2001 年由被告网聚精英公司的法定代表人吴强注册，但 2005 年 6 月被告网聚精英公司首次在北京市通信管理局对 www. dshrc. com 网站进行备案以及在北京工商局进行网站备案时，网站名称均为“大上海人才热线”，至 2008 年 1 月被告却将网站名称变更为大上海人才网，从变更时间分析，其使用“大上海人才网”的网站名称晚于原告企业名称的登记时间及“上海人才网”网站建立时间，在这一时间点上，原告及其经营的“上海人才网”在业内已获得相关荣誉，形成了一定的知名度。从变更的后缀词分析，在网络环境下，“网”通常指网站之意，因此“热线”词组的识别度一般应高于“网”这一单词，被告虽抗辩这一变更涉及所有省级系列网站，是一次整体调整，并非仅针对大上海人才热线，但本院认为，结合本案具体情形，被告网聚精英公司作为业内亦较早开展人才中介业务的企业，在存在已形成一定知名度的原告及名称为“上海人才网”的网站，且双方具有同业竞争关系的情况下，对变更网站名称理应抱有谨慎的态度，其将后缀词由识别度较高的词组“热线”变更为识别度较低的单词“网”，在整体上更接近于原告企业名称，故难以认定其是善意的。

结合两被告关于广泛匹配搜索功能的说明及原告举证，即使相关用户在雅虎 Yahoo 搜索中使用“上海人才网”，特别是“上海人才网集团”、“上海人才网（集团）有限公司”字样进行精确搜索时，搜索结果仍均能在首页第一位显示两被告经营的 www. dshrc. com 网站，两被告在 www. dshrc. com 网站实际使用的名称为“大上海人才网”的情况下，将显示词人为设定为上海人才网，该词与同业竞争的原告企业名称中的“上海人才网”这一核心文字相同，且与原告的网站名称相同，极易引起用户混淆误认，故两被告具有刻意搭原告便车、傍原告品牌的主观恶意，侵犯了原告的企业名称权，损害了公平竞争的市场秩序，构成不正当竞争。

原告认为两被告在客服热线服务中设定的电话自动应答为“欢迎致电人才网”，构成不正当竞争。“人才网”系原告的字号，经原告使用在上海地区已具备了区别原告与其他人才类网站的识别功能，但将通用性较强的词汇纳入反不正当竞争法保护时应有合理界限，有所克制，不得随意扩张。两被告作为从事人力中介服务的企业，亦经营相关网站，原告公证取证的电话虽系从上海地区打入，但被告的客服热线电话是面向全国范围的，其在电话应答中使用“人才网”与其经营业务相符。原告未能就两被告仅在客服热线电话的自动应答中单独使用“人才网”即构成恶意，并足以导致相关公众混淆、误认进行充分举证，因而难以认定为构成不正当竞争。

据此，依照《中华人民共和国民法通则》第九十九条第二款，第一百二十条，第一百三十四条第一款第（一）项、第（七）项、第（九）项，《中华人民共和国反不正当竞争法》第五条第（三）项、第二十条第一款，《最高人民法院关于审理不正当竞争民事案件应用法律若干问题的解释》第六条第一款、第十七条第一款，参照《中华人民共和国商标法》第六十三条第一款、第二款，《最高人民法院关于审理商标民事纠纷案件适用法律若干问题的解释》第十六条第一款、第二款，第十七条，《最高人民法院关于民事诉讼证据的若干规定》第二条之规定，判决：一、两被告应在其经营活动中立即停止使用“大上海人才网”、“上海人才网”的不正当竞争行为；二、在《新民晚报》除中缝以外的版面上刊登声明，就其使用“大上海人才网”、“上海人才网”的不正当竞争行为消除影响；三、赔偿原告经济损失人民币8万元和制止侵权行为的合理费用人民币1.5万元；四、驳回原告上海人才网（集团）有限公司的其余诉讼请求。

一审判决后，被告网聚精英公司和上海助择公司不服，向上海市第二中级人民法院提起上诉。

上海市第二中级人民法院经审理后认为，一审判决认定事实清楚，适用法律正确，故判决驳回上诉，维持原判。

【评析】

通用词汇属于公有领域的范畴，将通用词汇作为企业字号，通常因为通用词汇缺乏显著性而不受法律保护。然而，如果该通用词汇由于商业使用而产生了显著性和识别性，指向该字号的企业经营者时，该通用词汇可作为企业名称受到反不正当竞争法的保护。但相关保护应有所限制，不能禁止他人正当使用该通用词汇，但其前提是该使用行为必须是善意的，且使用不会导致相关公众的混淆或误认。

一、通用词汇作为企业字号可受到法律保护

上海人才网集团已非第一次就擅自使用他人企业名称纠纷向法院起诉，在之前的诉讼中法院即认定“上海人才网”作为企业字号应受到法律保护。《反不正当竞争法》第五条第（三）项规定：“经营者不得采用下列不正当手段从事市场交易，损害竞争对手：……（三）擅自使用他人的企业名称或者姓名，引人误认为是他人的商品。”根据《最高人民法院关于审理不正当竞争民事案件应用法律若干问题的解释》第六条规定，具有一定的市场知名度、为相关公众所知悉的企业名称中的字号，可以认定为反不正当竞争法第五条第（三）项规定的“企业名称”。通用词汇属于公有领域的范畴，将通用词汇作为企业字号，通常因为通用词汇缺乏显著性而不受法律保护。然而，如果该通用词汇由于商业使用而产生了显著性和识别性，指向该字号的企业经营者时，就使得该字号具备了有别于通用词汇的第二含义，则因其具备知识产权的特性而受到法律保护。在商业经营过程中恶意使用具有特定第二含义的通用词汇，导致相关公众产生混淆或者误认的，构成不正当竞争，应当承担侵权责任。在本案中，因为原告长期经营、连续使用含有“上海人才网”文字的企业名称、“人才网”字号，并开办“上海人才网”网站，同时，在政府的相关文件、权威新闻媒体的报道中均以“人才网”或“上海人才网”来称呼原告，使得“上海人才网”具有一定的市场知名度，是相关公众所知悉的企业名称中的字号，已经具有有别于通用网站名称的特定的第二含义，能够防止公众产生混淆，因而能够被认定为《反不正当竞争法》第五条第（三）项规定的“企业名称”从而获得保护。

另外，将通用词汇作为企业名称纳入我国反不正当竞争法的保护范围时，不能禁止他人正当使用该通用词汇，但其前提是该使用行为必须是善意的，且使用不会导致相关公众的混淆或误认。本案中，两被告即提出相关抗辩，就其所经营的“大上海人才网”在业内的知名度进行了举证。不可否认，根据被告网聚精英公司提供的证据，其作为一家具有经营人力资源业务资质的公司，所经营的“伍亿人才网”亦具备了一定行业规模，但这种评价与具体涉案网站是否构成不正当竞争的判定并不能画等号，即一方面网站群的知名度不能等同于具体某一网站的知名度，另一方面某一网站若具有侵权性，其之后形成的知名度与否不宜作为判定侵权的考量要素。本案中，dshrc. com 域名于 2001 年由被告网聚精英公司的法定代表人吴强注册，但 2005 年 6 月被告网聚精英公司首次在北京市通信管理局对 www. dshrc. com 网站进行备案以及在北京工商局进行网站备案时，网站名称均为“大上海人才热线”，至 2008 年 1 月被告却将网站名称变更为大上海人才网，鉴于原告字号形成知名度的时间节点及人力资源业务的地域特征，综合在案证据难以认定其是善意的。与此同时，即使相关用户在雅虎 Yahoo 搜索中使用“上海人才网”，特别是“上海人才网集团”、“上海人才网（集团）有限公司”字样进行精确搜索时，搜索结果仍均能在首页第一位显示两被告经营的 www. dshrc. com 网站，两被告在搜索引擎竞价排名的使用方式，不但直接将显示词设置成原告企业名称，而且在网络用户使用原告企业名称进行精准搜索时，亦因竞价排名的原因，使被告网站居前显示，较易构成混淆，不能认定其使用为善意，构成不正当竞争。

二、通用词汇作为企业字号受法律保护的限制

通用词汇由于商业使用产生了显著性和识别性，指向该字号的企业经营者，从而具备有别于通用词汇的第二含义，并因其具备知识产权的特性而受到法律保护。但值得注意的是，知识产权的目的是平衡社会公众和权利人之间的利益，通用词汇属于公有领域的资源，所以应当防止权利人就其企业名称享有知识产权而

滥用诉权。即使在其具有一定的市场知名度、为相关公众所知悉的情况下能够作为“企业名称”从而受到反不正当竞争法的保护，也应有合理界限，有所克制，不得随意扩张。

将通用词汇作为企业名称纳入我国反不正当竞争法的保护范围时，如果他人的使用行为是善意的，并且使用不会导致相关公众的混淆或误认，那么不能禁止他人正当使用该通用词汇。

《企业名称登记管理规定》第七条第一款规定：“企业名称应当由以下部分依次组成：字号（或者商号，下同）、行业或者经营特点、组织形式。”第二款规定：“企业名称应当冠以企业所在地省（包括自治区、直辖市，下同）或者市（包括州，下同）或者县（包括市辖区，下同）行政区划名称。”根据这两款规定，企业名称由四个基本要素构成，即行政区划名称、字号、行业或者经营特点、组织形式。《企业名称登记管理规定》规定，企业只准使用一个名称，在登记主管机关辖区内不得与已登记注册的同行业企业名称相同或近似。其中，不得相同或近似实际上主要指的就是字号不得相同或近似。因为，在同一个行政区域内设立的企业，都可以冠以同一个行政区划。企业在同一个领域内从事某一项经营活动都可以使用同一行业用语表述。依照《中华人民共和国公司法》设立的公司，其名称都必须标明“有限责任公司”或“股份有限公司”字样。只有字号有行政区域和行业的限制，它的相同的概率最低。所以企业名称的区别作用主要体现在字号上。然而，当企业将行政区划名称或行业用语作为字号的时候，该字号即是通用词汇，只有在其具有一定的市场知名度并为相关公众所知悉的情况下才能受到反不正当竞争法的保护。但这种保护必须是谨慎的，不能妨碍企业名称中含有相同行政区划名称或行业用语的企业正当使用该通用词汇。在本案中，原告即是将行业用语“人才网”作为企业名称中的字号，但两被告在客服热线电话的自动应答中使用“人才网”可以被认为是表明其经营业务。另外，原告公证取证的电话虽系从上海地区打入，但被告的客服热线电话是面向全国范围的，限制他人在其他行政区划使用“人才网”更不属于反不正当竞争法的保护范围。更何况，对导致非上海地域的相关公众混淆、误认进行举证需要更为有力的证据。原告未能就两被告仅在客服热线电话的自动应答中单独使用“人才网”即构成恶意，并足以导致相关公众混淆、误认进行充分举证，故原告主张保护范围扩展至“人才网”的诉请，未考虑通用名称纳入不正当竞争保护时理应有所克制的限度，法院不予支持。

（撰稿人：张佳璐　胡　超）

五、

知识产权民事合同纠纷案件

涉外商业秘密平行诉讼案件的审理原则

——圣莱科特国际集团、圣莱科特化工（上海）有限公司与华奇（张家港）化工有限公司等侵害商业秘密纠纷案

【提要】

涉外商业秘密案件审理中，应当坚持平等保护、对等保护、诚实信用等原则。通过合理分配举证责任，制定恰当的举证质证规则、保密制度及实施完善、规范的司法鉴定等程序对是否存在商业秘密以及是否存在侵权行为等进行审理。规范当事人之间的公平竞争，维护市场的正当秩序，展现我国良好的司法形象。

【案情】

原告（上诉人）：圣莱科特国际集团

原告（上诉人）：圣莱科特化工（上海）有限公司

被告（被上诉人）：华奇（张家港）化工有限公司

被告（被上诉人）：徐捷

案由：侵害商业秘密纠纷

一审案号：（2011）沪二中民五（知）初字第50号

二审案号：（2013）沪高民三（知）终字第93号

圣莱科特国际集团（以下简称美国圣莱科特）是SP－1068产品的生产者。美国圣莱科特授权圣莱科特化工（上海）有限公司（以下简称上海圣莱科特）在中国，使用其技术生产、销售SP－1068等产品。

徐捷原系上海圣莱克特员工。2007年5月，徐捷从上海圣莱克特辞职后，在中远酚醛纤维项目、张家港酚醛树脂项目担任项目经理。

华奇（张家港）化工有限公司（以下简称华奇公司）成立于2006年8月11日。2007年底，华奇公司开始生产SL－1801产品。2009年1月7日，国家知识产权局公开涉案树脂专利的申请公布说明书。

2008年11月，上海圣莱科特以华奇公司、徐捷侵害其商业秘密为由向上海市公安局经侦支队（以下简称上海经侦）报案。嗣后，上海经侦委托上海市科

技咨询服务中心（以下简称上科咨询中心）就上海圣莱科特生产 SP－1068 产品的技术信息是否属于非公知技术信息等进行鉴定。上科咨询中心为此出具了三份鉴定报告（以下简称上科报告）。上科报告的主要内容为：1. 报告在上海圣莱科特生产 SP－1068 产品技术信息中，首次反应原料的配方数值等三个技术信息属于非公知技术信息的基础上，确定 SP－1068 产品的技术信息属于非公知技术信息。2. 报告认为 SP－1068 产品与 SL－1801 产品的生产工艺基本相同。但报告内容显示，上述 SP－1068 产品技术信息中属于非公知技术信息的技术信息与 SL－1801 产品的对应技术信息存在明显区别。3. 报告未按上海经侦要求，对上述不同的技术信息为何属于基本相同，进行分析、说明。2009 年 9 月 4 日，上海经侦以没有犯罪事实为由对上海圣莱科特的报案不予立案。

2010 年 3 月 5 日，上海圣莱科特以华奇公司、徐捷侵害其商业秘密为由向法院提起（2010）沪二中民五（知）初字第 38 号、第 39 号两起案件（以下简称 38 号、39 号案件）的诉讼。在该两案庭审时，上海圣莱克特将其原主张的两个技术秘点变更为其生产 SP－1068 产品的具体技术信息共 10 个秘点，并对原主张秘点的具体内容进行了变更。在未获法院准许后，上海圣莱克特撤回上述两案的起诉，并与美国圣莱科特共同提起本案诉讼。在本案中，两原告将 SP－1068 产品的技术信息变更为 20 个秘点，且与原 38 号案件庭审中确定的内容不同。

2012 年 12 月 21 日，法院就涉案技术问题委托工业和信息化部软件与集成电路促进中心知识产权司法鉴定所（以下简称工信鉴定所）进行技术鉴定。2013 年 5 月 14 日，工信鉴定所向法院出具《司法鉴定意见书》。上述《司法鉴定意见书》认为：1. 两原告主张的秘点 4、9、10、11、12、15、16、20 以及秘点 6 中的首次反应阶段加入 C 原料的温度控制属于非公知技术信息。两原告主张的其余技术秘点属于公知技术信息。2. 华奇公司生产 SL－1801 产品的技术信息，与上述两原告主张秘点中属于非公知技术信息的技术信息不相同且实质不同。3. 华奇公司涉案树脂专利中的技术信息，与上述两原告主张秘点中属于非公知技术信息的技术信息不相同且实质不同。4. 华奇公司提供的自主研发材料显示了华奇公司 SL－1801 产品的研发过程。

【审判】

上海市第二中级人民法院经审理认为：首先，从上海经侦侦查阶段至本案诉讼的过程中，两原告多次变更了其生产 SP－1068 产品技术信息中相关秘点的内容。两原告在本案中主张的涉案商业秘密中 20 个秘点的技术信息与上科咨询中心鉴定意见中确定的 3 个秘点的技术信息已完全不同。且上科咨询中心的相关鉴定结论与其鉴定依据存在多处矛盾，上科咨询中心对此并未进行说明。故上科咨询中心报告中关于 SP-1068 产品与 SL-1801 产品的生产工艺基本相同的鉴定结论的依据明显不足，鉴定结论缺乏科学性和正确性。故法院对于上科咨询中心的报告不予采信。而法院已依法开庭对工信鉴定所的鉴定报告进行了质证；询问了鉴定专家；并对鉴定内容、材料、依据、过程、结论等进行了审查，审查中没有发现工信鉴定所的涉案鉴定中存在违反法律规定的事由，综上，法院对于两原告重新鉴定的申请不予采纳。

其次，根据法院查明的事实，两原告在本案中主张的秘点 4、9、10、11、12、15、16、20 以及秘点 6 中的首次反应阶段加入 C 原料的温度控制的技术信息符合《反不正当竞争法》第十条第三款的规定，属于两原告的商业秘密。

最后，根据法院查明的事实，华奇公司生产 SL-1801 产品的技术信息以及涉案树脂专利中的相关技术信息，与属于两原告商业秘密的秘点 4、9、10、11、12、15、16、20 以及秘点 6 中的首次反应阶段加入 C 原料的温度控制的技术信息不相同且实质不同。故两原告关于两被告侵犯其商业秘密的主张不成立，法院不予支持。

据此，法院依照《中华人民共和国反不正当竞争法》第十条，《最高人民法院关于审理不正当竞争民事案件应用法律若干问题的解释》第九条、第十条、第十一条、第十四条，《中华人民共和国民事诉讼法》第一百四十五条第二款之规定，判决：驳回原告美国圣莱科特、上海圣莱科特的诉讼请求。

美国圣莱科特、上海圣莱科特不服一审判决，向上海市高级人民法院提起上诉。

上海市高级人民法院经审理认为：首先，原审法院严格执行了鉴定程序，工信鉴定所的鉴定结论依据充分，鉴定方法科学合理，应当作为本案的定案证据。原审法院据此判断上诉人在本案中主张的技术信息是否构成其商业秘密、华奇公司生产 SL-1801 产品及其涉案树脂专利中的技术信息是否属于与上诉人商业秘密中的技术信息相同或实质相同的技术信息，合法有据，认定无误。其次，上科咨询中心在其鉴定过程中，既未给予双方当事人充分的举证权利，也未进行实地勘验等调查。就鉴定内容而言，上科咨询中心所鉴定的上诉人 3 个秘点技术信息与上诉人在本案中主张的 20 个秘点的技术信息明显不同。且上科咨询中心鉴定报告中并未对双方对应不同的技术信息是否构成相同或实质相同进行说明。故上科咨询中心的鉴定结论明显依据不足。原审法院据此未采信该鉴定结论理由充分，二审法院予以认同。最后，在一审审理过程中，上诉人在知道工信鉴定所鉴定结论对其明显不利，其所指控的侵权事实已经基本审查完毕并可以作出明确认定时，存在追加被告、申请撤诉、拒不到庭诉讼等拖延诉讼，明显有违诚实信用原则的行为。原审法院综合各种因素，兼顾双方诉讼权利，驳回上诉人申请，依法缺席审理并无不当。由此导致的不利后果当然应由上诉人自行承担。据此，上海市高级人民法院依照《中华人民共和国民事诉讼法》第一百七十条第一款第（一）项之规定，判决：驳回上诉，维持原判。

【评析】

本案经历公安机关的刑事侦查程序，两次民事诉讼程序，再现了商业秘密案件审理的完整司法过程。在案件审理过程中，美国圣莱科特以本案相同事实向ITC提出“337调查”申请，使本案成为首例就同一侵权事实在中美两国并行审理的新类型商业秘密侵权案件。在案件审理中，合议庭根据对等保护原则、平等保护原则、诚实信用原则对于案件审理中涉及的中美两国平行审理、保密制度设立、举证质证规则确定、鉴定程序的设定、对拖延诉讼行为的处理等均进行了深入的实践和有益的探索，对涉外商业秘密案件的审理具有一定的借鉴作用。

一、对等保护原则

国际私法中，相同当事人就同一争议事实以及相同诉因同时在两个或两个以上国家进行诉讼的行为称为“平行诉讼”。① 平行诉讼一方面加重当事人诉讼成本，造成司法资源的浪费；另一方面助长当事人“挑选法院”，增加案件的不可预知性，给国际司法协助带来诸多难题。虽然各国对平行诉讼的解决方式不同，国际上亦尚未有统一国际条约对此加以约束。但基于国家间的司法礼让，先受诉法院原则成为国际较为公认的解决平行诉讼的基本途径。如欧共体1968年《关于民商事案件的管辖权及判决执行公约》（《布鲁塞尔公约》）第21条规定，相同当事人间就同一诉因在不同缔约国法院起诉时，首先受诉法院以外的其他法院必须主动放弃管辖权，让首先受诉法院受理。该原则在《海牙民商事管辖权与外国判决公约（草案）》中亦有规定。② 本案中，原告在中国起诉被告侵犯其商业秘密后，又以被告侵犯相同的商业秘密向ITC申请发起337调查。为节约诉讼成本，避免司法冲突，美国本应遵守司法礼让原则，由在先受理案件的中国法院进行审理。现美国不遵守司法礼让原则，我国亦应采取对等保护原则，坚持司法独立，排除外部干扰，依法按照我国法律加以审理，并独立作出判决。

二、平等保护原则

平等是市场经济的基本原则，给各国市场交易主体提供平等的司法保护环境是中国加入WTO时的庄重承诺。在本案审理过程中，合议庭主要通过对保密制度、举证质证规则、鉴定程序等程序上的规范来体现平等保护原则。

---

① 李建，“平行诉讼问题产生的原因及对策”，载《法制与社会》2009年第2期，第33页。

② 公约第21条第1款规定，如果相同当事人在不同缔约国的法院进行诉讼，而且这些诉讼时基于相同的诉因，则不论其寻求何种救济，只要先受诉法院有管辖权且预期其将做出能够按照本公约在后受案法院得到承认与执行，后受案法院应中止诉讼。

（一）设定严格的保密制度

鉴于各方当事人在审理中均提出涉案的相关技术信息属于各自的商业秘密，合议庭制定了《保密义务告知书》发送所有诉讼参加人，要求参加本案审理的相关人员承担保密义务，签署保密承诺书，并对案件中涉及国家秘密、商业秘密或者其他依法应当保密内容的材料，禁止复制、摘录、扩散、披露、使用或者允许他人使用。因本案审理需要展示的，仅对本案当事人的代理律师及合议庭认为确有必要阅看上述材料的参加本案审理的相关人员展示。上述保密义务的确立，基本解除了各方当事人因诉讼引起的二次泄密之忧。也使法院在鉴定过程中，较为顺利地取得了双方的技术资料，为之后案件的审理打好了基础。在本案判决书中，合议庭亦严格遵守了保密制度。在本案判决书中，合议庭对涉案商业秘密的具体内容采用代号代替，在宣判时予以口头说明告知当事人的方式，最大限度地保护了当事人的商业秘密。

（二）保密原则下的举证质证规则

在案件审理的初期，双方当事人均要求合议庭调取上海经侦卷宗材料用于案件的鉴定，而上海经侦以其未立案且相关材料涉密为由，拒绝法院调取。因此，案件审理一度陷入僵局。此时，合议庭作了如下释明工作：1. 法院将尽可能地调取双方当事人请求调取的证据；2. 相关证据因故无法调取时由主张方承担举证责任；3. 确定严格的保密制度，严防二次泄密的发生；4. 在保密原则下对保密证据在双方认可的期间内予以充分的开示。上述举证质证规则的设定，打开了案件审理的僵局，使案件的审理进入了实质性的阶段。

（三）规范的鉴定程序

通过上述举证质证规则、保密制度的释明、设定，合议庭取得了双方较为完整的技术资料，为涉案技术鉴定打下了扎实的基础。在鉴定阶段，合议庭通过如下步骤，进一步规范鉴定程序：1. 合议庭通过两次专家回避程序从 14 位候选专家中确定了 5 人鉴定专家组成员。2. 在鉴定证据交付鉴定机构前，组织双方当事人进行了质证。3. 组织鉴定专家、双方律师进行了现场勘验。并由鉴定专家现场抽取了相关技术资料，对双方的技术人员进行了询问，并要求双方补充了相应的检材。4. 召开了鉴定专家技术听证会，由鉴定专家就相关技术问题进行询问，并听取了各方当事人对涉案争议技术问题的说明。5. 在两原告拒不到庭参加诉讼的情况下，仍传唤鉴定专家到庭作证，对相关争议技术问题要求专家进一步予以说明、解释。

三、诚实信用原则

《中华人民共和国民事诉讼法》第十三条规定，民事诉讼应当遵循诚实信用原则。当事人有权在法律规定的范围内处分自己的民事权利和诉讼权利。本案中，两原告在鉴定意见对其不利的情况下，其所指控的侵权事实已经基本审查完毕并可以作出明确认定时，向法院申请追加被告、撤诉。甚至在法院驳回其撤诉申请时拒不到庭诉讼。两原告的上述行为属于滥用诉讼权利，意图拖延诉讼，显然有违诚实信用原则。而准许两原告的撤诉，或将两原告不参加诉讼的行为视为撤诉，都将使两被告长期处于涉嫌侵权的不稳定状态，损害到两被告的合法权利。法庭遂依据诚实信用原则，依法驳回两原告撤诉申请，并依法做出了缺席判决。

（撰稿人：何　渊　姜广瑞）

《反不正当竞争法》一般条款对数据信息的保护

——上海钢联电子商务股份有限公司诉上海纵横今日钢铁电子商务有限公司等不正当竞争纠纷案

【提要】

数据信息作为一种特殊的权利客体有可能成为著作权和商业秘密保护的对象，但特定情形下的数据信息由于既不具备著作权法所要求的作品的“独创性”，又不具备商业秘密所要求的“秘密性”，则难以通过著作权或商业秘密进行保护。对数据信息不享有法定权利并不意味着其无法获得法律的保护，若事实上造成市场竞争秩序损害的后果时，可以考虑适用反不正当竞争法一般条款。适用一般条款对数据信息进行保护应当考虑权利人对数据信息享有的合法权益、行为人行为的不正当性以及行为造成的损害等因素，同时应当考虑创造者的积极性和公众的模仿自由之间的利益平衡。

【案情】

原告：上海钢联电子商务股份有限公司

被告：上海纵横今日钢铁电子商务有限公司、上海拓迪电子商务有限公司

案由：不正当竞争纠纷

一审案号：（2012）沪二中民五（知）初字第130号

二审案号：（2013）沪高民三（知）终字第101号

原告成立于2000年，是从事钢铁行业商业信息及其增值服务的互联网平台综合运营商，通过其运营的我的钢铁网（www. mysteel. com），为客户提供钢铁及相关商业信息服务。原告发布的钢铁价格行情数据在第一财经、新华网、网易等权威媒体上发布，原告还与第一财经（CBN）研究院共同推出中国钢铁价格系列指数，在行业内具有很高的知名度。原告网站设立钢材、炉料、特钢等频道，每个频道又按照区域、品种进行细分，每天为客户提供钢铁价格行情等信息内容，具体包括品名、规格、材质、钢厂/产地、价格（元/吨）、涨跌、备注（计价方式）、库存状况等。原告为采集钢铁价格信息，组建了近千人的信息采

集团队，形成了专业的数据采集体系，其采集对象主要是原告的会员，原告在向采集对象询问价格信息的过程中，同时为其提供市场行情、市场分析等各项服务。原告的信息服务采用会员制，现拥有注册会员40余万，其中付费会员约为4.5万，对注册收费会员收取信息服务费用是原告主要的收入来源之一。收费会员可以查看最新钢铁价格信息，非收费的注册会员可以查看一个月以前的钢铁价格信息。

今日钢铁网（www.todaysteel.com）于2006年成立，由被告上海纵横今日钢铁电子商务有限公司（以下简称纵横公司）和被告上海拓迪电子商务有限公司（以下简称拓迪公司）共同经营。2012年2月28日，原告以公证保全的形式检索到该网站上2011年1月4日至公证日当天发布的相关钢铁价格信息24 276条，其中，原告随机打开信息242条。经比对，被告网站上的上述242条数据信息与原告网站上发布的数据信息内容基本相同。

原告诉称：原告在“我的钢铁网”上发布的钢铁价格数据信息为原告的经营成果，原告对于其数据信息的投资及由此而产生的正当利益应当受到法律保护。两被告未经原告许可，通过其共同经营的“今日钢铁网”向公众提供原告拥有权利的数据信息牟利，其行为侵犯了原告的合法权益，原告遂依据《反不正当竞争法》第二条起诉，请求法院判令：1. 两被告立即停止侵权；2. 两被告连带赔偿原告经济损失人民币100万元（以下币种均为人民币）及合理费用5万元；3. 两被告在其网站首页显著位置，连续30天发布声明，赔礼道歉，消除影响。

两被告辩称：1. 原告的数据信息属于市场公开的钢铁价格信息，原告并未对其采集的数据信息进行加工整理，这些信息属于公有领域，其取得方式、发布形式等均不具有独特性，故不应当获得保护。2. 两被告今日钢铁网网站上的信息部分系其员工自行采集、整理而来，部分来源于“钢铁资讯吧”论坛，故其行为不构成侵权，请求法院驳回原告的全部诉讼请求。

审理中，两被告于2012年11月30日将钢铁资讯吧网站的情况进行证据保全公证。根据该公证书及附件，钢铁资讯吧网站是一个论坛，该网站首页显示的各专区最新钢铁价格信息的时间是9月18日。公证过程中，被告纵横公司通过搜索的方式共保全在该网站上发布的钢铁价格的帖子49篇，均为2012年2月27日发布，未显示具体的发帖时间和信息来源，所有帖子的回复均为零。上述49篇帖子与被告网站上发布的相关信息内容相同。

【审判】

一审法院认为：第一，原告为采集数据信息，投入了大量人力、物力、财力，该数据信息系原告劳动所获得。原告将单个的、分散的市场钢铁价格信息搜集整理，对于数据库的使用者而言，能够同时获得大量的钢铁价格综合信息，具有较强的实用性，能够为原告带来商业利益。同时，原告的数据信息具有较高的知名度，体现了原告的竞争优势。故原告对其数据信息享有合法权益。第二，关于两被告行为性质的认定。两被告应当对其信息的合法来源问题承担举证责任。两被告虽辩称其信息部分由其自身独立采集整理而来，但未能提供相关证据证明。两被告亦辩称部分信息来源于钢铁资讯吧论坛，并将该网站情况进行了公证。从该份公证书载明的内容看，钢铁资讯吧论坛并非一个正常运营的网站，两被告的网站每天都会发布大量的钢铁价格信息，两被告称其信息来源于一个正常经营的网站与事实不符，故两被告未能证明其信息具有合法来源。

综上，一审法院认为，两被告未经原告许可，为商业目的发布原告拥有合法权益的钢铁价格数据信息，其行为违反了经营者在市场交易中应当遵守的诚实信用原则和公认的商业道德，损害了原告基于数据信息所能获得的正当利益，共同构成对原告的不正当竞争。遂据此判令两被告共同赔偿原告经济损失 5 万元及合理费用 3 万元。

两被告不服，提起上诉。二审中原告与两被告达成调解协议，两被告停止侵权并共同赔偿原告经济损失及合理费用 5 万元。

【评析】

数据信息作为一种特殊的权利客体有可能成为著作权和商业秘密保护的对象，但是本案原告的数据信息既不具备著作权法所要求的作品的“独创性”，又不具备商业秘密所要求的“秘密性”，因此难以通过著作权和商业秘密进行保护。本案审理的难点在于：在不符合著作权和商业秘密保护的条件下，原告对数据信息享有合法权益且其市场竞争利益确因被告行为遭受了损害时，原告的数据信息是否仍应受到保护以及通过什么方式予以保护。笔者认为，应当从以下几个方面进行分析：

一、数据信息作为权利客体的特殊性

（一）著作权保护的局限性

《著作权法》第十四条规定：“汇编若干作品、作品的片段或者不构成作品的数据或者其他材料，对其内容的选择或编排体现独创性的作品，为汇编作品，其著作权由汇编人享有，但行使著作权时，不得侵犯原作品的著作权。”根据该条规定似乎可以将数据信息归入“不构成作品的数据或者其他材料”之类，但是数据信息的汇编如若构成作品，还必须在内容的选择和编排上具有独创性。本案中，原告所采集的数据信息包括全国 60 多个城市的钢铁、能源、矿业、有色金属等 51 个大类 273 个小类产品信息，原告选择的都是全国各地的主要城市和主要的钢铁类别，这种选择并没有体现出独特之处。此外，在内容的编排上原告发布的信息均以普通表格的形式体现，按照各地不同钢厂的分布顺序排列，具体包括品名、规格、材质等，这种排列顺序和形式是有限的，亦很难说原告的数据信息编排上具有独创性。因此，虽然原告为搜集数据信息付出了大量的投资和劳动，但这并非判断数据信息独创性的构成要素。独创性意味着独立的判断和一定的创新，体现为一种智力活动的过程。故笔者认为原告的数据信息不符合著作权法关于汇编作品的保护条件。

退一步讲，即使对于有独创性的数据信息而言，以著作权法保护数据信息仍然是不充分的。按照著作权法仅保护表达而不保护思想的原则，著作权法对数据信息所保护的是其独创性的选择或编排的表达，而不是它所选择或编排的内容，对于原告的竞争对手而言，很容易通过改变数据信息的编排结构来规避著作权的保护，这就会使对数据信息的保护失去意义。就本案而言，原告钢铁价格数据信息的核心并不是该数据信息的编排结构而是价格数据这一内容，对于信息的使用者而言，真正有意义的也是数据信息的内容而非结构。因此，即使对于独创性的数据信息而言，仅保护表达而不保护思想的原则使得著作权法对数据信息的保护仍是十分微弱的。

（二）商业秘密保护的局限性

《反不正当竞争法》第十条第二款规定："本条所称的商业秘密，是指不为公众所知悉、能为权利人带来经济利益、具有实用性并经权利人采取保密措施的技术信息和经营信息。"根据相关司法解释的规定，"不为公众所知悉"即有关信息不为其所属领域的相关人员所普遍知悉和容易获得。本案中，原告的数据信息系通过公开渠道获得，原告只是将这些公开的、分散的信息进行了简单的汇集整理。这些数据信息主要以表格形式体现，该表格中的品名、规格、材质、产地、计价方式等信息在一段时期内相对稳定，原告每天搜集和更新的内容主要为钢铁价格，该部分信息是原告数据信息的核心，故就上述原告数据信息的内容而言，并不符合商业秘密的秘密性要件。另就保密措施而言，原告的注册会员数量非常庞大，且原告的信息在一个月后就对非付费的注册会员公开了，任何人只要注册一个账号就可以查看原告的数据信息，因此原告事实上无法控制其数据信息被公众知悉的范围和程度，所以即使原告与注册会员约定了保密义务，这种保密措施仍是十分微弱的，不符合商业秘密关于保密性的要求，因此原告的数据信息难以通过商业秘密进行保护。

二、数据信息的保护是否可以适用一般条款

《反不正当竞争法》第二条对于基本原则的规定以及对不正当竞争定义的规定，具有一般条款的性质。司法实践对该条款的适用一直保持谨慎态度，一般而言，凡属于反不正当竞争法特别规定已作明文禁止的行为领域，只能依照特别规定规制同类不正当竞争行为，原则上不再适用原则规定扩张适用范围；反不正当

竞争法未作特别规定予以禁止的行为，只有在给其他经营者的合法权益造成损害，确属违反诚实信用原则和公认的商业道德而具有不正当性，不制止不足以维护公平竞争秩序的情况下，才可以适用原则规定予以禁止。①《反不正当竞争法》第二章规定了十一种具体的不正当竞争行为，凡是能够纳入具体的行为类型的，都不宜再按照一般条款进行处理。

本案原告的数据信息作为特殊的权利客体难以归入特定的权利而寻求著作权法等特别法的保护，同时，原告的数据信息亦不符合商业秘密的保护要件，无法寻求反不正当竞争法特殊条款的保护。但是，两被告的行为已经在事实上造成了竞争秩序的扭曲和市场损害的后果，应通过何种方式对此予以矫正和调整正是本案法律适用的最大困境。关于能否适用一般条款，一种观点认为，原告对其数据信息不享有法定权利，本着谨慎适用一般条款的原则，对原告的数据信息应不予保护，防止自行创设权利，否则将会不适当地扩大不正当竞争的范围，妨碍自由公平的竞争秩序；另一种观点认为，原告对数据信息享有合法权益，两被告的行为是一种彻底的拿来主义“搭便车”行为，损害了原告的竞争利益，不加以制止不足以维护公平竞争，故可以通过一般条款予以保护。

本案的判决采纳了第二种观点。一方面，反不正当竞争法一般条款强调的是合法权益的概念，这种权益在更多时候体现为一种利益，该利益尚未达到权利的程度，其边界比较模糊，范围不易确定，故不能成为一种充分的法律权利，而是一种法律上的利益。原告对其数据信息不享有法定权利，但仍可基于其他理由对数据信息享有法律上的利益。另一方面，正常的市场竞争，必须是竞争者通过自己的劳动而进行的诚实竞争，即其竞争得来的成果必须是自己辛勤劳动的结晶。自己不付出劳动，而不正当地利用他人已经取得的市场成果，获取竞争优势的行为，就是不正当竞争。② 本案中两被告的不劳而获的“搭便车”行为明显违背了诚实信用原则，具有不正当性。笔者认为，按照一般条款认定法律列举以外的不正当竞争行为时，关注的重点不在于权利本身是否属于法定权利的范畴，而在于该行为是否具有不正当性及其所造成的损害竞争的后果。反不正当竞争法与其他知识产权法的一个最大不同在于，其出发点并非是权利规则，而是一种义务规则：其目的在于倡导获取知识产权的正当性，其考量标准是被告行为的道德合理性。③ 因此，原告对其数据信息不享有法律规定的权利并不意味着原告的数据信

① 孔祥俊：《知识产权法律适用的基本问题——司法哲学、司法政策与裁判方法》，中国法制出版社 2013 年版，第 116 页。

② 孔祥俊：《商标与不正当竞争法》，法律出版社 2009 年版，第 693 页。

③ 谢晓尧：《在经验与制度之间：不正当竞争司法案例类型化研究》，法律出版社 2010 年版，第 133 页。

息无法获得法律的保护，在符合特定条件的情形下，仍可以适用一般条款予以保护，不能因为原告法定权利的缺失而放任不正当竞争行为的发生，否则无疑是对公平竞争市场秩序的破坏。

三、适用一般条款对数据信息进行保护的具体条件

一般条款增加了法律适用的不确定性，适用不当容易损害竞争秩序，因此应当严格适用条件。具体到本案，笔者认为适用一般条款对数据信息进行保护应当符合以下条件：

（一）原告对数据信息享有合法权益

根据反不正当竞争法第二条的规定，原告对其数据信息享有合法的权益是原告的数据信息能够获得反不正当竞争法保护的前提。本案中，原告对其数据信息享有的合法权益体现在以下几个方面：首先，原告对钢铁数据信息的采集、编排、制作付出了大量投资并承担了投资风险，该数据信息系原告劳动所获得。其次，原告的数据信息具有较强的实用性和商业价值。原告将单个的、分散的市场钢铁价格信息搜集整理，对于数据库的使用者而言，能够同时获得大量的钢铁价格综合信息，具有较强的实用性，这也是原告的信息比原始的单个市场钢铁价格信息更具价值的重要因素。同时，原告的数据信息能为原告带来较高的商业利益，对会员收取信息服务费是原告的主要收入来源之一。再次，原告的数据信息并非其他市场主体能够容易获得的信息。原告信息取得主要是来自其会员单位，这些信息虽是无偿取得，但却是原告长期经营与积累的结果。最后，原告相关钢铁信息数据在新华网、第一财经等权威媒体上进行发布，具备较强的社会影响力和市场知名度，体现了原告的竞争优势。综上所述，原告的数据信息系原告通过付出大量劳动所获得，其经济价值在于较强的即时性，原告通过向会员实时发布综合性的钢铁价格信息而获取收益，已经形成了原告所特有的经营模式，该数据信息能够为原告带来利益，体现了原告的竞争优势，故原告对其数据信息享有合法的权益。

（二）两被告的行为具有不正当性

原告对数据信息享有合法权益并不能够当然地获得保护。基于防止信息垄断侵害公众利益的考虑，法律并不限制不同主体利用相同的信息作为自己的采集素材，因此，即使两个数据信息的内容有相同或者相似之处，但若都是独自收集整理而成，彼此并不构成侵权，都应受到法律的保护。只有在存在特别的不正当竞争情节时，才可例外地适用一般条款，认定相关行为构成不正当竞争。①

一般而言，根据民事诉讼法谁主张谁举证的原则，原告应当对被告实施不正当竞争行为负有举证责任。然而，由于数据信息的制造成本和擅自复制的侵权成

① 邵建东："论我国反不正当竞争法保护经营成果的条件"，载《南京大学学报》2006年第1期。

本之间差距悬殊，对于竞争者而言盗用对手成果所花费的成本极小，但其所带来的竞争利益却是巨大的。实践中，被告往往会主张被控侵权的数据信息是其自己独立完成的，并非抄袭，这就涉及举证责任的分配问题。本案原告有上万的会员，只要成为原告的注册收费会员就可以任意查看原告的数据信息，故要求原告获知两被告侵权的具体方式存在很大难度。基于数据信息权利客体的特殊性，权利人履行举证责任的能力在理论上微乎其微，这种情况下由被告证明自己的数据信息来源合法才能够实现法律的公平正义。本案原告已经提交初步证据证明相关数据信息已向会员发布，两被告发布的信息与原告的信息在内容上高度一致，且不显示具体的发布时间，故两被告存在侵权的可能性，应当对其信息的合法来源问题承担举证责任。

关于行为不正当性的判断，一般条款将不正当竞争行为定义为违反诚实信用原则以及公认的商业道德的行为，然而，诚实信用及公认的商业道德是不确定的法律概念，需要根据个案情况进行认定。就本案而言，两被告无法说明数据信息的合法来源是其行为具有不正当性的直接体现。两被告虽辩称其信息部分由其自身独立采集整理而来，但未能提供相关证据证明。两被告亦辩称部分信息来源于钢铁资讯吧论坛，并对该网站的相关信息进行公证。从该份公证书载明的内容看，相关49条信息虽与两被告网站上的信息内容相同，但全部为2012年2月27日的发帖信息，且无公证日当天的价格信息，而两被告发布的数据信息有一年多的时间范围，且原告在对两被告网站信息公证时，两被告网站上已经发布了公证日当天的价格信息。因此公证书并不能说明两被告发布的全部数据信息和最新即时数据信息来源于钢铁资讯吧论坛。此外，所有信息的发帖时间均显示00：00：00，发帖人均不相同，浏览次数上千但回复均为零，这些均与钢铁资讯吧的论坛性质不相符合。同时，该网站并无主办者信息和联系方式，在ICP备案系统中亦未查询到该网站的相关备案信息。结合以上几点可以认定钢铁资讯吧论坛并非一个正常运营的网站，两被告的网站每天都会发布大量的钢铁价格信息，两被告称其信息来源于一个正常经营的网站与事实不符，故两被告未能证明其信息具有合法来源。

（三）两被告行为给原告市场竞争利益造成实质性损害

一般条款在不正当竞争行为的界定中，加入了“损害其他经营者的合法权益”和“扰乱社会经济秩序”，是在损害对象和损害机制上对不正当竞争行为构成要件的要求。① 这种损害应当是重大的或实质性的损害，即行为能够构成不正当竞争的关键不在于是否利用了他人的成果，而在于利用行为是否实质性地损害了对方的竞争利益，进而影响到整个社会知识产品的产出效率。② 不正当竞争行

① 孔祥俊：《商标与不正当竞争法》，法律出版社2009年版，第696页。

② 周樨平：“不正当竞争法对‘商业抄袭行为’的规范”，载《法学》2012年第6期。

为必须是市场竞争行为，即行为人为竞争目的，获取或者破坏他人竞争优势的行为，[①] 行为人与受损害人之间的竞争关系是判断不正当竞争的前提之一。此外，实质性损害的标准仍是难以量化的，其非常重要的方面是强调被告行为对原告市场造成的不利影响，在一些案件中，法院提出了实质性替代的损害标准，[②] 较为明确地说明了对实质性损害的认识。就本案而言，原、被告均为钢铁行业内发布钢铁信息的市场主体，原、被告的网站之间具有明显的竞争关系，可以纳入反不正当竞争法的调整范围。两被告的网站上有大量的商业广告，通过发布原告拥有权利的数据信息，两被告直接获得了利益并损害了原告的竞争利益，该行为使原告面临会员流失、收入减少的风险，甚至将实质性损害原告整体的经营模式，给原告的市场造成的不利影响是显而易见的。

综合上述三点，笔者认为，一般条款明确指出了“合法权益”的概念，同时强调行为的不正当性和给其他经营者竞争利益造成的损害，故原告对数据信息享有的合法权益可以通过一般条款予以保护。两被告未经原告许可，为商业目的向其客户提供原告拥有合法权益的数据信息牟利，是一种不正当利用他人劳动成果获取竞争优势的“搭便车”行为。两被告的行为违反了经营者在市场交易中应当遵守的诚实信用原则和公认的商业道德，损害了原告对其数据信息所享有的合法权益，共同构成对原告的不正当竞争。

四、小结：一般条款适用中的利益平衡

在专门的知识产权法之外运用反不正当竞争法的一般条款对知识产权进行保护时，应当持谨慎态度，需要警惕劳动产生权利的自然权观念，防止以反不正当竞争法扩张知识产权的保护范围。行为能够构成不正当竞争的关键不在于是否利用了他人的成果，而在于利用行为是否具有不正当性并实质性地损害了竞争者的竞争利益。需要强调的是，利用他人智力成果的行为并非都是不正当的，人类的成就就是建立在别人的努力和基础之上的，正是信息和成果的自由利用才成就了今日科技和社会的快速发展。司法实践中，适用一般条款补充保护智力成果必须考虑创造者的积极性和公众的模仿自由之间的利益平衡。

（撰稿人：凌宗亮）

① 孔祥俊：《知识产权法律适用的基本问题——司法哲学、司法政策与裁判方法》，中国法制出版社2013年版，第111页。

② 参见（2010）海民初字第24463号民事判决书，法院认为：“使用垂直搜索技术的网站对于特定行业网站信息的利用，应控制在合理的范围内，不得对该网站造成市场替代的后果。……爱帮版的商户简介和用户点评已经构成对大众点评网相应内容的实质性替代，必将不合理地损害汉涛公司的商业利益。”

知名商品装潢特有性的认定

——卡骆驰公司等与厦门卡骆驰贸易有限公司等擅自使用知名商品特有名称、包装、装潢纠纷案

【提要】

本案中，原告主张对其生产经营的“CROCS”品牌鞋类产品中的7款产品的造型以及10款产品的商品名称适用《反不正当竞争法》第五条第（二）项进行保护。审理核心在于知名商品及其特有名称、装潢的认定。本案的特点在于，法院最终认定为知名商品的特有装潢的是具有原告主张的多款产品装潢中共同设计特征的装潢，而并非原告主张的某一款产品的装潢。

【案情】

原告： 卡骆驰公司

原告： 卡骆驰鞋饰（上海）有限公司

被告： 厦门卡骆驰贸易有限公司

被告： 卡骆驰（晋江）商贸有限公司

被告： 晋江明吉鞋业有限公司

被告： 林志源

被告： 上海来红商贸有限公司

案由： 擅自使用知名商品特有名称、包装、装潢

生效案号：（2013）沪二中民五（知）初字第172号

卡骆驰公司于2005年4月设立于美国。2005年11月，我国国家商标局对卡骆驰公司在25类商品上申请的“CROCS”商标予以核准注册，核定使用商品包括鞋、服装等。

2005年9月至2011年7月，原告卡骆驰公司的下属公司在香港特别行政区、中国大陆地区先后设立多家关联公司。原告卡骆驰鞋饰（上海）有限公司（以下简称卡骆驰鞋饰公司）成立于2011年7月，经营范围包括服装、鞋类的批发等，经卡骆驰公司的授权，卡骆驰鞋饰公司在中国市场有权使用卡骆驰公司的知

识产权并予以保护。

2006年起，原告卡骆驰公司授权代理商在中国大陆地区代理、销售、宣传“CROCS”品牌的系列产品。原告卡骆驰鞋饰公司以及关联企业成立后，经营“CROCS”品牌的“卡漫”、“卡骆班”、“猛犸”、“迪特”、“欧罗”、“贝雅”、“伊莱克托”等多款鞋类产品。2009年以来，卡骆驰鞋饰公司及其关联公司与上海、北京等多个城市200多家经销商签订了经销合同，并开设434家“CROCS”品牌店铺以及51家分支机构销售“CROCS”系列产品。

自2006年起，两原告及其关联企业在中国大陆地区通过报纸、杂志、网络、电视等媒体对两原告经营的“CROCS”品牌鞋类产品持续进行广告宣传及推广。2009年至2012年，“CROCS”品牌鞋类商品在多地多次获得行政、司法保护。

被告厦门卡骆驰贸易有限公司（以下简称厦门卡骆驰公司）成立于2010年5月，系“COQUI”商标的权利人。被告卡骆驰（晋江）商贸有限公司（以下简称晋江卡骆驰公司）成立于2009年1月。被告晋江明吉鞋业有限公司（以下简称明吉公司）成立于2010年11月，原名泉州金斯克体育用品有限公司。2014年4月，其公司名称变更为现企业名称。被告林志源系被告厦门卡骆驰公司、晋江卡骆驰公司、明吉公司的原法定代表人，2013年12月后，林志源不再担任上述三被告的法定代表人职务。被告上海来红商贸有限公司（以下简称来红公司）成立于2011年7月，系被告厦门卡骆驰公司授权的“COQUI”品牌上海区域的经销商。上述四家公司经营范围均包括鞋帽等。

2011年7月、9月，原告委托的代理人在深圳市、上海市等地的“COQUI”品牌柜台，购买了“COQUI”品牌“卡漫”、“女生卡骆班轻便鞋”、“巴雅”、“欧罗”等鞋类产品。2012年6月，原告委托的代理人在被告来红公司经营的“蓝虹鞋业”店铺，购买了“COQUI”品牌的“卡迪”、“巴雅木纹版”、“亨利笑脸版”、“欧罗”、“尤肯二代”等鞋类产品，在该公司经营的阿里巴巴网络店铺销售的产品中，也有COQUI品牌的“卡漫蝴蝶结”、“巴雅木纹版”、“亨利二代”、“欧罗”、“尤肯二代”等鞋类产品。

2011年8月、2012年3月、2012年11月，原告委托的代理人在被告厦门卡骆驰公司授权的淘宝网“COQUI专卖店”的店铺、被告厦门卡骆驰公司经营的天猫网“COQUI”品牌旗舰店以及天猫网的三家专营店店铺的网页，均发现销售“COQUI”品牌的“欧罗”、“巴雅”等鞋类产品。

2010年1月，被告林志源与被告厦门卡骆驰公司签订专利使用许可合同，将包括2款涉嫌侵权产品的外观设计在内的外观设计专利权授权被告厦门卡骆驰公司在中国境内使用，授权期限自2010年1月1日至2015年12月31日。但上述两款涉嫌侵权产品的外观设计于2012年12月，被我国国家知识产权局专利复审委员会确认外观设计专利权全部无效。

原告卡骆驰公司、卡骆驰鞋饰公司提起诉讼称：原告卡骆驰公司经营的“CROCS”品牌鞋类产品具有较高的市场知名度，构成知名商品。“CROCS”品牌鞋类产品的外形设计、商品名称构成知名商品特有的装潢、名称。被告厦门卡骆驰公司、晋江卡骆驰公司、明吉公司、林志源共同生产、销售，被告来红公司销售的“COQUI”品牌“卡漫”、“女生卡骆班轻便鞋”、“巴雅”、“欧罗”等十几款鞋类产品上使用的装潢、产品名称与原告“CROCS”、“卡骆驰”品牌鞋类产品特有的装潢、名称相同或近似，极易造成消费者的混淆或误认。五被告的行为违反了《反不正当竞争法》的规定，构成不正当竞争，故请求判令：五被告立即停止侵权；五被告共同赔偿两原告经济损失及合理费用共计人民币（以下币种均为人民币）300 万元；五被告在《经济日报》、《泉州晚报》上公开刊登声明消除影响。

被告厦门卡骆驰公司、晋江卡骆驰公司、明吉公司、林志源共同答辩称：1. 被告厦门卡骆驰公司、晋江卡骆驰公司、明吉公司是“COQUI”品牌鞋类产品的生产、销售者；2. 原告的商品不属于知名商品，其商品的装潢、名称亦不属于知名商品特有的装潢、名称；3. 被告林志源曾经是被告厦门卡骆驰公司、晋江卡骆驰公司、明吉公司的法定代表人，其行为属于职务行为，林志源个人不构成侵权；4. 原告主张的赔偿数额过高，要求刊登声明以消除影响没有依据。

被告来红公司未到庭参加诉讼也未进行答辩。

两原告请求对“卡漫”、“卡骆班”、“猛犸”、“迪特”、“欧罗”、“贝雅”、“伊莱克托”7 款鞋类产品给予知名商品特有装潢认定及保护。经将原告主张的 7 款装潢与涉嫌侵权的“COQUI”品牌鞋类产品 7 款装潢一一进行比对，均基本相同。两原告同时请求对“卡漫”、“卡骆班”、“猛犸”等 10 款鞋类产品名称给予知名商品特有名称认定及保护。

【审判】

上海市第二中级人民法院经审理认为：

两原告经营的“CROCS”品牌鞋类产品为中国大陆地区其所在行业及相关公众所知悉，依法可以认定为“知名商品”。

基于两原告的主张及所提供的原告产品实物，可以认定原告主张的“卡漫”等 6 款鞋类产品装潢具有区别于其他同类鞋类产品装潢的以下三个显著特征：1. 鞋头宽大采用圆弧形处理；2. 鞋面上均匀分布圆形孔洞；3. 鞋后端配有活动绑带。以上具有三个共同特征的装潢经两原告长期使用具备区别商品来源的功能，符合法律规定的关于特有性的要求，可以认定为知名商品的特有装潢（该装潢以下简称卡骆驰洞洞鞋装潢）。上述 6 款鞋类产品的装潢只是在以上三个共同特征的基础上，分别附加了其他设计特征。鉴于认定卡骆驰洞洞鞋装潢为知名商品的特有装潢，足以对原告的6款鞋类产品装潢提供保护，对原告要求对该6款鞋类产品每款分别认定为知名商品的特有装潢的要求，本院不予支持。

至于原告主张的“猛犸”鞋类产品装潢，原告提供的证据不足以证明其特有性，因此原告关于请求认定“猛犸”的产品装潢构成知名商品特有装潢的主张，本院不予支持。

从原告的举证情况来看，尚不足以证明其主张的10款产品名称已经达到区别商品来源的功能，因此原告关于请求认定“卡漫”等10款产品名称构成知名商品特有名称的主张，不符合法律规定的关于特有性的要件。

综上所述，卡骆驰洞洞鞋装潢体现了原告主张的6款鞋类装潢的共同特征，构成知名商品的特有装潢。原告主张的“猛犸”的产品装潢特有性依据不足，本院不予认定。原告主张的10款鞋类产品名称，特有性依据不足，本院不予认定。

经比对，被告明吉公司、厦门卡骆驰公司、晋江卡骆驰公司生产、销售的“COQUI”品牌“卡漫”、“卡曼珊瑚版”、“卡漫蝴蝶结”、“卡漫字母版”等被诉侵权产品的装潢具有原告卡骆驰洞洞鞋装潢的三个共同特征，故被诉侵权产品的装潢构成原告相关装潢的近似装潢。被告厦门卡骆驰公司、晋江卡骆驰公司、明吉公司分别是鞋类产品的生产、销售者，与两原告均是具有同业竞争关系，在三被告生产、销售的同类产品上使用与原告知名商品特有装潢近似的装潢，足以造成相关公众对商品来源的混淆、误认，构成不正当竞争。被告厦门卡骆驰公司、晋江卡骆驰公司、明吉公司在实施被诉侵权行为期间的法定代表人相同，属于关联企业，存在共同经营行为，具有共同的主观过错，三被告共同实施了不正当竞争行为。

被告林志源系被告厦门卡骆驰公司、晋江卡骆驰公司、明吉公司的原法定代表人，曾申请2款被诉侵权产品装潢的外观设计专利权。结合本案其他相关事实和证据，被告林志源应当知道其申请的上述外观设计专利权侵害了原告的知名商品的特有装潢，仍授权被告厦门卡骆驰公司使用，主观具有恶意，构成不正当竞争。

被告来红公司与两原告具有同业竞争关系，来红公司在其经营场所、网络店铺销售侵害原告知名商品特有装潢权利的产品，主观具有过错，构成不正当竞争。

综上，依照《中华人民共和国侵权责任法》第八条，第十五条第一款第（一）项、第（六）项、第（八）项，《中华人民共和国反不正当竞争法》第五条第（二）项、第二十条，《最高人民法院关于审理不正当竞争民事案件应用法律若干问题的解释》第一条第一款、第二条第一款、第十七条第一款，《中华人民共和国民事诉讼法》第一百四十四条之规定，判决如下：一、被告厦门卡骆驰公司、晋江卡骆驰公司、明吉公司、林志源、来红公司停止对原告卡骆驰公司、卡骆驰鞋饰公司享有的知名商品的特有装潢权利的侵害；二、被告厦门卡骆驰公司、晋江卡骆驰公司、明吉公司连带赔偿原告卡骆驰公司、卡骆驰鞋饰公司经济损失 20 万元，以及两原告为制止侵权所支出的合理费用 4 万元。被告林志源对其中的 10 万元承担连带赔偿责任，来红公司对其中的 8 000 元承担连带赔偿责任；三、被告厦门卡骆驰公司、晋江卡骆驰公司、明吉公司、林志源在《经济日报》、《泉州晚报》上刊登声明，消除因不正当竞争行为对原告卡骆驰公司、卡骆驰鞋饰公司所造成的影响。

一审宣判后，双方当事人在上诉期内均未提起上诉，判决现已生效。

【评析】

本案是一例擅自使用知名商品特有的名称、包装、装潢纠纷。原告主张对其生产经营的“CROCS”品牌鞋类产品中的 7 款产品的造型以及 10 款产品的商品名称适用《反不正当竞争法》第五条第（二）项进行保护。适用该条款的两个前提条件是：1. 商品构成知名商品；2. 商品的装潢、名称具有特有性。因此，本案的审理核心在于知名商品及其特有名称、装潢的认定。本案的特点在于，法院最终认定为知名商品的特有装潢的是具有原告主张的多款产品装潢中共同设计特征的装潢，而并非原告主张的某一款产品的装潢。

一、知名商品的认定

《最高人民法院关于审理不正当竞争民事案件应用法律若干问题的解释》第一条第一款规定，在中国境内具有一定的市场知名度，为相关公众所知悉的商品，应当认定为《反不正当竞争法》第五条第（二）项规定的“知名商品”。人民法院认定知名商品，应当考虑该商品的销售时间、销售区域、销售额和销售对象，进行任何宣传的持续时间、程度和地域范围，作为知名商品受保护的情况等因素，进行综合判断。

本案中，从 2006 年开始，两原告授权多家经销商经销其“CROCS”品牌鞋类产品，并在中国大陆地区开设多家分公司销售该品牌鞋类产品，原告及其关联公司投入大量资金在报纸、杂志、网络等多类媒体上对该品牌鞋类产品进行了持续、广泛的宣传，该品牌鞋类产品在国内外获得多项奖项，销售范围也遍及全国大部分地区，并在国内多地受到行政、司法保护。因此，原告经营的“CROCS”品牌鞋类产品为中国大陆地区其所在行业及相关公众所知悉，依法可以认定为“知名商品”。

二、商品装潢特有性的认定

知名商品特有的名称、装潢具有识别商品来源的功能和作用，是其能够获得反不正当竞争法保护的前提条件之一。商品的装潢，是指为识别与美化商品而在商品或者其包装上附加的文字、图案、色彩及其排列组合。本案中，原告生产经营的“CROCS”品牌鞋类产品的造型设计独特，其鞋头的弧形、鞋面上的圆形空洞排列、鞋后端绑带等设计，虽然有一定的功能性需求，但更多是出于装饰性目的，具有一定的审美价值，能起到识别与美化商品的作用。因此，“CROCS”品牌鞋类产品的造型设计可以构成产品的装潢。

本案中，原告要求对其主张的7款产品的装潢予以反不正当竞争法保护。在审理过程中，根据原告的陈述及产品实物等发现原告主张的鞋类产品虽然有多种不同款式和颜色，但其主张的6款产品的装潢均具有鞋头宽大采用圆弧形处理、鞋面上均匀分布圆形孔洞、鞋后端配有活动绑带三个共同的装潢特征，每一款只是在以上三个共同特征的基础上，分别附加了其他设计特征，例如绑带为一根或两根、鞋面或鞋侧有图案装饰等。而上述三个共同的装潢特征是原告主张的6款鞋类产品装潢中最突出、最具识别性的部分，使用上述三个特征的装潢具有显著的整体形象，自2006年以来经过原告长期宣传和反复使用，上述三个特征的装潢具有区别于其他同类鞋类产品装潢的显著功能，足以使相关公众将使用上述三个特征的装潢的鞋类产品与原告产品相联系。综上，具有上述三个特征的产品装潢可以认定为知名商品的特有装潢。由于对具有上述三个特征的产品装潢提供知名商品特有装潢的保护，足以涵盖对原告主张的6款鞋类产品装潢的保护，况且上述三个共同特征也是原告鞋类产品区别于其他同类产品的主要特征，仅凭原告主张的共同特征之外附加的设计特征，并不能起到区分商品来源的功能。因此，综合考虑本案的事实和原告的诉讼请求，法院将具有原告主张的多款产品装潢中三个共同设计特征的装潢认定为知名商品的特有装潢，对原告要求对6款鞋类产品每款分别认定为知名商品的特有装潢的要求没有支持。原告主张的第7款鞋类产品“猛犸”的装潢不具有上述三个共有特征，且原告提供的证据不足以证明该产品的装潢能够起到区分商品来源的功能，因此法院对于原告要求对该款产品认定为知名商品特有装潢的主张没有支持。

三、商品名称特有性的认定

关于原告产品使用的“卡漫”、“卡骆班”、“猛犸”等商品名称是否为知名商品的特有名称，也是本案的争议焦点。在审理中，被告辩称上述名称多是人名或地名等，本身没有独创性，原告认为将上述名称作为商品名称使用在鞋类商品上区分不同的款式具有一定的新颖性。知名商品的名称、包装和装潢本质上是未注册商标，其特有性是指该商品名称、包装和装潢能够起到区别商品来源的作用，而不是指该商品名称、包装和装潢具有新颖性或者独创性，因此，上述名称是否具有独创性、新颖性并不是判断该商品名称是否具有特有性的要件。本案中，从原告的举证来看，不足以证明上述商品名称的知名度很高，且从相关公众的消费习惯来看，对于鞋类产品通常以该产品的商标来指代该鞋类产品，很少用商品名称进行称呼，仅凭上述商品名称无法起到区分商品来源的作用。综上考虑，法院对于原告将上述商品名称认定为知名商品特有名称的主张没有支持。

（撰稿人：韩　敏）

书面合同欠缺时商标转让合同意思表示真实性的判断

——上海涵大隆贸易有限公司与上海朱家角投资开发公司等商标权转让合同纠纷案

【提要】

在缺乏书面合同情况下，完成商标转让手续并有其他证据佐证时，商标转让合同可以被认定为存在。在此前提下，对商标转让合同意思表示真实性的认定，可以结合争议双方对权利证书持有情况、商标使用情况、商标维护情况、委托代理人情况及其他相关协议作出综合认定。

【案情】

原告（上诉人）：上海涵大隆贸易有限公司

被告（被上诉人）：上海朱家角投资开发有限公司

被告（被上诉人）：上海朱家角旅游发展有限公司

案由：商标权转让合同纠纷

一审案号：（2013）普民三（知）初字第192号

二审案号：（2014）沪二中民五（知）终字第84号

原告上海涵大隆贸易有限公司（以下简称涵大隆公司）成立于1999年6月17日，股东为上海宝宜置业有限公司（以下简称宝宜公司）、陈海燕。1999年3月16日，宝宜公司与青浦县供销合作联合社签署《产权转让协议书》，约定将供销社所属的涵大隆酱园工场（包括房屋、土地、电力设施、涵大隆招牌等）整体转让给宝宜公司，其中涵大隆招牌作为无形资产作价人民币10万元。

2001年1月，涵大隆公司注册取得第1506317号、第1510017号“涵大隆”图形商标，核定使用商品类别为第29类和第30类，商标有效期限分别自2001年1月14日至2011年1月13日和2001年1月21日至2011年1月20日。

2004年12月10日，宝宜公司与上海朱家角投资开发有限公司（以下简称朱家角投资公司）签订《北大街涵大隆、森趣楼资产转让协议》，主要内容包括：

“甲方：宝宜公司、陈署昌（涵大隆公司实际控制人）；乙方：朱家角投资公司……经甲乙双方协商，将北大街涵大隆、森趣楼所涉土地、房屋及构筑物转让达成如下协议。一、转让标的：涵大隆面积为863.21平方米，森趣楼面积为547平方米，合计总面积为1 410.21平方米……二、转让价格：经双方协商同意，转让价格为每平方米0.76万元，转让总价为1 071.759 6万元，违章搭建部分补贴为每平方米120元，计人民币20 760元……三、资产转让款的支付：乙方在签订本协议后三天内向甲方先行支付人民币250万元，作为本协议定金。北大街158号二楼，由于未办产证，于甲方办理完相关产权手续后乙方另行结清。余款于办理完产权过户并在甲方完成场地清空后五日内，乙方一次结清……”

2005年6月17日，陈署昌因涉嫌合同诈骗罪被刑事拘留，后被逮捕；2006年7月7日宝宜公司犯合同诈骗罪被判处罚金150万元，陈署昌作为宝宜公司直接负责的主管人员犯合同诈骗罪，被判处有期徒刑10年，并处罚金10万元。

上海朱家角涵大隆食品有限公司成立于2006年2月24日，系由朱家角投资公司、上海朱家角旅游发展有限公司（以下简称朱家角旅游公司）共同出资设立，经营范围包括现制现售腐乳、酱菜，销售日用百货。

2006年11月2日，两涉案商标经核准转让至上海朱家角涵大隆食品有限公司。

2009年6月，上海朱家角涵大隆食品有限公司和朱家角旅游公司向商标局申请转让两涉案商标。2009年9月18日上海朱家角涵大隆食品有限公司注销。2010年1月18日两涉案商标经核准转让至朱家角旅游公司，朱家角旅游公司随即取得其为注册人的涉案两个商标的商标注册证。同年7月，朱家角旅游公司提出商标续展申请，经核准第1506317号注册商标续展至2021年1月13日，第1510017号注册商标续展至2021年1月20日。朱家角旅游公司持有注册人为“上海涵大隆公司”（即涵大隆公司）的两份涉案商标注册证原件及注册人为“朱家角旅游公司”的两份涉案商标注册证原件。

另查，宝宜公司成立于1996年10月10日，股东为上海新谊轿车配件有限公司、陆惠龙，法定代表人陆惠龙；上海新谊轿车配件有限公司成立于1993年10月26日，股东为陈署昌、陆建靖，法定代表人陆建靖。

涵大隆公司自2006年12月15日起企业状态为吊销未注销。

原告涵大隆公司诉称：其系第1506317号、1510017号注册商标的权利人。经过其努力经营和宣传，已濒临倒闭的涵大隆酱园及“涵大隆”品牌重获新生。2005年6月，涵大隆公司的实际控制人和经营管理负责人陈署昌因涉嫌合同诈骗罪被刑事拘留，并因此被判处有期徒刑10年，涵大隆公司经营管理陷入混乱。2012年8月，陈署昌假释出狱，涵大隆公司发现其所有的第1506317号、1510017号注册商标已于2006年3月转让至上海朱家角涵大隆食品有限公司，又于2009年6月由上海朱家角涵大隆食品有限公司转让至朱家角旅游公司。涵大隆公司从未与上海朱家角涵大隆食品有限公司达成过任何关于涉案商标的转让协议，亦从未进行过任何磋商，涵大隆公司无转让商标的意思表示，2006年转让商标申请书上的涵大隆公司盖章系朱家角投资公司利用其掌控的涵大隆公司公章，擅自所为。涵大隆公司依法取得的商标专用权依法受到法律保护，故上海朱家角涵大隆食品有限公司未经涵大隆公司同意，非法取得注册商标的行为，严重侵害了涵大隆公司的合法权益，依法不能成立；之后上海朱家角涵大隆食品有限公司将非法取得的注册商标又转让至其股东朱家角旅游公司的行为应属无效，朱家角旅游公司亦不具备善意要件。上海朱家角涵大隆食品有效公司系由朱家角投资公司、朱家角旅游公司出资设立，并已于2009年9月核准注销，故其应承担的责任应由其股东承担。综上，涵大隆公司起诉要求：1. 确认第1506317号、1510017号注册商标由上海朱家角涵大隆食品有限公司受让的行为不成立；2. 确认第1506317号、1510017号注册商标由上海朱家角涵大隆食品有限公司向朱家角旅游公司转让的行为无效；3. 确认涵大隆公司是1506317号、1510017号注册商标的商标专用权人；4. 本案诉讼费用由朱家角投资公司、朱家角旅游公司承担。

被告朱家角投资公司辩称：不同意涵大隆公司的诉请。涉案商标系经合法程序转让，第一次转让时上海朱家角涵大隆食品有限公司委托商标代理公司办理相关手续，转让申请书上有涵大隆公司的盖章，相关资产转让协议中也涉及商标转让事实，原始的商标注册证亦在朱家角投资公司处，故商标转让行为系涵大隆公司真实意思表示。本案涵大隆公司并非陈暑昌个人，其也不是涵大隆公司的法定代表人，商标转让事宜与陈暑昌是否羁押无关。两次商标转让公告期间，涵大隆公司均未提出异议，且商标原始注册的期限至2011年已届满，之后是由朱家角旅游公司申请续展，故请求驳回涵大隆公司的诉讼请求。

被告朱家角旅游公司辩称：不同意涵大隆公司的诉请。涉案商标两次转让均经合法程序，现其为涉案商标的专用权人，原始的商标注册证原件亦在其处，陈暑昌与本案争议无关，故请求驳回涵大隆公司的诉讼请求。

【审判】

上海市普陀区人民法院经审理认为：

按照《商标法》及相关司法解释规定，转让注册商标需要签订转让协议并向商标局提交申请书。本案中虽双方均无法提供商标转让协议，但商标局及相关商标代理公司均表示转让时确存在转让协议，且商标转让申请书上亦加盖了原告公章，可以认定双方就商标转让达成合意。商标转让申请书上加盖的公章经原告实际控制人交由案外人保管，即视为原告将公章交由案外人，虽该案外人临时受聘于被告一，但无法就此认定商标转让申请书上的公章系被告一擅自所为。结合商标的原始商标注册证由被告二掌握、涉案商标在转让后一直由两被告及相关公司使用、原告未在商标转让公告期内提出异议，亦未在原始期限届满后申请续展，相关资产转让协议中对于商标转让事项有所体现以及涉案商标和涵大隆酱园地产联系紧密，法院认定涉案商标于2006年进行转让时，原告是明知的，商标转让系其真实意思表示，转让行为合法有效，原告要求确认2009年转让行为无效的诉讼请求缺乏事实和法律依据，要求认定原告为涉案两商标专用权人的诉讼请求亦无法支持。依照《中华人民共和国民法通则》第四条、第五十五条第（二）项，《中华人民共和国商标法》第三十八条第一款、第三十九条第一款，《中华人民共和国商标法实施条例》第二十五条第一款，《最高人民法院关于民事诉讼证据的若干问题》第二条的规定，判决：对原告的所有诉讼请求均不予支持。

一审判决后，原告不服，向上海市第二中级人民法院提起上诉。

上诉人涵大隆公司上诉称：朱家角投资公司、朱家角旅游公司并未提供涵大隆公司与上海朱家角涵大隆食品有限公司之间就涉案商标签署的转让协议，直接推定双方之间存在转让协议，显然有违证据规则；证人袁德友收取涵大隆公司公章的行为应认定为朱家角投资公司而非袁德友个人持有该公章，朱家角投资公司持有公章期间所发生的加盖公章转让涉案注册商标的行为应当推定为朱家角投资公司擅自所为；不认可《涵大隆部分资产转让协议》的真实性，该协议无法证明原告对涉案商标的转让知情；涵大隆公司未签署涉案商标转让协议，也没有转让涉案商标的任何意思表示。涵大隆公司是否明知朱家角投资公司、朱家角旅游公司使用涉案商标，涵大隆公司是否就涉案商标提出续展申请等行为，均不能据此推定涵大隆公司做出了转让涉案商标的意思表示；涵大隆公司与朱家角投资公司之间的不动产的资产转让协议并未涉及涉案商标。综上，涵大隆公司请求本院依法撤销原审判决，支持涵大隆公司原审诉讼请求。

被上诉人朱家角投资公司和朱家角旅游公司共同辩称，原审法院认定事实清楚，适用法律正确，请求本院依法驳回上诉，维持原判。

上海市第二中级人民法院经审理后认为，原审法院查明事实清楚，适用法律正确，判决驳回上诉，维持原判。

【评析】

商标转让是日常商业活动中的常见行为，在知识产权价值日益升温的今天，商标转让行为的有效性常成为主要的争议内容。对此，商标转让合同意思表示的真实性是判断合同效力的重要方式。在存在商标转让合同书面文本时，应当根据合同内容进行认定。而在缺乏书面合同时，商标转让行为也并非当然无效，在完成商标转让手续并有其他证据佐证时，同样可以推定合同存在。此时，可以结合争议双方对权利证书持有情况、商标使用情况、商标维护情况、委托代理人情况及其他相关协议等内容，对商标转让合同意思表示真实性作出认定。

一、书面合同缺失不影响商标转让行为的效力

根据《中华人民共和国商标法》及相关司法解释的规定，转让注册商标的，转让人和受让人应当签订转让协议，并共同向商标局提出申请并提交转让注册商标申请书，转让注册商标申请手续由受让人办理。按照上述规定，商标转让协议是商标转让的必备文件。但由于各种原因，存在案件双方当事人均无法提供商标转让协议书面文本，代办相关手续的商标代理公司以及商标局也无法提供合同书面文本的情况。本案中，商标转让行为已由代理公司代为办理并完成了转让的相关手续，此时应当推定转让双方存在商标转让合同。案件审理中，商标代理公司、商标局均表示当时确实存在商标转让协议，但因特别原因无法提供转让合同的文本。在此条件下，法院依据加盖有转让人和受让人公章的商标转让申请书、双方及其关联公司之间签署的资产转让协议以及参与转让人员的证言，依据高度盖然性的证明要求推定当时确有双方转让商标的协议存在。

二、对转让协议中当事人意思表示真实性的判断

根据《中华人民共和国民法通则》第四条的规定，民事活动应当遵循自愿、公平、等价有偿、诚实信用的原则。民事法律行为应当具备的条件中就包括意思表示真实。因此，意思表示的真实性是商标转让行为成立的必要条件。在缺少商标转让合同书面文本的情况下，推断当事人是否具有转让商标的真实意思表示时，需要结合多种因素进行综合推断。考虑的因素包括：

1. 商标注册证书的持有情况。通常情况下，权利人将权利证书原件交付与受让人，可视为权利人欲进行商标权交易的诚意表示。本案中，涉案商标的原始商标注册证（注册人为原告）原件由被告朱家角旅游公司持有，其亦表示注册证系原告在转让过程中提供。在此情形下，可以先行推定双方具有转移注册商标专用权的意思表示。持相反意见一方应举证证明双方缺乏交易的意思表示。本案原告认为商标注册证的移转系其主要控制人入狱后经营混乱所导致，但无法举证证明，该主张不足以推翻商标注册证书转移对双方存在交易的意思表示的推定。

2. 双方对商标的使用情况。通常情况下，在完成商标权转移后，转让方应停止对原商标的使用，受让方则开始对商标的使用。本案中，原告作为商标转让的转让方，转让前并未停止对涉案商标的正常使用，而在2006年即双方完成商标转让行为后，转让方即停止了对涉案商标的使用。二被告作为商标转让的受让方，在完成商标转让后一直使用涉案商标至今。上述行为符合商标转让后双方对商标使用的惯常做法。

3. 双方对商标的维护情况。通常情况下，商标权利人对商标富有维护的义务，包括在商标权到期后积极续展，以及发现他人存在侵权行为时通过民事、行政等手段积极维权的内容。本案中，原告在取得涉案老字号后即进行了涉案商标注册申请，具有较强的商标保护意识。但在两涉案商标期限届满至商标续展宽限期的6个月到期时，原告都未提起续展申请，此做法与其主张的未发生商标权转移的表述相悖。相反，被告朱家角旅游公司作为商标的受让方，在完成商标转让后商标权第一次到期时，即向商标局提起商标续展申请并完成相关工作，可以认为其对已经完成商标转让并拥有涉案商标权具有内心确认。同时，两被告在完成商标转让后即开始生产、销售包含涉案商标的商品，该行为是公开的，原告主张自己为权利人而未对此“侵权行为”提出过异议，有悖权利人积极维护自身权益的常理。

4. 相关资产转让协议的内容。除商标转让协议外，转让双方还存在其他相关资产转让协议的，可以作为商标转让行为存在与否的重要推断。本案所涉及的涵大隆商标系沪上知名老字号，其主要的经营场所即涵大隆酱园与承载了涵大隆商标的酱菜等产品，经过多年的历史积淀和经营人的宣传推广，共同组成了涵大隆老字号的品牌和资产。另外，涉案的涵大隆图文商标也与涵大隆酱园建筑外形高度一致。要充分获得并行使涉及涵大隆的资产和相关权利，其转让内容应当同时包含有形资产和无形资产（包括商标权）。在双方书面签订《涵大隆部分资产转让协议》并完成对涵大隆有形资产，即涵大隆酱园地产及相关物资的整体收购，受让人也明确表示将继续经营该酱园的情况下，排除商标权的转让将导致实际经营出现困难、收购目的无法实现。同时，该份资产转让协议中还包含书面对商标过户费用的约定，该约定与商标代理公司的相关表述能形成对应，原告方相关人员（原告实际经营人之子及受托人）也在协议上进行了签字，也从侧面印证了原告知晓涉案的商标转让行为，存在商标转让的意思表示。

5. 代理人身份及是否超越授权。原告为与被告完成资产转让交易，同时基于对案外人袁德友的信任，委托其办理与原告有关的事务，同时将公司公章等交予袁德友使用。在原告实际控制人之子陈凌峰根据原告公司及实际控制人的授权处理原告公司部分资产转让事宜时，也已经授权袁德友代为办理相关税费支付以及办理注册商标转让相关事宜。可见，袁德友持有公章办理涉案商标转让给被告相关事宜时，已经获得了原告的授权。因此，涉案商标转让文件上原告的公章体现了原告将涉案商标转让给被告的真实意思表示。

综合以上因素，可以推断商标转让系原告的真实意思表示。

（撰稿人：张佳璐　范丹杰）

六、

知识产权刑事案件

侵犯著作权罪与销售侵权复制品罪的定罪量刑

——朱建君、宁传银侵犯著作权，被告人罗明勇、宁传银等十三人销售侵权复制品案

【提要】

本案涉及的被侵权作品为CFA（特许金融分析师）、ACCA（特许公认会计师）等教材，涉案人数多，涉案金额较高，涉及对外国作品著作权人保护的判定，以及对各被告人具体犯罪行为准确定性及适当量刑，并实现罪行适应、宽严相济的刑事处罚原则。

【案情】

公诉机关：上海市杨浦区人民检察院

被告人：朱建君、罗明勇、喻飞、高磊、喻春、曹旭东、罗少利、余文忠、陈刚、张明全、曾辉、宁传银、郭义、余文燕

案由：侵犯著作权罪、销售侵权复制品罪

案号：（2012）杨刑（知）初字第216号

美国Kaplan公司系CFA教材的版权人。2011年10月，被告人罗明勇、喻飞、高磊、喻春、曹旭东、罗少利、余文忠、陈刚、张明全、曾辉、宁传银、郭义、余文燕等人为获取非法利益达成协议，形成一个统一供货、统一进价、统一销售价格、统一分红的销售非法复制的CFA教材的协议联盟，参加的人员须缴纳每人5 000元的保证金。由被告人罗明勇、喻飞联系被告人朱建君印制，负责提供非法复制的CFA教材，被告人高磊、喻春、曹旭东、罗少利、余文忠、陈刚、张明全、曾辉、宁传银、郭义、余文燕等人通过淘宝网店进行销售。每销售一套须上交50元作为协议联盟的共同利润，并由被告人喻飞统一保管记账，每月统计后平均分配至每个协议成员，共同牟利。至案发，被告人朱建君将其非法复制的CFA教材共2万余套（每套5本或6本）分三次销售给被告人罗明勇、喻飞，销售金额共计100余万元。2012年1月至3月，被告人罗明勇、喻飞、高磊、喻春、曹旭东、罗少利、余文忠、陈刚、张明全、曾辉、宁传银、郭义、余

文燕等人销售非法复制的CFA教材违法所得共计130余万元。

2012年7月26日，公安人员在被告人罗明勇租赁的仓库内查获25 000本盗版CFA教材。

另查明，被告人宁传银与游志明、刘仲云（已判刑）共谋非法复制销售ACCA教材。由被告人宁传银非法复制ACCA教材，游志明、刘仲云利用其开设的淘宝网店，以每套（共两本）60元至80元的价格销售盗版ACCA教材，由被告人宁传银按照买家要求通过快递发送教材，买家付款后，游志明、刘仲云通过支付宝与被告人宁传银以每套45元的价格结算。至案发，游志明共支付被告人宁传银2 500余元，共销售非法复制的ACCA教材100余本；刘仲云通过支付宝共支付被告人宁传银4 600余元，共销售非法复制的ACCA教材180余本。2012年7月26日，公安人员在被告人宁传银租赁的仓库内查获由其非法复制的ACCA教材521本等书籍；在被告人宁传银经营的打印店内查获打印机、切纸机、覆膜机等印刷设备以及电脑等物品。案发后经鉴定，确认上述书籍均系盗印及影印的教材。

十四名被告人对起诉书指控均无异议。

朱建君的辩护人辩称：朱建君系上海盈涔印刷有限公司的业务员，收取的100余万元钱款中，大部分作为公司成本和利润缴纳给公司；涉案书籍的印刷业务并非朱主动招揽的业务，请求从轻处罚并适用缓刑。

罗明勇的辩护人辩称：罗明勇如实供述，认罪态度好，请求从轻处罚并适用缓刑。

喻飞的辩护人辩称：喻飞系从犯，其有坦白情节，请求从轻处罚并适用缓刑。

高磊的辩护人辩称：无法证实涉案CFA书籍是否受中国法律保护，高磊相对于位列其后的被告人没有任何相对积极或较重情节的行为，其有坦白情节，请求从轻处罚并适用缓刑。

喻春的辩护人辩称：没有证据证明CFA受我国著作权法保护，起诉书没有区分主从犯，喻春系从犯，有坦白情节，请求从轻处罚并适用缓刑。

曹旭东的辩护人辩称：曹旭东系从犯，认罪态度好，请求从轻处罚并适用缓刑。

罗少利的辩护人辩称：罗少利犯罪时间不长，系从犯，有坦白情节，请求从轻处罚并适用缓刑。

张明全的辩护人辩称：张明全系从犯，认罪态度好，请求从轻处罚并适用缓刑。

曾辉的辩护人辩称：曾辉如实供述自己的罪行，请求从轻处罚并适用缓刑。

宁传银的辩护人辩称：宁传银如实供述，在销售中起从属作用，请求从轻处罚。

郭义的辩护人辩称：郭义系从犯，如实供述自己的罪行，请求从轻处罚并适用缓刑。

【审判】

上海市杨浦区人民法院经审理认为：朱建君未经著作权人许可，非法复制发行CFA教材数量合计在二千五百本以上，非法经营数额在人民币二十五万元以上，情节特别严重，其行为已构成侵犯著作权罪；罗明勇、喻飞、高磊、喻春、曹旭东、罗少利、余文忠、陈刚、张明全、曾辉、宁传银、郭义、余文燕共谋，以营利为目的，销售非法复制的CFA教材，违法所得数额在人民币十万元以上，数额巨大，其行为均已构成销售侵权复制品罪；宁传银未经著作权人许可，非法复制发行ACCA教材数量合计在五百本以上，情节严重，其行为已构成侵犯著作权罪，公诉机关指控的罪名成立，对十四名被告人依法均应予惩处。宁传银在判决宣告前一人犯数罪，应当数罪并罚。宁传银在有期徒刑刑罚执行完毕五年内再犯应当判处有期徒刑以上刑罚之罪，是累犯，依法应当从重处罚。朱建君到案后如实供述自己的罪行，依法可以从轻处罚。罗明勇、高磊、喻春、曹旭东、罗少利、余文忠、张明全、曾辉、郭义、余文燕到案后如实供述自己的罪行，并退出了违法所得，预缴了全部或部分罚金，依法均可以从轻处罚。宁传银到案后如实供述自己的罪行，并退出了部分违法所得，依法可以从轻处罚。陈刚能当庭自愿认罪，并退出了违法所得，预缴了罚金，可以酌情从轻处罚。喻飞到案后如实供述自己的罪行，依法可以从轻处罚，但其未退出违法所得，其辩护人建议对其适用缓刑的相关辩护意见，不符合相关法律的规定，不予采纳。故判决朱建君犯侵犯著作权罪，判处有期徒刑三年八个月，罚金人民币十五万元；罗明勇犯销售侵权复制品罪，判处有期徒刑一年六个月，缓刑一年六个月，罚金人民币七万元；喻飞犯销售侵权复制品罪，判处有期徒刑一年六个月，罚金人民币七万元；高磊犯销售侵权复制品罪，判处有期徒刑一年三个月，缓刑一年三个月，罚金人民币三万五千元；喻春、曹旭东、罗少利、余文忠、陈刚、余文燕犯销售侵权复制品罪，判处有期徒刑一年二个月，缓刑一年二个月，罚金人民币三万五千元；张明全、曾辉、郭义犯销售侵权复制品罪，判处有期徒刑一年，缓刑一年，罚金人民币三万五千元；宁传银犯销售侵权复制品罪，判处有期徒刑一年八个月，罚金人民币三万五千元，同时犯侵犯著作权罪，判处有期徒刑十一个月，罚金人民币三千元，决定执行有期徒刑二年三个月，罚金人民币三万八千元；扣押在案的违法所得人民币384 857元、查获的侵权书籍及犯罪工具电脑、打印机、切纸机、覆膜机等均予以没收，责令被告人朱建君、喻飞、宁传银退出违法所得。

判决后，公诉人未抗诉，被告人喻飞、宁传银提起上诉。上海市第二中级人民法院经审理，裁定驳回上诉、维持原判。

【评析】

本案是一起十余人参与，有组织、有分工的侵犯著作权、销售侵权复制品犯罪案件，涉及的被侵权作品为CFA（特许金融分析师）、ACCA（特许公认会计师）等教材，各被告人参与犯罪的作用、犯罪金额、数量均有所不同，故法院根据具体情况分别判处相应的刑罚。

关于本案罪名，朱建君非法印制涉案教材虽系由于罗明勇、喻飞联系，但复制过程中仅其本人参与，且所印制书籍系销售予罗明勇、喻飞，故朱建君的行为应与罗明勇等人的行为分别定性。侵犯著作权罪所涉及的犯罪行为可以包含复制、发行二项行为，朱建君在非法复制涉案教材后又予以销售，符合侵犯著作权罪的构成要件，故以该罪名予以判处。其余被告人中，除宁传银外，均只具有销售盗版教材的行为，故以销售侵权复制品罪予以判处。

关于涉案外国CFA、ACCA作品是否受我国法律保护。著作权的享有受到严格的地域限制，著作权的效力一般仅限于本国领土内。我国刑法规定侵犯著作权罪，所保护的作品应是在我国领土内享有著作权的作品，外国作品因原则上不具有著作权，故不受我国法律保护。但外国作品的作者在一定的条件下可以在我国取得著作权。根据我国《著作权法》第二条第一款的规定，外国主体在中国境外出版的作品，根据其所属国或经常居住国与中国签订的协议或者共同参加的国际条约享有著作权，并受我国法律保护。本案涉案的CFA、ACCA教材的著作权人为美国人、英国人，由于美英二国与我国均系《伯尔尼公约》的成员国，故依据国民待遇原则，该两国的公司所具有版权的涉案教材应受我国法律的保护。

对于本案多名辩护人提出针对罗明勇等十三人应区分主从犯。罗明勇等十三人系共谋销售侵权复制品并成立相应的“协议联盟”，参与的各被告人均按照“协议联盟”约定的内容，积极实施各自的供货、保管记账、销售等行为，均为协议联盟的一员，且每销售一套须上交的50元红利是统筹后平均分配的，并不存在主从作用的区分。但是，被告人罗明勇、喻飞涉及联系供货、财务统计等事项，所起作用较其他成员突出，故在量刑时予以适当区分。

关于本案量刑，考虑到被告人朱建君非法复制发行教材数量多，金额大，被告人宁传银涉及数罪，且系累犯，被告人喻飞一方面在销售侵权复制品共同犯罪中所起作用相对突出，另一方面其对尚未分配的非法获利自行占有，并在审理中未予退出，故依法不予适用缓刑。同时，对于其余被告人，根据其在犯罪中的作用、犯罪行为的社会危害性、实际造成的损害结果的大小、认罪悔罪态度及退出违法所得、预缴罚金等情节，综合考量，予以适用缓刑，从而实现罪刑适应、宽严相济。

（撰稿人：陈蔓莉　张　呈）

披露型侵犯商业秘密罪中权利人损失的认定

——吴广侵犯商业秘密案

【提要】

被告人非法披露权利人的商业秘密，导致商业秘密为公众所知悉进而丧失应有的商业价值，给权利人造成损失。但权利人遭受的直接经济损失难以计算，被告人又并未从中获利。本案中，法院参照反不正当竞争法规定的侵害商业秘密民事侵权赔偿额的确定方法，根据商业秘密的研究开发成本确定被告人行为造成的权利人损失。

【案情】

公诉机关：上海市浦东新区人民检察院

被害单位：辉瑞公司（PFIZER INC.）

被害单位：上海药明康德新药开发有限公司

被告人（上诉人）：吴广

案由：侵犯商业秘密罪

一审案号：（2012）浦刑（知）初字第42号

二审案号：（2013）沪一中刑（知）终字第10号

被害单位上海药明康德新药开发有限公司（以下简称上海药明康德公司）为被害单位辉瑞公司提供化学合成服务，根据辉瑞公司的订单，设计结构式的具体合成路径并进行实验，将合成的化合物及记载具体合成信息的实验报告交付给辉瑞公司。上海药明康德公司为此采取了设置实验室门禁，电脑登录口令，禁用光驱、软驱、USB接口等一系列保密措施。

被告人吴广自2008年3月18日起在上海药明康德公司处工作，岗位为辉瑞项目组的合成研究员，并签订了保密协议。2010年9月、10月，被告人吴广先后数次采用秘密拆换电脑硬盘的方式，窃取上海药明康德公司其他研究人员电脑中的实验报告等研究材料。被告人离职后，于2011年3月2日和11日将窃取材料中的结构式，以尚未成立的上海艾娜科生物医药科技有限公司（2011年6月2

日成立，吴广系法定代表人）的名义，在该公司网站及 SciFinder、ACDFIND 两个数据库上公开披露。

公安机关委托上海市科技咨询服务中心对被告人披露的 89 个结构式进行鉴定，除 1 个检材有误外，其余 88 个结构式分别于 2011 年 3 月 2 日和同年 3 月 11 日首次由其公开，在被告人披露前属不为公众所知悉的技术信息。就其中的 28 号、29 号和 75 号结构式，在被告人首次披露前，辉瑞公司对该 3 个结构式享有专利优先权，但公开日在首次披露日后。上述结构式的化合物具有很高药用或其他生物化学方面的潜在价值和应用前景，具有实用性，能为权利人带来经济利益。上述 88 个结构式与上海药明康德公司为辉瑞公司研发的相应 88 个结构式相同，但被告人披露的 61 号结构式为辉瑞公司用于比对的 61 号结构式的反应物的结构式。此外，鉴定机构在组织专家论证后，出具咨询意见认为，上述化合物结构式等相关信息自被披露至 2011 年 11 月已超过 6 个月时间，相应信息已丧失新颖性，直接导致上述结构式等相关信息丧失了获得专利保护的权利。经上海公信中南会计师事务所有限公司审计，其中 80 个结构式涉及的研发费用共计人民币 2 686 103. 43元。

公诉机关指控称，被告人吴广窃取结构式及合成信息，其披露结构式的行为导致结构式不能申请专利，包括结构式设计和合成费在内的全部研发费用都是被害单位的损失。其中，可以查明的合成费已达人民币 2 686 103. 43 元。据此认定，被告人以盗窃方法获取权利人的商业秘密并非法披露，造成特别严重后果，其行为已触犯《刑法》第二百一十九条第一款第（一）、（二）项之规定，构成侵犯商业秘密罪，建议判处三年以上七年以下有期徒刑，并处罚金；因被告人到案后如实供述自己的罪行，建议可以从轻处罚。

被告人对起诉书指控其实施的行为无异议。其与辩护人的主要辩护意见包括：1. 涉案结构式虽属研发成果，但不构成商业秘密。检索报告未对异构体和近似结构式是否存在“无须付出一定的代价而容易获得”进行判断，非公知性意见缺乏基础。结构式本身不具价值性、实用性，未合成成功的更不具备实用性。2. 公诉机关未查明被告人行为给辉瑞公司造成的实际损失。只有验证新设计的结构式能否合成才属于结构式的研发，故辉瑞公司提供制备方法的结构式以及中间体结构式的合成费均属化合物用途的研发成本，且全部合成质量均超过了验证结构式所需，均非结构式的研发目的。仅公开结构式仍可申请专利保护，其价值没有减损。3. 即便构成犯罪，还应扣除部分结构式的合成费，犯罪金额不可能达到 250 万元。此外，还提出多份证据存在重大瑕疵等辩护意见。

【审判】

上海市浦东新区人民法院经审理认为：除 1 个结构式检材有误外，被告人披露了88个与辉瑞公司相同的结构式，根据控辩意见，本案争议焦点主要为：一、该88个结构式及其合成信息是否属于商业秘密；二、权利人损失的认定。关于争议焦点一，经专业机构检索，这88个结构式在被告人披露前属于不为公众所知悉的技术信息，故具有非公知性；结构式研发中包含了专业技术人员的创造性劳动，结构式可合成化合物或供下一步研究之用，合成失败也能帮助拓宽研究思路，故能为权利人带来竞争优势，具有实用性和价值性。因此，涉案结构式及其合成信息属于商业秘密。关于争议焦点二，被告人的行为导致结构式被公众知悉，给权利人造成的损失可根据相应研发成本来计算。研发过程包括结构式的设计、合成验证、重复合成等阶段，辉瑞公司为此支出的费用均属结构式的研发成本。本案查实的合成费属于后两个阶段的研发成本，可认定为被告人行为给权利人造成的损失。但其中计入费用的辉瑞公司61号结构式实为被告人披露结构式的下一步研发成果，不应认定为权利人损失；辉瑞公司享有专利优先权的三个结构式的合成费也应从中扣除，扣除后共计260万余元。综上，被告人窃取了辉瑞公司构成商业秘密的结构式及合成信息，并公开披露结构式，造成特别严重后果，其行为构成侵犯商业秘密罪。被告人到案后如实供述自己的罪行，依法可从轻处罚。最终综合被告人的犯罪情节、认罪悔罪表现及其犯罪行为的恶劣影响等，依照《中华人民共和国刑法》第二百一十九条第一款第（一）、（二）项、第六十七条第三款、第五十二条、第五十三条、第六十四条，《最高人民法院、最高人民检察院关于办理侵犯知识产权刑事案件具体应用法律若干问题的解释》第七条第二款之规定，以侵犯商业秘密罪判处被告人吴广有期徒刑三年六个月，罚金人民币十万元；没收扣押的移动硬盘一块。

一审判决后，被告人吴广不服，向上海市第一中级人民法院提起上诉。

上海市第一中级人民法院经审理，确认了一审查明的事实，并认为原判根据上诉人吴广的犯罪性质、具体情节及对社会的危害程度所做的定罪量刑并无不当，且诉讼程序合法，故依照《中华人民共和国刑事诉讼法》第二百二十五条第一款第（一）项之规定，裁定驳回上诉，维持原判。

【评析】

侵犯商业秘密罪的构成要件之一是给权利人造成重大损失，司法解释规定了50万元以上和250万元以上两档法定刑幅度的追诉标准。然而刑法及其司法解释均未对权利人损失的计算方式作出规定，导致权利人损失很难用具体、量化的形式表现出来，成为审理侵犯商业秘密刑事案件的重点和难点。

一、侵犯商业秘密罪中权利人损失的认定方法

关于权利人损失的表述，在2001年《最高人民检察院、公安部关于经济犯罪案件追诉标准的规定》（已废止）中为“直接经济损失数额”，到2004年《最高人民法院、最高人民检察院关于办理侵犯知识产权刑事案件具体应用法律若干问题的解释》和2010年《最高人民检察院、公安部关于公安机关管辖的刑事案件立案追诉标准的规定（二）》中则为“损失数额”。可见，虽然刑法及其司法解释未对权利人损失的计算方法进行规定，但其内涵呈扩大趋势，不再局限于直接的实际的经济损失。“损失数额”的含义，与侵犯商业秘密民事案件中损害赔偿额的范围在本质上存在一致性，即尽量反映权利人因侵犯商业秘密行为所遭受的损失。因此在侵犯商业秘密刑事案件中，法官常借鉴侵犯商业秘密民事案件中损害赔偿额的确定方法来认定权利人损失。公安部《关于在办理侵犯商业犯罪案件中如何确定“给商业秘密权利人造成重大损失”计算方法的答复》亦规定，对难以计算侵犯商业秘密给权利人所造成的损失的，司法实践一般可参照反不正当竞争法规定的民事赔偿额的计算方法。

《反不正当竞争法》第二十条规定，侵犯商业秘密案损害赔偿额的确定依据依次为权利人损失和侵权人获利。《最高人民法院关于审理不正当竞争民事案件应用法律若干问题的解释》第十七条还规定，可以参照专利侵权的损害赔偿额方法，即依次根据权利人损失、侵权人获利、专利许可使用费的倍数来确定；同时规定，因侵权行为导致商业秘密已为公众所知悉的，应根据该项商业秘密的商业价值确定损害赔偿额，根据其研究开发成本、实施该项商业秘密的收益、可得利益、可保持竞争优势的时间等因素确定。根据上述规定，认定侵犯商业秘密罪的损失数额，应当根据损害结果样态的不同而有所区别。侵犯商业秘密的损害结果样态主要包括非法使用或允许他人使用商业秘密、仅披露他人商业秘密而并不使用、既披露又使用三种情形。为此，在司法实务中，对权利人损失数额的确定，一般有以下几种方法：

1. 权利人直接损失计算法，即直接计算权利人在被侵权期间损失的利润。可比较权利人在侵权期间的上一年度，相同时间段、相同生产量条件下的获利，利润的缩减量是其侵权期间的直接经济损失。这主要适用于市场行情相对稳定，权利人生产、经营处于连续状态，经营资料齐备的情形。有两种计算方法，一是以权利人产品因侵权所造成销售量减少的总数乘以权利人每件产品的合理利润所得之积计算，二是以侵权产品在市场上销售的总数乘以权利人每件产品的合理利润所得之积计算。例如周德隆等侵犯商业秘密一案［上海市第二中级人民法院（2003）沪二中刑初字第150号，上海市高级人民法院（2004）沪高刑终字第50号］中，公诉机关提交的审计报告即采取了以上两种计算方法。

2. 侵权人获利计算法，即以侵权产品销售总数乘以每件侵权产品的合理利润得出侵权获利。例如张曙贤等侵犯商业秘密一案［上海市浦东新区人民法院（2003）浦刑初字第137号，上海市第一中级人民法院（2003）沪一中刑终字第

343号］中，法院以被告人实际销售产品数量乘以其销售侵权产品的单位毛利率，来认定被告人的非法获利额并进而据此认定权利人损失。

3. 研发成本计算法，即通过核算权利人研究、开发商业秘密所投入的费用，以此为基础评估商业秘密本身的价值并据此认定权利人损失的计算方法。这主要适用于商业秘密在行业内或社会上被广为扩散，致使权利人研发的商业秘密完全丧失秘密性，从而丧失其作为商业秘密的价值的情形。例如沈大军侵犯商业秘密一案［北京市门头沟区人民法院（2008）门刑初字第25号判决书］中，被告人出于泄愤报复的目的，将被害单位尚未投入生产的商业秘密上传到网络，使其被广泛浏览、下载，法院以被害单位的研发费用作为权利人损失数额的计算依据。

二、披露型侵犯商业秘密罪中权利人损失的认定

在披露型侵犯商业秘密罪中，根据权利人自身对于商业秘密是否有使用行为，确定方法也有所不同。当商业秘密已被权利人使用并有产出时，其实施收益或可得利益有了可供计算的基础，可综合考虑研发成本、实施收益、可得利益及该商业秘密可保持竞争优势的时间来进行评估。当商业秘密并未被权利人投入使用时，权利人为开发该商业秘密而支付的研发成本成为认定其损失的最佳依据。然而，权利人为开发一项商业秘密而投入的资源具有多元化的特点，既有直接的财力投入，又有物力投入和难以量化的人力投入；同时，有些投入并非直接对应某项商业秘密的研发。因此，在衡量权利人投入的哪些成本可以纳入商业秘密的研发成本时，应重点把握两点：一是该成本是否属研发行为而产生；二是该成本可否对应于涉及的商业秘密。

本案所涉技术信息为化合物结构式及相应的合成信息，系新药研发的阶段性成果，尚未被权利人实际用于生产，因此难以查实权利人的实际损失。而被告人的犯罪行为系非法获取及披露商业秘密，亦并未从中获得经济利益。但被告人将商业秘密公开披露，致使权利人研发的涉密信息失去秘密性，则其作为商业秘密的价值完全丧失或基本丧失，必将对权利人造成经济损失。公诉机关以权利人支付的结构式合成费作为研发成本来认定权利人损失，而辩护人则认为该合成费属结构式研发后的加工费而非研发成本。主要应解决两个问题：一是结构式合成费是否属研发成本；二是该合成费是否针对涉案结构式的研发成本。

关于结构式合成费是否属研发成本，可结合结构式的研发过程来判断。在辉瑞公司及上海药明康德公司针对涉案结构式的研发中，主要涉及结构式的设计、检验结构式是否可合成化合物的合成验证、基于优化目的的重复合成实验等三个主要阶段。其中，结构式的设计由辉瑞公司完成，合成验证和重复合成实验由上海药明康德公司完成。结构式的设计成本无疑属于研发成本，然公诉机关及被害单位对此均未举证。至于后两个阶段的合成费，系上海药明康德公司根据辉瑞公司的订单从事合成服务的对价。其中，订单内容为目标结构式，上海药明康德公司的实验报告中包括目标结构式、合成路径、实验条件、实验步骤等内容。经比对订单和实验报告可知，上海药明康德公司并非仅仅根据辉瑞公司的指示进行合成，而需要设计具体的合成路径和步骤并操作、检验。实验的结果或是合成目标化合物，使结构式从设想变为现实，或是得到其他化合物。上述过程属于科学实验的正常过程，具有相当程度的创造性，属于研发而非加工承揽，因此合成费属于研发费而非辩护人所认为的加工费。

关于合成费是否针对涉案结构式的研发成本。合成费所对应的研发成果为实验报告，其内容包括结构式及其合成信息，故合成费中包含了结构式与合成信息的价值。但是，从结构式的研发目的上来看，这两部分的价值又密不可分。辉瑞公司委托上海药明康德公司合成的结构式是基于研发新药的目的。一个化合物从最初的基础研究、靶标确定、结构式设计和合成、活性和毒理实验等，到最终成药需要花费十多年的时间，大部分研发均围绕结构式进行。在成药前，制药公司以结构式申请专利，而在申请专利前则通过商业秘密来进行保护。可见，结构式为新药研发的核心。虽然被告人仅披露了结构式，他人根据结构式无法直接知道其合成信息，但被告人的行为导致结构式必定得不到发明专利的保护。对研发新药的制药公司而言，结构式一旦被披露，其价值则基本丧失殆尽。因此，辉瑞公司为研发涉案结构式而投入的合成验证费及重复合成实验费均可认定为结构式的研发成本，并据此认定权利人损失。

侵犯商业秘密造成的损失情形非常复杂，在案件审理中应区分不同情形采取不同的计算标准。就本案而言，被告人的披露行为导致涉案商业秘密丧失秘密性，其以新药研发为目的的价值基本丧失，因此根据已查实的权利人支付的研发成本来认定其损失数额是适当的。

（撰稿人：叶菊芬）

侵犯著作权罪定罪量刑标准的适用

——何爱伟、上海同伟图文制作有限公司、杨雄伟、蔡志华侵犯著作权罪案

【提示】

侵犯著作权罪在定罪量刑时有两项标准，其一为非法经营的金额，其二为非法复制发行的作品数量。在两者对定罪量刑不能指向同一量刑档次时，应选择适用较重的标准。

【案情】

公诉机关：上海市杨浦区人民检察院

被告人：何爱伟

被告单位：上海同伟图文制作有限公司

被告人：杨雄伟

被告人：蔡志华

案由：侵犯著作权罪

案号：（2014）杨刑（知）初字第62号

被告人何爱伟在未得到相关著作权人许可的情况下，从网络上下载《之江新语》、《摆脱贫困》、《科学与爱国》、《干在实处，走在前列》等电子版书籍或购书拆装，利用购买的打印机、复印机及无线胶装机等设备予以打印、复印、裁剪、装订成册，并通过他人和其本人的身份证件在淘宝网上注册的"惠生图文"、"上海复旦网上书店"淘宝网店，以低于市场售价的价格进行销售。自2013年1月至案发，"惠生图文"网店共销售上述书籍1 327本，"上海复旦网上书店"网店共销售上述书籍3 320本，销售金额共计87 000余元。

其间，被告人何爱伟将《摆脱贫困》、《之江新语》等书的封面，以每张1.6元的价格委托被告人杨雄伟、蔡志华经营管理的被告单位上海同伟图文制作有限公司为其印制。至案发，上海同伟图文制作有限公司为被告人何爱伟制作《摆脱贫困》、《之江新语》等书的封面1 400余个（印制的800余张中有部分一张包含

两个封面）。

2014 年 4 月 15 日，被告人何爱伟、杨雄伟、蔡志华被公安人员抓获归案，到案后均如实供述了犯罪事实。

公诉机关指控：被告人何爱伟、被告单位上海同伟图文制作有限公司及被告人杨雄伟、蔡志华的行为均已构成侵犯著作权罪，被告人何爱伟情节特别严重，被告单位上海同伟图文制作有限公司及被告人杨雄伟、蔡志华情节严重；被告人何爱伟系主犯，被告单位上海同伟图文制作有限公司及被告人杨雄伟、蔡志华系从犯；被告人何爱伟、被告单位上海同伟图文制作有限公司及被告人杨雄伟、被告人蔡志华均能坦白交代，提请依法惩处。

被告人何爱伟、被告单位上海同伟图文制作有限公司及被告人杨雄伟、被告人蔡志华对起诉书指控的事实及罪名均无异议。

被告人何爱伟的辩护人辩称：被告人何爱伟认罪态度好、具有坦白情节，系初犯、偶犯，家属愿意帮助赔偿和缴纳罚金，希望法庭对其从轻处罚。

被告人杨雄伟的辩护人辩称：被告人杨雄伟在犯罪中获利少，文化程度低，主观恶性较小。

被告人蔡志华的辩护人辩称：被告人蔡志华主观恶性不大，其在整个印制盗版书中作用较小，系从犯，认罪态度好、具有坦白情节，系初犯、偶犯，希望法庭对其从轻处罚。

【审判】

上海市杨浦人民法院经审理认为：被告人何爱伟未经著作权人许可，非法复制发行他人文字作品，复制发行数量合计在二千五百本以上，情节特别严重；被告单位上海同伟图文制作有限公司为被告人何爱伟复制发行的部分书籍印制封面，提供帮助，情节严重，被告人杨雄伟、蔡志华系该公司经营管理人员，其行为均已构成侵犯著作权罪。该案系共同犯罪，被告人何爱伟起主要作用，系主犯；被告单位上海同伟图文制作有限公司起次要作用，系从犯，对被告单位上海同伟图文制作有限公司及被告人杨雄伟、蔡志华依法应当从轻处罚。被告人何爱伟到案后能如实供述自己的罪行，依法可以从轻处罚。被告单位上海同伟图文制作有限公司、被告人杨雄伟、蔡志华到案后能如实供述自己的罪行，并退出了违法所得，预缴了罚金，依法可以从轻处罚。故对何爱伟判处有期徒刑三年六个月，罚金人民币五万元；对被告单位上海同伟图文制作有限公司判处罚金人民币一千元；对被告人杨雄伟判处拘役六个月，罚金人民币二百元；对被告人蔡志华判处拘役六个月，罚金人民币一百元；扣押在案的违法所得及查获的侵权书籍，犯罪工具复印机、胶装机、切纸机、电脑等均予以没收；责令被告人何爱伟退出违法所得。

判决后，公诉机关未抗诉，被告人何爱伟、被告单位上海同伟图文制作有限公司、被告人杨雄伟、蔡志华均未上诉，一审判决发生法律效力。

【评析】

本案系国家版权局2014“剑网”行动重点案件。侵犯著作权犯罪案件多既涉及犯罪金额，又涉及犯罪数量，故《最高人民法院、最高人民检察院关于办理侵犯知识产权刑事案件具体应用法律若干问题的解释》第五条、《最高人民法院、最高人民检察院关于办理侵犯知识产权刑事案件具体应用法律若干问题的解释（二）》第一条分别就非法经营额、非法复制发行数量作出定罪量刑规定：因侵犯著作权，非法经营额在五万以上或非法复制发行作品数量五百张（份）以上，应在三年以下予以量刑，非法经营额在二十五万以上或非法复制发行作品数量二千五百张（份）以上，应在三年以上七年以下予以量刑。本案中，被告人何爱伟未取得著作权人的许可，为获取非法利益，非法印制的书籍超过4 600本以上，并对外销售，非法经营金额达87 000余元。若按照被告人何爱伟的犯罪金额，应在三年以下量刑，但按照其印制的书籍数量，则应在三年以上量刑，在两个量刑标准衡量被告人何爱伟的行为而未指向同一量刑档次时，应采用处罚较重的标准，以使罪刑相适应。

在被告人何爱伟非法印制涉案书籍的过程中，委托被告单位上海同伟图文制作有限公司印制部分侵权书籍封面，被告单位上海同伟图文制作有限公司为获取利益，知道何爱伟非法印制书籍的事实而仍然提供帮助，虽然该公司非法经营额尚未达到入刑门槛，但是其为被告人何爱伟的盗版书籍提供封面数量达1 400余个，故其就该数量与被告人何爱伟构成共同犯罪，该公司及其负责人被告人杨雄伟、蔡志华遂需承担相应的刑事责任。

（撰稿人：陈蔓莉　张　呈）

网络销售盗版 ISO、IEC 国际标准文件的定罪与量刑

——王凯侵犯著作权罪案

【提要】

根据《伯尔尼公约》的国民待遇原则，法院认定 ISO、IEC 国际标准文件属于我国法律保护的作品，被告人王凯通过网络销售盗版 ISO、IEC 国际标准文件的行为系《刑法》第二百一十七条所指的“复制发行”行为，并根据案件实际情况，基于刑事谦抑原则，将从被告人处查获的部分侵权 ISO、IEC 国际标准文件计入被告人侵犯著作权犯罪的数量。

【案情】

公诉机关：上海市宝山区人民检察院

被告人：王凯

案由：侵犯著作权罪

案号：（2014）杨刑（知）初字第 35 号

2010 年 10 月起，被告人王凯为牟取非法利益，先后开设 www. pdfez. com、www. normnow. com、www. pdfstd. com、www. buystd. com、www. enstd. com 五家网站，未经授权，将大量 ISO、IEC 等国际标准目录进行分类上传至网站，明码标价，对外销售上述国际标准文件。其中，www. enstd. com 网站上有 ISO 标准文件的目录 28 086 条，IEC 标准文件的目录 7 865 条；www. buystd. com 网站上有 ISO 标准文件的目录 20 084 条。购买者在网站进行购买操作后，向王凯注册或控制的 Paypal 账号进行交易支付，王凯通过自己控制的、与 Paypal 账号绑定的银行账户收取钱款。支付完成，王凯通过邮件方式向购买者发送所购国际标准文件。2013 年 9 月 24 日，公安人员将王凯抓获，并查扣涉案台式电脑、笔记本电脑及硬盘等物。经鉴定，在王凯的电脑及硬盘中存有 ISO 标准文件 5 065 个，其中 4 407个与 www. enstd. com 网站上用于销售的 ISO 标准目录一致，1 699 个与 www. buystd. com 网站上用于销售的标准目录一致；存有 IEC 标准文件 2 017 个，

其中 1 370 个与 www. enstd. com 网站上用于销售的 IEC 标准目录一致。

上海市宝山区人民检察院指控：被告人王凯以信息网络手段销售其复制的国际标准文件，其行为符合《刑法》第二百一十七条所指的发行行为。

被告人王凯对指控的事实和罪名均无异议。

被告人王凯的辩护人认为：1. 被告人王凯系通过信息网络传播方式侵犯他人著作权，对被告人不应以存储数量定罪，而应按照其实际传播的数量认定；2. 被告人王凯的收入款项记录中，并非全部是销售各类国际标准的收入所得；3. 根据被告人王凯实际传播的数量，应认定为犯罪“严重情节”，且被告人王凯具有坦白情节，认罪态度好、愿意赔偿权利人的损失等，建议对其从轻量刑。

【审判】

上海市杨浦区人民法院经审理认为：王凯以营利为目的，未经著作权人许可，复制发行著作权人的作品，情节特别严重，其行为已构成侵犯著作权罪。王凯到案后如实供述自己的罪行，并预缴了罚金，依法可以从轻处罚。故对王凯判处有期徒刑三年，缓刑四年，罚金人民币十八万元；扣押在案的犯罪工具电脑、硬盘等均予以没收。

一审判决后，公诉机关未抗诉，被告人王凯也未上诉，一审判决发生法律效力。

【评析】

国际标准化组织（ISO）和国际电工委员会（IEC）是世界较具影响力的两个国际标准组织，其制定的标准，对于企业乃至国家提升其产品制造水平及国际竞争力起到重要作用。随着对国际标准文件的需求不断增大，国际标准文件的盗版行为的数量也渐增，本案即为一典型案件。

本案涉及国际组织声明具有著作权的作品，即 ISO、IEC 国际标准文件，被告人的行为模式系借助网络手段对上述作品进行传播，那么认定被告人是否构成侵犯著作权罪的关键就在以下两个方面：其一为 ISO、IEC 国际标准文件是否属于我国法律所保护的作品；其二为被告人的行为是否属于《刑法》第二百一十七条第（一）项所称的“复制发行”行为。

一、ISO、IEC 国际标准文件应受我国法律保护

ISO、IEC 国际标准文件由 ISO、IEC 组织编撰，文件的著作权声明人分别为 ISO、IEC 组织，而其住所地均为瑞士，因此 ISO、IEC 国际标准文件属于“外国人、无国籍人的作品”。

关于外国人、无国籍人的作品在我国受保护的问题，《中华人民共和国著作权法》第二条第二款规定："外国人、无国籍人的作品根据其作者所属国或者经常居住地国同中国签订的协议或者共同参加的国际条约享有的著作权，受本法保护。"依据我国所加入的《伯尔尼公约》第五条之1规定："就享有本公约保护的作品而论，作者在作品起源国以外的本同盟成员国中享有各该国法律现在给予和今后可能给予其国民的权利，以及本公约特别授予的权利。"据此，我国就作品保护问题应对其他缔约国国民给予与本国国民同等的待遇。ISO、IEC组织住所地国瑞士为《伯尔尼公约》缔约国，故ISO、IEC组织的作品保护问题应如我国国民的作品按照我国《著作权法》的规定予以确定。

根据我国《著作权法》的一般规则，作者对作品进行创作，即对该作品享有著作权，除非作品本身不属于《著作权法》保护的范围。ISO、IEC组织系ISO、IEC国际标准文件的编制者，ISO、IEC标准文件包含了ISO、IEC组织关于产品工艺等标准要求的独创性表达，且ISO、IEC国际标准文件并不属于我国《著作权法》第五条规定的不适用著作权法的情形，故应认定ISO、IEC组织对ISO、IEC国际标准文件享有著作权，上述文件应视为我国《著作权法》上的作品并受我国法律保护。此外，从国务院要求加强保护国际标准文件著作权的相关政策来看，认定国际标准文件著作权受我国法律保护亦有正当性。

二、被告人具有《刑法》第二百一十七条第（一）项所指未经许可的"复制发行"行为

1.《刑法》第二百一十七条第（一）项"复制发行"的含义。《刑法》第二百一十七条第（一）项中，对于侵犯著作权犯罪的行为表述为"复制发行"各类作品。而根据《著作权法》第十条的规定，作品复制权，为以印刷、复印、拓印、录音、录像、翻录、翻拍等方式将作品制作一份或者多份的权利；发行权，为以出售或者赠与方式向公众提供作品的原件或者复制件的权利。该二项权利均仅为著作权的一个方面。若将《刑法》第二百一十七条第（一）项所指的"复制发行"仅理解为《著作权法》第十条所称的复制权、发行权，将使该罪名的适用范围大大缩小。对此，《关于办理侵犯知识产权刑事案件具体应用法律若干问题的解释（二）》[以下简称《解释（二）》] 第二条第一、二款规定：《刑法》第二百一十七条侵犯著作权罪中的"复制发行"，包括复制、发行或者既复制又发行的行为。侵权产品的持有人通过广告、征订等方式推销侵权产品的，属于《刑法》第二百一十七条规定的"发行"。《关于办理侵犯知识产权刑事案件适用法律若干问题的意见》（以下简称《意见》）第十二条明确："发行"，包括总发行、批发、零售、通过信息网络传播以及出租、展销等活动。上述两个规定表明《刑法》上的"复制发行"并不等同于著作权法上的复制权和发行权，《刑法》上的复制发行实际上涵盖了各类复制、销售、出租、信息网络传播等未经授权的非法复制、传播作品的行为。

2. 本案对被告人行为性质的认定。本案被告人承认其并无 ISO、IEC 组织的授权，根据被告人控制的 Paypal 账户信息、银行账户明细、从被告人控制的多个邮箱中提取的邮件等证据，证实被告人实际销售了 ISO、IEC 国际标准文件，该行为符合《刑法》第二百一十七条第（一）项所指的非法“复制”（即将国际标准文件以邮件发送给他人时把一份文件复制后再传输）、“发行”（即对外进行销售）。对此，被告人及其辩护人并无异议，但辩护人认为被告人系以侵害作品信息网络传播权方式实施犯罪，在其电脑及硬盘内存储的文件，不应认定为侵权；且根据《解释（二）》第二条第二款中“侵权产品持有人”、“推销侵权产品”用语可以看出该条针对的是传统纸质为载体的侵权制品而非电子数据文件，该条款下的“发行”并不指网络环境下的发行，《解释（二）》也未规定信息网络传播行为，而《意见》中则专门对信息网络传播作出规定，本案应适用《意见》第十二条而非《解释（二）》的规定。故被告人以信息网络传播方式犯罪，对其不应以存储定罪，应按照王凯实际传播的数量认定。

辩护人对被告人行为性质认定为以侵害作品信息网络传播权的方式侵害著作权，并得出被告人非法“复制发行”的数量仅限于其实际传播的数量，并不包括被查获的存储的文件数量这一结论，实际也就认为被告人持有文件的行为并非刑法意义上的复制发行行为。故本案被告人是否系以侵害作品信息网络传播权方式实施犯罪、被告人持有国际标准文件可否归入“复制发行”行为，成为本案的焦点问题。

（1）被告人并非以信息网络传播方式侵害 ISO、IEC 文件著作权。

被告人虽通过网络销售涉案作品，但并非所有借助网络进行销售的行为均可归入信息网络传播行为，信息网络传播行为系特定的概念，其内涵可根据《著作权法》第十条第一款第（十二）项、《信息网络传播权保护条例》第二十六条关于信息网络传播权的规定予以确定，即信息网络传播行为系以有线或者无线方式向公众提供作品，使公众可以在其个人选定的时间和地点获得作品的行为，该行为不仅要求行为人将作品置于网络环境中，还要求其置于网络中的作品可被公众在依其意志于选定的时间和地点予以获取。本案中，被告人虽具有借助网络销售国际标准文件的意图，并已将欲销售的文件目录放置于其开设的网站中，公众亦可以浏览、购买，但其在网站中放置的并非国际标准文件本身，也即并未实际将国际标准文件放置于网络环境；从被告人销售文件的模式看，公众虽可通过网站在其选定的时间和地点浏览标准文件目录并购买，但公众在完成浏览、点击购买、支付等环节后，并非自动获取所购买的标准文件，而只能通过被告人以发送电子邮件的方式将其持有的文件予以发送后方能获取，故公众实际上也并非可以在其选定的时间和地点获取国际标准文件。故被告人并非以信息网络传播的方式向公众发行涉案国际标准文件，辩护人提出的因被告人系信息网络传播行为从而应仅将被告人实际销售的数量纳入犯罪，被告人储存的文件不应纳入犯罪的意见并无依据。

（2）被告人持有国际标准文件并对外传播的行为可认定为《解释（二）》第二条第二款所指的“发行”行为。

被告人的辩护人认为，《解释（二）》第二条第二款中的“发行”针对的是传统纸质侵权制品而非电子数据文件，《解释（二）》也未规定信息网络传播行为，而《意见》第十二条专门对信息网络传播作出规定，故《解释（二）》第二条第二款不适用本案。

信息网络传播行为固然可传播电子数据文件，但电子数据文件并非只能通过信息网络传播方式传播。发行电子数据文件，若非信息网络传播行为，将不适用《意见》第十二条关于信息网络传播的规定，但并非不可适用其他关于“发行”的规定。

《解释（二）》第二条第二款规定：侵权产品的持有人通过广告、征订等方式推销侵权产品的，属于《刑法》第二百一十七条规定的“发行”。该条款意味着即便未实际销售而仅持有侵权作品，但若存在一定的推销行为，仍可被纳入《刑法》的调整范围。持有人存在以广告、征订等方式推销其持有的侵权作品时，构成侵犯著作权罪上的发行，其原因在于此时可认为持有人存在传播侵权作品的意图，并且也已经着手实施了对外传播行为，已具备应予追究刑事责任的社会危害性。本案中，被告人实际持有大量ISO、IEC国际标准文件，在未获得许可的情况下，将国际标准文件目录上传至其开设的网站，并在网站页面上设置各类国际标准分类、站内搜索框、销量排行、折扣信息等栏目，同时在每一条用于销售的国际标准目录处标注简介、价格，并放置了购买按钮，供他人购买，这种在网络上对外展示供销售的国际标准文件目录名单的行为，足以表明其具有对其持有的国际标准文件进行传播的意图，亦已着手实施了传播行为，该行为实质上系一种广告行为（以网络展示方式进行传播的广告）或同广告类似的网络推销行为，应属于《解释（二）》第二条第二款所指的“发行”行为。

三、刑事谦抑原则在本案的适用

本案被告人实际销售了国际标准文件，具有“复制发行”行为，其持有文件中的7 000余个同其在网站展示供销售的国际标准文件目录一致，法院认定这些文件系由其“发行”。根据规定，被告人“复制发行”的数量原则上既包括被告人实际销售的国际标准文件数量，又包括由其“发行”的7 000余个文件，应为两者总和。然而，本案中，被告人已销售的侵权国际标准文件虽在其经营的网站上存有交易记录，但该记录中同时存在非ISO、IEC国际标准文件的物品交易明细，且在交易记录中无法分辨何笔交易系销售ISO、IEC国际标准文件的记录明细，也即无法查实被告人实际已经销售的文件数量。故法院根据该案实际，从刑事谦抑原则出发，在认定被告人非法“复制发行”的数量时，未将其实际销售的部分计入，而只对被告人所“发行”的7 000余个文件予以认定，并因超过《解释（二）》第一条所规定的2 500份，具有“其他特别严重情节”，对本案被告人作出所处判罚。

（撰稿人：陈蔓莉　张　呈）

网络服务提供行为构成侵犯著作权罪的司法认定

——张俊雄侵犯著作权罪案

【提要】

张俊雄侵犯著作权罪一案，系全国首例进入刑事诉讼程序的网络服务行为侵犯著作权罪案件。非作品提供的网络服务提供行为，符合信息网络传播行为的实质性要件，属刑法司法解释视为“发行”的“通过信息网络向公众传播他人作品”的行为。在作品直接提供者“未经著作权人许可”事实成立，网络服务提供者对其传播的作品具侵权性存在明知的情况下，应当对网络服务提供者以侵犯著作权罪定罪处罚。

【案情】

公诉机关：上海市静安区人民检察院

被告人：张俊雄

案由：侵犯著作权罪

案号：（2013）普刑（知）初字第11号

2009年年底，被告人张俊雄申请注册网站域名后设立www.1000ys.cc网站（网站名称为“1000影视”），并在浙江绍兴租用服务器，通过安装相关软件，完成网站和服务器的连接。嗣后，被告人张俊雄未经著作权人许可，通过www.1000ys.cc网站管理后台，链接至哈酷资源网获取影视作品的种子文件索引地址，通过向用户提供并强制使用QVOD播放软件的方式，为www.1000ys.cc网站用户提供浏览观看影视作品的网络服务。为提高网站的知名度和所链接影视作品的点击量，被告人张俊雄在www.1000ys.cc网站以设置目录、索引、内容简介、排行榜等方式向用户推荐影视作品。2010年2月，被告人张俊雄加入“百度广告联盟”，由“百度广告联盟”在其设立的www.1000ys.cc网站上发布各类广告，从而获取广告收益。经鉴定，www.1000ys.cc网站链接的影视作品中，有941部与中国、美国、韩国、日本等相关版权机构认证的具有著作权的影视作品内容相同。

2012 年 9 月 5 日，被告人张俊雄在广东省梅州市被公安人员抓获。

公诉机关指控称：被告人张俊雄以营利为目的，未经著作权人许可，发行（通过信息网络向公众传播）影视作品达 900 余部，情节严重，应以侵犯著作权罪追究其刑事责任。

被告人张俊雄对起诉书指控其侵犯著作权的犯罪事实和定性无异议。

被告人张俊雄的辩护人辩称：起诉书指控被告人张俊雄犯有侵犯著作权罪事实不清，证据不足。被告人张俊雄提供的仅是网络服务行为，并非直接作品提供者。我国现行刑法及相关规定未对该网络服务提供行为构成侵犯著作权罪作明确的规定，根据罪刑法定原则，被告人张俊雄的行为不构成犯罪。此外被链哈酷资源网并非直接上传作品的网站，涉案 www. 1000ys. cc 网站所采技术应为 P2P 技术。涉案电脑及服务器硬盘的提取扣押、鉴定过程，作品比对、有效链接验证等未进行录像记录，不符合相关法律规定。

【审判】

上海市普陀区人民法院经审理认为：

一、涉案影视作品的权属事实及有效链接事实

辩护人虽提出涉案电子证据采集、侵权作品比对、链接有效性检测过程未予录像固定，但规范性瑕疵证据并不属我国刑事诉讼法所规定的当然予以排除的非法证据。本案中公诉机关通过申请相关侦查人员、鉴定人员到庭作证，提供版权认证机构及权利人出具的补充说明等形式进行了证据补充，证实侦查人员浏览了 www. 1000ys. cc 网站，观看了影片，通过片头权利人信息联系我国版权行政管理机构交由相关国家版权认证机构，委托权利人进行作品检测及版权认证；权利人进行了内容比对的目视检测，并根据比对结果出具了版权认证书；鉴定人当庭完成有效链接的验证；被告人张俊雄的供述证实涉案 www. 1000ys. cc 网站可进行正常影片观看，综上，相关证据已形成证据链并相互印证，涉案影视作品权利人出具的作品权属对应性事实以及涉案作品在 www. 1000ys. cc 网站上有效链接并可供用户浏览观看的事实可予认定。

二、被告人张俊雄提供网络服务所涉的技术事实

公诉机关指控被告人张俊雄犯罪事实的相关证据证实，涉案 www. 1000ys. cc 网站及被链的哈酷资源网的影片播放均是使用 QVOD 播放软件。辩护人申请的专家证人认为，哈酷资源网上的地址实是 P2P 技术下影片种子文件属性的索引地址，哈酷资源网并非直接上传影视作品的绝对地址。鉴于 QVOD 播放软件采用 P2P 技术进行作品传播已成为目前互联网领域普遍知晓的技术事实，故辩护人关于哈酷资源网并非直接上传作品的网站，被告人张俊雄在 www. 1000ys. cc 网站上进行影视作品传播所依托的网络技术为 P2P 技术的辩护意见可予采纳。

三、被告人张俊雄实施的并非直接提供作品的行为，而是提供网络服务的行为，该行为是否构成侵犯著作权罪

根据我国刑法及相关规定，以营利为目的，未经著作权人许可，发行（通过信息网络向公众传播）他人作品合计数量达 500 部以上的，构成侵犯著作权罪。本案中，从被告人张俊雄的行为目的、性质、主观状态、情节等方面作如下分析：

1. 被告人张俊雄建立涉案 www. 1000ys. cc 网站的目的。被告人张俊雄通过互联网论坛获得通过采集盗版影片资源建立网站并进行牟利的信息，在建立网站后立即加入“百度广告联盟”，通过在网站上刊登收费广告获取利益，其主观上具备了营利目的。

2. 被告人张俊雄的行为性质。侦查机关扣押在案的服务器及硬盘数据均未显示其租用的服务器上存有涉案影视作品的内容，因此被告人张俊雄并非直接作品提供者，其通过 www. 1000ys. cc 网站管理后台，链接至哈酷资源网获取影视作品种子文件的索引地址，并通过向用户提供并强制使用 QVOD 播放软件，供 www. 1000ys. cc 网站用户浏览观看影视作品，从而完成涉案影视作品在网络上的传播。被告人张俊雄的上述网络服务提供行为，可使公众在其个人选定的时间和地点通过 www. 1000ys. cc 网站获得作品，符合信息网络传播行为的实质性要件，属信息网络传播行为，因此符合侵犯著作权罪中“发行”（通过信息网络向公众传播）的行为性质。

3. 被告人张俊雄的主观状态。首先，P2P 技术下，基于本案现有证据，最先将作品制作成“种子”置于互联网上的直接作品提供者确实存在分散性和不确定性，但从影视作品权利人的经营模式及授权形式（通过作品授权许可获取经济利益）来看，基于 P2P 技术特点，权利人不可能许可其影视作品以设置成“种子”的形式（即 P2P 技术）在互联网上免费传播，故最先将影视作品制作成“种子”置于互联网上的作品提供者，其“未经著作人许可”的事实成立。其次，被告人张俊雄对在 www. 1000ys. cc 网站上供用户浏览观看的影视作品具侵权性是明知的。具体事实及理由如下：一是其从互联网论坛获得了通过采集盗版影片资源建立网站并进行牟利的信息及操作技术，定向链接至哈酷资源网，主动采集影片资源，并以设置目录、索引、内容简介、排行榜方式向用户推荐影视作品；二是涉案 www. 1000ys. cc 网站上的作品均为影视剧，正版授权的影视视频分享网站是业内公知信息，本案被链接的哈酷资源网并非此列；三是被告人张俊雄开设的是营利性影视视频分享网站，但该网站未获相关行政许可，系非法网站，被告人张俊雄作为影视视频分享网站的经营者从未获得相关权利人的授权，因其网站的非法性也不可能获得相关作品权利人的合法授权。综上，被告人张俊雄及最先将作品设置成“种子”的行为人存在“未经著作权人许可”而进行网络传播影视作品的主观故意。

4. 被告人张俊雄的犯罪情节。根据公诉机关提供的证据证实，经侦查机关抽检、相关权利人目视检测作品内容比对、鉴定机构有效链接测试，被告人张俊雄未经著作权人许可，通过信息网络向公众传播的影视作品达941部，已符合构成侵犯著作权罪的入罪情形。

综上，被告人张俊雄以营利为目的，未经著作权人许可，发行（通过信息网络向公众传播）影视作品达941部，情节严重，其行为已构成侵犯著作权罪，依法应予处罚。公诉机关指控被告人张俊雄的罪名成立。被告人张俊雄到案后能如实供述自己罪行，依法可从轻处罚。被告人张俊雄在被司法机关取保候审期间能遵纪守法，可适用缓刑予以考验。据此，依照《中华人民共和国刑法》第二百一十七条第（一）项、第六十七条第三款、第七十二条第一款、第二款、第七十三条第二款、第三款、第五十三条、第六十四条，最高人民法院、最高人民检察院《关于办理侵犯知识产权刑事案件具体应用法律若干问题的解释》第十一条第一款、第三款之规定，判决：一、被告人张俊雄犯侵犯著作权罪，判处有期徒刑一年三个月，缓刑一年三个月，并处罚金人民币三万元；二、违法所得依法予以追缴；三、扣押在案的作案工具，依法予以没收。

一审判决后，张俊雄未上诉，公诉机关未抗诉，判决已生效。

【评析】

被告人张俊雄并非直接提供影视作品，而是提供P2P服务的网络服务提供者，在知识产权民事侵权理论中，仅可能构成间接侵权。目前，司法实践及理论界争议较大的问题在于：侵犯网络传播权中非作品提供的帮助型间接侵权行为能否或是否有必要上升为刑事犯罪行为由刑法调整，即司法解释中“通过信息网络向公众传播”是否包括网络服务提供行为，还是仅指直接作品提供行为；如网络服务提供行为在现行法律框架内有入罪空间，其入罪路径是什么，采正犯还是共犯理论中的帮助犯路径；如网络服务提供行为采正犯路径入罪，应如何把握对“未经著作权人许可”犯罪构成要件的审查认定标准，如何考虑民刑衔接的问题。对于这类新型犯罪手法的行为性质分析、入罪路径选择、要件审查认定标准是本案审理的难点所在。

一、本案被告人行为的性质分析

《刑法》第二百一十七条将未经著作权人许可复制发行他人作品作为侵犯著作权罪的一种情形加以处罚。2004年，《最高人民法院、最高人民检察院关于办理侵犯知识产权刑事案件具体应用法律若干问题的解释》第十一条规定：“通过信息网络传播他人作品的行为，应当视为《刑法》第二百一十七条规定的复制发行。”由于该司法解释对“通过信息网络传播”为何种性质的行为未作明确的界定，因此理论研究和司法实践领域均存在争议。

有观点认为，根据著作权法中“信息网络传播权”的概念，未经权利人许可提供作品的传播行为是典型的侵犯信息网络传播权的传播行为，而网络服务提供行为仅是行为人通过提供网络服务行为将已存在于互联网上的侵权作品再加以传播，只有行为人对直接侵权存在“明知应知”的主观过错下才能构成间接侵权并承担间接侵权的责任。在这种情况下，基于刑法的谦抑性，司法解释中“通过信息网络向公众传播”应限定为直接作品提供行为，不宜将网络服务提供这一民事上仅可能构成间接侵权的行为纳入刑事处罚范畴。

本院经审理后认为，将民事侵权升格由刑事法律加以制裁，该行为的刑事可罚性判定应与其对社会经济秩序、私权的破坏程度呈正比，因而对网络服务提供行为的刑事归责应综合技术发展对违法成本、损害后果以及与信息自由间平衡等因素的影响，以此确立司法价值取向，而非一律将间接侵权排除在外，做“一刀切”式的解读。著作权法是从积极权能的角度对于信息网络传播权进行界定的，而信息网络传播行为则是一种客观的传播过程和状态，二者不能作等值的置换或者简单的对应，即不能简单地从信息网络传播权的界定中获取信息网络传播行为的定义。作品提供行为是信息网络传播行为中的核心行为或者起始环节，但网络服务提供行为同样是网络传播的重要环节。信息网络的兴起和发展是信息网络技术引发的，信息网络服务提供者是信息网络世界的重要主体，将网络服务行为排除于信息网络传播行为之外，既不符合法律实际，更不符合信息网络传播实际。如果从积极权能与消极权能双重角度进行界定，完全可以将“信息网络传播权”界定为“通过信息网络向公众传播其作品”的权利，此中既包括专用权又包括排斥权。排斥权本质上也是排斥他人擅自传播的权利。相应地，信息网络传播行为既包括作品提供行为，又包括网络服务提供行为。从刑法规制必要性和当罚性的视角审视，在现行网络技术条件下，网络服务提供者的侵权行为往往更具集聚性、持续性、侵权成本低廉性，在盗版侵权方式上网络服务提供行为更具普遍、高发性，其社会危害性并不亚于分散的直接作品提供者的上传行为，其利用他人侵权作品加以进一步传播，为己牟利，从主观方面分析，网络服务提供者甚至具有等价于“直接提供”的犯罪故意。以本案为例，被告人虽仅是网络服务提供者，但其从互联网论坛获知“通过采集盗版影片资源建立网站并进行牟利”的信息及操作技术，其建立的网站“汇集聚拢”了数目巨大的侵权影视作品，并以设置目录、索引、内容简介、排行榜等方式向用户推荐，该行为与直接上传作品行为在刑法评价意义上具有等价性。

综上，以信息网络传播权的定义框定信息网络传播行为属于法律上的误读，两高司法解释中规定的“通过信息网络传播行为”，其外延应大于信息网络传播权控制的行为。网络服务提供行为虽然并未涉及作品的直接提供，并非典型的侵犯信息网络传播权的行为，而仅仅是基于互联网上已经存在作品，通过提供P2P、深层链接等网络服务帮助这些作品的进一步传播，但该行为的后果亦使得公众可以在其个人选定的时间和地点在网络服务提供者建立的网站上浏览并观看作品，该行为性质符合信息网络传播行为的实质性要件，因而也是通过信息网络传播作品的行为。因此只要符合侵犯著作权罪的其他构成要件，网络服务提供行为可以在刑法相关司法解释已作出将“通过网络传播行为”视为“复制发行”的前提下，直接按照其行为本身定性入罪，适用《刑法》第二百一十七条侵犯著作权罪予以处罚。需要进一步明确的是，因侵犯著作权罪中的“复制发行”，包括复制、发行或者既复制又发行的行为，结合2011年《最高人民法院、最高人民检察院、公安部关于办理侵犯知识产权刑事案件适用法律若干问题的意见》第十二条“发行，包括通过信息网络传播等……”的规定，网络服务提供行为应属侵犯著作权罪中的“发行”（通过信息网络向公众传播）行为。

二、网络服务提供行为侵犯著作权的入罪路径选择

在现行法律框架下，网络服务提供行为存在入罪空间，但在具体路径选择方面司法界争议也颇大。

有观点认为，民事侵权理论中帮助型间接侵权成立以直接侵权存在为前提，相对应的，网络服务提供行为入罪应采共同犯罪路径，即以直接作品提供者构成侵犯著作权罪（系共同犯罪中的主犯）为前提，网络服务提供者则构成侵犯著作权罪的帮助犯（从犯）。该观点的主要立法依据为《最高人民法院、最高人民检察院、公安部关于办理侵犯知识产权刑事案件适用法律若干问题的意见》第十五条的规定“明知他人实施侵犯知识产权犯罪，而为其提供互联网接入、服务器托管、网络存储空间、通讯传输通道、代收费、费用结算等服务的，以侵犯知识产权犯罪的共犯论处”。此外，基于互联网的传播特点，为破解直接作品提供者与网络服务提供者之间较难认定存在相互意思联络的困境，理论界亦有引入片面共犯理论的设想。

合议庭认为，尽管存在民、刑衔接的问题，但不能将前置法的概念直接嫁接到刑法中，民事上的帮助型间接侵权上升到犯罪情形并不一定等同于刑法共同犯罪中的帮助犯。《最高人民法院、最高人民检察院、公安部关于办理侵犯知识产权刑事案件适用法律若干问题的意见》第十五条“共犯”的规定，应指网络服务提供者对他人正在进行的侵犯知识产权的犯罪行为予以帮助的情形，但本案所涉的网络服务提供行为并非此情形。刑法认定的是行为本身，本案中，被告人的“帮助”是在直接作品提供者的上传提供行为已经完成之后，被告人的网络服务提供行为是使传播渠道范围更扩大的“帮助”，这样的“帮助”不是刑法意义上的帮助行为。况且，以共犯理论中的帮助犯来认定这类网络服务提供行为也将面临直接作品提供者可能因其传播的作品数量、非法获利金额尚未达到入罪情形等尚不构成犯罪的情况。因此，此类网络服务提供行为不宜适用刑法中的共犯理论，如上文所述，可在目前司法解释已作出将“通过网络传播行为”视为“复制发行”的前提下，直接按照其行为本身定性入罪，即侵犯著作权罪的正犯。网络服务提供行为作为侵犯著作权罪犯罪行为之一直接入罪可能存在以下几种情形（以“传播他人作品的数量合计在五百部以上”入罪情形为例）：一是网络服务提供行为指向的帮助对象直接作品提供者单一，帮助传播的作品达到五百部以上；二是其指向的帮助对象直接作品提供者多个，传播的作品合计达到五百部以上；三是网络服务提供者同时还存在直接作品提供行为，两种传播行为传播的作品分别计算均未达五百部，但合计达到五百部以上。

三、犯罪构成要件审查认定标准

在认同“网络服务提供行为有入罪空间，且应采正犯路径”的大方向下，仍有观点认为，无须区分直接作品提供行为还是网络服务提供行为，且两者在判断“未经著作权人许可”等要件时并无二致。对此合议庭认为，民、刑衔接问题不容回避，须保持民、刑在网络服务提供行为构成侵权或犯罪认定上的协调性和一致性，因此在查明犯罪事实方面，必须具体区分不同的信息网络传播行为，进而在判定不同信息网络传播行为是否符合“未经著作权人许可”要件时，严谨、慎重地区别把握审查认定标准。对网络服务提供行为，一方面以民事上网络服务提供者对直接侵权存在“明知应知”的主观过错方可构成间接侵权为基础，另一方面也要遵循刑事司法的规律和规则。合议庭认为，这一规律和规则主要应体现为以下两点：一是由于网络技术具复杂性，在特定技术模式（如 P2P）下，网络服务提供行为指向的直接侵权者可能具分散性、众多性特征，此时对“明知”的认定不应苛责至要求网络服务提供者需对分散、众多的所有直接作品提供者的侵权行为为“明知”，网络服务提供者的“明知”能有效指向其对传播的作品具侵权性为明知即可；二是主观要件方面，构成侵犯著作权罪的被告人需具“未经著作权人许可”而故意为之的主观状态，故网络服务提供者如构成刑事犯罪，其主观状态应仅限于“明知”，而排除“应知”情形。结合至本案，应分两个步骤对“未经著作权人许可”要件进行审查：一是最初将作品置于互联网上的直接作品提供者是否获得作品权利人的授权；二是本案被告人对其所传播影视作品的侵权性是否明知。

（撰稿人：张佳璐）

七、

知识产权行政案件

对行政处罚幅度合理性的审查

——豪润餐饮（上海）有限公司不服工商行政处罚决定案

【提要】

行政诉讼，不应局限于原告诉讼请求的范围，而需要全面审查被告的职权依据、认定的事实和证据、执法程序以及适用法律。对于其中的行政处罚类案件，还需要从执法动机、执法手段、执法结果等方面对行政处罚行为在整体上的一致性、一贯性和个案上的适当性进行审查，从而对行政处罚是否显失公正、明显不当作出判断。

【案情】

原告：豪润餐饮（上海）有限公司

被告：上海市工商行政管理局黄浦分局

案由：不服行政处罚决定纠纷

一审案号：（2014）黄浦行初字第147号

二审案号：（2014）沪二中行终字第380号

原告豪润餐饮（上海）有限公司（以下简称豪润餐饮公司）成立于2013年2月17日，经营范围包括现制现售面包等。2012年11月，案外人徐洵平向国家商标局申请在30类、43类商品上注册“胖達人手感烘焙 TOP POT BAKERY”商标，但尚未得到商标局核准，后徐洵平将该商标授权原告使用。2013年3月起，原告在位于上海市黄浦区福建中路353号底层的门店内对外销售面包。

2013年8月26日，被告上海市工商行政管理局黄浦分局（以下简称黄浦区工商局）工作人员在对豪润餐饮公司门店监督检查时发现，其店内宣传广告上使用了“TOP POT BAKERY® ”标识，出售的面包塑料包装袋上亦标注有“TOP POT BAKERY® ”。黄浦区工商局认为豪润餐饮公司涉嫌实施了《中华人民共和国商标法》第四十八条第（一）项规定的冒充注册商标的行为，自2013年3月3日至8月27日的经营额共计9 715 935.20元，全部来自于对外销售面包所得，而销售面包使用的均是标注有“TOP POT BAKERY® ”的塑料包装袋。但黄浦区工商局针对证人周筱立制作的“询问笔录”共4页A4纸，仅耗时10分钟，且数份“询问笔录”存在模版化的相同表述。2013年12月6日，黄浦区工商局根据《商标法》第四十八条第（一）项、《中华人民共和国商标法实施条例》第四十二条第一款的规定，对豪润餐饮公司作出沪工商黄案处字〔2013〕第010201310948号行政处罚决定，责令豪润餐饮公司在收到行政处罚决定书之日起十五日内改正冒充注册商标行为，并处罚款485 796.70元。在行政处罚决定中认定豪润餐饮公司使用的商标为“TOPPOTBAKERY®”，而非实际使用的“TOP POT BAKERY®”。2014年3月3日，该行政处罚决定经上海市工商行政管理局复议，予以维持。

原告豪润餐饮公司诉称：被告认定原告的经营行为属于冒充注册商标，对原告处以罚款人民币485 796.70元的行政处罚。原告对该处罚决定的职权依据、适用法律等没有异议，但行政执法还应符合公正、公平、处罚与教育相结合等原则。该行政处罚决定是在原告的母公司台湾胖达人因隐瞒添加香精事实被台湾地区有关部门查处后，被告有意针对原告选择性执法的结果，违背了公正公平原则。被告对证人周筱立制作的“询问笔录”共4页，耗时仅10分钟，多份“询问笔录”存在模版化的相同表述，不是询问现场真实情境的记录。“TOP POT BAKERY”商标为案外人自创，并已经在申请商标注册过程中。原告一直诚信经营，其违法行为系对法律缺乏认识导致，并没有侵犯他人商标权的恶意，社会危害性也不大，被告只需责令原告改正即可达到执法目的，故罚款数额过高，显失公正。综上，请求法院依法变更被告作出的行政处罚决定。

被告黄浦区工商局辩称：其具有作出被诉行政处罚决定的职权，执法程序正当，认定事实清楚，适用法律正确。根据法律规定，原告的违法行为应当给予非法经营额20%以下的罚款处罚。被告已经考虑到原告积极配合调查且主观恶意不大等因素，给予了从轻处罚，处罚幅度合理，故请求法院维持被诉行政处罚决定。

【审判】

上海市黄浦区人民法院经审理认为：

1. 被告黄浦区工商局对于原告的违法行为具有依法查处的行政职权。原告豪润餐饮公司主张，被诉行政处罚决定系被告针对原告选择性执法作出的。本院认为，当商标管理秩序被扰乱时，具有相应职权的行政机关主动介入进行调查，积极打击违法行为以维护公共利益，这是被告的权力，更是其履行监督管理市场经营秩序的职责所在，故原告豪润餐饮公司的相关诉讼理由不能成立。

2. 被告黄浦区工商局在监督检查中发现原告的违法经营行为后，进行了立案、调查，作出行政处罚决定前对原告事先告知，给予其陈述、申辩和听证的权利，并在法定期限内作出行政处罚决定，行政程序无不当之处。

3. 关于被告黄浦区工商局认定的违法事实问题。根据黄浦区工商局对豪润餐饮公司的工作人员等人制作的询问笔录、豪润餐饮公司向黄浦区工商局提供的收入明细，以及现场笔录、照片等证据，能够证明豪润餐饮公司在未经商标局核准“TOP POT BAKERY”为注册商标的情况下，于2013年3月3日至8月27日将右上角标注“®”的“TOP POT BAKERY”标识用于店面店内宣传广告和面包塑料包装袋，在此期间的非法营业额为9 715 935.2元的事实。黄浦区工商局所作行政处罚决定认定事实清楚、证据充分。原告豪润餐饮公司认为“询问笔录”存在模版化的相同表述，针对证人周筱立制作的“询问笔录”共4页A4纸，仅耗时10分钟，因此真实性存疑，不应作为认定违法事实的依据。本院认为，虽然被告黄浦区工商局在笔录制作中存在瑕疵，但被询问人多为原告的雇员或关联企业，原告完全有能力获得相关反证以支持其观点，但原告却未能提供任何证据证明笔录不是被询问人真实意思的表达，故原告豪润餐饮公司的相关诉讼理由不能成立。

4. 原告豪润餐饮公司在未经商标局核准注册的标识“TOP POT BAKERY”右上角标注“®”，违反了《商标法实施条例》第三十七条中关于注册标记“®”的使用规则，属于冒充注册商标的行为。被告黄浦区工商局依据《商标法》第四十八条第（一）项、《商标法实施条例》第四十二条第一款的规定对原告豪润餐饮公司的违法行为进行处罚，适用法律正确。

5. 关于被诉行政处罚决定罚款幅度是否合理，本院认为，行政处罚的合理性表现在处罚的幅度应与原告的主观过错、违法情形以及社会危害性相适应。原告豪润餐饮公司擅自使用注册标记的行为具有显而易见的主观恶意。其行为混淆了注册商标与非注册商标的界限，不仅误导了消费者，也扰乱了国家的商标管理秩序，破坏了商标注册的严肃性与权威性，具有一定的社会危害性。原告的非法经营额为9 715 935.20元，按照《商标法实施条例》第四十二条第一款的规定，可以在非法经营额20%以下处以罚款。被告黄浦区工商局对原告豪润餐饮公司处以非法经营额5%左右的罚款处罚，并无畸轻或畸重的显失公正情形。

综上所述，原告豪润餐饮公司告要求变更该行政处罚决定的诉讼请求缺乏事实与法律依据，依法应予驳回。据此，依照《最高人民法院关于执行〈中华人民共和国行政诉讼法〉若干问题的解释》第五十六条第（四）项之规定，判决：

驳回原告豪润餐饮（上海）有限公司的诉讼请求。

一审判决后，原告豪润餐饮公司向上海市第二中级人民法院提起上诉，二审法院判决驳回上诉，维持原判。

【评析】

1. 本案是知识产权案件三合一审判以来黄浦区法院民三庭受理的第一起行政案件，并邀请了行政庭法官作为合议庭成员。案件审理时，恰逢“胖达人”品牌因擅自在面包中添加人工香精和发布虚假广告而在台湾曝光欺诈丑闻，因此在新闻媒体上具有一定热度。本案对被诉行政处罚进行的司法审查，取得了良好的法律效果和社会效果。

2. 被诉行政处罚决定是否显失公正。行政处罚显失公正是指行政主体在自由裁量权限范围内作出的虽然在形式上不违背法律、法规的规定，但实际上与法律精神相违背，畸轻或畸重，以致损害了社会或个人利益的情况。对行政处罚是否显失公正，需要对行政处罚的合理性进行审查。合理性审查要求行政主体及其执法人员在实施行政处罚过程中，排除各种非相关因素的影响，行政处罚行为不仅在形式上（包括实体和程序方面）符合法律的规定，更要在执法动机、执法手段、执法结果等方面符合合理性原则，达到行政处罚行为在整体上的一致性、一贯性和个案上的适当性。需要注意的是，司法干预行政自由裁量的程度是有限的，只有当自由裁量行为明显不合理，偏离了法律的内在要求，以致实质上丧失了合法性时，法院才能予以变更。如果仅是行政处罚稍轻一些或稍重一些，法院一般不予干预，以免侵犯行政机关的自由裁量权。

本案中，原告豪润餐饮公司作为企业经营者，自成立之初即积极争取获得注册商标使用权，相关的一系列商标目前都在申请注册过程中，可见原告深知注册商标对企业的重要意义。在此情况下，原告辩称对于“®”这一普通消费者都了解的商标注册标记的法律含义缺乏认识，难以成立。原告擅自使用该注册标记的行为具有显而易见的主观恶意。此外，注册商标对营造健康的市场环境具有积极意义。首先，商标是否注册会影响普通消费者对特定商品的信赖度，并引导其选购。其次，商标是否注册，其权力保护范围完全不同，只有经核准注册的商标，其权利人才能享有商标专用权。因此，商标注册标记的规范使用，不仅涉及对消费者及其他同业经营者私权利的保护，也是维护我国商标管理公共秩序的基石。原告豪润餐饮公司擅自加注商标注册标记的行为，混淆了注册商标与非注册商标的界限，不仅误导了消费者，也扰乱了国家的商标管理秩序，破坏了商标注册的严肃性与权威性，具有一定的社会危害性。

原告豪润餐饮公司的非法经营额为9 715 935.2元，按照《商标法实施条例》第四十二条第一款的规定，可以在非法经营额20%以下处以罚款。被告黄浦区工商局考虑到原告在调查过程中积极配合等情节，对其从轻处以非法经营额5%

左右的罚款处罚，并无畸轻或畸重等显失公正的情形。此外应当注意到的是，侵犯他人商标专用权的行为在《商标法实施条例》第五十二条中规定的罚款数额高达非法经营额3倍以下，可见相关法规已对冒充注册商标与侵犯他人商标专用权的行为进行了明确区分，并对前者给予了较轻的行政处罚。原告豪润餐饮公司认为其并未侵犯他人的商标权利，故被告黄浦区工商局只需责令改正而不应处以高额罚款的意见不能成立。

3. 对驳回原告诉讼请求这一判决形式的采用。我国《行政诉讼法》没有驳回原告诉讼请求这一判决形式，只有判决维持、撤销、在一定期限内履行或变更被诉具体行政行为这四种判决形式。《最高人民法院关于执行〈中华人民共和国行政诉讼法〉若干问题的解释》第五十六条规定了判决驳回原告诉请的适用范围：（1）起诉被告不作为理由不能成立的；（2）被诉具体行政行为合法但存在合理性问题的；（3）被诉具体行政行为合法，但因法律、政策变化需要变更或者废止的；（4）其他应当判决驳回诉讼请求的情形。本案中不存在前述1～3项情况，但最后仍通过适用第4项的规定作出了驳回原告诉讼请求的判决，是基于如下理由：

一是作为维持被诉具体行政行为判决的条件之一是事实结论必须证据确凿，而只有主要证据不足，法院才可以作出撤销被诉具体行政行为的判决。但证据确凿和具有主要证据无论在字面上还是在实质意义都是不相同的。证据确凿是指实施具体行政行为的事实依据确实、可靠；具有主要证据是指行政机关占有的证据可以证明其所做的事实结论，当然这些证据必须是确实的。行政诉讼法对事实审查的两种不一致的规定在实务中常引致适用困难。如果合法与违法采用不同的标准，那么在这两种标准之间的行为的性质就难以确定了。本案中，被告黄浦区工商局提供的证人周筱立的“询问笔录”共4页A4纸，仅耗时10分钟制作，还有数份“询问笔录”存在模版化表述内容，上述证据是否确凿是可以引起合理怀疑的。但被告另有大量证据足以支持其作出被诉行政处罚决定，不属于法律规定的“主要证据不足”而应判决撤销的情况。

二是驳回诉讼请求的实质效果虽然基本上相同于维持判决，但维持判决会妨碍将来可能出现的对原告的救济机会。一旦被诉行政处罚决定被法院维持，由司法的终局效力所决定，行政机关亦不得再行变更。这就意味着，即使将来有新的证据出现，被告想改变被诉行政处罚决定，就会与法院的生效裁判相冲突。这与设定行政诉讼制度，救济相对人的初衷不相一致。本案中，被告黄浦区工商局在行政处罚决定书中亦出现工作失误，将原告豪润餐饮公司使用的标识认定为“TOPPOTBAKERY®”，遗漏了其中的两处空格。因此综合前述理由，法院最终采取了驳回原告诉讼请求这一判决形式。

值得一提的是，行政诉讼法中的这一问题也引起了立法者的重视。在本案判决半年后，全国人大在修法时将行政诉讼的判决形式进行了修改，取消了维持被诉具体行政行为的判决形式，而代之以驳回原告诉讼请求的判决形式。

（撰稿人：王维佳）

I.

Cases of Civil Disputes over Copyright

Classification and Copyright Protection of Booth Design Works

—Shanghai Jiujia Architectural Decoration Engineering Co. , Ltd. v. Guangzhou Shitai Apparel & Accessories Development Co. , Ltd. et al. Dispute over Infringement upon the Rights of Distribution, Reproduction and Exhibition

[**Summary**]

Although booth design could be expressed in graph, it usually cannot be treated as a graphic work as defined in the Copyright Law because it contains no specific data related to the design and construction and does not have precise characteristics. However, if the booth shape features peculiarity and has certain art aesthetic effect, it can be treated as an artwork due to its peculiarity in means of expression, and should be protected by the Copyright Law. The act of building a booth based on the booth design drawing which is substantially similar to that shown on the booth design drawing shall constitute reproduction of the art aesthetic effect of an artwork from 2D to 3D, and should be subject to the regulations on the infringement upon the right of reproduction of the work.

[**Facts**]

Plaintiff (Appellant) : Shanghai Jiujia Architectural Decoration Engineering Co. , Ltd.

Defendant (Appellee) : Guangzhou Shitai Apparel & Accessories Development Co. , Ltd.

Defendant (Appellee) : Shanghai Nuojin Culture Communication Co. , Ltd.

Defendant (Appellee) : Shanghai Vango Exhibition Co. , Ltd.

Cause of Action: Infringement upon the rights of distribution, reproduction and exhibition

Case No. at First Instance: (2013) PMS (Z) CZZ No. 553

Case No. at Second Instance: (2014) HYZMW (Z) ZZ No. 81

In December 2011, in order to attend the 94th Session of China Knitwear Cotton Trade Fair (hereinafter referred to as CKCF), the Defendant Guangzhou Shitai Apparel & Accessories Development Co., Ltd. (hereinafter referred to as Shitai) entrusted the Defendant Shanghai Nuojin Culture Communication Co., Ltd. (hereinafter referred to as Nuojin) to call for bids on its booth design. The Plaintiff Shanghai Jiujia Architectural Decoration Engineering Co., Ltd. (hereinafter referred to as Jiujia) was one of the bidders, and accepted that it should design the booth first, and make an offer if the design passed, and then carry out the construction if the offer passed, and it would not charge the design fee if the design failed or it failed to carry out any construction. After that, Nuojin sent to Jiujia the exhibition brochure of CKCF (including the CKCF site map, the location map of Shitai booth, etc.), the facade drawing of Italy Pavilion in Shanghai World Expo, the outline drawings of the chandeliers in other booths, the booth planning map and other materials. In addition, Nuojin had determined the locations of the entrance and exit to the booth, the runway, the negotiation area, etc., and provided the design requirements: to embody the British style of Shitai "GLITTONT" brand with a visual symbol representing British, the interior should focus on the display of conceptual products and the exhibition of British culture, and integrate the elements of London Olympic Games to reflect the brand's internationality and sense of mission, etc.

On January 4, 2012, Jiujia sent Nuojin two preliminary design schemes, respectively composed of the floor plan, perspective drawing, local maps and aerial view. And there were watermark signature and copyright statement of Jiujia on all the drawings. On January 15, Jiujia sent Nuojin the booth design scheme of the final edition, which was composed of 12 pictures and besides the 1st cover and the 12th back cover, the remaining 10 pictures include 1 plan floor, 2 aerial views, 4 perspective drawings, 2 local maps and 1 material figure. The plan floor showed the locations of the showcases, the negotiation area, the dressing room, the entrance and exit, etc., but did not show the outline of the booth. The remaining 9 pictures indicated that the designed booth should be a semi-closed indoor exhibition hall built with building decorative materials. Wherein, the aerial views and the perspective drawings showed the overall shape of the booth, the brand logo of "GLITTONT", the reception desk, the background panel, the models in the reception desk, the showcases, etc.; the local maps showed the layout of the sofa in the booth, the chandelier shape, etc. ; the materials figure showed the different qualities, colors and other options of the building materials for the booth facade and frame, walls, showcases, sofa, floor, etc.

On January 18, 2012, Jiujia quoted more than RMB 190,000 for the booth construction project, excluding the charges for design. However, Nuojin thought it was too high. On January 19, the Defendant Shanghai Vango Exhibition Co., Ltd. (hereinafter referred to as Vango) quoted Nuojin more than RMB 160,000 for the construction of the booth. On February 6, Vango sent Nuojin the booth design scheme (composed of 9 pictures) with its company signature, wherein the booth visual shape, chandelier shape, etc. were identical to those shown on the design scheme of the Plaintiff. But the design scheme of Vango did not contain the showcase models, and its sofa placement angle was different from that shown in the design scheme of the Plaintiff. Then, Vango reduced its quote to above RMB 150,000. On February 11, Nuojin transmitted the final edition of the booth design scheme of Vango to Shitai (composed of 8 pictures, and the contents thereof were basically identical to the design scheme of February 6). On February 16, Shitai and Vango signed the Booth Design and Construction Service Contract, stating that Vango should design, build and maintain the booth for Shitai to participate in the CKCF, with a service charge of RMB 153,000 and an additional expense of RMB 4,000 for drawing audit. On March 7, Vango modified its booth design scheme again at the request of Shitai, and delivered the modified scheme to Shitai for confirmation. The modified scheme was composed of 8 pictures, whose contents were basically identical to the design scheme of February 11. In the above process, Nuojin also communicated via e-mail with the outsider Shanghai Shenqi Exhibition Service Co., Ltd. (hereinafter referred to as Shenqi) on the design scheme of the booth. The booth shape, chandelier shape, etc. in the design of Shenqi were significantly different from those contained in the design scheme of the Plaintiff.

From March 13 to 15, 2012, CKCF was held at Shanghai New International Expo Center, and the venue of Shitai was a semi-closed exhibition hall without any door, and with the roof being not closed but having truss. The overall shape of the booth, the shape of the chandelier in the booth, etc. were extremely identical to those shown in the design scheme of the Plaintiff. Except that the booth had no such pictures as London Bridge in the design scheme of the Plaintiff, and the entrance width and the models in the showcases were different. "Efu.com.cn", "CFW.cn", "ef360.com" and other websites reported the news of Shitai in CKCF, and the illustrations in the reports showed the partial shape of the booth. The exhibition hall mentioned above was constructed by Vango, and Nuojin participated in the construction, including paying deposit for construction permit, raising the layout requirements during the construction, etc.

The Plaintiff Jiujia claimed that it bid for the booth project of Shitai, and developed the booth design scheme after several times of modification. The booth designed by the Plaintiff featured special shape and strong sense of wholeness, the detail designs of the walls, showcases, chandelier, interior space, etc. were of modern style and reflected the British style and the brand temperament of "GLITTONT", and thereby featured originality. The drawings of the Plaintiff's design scheme should be classified as the product sketch maps and product design drawings of graphic works. The Plaintiff had registered three pictures as artworks, so these three pictures were not only artworks but also graphic works. The overall shape of the involved booth and the chandelier shape were substantially identical to the works of the Plaintiff. The three Defendants reaped the works of the Plaintiff in the disguise of bid invitation, and use the works without authorization during the international fair and on the Internet. The infringing tricks were dirty and the subjective malicious was obvious. Thus the three Defendants had jointly infringed the distribution and right of reproductions of the Plaintiff to the involved works and the exhibition right of the Plaintiff to the artworks, and should assume the liabilities for joint infringement. Based on the above grounds, the Plaintiff requested the court to rule that the three Defendants should compensate jointly the Plaintiff for economic losses of RMB 500, 000 and the reasonable expenses of RMB 20, 500 incurred by it in safeguarding its legal rights.

The Defendant Shitai argued that it was Nuojin who was responsible for the design and construction of the involved booth, and who should be fully liable for the illegal acts related to relevant drafts, copy writing, etc. Shitai neither had any contractual relationship nor direct business relationship with the Plaintiff. Shitai had paid all considerations for the design and construction of the booth, and had not contact the design scheme of the Plaintiff before choosing the final design scheme. Thus Shitai had no way to doubt the statement made by Vango that Vango should have the intellectual property right to the design scheme it submitted, and was unable to determine whether such design scheme had infringed the copyright of the Plaintiff. There was no basis for the economic losses claimed by the Plaintiff. And even though it had suffered from infringement, its loss should only be the design fee.

The Defendant Nuojin argued that in the design process of the booth, Nuojin had provided the Plaintiff with relevant patterns and the first draft, and the Plaintiff only designed according to the patterns and solely added the relevant brand identity. Thus the design scheme of the Plaintiff did not feature originality, and should not be classified as the works as defined in the Copyright Law. Even though the design scheme of the Plaintiff should be regarded as a work, for both the design ideas and elements were provided by Nuojin, the copyright holder should be Nuojin rather than the Plaintiff, or at least, it should be a joint work of Nuojin and the Plaintiff. Even though the Plaintiff should own the copyright exclusively, the three Defendants neither carry out distribution, reproduction or exhibition, nor committed infringement, because the Plaintiff did not provide any detailed construction drawing, and could not realize the reproduction from 2D to 3D. Meanwhile, during the tendering, Nuojin had provided each bidder with the same design ideas, elements and modification opinions, so it was also reasonable that the design schemes of the bidders were similar to each other, and the fact that the booth actually adopted the design scheme of Vango did not constitute infringement.

The Defendant Vango argued that the booth shape designed by the Plaintiff was substantially similar to the shape of Italy Pavilion in Shanghai World Expo, and the chandelier shape was an existing design, thus the booth design scheme of the Plaintiff did not feature originality and should not be classified as works. Vango was mainly responsible for the selection of booth materials, the arrangement and maintenance of the booth, rather the design of the booth and the chandelier, so no work as defined by the Copyright Law would be produced. Vango carried out the work strictly according to the instructions of Nuojin, and had duly performed its duty of due care to the intellectual property of relevant design scheme.

[**Trial**]

After the trial, Shanghai Pudong New Area People's Court held that the aerial views and perspective drawings in the booth design scheme of the Plaintiff described in details the overall shape of the booth in the manner of drawing, and the booth shape was relatively distinctive and featured certain visual appeal and art aesthetic effect. In addition, the expression of the booth shape design featured originality and should be treated as an artwork. The Plaintiff created the above work in order to contract for the involved booth project, and had signed on the work, made a copyright statement and conducted the copyright registration of the artwork. Thus, the work should be classified as the works presided over by the Plaintiff, created at the will of the Plaintiff and with the responsibility borne by the Plaintiff, and its copyright holder should be the Plaintiff. Although the booth was a temporary structure, it was fixed to some extent and closed relatively during the exhibition, and had the practical function of showing Shitai and its commodity image, etc. to the public. Thus, it could be regarded as a structure as defined in the Copyright Law. From a visual perspective, there was basically no difference between the shape of the structure and the corresponding part of the Plaintiff's artwork, so they constituted substantial similarity. As Nuojin received the involved artwork created and finished by the Plaintiff on January 15, 2012, the design scheme provided by Vango on February 6, 2012 and the subsequent modified versions were highly similar to the Plaintiff's design scheme in several details including the visual shape of the booth, the British Bridge, etc., and these similar contents were neither the existing design provided by Nuojin, nor the common elements of booth design, nor the inevitable result obtained according to the design requirements of Nuojin. Thus, it could be concluded that Nuojin provided Vango with the Plaintiff's works. Vango, fully aware that it was the Plaintiff's works, took it as its own design scheme after making slight modification and carried out construction according to the design scheme, so it could be concluded that Vango had committed the act of reproducing the art aesthetic effect of the Plaintiff's booth shape design on the booth, and Nuojin had participated in the relevant construction. Therefore, for the purpose of commercial profits, Nuojin and Vango reproduced jointly the Plaintiff's artwork in 2D form, then reproduced the art aesthetic effect of the Plaintiff's 2D artwork on the 3D structure, which should have constituted joint infringement upon the Plaintiff's right to reproduce its works. As the provider of the design draft and the final determiner of whether to adopt the design scheme, Shitai was aware or should be aware that the prior design of the Plaintiff was substantially similar to the so-called posterior design of Vango, but it still signed with Vango and fulfilled the relevant contract. Thus, it has committed joint infringement upon the Plaintiff's right to reproduce its works. Although Shitai had paid certain amount of considerations for the design and construction of the booth, and had an agreement with Nuojin that the liabilities for relevant violations should be fully assumed by Nuojin, which circumstances could not constitute the causes for exemption.

In conclusion, in accordance with Article 8 and Article 15.1.(6) of the Tort Law of the People's Republic of China, Article 10.1.(5), Article 11, Article 13.1, Article 48.(1) and Article 49 of the Copyright Law of the People's Republic of

China, Article 2, Article 3, Article 4. (8) and Article 4. (9) of the Regulations on the Implementation of the Copyright Law of the People's Republic of China, Article 7, Article 25. 1, Article 25. 2 and Article 26 of the Interpretation of the Supreme People's Court Concerning the Application of Laws in the Trial of Civil Disputes over Copyright, Shanghai Pudong New Area People's Court ruled that Shitai, Nuojin and Vango should jointly compensate the Plaintiff for the economic losses of RMB 30,000, the notary fee of RMB 6,000, the transportation fee of RMB 500 and the attorney fee of RMB 10,000, totaling RMB 46,500.

After the trial of first instance, the Plaintiff Jiujia refused to accept the ruling as final and appealed to the court.

After the trial, Shanghai No. 1 Intermediate People's Court held that the were clearly ascertained, the law was correctly applied , and the judicial procedures were legal in the trial of the first instance, and there was nothing inappropriate in the ruling, thus the court ruled that the appeal should be dismissed and the ruling of the first instance should be affirmed.

[Comments and Analysis]

This case involves a dispute over copyright infringement arising from the construction of booth substantially similar to other's design scheme, which is of representative. The final ruling has determined the classification of booth design work as defined in the Copyright Law and its copyright protection scope.

Ⅰ. Booth design without accurate data can not constitute a graphic work, but may constitute an artwork

From the perspective of external form, booth design is expressed in graph, but it is to some extent different from the graphic works as provided in the Copyright Law. The graphic work as defined in the Copyright Law should refer to the engineering design drawing for construction, product design drawing for production, geographical map reflecting the geographical phenomena, sketch map illustrating the principles or structures of things, etc. It can be found that the engineering design drawing and product design drawing should have a characteristic of being able to be directly applied to the construction and production. Generally speaking, they should have detailed dimension data, accurate scaling, etc. so as to guide the relevant construction. While booth design always involves the simple or temporary structure. In most cases, it only has the external appearance and internal display of the booth, but could not be directly used to construct a physical booth. Thus, it could not be treated as graphic works.

Although the booth design without accurate data could not be protected as a graphic work, the existence of the category of artwork still provides a path to be protected by the Copyright Law. The artwork as defined in the Copyright Law should refer to the 2D or 3D work of art with aesthetic significance and constituted by lines, colors or in other manners. The artistic beauty it required is obviously different from the scientific beauty as required by the graphic work. From the perspective of constitutive requirements, a booth design should meet the following requirements to constitute an artwork:

First, it should be finished independently by the author, which is the basic requirement for a booth design to constitute an artwork. The booth design as an artwork itself should not be treated as reproduction of any existing design scheme, or the simple reproduction of any existing design scheme without any substantial modification.

Second, it should feature certain art aesthetic effect, i. e. it should present the artistic beauty required by the artwork. Even though the booth designed is simply structured and does not feature long-term fixation, and the detailed and overall delineations of the exterior and interior of the booth are not so fine, it should be of basic aesthetic significance at least, and could present the artistic beauty of the booth appearance via the design drawing. On the contrary, taking the materials figure claimed by the Plaintiff in this case for example, as a part of the booth design scheme, it only provides the qualities, colors and other options of the building materials for the booth facade and frame, walls, showcases, sofa, floor, etc. And its presentation is simple and rough. Thus, it should not be classified as artworks.

Third, the expression of the design is not exclusive or necessary. Different from the buildings, the indoor booth always has simple structure. Meanwhile, in order to meet the demand for displaying commodities or services, the client always has specified in details the design thought and requirements at the beginning when entrusting the designer. Therefore, to constitute an artwork, a booth design should neither be a unique design developed on the basis of a certain design thought, nor a unique design form developed to meet the requirement of a certain practical function.

Ⅱ. Construction of physical booth based on the artwork of booth design should constitute infringement upon the right of reproduction of the work

With regard to the booth design constituting an artwork, the peculiar booth image it includes could better represent the commercial image of the exhibitor and contribute to win business opportunities. Thus, construction of the booth should be an inevitable link after the formation of the booth design. Analyzed from the perspective of the copyright protection, the act of constructing a booth based on the artwork of booth design should be held to have constituted infringement upon the right of reproduction of the work, and should be regulated according to law so as to protect the legal rights and interests of the designer.

Firstly, the act of building a booth based on the booth design should be treated as reproduction. In accordance with the Copyright Law of the People's Republic of China, reproduction refers to the act of producing one or more copy of works by printing, duplicating, photocopying, rubbing, recording, videotaping, transcribing, remaking and other means. The regulating scope of right of reproduction should not only include the reproduction of any work from 2D to 2D, but also include the reproduction of any work from 2D to 3D. The nature of constructing the 2D booth image with building materials based on the booth design is the fixation of the work on 2D carrier to 3D carrier after reproduction, which should obviously fall within the scope of reproduction.

Secondly, the booth constructed is substantially similar to that shown in the booth design. Because the booth design does not provide accurate dimension and is restricted by many factors such as the construction technique, site conditions, etc., there may be some differences between the booth constructed and the booth image in the design. But the booth constructed does indeed take the booth image in the design as the prototype, and the original intention to create the design is to construct the physical booth. Upon the overall comparison of the two, the differences in some details due to objective factors should not affect the determination on the substantial similarity of the two.

Thirdly, the booth constructed features fixation in certain space-time range, and could be identified as the architecture work as provided in the Copyright Law. At this point, the booth design should have double work properties, that is, it should be treated as not only the 2D artwork, but also the 2D expression form of an architecture work. The booth constructed also has the art aesthetic effect as presented by the architecture work, and such art aesthetic effect just arises from the image in the 2D booth design. Therefore, such construction should be treated as reproduction of the 2D artwork, i.e. reproducing in 3D form the art aesthetic effect of the 2D artwork.

(Written by: Xu Genhua Xu Hongtao)

Determination on Search Interface Service of Mobile Phone and the Legal Liability

—Yuan Tengfei v. Shanghai Ninth City Information Technology Co. , Ltd. Dispute over Infringement of the Right to Network Dissemination of Information

[**Summary**]

Through network presentation and reverse analysis, it could be determined according to law that the calling of the search function of a third-party search engine by phone reading App should not be treated as content provision service, but the search interface provision service instead, and such service mode should not be held to be at fault for the fact that the searched result has infringed upon the right to network dissemination of information. Therefore, the act of the Defendant should not be held to have constituted infringement.

[**Facts**]

Plaintiff (Appellant): Yuan Tengfei

Defendant (Appellee): Shanghai Ninth City Information Technology Co. , Ltd.

Cause of Action: Dispute over infringement upon the right to network dissemination of information

Case No. at First Instance: (2012) PMS (Z)CZ No. 594

Case No. at Second Instance: (2013) HYZMW(Z)ZZ No. 75

The Plaintiff Yuan Tengfei is the author of the works "历史是个什么玩意儿 (what history means) 1 – 4". The Defendant Shanghai Ninth City Information Technology Co. , Ltd. is the operator of the mobile phone reading software "King Reader 3. 1". When the software was operated in the mobile phone, "King Reader City" "On-line Search" and other columns would appear. Wherein, there was a list of works, but no search box in the "King Reader City"; in the "On-line Search" page, there was a search box in which there were words "network full-text novel search", while the bottom of the page was blank.

The evidence collected on the mobile phone against the Defendant's software by the Plaintiff under notarization indicated that when inputting "历史是个什么" in the search box, several results could be searched and downloaded in txt. form. Wherein, some documents had no contents, while some respectively corresponded to sections of the involved work. However, each document had a website address, e. g.: "TXT 小说下载网 - www. 85txt. com" or other website addresses.

The notarization made by the Defendant after received the materials on claim indicated that when running the involved software in Android simulator through computer, several results would appear when one searches "历史是个什么" in the search box, but they were not completely identical to the searched results obtained in the above mentioned notarization made by the Plaintiff; when people search "历史是个什么", an outsider's network address could be captured using the network capture software, i. e. "http://api. shupeng. com/search? psize = 30&q = %E5%8E%86%E5%8F%B2%E6%98%AF%E4%B8%AA%E4%BB%80%E4%B9%88&format = txt&p = 1", and "http://api. shupeng. com/search? psize = 30&q = 历史是个什么&format = txt&p = 1" can be obtained by decoding the above network address, indicating that the search was conducted via such website; when people download the documents by clicking a searched result, the network address "http://r. book118. com/..." and other addresses of third party's websites can be captured, indicating that the documents were downloaded from these websites. And documents downloaded by inputting these addresses in IE browser were completely identical to those downloaded with the involved software.

During the two open trials, the court directed both parties to successively carry out two searches of "历史是个什么玩意儿" with the involved software. In the first search, relevant results could be searched, but were not completely identical to the results searched in the notarization respectively made by the Plaintiff and the Defendant; in the second search, the involved works could not be searched, there were only two results appearing respectively titled "All good books in shupeng website m. shupeng. com" and "mobile shupeng website m. shupeng. com, beyond your expectation". In the second open trial, the court directed both parties to further analyze the involved software via the Android simulator on computer, and it indicated that when a person downloads works from "King Reader City", the server address of the Defendant could be captured, and the network capture during the searching in the search box was basically identical to that in the above mentioned notarization made by the Defendant, but the involved works could not be searched. Two results identical to those in the above mentioned demonstration also arose.

It was also found that shupeng website (www. shupeng. com) provided link search service in the search box of its website. By inputting the key word "历史是个什么玩意儿", one can search several results, and clicking a result, it would skip to the website of a third party.

The Plaintiff Yuan Tengfei claimed that the Defendant uploaded without authorization the works "历史是个什么玩意儿 1－4" on which the Plaintiff owns the right to network dissemination of information to the server of the Defendant for others to download, read and browse with the KingReader software owned and operated by the Defendant to reap high profits. Therefore, the Defendant had infringed the copyright of the Plaintiff to the above works. Even though the software as claimed by the Defendant pointed to the search engine interface of shupeng website, there was undoubtedly a beneficial cooperation between the Defendant and shupeng website, thus it should be determined that the Defendant and shupeng website had jointly provided the content service. The Defendant, as a professional company relying on on-line browsing and reading for profits, should fulfill heavier duty of care to the copyright of works. The involved works were of high popularity, but the Defendant was neglectful in review thereof, so was obviously at fault in this respect. Therefore, the Plaintiff filed a lawsuit, requesting the court to order that the Defendant should: (1) immediately cease the infringement; (2) make apology publicly to the Plaintiff on Legal Daily; (3) compensate the Plaintiff for economic losses of RMB 238, 400; (4) compensate the Plaintiff RMB 45, 000 for reasonable expenses including notary fees, attorney fees and travel fees. In the trial, the Plaintiff applied for withdrawing its first and second claims.

The Defendant Shanghai Ninth City Information Technology Co., Ltd. argued that it did not upload the involved works. The "network search" of the involved software was a search engine interface of a third party, and the search link address and search results of the involved works were all from a third party, which had nothing to do with the Defendant. What's more, the Defendant had made a necessary prompt of "network full-text novel search" in the search box, and the paragraphs of works downloaded on the mobile phone were also marked specifically with the source addresses of the works. Therefore, it did not commit infringement, and requested the court to reject the claims made by the Plaintiff.

[**Trial**]

After the trial, Shanghai Pudong New Area People's Court held that the key points for determining whether the act of the Defendant constituted infringement were: whether the Defendant had directly provided the involved works; if the Defendant did not provide the involved works directly, whether it committed infringement. As for whether the Defendant had directly provided the involved works, the existing evidence and the presentation process in the court indicated that when the user search in the search box of the involved software, the Defendant sent a request to shupeng website according to the key words set by the user, and shupeng website would provide the results searched from the Internet to the "network search" page. The user could download works directly from the website of a third party by clicking the searched results. Thus, the involved works were not directly provided by the Defendant. The Plaintiff failed to provide corresponding evidence proving the claims of the Plaintiff that there was a beneficial cooperation between the Defendant and shupeng website and thus the Defendant should be determined as providing the content service jointly with shupeng website. Therefore, the court did not accept such claim. As for whether the act of the Defendant constituted infringement, it depended on whether it was at fault for the infringement of the information searched in the "network search" of the involved software. The Defendant sent the key words to shupeng website after receiving the user's instructions and according to the user's requirement, it could not decide in advance which key words the user would input, whether the relevant result could be searched and whether such result could be downloaded; moreover, the Defendant did not make any modification to the searched results, it merely truthfully and passively presented the searched results of shupeng website from the Internet to the user. As such service is technical, automatic and passive, even though the Defendant had paid attention as far as possible, it was difficult for the Defendant to learn whether the information involved in the service it provided had infringed other's right. Therefore, the Defendant was not at fault subjectively, and its act did not constitute infringement. Based on this ground, and in accordance with Article 64.1 of the Civil Procedure Law of the People's Republic of China, Article 2 and Article 73.1 of the Some Provisions of the Supreme People's Court on Evidence in Civil Procedures, Article 4 and Article 6 of the Regulations of the Supreme People's Court on Application of Laws in the Trial of Civil Disputes Over Infringement of the Right to

Network Dissemination of Information, the court ruled that the claims made by the Plaintiff Yuan Tengfei should be dismissed.

After the trial of first instance, the Plaintiff Yuan Tengfei refused to accept the ruling as final and appealed to the court.

Shanghai No. 1 Intermediate People's Court held that the ruling of the first instance was supported by appropriate factual and legal basis, and ruled that the appeal should be dismissed and the ruling of the first instance should be affirmed.

[Comments and Analysis]

The "King Reader 3. 1" software involved in this case is mobile phone reading software. With its "network search" function, the users can search and download e-books. The key point for the trial of this case was whether the nature of such service mode should be content provision or network service.

Ⅰ. Determination of the nature of the search service in this case

Difference from the traditional search, no link of a third party's website would appear or no page hopping occur in the searching and downloading process in the involved search service. For users, what they can intuitively feel is that they can search and download information with the involved software, naturally making people think that the infringing works are provided by the software operator, i. e. the Defendant. However, the Defendant argued that it only provided the search interface service, rather than the content provision service, and provided contrary evidences for its argument.

From the technical prospective, it would help to accurately determine the nature of the search service through reverse analysis of the authentic running process in the developing environment of the involved software. It can be seen from the network capture of the search process that the search function of the involved software had utilized the API (Application Programming Interface, which is used for the interface protocol of the communication between software components) of shupeng website, while what shupeng website provided was link search service. It was thus clear that the involved software sent a request to shupeng website according to the key words set by the user, while shupeng website would conduct the search on the Internet and provide the searched results to the relevant page of the involved software. The user could download the works directly from the website of a third party to his/her mobile phone by clicking the searched result. The technical characteristic reflected in the above process was calling the search function of shupeng website, and thus it could be determined that the service provided by the Defendant was search interface service.

Through analyzing its reasonableness, and according to the notarial certificate provided by the Defendant and the presentation process conducted at the court, the address for downloading works in the "King Reader Book City" of the involved software was the server address of the Defendant, while the address input for searching the involved works in the search box was the address of shupeng website, the downloading address was the website address of a third party. If it was as claimed by the Plaintiff that the involved works were provided directly by the Defendant, it was impossible to explain the results mentioned above. Therefore, the claim made by the Defendant that it provided search interface service was reasonable.

Based on the above grounds, the court determined that the involved works were not provided directly by the Defendant.

Ⅱ. Search interface service provider who is not at fault subjectively should not be held to have committed infringement

Whether the search interface service provider constituted infringement mainly means whether it constituted indirect infringement. In accordance with Article 6 and Article 8 of the Regulations of the Supreme People's Court on Application of Laws in the Trial of Civil Disputes over Infringement of the Right to Network Dissemination of Information, the imputation principle for indirect infringement is fault liability principle. Therefore, whether the Defendant should be held to have committed infringement depends on whether it was at fault subjectively, which mainly means whether the Defendant had induced, encouraged the infringement, whether it was fully aware or should be aware of the infringement. However, in this case, there was no information inducing or encouraging the infringement of the search page of the involved software. According to the service mode of the Defendant, it could not foresee and identify whether the information downloaded was legal or not, and the searched results were generated automatically. In addition, there is huge amount of information on the Internet which keeps changing and updating, so the Defendant was neither able to discriminate one by one and screen in advance the searched results that may constitute infringement, nor was he able to control whether the users could successfully complete the searching and downloading process. It is thus clear that there was no such a thing called "red flag", i. e. circumstance of "obvious infringement", during the searching and downloading process. Moreover, the Plaintiff did not send any notice to the Defendant before lodging the lawsuit. In fact, even though the

Plaintiff had sent the infringement notice to the Defendant, the Defendant could not disconnect the link to an individual work, unless it disabled the whole search function. It can be found that the Defendant was unable to control the searched results. In conclusion, the Defendant was not at fault subjectively for the dissemination of infringing works, and thus its act did not constitute infringement.

Ⅲ. Interest equilibrium between copyright protection and technology innovation

The alleged infringing "network search" in this case was a service developed by the Defendant after obtaining the API from the open platform of shupeng website, and through such search box, the Defendant could call the search engine function of shupeng website. It is a new technology arising with the rapid development of the network and mobile terminals. The superficial running process of the involved software met the conditions for infringement. However, if the Defendant was determined as constituting infringement simply based on this ground, it would surely sentence such technology to death, which would not be conducive to the technology innovation and information dissemination. Therefore, an equilibrium point should be found to strengthen the copyright protection, promote technology innovation and accelerate information dissemination. As provided in Article 7 of the Opinions of the Supreme People's Court on Several Issues Concerning Fully Playing the Trial Function of IPR Courts to Promote the Development and Prosperity of Socialism Culture and Accelerate the Independent and Harmonious Development of Economy: "it is required to not only accurately grasp the neutral and multipurpose characteristics of the value that technology has as a tool, but also fully understand the acts and purposes of the technology provider reflected by such technology. It should not unconditionally blame the consequences of infringement resulted from the technology on the technology provider, which would impede the technology innovation and development, or absolutize the neutrality of technology, i. e. simply take the neutrality of technology as the shield of improper exemption from the liabilities for infringement."

According to the technical process reflected by the existing evidence, the search function of the involved software was designed to allow the user to enjoy the same service as directly searching at shupeng website by searching in the search box without logging in shupeng website, thus it can be concluded that the Defendant was not subjectively aimed at disseminating the infringing works. From the objective view, the searched results were from the Internet, and featured large number and ever-changing characteristics, moreover, the searched results were not restricted to the infringing works, and could not be proved that they are mainly infringing works. To stop the dissemination of the involved infringing works, as the direct provider of the infringing works was the website of a third party, and what shupeng website provided was the search link of the website of a third party (it could be concluded that shupeng website may not be held to have committed infringement), the Plaintiff could achieve the aim of protecting his copyright by filing a lawsuit against the direct provider of the infringing works or requiring that shupeng website disconnect the links. If the provision of search interface service is determined as an act of infringement, people would be unable to obtain the services provided by the application as developed with the open API. Therefore, from the perspective of interest equilibrium, the service mode of the Defendant should not be determined as constituting infringement.

(Written by: Chen Huizhen Ye Jufen)

Determination of the Legal Nature and Fair Use of Collective Work

—Xu Zhengkui v. Shanghai University Press Co. , Ltd.
Dispute over Infringement upon the Rights of Signature and Reproduction

[Summary]

The ruling of this case has specified the boundary for fair use of collective works. The involved book is a collective work featuring originality, and the mode adopted by the Defendant to use the postcards is beyond the scope of introduction and comment as provided in the Copyright Law of the People's Republic of China, and has given the involved book the feature of ornamental characteristics and collection. Meanwhile, it has objectively prevented the author of the photography works from independently excising the right of reproduction and the right to get remuneration. Thus, such trademark use could not constitute fair use.

[Facts]

Plaintiff (Appellee): Xu Zhengkui

Defendant (Appellant): Shanghai University Press Co. , Ltd.

Cause of Action: Infringement upon the rights of signature and reproduction

Case No. at First Instance: (2013) PMS(Z)CZ No. 136

Case No. at Second Instance: (2014) HYZMW(Z)ZZ No. 39

The Plaintiff Xu Zhengkui is a member of Chinese Photographers Society, and has been awarded "Shanghai Top Ten Photographers" by Shanghai Photographers Society for many years. During 2000 to 2008, the Plaintiff had took 34 photographs involved in this case, which are Lujiazui by Night, Lupu Bridge, the Bund Signal Tower, Peace Hotel, the Bund Night View, Shanghai Museum of Urban Planning, CITIC Square at Nanjing West Road, Garden Hotel & Jin-Jiang Tower, Group of New Buildings at Huaihai Road, Times Square at Huaihai Road, Huaihai Road Night

View, Hong Kong Plaza, People's Square & Nanjing Road, Yangshupu Water Works, Shanghai Circus World, Shanghai Metro Line 2, Pudong New Area Century Square, the Sundial, Pudong Century Avenue, the Oriental Pearl Tower & Jin Mao Tower, Pudong at Dawn, Shanghai Night View, Flowing Light and Color, Pudong Lujiazui Today, Shanghai International Circuit (two pieces), Fuxing Park, Yanzhong Green Belt, Gongqing Forest Park, Urban Area Aerial View, Shanghai Downtown Aerial View, Night Shanghai Aerial View, Lujiazui, City Aerial View. In the above 34 photographs, Lupu Bridge, Pudong at Dawn, Flowing Light and Color and other works were awarded in several photography competitions. With the authorization of the Plaintiff, Shanghai City Aerial View, Shanghai New Sceneries, Shanghai New Buildings, The Skyscrapers, Century Yangpu, Shanghai Night View and other Shanghai sceneries postcards published by Shanghai People's Fine Art Publishing House, Shanghai Scientific and Technological Literature Press, Shanghai Pictorial Press, etc. have included the postcards made based on the above mentioned 34 photographs. At the reserve sides of the said 34 postcards, there are words "Photographer: Xu Zhengkui" "Photographed by Xu Zhengkui", etc.

On May 27, 2002, the Plaintiff et al. signed the Book Publishing Contract with Shanghai People's Fine Art Publishing House as the copyright holders, specifying that the publishing works should be postcards, the title should be 20 Sceneries of Shanghai New Buildings, and the remuneration agreed should be RMB 180/photograph. In addition, as specified in the remuneration payment notice memorandum of Shanghai People's Fine Art Publishing House on May 19, 2009, the title was A Visual of Shanghai, the author was Xu Zhengkui, and the remuneration was RMB 600/photograph.

On March 6, 2012, the Plaintiff purchased a book titled "A Century Changes of the Beautiful City—A View of Shanghai from Postcards" (hereinafter referred to as the involved book) from Shanghai Xinhua Media Co., Ltd. at the price of RMB 320. This book was published by the Defendant in April, 2010, and was divided into two volumes, with Yao Lixuan being the author and priced RMB 320. This book has included and compiled over 1,400 postcards of Shanghai sceneries, including the 34 postcards made based on the involved 34 photographs. The book had 710 pages in total with each page carrying the facades of two postcards (i.e. the side with the photograph) organized from top to bottom (not indicating the author of the photograph), and was divided into 10 chapters. And at the beginning of each chapter, there was a short article respectively introducing the characteristic urban blocks of

Shanghai involved in the postcards, such as the old city area, the Huangpu River, the Bund, the Nanjing Road, the Huaihai Road, etc. so as to compare the evolution of Shanghai city and its construction over a century from the perspective of historical review.

With regard to the publication of the involved book, the Defendant claimed that the postcards included in the book were the private collection of the author Yao Lixuan. The author Yao Lixuan made a selection to the postcards in advance, conducted high-magnification scanning to the facades of the postcards, and then compiled the scanned postcards and the texts of the book into the electronic version. The Defendant conducted several studies with Yao Lixuan after receiving the electronic version, and finally formulated the current version after making some local modifications. Then, the Defendant delivered the current version to the art editor for layout and publication.

The Plaintiff Xu Zhengkui claimed that he is a member of Chinese Photographers Society and Shanghai Photographers Association, the signed photographer of Xinhua News Agency, and has been awarded Shanghai Top Ten Photographers for years. Several photography works he created have won numerous awards. In March 2012, the Plaintiff found that the involved book published by the Defendant had used as many as 34 photography works of the Plaintiff without authorization, and none of the works was signed. Thus, the Plaintiff contacted with the Defendant, requesting the Defendant to solve the matter properly, but failed. On Shanghai Book Fair held in August 2012, the Plaintiff found that the Defendant was still selling the involved book on its booth. The Plaintiff held that the acts of the Defendant had infringed its rights to sign and reproduce the 34 photography works. Thus, it lodged the lawsuit to the court, requested the court to rule that: (1) the Defendant immediately cease infringement; (2) the Defendant compensate the Plaintiff for economic losses of RMB 50,000 (the following currencies be RMB); (3) the Defendant apologize publicly to the Plaintiff on *Xinmin Evening News*; (4) the Defendant compensate the Plaintiff for the attorney fee of RMB 3,000. The Plaintiff withdrew the first claim above during the trial.

The Defendant Shanghai University Press Co., Ltd. argued that: 1. the evidence such as the films or digital files, the postcards, etc. provided by the Plaintiff was insufficient to prove that the plaintiff was the copyright holder of the 34 photography works; 2. what the involved book published by the Defendant used were not the photography works of the Plaintiff, but the postcards published legally with the authorization of the Plaintiff. The Plaintiff had confounded the copyright of the photography works with the copyright of the postcards; 3. the involved book was a philatelic book telling about the changes of Shanghai since ancient times with postcards, and the postcards it included were legal private collection that the author had paid appropriate considerations. So the author should be the owner of the postcards, and should have the right to exhibit these postcards. The publication of the book met not only corresponding philatelic rules, but also the stipulations of the Copyright Law of the People's Republic of China. Thus, the use of the postcards should be treated as fair use, and it neither required the permission from the author of the photography works included in the postcards, nor required to indicate the author when using the photography works; 4. with regard to the economic losses as claimed by the Plaintiff, the Plaintiff did neither provide any basis for the economic losses it suffered, nor provide any basis for the profits of the Defendant; the Defendant had published 4, 500 volumes of the involved book in total, wherein, 3, 000 volumes were purchased by the author, 500 volumes were given as a present, and the remaining 1, 000 volumes had not yet been sold out. The loss of the Defendant for publishing the involved book was up to RMB 110, 000. In summary, the Defendant did not commit infringement, and that the claims of the Plaintiff lacked factual and legal basis. In this sense, the Defendant requested the court to dismiss the appeal of the Plaintiff.

[Trial]

After the trial, the People's Court of Shanghai Yangpu District held that the postcards included in the involved book were the private collection of the author, and the author should enjoy the real right to the postcards, but could not influence the rights of the copyright holder of the photography works included in the postcards when excising her real right. The Defendant's use of the postcards has exceeded the scope of introduction and comment as provided in the Copyright Law of the People's Republic of China, and has made the involved book feature ornamental and collection characteristics. Meanwhile, it has objectively prevented the author of the photography works from independently excising the right of reproduction and the right to get remuneration. Thus, such use could not constitute a fair use. The involved book published by the Defendant had infringed the Plaintiff's rights to sign and reproduce the photography works involved in this case, and should assume the civil liability of ceasing infringement, apologizing, compensating for losses, etc. according to law. During the trial, the Plaintiff withdrew the claim of requesting the Defendant to cease infringement, which was appropriate and should be allowed. However, if the Defendant republished the involved book, it should still obtain the permission of the Plaintiff, and should sign for the Plaintiff. Based on the above grounds, the court ruled that the Defendant should make a written apology to the Plaintiff and compensate the Plaintiff for its economic losses of RMB 37, 000.

After the first instance, the Defendant refused to accept the ruling as final and appealed to the court.

After the trial, Shanghai No. 2 Intermediate People's Court held that the involved book should be a collective work featuring originality. Thus, the inclusion of the involved 34 postcards in the involved book should also be a part of the act of collection, rather an appropriate reference of other's published works in the collective work for the purpose of specifying a certain issue. The Defendant, as the publisher of the involved book, failed to provide any evidence proving that the publication of the involved book was permitted the Plaintiff, i. e. the author of the original photography works of the involved 34 postcards included in the involved book. Therefore, the act of the Defendant had infringed the Plaintiff's rights to sign and reproduce the involved 34 photography works. The court dismissed the appeal and upheld the ruling of the first instance.

[Comments and Analysis]

The core of the trial lies in the determination of the type and legal nature of the involved book, and the determination of whether the use of the Plaintiff's photography works in the involved book should be treated as fair use, etc.

Ⅰ. The type and legal nature of the involved book

If the selection or compilation of the contents reflects originality, the works collecting several works, parts of works, data not constituting a work or other materials can be considered as collective works. In this case, the compiler of the involved book adopted the pictures of over 1, 400 postcards of Shanghai sceneries she collected, and divided into 10 chapters. At the beginning of each chapter, there was a certain length of article respectively introducing the characteristic urban blocks of Shanghai involved in the postcards, as the old city area, the Huangpu River, the Bund, the Nanjing Road, the Huaihai Road, etc. in order to compare the evolution of Shanghai city and its construction over a century from the perspective of historical review. Therefore, the above mentioned selection and layout of the pictures involved in the postcards made by the compiler of the involved book should be treated as the act of compilation, and the involved book should be a collective work featuring originality.

In accordance with the relevant provisions in the Copyright Law of the People's Republic of China, the copyright of a collective work should belong to the compiler. However, when excising the copyright, the compiler may not infringe the copyright of the original works. The publication of a collective work must be subject to the permission of the copyright holders of the collective work and the original works. The original works should not only include the individual works compiled, but also include the other works whose copyrights could be excised independently and involved in individual works. The involved book was a collective work formed by sorting and compiling numerous postcards. Thus, its publication must obtain the permission of the compiler, thc copyright holder of the postcards and the copyright holder of the photography works that could be used independently and that were included in the postcards.

Ⅱ. Determination of fair use of a collective work

There are 12 circumstances for the fair use specified in the Copyright Law of the People's Republic of China, wherein the second circumstance is the proper reference of other person's published work(s) in one's work for the purpose of introducing, commenting a certain work or specifying a certain issue. As the words "comment" "issue" "proper" feature ambiguity to some extent, Article 21 of the Regulations on the Implementation of the Copyright Law of the People's Republic of China has made a further restriction to such circumstance, requiring that "the use of any published work without the permission of the copyright holder should neither have any influence on the normal use of such work, nor impair unreasonably the legal rights and interests of the copyright holder." With regard to the second circumstance of fair use, "proper reference" is the key of fair reference, and the purpose and quantity of reference should all be the factors for determining the "proper". Proper reference could not be mechanically understood as the reference of any part or segment of other's works, or the referred contents accounting for very little proportion of the new works. "Proper reference" should be limited to the reference of other person's works necessary for "introducing, commenting and specifying".

In this case, the involved book published by the Defendant had adopted over 1400 postcards, and the inclusion of the involved 34 postcards, i. e. the photography works of the Plaintiff, in the involved book should also be a part of the act of collection. The inclusion of the involved 34 postcards in the involved book was not meant to introduce, comment the photography works of the Plaintiff, but to show the evolution of Shanghai city and construction over a century by directly using the sceneries as presented in the photography works of the Plaintiff. Such use has exceeded the scope of introduction and comment as provided in the Copyright Law of the People's Republic of China, and has made the involved book feature ornamental and collection characteristics. Meanwhile, it has objectively prevented the author of the photography works from independently excising the right of reproduction and the right to get remuneration. Thus, it could not constitute a fair use.

Ⅲ. The ownership of material carrier does not mean the ownership of copyright

The postcards included in the involved book were the private collection of the author, and the author should have the real right to the postcards she collected legally, but could not influence the rights of the copyright holder of the photography works included in the postcards when excising her real right. In this case, the Plaintiff Xu Zhengkui should have the copyright to the works he photographed, while after he authorized Shanghai People's Fine Art Publishing House and other publishing houses to publish his works, the consumer who purchased the postcard printed with his work should have the ownership of the postcard. However, it does not mean that the copyright holder will lose the copyright of the photography works on the postcards. Copyright is a non-material right, or in a more specific way, it is a right that could be separated from its carrier.

Although the author of the involved book purchased the postcards, and thereby should enjoy the ownership of the postcards, in light of the property of the real right, the author as the owner, could possess and use the postcards, and gain benefits from the postcards, but the right she excises should be limited, that is, her act of exercising such right may not infringe the copyright of the photography works on the postcards.

(Written by: Wu Yingzhe Liu Ming)

Copyright Protection and Right Limitation of Graphic Work

—Whiting Equipment Canada, Inc. v. Shanghai Yangcheng Science & Technology Co., Ltd. et al. Dispute over Infringement upon the Rights of Signature and Reproduction

[**Summary**]

Unless it is an extremely simple graphic design, the point-line-surface design of a general graphic design work is always complex, and should be presumed as featuring originality. If the Defendant holds that the disputed work does not feature originality, it should provide opposing evidence to prove its viewpoint. The key point to determine whether the construction based on the graphic work should be held to have constituted infringement should be whether the product after construction reproduces the expression or aesthetic effect of the graphic work, i. e. whether the product after construction constitutes similarity to the graphic work. When determining the amount of damages, it should be based on the different method for using the graphic work, together with the economic values and contributions of the graphic work to determine the amount of damages that should be borne by the infringer.

[**Facts**]

Plaintiff: Whiting Equipment Canada, Inc.

Defendant: Shanghai Yangcheng Science & Technology Co., Ltd.

Defendant: Yangcheng Science & Technology Limited

Defendant: South Asia Plastics Industry Co., Ltd.

Third Party: Zhejiang NAMAG Equipment Manufacturing Co., Ltd.

Cause of Action: Infringement upon the rights of signature and reproduction

Case No. at First Instance: (2013) HEZMW(Z)CZ No. 64

In 2004, after winning the bid for Phase I Project of South Asia Kunshan Project, the Plaintiff Whiting Equipment Canada, Inc. (hereinafter referred to as Whiting) provided Zhejiang NAMAG Equipment Manufacturing Co., Ltd. (hereinafter referred to as NAMAG) with the original drawings of the equipment for manufacturing the equipment. In this case, the drawings in phase I as claimed by Whiting included 32 original drawings of Whiting and 32 transferred drawings of NAMAG. On the above mentioned equipment drawings, there was a statement of "All drawings owned by Whiting".

Besides the signature of "Zhejiang Titan Design & Engineering Co., Ltd." (hereinafter referred to as Titan), all drawings transferred by NAMAG borne the signature of "Zhejiang NAMAG Equipment Manufacturing Co., Ltd.".

On October 14, 2009, Shanghai Yangcheng Science & Technology Co., Ltd. (hereinafter referred to as Shanghai Yangcheng) (Party A) signed the Shanghai Yangcheng Science & Technology Co., Ltd. Project Contract (hereinafter referred to as the "Project Contract") with NAMAG (Party B). Wherein, Article I specified that the project name should be: South Asia Kunshan EPOXY Waste Salt Recycling Project (vaporizing tank/concentrating tank system equipment) (i. e. Phase II Project). Article III specified that the total price of goods should be RMB 4, 250, 000. Article 14.2 specified that with regard to the drawings and specifications provided by Party A to Party B, Party B should keep properly, and should not share with any third party. For any damage suffered by Party A due to sharing or damage or loss, Party A shall request Party B to make compensation, and Party B should not raise any objection. According to the meeting minutes in the contract appendixes, Yangcheng should submit all manufacturing drawings before October 23, 2008. As the manufacturing drawings should influence the delivery of Alloy－400, South Asia Plastics Industry Co., Ltd. required Yangcheng to finish all manufacturing drawing before October 17, 2008 (45% finished at present).

Whiting claimed that Yangcheng should deliver to NAMAG 59 pieces of Phase II drawings Taiwan which were singed by "Yangcheng Science & Technology Co., Ltd." Wherein, 17 drawings with a suffix "A" should be the master drawings which should be delivered on October 16, 2008; the remaining drawings should be detailed drawings which should be delivered on October 18 and 22, 2008.

On August 19, 2014, upon the approval of each party, the court entrusted the Forensic Science Center of MIIT to provide expert opinions on the following technical issues, and the Advisory Opinions issued by the Forensic Science Center of MIIT specified that the drawings claimed by Whiting should not be classified as the conventional or general designs in relevant industry; the drawings signed by Whiting and the drawings signed by NAMAG are not only identical in equipment drawing number and structure (shape), with basically identical figure and data, but also identical in the corresponding variation trend (larger or smaller) related to the equipment, the figure and data after variation; the drawings signed Taiwan Yangcheng and the drawings of Whiting and NAMAG, as the main structure diagram, plan, connection orientation map and weld joint map, are not only identical in structure (shape), basically identical in figure and data, but also identical in the corresponding variation trend (larger or smaller) related to the equipment, the figure and data after variation, and similar in drawing number; if Taiwan Yangcheng has designed the drawings by itself, it should have detailed calculation and design materials.

On March 27, 2013, NAMAG issued the Statement that Whiting Equipment Canada, Inc. has the Copyright of the Technical Drawings, stating that Zhejiang NAMAG Equipment Manufacturing Co., Ltd. is neither the copyright holder of the involved technical drawings, nor owns the copyright of the involved technical drawings. On the same day, Titan issued the Statement that Whiting Equipment Canada, Inc. has the Copyright of the Technical Drawings, stating that Zhejiang Titan Design & Engineering Co., Ltd. signed the drawing of the equipment named Main Surface Condenser and the drawing of the equipment named First-Effect Heat Exchanger (HE1) because hawse have the design qualification, and Whiting Equipment Canada, Inc. thus provide us with the drawing for conversion design according to Chinese Pressure Vessel Materials Standard, and the conversion design will be sealed by our company. Our company neither has the copyright of the involved technical drawings, nor owns the copyright of the technical drawings.

In addition, the "PROGECT" in the assembly drawing (II) NOTES8 of the main condenser (E-8441) should be "PROJECT", which was a spelling mistake, and there was also a same spelling mistake in the Main Conden (E-8441, HE4)-C of the Phase II drawings signed Taiwan Yangcheng. The Phase II drawings were basically identical to the Phase I drawings in the serial numbers, symbols, words used in the annotations of each drawing, and the structure of connection table, the textual representation of technical requirements in some drawings.

In the trial, Whiting made it clear that the infringing acts it claimed in this case should not include the act of manufacturing the equipment according to the drawings.

The Plaintiff Whiting claimed that Whiting is a company specialized in manufacturing and selling pressure vessels, heat exchangers and other equipment.

NAMAG is a wholly-owned subsidiary of Whiting. In 2004, after winning the bid of South Asia Plastics Industry Co., Ltd. (hereinafter referred to as South Asia Company) for waste salt water treatment system (hereinafter referred to as Phase I Project), Whiting finished the design of the equipment drawings, handed the finished drawings over to NAMAG for equipment manufacturing, and delivered the equipment and drawings to South Asia Company upon agreement. In 2008, South Asia Company called for bids for Phase II Project of Kunshan Project. Although Whiting adjusted its bidding price for several times, it still failed. In October, 2010, Whiting found that the equipment drawings delivered by Shanghai Yangcheng to NAMAG for purchasing vaporizing tank/concentrating tank system equipment (hereinafter referred to as Phase II drawings) were identical to the drawings of Whiting designed for the Phase I Project of South Asia Kunshan Project (hereinafter referred to as Phase I drawings). The Phase II drawings signed Taiwan Yangcheng were drawn for fulfilling the project of South Asia Company, and South Asia Company provided the Phase I drawings to Taiwan Yangcheng. Therefore, Shanghai Yangcheng, Taiwan Yangcheng and South Asia Company had jointly infringed the Plaintiff's rights to sign and reproduce the Phase I drawings. Under the circumstance that the Plaintiff had sent Lawyer's Letter twice to Shanghai Yangcheng for negotiation but failed, and in order to protect its own legal rights and interests, the Plaintiff lodged the lawsuit to the court, requesting the court to rule: 1. the three Defendant should immediately cease infringement and destroy the infringing drawings; 2. the three Defendant should publish a statement on their respective company websites to eliminate the effects; 3. the three Defendant should compensate the Plaintiff jointly with RMB 6, 162, 057. 30 (the following currencies should be RMB) for economic losses including the reasonable expenses.

The Defendants Shanghai Yangcheng and Yangcheng Science & Technology Limited (hereinafter referred to Yangcheng Science & Technology Company) jointly argued that Shanghai Yangcheng and Taiwan Yangcheng did not infringe the copyright of the Plaintiff. Taiwan Yangcheng had designed independently 18 master drawings and delivered them to NAMAG, the remaining drawings were not designed by Taiwan Yangcheng. Shanghai Yangcheng only signed a contract with NAMAG, it did not copy the drawings of the Plaintiff. Thus, the Defendant requested the court to dismiss all the claims of the Plaintiff.

The Defendant South Asia Company argued that it had indeed received 25 Phase I drawings provided by Whiting and 32 drawings signed NAMAG, but it had never provided any of the above mentioned drawings to Shanghai Yangcheng and Taiwan Yangcheng. So the damages as claimed by the Plaintiff lacked factual and legal basis. Thus, the Defendant requested the court to dismiss all the claims of the Plaintiff.

The Third Party NAMAG stated that it was the manufacturer of the equipment for Phase I Project and Phase II Project of South Asia Kunshan Project, and had signed respectively a contract with Whiting and Shanghai Yangcheng. During the manufacturing of the equipment for Phase I Project, it received the drawings delivered by Whiting and conducted the conversion design according to the manufacturing standards in China. But there was not any creative design, so the copyright of the drawings should be owned by Whiting. During the manufacturing of the equipment for Phase II Project, both the master drawings and the detailed drawings were designed and provided by Taiwan Yangcheng.

[Trial]

After the trial, Shanghai No. 2 Intermediate People's Court held that the drawings claimed by Whiting were designed by Whiting specially based on the equipment demands of South Asia Phase I Project, and featured originality in the expressions of equipment structure as the layout and combination of point, line and plane, the expressions of welding methods, and other aspects. The drawings should be neither the conventional or general design in relevant industry, nor the expressions must be adopted in relevant industry, instead they should be classified as the graphic works drawn for construction, production, and should be protected by the Copyright Law.

The Phase II drawings drawn by Taiwan Yangcheng and the main structure diagram, connection orientation map, weld joint map, etc. of the Phase I drawings were basically identical in structure expressions, and both had the same mistake. Moreover, Taiwan Yangcheng did not provide the calculation sheet and design basis of the drawings it designed independently. Therefore, the existing evidence could prove that Taiwan Yangcheng had plagiarized the Phase I drawing as claimed by Whiting in its Phase II drawings. And the court determined appropriately the damages of this case based on such factors as the quantity and aesthetic values of the infringing drawings, and by referring to the charging standard of design fees in chemical industry, the complexity for designing the involved drawings, the subjective fault of the Defendant, etc.

In conclusion, pursuant to Article 47.5 and Article 49 of the Copyright Law of the People's Republic of China, Article 17.2 of the Regulations of the Supreme

People's Court on Application of Action Limitation in the Trial of Civil Cases, Shanghai No. 2 Intermediate People's Court ruled that (1) the Defendants Shanghai Yangcheng and Yangcheng Science & Technology Company should jointly compensate the Plaintiff Whiting RMB 500,000 for economic losses including the reasonable expenses within ten days after the effective date of this ruling; (2) the Defendants Shanghai Yangcheng and Yangcheng Science & Technology Company should publish a statement on their own company websites to eliminate the effects to the Plaintiff Whiting caused by the infringement within ten days after the effective date of this ruling (the contents of the statement should be reviewed by the court); (3) the other claims made by the Plaintiff Whiting should not be affirmed.

[Comments and Analysis]

Graphic work as product design drawing, engineering design drawing is the graphical representation of some technical scheme or fact. It should be protected by the Copyright Law "because its design scheme or the technological applicability of its corresponding engineering and product, but because that the engineering and product design drawing is composed of points, lines, planes and various geometric figures, and contains the scientific beauties of preciseness, accuracy, concision, harmony and symmetry in the eyes of the designer."①However, there are no practical specifications or standards that can be followed to determine the originality of the graphic work, the scope of the right, the liability for compensation, etc., and how to accurately distinguish the technologies and expressions in a graphic work, and ensure that the Copyright Law would only protect the "scientific beauties" in the graphic work. Thus, the dispute and uncertainty still exist. This case involves the determination of graphic work plagiarizing. It is expected that the ruling of this case can be of great benefit to the accurate demarcation of the technology and expression in the copyright protection of graphic works.

Ⅰ. Technology and expression in determining the originality of a graphic work

The works protected by the Copyright Law should be the intellectual achievements featuring originality in the fields of literature, art or science. Generally speaking, the originality of a work in the fields of literature and art is a legal issue, and should be

---

① Wang Qian: Copyright Law, published by China Renmin University Press Co., Ltd. in 2015, p. 112.

determined comprehensively by the judge based on the specific external expressions of the disputed work in the judicial practice. "In fact, the originality of a work is judged naturally by people who can contact the work". The Style Being the Person" as we always say is a truly reflection of such judging mechanism. That is to say, the judge of a work's originality should be a natural process. No organization is qualified to do the job, it is only under the special circumstance when a dispute over the originality of a work arises and cannot be solved, and the judge is required to determine whether the work features originality as the final decision maker. "①

However, as the graphic work and other works in the field of science feature strong technical nature, when determining whether the expression of a graphic work features originality, one always needs to have the technology background on whether there is any general design or standard design in relevant industry or field, whether some specific design is necessary to realize a certain technical function, etc. Thus, the determination of the originality of the graphic work is not only a legal issue, but also the mingling of the technical fact and legal judgment. "A pure fact is independent of law, which arises and can be solved without law while pure legal question could be answered only through the interpretation, identification or selection of laws and regulations, and has nothing to do with the facts of this case. However, the law could get involved in the root of the fact, and the fact continuously extends into the law, when the factual factor and the legal factor continuously approach to each other and are gradually mixed up, the problem of distinguishing or nature determination should thereby arise. "② With regard to the determination of the originality of the graphic work, the above mentioned "problems" are mainly reflected in whether the party concerned is required to provide evidence to prove the originality of the graphic work, and how to assign the burden of proof. In our opinion, unless it is merely a simple graphic design, the point-line-surface design of such work is always complex, and should be presumed as featuring originality. If the Defendant holds that the disputed work does not feature originality, it should provide evidence to prove such viewpoint. Of course, the Plaintiff should make clear as far as possible the specific expression of the originality of the graphic work, e. g. , whether the design of product, or the

① Feng Xiaoqing, Yang Lihua: Law of Intellectual Property, published by Encyclopedia of China Publishing House, 2008, p. 95.

② Chen Hangping: Discussion on Distinction between "Question of Fact" and "Legal Question", published in Peking University Law of Journal in 2nd edition, 2011, p. 325.

overall design & layout, or diagram selection features originality. In summary, the originality of graphic work is mainly reflected in the following three aspects: the first is the overall layout of the graphic design. Most engineering design drawings are not only composed of blueprints, but also contain a lot of detailed drawings of different positions, fittings, etc. The arrangement and combination of different detailed drawings and the overall layout cannot better reflect the "scientific beauty" without the unique conception, selection and arrangement of the designer; the second is the labeling and drawing method of specific design. In the specific design, the designer can use identifiers of different colors, shapes and scales to label and distinguish various parts and positions, and can also use different drawing methods. The third is the selection and trade-off of the design details or essentials. In the specific engineering or product design, the designer would always choose the design essentials best embodying the technical contents based on his/her own understanding of the technical scheme, the knowledge level of the audience, the purpose of the drawing, etc. The above mentioned selection and trade-off usually represent the unique intelligent creation of the designer.

In addition, in the dispute over graphic work infringement, the Defendant always quotes the "mixture principle" and the "scene principle" for argument, claiming that the disputed works and the Plaintiff's works reflect the same technical scheme, the corresponding designs should certainly be identical or similar, or in order to express the same technical contents, the space or expression for the designers to design freely is limited. However, in our opinion, when determining the originality of graphic work, it should not equate the uniqueness of the technical scheme with the uniqueness or limitation of the drawing design. The originality of graphic work is not embodied in the technical scheme, but is a graphic expression of the technical scheme by the designer. Different designers should make different considerations and designs in the selection of the overall layout, graphic labeling, design essentials, etc. In this sense, the "limited expression" or "unique expression" principle in the Copyright Law could hardly apply in the determination of the originality of graphic work.

Ⅱ. Controversial views on determining the limits of rights of graphic work

The main dispute over the determination of the protection scope of graphic work copyright is whether the construction based on the graphic work should be treated as the reproduction of the graphic work. There is an opinion holding that the protection of industrial design drawing should not be limited to forbidding the "reproduction from

2D to 2D", but should extend to the act of engineering construction or industrial product production based on the industrial design drawing. "The value in use of industrial design lies neither in the reproduction of industrial design drawing, nor in the making of engineering or product models, but in the completion of engineering construction and mass-production of industrial products, which is just the utilization of the industrial design work featuring originality. If such act is not under control, the protection of engineering design, product design as provided in the Copyright Law would become an empty talk ... The protection scope is limited to the 'drawings', but extending to the engineering and product ... which has not actually played the role in the protection of the industrial design."① However, the opposite opinion holding that the value of "engineering design, product design" indeed lies in constructing an engineering and producing an industrial product featuring certain creativeness, but it does not mean that the Copyright Law is the appropriate legal mechanism protecting such practical value. The technical scheme related to industrial design can be used to apply for patent according to law. After being authorized, any act of realizing the technical scheme by others without permission, such as manufacturing industrial product based on the design drawing and selling the industrial product, should constitute patent infringement. But it has nothing to do with the protection of Copyright Law. Therefore, the Copyright Law could only forbid the reproduction of the industrial design drawing from "2D to 2D" by others without permission.② There is also an opinion based on the relationship between the use right and right of reproduction of the work holding that reproduction is a specific use of work as defined in the Copyright Law. A certain specific act of using the work may not be treated as the act of reproduction, but it does not mean that such act is not the use as defined in the Copyright Law. The act of producing or constructing according to the engineering design or product design drawing and its illustration should not be treated as the reproduction as defined in the Copyright Law, but should be the use as defined in the Copyright Law. The act of producing or constructing by others according to the engineering design or product design drawing and its illustration without authorization

① Liu Chuntian: Intellectual Property Law, published by China Renmin University Press Co., Ltd., 2009, p. 63.

② Wang Qian: Discussion on the Protection Boundary of Industrial Design Drawing by Copyright Law-From the Perspective of the Evolution of the Copyright Law in British, published in Intellectual Property, 1st edition, 2013, p. 29.

should be treated as the infringement upon copyright, which has infringed the use right of the copyright holder to the work.① This opinion further quotes the case of Guangdong High People's Court as the evidence. In the dispute over infringement upon the copyright of the construction drawing of display board between some art company in Shenzhen and some science and technology company, the court held that "the display board of sample houses of the science and technology company is a material object made according to the construction drawing of display board. Comparing the construction drawing developed by the art company and the display board of the science and technology company, we can find that the shape and effect of the 3D display board are highly similar to the plan of the construction design drawing of the art company and the effect described. However, the science and technology company could not provide any evidence proving that it had created the identical or similar plan. Thus, it should be concluded that the science and technology company used the graphic work designed by the art company… the act of the science and technology company had impaired the right of the art company to get remuneration, and should assume the liabilities."②

Ⅲ. Judgment of the legal nature of construction based on graphic works

In our opinion, before discussing whether the construction based on product design drawing, engineering design drawing, etc. should be treated as the reproduction provided in the Copyright Law, it should first define the term "reproduction" as provided in the Copyright Law. In accordance with Article 9 of Berne Convention, "authors of literary and artistic works under the protection of this convention shall have the exclusive right to authorize others to reproduce their works by any means and in any form." Article 52 of the 1990 Copyright Law of the People's Republic of China provided that "the reproduction indicated in this law shall refer to the act of producing one or more copy of works by printing, duplicating, facsimileing, photocopying, rubbing, recording, videotaping, transcribing, remaking and other means. The construction, production of industrial products according to the engineering design drawing, product design drawing and its illustrations should not be treated as the reproduction provided in this convention." The existing Copyright Law has deleted the provision concerning "the construction, production of industrial products according to

① Deng Qihong: Discussion on the Legal Nature of Construction based on Graphic Works, published in Journal of Xiangnan University, 1st edition, 2006, p. 27.

② Refer to (2002) YGFMSZZ No. 123 Civil Judgment of Guangdong High People's Court.

the engineering design drawing, product design drawing and its illustrations should not be treated as the reproduction provided in this law" in the 1990 Copyright Law, and has re-defined the right of reproduction, i. e. "the right of reproduction is the right to produce one or more copy of works by printing, duplicating, photocopying, rubbing, recording, videotaping, transcribing, remaking or other means." The above mentioned provision defines mainly the extension of reproduction from the perspective of use, but it does not provide the intension or nature of "reproduction" provided in the Copyright Law. In our opinion, the "reproduction" used in the Copyright Law means the reappearance of the expression or aesthetic effect of the work. As long as the reproduced result represents the expression or aesthetic effect of the original work, it should be treated as the "reproduction" provided in the Copyright Law, no matter it is from 2D to 2D, or from 2D to 3D. Therefore, whether the construction based on product design drawing, engineering design drawing and other graphic works should be treated as reproduction should be determined based on the fact whether the result or product developed after construction is similar to the expression of the graphic work. In most cases in practice, the product developed after the construction based on the product design drawing, engineering design drawing, etc. does not represent the scientific beauty created by the point-line-surface combination in the original graphic work, and would no longer manifest as graphic expression. Thus, it should not constitute a work, and there is not any basis for comparing whether the expressions are similar. Because only under the circumstance that both could constitute works, would it be possible to determine whether it constitute reproduction. However, it does not mean that all products after the construction based on the product design drawing, engineering design drawing and other graphic works would not constitute works. If the product developed after construction is the applied art product, the comparison of the applied art product and the expression of the original graphic work should be made to determine whether the two are similar in expression. This applies to the case tried by Guangdong High People's Court as mentioned above. In the case, the 3D shape and effect of the material object made according to the construction drawing of display board feature aesthetic effect, so it is necessary to make a comparison of the material object and the modeling in the construction drawing. Therefore, although in most cases, the construction based on the engineering design drawing, product design drawing, etc. is not treated as the "reproduction" as provided in the Copyright Law, in our opinion, it is inappropriate to directly determine that the Copyright Law does not protect the reproduction of graphic works from 2D to 3D. In fact, we should determine whether the two constitute similarity just according to the determination rule of general work infringement, which is the essence infringement determination. As for whether it is from 2D to 2D, or from 2D to 3D, it only involves the way for using the work. Berne Convention also provides that reproduction shall include the reproduction "by any method" and "in any form". It does not mean that the Copyright Law does not protect the reproduction from "2D to 3D", the key point is whether the product developed after construction and the original works constitute similarity.

In addition, the Copyright Law does not endow the copyright holder with a general sense of use right. If the act of construction based on graphic work does not constitute reproduction, it would neither infringe the use right of the right owner. One on hand, different from the Trademark Law and the Patent Law that emphasize the role of "use" in the scope of right and the infringement determination, besides the commercial use by the end users of computer software,① the Copyright Law does not provide the use right of general sense, but specifies the use right based on the use of the work, i. e. the 17 rights provided in Article 10 of the Copyright Law, including the publication right, right of reproduction, right to network dissemination of information, etc. These specific rights should be treated as the act of using the work in view of their nature. Thus, the Copyright Law has specified the type and scope of the right of the copyright holder to forbid others to use the work without authorization. Even though the copyright holder has one kind of use right, this right should also be limited to the scope as provided in Article 10 of the Copyright Law, and he has no right to use the work beyond that scope. On the other hand, "other rights that should be owned by the copyright holder" as provided in Article 10. (17) of the Copyright Law should refer to the methods for using the work except for the 16 kinds of rights as provided in Article 10 of the Copyright Law. With regard to the act of using the work, only when such act is adjustable according to the above mentioned 16 rights, and it is necessary to adjust such act, would there be any space and possibility to apply "other rights that should be owned by the copyright holder" as provided in Article 10. (17). Moreover, the application of Article 10. (17) should also be limited to the acts

① Article 21 of the Interpretation of the Supreme People's Court Concerning the Application of Laws in the Trial of Civil Disputes over Copyright specified that computer software users who use computer software for business purposes without permission or beyond permission shall bear civil liability according to Article 47. 1 of the Copyright Law and Article 24. 1 of the Regulations on Computer Software Protection. This provision could be interpreted as the right of the copyright holder of computer software to forbid others to use commercially.

of use involving the expression or aesthetic effect of the work in the fields of literary, art or science. If the product developed after construction based on the engineering design drawing, product design drawing is a piece of work, the act of construction should fall into the adjustment scope of the right of reproduction. If the two constitute similarity, the act of construction should constitute reproduction of the original work, and the provisions on the right of reproduction in Article 10. (5) of the Copyright Law shall be applicable; if the product developed after construction based on the engineering design drawing, product design drawing is not a piece of work, neither the act of construction involves the expression or aesthetic effect of the work in the fields of literary, art or science, nor the application of Article 10. (17) is required.

Ⅳ. Determination of civil liability for infringement upon graphic work

When determining the compensation liability for infringement upon graphic work, the right owner always requests the defendant to bear the losses resulted from its failure to win the bid on the ground that its loss arises from the fact that the defendant has plagiarized its design drawings. In fact, it confuses the difference between the graphic work and the engineering project or product arising from the construction carried out according to the graphic work. Generally speaking, there is not any direct relationship between the graphic work infringement and the bid winning or the value of an engineering project, and the determination of the liability for compensation arising from the graphic work infringement could not be based on the value of the engineering project or product which is based on the graphic work. However, graphic work should be treated as scientific work, and its difference from the written work and artwork in the fields of literary and art is only the aspect of artistry. The graphic work features, both practicability and artistry, is a combination of technical function and scientific beauty. Its main value is application, rather than publication or distribution. Therefore, when determining the amount of damages caused by infringement upon the graphic work, it should be based on the different methods for using the graphic works, and mainly based on the values and contributions of the graphic works to determine the amount of damages that should be borne by the infringer.

If the infringer publishes the collection of graphic works of the right owner without authorization, and the main purpose of such use is to realize the aesthetic value of the graphic works, when determining the liability for compensation, the method for determining the liability for compensation of artwork, etc. could be referred to, and the infringer should mainly compensate the right owner for the losses of remuneration, etc. If the infringer plagiarizes, reproduces the graphic work of the right owner for construction and other production and operation activities, as the purpose of such infringing use is not to appreciate or communicate the "scientific beauty" of the graphic work, but to realize the technical value of the graphic value. The contribution of the graphic work has gone far beyond the scope of pure art appreciation, so the economic values or contributions of the graphic work in the whole production and operating process should be taken into account when determining the amount of damages to be borne by the infringer. "With regard to the engineering design drawing, product design drawing and other graphic works, they are not used by the display of the shape and structure of a building or industrial product via 2D manifestation, but by achieving the artistic value and economic value of the design via engineering construction and product manufacturing, and thereby realizing the distribution and possession of interests among the creator of the work, the users and the public, so as to make the best of the values of the work."① Therefore, although in most cases, the graphic-work-based construction does not constitute reproduction, if the infringer has committed any act of plagiarizing, reproducing the expression of the graphic work, the economic value and artistic value of the graphic work could be realized in the determination of the amount of damages. In this sense, although the Copyright Law does not protect the technical scheme in the graphic work, it does not mean that it would not protect the economic value of the graphic work. When determining the amount of damages, the use of graphic work in production and operating process should be considered differently from the general written work and artwork.

(Written by: Ling Zongliang)

① Tang Yi: From 2D to 3D—Interpretation of the Methods for Reproducing Graphic Works, published in Judicial Cases, 2009(2), p. 59.

Whether the Adaptation of a Film Work for Drama Performance Should Be Subject to the Authorization of Both the Producer and the Original Work Author

—Bai Xianyong v. Shanghai Yixiang Culture Communication Co. , Ltd. et al. Dispute over Infringement upon Adaptation Right

[**Summary**]

As a special kind of derivative work, film work features particularity in term of exercise of right, because there is a dual right owned by both the original author and the producer of the work. When a film work is used as a whole, the right could only be exercised by the copyright holder of the film work, i. e. the producer. However, if one uses a work produced by adapting an existing work for performance, the authorization from the copyright holders of both the adapted work and the original work should be obtained, and damages should be paid to the copyright holders. According to the ruling of this case, the acts of adaptation and performance with the permission of the producer but without the authorization of the original work author should be determined as infringement and the infringer should be ruled to assume corresponding civil liability.

[**Facts**]

Plaintiff: Bai Xianyong

Defendant: Shanghai Film Group Co. Ltd. (hereinafter referred to as SFG)

Defendant: Shanghai Yixiang Culture Communication Co. , Ltd. (hereinafter referred to as Yixiang)

Defendant: Shanghai Junzheng Culture & Art Development Co. , Ltd.

(hereinafter referred to as Junzheng)

Third Party: Shanghai Film Studio (hereinafter referred to as SFS)

Cause of Action: Dispute over copyright ownership

Case No. at First Instance: (2014) HEZMW(Z)CZ No. 83

The Plaintiff Bai Xianyong claimed that he, a famous writer in Taiwan, is the author of the novel "An Exiled Immortal" ("谪仙记" in Chinese). In accordance with the Copyright Law of the People's Republic of China, Bai Xianyong should own the copyright of such work according to the copyright law. In 1989, the former SFS adapted the novel "An Exiled Immortal" for the film "The Last Aristocrats" with the permission of Bai Xianyong. The film was directed by Xie Jin and was released in the same year.

In August 2013, Yixiang (alternate name "Shanghai Drama Workshop") held a press conference for the drama "The Last Aristocrats", introducing the preparation and production process of the drama. Newspapers, websites and other media successively reported the drama "The Last Aristocrats". On early December of the same year, the publicity before the premiere of drama "The Last Aristocrats" started. On the flyers and the large promotion poster at the venue of performance, it was declared that the drama was adapted according to the film by the same name directed by Xie Jin, and its sponsor was SFG, organizer was Yixiang (Shanghai Drama Workshop) and Junzheng. Thereafter, the Plaintiff made a public statement to the media, and entrusted a lawyer to send a letter to Yixiang, requesting it to immediately cease infringement. However, the three Defendants still carried out a public performance at Shanghai People's Grand Stage for six consecutive days from December 17 to 22, 2013. The performance of the drama caused a huge sensation, and was reported by major media. The three Defendants thereby made huge incomes. The box office grosses of the six shows should be RMB 1, 849, 320 calculated by the ticket price and the seats at the venue of performance.

On April 9, 2014, the Plaintiff lodged a lawsuit to the court based on the ground that the three Defendants used the film "The Last Aristocrats" for drama performance neither with the permission of the copyright holder of the original work "An Exiled Immortal", i. e. the Plaintiff, nor paying any remuneration to the Plaintiff, thus having infringed the copyright of the Plaintiff, and thereby requested the court to rule that: (1) the three Defendants should immediately cease the infringement of the copyright of the Plaintiff to the novel "An Exiled Immortal"; (2) the three Defendants should publish a statement on the newspapers and periodicals and websites like Wenhui

News, Xinmin Evening News, www. sina. com, www. qq. com, www. people. com. cn, to publicly apologize to the Plaintiff and eliminate the effects; (3) the three Defendants should compensate the Plaintiff for economic losses of RMB 500, 000 and the reasonable expenses incurred for stopping infringement and for litigation of RMB 54, 934; (4) the three Defendants should pay the Plaintiff RMB 20, 000 for moral damage. During the trial, the Plaintiff waived the 4th claim, and made clear that the copyright he claimed should be the signature right, the adaptation right and the right to get remuneration.

The Defendant SFG argued that: (1) SFG and SFS are affiliated enterprises, and SFG was permitted by SFS, the right owner of the film work, to authorize Yixiang to adapt same into a drama; (2) SFG has neither had the intention or committed the act of using the film "The Last Aristocrats" to adapt a drama, nor participated in the adaptation, performance or publicity of the drama; (3) in the publicity of the drama "The Last Aristocrats", SFG was listed as the sponsor without the permission of SFG; (4) the permission of SFG to adapt the film "The Last Aristocrats" into a drama was merely based on the unpaid public welfare purposes, and SFG did not obtain any economic benefit from the permission. In conclusion, SFG has neither the subjective intention of infringement, nor the objective act of infringement. It is inappropriate that the Plaintiff took SFG as one of the Defendants.

The Defendants Yixiang and Junzheng argued jointly that: (1) they obtained the consent of China Federation of Literary and Art Circles (hereinafter referred to as CFLAC) and Shanghai Federation of Literary and Art Circles (hereinafter referred to as Shanghai FLAC) and the authorization of SFG to adapt the film "The Last Aristocrats" into a drama, and contact with the Plaintiff Bai Xianyong concerning the matter of authorization through an intermediary; (2) the purpose of adaptation for performance of the drama is to memory Xie Jin, which is a public welfare; (3) most of the tickets were provided for free, and in fact, they did not make any profit, instead, they lost money as a result.

The Third Party SFS stated that it agreed with the argument of SFG.

According to the trial and investigation of Shanghai No. 2 Intermediate People's Court, Bai Xianyong is the author of the novel "An Exiled Immortal". The first article "New Yorker" of "An Exiled Immortal" was published in the "Modern Literature", the 25th edition in Taiwan in 1965. In the Mainland, the novel "An Exiled Immortal" was selected into "The Best Works Collection of Award Winners of First Beijing Literary Festival-Bai Xianyong (Volume)" published by Tongxin Press in May 2005 for the first time, and then selected into books like "Bai Xianyong Classic Works" "A Touch of Green" "New Yorker" "Century Literature · 60 Authors: Best Collection of Bai Xianyong".

In 1989, the former SFS adapted the novel "An Exiled Immortal" into the film "The Last Aristocrats" with the permission of the Plaintiff Bai Xianyong. The film was directed by Xie Jin and was released in the same year.

In early 2013, Yixiang started to prepare the adaptation of the film "The Last Aristocrats" for the drama with the same name. On August 31 of the same year, as the organizer, Yixiang (Shanghai Drama Workshop) held the press conference for the premiere of the drama "The Last Aristocrats" in memory of the 90th birth anniversary of Xie Jin, and introduced the preparation and production process of the drama on the conference.

On October 16, 2013, the authorizer SFG issued a Authorization Letter to the authorized person Yixiang, specifying that in accordance with the Copyright Law of the People's Republic of China and the provisions of relevant laws, the authorizer hereby authorizes Yixiang to use the film work "The Last Aristocrats", and the authorization terms are: (1) the authorizer permits the authorized person to use the film work "The Last Aristocrats" in the story, dialogs, scene, music, stage art, etc. of the drama "The Last Aristocrats" and other circumstances regarded as appropriate by the authorized person. (2) the authorizer guarantees that all the IP rights like copyright and the portraiture right related to the film "The Last Aristocrats" it authorizes the authorized person to use are owned by the authorizer, and that the film "The Last Aristocrats" it authorizes the authorized person to use does not infringe any IP right and other rights of the other person. (3) the authorizer guarantees that the authorized person may not be involved in any dispute over IP right and other rights when using the film "The Last Aristocrats", and that there may not be any third party, unit, government agency claiming any legal liability against the authorized person. (4) the authorizer should not revoke the authorization made in this Authorization Letter. (5) the authorizer declares that it should waive its right to make any defense and lodge any lawsuit against the authorized person concerning the authorization. (6) the Authorization Letter should come into force after being signed by the authorizer.

On December 12, 2013, relevant media published the news that the dress rehearsal of drama "The Last Aristocrats" was firstly carried out last night, and the drama should premiere at Shanghai People's Grand Stage on December 17. The drama is created and rehearsed by Shanghai Drama Workshop in memory of the 90th birth anniversary of the famous director Xie Jin. On December 16, 2013, the Plaintiff entrusted a lawyer to send a lawyer's letter to "Shanghai Drama Workshop", claiming that it adapted the Plaintiff's work for drama "The Last Aristocrats" and for public performance without the permission of the Plaintiff, and has seriously infringed the copyright of the Plaintiff, and requested it to cease infringement, eliminate the effects caused thereby, apologize and compensate for losses.

From December 17 to 22, 2013, the drama "The Last Aristocrats" was performed publicly at Shanghai People's Grand Stage for six consecutive sessions. According to the performance venue lease contract signed between Yixiang (Party A) and the management unit of the performance venue, Yixiang should pay Party B the venue fee of RMB 20, 000 for each session of performance, totaling RMB 120, 000 for six sessions, and the charges for the stage occupied during stage preparation and dress rehearsal were calculated by section, with RMB 5, 000 for each section (4 hours), and the charges for air conditioning should be RMB 4, 000 for each section (4 hours). According to the ticket agency materials, the number of tickets issued was 4, 742, wherein 4, 363 free tickets, and the box office grosses was RMB 8, 360. After settlement, the ticketing company should pay the organizer Yixiang RMB 7, 106 for ticket income, and should charge the organizer RMB 8, 796 for the ticket distribution commission, ticket layout fees, and agency fees.

[**Trial**]

After the trial, Shanghai No. 2 Intermediate People's Court held that:

Ⅰ. With regard to the issue concerning whether Yixiang and Junzheng had obtained the permission of the Plaintiff Bai Xianyong and SFS for the adaption

SFS produced the film "The Last Aristocrats" by adapting the novel "An Exiled Immortal" with the permission of the Plaintiff, so it should own the copyright of the film work "The Last Aristocrats". However, the film "The Last Aristocrats" is a derivative work, if Yixiang and Junzheng wants to adapt the derivative work into another form of work, i. e. drama, and for public performance, they should obtain the permission of both the original work author, i. e. the author of the novel "An Exiled Immortal", and the derivative work author, i. e. SFS the producer of the film work "The Last Aristocrats".

Though SFG is not the producer of the film, considering that SFS, the producer of the film, agreed SFG to exercise the authorized right, so it could be concluded that

Yixiang obtained the permission of the copyright holder of the film work for adapting the film work into a drama with the same name and for performance.

SFG has no right to make authorization decision related to the original work on behalf of the Plaintiff, thus its authorization on the derivative work would not make Yixiang obtain the permission of the original work author. According to the facts found, there was not any factual and legal basis for the claim made by the Plaintiff that SFG had made a "general authorization", and for the statement made by Yixiang and Junzheng that SFG had given them the authorization including the rights of the copyright holder. With regard to the argument made by Yixiang and Junzheng that the performance was approved by departments like CFLAC and Shanghai FLAC, it could only indicated the management act of the relevant departments for "Commemoration of the 90th Birth Anniversary of Xie Jin", it could not replace the permission of the original work author that Yixiang and Junzheng should obtain according to law to use the right.

Therefore, Yixiang and Junzheng adapted the film work "The Last Aristocrats" into a drama with the same name and for performance without the permission of the original work author, i. e. the Plaintiff, which had infringed the copyright of the Plaintiff to his novel "An Exiled Immortal", including the signature right, adaptation right and right to get remuneration; SFG's permitting Yixiang and Junzheng to adapt the film work "The Last Aristocrats" should not be held to have constituted infringement upon the copyright of the Plaintiff.

Ⅱ. With regard to the issue on the assumption of civil liabilities

Yixiang and Junzheng should assume civil liabilities of ceasing infringement according to law, eliminating effects, apologizing and compensating for losses for infringing the copyright of the Plaintiff to his work, including the signature right, adaptation right and right to get remuneration; Yixiang and Junzheng jointly committed the infringement upon the copyright of the Plaintiff, which resulted in damages to the Plaintiff, so they should assume the joint and several liability.

In accordance with Article 8 of the Tort Law of the People's Republic of China, Article 10. 1. (2), Article 10. 1. (14), Article 10. 2, Article 12, Article 15. 1, Article 37. 2, Article 47. (6), Article 47. (7) and Article 49 of the Copyright Law of the People's Republic of China, Shanghai No. 2 Intermediate People's Court ruled that (1) Yixiang and Junzheng should immediately cease the infringement upon the copyright of the Plaintiff Bai Xianyong to his novel "An Exiled Immortal"; (2) Yixiang and Junzheng should publish a statement on Xinmin Evening News and www. sina. com. cn to apologize to Bai Xianyong and eliminate the effects; (3) Yixiang and Junzheng should jointly compensate Bai Xianyong for economic losses of RMB 200, 000; (4) Yixiang and Junzheng should jointly compensate Bai Xianyong for reasonable expenses of RMB 50, 000.

[Comments and Analysis]

Ⅰ. With regard to the ownership of the copyright of film work and the rules for exercising the copyright

The film "The Last Aristocrats" involved in this case is a derivative work. The so called derivative work means the work developed by adding new expression which meets the requirements of originality on the basis of maintaining the basic expression of the original work. Film work should always be treated as derivative works, just as the film "The Last Aristocrats" involved in this case, it was produced according to the novel "An Exiled Immortal" created by Bai Xianyong. With regard to derivative work, Article 12 of the Copyright Law of the People's Republic of China provides that "any work produced by adapting, translating, noting, sorting the existing work, and its copyright should be owned by the person adapting, interpreting, noting, sorting it, but the copyright of the original work should not be infringed when that person exercises the copyright." Therefore, on one hand, the derivative work producer should own the copyright of the derivative work as a product of intelligence because he/she has implemented intellectual works featuring creativeness based on the original work. On the other hand, the derivative work contains the basic expression of the original work, and the copyright of the original work author. Therefore, according to the right ownership and rules for exercising the right determined in this case, the derivative work contains the intellectual property of both the original work author and the derivative work producer, and there is a dual right owned by both the original work author and the producer. When using a derivative work created with other person's work, it is required to obtain the permission of not only the copyright holder of the derivative work, but also the copyright holder of the original work.

However, as a special derivative work, the film work features particularity. Different from other types of derivative works, Article 15 of the Copyright Law specifically provides that the copyright of the film work and the works created by methods similar to film producing should be owned by the producer, i. e. the overall copyright of such type of works has been directly determined to be owned by the producer. However, Article 15 of the Copyright Law does not expressly provide the relationship between the film work and the original work, and the resultant problem should be that whether the above mentioned dual right rules should be followed, i. e. the dual authorization respectively from the producer and the original work author should be obtained, if another person intends to adapt the film work into any other type of work?

One view holding that although the provision of Article 12 of the Copyright Law embodies the dual right rules for derivative works, as provided in Article 15 of the Copyright Law, there is no provision as the provision in Article 12 "but the copyright of the original work may not be infringed when the copyright is exercised". Thus, the provisions of Article 15 should be an exception to those of Article 12, that is to say, it is not required to obtain the permission of the copyright holder of the original work use a file work.

In our opinion, the Berne Convention provides expressly that the adaptation of the film work derived from a literary work or artwork into any other form of art should not only be subject to the permission of the film work author, but also to that of the original work author. So it indicates that the Berne Convention holds that dual right shall apply to the film works produced based on the original works such as novels, dramas. As China is a member of this convention, under the circumstance where China makes no relevant reservation and there are no express stipulations on the contrary in the Copyright Law, the Copyright Law of the People's Republic of China should not be interpreted in contravention of China's international treaty obligations. Therefore, in the view of the system interpreting method, the acceptable conclusion should be that the adaptation of a film work should obtain the permission of the copyright holders of both the original work and the film work.

Ⅱ. The adaptation and performance of a film work without the permission of the copyright holder of the original work should be determined as constituting infringement

In this case, after obtaining the permission of SFS, the producer of the film "The Last Aristocrats", SFG issued an Authorization Letter to Yixiang, permitting Yixiang to adapt the film work into a drama with the same name, and Yixiang thereby obtained the permission of the copyright holder of the film work. However, Yixiang did not obtain the permission of the copyright holder of the original work, i. e. Bai Xianyong, the author of the novel "An Exiled Immortal". Thus, the court did not support the claim made by Yixiang that the authorization provided in the Authorization Letter issued by SFG should be "a general authorization" including the permission of the copyright holder of the original work, for it lacked factual and legal basis. Therefore, with regard to the fact that Yixiang insisted on conducting the public performance under the circumstances that it did not obtain the permission of the copyright holder of the original work and that the copyright holder of the original work sent a lawyer's letter requesting it to cease infringement, the court determined that it had infringed the adaptation right, signature right and right to get remuneration of the copyright holder of the original work.

(Written by: Li Guoquan)

Judicial Determination of Infringement upon Copyright of Animation Image Artwork

—Animation International (Shanghai) Ltd. v.
Suning Commerce Group Co. , Ltd. et al.
Dispute over Copyright Infringement

[**Summary**]

This case involves the issue concerning the judicial determination of infringement of the relevant rights and interests of the copyright holder of well-known animation image "Doraemon" by a series of infringements committed jointly or individually by several defendants,. With regard to the determination of joint infringement, although the management party of the alleged infringement did not directly committed the alleged infringement, if the infringement did arise from its failure to fulfill the obligation of reasonable care, then the management party and the party committing the infringement should be held to have committed joint infringement; moreover, the person who is fully aware that another person intends to hold the infringing exhibition and provides duplicate version of the infringing work should also be held to have committed joint infringement upon the exhibition right to the involved artwork.

[**Facts**]

Plaintiff: Animation International (Shanghai) Ltd.
Defendant: Suning Commerce Group Co. , Ltd.
Defendant: Suning Real Estate (Fuzhou) Co. , Ltd.
Defendant: Taijiang Branch Office of Suning Real Estate (Fuzhou) Co. , Ltd.
Defendant: Fuzhou Youpin Culture Communication Co. , Ltd.
Defendant: Shanghai Lanwei Culture Communication Co. , Ltd.
Cause of Action: Dispute over copyright infringement
Case No. at First Instance: (2014) XMS(Z)CZ No. 257

Hiroshi Fujimoto is the copyright holder of 6 cartoon images including "Doraemon". The Plaintiff Animation International (Shanghai) Ltd. (hereinafter referred to as Animation) has the right to lodge a lawsuit in the China's mainland in its own name against the act of infringing the copyright of the cartoon images including "Doraemon" upon a series of authorization, and the authorization period shall be from January 1, 2014 to December 31, 2014.

On February 26, 2014, Fuzhou Suning Square used over 30 "Doraemon" models of different expressions and actions at the entrance of its mall and inside its mall for a commercial campaign to attract customers and enhance popularity. In addition, the cartoon images including "Doraemon" were printed on the large advertising boards outside the mall, the small advertising boards hanging on the street lamps, and the promotion posters pasting on the glass doors, floors, back-ground of runway, both sides of the escalators, elevator doors and vitreous armrests.

On March 7, 2014, after logging in the Weibo account of the Defendant Suning Real Estate (Fuzhou) Co., Ltd. (hereinafter referred to as Suning Real Estate (Fuzhou)), the scene photos of "Doraemon" exhibition activity at Fuzhou Suning Square and the electronic promotion posters were found in the microblogs issued from February 14 to March 3. Upon comparison, the 6 cartoon images including "Doraemon" that the models and promotion posters at Fuzhou Suning Square and the microblogs used were almost identical to the cartoon images the Plaintiff claimed for protection.

In addition, it was found that Taijiang Branch Office of Suning Real Estate (Fuzhou) Co., Ltd. (hereinafter referred to as Taijiang Branch Office) (Party A) had signed the Marketing Services Contract for Doraemon-themed Activities at Fuzhou Suning Square with Fuzhou Youpin Culture Communication Co., Ltd. (hereinafter referred to Youpin) (Party B), specifying that Party A shall employ Party B to provide services related to the ground promotion activities at Fuzhou Suning Square, including the integrated marketing planning, advertising, activity executing, and the period shall be from February 14, 2014 to March 14, 2014. Party A shall be responsible for making final confirmation and giving feedback in time on the documents, information and suggestions provided by Party B. Party B should provide corresponding services, be responsible for the quality and legitimacy of the services provided, and ensure that the copyright of the activities would be legal and effective. If any dispute over copyright occurs, Party B should be fully liable for all consequences.

During the trial, Youpin indicated that the alleged infringing models were leased from Shanghai Lanwei Culture Communication Co., Ltd. (hereinafter referred to Lanwei), and the promotion posters were made by Lanwei. On January 29, 2014, an employee of the Defendant Youpin remitted RMB 30, 000 to the legal representative of the Defendant Lanwei.

The land use right and buildings of Fuzhou Suning Square are registered under the name of Suning Real Estate (Fuzhou). During the trial, Suning Commerce Group Co., Ltd., Suning Real Estate (Fuzhou), Taijiang Branch Office indicated that the management party of Fuzhou Suning Square should be Suning Real Estate (Fuzhou).

The Plaintiff Animation claimed that it was authorized to enjoy the relevant rights and interests of the copyright of the 6 cartoon images including "Doraemon" and the right to lodge a lawsuit against the act of infringing the 6 cartoon images including "Doraemon" in China's mainland. Fuzhou Suning Square, operated and managed jointly by the Defendants Suning Commerce Group Co., Ltd. (hereinafter referred to as Suning Commerce) and Suning Real Estate (Fuzhou), had used the "Doraemon" models and promotion materials as posters printed with the cartoon images including "Doraemon" made and provided by the Defendant Lanwei, and hired someone dressing up as "Doraemon" to perform on the site. The above activities were jointly planned and carried out by the Defendants Taijiang Branch Office and Youpin. Suning Real Estate (Fuzhou) also published the promotion posters and scene photos on Sina Weibo, wherein the 6 cartoon images including "Doraemon" were used extensively. In addition, Suning Real Estate (Fuzhou) declared that it would present a DIY gift of "Doraemon" to the consumers who had spending a certain amount of money. The acts of the Defendants mentioned above had seriously infringed the legal rights and interests of the Plaintiff, and caused heavy economic losses to the Plaintiff. In this case, the act of the Defendants Suning Commerce, Suning Real Estate (Fuzhou), Taijiang Branch Office had infringed the exhibition right by organizing the "Doraemon" exhibition, infringed the right of reproduction by making promotion posters printed with the cartoon images including "Doraemon", infringed the performance right by organizing people dressing up as "Doraemon" to perform on the site, infringed the distribution right by presenting DIY gifts, and infringed the right to network dissemination of information by issuing microblogs; the Defendant Youpin, had infringed the distribution right by providing the above mentioned three Defendants with "Doraemon" models, and infringed the right of reproduction by making promotion posters; the Defendant Lanwei had infringed the right of reproduction by making "Doraemon" models, and had infringed the distribution right by leasing the models. Thus, the Plaintiff lodged a lawsuit to the court, requesting the court to rule that: (1) the five Defendants immediately cease the infringement, cease using the cartoon images including "Doraemon", and destroy the "Doraemon" models they used; (2) the five Defendants publish a statement on Legal Daily to clarify the fact and eliminate the effects; (3) the five Defendants jointly compensate the Plaintiff for economic losses of RMB 2,000,000 (in the same currency as the followings), reasonable expenses of RMB 50,000 for investigating the infringement of the Defendants and lodging a lawsuit against the Defendants, RMB 2,050,000 in total. After the trial, the Plaintiff confirmed that the alleged infringing models and promotion posters at Fuzhou Suning Square had been removed, and the alleged infringing microblogs published in the Sina Weibo account of Fuzhou Suning Square had been deleted, so it applied for withdrawing its claims of requesting the Defendants to immediately cease infringement and the act of using the cartoon images including "Doraemon".

The Defendant Suning Commerce argued that it had neither used the cartoon images including "Doraemon" for commercial promotion, nor committed any infringement, so it should not assume the liabilities for infringement. Even though it has committed infringement, the economic losses and attorney fees claimed by the Plaintiff were obviously too high.

The Defendants Suning Real Estate (Fuzhou) and Taijiang Branch Office jointly argued that the alleged infringing "Doraemon" exhibition was carried out by Youpin entrusted by Suning Real Estate (Fuzhou) and Taijiang Branch Office, so they had no idea whether the activity constituted infringement or not. Moreover, the contract they signed with Youpin had specified that Youpin should assume all liabilities for the infringement upon the legal rights and interests of any third party arising from the activity. In addition, the amount of damages claimed by the Plaintiff lacked factual basis.

The Defendant Youpin argued that Youpin was entrusted by Taijiang Branch Office to plan and carry out the alleged infringing activity, even though the activity constituted infringement, it should be Taijiang Branch Office who should assume the liabilities; the alleged infringing models were used after leased from Lanwei with fees, and Lanwei also issued an Authorization Letter to Youpin. Thus, Youpin was not subjectively malicious in infringing the Plaintiff's copyright, even though its act has constituted infringement, it should be Lanwei who should assume the liabilities.

The Defendant Lanwei argued that the alleged infringing models were not made or provided by Lanwei, so it did not commit the infringement. In addition, the economic losses claimed by the Plaintiff lacked basis, and should not be upheld.

[Trial]

After the trial, the People's Court of Shanghai Xuhui District held that in accordance with the provisions of the Copyright Law of the People's Republic of China, both China and Japan are member countries of Berne Convention for the Protection of Literary and Artistic Works, and the works of Japanese should also be protected by the Copyright Law of the People's Republic of China. The cartoon images including "Doraemon" created by Hiroshi Fujimoto have embodied the inventive mind and drawing skill of the author and feature artistry, originality and reproducibility, so they meet the constitutive requirements of works provided in the Copyright Law of the People's Republic of China, should be treated as artworks and protected by the Copyright Law of the People's Republic of China. The Plaintiff was authorized to exercise the right to lodge a lawsuit in its own name against any act of infringing the copyright of the artworks including "Doraemon". According to the arguments and defenses, the main focuses of dispute in this case were that whether the act of each Defendant constituted infringement upon the copyright of the artworks including "Doraemon", and if the acts of the Defendants constituted infringement, what civil liabilities should they assume.

With regard to whether the act of each Defendant constituted infringement upon the copyright of the artworks including "Doraemon", the court held that firstly, Suning Real Estate (Fuzhou) and Taijiang Branch Office entrusted Youpin to carry out the Doraemon-themed marketing activity to increase the popularity of the mall and promoting the sale, and over 30 Doraemon models with different shapes were placed at the site for viewing and photographing by the customers of the mall. In addition, a lot of promotion posters printed with the 6 cartoon images including "Doraemon" were used. The cartoon images used by the above mentioned models and posters were almost identical to those claimed for protection by the Plaintiff. The acts of exhibiting publicly the duplicate version of artwork and reproducing the work of the copyright holder into one or several copies by printing, reproducing and other methods without the permission of the copyright holder constituted infringement upon the exhibition right and right of reproduction as claimed for protection by the Plaintiff. The marketing activity was actually planned and carried out by Youpin, Taijiang Branch

Office was responsible for auditing, giving feedback and paying relevant fees, and Suning Real Estate (Fuzhou) was the final benefited party of the activity. Thus, it could be determined that Suning Real Estate (Fuzhou), Taijiang Branch Office and Youpin had jointly committed the above infringement. With regard to the claim made by the Plaintiff that Suning Commerce should assume the liability for joint infringement, the court held that the existing evidence could not prove that Suning Commerce was responsible for the daily operation and management of Fuzhou Suning Square, so the claim should not be supported.

Secondly, in order to publicize the Doraemon-themed marketing activity held by Fuzhou Suning Square, Suning Real Estate (Fuzhou) published the promotion posters and the scene photos of the activity on Sina Weibo with the account of "Fuzhou Suning Square", and the 6 cartoon images including "Doraemon" appeared for several times in the posters and photos, and could be read and downloaded by network users. The act of Suning Real Estate (Fuzhou) did not obtain the permission of the copyright holder, and should be held to have constituted infringement upon the right to network dissemination of information of the above mentioned artworks.

Thirdly, the existing evidence could prove that it was the Defendant Lanwei who had made the "Doraemon" models and leased the "Doraemon" models to Youpin. The reproduction of the artwork "Doraemon" cartoon image from 2D to 3D by Lanwei without the permission of the copyright holder had infringed the right of reproduction of this work. Moreover, even though being fully aware that the infringing models would be used for the infringing exhibition held by Fuzhou Suning Square, Lanwei still leased the infringing models to Youpin, its assistant act of providing infringing tools for the infringing exhibition had constituted contributory infringement in infringing the exhibition right of the involved artworks.

Finally, with regard to other infringement as claimed by the Plaintiff, the court held that the performanceas defined in the Copyright Law should refer to the public on-site performance of any written work, dramatic work, music piece and dance work by people or public broadcasting of the performance with machinery equipment. In this case, the works claimed for protection by the Plaintiff should be treated as artwork, and on the site of activity, the personnel interacted with the customers only in dresses of cartoon images, so it did not constitute the performance as defined in the Copyright Law. Thus, the court did not support the claim made by the Plaintiff that the performance by people dressing up as "Doraemon" organized by the Defendants Suning Commerce, Suning Real Estate (Fuzhou) and Taijiang Branch Office had infringed its performance right. In addition, the Plaintiff also claimed that the Defendants Youpin and Lanwei had committed the act of leasing infringing models, which should be held to have constituted infringement upon the distribution right. The court held that the distribution right provided in the Copyright Law should refer to the copyright holder's right of providing the original or duplicate version of works to the public by selling or presenting same. In this case, neither the provision of models by Youpin to Fuzhou Suning Square as a part of the marketing service, nor the leasing of models by Lanwei to Youpin should be treated as the act of providing original version or duplicate version by transferring the ownership of the work's tangible material carrier. Thus, the court did not support the claim of the Plaintiff.

With regard to the liabilities for infringement respectively assumed by each Defendant, the court held that the relevantacts of the Defendants Suning Real Estate (Fuzhou), Taijiang Branch Office, Youpin, Lanwei had constituted infringement upon the Plaintiff's property rights involved in copyright, so the Defendants should assume the civil liability of ceasing infringement and compensating for damages. With regard to the basis for the compensation for damages, because it was impossible to prove the Plaintiff's losses and the Defendants' profits, the court determined the corresponding damages properly based on the awareness and commercial values of the 6 cartoon images including "Doraemon", the nature of the infringement committed by the Defendants, the place of the infringing activity, the visitor flow and duration of the infringing activity, the quantity of the works, the right types, the fault extent and other factors. With regard to the sharing of damages, the court held that the Defendant Lanwei made the infringing models involved in this case, and leased them to the Defendant Youpin while being fully aware that the models would be used for infringing exhibition, the Defendants Suning Real Estate (Fuzhou), Taijiang Branch Office and Youpin jointly committed the exhibition of the infringing models, and the Defendant Suning Real Estate (Fuzhou) issued the microblogs including the infringing models. The above mentioned acts had jointly caused damages to the relevant rights of the copyright holder of the cartoon images including "Doraemon", so the Defendants Lanwei, Suning Real Estate (Fuzhou), Taijiang Branch Office and Youpin should assume the joint and several liability. In addition, the Defendants Suning Real Estate (Fuzhou), Taijiang Branch Office and Youpin jointly made the infringing posters, and the Defendant Suning Real Estate (Fuzhou) published the infringing posters via microblogs, so the Defendants Suning Real Estate (Fuzhou), Taijiang Branch Office and Youpin should assume the joint and several liability for the damages caused by the infringement. Wherein, the infringing models were used as the main props for the Doraemon-themed marketing activity of Fuzhou Suning Square, and compared to the promotion posters, the models were more attractive to customers and could play a more important role in enhancing the popularity of the mall, so the consequences of infringement incurred thereby should be more severe. As a branch of the Defendant Suning Real Estate (Fuzhou), the Defendant Taijiang Branch Office is not a legal person, and its civil liability should be assumed by the Defendant Suning Real Estate (Fuzhou).

In summary, in accordance with Article 8 and Article 9.1 of the Tort Law of the People's Republic of China, Article 2.2, Article 10.(5), Article 10.(6), Article 10.(7), Article 10.(8), Article 10.(9), Article 10.(12), Article 11.4, Article 47.(6), Article 48.(1) and Article 49 of the Copyright Law of the People's Republic of China, Article 14 of the Company Law of the People's Republic of China, Article 2 and Article 4.(8) of the Regulations on the Implementation of the Copyright Law of the People's Republic of China, Article 7, Article 25.1, Article 25.2 and Article 26 of the Interpretation of the Supreme People's Court Concerning the Application of Laws in the Trial of Civil Disputes over Copyright, Article 144 of the Civil Procedure Law of the People's Republic of China, Article 2, Article 66, Article 69.(2) and Article 69.(4) of the Some Provisions of the Supreme People's Court on Evidence in Civil Procedures, the People's Court of Shanghai Xuhui District ruled that: (1) the Defendants Suning Real Estate (Fuzhou) Co., Ltd. and Fuzhou Youpin Culture Communication Co., Ltd. should jointly compensate the Plaintiff Animation International (Shanghai) Ltd. for economic losses of RMB 250,000 within ten days after the effective date of this ruling; (2) with regard to RMB 200,000 among the above mentioned damages jointly assumed by the Defendants Suning Real Estate (Fuzhou) Co., Ltd. and Fuzhou Youpin Culture Communication Co., Ltd., the Defendant Shanghai Lanwei Culture Communication Co., Ltd. should assume the joint compensation liability; (3) the Defendants Suning Real Estate (Fuzhou) Co., Ltd., Fuzhou Youpin Culture Communication Co., Ltd. and Shanghai Lanwei Culture Communication Co., Ltd. should jointly compensate the Plaintiff Animation International (Shanghai) Co., Ltd. for reasonable expenses of RMB 30,000 for stopping infringement within ten days after the effective date of this ruling; (4) the remaining claims made by the Plaintiff Animation International (Shanghai) Co., Ltd. should be dismissed.

[Comments and Analysis]

"Doraemon" is a famous cartoon image in overseas. After obtaining the relevant rights and interests of the copyright holder of the artwork, the Plaintiff started to lodge a series of lawsuits for safeguarding its legal rights across the country against the infringement upon the copyright of the artwork. The judgment of this case is the first judgment in Shanghai made for the dispute over exhibition right of cartoon image artwork. In this case, although the Defendants had little objection to whether the Plaintiff was entitled to claim for the copyright of the cartoon image "Doraemon", because the fact was the basis of the Plaintiff's right to lodge the lawsuit, the court ascertained the fact according to the existing evidence. In addition, the Plaintiff accused that the acts of the defendants had infringed the copyright of the artwork "Doraemon", which not only involved independent infringement, but also joint infringement. The court not only elaborated on the kinds of copyright that the acts of the Defendants had respectively infringed upon, but also analyzed and determined the roles of the Defendants in the infringement, so as to determine reasonably the civil liabilities that each Defendant should assume.

Ⅰ. With regard to whether the Plaintiff was entitled to claim for the copyright of the involved cartoon images

1. The involved cartoon images are oversea artworks and should be protected by the Copyright Law of the People's Republic of China

"Doraemon" is an oversea artwork from Japan. With regard to the protection of oversea artworks, both China and Japan are member countries of Berne Convention. According to the principles of national treatment provided by the Convention, the author shall enjoy a national treatment according to the laws of any member country except for his mother country. Therefore, works of Japanese citizens should be protected by the Copyright Law of the People's Republic of China. In accordance with Article 4. (8) of the Regulations on the Implementation of the Copyright Law of the People's Republic of China, "an artwork shall refer to any 2D or 3D artistic work like painting, handwriting, sculpture constituted by lines, colors or other methods and with aesthetic significance". "Doraemon" is a fictitious cartoon image created by Hiroshi Fujimoto, and shall be treated as the artwork composed of lines, colors, patterns and other expression methods and with aesthetic significance and role modeling. Moreover, it meets the requirements of artworks as specified by the Copyright Law of the People's Republic of China and the Regulations on the Implementation of the

Copyright Law of the People's Republic of China, and is within the protection scope of artworks. So it should be protected by the Copyright Law of the People's Republic of China.

2. The Plaintiff was authorized to enjoy the relevant rights and interests of the copyright of the involved artwork

The Plaintiff was entitled to promote and commercialize the name, symbol, design, identification, trademark, image, visual expression and derivative images of "Doraemon", an animated TV series. Seen from the literal expression, the authorization obtained by the Plaintiff was not directly from artwork, but from the TV series. However, the 6 cartoon images including "Doraemon" in the TV series of "Doraemon" are almost identical to the images of the artworks "Doraemon", the only difference lies in the color. So the cartoon images in the TV series could not constitute new works, and it should be the reproduction of the artworks "Doraemon" by the method of film production. As the main cartoon image of the TV series "Doraemon", "Doraemon" is a part of relevant images and visual expression in the TV series "Doraemon", and should naturally be within the scope of authorization. Combining with the contents of authorization and the transfer process, the authorization has specified that the authorized person could lodge a lawsuit in its own name. Thus, the Plaintiff in this case should be entitled to claim for relevant rights and interests of the copyright of the artworks "Doraemon".

Ⅱ. With regard to whether the claims made by the Plaintiff that the Defendants had infringed various copyrights of the involved artwork should be supported

1. Whether theacts of the Defendants infringed the right to reproduce the involved artwork

Right of reproduction is the right to produce one or more copies of works by printing, duplicating, photocopying, rubbing, recording, videotaping, transcribing, remaking and other means. The reproduction mentioned here includes not only the reproduction from 2D to 2D, but also the reproduction from 2D to 3D. In this case, the cartoon images used in the promotion posters by the Defendants Suning Real Estate (Fuzhou), Taijiang Branch Office and Youpin were almost identical to the artwork images claimed by the Plaintiff, and shall be treated as the act of producing more than one copy of the involved artwork by printing, duplicating and other means. So the Defendants had infringed the right to reproduce the involved artwork. Meanwhile, the involved 3D models were made by the Defendant Lanwei. So the Defendant Lanwei had also infringed the right to reproduce the involved artwork, because it reproduce the artworks "Doraemon" from 2D to 3D without the permission of the copyright holder.

2. Whether the acts of the Defendants infringed the right to exhibit the involved artwork

Exhibition right is the right to publicly display the original or duplicate version of artworks, photography works. In this case, the Defendants Suning Real Estate (Fuzhou), Taijiang Branch Office and Youpin exhibited publicly the 3D models of "Doraemon" at Fuzhou Suning Square, and upon comparison, the alleged 3D models exhibited were almost identical to the artworks "Doraemon" submitted by the Plaintiff. Thus, it shall be treated as reproduction of the involved works from 2D to 3D. Therefore, the act of the three Defendants has constituted infringement upon the exhibition right of the involved artwork, for they exhibited publicly the duplicates of the involved artwork for the purpose of commercial marketing where they had not obtained permission from the copyright holder of the artworks "Doraemon".

3. Whether the acts of the Defendants infringed the right to network dissemination of information of the involved artwork

Right to network dissemination of information is the right to provide the public with works, performance or audio-visual recordings by wired or wireless means, so that the public could obtain the works, performance or audio-visual recordings at their own selecting times and places. In this case, the Defendant Suning Real Estate (Fuzhou) uploaded several pictures containing the involved artwork to its Sina Weibo for the purpose of publicizing and promoting its marketing activity, and published publicly the pictures, so that the network users can read and download at any time. Such acts did not obtain the permission of the copyright holder, thus constituted infringement upon the right to network dissemination of information of the involved artwork.

4. Whether the acts of the Defendants infringed the right to distribute the involved artwork

Distribution right is the right to provide the original or duplicate version of works to the public by selling or granting same, its core reasoning lies in the transfer of ownership. In this case, the Plaintiff alleged that Youpin provided the models as a part of the marketing services to Fuzhou Suning Square, while Lanwei leased the infringing models to Youpin, their acts have constituted infringement of the distribution right of the involved artwork. However, in our opinion, the above acts shall neither be treated as the act of providing original or duplicate version of works by transferring the ownership of the work's tangible material carrier, nor involve the transfer of the ownership of the duplicate version. Thus, neither the acts mentioned here should be determined as distribution act, nor should the Defendants be held to have infringed the distribution right of the involved artworks.

5. Whether the acts of the Defendants infringed the right to perform the involved artwork

Performance right refers to the right to publicly show a work and publicly broadcast the performance of the work in various manners. With regard to the works involved in the performance right, although there is no express provision and restriction in the Copyright Law of the People's Republic of China, according to the relevant stipulations of Article 11 of the Berne Convention, it shall mainly involve the dramatic works, drama music works, music pieces and literary works. While in this case, the works claimed by the Plaintiff for protection shall be classified as artwork, and the specific expression was that the personnel of the mall interacted with the customers only in dresses of cartoon images, so it shall not be held to be the performance as defined in the Copyright Law. Thus, the act of the Defendant in the marketing activity did not infringe the performance right of the involved artwork.

Ⅲ. With regard to the determination of joint infringement involved in this case

1. When the management party did not directly commit the infringement, but if the infringement happened because of its failure to fulfill the obligation to give notice, it should be held to have committed joint infringement

In accordance with Article 8 of the Tort Law of the People's Republic of China, "two or more persons who jointly commit a tortuous act and bring damage to another person shall assume the joint and several liability." This shall be a general provision on joint infringement. A joint infringement requires that the joint faulty act of the infringer should result in the same damage. In this case, although the infringing marketing activity was committed by the Defendant Youpin, and the Defendants Suning Real Estate (Fuzhou) and Taijiang Branch Office were not the direct executors of the alleged act of infringement, the occurrence of alleged act of infringement was inseparable from the acts of the two Defendants. The Defendant Taijiang Branch Office was the sponsor and auditor of the marketing activity, the Defendant Suning Real Estate (Fuzhou) was the management party and beneficiary of the marketing activity, and both of them should fulfill the reasonable and necessary obligations of making inspection and giving notice on the intellectual property involved in the marketing activity. Now, they failed to fulfill the obligation of care that all law-abiding managers would do, so they were subjectively at fault, and objectively caused that the infringement continued and lasted for several days. Thus, the two Defendants met the constitutive requirements of joint infringement both subjectively and objectively, and should be held to have committed joint infringement together with Youpin, the actual organizer of the marketing activity.

2. The person who is fully aware that other person would commit the infringing exhibition should be held to have committed contributory infringement

In accordance with Article 9 of the Tort Law of the People's Republic of China, "whoever abets other person to commit or assists other person in committing any infringement shall bear the joint and several liability with the actor". In accordance with this provision, "contributory infringement" is a kind of "joint infringement". Although the Tort Law doesn't specify the constitutive requirements of "contributory infringement", based on the general principles of the Tort Law, if the actor is fully aware that other person intents to commit infringement, but still provides substantive assistance, it could be determined that the actor has committed "contributory infringement". In this case, the Defendants Suning Real Estate (Fuzhou), Taijiang Branch Office and Youpin publicly exhibited the duplicate version of the involved artwork for the purpose of commercial marketing, whose act has constituted infringement upon the exhibition right of the involved artwork. However, the duplicate version of the involved artwork was provided by the Defendant Lanwei and was the main tool for committing the infringement. The Props Lease Contract made between Lanwei and Youpin could prove that Lanwei was fully aware that the duplicate version would be used for the infringing exhibition. Thus, the act of providing props for the infringing exhibition by Defendant Lanwei shall be treated as contributory infringement, and Lanwei should assume civil liabilities for infringement upon the exhibition right of the involved artwork.

(Written by: Liu Qiuyu)

Whether Documentary Shall Constitute the "Work" As Defined in the Copyright Law and the Legal Liability of Video Website for Unauthorized Dissemination of Documentary

—CCTV International Network Co., Ltd. v. Shanghai Tudou Culture Communication Co., Ltd. Dispute over Infringement upon the Right to Network Dissemination of Information

[**Summary**]

The involved program is a full-length documentary on foods. The editing mode and other aspects of the work have reflected the unique perspective and personalized selection of the creator, and combined a high degree of creative work, so it is a work created by methods similar to film producing as provided in the Copyright Law. Any act of providing on-line broadcast of the involved work to the public directly on website without the permission of the creator shall be held to have constituted infringement upon the right to network dissemination of information, and should assume civil liabilities according to law.

[**Facts**]

Plaintiff (Appellee): CCTV International Network Co., Ltd. (hereinafter referred to as CCTV International Company)

Defendant (Appellant): Shanghai Tudou Culture Communication Co., Ltd. (hereinafter referred to as Tudou Company)

Cause of Action: Dispute over infringement upon the right to network dissemination of information

Case No. at First Instance: (2013) MMS(Z)CZ No. 242

Case No. at Second Instance: (2013) HYZMW(Z)ZZ No. 228

The documentary "A Bite of China" is composed of 7 series in total, and there are words "CCTV9 Documentary" on the DVD case and disk surface of this documentary published and distributed by China International Television Corporation. When the DVD is broadcast, words "CCTV" and "CCTV9" will be displayed in the tail leader.

On April 20, 2009, CCTV issued an Authorization Letter, stating that: CCTV hereby grants CCTV International Company the exclusive right around the world to disseminate, broadcast and provide via the information network (including but not limited to the Internet … and other new media dissemination platforms) the public with all TV programs (including but not limited to the comprehensive gala evenings [including but not limited to the Spring Festival Gala Evening, the Lantern Festival party, the Thematic Gala Evenings], the talk shows … the documentaries, etc.) of all CCTV channels, that CCTV shoots, produces or broadcasts, and of which CCTV owns the copyright or the rights related to the copyright, or CCTV obtained the relevant authorization, and appointed CCTV International Company as the exclusive agent for the worldwide transaction of the above rights; and as the exclusively authorized licensee of the above rights, CCTV International Company may claim for and exercise the above rights in its own name, permit others to exercise or partially exercise or forbid others from exercising or partially exercising the above rights, and may take various legal measures against any infringement upon the above rights in its own name or by entrusting any third party as its attorney; all of the above mentioned authorizations shall take effect from April 28, 2006, until CCTV terminates the above mentioned authorizations in written form.

On May 23, 2012, CCTV International Company applied to Shanghai Jing'an Notary Public Office for evidence preservation. Lu Jiani, the agent of CCTV International Company, using the computer of the Notary Public Office which had access to the Internet, open the IE browser, input http://www.tudou.com, and view the links like "Radio and TV program production license" "network dissemination of information of the audio-visual program license" "network culture operation license" "About Tudou" "Shanghai Industry & Commercial Administration Bureau" etc., where it is indicated that the web page is owned by Tudou Company, and the company has the relevant qualification on network dissemination of information of the audio-visual programs; enter "A Bite of China" in the search box on the home page of "tudou.com", the special program of "A Bite of China" will appear in the search result page, and the introduction to the special program of "A Bite of China" indicates that "A Bite of China is a documentary on humanity and history broadcast by CCTV, and is composed of seven series in total ...". Below the introduction, there are links to "20120522. 07 ··· Our Farm" "20120521. 06 ··· Five Reconcile" "20120518. 05 ··· Secrets of the Kitchen" "20120517. 04 ··· The Taste of Time" "20120516. 03 ··· Inspiration for Change" "20120515. 02···The Story of Staple Foods" "20120514. 01··· Gifts from Nature" etc.; after clicking "Play", it would successively play 07 to 01, the video duration is displayed below the play box and there are advertisements before playing each series below the play box; Lu Jiani used "camtasia recorder", a screen recording software, to record part of the broadcast contents, and capture part of the web pages. Cui Yaxia, Notary of Shanghai Jing′an Public Notary Office, and Xu Jing, staff of Shanghai Jing'an Public Notary Office, supervised the above operation process, and issued the Notarial Certificate (2012) HJZJZ No. 1582 on May 30, 2012. After involved in the lawsuit, Tudou deleted the above videos on its website.

During the procedure, CCTV International Company claimed for attorney fee (including notarization fees and travel fees) of RMB 50,000 (the same as the following currency), but failed to submit the corresponding invoices.

The Plaintiff CCTV International Company claimed that: the involved program "A Bite of China" was completed by CCTV by investing a lot of manpower, materials and financial resources. The copyright of the involved program is owned by CCTV, and CCTV has granted the right to network dissemination of information to the Plaintiff. On May 23, 2012, the Plaintiff found that the Defendant had been providing the on-line on-demand service of the involved work on its website "Tudou" (www. tudou. com) via the information network without permission. The above mentioned act of the Defendant had seriously infringed the legal rights and interests of the Plaintiff and caused heavy economic losses to the Plaintiff. In order to protect its legal rights and interests, the Plaintiff lodged the lawsuit to the court, requesting the court to rule that the Defendant should compensate the Plaintiff for economic losses of RMB 800,000 and reasonable expenses (attorney fees) of RMB 50,000 as incurred in investigating the Defendant's infringement and lodging the lawsuit.

The Defendant Tudou argued that the authorization obtained by the Plaintiff from CCTV was incomplete, and what the Defendant provided was storage space service, so the Defendant neither had the obligation to examine same in advance, nor was it fully aware or should be aware of the existence of the involved videos. Moreover, it had deleted the involved videos after receiving the indictment, thus it did not agree with the Plaintiff's claims.

[**Trial**]

After the trial, the People's Court of Minhang District held that the copyright of film works and works created by methods similar to film producing should be owned by the producer; if there is no opposing evidence, the citizen, legal person or other organization whose name is stated on the work shall be the author. The program "A Bite of China" is composed of seven series in total, with each tail header containing the name of CCTV. Moreover, the introduction in the genuine copies also indicates that the program is launched by CCTV9. Under the circumstance that there is no opposing evidence, it could be determined that CCTV shall own the copyright of the involved work. Although the Authorization Letter issued by CCTV does not make clear the specific title of work, it has indicated that CCTV grants the exclusive right to network dissemination of information of all TV programs CCTV produced, including the documentaries, to CCTV International Company. Thus, CCTV International Company shall own the right to network dissemination of information of the involved work. Within the authorized period and territory, whoever disseminates the involved work to the public via any information network without permission or does not meet such conditions for exemption as fair use shall be held to have committed infringement upon the right to network dissemination of information owned by CCTV International Company, and CCTV International Company shall be entitled to lodge a lawsuit.

With regard to whether Tudou had infringed the right to network dissemination of information of the involved work and whether Tudou should assume civil liability, the court of first instance held that any network user or network service provider who provides the work which the right owner owns the right to network dissemination of the information via the information network and without the permission of the right owner shall be determined as having committed infringement upon the right to network dissemination of information, unless otherwise specified by any law or administrative regulations. In this case, according to the Notarial Certificate submitted by CCTV International Company, Tudou had provided the on-line on demand service of the involved work to the public on its website, so that the users could watch the involved work at any time to their convenience. Although Tudou argued that what it provided was the system storage space service, and the involved videos were uploaded by some network user, it neither provided appropriate evidence, nor showed the person actually uploading the involved work to the court of first instance. Thus, the court of first instance did not accept the above arguments of Tudou. Tudou's act of providing directly the on-line broadcast of the involved work to the public on its website without permission had infringed the right of CCTV International Company to network dissemination of information of the involved work, so Tudou should assume civil liabilities according to law. With regard to the economic losses claimed by CCTV International Company, considering that it failed to provide any evidence proving the actual losses it incurred due to the infringement or the benefits obtained by Tudou thereby, the court of first instance made a determination by comprehensively considering in appropriate such factors as the high awareness and influence of the involved work; the obvious subject fault of Tudou in directly providing the on-line broadcasting of the involved work; the fact that the infringement occurred during the hot broadcasting period of the work, and the duration of the infringement; the operation scale, operation mode, influence of www. tudou. com. With regard to the reasonable expenses claimed by CCTV International Company, which shall be the expenses necessary for the entrusted attorney of this case to participate in the lawsuit, the court of first instance made a determination by taking into consideration various factors including the amount of the object involved in this case, the complexity of the circumstances, the workload of the attorney for dealing with the litigation as an agent etc.

Based on the above grounds, in accordance with Article 10. 1. (12), Article 48. (1) and Article 49 of the Copyright Law of the People's Republic of China, Article 7, Article 25. 1, Article 25. 2 and Article 26 of the Interpretation of the Supreme People's Court Concerning the Application of Laws in the Trial of Civil Disputes over Copyright, Article 3 of the Regulations of the Supreme People's Court on Application of Laws in the Trial of Civil Disputes Over Infringement of the Right to Network Dissemination of Information, the People's Court of Minhang District ruled that Tudou should compensate CCTV International Company for economic losses of RMB 240, 000 and reasonable expenses of RMB 8, 000 within ten days after the effective date of the ruling.

After the first instance, Tudou refused to accept the ruling as final and appealed to Shanghai No. 1 Intermediate People's Court.

The Appellant Tudou made the following allegations: (1) the involved program is neither a film work nor a work created by any means similar to film production, but a visual recording, so the Appellee shall not own the complete copyright; (2) even though the involved program is a work similar to film work, CCTV shall not certainly be the copyright holder; (3) the burden of proof allocated by court of first instance is inappropriate, it is the Appellee who should prove that the involved program was not uploaded by some network user; (4) the amount of damages determined by the court of first instance is too high.

The Appellee CCTV International Company argued that: (1) the involved work features high artistic value and originality, and is a work similar to film work; (2) CCTV is certainly the right owner of the involved work; (3) the burden of proof and the amount of damages determined by the court of first instance are legal and appropriate.

Shanghai No. 1 Intermediate People's Court held that:

1. With regard to whether the involved work is a visual recording or a work created by methods similar to film production. The involved work has combined a high degree of creative work of the participantsincluding the director, photographer, arranger, post editor, etc. , so it should be a work created by methods similar to film production as provided in the Copyright Law.

2. With regard to whether CCTV should own the copyright of the involved program. The Appellant held that the involved work was broadcast in CCTV9, and there were words "general producer: Liu Wen, executive producer: Zhu Lexian" on the involved DVD cover. Thus, the Appellant claimed that CCTV shall not be the exclusive copyright holder. Firstly, CCTV9 is a channel under CCTV, and affiliated with CCTV. Moreover, the involved work was produced by CCTV. Thus, it is well-grounded that CCTV shall own the copyright of the involved work, and the claim made by the Appellant was insufficient to constitute an opposing evidence. Secondly, the general producer and executive producer as indicated on the cover of the involved DVD shall refer to the specific division of labor for relevant participants in the production process of the work, rather than the producer as defined in the Copyright Law of the People's Republic of China. Therefore, the court did not support the above mentioned claims made by the Appellant.

3. With regard to whether the burden of proof allocated by the court of first instance was appropriate. According to the Notarial Certificate submitted by the Appellee, the Appellant had provided the on-lineon-demand service of the involved work on the website it operated, which could prove that the Appellant had committed infringement. The Appellant argued that what it provided was the storage space service, and the involved work was uploaded by the network user I, so it should provide evidence to provide its arguments. Now that it failed to provide any

information on the person actually uploading the involved work, there was nothing inappropriate in the determination made by the court of first instance that the Appellant should accept the consequence of failure to provide evidence.

In this case, the relevant information on the person actually uploading the involved work should be under the control and management of the Appellant, so the Appellant should assume the burden of proof. The Appellant argued that it deleted the original data after being involved in the lawsuit, so it could not provide the evidence. With regard to the original data, the Appellant should preserve the disputed fact of this case in a reasonable manner, and it is its act of deleting the original data which resulted in the consequence that the relevant fact cannot be ascertained, so it should assume the adverse consequence.

4. With regard to whether the amount of damages in the ruling of the first instance was appropriate. The court of first instance determined the amount of damages by comprehensively considering the artistic value and social influence of the involved work, the broadcasting period and infringement duration of the website of Tudou, the operation scale, operation mode, influence of the website of Tudou, and the license fees charged by the right owner to the third party, so the factors which the court took into account were comprehensive and reasonable.

[**Comments and Analysis**]

The Defendant in this case uploaded the documentary "A Bite of China" on the Internet without permission, therefore, the dispute of this case focused on whether the involved program constitute "a work" defined in the Copyright Law, and what kind of liability should be borne for unauthorized dissemination.

Ⅰ. Type of the involved program

According to the definition in the Regulations on the Implementation of the Copyright Law of the People's Republic of China, film works and the works created by methods similar to film production refer to the works composed of a series of frames with or without audio, produced on certain media and showed with appropriate device or disseminated in other manners. The visual recordings shall refer to any recording of continuous images or frames with or without audio except for the film works and the works created by methods similar to film production.

It can be seen that the Copyright Law of the People's Republic of China adopts the dichotomy to the videos, i. e. the videos featuring high originality shall be classified as " film works and the works created by methods similar to film production", while the videos featuring less originality shall be classified as "visual recordings". Therefore, with regard to whether the involved program shall be a visual recording or a work created by methods similar to film production, the key point shall be that whether it meets the requirements of Copyright Law in a narrow sense on the originality of "work".

The involved program is a full-length documentary on foods which is photographed in over 60 places throughout the country with HD equipment and lasted 13 months. It has reflected the unique perspective and personalized selection of the creator in the investigation and survey, creation of voice over, selection of contents to be photographed and choice of background music in the early phase; the editing mode of the work and other aspects represent the high degree of creative work of the participants including the director, photographer, arranger, post editor, etc. Thus, it should be a work created by methods similar to film production as provided in the Copyright Law.

Ⅱ. Allocation of burden of proof

In accordance with Article 2 of the Several Provisions of the Supreme People's Court on Evidence in Civil Procedures, each party concerned shall provide evidence to prove the facts based on which such party makes a claim or contradicts the claim of the other party. According to the Notarial Certificate submitted by CCTV International Company, Tudou had provided the on-line on-demand service of the involved work on the website it operated, which could prove that Tudou had committed infringement. Tudou argued that what it provided was the storage space service, and the involved work was uploaded by the network user. So it should provide evidence proving its arguments. If it failed to provide any information on the person actually uploading the involved work, Tudou should assume the consequence of lacking evidence.

In accordance with Article 64 of the Civil Procedure Law, the people's court should investigate and collect the evidence that the party concerned and the agent ad litem thereof could not collect due to objective reasons, or the evidence that the people's court think is necessary for the trial. In this case, the relevant information on the person actually uploading the involved work shall be under the control and management of Tudou, so Tudou should assume the burden of proof. Tudou argued that it deleted the original data after being involved in the lawsuit, so it could not provide the evidence. With regard to the original data, Tudou should preserve the disputed fact of this case in a reasonable manner, and it is its act of deleting the original data which resulted in the consequence that the relevant fact cannot be ascertained, so it should assume the adverse consequence.

Ⅲ. Determination of the amount of damages

Considering that CCTV International Company failed to provide any evidence proving the actual losses it incurred or the benefits obtained by Tudou due to infringement, the court determine as appropriate the amount of damages by applying the statutory compensation principle. When introducing the foods, the involved work also integrated skillfully the characteristic culture and etiquette of various regions, reflecting that the Chinese food culture is broad and profound and making the audiences think about the cultural tradition of various regions, the value of life and other aspects. So it features high artistic value, has had significant social influence after broadcasting, and enjoys high popularity. Tudou disseminated without authorization the involved work during its hot broadcasting period on the website under its operation, and the duration of the act of infringement was long. The court of first instance determined the amount of damages by comprehensively considering the above factors and combining with the operation scale, operation mode, influence of the website of Tudou, and the license fees charged by the right owner on the third party, so the factors the court took into account were comprehensive and reasonable.

(Written by: Qian Jianliang Zhang Min)

Determination of the Amount of Damages for Infringement of Copyright of A Network Novel

—Shanghai Xuanting Entertainment Information Technology Co. , Ltd. v. Beijing Huanxiang Zongheng Network Technology Co. , Ltd. Dispute over Infringement upon the Right to Network Dissemination of Information

[**Summary**]

Both the Plaintiff and Defendant in this case are domestically well-known network novel portals. The involved network novel "Yongsheng" is a best-seller work, wording over 5, 000, 000 and topping the list for most-searched terms. Although the object in this case is only a novel, the court has ruled a high compensation of RMB 3, 000, 000 which has exceeded the upper limit of the statutory compensation. This ruling has fully manifested its moving with times and strengthening of intellectual property protection in the era of Internet creation and entertainment.

[**Facts**]

Plaintiff (Appellee): Shanghai Xuanting Entertainment Information Technology Co. , Ltd.

Defendant (Appellant): Beijing Huanxiang Zongheng Network Technology Co. , Ltd.

Cause of Action: Dispute over infringement upon the right to network dissemination of information

Case No. at First Instance: (2013) HEZMW(Z)CZ No. 191

Case No. at Second Instance: (2014) HGMS (Z)ZZ No. 78

The Plaintiff Shanghai Xuanting Entertainment Information Technology Co. , Ltd. (hereinafter referred to as Xuanting) is the operator of www. qidian. com, a domestic portal site for original literature works. On January 18, 2010, the Plaintiff signed the Work Agreement for Platinum Author with Wang Zhong (pen name: Meng Rushenji), the author of the literary work "Yongsheng". In accordance with the agreement, the right to worldwide network dissemination of information and other rights in electronic forms of all the works created by Wang Zhong shall be transferred permanently to the Plaintiff within 4 years after the effective date of the agreement. On the same day, both parties signed a dependent contract, stating that the copyright and all the other relevant derivative rights of the works created by Wang Zhong during the term of the agreement shall be completely and exclusively owned by the Plaintiff. In July 2010, the Plaintiff found that Wang Zhong had published the above mentioned work "Yongsheng" on www. zongheng. com operated by Beijing Huanxiang Zongheng Network Technology Co., Ltd. After the litigation, the effective ruling had ascertained that the Plaintiff shall own the copyright of the work "Yongsheng". Thereafter, the Defendant continued to illegally disseminate the above mentioned work on www. zongheng. com under its operation, and authorized the outsiders, Zhejiang Branch of China Mobile Communications and Shanghai Changsheng Network Technology Co., Ltd., to use such novel on the mobile reading base and the Changting website. The Plaintiff held that the acts of the Defendant had seriously infringed the Plaintiff's legal rights and interests such as the right to network dissemination of information of the work "Yongsheng", and the amount of illegal profits gained thereby was huge, so the Plaintiff lodged a lawsuit requesting the court to rule that: (1) the Defendant immediately cease the infringement, i. e. cease the dissemination of the literary work "Yongsheng" on www. zongheng. com and the authorization based on such work; (2) the Defendant compensate the Plaintiff for economic losses of RMB 12,000,000 (the following currencies shall be RMB); (3) the Defendant compensate the Plaintiff for reasonable expenses of RMB 51,500. During the trial, the Plaintiff withdrew the claim of requesting the Defendant to cease infringement, but only requesting the Defendant to cease the authorization based on the work "Yongsheng".

The Defendant Beijing Huanxiang Zongheng Network Technology Co., Ltd. argued that: 1. itsacts did not infringe the Plaintiff's right to network dissemination of information of the work "Yongsheng", and it had already deleted the work "Yongsheng" from www. zongheng. com in November 2013. In accordance with (2011) HYZMW (Z) ZZ No. 136 Civil Judgment made by Shanghai No. 1 Intermediate People's Court on May 4, 2012, Wang Zhong shall be entitled to continue to publish the work "Yongsheng" he created on www. zongheng. com.

Thus, the Defendant's act of publishing the work "Yongsheng" on www. zongheng. com was also legal, and did not constitute any infringement upon the Plaintiff's right to network dissemination of information of the work. Moreover, the Defendant's act of publishing the work "Yongsheng" on www. zongheng. com had been punished in the above mentioned effective ruling, so the fact should not be tried again in this case. 2. The Defendant's act of authorizing the work "Yongsheng" to Zhejiang Branch of China Mobile Communications for carrying out relevant business before the ruling of second instance concerning the dispute over copyright contract between the Plaintiff and Wang Zhong was made was an act in good faith, so the property right and interests should be protected by law. Moreover, the Defendant had been negotiating with the Plaintiff concerning the cooperation on the work "Yongsheng" after being aware of the ruling of the second instance mentioned above, and the negotiation came to no avail even in November 2012, then the Defendant immediately ceased the cooperation with the outsider. The Defendant did not authorize the outside Shanghai Changsheng Network Technology Co. , Ltd to use the work "Yongsheng". 3. The economic losses of RMB 12, 000, 000 claimed by the Plaintiff were too high, and lacked factual and legal bases. Therefore, it requested the court to reject the claims of the Plaintiff.

[**Trial**]

After the trial, Shanghai No. 2 Intermediate People's Court held that: considering that (2011) HYZMW(Z)ZZ No. 136 Civil Judgment had already ascertained that the copyright (except any right that could not be transferred according to law) of the work "Yongsheng" shall be owned by the Plaintiff, the Defendant's act of disseminating the work "Yongsheng" on www. zongheng. com from July 18, 2010 to November 2013 should have constituted infringement upon the copyright, i. e. dissemination of the copyright holder's work to the public via information network without the permission of the copyright holder. With regard to the argument made by the Defendant that it was entitled to continue to publish the work "Yongsheng", the court held that the court made the above mentioned ruling to revoke the third item "Wang Zhong shall cease the act of publishing continuously the work 'Yongsheng' on www. zongheng. com" in the main body of the ruling of the first instance because before the ruling of second instance, the work "Yongsheng" had been created and published, the publication right of Wang Zhong had been exhausted in one time, and could never return to the unpublished status, making, the ruling of the first instance on this issue unnecessary. However, the revocation of the main body of this ruling could not be deemed as authorizing or permitting the Defendant to use the work "Yongsheng" continuously, i. e. the Defendant's act of disseminating continuously the work on www. zongheng. com after the work "Yongsheng" had been published completely shall still be held to have constituted infringement upon the Plaintiff's right to network dissemination of information. Therefore, the argument of the Defendant was a misunderstanding of the above mentioned effective ruling, which would not be supported by the court. With regard to the argument of non bis in idem made by the Defendant, the court held that the effective ruling made by Shanghai No. 1 Intermediate People's Court was only for dealing with the dispute over copyright contract between the Plaintiff and Wang Zhong, and the liquidated damages determined were a kind of penalty imposed on the default of Wang Zhong, both of which had nothing to do with the infringement of the Defendant. Thus, the trial of the Defendant's infringement in this case did not violate the principle of non bis in idem.

In addition, according to the relevant evidence in this case and the effective ruling, it could be determined that the Defendant's act of authorizing the right to network dissemination of information of the work "Yongsheng" to Zhejiang Branch of China Mobile Communications and Shanghai Changsheng Network Technology Co., Ltd. without the permission of the Plaintiff had constituted infringement upon the Plaintiff's right to network dissemination of information. With regard to the argument of use in good faith made by the Defendant: firstly, there is no provision in the Copyright Law of the People's Republic of China concerning the acquisition of copyright in good faith, so the argument made by the Defendant that it could be exempted from the infringement liability for any subjective reason lacked legal basis; secondly, according to the microblog evidence submitted by the Plaintiff, and combining with the fact that the Plaintiff and the Defendant were competitors in business, now that the Defendant failed to submit any opposing evidence, the claim made by the Defendant that it was a third party in good faith lacked factual basis.

In summary, the Defendant's acts of disseminating the work "Yongsheng" on www. zongheng. com and authorizing the outsiders Zhejiang Branch of China Mobile Communications and Shanghai Changsheng Network Technology Co., Ltd. to use the work "Yongsheng" without any permission had infringed the Plaintiff's right to network dissemination of information of the work "Yongsheng", and the Defendant should assume the civil liability of ceasing infringement and compensating for damages. As in this case, there was evidence proving that the profits of the Defendant had exceeded the upper limit of the statutory compensation, i. e. RMB 500, 000 as provided in the Copyright Law, the court shall determine as appropriate and reasonably the amount of damages and the amount of reasonable expenses based on the upper limit of the statutory compensation and in light of the evidence of this case.

Based on the above grounds, in accordance with Article 10. 1. (12), Article 48. (1) and Article 49 of the Copyright Law of the People's Republic of China, Article 18. (1) of the Regulations on Protection of the Right to Network Dissemination of Information, Shanghai No. 2 Intermediate People's Court ruled that: (1) the Defendant Beijing Huanxiang Zongheng Network Technology Co., Ltd. immediately cease the infringement upon the right of the Plaintiff Shanghai Xuanting Entertainment Information Technology Co., Ltd. to network dissemination of information of the literary work "Yongsheng"; (2) the Defendant Beijing Huanxiang Zongheng Network Technology Co., Ltd. compensate the Plaintiff Shanghai Xuanting Entertainment Information Technology Co., Ltd. for economic losses of RMB 3, 000, 000 within ten days after the effective date of this ruling; (3) the Defendant Beijing Huanxiang Zongheng Network Technology Co., Ltd. compensate the Plaintiff Shanghai Xuanting Entertainment Information Technology Co., Ltd. for reasonable expenses of RMB 30, 000 within ten days after the effective date of this ruling; (4) the remaining claims made by the Plaintiff Shanghai Xuanting Entertainment Information Technology Co., Ltd. be dismissed.

After the first instance, the Defendant refused to accept the ruling as final and appealed to the court.

After the trial, Shanghai High People's Court held that: in this case, the gain sharing of the Appellant from the mobile reading base of the outsider Zhejiang Branch of China Mobile Communications was up to RMB 1, 730, 000, which had already exceeded RMB 500, 000, the upper limit of statutory compensation as provided in the Copyright Law of the People's Republic of China, thus the ground as claimed by the Appellant that the compensation in this case should be determined as appropriate within the statutory upper limit of RMB 500, 000 should be inadmissible. So there was nothing inappropriate that the court of first instance took the over 200, 000, 000 hits on www. zongheng. com as one of the consideration factors when determining appropriately the amount of damages. The above mentioned effective ruling had already ascertained that the copyright (except any right that could not be transferred under law) of the work "Yongsheng" shall be owned by the Appellee Xuanting, and there was no evidence in this case that can prove that the Appellant Huanxiang

Zongheng Company had invested any intelligence and property in the creation of the work. With regard to the fact that whether Wang Zhong had obtained high returns from the Appellant, it shall be a legal relationship between the Appellant and Wang Zhong, and could not be taken as a consideration factor in this case for determining the amount of infringement damages. Therefore, there was nothing inappropriate in the determination of the amount of damages, i. e. RMB 3, 000, 000 by the court of first instance by comprehensively considering such factors as the actual value of the work "Yongsheng", the ways, duration and consequences of the infringement committed by Huanxiang Zongheng Company, the profit gained by Huanxiang Zongheng Company from the outsiders in this case.

Based on the above grounds, Shanghai High People's Court held that the claims made by the Appellant Huanxiang Zongheng Company and the grounds thereof lacked factual and legal bases, and thus should be dismissed. In accordance with provisions of Article 170. 1. (1) of the Civil Procedure Law of the People's Republic of China, the court ruled that the appeal should be dismissed and the ruling of the first instance should be affirmed.

[Comments and Analysis]

Network novel, published by a network author on a network-based platform, is an emerging type of novel arising from the rapid development of network. People's reading habits and requirements have changed tremendously with the advent of network era and the vigorous development of new media which together with the commercial force behind have made the quantity and readership of network novel exceed that of the traditional literary works, and formed an emerging cultural industry. The work involved in this case is a network novel with high popularity. In previous judicial practice, even though a literary work formally published by a press is a best-seller book, the amount of damages for a dispute over copyright infringement was always small. This is because except for the subjective factors like literary value, the word number, circulation and author's remuneration of the traditional literary works, and the infringement methods and benefits of the infringer are much inferior than those used in the current network literary works, while these factors are important for calculating the amount of damages for the infringement as described in the Copyright Law. Therefore, there would certainly be difference in determining the amount of damages in the copyright infringement cases involving network novel.

In accordance with the provisions of Article 49 of the Copyright Law of the

People's Republic of China, in the event of infringement upon copyright or copyright related rights, the infringer shall compensate the right holder according to the actual losses; where the actual losses cannot be determined through calculation, compensation can be made according to the illegal income gained by the infringer. The amount of damages shall also include the reasonable expenses paid by the right holder to stop the infringement. Where neither the actual losses of the right holder nor the illegal income gained by the infringer can be determined, the people's court shall determine compensation not more than RMB 500,000 according to the severity of the infringement. In most copyright infringement cases, as it is difficult for the party concerned to provide evidence, the right owner would request the court to determine the final amount of damages based on the statutory compensation provided. Generally, in the case of copyright infringement, the court would always determine as appropriate the amount of damages by considering the following factors: (1) the value of the copyright; (2) the severity of the infringement; (3) consequences caused by the infringement; (4) the extent of fault on the part of the infringer; (5) other factors to be considered. Wherein, the court could weigh the value of the copyright based on the following factors: (1) the type, degree of originality, investment in creation, creation difficulty, creation period, popularity, market value and awards of the work; (2) the reasonable transfer price, reasonable license fee, prevailing license fees in the industry or the relevant standards on use fees as provided by the State when the infringement occurs; (3) the remuneration standard in the industry; (4) the license fee of the collective management organization of copyright; (5) other factors that could be used to measure the right value of the copyright. With regard to the infringement upon the copyright of literary work, artwork, photography work, etc., the statutory compensation could be determined within the range of 2 to 5 times of the remuneration standard as provided by the State. In case that the word number of a literary work is less than one thousand, it would be treated as a work of one thousand words. If the copyright holder could prove that his/her work could get higher remuneration, the court should support. With regard to the copyright infringement via network dissemination of literary work, artwork, photography work, etc., the amount of damages could be determined by referring to the license fees and popularity of the work, the operation scale of the infringing website, the dissemination scope, the number of hit of the infringing work, and other factors. It can be found that compared with the traditional literary work, the network novel features the following advantages in obtaining the compensation: (1) the word number as the basis for calculating the remuneration. Generally, although there is no specific regulation, a traditional literary work wording over 80,000 could be deemed as a full-length novel, while the word number of a network novel is often hundreds of thousands, even millions; (2) the infringement scope. Taking advantage of the dissemination via Internet, the dissemination speed and route of network novels surpass the traditional literary work, and the readership of network novels is much wider; (3) license fees. With regard to the network novel, its commercial operation system is more flexible, most network authors would sign with large-scale Chinese portals, its license method is flexible and the signing bonus always reaches millions; while as for the traditional novels, the publication cost is high, it could be easily affected by the market, and the license fees agreed in the publication contract is always not too high. So in the copyright infringement cases, it shall be a reasonable result that the amount of damages involving network novel is higher than that involving traditional novel.

In addition, besides applying the statutory compensation rule, when it is difficult to prove the specific amount of the right owner's loss or the infringer's illegal profit, but there is evidence proving that the above mentioned amount has exceeded the upper limit of the statutory compensation, the statutory compensation rule shall not apply. Instead, the amount of damages should be determined to be reasonably higher than the upper limit of the statutory compensation by combining with the evidence of the case. In this case, according to the evidence submitted by the Defendant and the outsider Zhejiang Branch of China Mobile Communications, the Defendant's minimum amount of profit was indeed RMB 1,737,002.11, so this case shall not be subject to the statutory compensation rule. Instead, the court may determine the amount of damages as being above RMB 500,000. The court held that although the reading habits of network readers and the read hits on website could not be taken as the objective bases for determining the amount of damages, they could be regarded as the reference factors. The operation method of the Defendant is read for free, which had not only brought economic benefits to itself, but also caused losses to the Plaintiff. Since the profits gained via the license of mobile reading could exceed RMB 1,000,000, the infringement of the Defendant's website by providing the service of reading the involved novel for free could also result in economic losses over RMB 1,000,000 to the Plaintiff, and the profits gained by the Defendant therefrom would be no less than RMB 1,000,000. Moreover, the Defendant disseminated the involved work on www.zongheng.com one year earlier than the dissemination thereof via the mobile phone reading base. In addition, it is true that the Defendant also authorized the Changting

Website. Although it was impossible to find how much profit the Defendant had gained thereby, it could still be estimated conservatively that the profits shall be at least about RMB 500, 000 by considering the authorization time, the readership of the voiced works and other factors. Therefore, the court finally determined that the amount of economic compensation of this case would be RMB 3, 000, 000, which is above the upper limit of the statutory compensation.

(Written by: Ling Zongliang)

II.

Cases of Civil Disputes over Trademark

Determination of the Prior Used Unregistered Trademark with Certain Influence

—Hefei Wuwu Yi Network Technology Service Co. , Ltd. v. Shanghai PPDAI Financial Information Service Co. , Ltd. Dispute over Trademark Infringement

[Summary]

Where before the trademark registrant applying for registration of trademark, another person has used a trademark with certain influence that is identical or similar to the registered trademark on the same goods or similar goods, the owner of the exclusive right to use the registered trademark will have no right to prohibit the user from using such trademark within the original scope. When determining whether the prior used unregistered trademark has certain influence or not, such factors as the duration and territorial scope of the trademark use, the promotion and public awareness of the trademark should be taken into account.

[Facts]

Plaintiff (Appellant): Hefei Wuwu Yi Network Technology Service Co. , Ltd.

Defendant (Appellee): Shanghai PPDAI Financial Information Service Co. , Ltd.

Cause of Action: Dispute over trademark infringement

Case No. at First Instance: (2014) PMS(Z)CZ No. 68

Case No. at Second Instance: (2014) HYZMW(Z)ZZ No. 187

Hefei Wuwu Yi Network Technology Service Co. , Ltd. (hereinafter referred to as Wuwu Yi) was established on August 14, 2012. Its affiliated company Guangzhou Junye Office Equipment Co. , Ltd. (hereinafter referred to as Junye) was founded on June 27, 2007. On September 28, 2010, the Trademark Office approved Junye to register No. 7188389 "拍拍贷 PPDAI" trademark for Class 36 services, which was ratified to be used on the service items including the loan and financial credit by installment, financial services, financial management, finance lease, financial advisory, credit card services, electronic fund transfer, security, pawn, and the registration was valid until September 27, 2020. The application date of the registered trademark was February 5, 2009. On June 13, 2013, the Trademark Office approved Junye to transfer the registered trademark mentioned above to Wuwu Yi. On December 2013, Wuwu Yi and its affiliated company publicized the trademark "拍拍贷 PPDAI" on the publications printed by themselves, and Wuwu Yi did not use such trademark for any other purpose.

PPDAI Company was founded on January 18, 2011, and changed its former name Shanghai Shazhong Information and Technology Co., Ltd. to the current name on April 2012. Its registered business scope is as follows: the financial information services, technological development, technology advisory, technical services, and technology transfer in the field of computer network, data processing service, electronic commerce, market information advisory and research, etc.

The domain name (ppdai. com) of PPDAI website was registered on April 6, 2007. PPDAI website was formerly operated by Shanghai Daifeng Investment Advisory Co., Ltd. (affiliated company of PPDAI Company, hereinafter referred to as Daifeng). On June 28, 2011, Daifeng, Shanghai PPDAI Financial Information Service Co., Ltd. (hereinafter referred to as PPDAI) and etc. signed the Cooperation Agreement, specifying that the operation of PPDAI website (www. ppdai. com) had been handed over to PPDAI. On March 27, 2014, PPDAI and Daifeng signed the Agreement on Merger by Amalgamation, specifying that PPDAI merges Daifeng by amalgamation.

PPDAI website was the first P2P (person-to-person) lending platform in China. The network user who needs funds could publish a borrowing demand on the PPDAI website, and the network user who has idle capitals could lend capital to the borrower through the PPDAI website. As a platform taking the lead in developing the P2P credit business in China, PPDAI website had aroused extensive attention of the media since it was launched on-line. Before the No. 7188389 Trademark of Wuwu Yi was applied for registration (i. e. before February 5, 2009), many newspapers and magazines, including CIO INSIGHT, Youth Weekend, Southeast Express, Zhezhong Newspaper, Chengdu Evening, National Business Daily, Urban Express, Today Morning Express, IT CEO World, Competitiveness, had reported the PPDAI website and its business mode operated by Daifeng. In the above reports, "拍拍贷" or "拍拍贷网" were always used to refer to the website www. ppdai. com. Wherein, early on January 23, 2008, the CIO INSIGHT published an article titled Go to Borrow on the Internet, saying that: such P2P debit and credit mode has come up in British and United State quietly since 2005. And in China, there is also similar website, which is "拍拍贷" (www. ppdai. com). Although it had only established for several months, the number of members of that company established on 2007 had reached over 5,000. On July 18, 2008, the illustrative picture in the article Borrow on the Internet, Your Emergency Measure published on Zhezhong Newspaper indicated that the mark that PPDAI website used at that time was "拍拍贷 ppdai.com". Since February 5, 2009, CCTV-News, Half-Hour Economy of CCTV 2, Comprehensive Channel of Shanghai Television Station, and Economic Information Broadcast of CCTV 2 have successively reported the business mode of PPDAI. On November 19, 2013, PPDAI obtained the certificate of "High-tech Enterprise" granted by Shanghai Science and Technology Committee and Shanghai Finance Bureau and other departments, and the valid period of the certificate is three years.

On September 9, 2013, Zhang Long, the legal representative of Wuwu Yi, applied to Hengzheng Notary Public Office in Hefei City Anhui Province (hereinafter referred to as Hengzheng Notary Public Office) for the evidence preservation notarization. The Notarial Certificate (2013) WHHGZZ No. 13972 issued by Hengzheng Notary Public Office specified that: (1) after entering the website www. ppdai. com, one will see a mark "拍拍贷 PPDAI.COM" on the top left corner, and words "Hello! Welcome to PPDAI" on the top right corner of the website homepage. (2) The "Company Introduction" column on the website specified that: PPDAI was founded in June 2007. The full name of the company is "Shanghai PPDAI Financial Information Service Co., Ltd." The Company is the first P2P (person-to-person) lending platform in China, headquartered in the International Finance Center of Shanghai. Meanwhile, PPDAI is the first Internet financial platform approved by the administration for industry and commerce, accepted by the government and obtaining the qualification of "financial information service".

Wuwu Yi claimed that PPDAI used a mark identical or similar to No. 7188389 registered trademark of Wuwu Yi in the field of financial services without its permission, which had infringed the exclusive right of Wuwu Yi to use the registered trademark. Thus Wuwu Yi requested PPDAI to cease using the words "拍拍贷,

PPDAI" on its website and in its company name. PPDAI argued that Wuwu Yi applied for registering the No. 7188389 registered trademark on February 5, 2009. Before that, Daifeng had continuously used "拍拍贷", "PPDAI" for over one year. Through the continuous use by Daifeng and the extensive reports by many media, such mark had gained a good reputation. Junye preemptively registered the involved trademark by improper means, and the claim made by Wuwu Yi lacked legal bases, thus the court should dismiss the claim of Wuwu Yi.

[**Trial**]

After the trial, the People's Court of Shanghai Pudong New Area held that the exclusive right to use the trademark enjoyed by the trademark registrant shall be protected by the law. Before the trademark registrant applying for registration of trademark, if another person has already used a trademark with certain influence and identical or similar to the registered trademark on the same goods or similar goods, the owner of the exclusive right to use the registered trademark shall have no right to prohibit the prior user from using such trademark within the original scope, but could request the user to add some distinctive mark as appropriate.

1. As for whether PPDAI had used a mark identical or similar to the registered trademark of Wuwu Yi on the same or similar services, the PPDAI website operated by PPDAI is a P2P intermediary platform for lending and borrowing information, and the services it provides shall be financial services, similar to the financial service on which the No. 7188389 registered trademark of Wuwu Yi is ratified to be used. The No. 7188389 registered trademark is composed of Chinese words "拍拍贷" and letters "PPDAI", wherein, "拍拍贷" and "PPDAI" are fanciful words, both of which feature distinctiveness. The marks as "拍拍贷 PPDAI.COM", "拍拍贷 ppdai.com" and "拍拍贷" used on the website of PPDAI had played a role in indicating the service source, and shall be deemed as trademark use. The combining elements of the mark "拍拍贷 PPDAI.COM" used by PPDAI was substantially the same as those of the No. 7188389 registered trademark "拍拍贷 PPDAI", and their layout were identical, thus they shall be deemed as similar marks. Similarly, the marks "拍拍贷 ppdai.com" and "拍拍贷" used by PPDAI and the No. 7188389 trademark of Wuwu Yi shall also be deemed as similar marks.

2. As for whether the marks used by PPDAI could be classified as the prior used trademarks with certain influence. "拍拍贷" is not only the website name but also the

trade name of PPDAI, and "ppdai. com" is the domain name of PPDAI website operated by PPDAI. As a platform taking the lead in developing the P2P credit business in China, PPDAI website had aroused extensive attention of the media. Before the No. 7188389 trademark of Wuwu Yi was applied for registration, many newspapers and magazines, including CIO INSIGHT, Youth Weekend, Southeast Express, Zhezhong Newspaper, Chengdu Evening, National Business Daily, Urban Express, Today Morning Express, IT CEO World, Competitiveness, had reported the PPDAI website and its business mode operated by Daifeng. In the above reports, "拍拍贷" or "拍拍贷网" were always used to refer to the website www. ppdai. com. Wherein, early on January 23, 2008, the CIO INSIGHT had published reports related to the PPDAI website. On July 18, 2008, the illustrative picture in the article Borrow on the Internet, Your Emergency Measure published on Zhezhong Newspaper indicated that the mark that PPDAI website used at that time was "拍拍贷 ppdai.com". "拍拍贷" and "PPDAI" are fanciful words, and the literal meanings of the above Chinese words and English letters fit in with the business mode of PPDAI website, and the marks featured strong distinctiveness. After the continuous use of over one year by Daifeng and a large amount of report by many media, "拍拍贷 ppdai.com", "拍拍贷" and other marks used by Daifeng on PPDAI website had already had certain influence before the No. 7188389 trademark of Wuwu Yi was applied for registration. With the expansion of the operation scale of PPDAI website, the reputation of the above marks had been improved increasingly. After the establishment of PPDAI, the operation of PPDAI website was handed over to PPDAI. After that, PPDAI and Daifeng signed the Agreement on Merger by Amalgamation. Thus PPDAI could inherit the rights and interests enjoyed by Daifeng due to prior use of "拍拍贷 ppdai.com", "拍拍贷" and other marks, and Wuwu Yi had no right to prohibit PPDAI from using the marks mentioned above within the original scope. Therefore, the People's Court of Shanghai Pudong New Area decided to dismiss the claims made by Wuwu Yi.

After the trial of the first instance, Wuwu Yi appealed to the court. After the trial, the court of second instance dismissed the appeal and upheld the ruling of the first instance.

[Comments and Analysis]

"拍拍贷网" was the first P2P (person-to-person) lending platform in China, and had aroused extensive attention since its establishment due to its innovative business mode. However, in this case, it faced the risk of being prohibited from using the brand “拍拍贷”. A common problem among many newly established Internet enterprises is that they emphasize the technical innovation but ignore the intellectual property protection. Flaws in intellectual property protection are the weaknesses of these enterprises in rapid development, and may even give them a critical strike. Through protecting the prior used unregistered trademark with certain influence of PPDAI according to law, this case has prohibited the dishonest act of rush registering trademark and is also conductive to the innovative enterprises in improving their awareness of intellectual property protection.

Ⅰ. The protection system development of unregistered trademark in the Trademark Law of the People's Republic of China.

There are two basic principles for trademark protection: use principle and registration principle. The use principle emphasizes that the trademark could only obtain the protection of law after being actually used, while the registration principle emphasizes that the trademark could only obtain the protection of law after being approved and registered. The registration principle features the advantages of specific legal relationship and stable right., which are conductive to the rapid development of trademark system. However, the registration principle also has its disadvantages: (1) theoretically, according to the registration principle, the generation of trademark right has nothing to do with trademark use, the unused trademark is also entitled to such right, which lacks legitimacy from the perspective of economics and legal philosophy. (2) If the registration principle is implemented, a lot of registered trademarks would be left unused, which would inevitably result in the hoarding, rush registering of trademark. (3) The strict implementation of the registration principle would cause that the unregistered trademark cannot obtain effective protection. ①

At the beginning, the Trademark Law of PRC strictly adopted the registration principle, but after several amendments, it has gradually assimilated some regulations of the use principle to improve the protection to the unregistered trademarks. The Trademark Law issued on August 23, 1982 made no provision on whether the prior used registered trademark could be protected by the law. It is provided in Article 27.1 of the Trademark Law of the People's Republic of China as amended on February 22,

① Written by Wen Xue: Refer to the Research on Trademark Use and Trademark Protection, p. 177, Law Press · China, September 2008, Version 1.

1993 that "the trademark registered by cheating or other improper means would be revoked by the Trademark Office; other units or individuals could request the Trademark Review and Adjudication Board to revoke such registered trademark." The Implementing Rules of Trademark Law issued by the State Council in 1993 and 1995 provides that "the act of registering the well-known trademark of others through reproduction, imitation, translation and other methods and by violating the principle of honesty and integrity" shall be treated as improper means. Based on the above stipulations, to protect the rights of the prior trademark user, the following two conditions must be met: one is that the reputation of the trademark should have been "well known to the public"; the other is that the trademark registrant has adopted improper means, i. e. the trademark registrant had malicious intention subjectively. It is provided in Article 31 of the Trademark Law of the People's Republic of China as amended on October 27, 2001 that "an application for the registration of a trademark shall not create any prejudice to the prior right of another person, nor unfair means be used to preemptively register the trademark with certain reputation another person has used. It is provided in Article 41.2 of the Trademark Law of the People's Republic of China that "for the registered trademark violating the provisions of Article 13, 15, 16 and 31 of the law, the trademark owner or the interested party could request the Trademark Review and Adjudication Board to revoke such registered trademark within five years after the registration date of that trademark. For maliciously registered trademark, the well-known trademark owner is not bound by the five-year period." Based on the above stipulations, to protect the prior used trademark, the following two conditions must be met: (1) the requirement on the reputation of the unregistered trademark is reduced, the trademark is only required to "have certain influence"; (2) the trademark registrant has adopted improper means. With regard to the trademark applied for registration in advance, there is no provision in the law concerning whether the prior user could continue to use the trademark or not if the trademark registrant registered the trademark in good faith. Moreover, the above provisions only cover the administrative procedures concerning trademark objection and trademark dispute, and made no provisions on whether the prior user could make the argument of prior use in the civil dispute over trademark infringement. The Opinions of the Supreme People's Court on Several Issues Concerning Fully Playing the Trial Function of IPR Courts to Promote the Development and Prosperity of Socialism Culture and Accelerate the Independent and Harmonious Development of Economy (FF〔2011〕No. 18) indicates that if a trademark with certain reputation is registered by another person unfair means, the court should uphold the argument of the prior user of that trademark based on the above ground made by the alleged prior trademark user of infringement. This document has specified that the prior trademark user shall have the right of defense if the trademark registrant is subjectively malicious, but it made no provision on whether the prior trademark user shall have the right of defense when the trademark registrant is in good faith. It is provided in Article 32 of the Trademark Law of the People's Republic of China as amended on August 30, 2013 that "An application for the registration of a trademark shall not create any prejudice to the prior right of another person, nor unfair means be used to preemptively register the trademark with certain reputation another person has used. In accordance with Article 59.3 of the Trademark Law, before the trademark registrant applying for registration of a trademark, if another person has used the trademark with certain influence that is identical or similar to the registered trademark on the same goods or similar goods, the owner of the exclusive right to use the registered trademark shall have no right to prohibit the prior user from using such trademark within the original scope, but could request the user to add some distinctive marks as appropriate. The new Trademark Law has specified the legal liability for malicious registration of the trademark prior used by others, and has specified that the prior trademark user shall also have the right of defense based on the ground of prior use in the dispute over trademark infringement, even though the post trademark registrant is in good faith.

Ⅱ. Application of Article 59.3 of the new Trademark Law

In accordance with Article 59.3 of the new Trademark Law, the argument on prior use should meet two conditions: one is that the prior used trademark should have had certain influence to relevant public; the other is that the user continues to use within the original scope.

In the determination of whether the prior used unregistered trademark has certain influence or not, the following factors should be taken into account: (1) the use duration and territorial scope of the trademark; (2) the promotion of the trademark; (3) the relevant public awareness; (4) other factors, as the honors and awards that the trademark has, the counterfeiting of trademark by others. The unregistered trademark could also be protected as special name, packaging or decoration of well-known goods as provided in Article 5.2 of the Anti-Unfair Competition Law. Once an unregistered trademark is identified as the special name, packaging or decoration of a well-known commodity, the user can not only use such unregistered trademark, but also forbid others to counterfeit same. While with regard to the unregistered trademark with certain influence as provided in the new Trademark Law, the prior user could only continue to use it within the original scope. Given that the protections provided to the unregistered trademark in the two versions of the law are different, the reputation requirements for trademark with certain influence should be less strict than those for the special name, package, and decoration of well-known goods. PPDAI website is the first platform developing the P2P credit business in China which has aroused the continuous attentions of many media since it is launched due to its innovative business mode. Early on January 23, 2008, the CIO INSIGHT had published reports related to the PPDAI website. Thereafter, many media has kept reporting the website. It could be concluded that the marks as "拍拍贷" and the website domain name "ppdai. com" had already had certain influence to relevant public before Wuwu Yi applied for registering the involved trademark (i. e. before February 5, 2009) as the result of continuous use and extensive reports of relevant media.

The law of our country mainly implements the trademark registration system. Although it is necessary to legally give certain protection to the prior used unregistered trademark, the extent of protection to such kind of trademark should not be too broad so as not to impact the implementation of the registration system, i. e. the basic system, in the trademark administration.① The prior use right of unregistered trademark with certain influence should be restricted. (1) It is not allowed to expand the variety of goods on which the trademark used. The prior user can only continue to use the trademark on the goods on which the trademark used before another person filed the application for the registration of such trademark. (2) It is not allowed to change the pattern of the trademark, except for the changes made to increase the difference between the unregistered trademark and the conflicting trademark. (3) It is not allowed to transfer or permit others to use the prior use right. (4) If the unregistered trademark has been not used for consecutive three years, it would result in the loss of prior use right.② We think the prior use right cannot be transferred or permitted to be used by others, but could be inherited. The PPDAI website was formerly operated by Daifeng and then by PPDAI. Thus PPDAI could inherit the

---

① The Interpretation of the Trademark Law of the People's Republic of China, compiled by the Legislative Affairs Committee of NPC Standing Committee, p. 114, October 2013, Version 1.

② Written by Wen Xue: Refer to the Research on Trademark Use and Trademark Protection, p. 221, Law Press · China, September 2008, Version 1.

rights and interests enjoyed by Daifeng due to prior use of "拍拍贷 ppdai.com", "拍拍贷" and other marks, and Wuwu Yi had no right to prohibit PPDAI from using the marks mentioned above within the original scope.

In accordance with Article 59. 3 of the Trademark Law, the owner of the exclusive right to use the registered trademark could request the prior trademark user to add appropriately some distinctive mark. As for in what circumstances the court could make the ruling of adding distinctive marks, the law did not specify any provision, in our opinion, whether to make the ruling of adding distinctive marks depends on whether the trademark registrant was in good faith or not. If the trademark registrant registered the trademark in good faith, in order to avoid misidentification, the trademark registrant could request the prior trademark user to add distinctive marks. If the trademark registrant registered preemptively the trademark by unfair means, the court, when handling the trademark infringement and trademark dispute, should not require the prior trademark user to add distinctive marks at the same time when determining that the prior user could continue to use the trademark within the original scope, because the prior trademark user could, according to the provision in Article 45 of the new Trademark Law, request the Trademark Review and Adjudication Board to revoke the registered trademark.

Ⅲ. Identification of the subjective malicious intention of the trademark registrant

The act of rush registration of trademark by the trademark registrant who is fully aware that the prior used unregistered trademark of others has certain influence could be identified as improper rush registration. The malicious intention of the trademark registrant is a kind of psychological state. Generally speaking, the prior trademark user does not have direct evidence proving that the trademark registrant subjectively has malicious intention to register the trademark, except that the trademark registrant acknowledged. In trial practice, the following factors could be comprehensive taken into account for determining whether the registrant had malicious intention: (1) the originality of the prior used trademark; (2) the reputation of the prior used trademark; (3) the similarity between the prior used trademark and the registered trademark; (4) the possibility of that the trademark registrant could contact the prior used trademark; (5) the actual usage of the registered trademark by the trademark registrant. As for this case, in the prior used trademarks as "拍拍贷 ppdai.com" of PPDAI, the "拍拍贷" and "ppdai" were fanciful words. Based on the current evidence, it can be determined that the involved trademarks were designed and used prior by Daifeng. Through the use by Daifeng and the media publicity, the unregistered trademark had gained high reputation. After comparing the No. 7188389 trademark "拍拍贷 PPDAI" of Wuwu Yi with the mark "拍拍贷 ppdai.com" used by Daifeng, we can find that their combining elements were substantially the same, and their layouts were identical. However, the possibility that Wuwu Yi designed independently the involved trademark was very low. Wuwu Yi was also engaged in the finance related business. After registering the trademark, Wuwu Yi did not use it for a long time in fact. Based on the above grounds, it can be concluded that Wuwu Yi registered maliciously the prior used trademark with certain influence of PPDAI. The Trademark Review and Adjudication Board accepted the dispute over thc involved No. 7188389 registered trademark on October 2013. According to the query result on the website of the Trademark Office (http://sbcx.saic.gov.cn), No. 7188389 trademark has been revoked since April 5, 2015.

(Written by: Shao Xun)

Feasibility Study concerning the Coexistence of Lawsuit on Non-Infringement Affirmation and Administrative Proceedings

—Suzhou Guoxin Group Wangshun Imp. & Exp. Co. , Ltd. v. Tailoring Bicycle Accessories Co. , Ltd. Dispute over Trademark Non-Infringement Affirmation

[**Summary**]

Lawsuit on non-infringement affirmation is a special lawsuit in the field of lawsuits concerning intellectual property right, and one must meet certain conditions when filing a lawsuit of this kind. The dispute involved in this case is that where the administrative authority had launched relevant procedure to investigate the suspected infringing product, whether the alleged infringing party may lodge a lawsuit on non-infringement affirmation to the court with the intellectual property right owner as the defendant. With regard to this issue, there are still no unified specifications. The trial results of this case have provided beneficial reference for exploring and improving the system of lawsuit on non-infringement affirmation in IP field and the solution of similar cases.

[**Facts**]

Plaintiff: Suzhou Guoxin Group Wangshun Imp. & Exp. Co. , Ltd.

Defendant: Tailoring Bicycle Accessories Co. , Ltd.

Cause of Action: Dispute over affirmation of no trademark infringement right

Case No. at First Instance: (2013) PMS(Z)CZ No. 424

Case No. at Second Instance: (2013) HYZMS (S) ZZ No. 1435

The Defendant is the owner of the exclusive right to use No. 3734637 registered trademark "FATBOY", and has applied for record filing of intellectual property protection to the General Administration of Customs of the People's Republic of China. On December 2012, a domestic processing factory named Kunshan Little Dragon Boy Children's Products Co. Ltd. manufactured a batch of child bicycles marked with "Fatboy" and entrusted the Plaintiff to export such bicycles to Malaysia. The above goods were detained by Shanghai Customs during the export declaration for being suspected of infringing the Defendant's "FATBOY" trademark. Shanghai Customs launched an investigation concerning whether such batch of bicycles had infringed the Defendant's exclusive right to use the registered trademark "FATBOY" after the detention, and did not yet make a conclusion until the Plaintiff filed a lawsuit.

The Plaintiff claimed that it was mainly engaged in the agency business of international trade import and export, and had set up export bases for baby stroller, child bicycle and etc. The goods detained by the Customs were original equipment manufactured as per the sample, and would be completely exported to Malaysia rather than sold in China, thus it would not cause confusion in the relevant public in China. Moreover, the Defendant did not apply for registration protection to the "FATBOY" trademark in Malaysia. Therefore, the Plaintiff's acts of OEM processing and exporting did not constitute trademark infringement. Based on the above grounds, the Plaintiff requested the court to affirm that the detained goods did not infringe the Defendant's exclusive right to use No. 3734637 registered trademark "FATBOY".

[**Trial**]

The People's Court of Shanghai Pudong New Area held that the purpose for filing the lawsuit on non-infringement affirmation is to terminate the uncertain legal status resulted from the infringement warning of the right owner. As a supporting remedy measure, filing a lawsuit of this kind must meet certain conditions, including: the Plaintiff has received a specific infringement warning; the right owner did not launch a dispute settlement procedure within a reasonable period; the disputed legal relation is uncertain due to not launching the procedure for settling the dispute; such uncertain legal status has or maybe impair the legal rights and interests of the Plaintiff. In this case, the goods declared by the Plaintiff for export were suspected of infringing the Defendant's exclusive right to use its registered trademark, thus the Defendant applied to the Customs for detaining the goods of the Plaintiff. The Customs is a state authority supervising and administrating the entry and exit of customs territory, and has the rights and obligations to identify, investigate and deal with the acts of intellectual property infringement. According to Article 20 of the Regulations of the People's Republic of China on the Customs Protection of Intellectual Property Rights (hereinafter referred to as the Regulations), where, after the customs has found that any imported or exported goods are suspected to have infringed upon an archived intellectual property, and has notified the owner of the intellectual property right, while the owner of the intellectual property right requests the customs to detain the suspected infringing goods, the customs shall investigate into and ascertain whether the detained suspected infringing goods have infringed upon the intellectual property. Article 29.1 of the Measures of the Customs of the People's Republic of China for Implementation of the Regulations of the People's Republic of China on the Customs Protection of Intellectual Property Rights provides that: in the circumstance that the Customs could not determine whether the involved goods have infringed the intellectual property right, the right owner can apply to the People's Court for taking measures to order the infringer to cease the infringement or property preservation according to the provisions of Article 23 of the Regulations. After issuing the Detaining (Sealing) Resolution in December 25, 2012, Shanghai Customs should determine whether the involved goods constituted infringement. However, so far the dispute of this case was still under the settlement of Shanghai Customs. The request made by the Defendant to Shanghai Customs for detaining the involved goods indicated that the Defendant as the trademark right owner had requested the Customs to settle the dispute over the involved trademark infringement. Such procedure can settle the uncertain legal relation. Therefore, the Plaintiff's filing a lawsuit to this court during the dispute settlement period did not meet the conditions for filing the lawsuit on non-infringement affirmation, and the claim made by the Plaintiff should be dismissed by the court. Based on the above grounds, and in accordance with Article 119, Article 154.1.(3) of the Civil Procedure Law of the People's Republic of China and Article 139 of the Opinions of the Supreme People's Court on Several Issues Concerning the Application of the Civil Procedure Law of the People's Republic of China, the court determined to dismiss the claim of the Plaintiff.

After the trial of the first instance, the Plaintiff refused to accept the ruling as final and appealed to the court. The Plaintiff held that the dispute of this case met the required acceptance conditions of the lawsuit on non-infringement affirmation, and the court should accept. The court of first instance may be bias on the application of laws and was suspected of being reluctant to solve the dispute. Therefore, the Plaintiff appealed to request the court of second instance to repeal the ruling made by the court of first instance and take over this case according to law.

After the trial, Shanghai No. 1 Intermediate People's Court held that Shanghai Customs, as a state authority supervising and administrating the entry and exit of customs territory, was entitled to identify the infringement upon intellectual property. The dispute of this case was so far under the settlement of Shanghai Customs. Therefore the Appellant's filing a separate civil procedure lacked bases, and the court did not accept. Thus, the court dismissed the appeal and upheld the ruling of the first instance.

[Comments and Analysis]

Ⅰ. Conditions for lodging a lawsuit on non-infringement affirmation

The lawsuit on non-infringement affirmation refers to the civil procedure that the party being warned or the interested party requests the court to affirm non-infringement under the circumstance that the owner of the intellectual property right has sent a warning on ceasing infringement but is negligent in submitting the infringement it claimed to the competent authority for resolution. In the Regulations on Causes of Civil Cases, the Supreme People's Court defined the Dispute over non-infringement affirmation as "the lawsuit filed by the actor whose interests have been affected by certain intellectual property against the right owner of such intellectual property as the defendant, requesting the court to affirm that the relevant acts of the actor did not infringe such intellectual property." Lawsuit on non-infringement affirmation is a kind of special system in the lawsuits concerning intellectual property right. And as an unusual and supporting remedy measure, it may give the alleged infringer the initiative to effectively and timely reduce the effects to the business activities of the alleged infringer resulted from the infringement warning issued by the right owner. Therefore, the existence of such system has its necessity and reasonableness, but we should also prevent it from being inappropriately misused for the unfair competition or other illegal purposes. Thus, the conditions for accepting the lawsuit on non-infringement affirmation must be strictly controlled. The Interpretations of the Supreme People's Court on Several Issues concerning the Application of Laws in the Trial of Patent Infringement Dispute Cases implemented from January 1, 2010 specified for the first time the conditions for filing a lawsuit on non-infringement affirmation. Wherein, Article 18 provides that: "where the right owner sends a warning concerning the patent infringement to others, and the party being warned or the interested party demands in writing the right owner to excise the right of action, if the right owner neither revokes the warning nor files a lawsuit within one month after it received the written demand letter or within two months after the written demand letter is sent out, the people's court should accept the lawsuit filed by the party being warned or the interested party requesting the court to affirm that its act does not constitute patent infringement." Although the above mentioned regulations aim at the patent right, and there has not been any corresponding provisions concerning the lawsuit on non-infringement affirmation in the existing laws and regulations on trademark, copyright, etc., after all it has specified the acceptance conditions for the lawsuit on non-infringement affirmation at the legislation level, making the lawsuit on non-infringement affirmation involving trademark, copyright, etc. have the legal bases for reference. Based on the above grounds, besides the acceptance conditions provided in the Civil Procedure Law, according to the spirits of the Supreme People's Court, the filing of the lawsuit on non-infringement affirmation shall also meet the following conditions: the Plaintiff has received a specific infringement warning; the right owner fails to request the competent authority to launch a dispute settlement procedure within a reasonable period; the disputed legal relation is uncertain therefore; such uncertain legal status has or may affect the legal rights and interests of the Plaintiff.

Ⅱ. Whether the settlement of the administrative law-enforcement authority can coexist with the lawsuit on non-infringement affirmation

China implements a double-track system of intellectual property protection, that is both judicial protection and administrative protection are adopted. In accordance with relevant laws and regulations, the administrative law-enforcement authorities such as the Administration for Industry & Commerce and the customs should also be entitled to identify and settle the infringements upon trademark, copyright and etc. The right owner can either file a lawsuit to the court, or choose to apply to the administrative law-enforcement authority for dispute settlement. However, in judicial practice, there are disputes over whether the alleged infringer can lodge a lawsuit on non-infringement affirmation to the court at the same time when the administrative authority has launched the administrative procedure to investigate the infringement first, and different courts have taken different measures on the same issue. For example, in the case concerning the dispute over infringement of exclusive right to use trademark and unfair competition [(2015) TZMSCZ No. 0003] between Tongzhou Nanyang Lamp Bulb Co., Ltd. v. Germany Aosilamu Company tried by Jiangsu Nantong Intermediate People's Court, Nanyang was reported for being suspected of infringing the exclusive right of Aosilamu to the registered trademark, and Nantong

Administration for Industry & Commerce determined that Nanyang had committed infringement and thereby punished Nanyang. However, Nanyang refused to accept the ruling as final, and lodged an administrative lawsuit to the People's Court of Congchuan District, Nantong. However, after more than one month, Nanyang lodged a lawsuit on non-infringement affirmation to Nantong Intermediate People's Court based on the same fact, and the court accepted the lawsuit. Thereafter, the trial of the administrative lawsuit was terminated, and the lawsuit on non-infringement affirmation was handled before the administrative lawsuit. While in the first instance and final instance of the case concerning the dispute over non-infringement affirmation upon trademark right [(2007) NMSCZ No. 211, (2008) SMSZZ No. 0052] between Nanjing University Press v. Wuhan Yaxin Dixue Co., Ltd. respectively tried by Jiangsu Nanjing Intermediate People's Court and Jiangsu High People's Court, as Ziyang Branch of Hunan Yiyang Administration for Industry & Commerce had placed on file and handled in advance the dispute involved in this case, determining that Nanjing University Press had infringed the exclusive right to use its registered trademark of Wuhan Yaxin Dixue Co., Ltd., and administrative penalty had been given to Nanjing University Press, the court held that the relevant right of the Plaintiff can be remedied in the administrative procedure or the administrative litigation procedure, so the lawsuit on non-infringement affirmation lodged by the Plaintiff did not meet the acceptance conditions as provided by law. If Nanjing University Press refused to accept the administrative punishment resolution, it can lodge an administrative lawsuit according to law to safeguard its rights and interests. It shall be an act of right safeguarding for the trademark registrant to launch the procedure of investigating and treating trademark infringement via the administration for industry and commerce, and the investigated and settled party cannot lodge a civil lawsuit on non-infringement affirmation upon the trademark right, otherwise it would not only result in the opposition and conflict between the administrative procedure or the administrative lawsuit procedure and the civil procedure, but also disturb the legal objectives and effects of the lawsuit on non-infringement affirmation upon trademark right. Therefore, the court ruled that the lawsuit lodged by the Plaintiff should be dismissed. Nanjing University Press refused to accept the ruling as final and appealed to the court. Jiangsu High People's Court also dismissed the appeal, and upheld the ruling of the first instance.

In accordance with Article 60 of the Trademark Law of the People's Republic of China, if the dispute is resulted from one of the infringements upon exclusive right to use the registered trademark as listed in Article 57 of the Trademark Law, it should be settled through negotiation between the parties concerned; if the parties concerned are not willing to negotiate or the negotiation failed, the owner of the registered trademark or the interested party can either file a lawsuit to the people's court, or request the administration for industry and commerce to settle the dispute. Based on the above grounds, the dispute over trademark infringement can be settled in an administrative method or juridical method as chosen by the trademark right owner. If the trademark right owner chooses to resolve the dispute through administrative procedure, the alleged infringing party should make response actively and provide cooperation. The determination made by the administrative department shall have the same legal effect. If the party concerned refused to accept the ruling, it can appeal to the people's court according to the Administrative Procedure Law within a specified time limit. That is to say, the dispute undergone the administrative proceedings can still be settled finally through juridical proceeding. There is no problem of which is more important, the judicial protection or the administrative protection. Once the determination on whether the act complained constituted infringement made by the administrative authority comes into force, the nature of such act has been finally concluded, so problem of uncertain disputed legal relation would not exist. According to the conditions for lodging a lawsuit on non-infringement affirmation, the basis for the party concerned to lodge a lawsuit on non-infringement affirmation would also not arise. If the alleged infringing party is allowed to lodge a lawsuit on non-infringement affirmation during the settlement by the administrative authority, it would lead to a consequence that the administrative authority and the juridical authority have to make a determination for a same act at the same time. To some extent, the power of the administrative authority to handle independently the administrative cases is restricted. Or if the method of "first civil procedure then administrative procedure" is adopted in cases like the case mentioned above, the administrative procedure would be suspended, to settle the civil case accepted later first. Such method not only ignores the choice of the right owner and omits the administrative remedy method as chosen by the right owner, but also ignores the statutory power of the administrative authority to determine whether infringement has been constituted or not. The minutes of the National Court Trial Forum Concerning Intellectual Property Right held on November 2005 indicated that, "generally speaking, the basic conditions for filing the lawsuit on non-infringement affirmation should be that the interested party received an infringement warning, while the right owner did not launch a dispute settlement procedure according to law within a reasonable period requesting the competent authorities to settle same." The "competent authorities" mentioned in the above minutes should include the administrative law-enforcement authority that has the right to investigate and settle the intellectual property infringements.

Some views hold that in accordance with Article 3 of the Interpretations of the Supreme People's Court on Issues Concerning the Jurisdiction and Application of Law in the Trial of Trademark Involved Cases, "if the owner of the registered trademark or the interested party requested the administration for industry and commerce to settle the infringement upon the exclusive right to use the trademark, and then filed a lawsuit concerning the infringement upon the exclusive right to use the trademark to the people's court and requested for damages, the people's court should accept;" and in accordance with Article 3 of the Interpretation of the Supreme People's Court Concerning the Application of Laws in the Trial of Civil Disputes over Copyright, "with regard to the act of copyright infringement investigated and settled by the Administrative Authorities for Copyright, if the party concerned files a lawsuit to the people's court requesting the court to require that the actor bear civil liabilities, the people's court should accept." Therefore, according to the above provisions, the right owner of intellectual property can exercise both the juridical and administrative rights as remedies. Since the laws and regulations have granted the right owner the right of action, on the principle of equality between both parties, there is obviously no ground not to allow the alleged infringer to file a lawsuit on non-infringement affirmation during the settlement by the administrative authorities. There are certain biases in the above mentioned views on understanding of the judicial interpretation. Although both the civil procedure lodged by the right owner and the administrative settlement need to make determination on whether the involved act constitutes infringement, the administrative settlement emphasizes on the punishment against the administrative counterpart, and is an administrative act of taking legal punishment against the administrative counterpart by the administrative authority within its authority of law enforcement. The fines shall be turned over to the State treasury. While the civil procedure is lodged by the right owner on the basis of requesting the alleged infringer to assume the civil liabilities like ceasing infringement, compensating losses, etc. The administrative punishment against the alleged infringer shall have no influence on the right owner to obtain civil compensation. That is to say, after seeking administrative protection, the right owner may also request the alleged infringer to compensate for economic losses. Such compensation cannot be ruled by the administrative authority at the administrative settlement stage, and the administrative authority can only preside over conciliation between both parties concerning the damages. Therefore, it is not a contradiction that the right owner requests for the settlement of administrative authority and the civil compensation to the court. In contrary, the lawsuit on non-infringement affirmation lodged by the alleged infringer is mainly for the purpose of requesting the court to make a determination on the nature of act. While the administrative authority is also entitled to determine the nature of act, and may make a conclusion on the nature of the act under uncertain status. Therefore, the alleged infringer may lodge a lawsuit on non-infringement affirmation to the court only under the circumstance that the right owner has neither chosen to request the administrative authority to settle the dispute, nor lodged any lawsuit to the court.

Ⅲ. This case does not meet the conditions for lodging a lawsuit on non-infringement affirmation

In this case, according to Article 20 of the Regulations of the People's Republic of China on the Customs Protection of Intellectual Property Rights (hereinafter referred to as the Regulations), where, after the customs has found that any imported or exported goods are suspected to have infringed upon an archived intellectual property, and has notified the owner of the intellectual property right, while the owner of the intellectual property right requests the customs to detain the suspected infringing goods, the customs shall investigate into and ascertain whether the detained suspected infringing goods have infringed upon the intellectual property within thirty (30) working days as of the detainment; for those could not be ascertained, the customs should immediately inform in written form the owner of the intellectual property right. Article 29. 1 of the Measures of the Customs of the People's Republic of China for Implementation of the Regulations of the People's Republic of China on the Customs Protection of Intellectual Property Rights provides that in the circumstance that the Customs cannot determine whether the involved goods have infringed the intellectual property right, the right owner may apply to the People's Court for taking measures on ordering the infringer to cease the infringement or property preservation according to the provisions of Article 23 of the Regulations. The Customs is a state authority supervising and administrating the entry and exit of customs territory, and has the rights and obligations to identify, investigate and deal with the acts of intellectual property infringement. The Defendant had applied for record filing of intellectual property protection to the General Administration of Customs, and Shanghai Customs informed the Defendant after discovered and seized the suspected infringing goods in the process of export inspection. Therefore the Defendant applied to Shanghai Customs for detaining the infringing goods, and Shanghai Customs immediately detained such batch of goods. The request made by the Defendant to Shanghai Customs for detaining the involved goods indicated that the Defendant as the trademark right owner had requested the Customs to settle the dispute over the involved trademark infringement. The Customs as the competent authority should make a conclusion on whether the export constituted infringement or not. Such procedure may settle the uncertain legal relation. After issuing the Detaining Resolution on December 25, 2012, Shanghai Customs should determine whether the involved goods constituted infringement. However, until the Plaintiff in this case filed a lawsuit and the court then made a ruling, Shanghai Customs had not yet determined whether the goods involved in this case constituted infringement or not, nor issued a notice that it could not determine whether such act had constituted infringement. The Defendant had launched the dispute settlement procedure, and was waiting Shanghai Customs to make a settlement, thus it was not reluctant to excise its right of action. If Shanghai Customs finally made a decision that it could not determine whether such act had constituted infringement, the right owner may file a civil procedure to the court within a specified time limit according to the law, and request the court to make a ruling. If the right owner failed to lodge a lawsuit within a specified period, the alleged infringement would be in uncertain status, and the alleged infringer may lodge a lawsuit on non-infringement affirmation so as to terminate such status. Therefore, the Plaintiff's filing a lawsuit to this court during the dispute settlement period does not meet the conditions for filing the lawsuit on non-infringement affirmation, and the claim made by the Plaintiff should be dismissed.

(Written by: Ni Hongxia)

Judicial Determination of Trademark Fair Use

—Shanghai 9you Network Technology Co. , Ltd. v. IGAWorks Information and Technology (Shanghai) Co. , Ltd. Dispute over Infringement upon Exclusive Right to the Use of Trademark

[**Summary**]

The alleged infringing marks were not used to indicate the common characteristic or the generic name of certain type of services, so it shall not constitute fair use of trademark, and should be determined as trademark infringement.

[**Facts**]

Plaintiff (Appellant): Shanghai 9you Network Technology Co. , Ltd.

Defendant (Appellee): IGAWorks Information and Technology (Shanghai) Co. , Ltd.

Cause of Action: Infringement of the exclusive right to use a trademark

Case No. at First Instance: (2013) PMS(Z)CZ No. 556

Case No. at Second Instance: (2014) HYZMW(Z)ZZ No. 60

The Plaintiff Shanghai 9you Network Technology Co. , Ltd. (hereinafter referred to as 9you Company) has been operating the music on-line game "O2jam" since May, 2015, and has obtained many awards. In July, 2008, an affiliated company of the Plaintiff 9zhiyou Information and Technology (Shanghai) Co. , Ltd. (hereinafter referred to as 9zhiyou Company) obtained the registration certificate of trademark "劲乐团 O2JAM" (registration No. : 4409523). In December, 2009, 9zhiyou transferred the above mentioned trademark to the Plaintiff. In July, 2013, the Plaintiff found that the Defendant had been using the words "O2JAM", "O2JAM U", "O2JAM Talent" in its game extension service provided on 360 mobile suite, 91 suite, PP suite, Sina Weibo, Tencent Weibo website, and the game downloaded service provided in 360 mobile suite as the name of its game, which had infringed the

Plaintiff's exclusive right to use the above registered trademark. Therefore, the Plaintiff lodged a lawsuit, requesting the Defendant to cease using "O2JAM", "O2JAM U", "O2JAM Talent" (hereinafter referred to as the alleged infringing words), ceasing the infringement upon the Plaintiff's registered trademark, and compensate the Plaintiff for infringement damages of RMB 500, 000, attorney fees of RMB 40, 000, notarization fees of RMB 5, 000.

The Defendant IGAWorks Information and Technology (Shanghai) Co., Ltd. (hereinafter referred to as IGAWorks) argued that: 1. After registering the involved trademark, the Plaintiff neither propagandized nor used the involved trademark, so the involved trademark does not have any popularity or social attention. 2. The Defendant used the words "O2JAM" or "Jingyue" in the mobile games, which should not be treated as the ratified use of the Plaintiff's registered trademark. 3. The name of game used by the Plaintiff is neither identical nor similar to the Plaintiff's registered trademark. 4. The Defendant used the alleged infringing words in the name of the mobile game it agents based on the authorization of Korea O2MEDIA Company to indicate the source of the game, so it should be treated as fair use. 5. "O2JAM" is a generic name for music beat games, and does not feature any distinctiveness. Moreover, the Defendant's use of the alleged infringing words is to describe the game, rather than to use as a trademark for distinguishing the commodity source.

[**Trial**]

After the trial, the People's Court of Shanghai Pudong New Area held that the Plaintiff introduced a music beat rhythm game named "O2JAM" from Korea O2MEDIA Company in the first half of 2005. The name of the game in China is "劲乐团", and the words "O2JAM" are used together. On October 23, 2012, the Defendant signed an agreement with Korea MOMO Company, stating that Korea MOMO Company shall authorize the Defendant to translate the game "O2JAM U" into Chinese and carry out the local services and operation agency business of the game in China. The game is a rhythm game developed exclusively for IOS/Android platform by Korea MOMO Company.

The Plaintiff's registered trademark contains the Chinese name of the Korea game "O2JAM" in China. When introducing the game from the Korea proprietor, the Defendant shall be entitled to use "O2JAM" or words related to "O2JAM" in the game it sells and operates as an agent so as to indicate the source of the game. The Defendant used the alleged infringing words in good faith, and the Defendant did not use the words as a trademark, so it would not confuse or mislead the relevant public, and thus its act should be treated as fair use of trademark. Based on the above grounds, in accordance with Article 49 of the Regulations on the Implementation of the Trademark Law of the People's Republic of China (2002), the court ruled that the claims made by 9you Company should be dismissed.

After the trial of the first instance, 9you refused to accept the ruling as final and appealed to Shanghai No. 1 Intermediate People's Court, requesting the court to rule that the ruling of the first instance be repealed, and that all the claims made by the Appellant at the first instance be supported.

The Appellant 9 you appealed that: 1. "O2JAM" is not a generic name in the industry, so the use of "O2JAM" as a commercial mark by the Appellee shall not be treated as fair use; 2. The mobile game operated by the Appellee and the PC game once operated by the Appellant are not the same game, and there is no inheritant relationship between them, so the Appellee had no ground to use "O2JAM" as a commercial mark; 3. The Appellee's malicious use has confused and misled the relevant public.

The Appellee IGAWorks did not appear at the court without any just cause upon receipt of the summon issued by Shanghai No. 1 Intermediate People's Court.

After the trial, Shanghai No. 1 Intermediate People's Court ascertained that the finding of fact by the court of the first instance was true.

Shanghai No. 1 Intermediate People's Court held that firstly, the Appellee used prominently the "" and "" marks in Sina Weibo, Tencent Weibo, 360 mobile suite, took "O2JAM U-IGAWorks Science & Technology" as its Sina Weibo name, and used prominently the words "O2JAM" in the insert of Tencent Weibo and the words "O2JAM U" in the game screen shot, all of which shall constitute use of mark, and similarity to the registered trademark of the Appellant; secondly, "O2JAM" is not a generic name of mobile music beat rhythm games; thirdly, the Appellee did not have any just ground to use the alleged infringing marks. Therefore, the determination made by the court of first instance that the Appellee's use of the alleged infringing marks was to indicate the source of the game, rather than to use it as a trademark, and it would not confuse or mislead the relevant public shall be treated as improper identification of the fair use of trademark. The Appellee's act of using the alleged infringing marks similar to the registered trademark on similar service without the permission of the Appellant had infringed the Appellant's exclusive right to use the registered trademark, and should assume the civil liability of ceasing infringement and compensating for damages according to the law. Based on the above grounds, in accordance with Article 118 of the General Principles of the Civil Law of the People's Republic of China, Article 52. (1) and Article 56. 1 of the Trademark Law of the People's Republic of China (revised in 2001), Article 11.2 and Article 17 of the Interpretation of the Supreme People's Court Concerning the Application of Laws in the Trial of Cases of Civil Disputes Arising from Trademarks, Article 170. 1. (2) of the Civil Procedure Law of the People's Republic of China, the court ruled that: (1) the (2013) PMS(Z)CZ No. 556 Civil Judgment made by the People's Court of Shanghai Pudong New Area should be overruled; (2) the Appellee IGAWorks should cease the infringement upon the exclusive right to use No. 4409523 registered trademark owned by 9you from the effective date of this ruling; (3) the Appellee IGAWorks should compensate the Appellant 9you for reasonable expenses of RMB 25,000 within 10 days after the effective date of this ruling; (4) all the other claims made by 9you should be dismissed.

[Comments and Analysis]

This case was a dispute over trademark infringement, and the key point for trying this case was that whether the Appellee's act of using the alleged infringing marks constituted infringement upon the Appellant's exclusive right to use the registered trademark. If the Appellee used the alleged infringing marks to indicate the common characteristic of a certain type of services it provided, it should not be regarded as a trademark infringement. Therefore, the core issue of the trial was the judicial determination of the fair use of trademark.

Ⅰ. "O2JAM" is not a generic name of music beat rhythm games

In accordance with the stipulations of laws, if the registered trademark includes the generic name, graph, model of the commodity, or directly indicates the quality, main raw materials, function, usage, weight, quantity and other features of the commodity, or includes any geographic name, the owner of the exclusive right to use the registered trademark shall not be entitled to forbid others to fairly use the registered trademark.

The court of first instance held that: "O2JAM" was a generic name of music beat rhythm games, and did not feature distinctiveness. The Appellee's use of the words as the name of its game was a description of the game itself, aimed to state the characteristic of the game, rather than to use it as a trademark for distinguishing the trademark source. However, according to the evidence the Appellant submitted in the trial of the second instance, different operators providing mobile music beat rhythm game services adopt different names as the marks of their services, like "Rhythm Master", "Daren Music Activity". Therefore, as for the mobile music beat rhythm games, "O2JAM" is not a generic name of such type of game services.

Ⅱ. "O2JAM" can play a role in identifying the source of game service due to the use of the Appellant

The Appellant once adopted "劲乐团" as the Chinese name of its PC edition music beat rhythm game "O2JAM" introduced from Korea O2MEDIA Company in China, and the Chinese name was named by the Appellant itself. During the Appellant's operation of the game "O2JAM", the game had obtained certain awards. Therefore, the relevant public had already had the awareness that the music beat rhythm PC game service named "O2JAM" was provided by the Appellant, i. e. "O2JAM" had been playing the role in referring to the source of the game service. The Appellee used the marks similar to the registered trademark on similar services, and the marks were not the generic names of such type of services, so it would cause confusion or mistake due to the connection between "O2JAM" and the Appellant established by the relevant public.

Ⅲ. The Appellee did not have any just cause to use the alleged infringing marks

Firstly, the Appellant had already applied for the registered trademark before the game "O2JAM" was formally put into operation. Although the operation of the game "O2JAM" (PC edition) had already been ceased when the registration of the trademark was approved, the actual time of the Appellee's use of the alleged infringing marks was after 2012, much later than the approval time of the registered trademark (July 7, 2008) Secondly, in the mutual agreement between Korea MOMO Company and the Appellee, the Appellee IGAWorks only obtained the authorization to translate and operate the mobile game "O2JAM" in Chinese within China. The parties did not reach any agreement on how to use the Chinese name of the game. Although the PC game operated by the Appellant came from Korea O2MEDIA Company, and contained words "O2JAM", the existing evidence can only prove that the mobile game operated by the Appellee was from Korea MOMO Company. There was no evidence that can prove the inheritant relationship between O2MEDIA Company, MOMO Company and O2JAM game, O2JAM U game. Thus, the Appellee had no just cause to use the alleged infringing marks.

(Written by: Gui Jia)

Understanding and Application of "Confusing Similarity" of Trademarks

—Liu Zheng v. Shanghai Hantao Information Consulting Co. , Ltd. Dispute over Infringement upon Exclusive Right to the Use of Trademark

[**Summary**]

With regard to the determination of infringement of similar trademark, the "confusing similarity" should be taken as the standard. The similarity between the trademarks themselves would not necessarily constitute trademark infringement. If the alleged infringing mark is similar to the infringed trademark in constitutive elements, but the relevant public can objectively distinguish the two, and no market confusion would be caused, it should not be determined as trademark infringement.

[**Facts**]

Plaintiff (Appellant): Liu Zheng

Defendant (Appellee): Shanghai Hantao Information Consulting Co. , Ltd.

Cause of Action: Trademark ownership and infringement dispute

Case No. at First Instance: (2012) XMSCZ(Z)CZ No. 539

Case No. at Second Instance: (2013) HYZMW(Z)ZZ No. 247

On August 10, 2004, the Plaintiff Liu Zheng applied to the Trademark Office of the State Administration for Industry and Commerce of China (hereinafter referred to as the State Trademark Office) for registering the trademark on such services as Class 35 advertising service. On January 7, 2008, the State Trademark Office approved the registration of No. 4213221 trademark "", with Liu Zheng as the registrant, which was ratified to be used on service items of Class 35, including outdoor advertising, advertising communication, agency, design, plan, etc. And the registration shall be valid from January 7, 2008 to January 6, 2018.

On July 21, 2004, Chongqing Mainstream Advertisement & Media Co. , Ltd.

was incorporated, with Liu Zheng as the vice-general manager, and there were an orange mark “ ” and a mark of 主流传媒® on his business card; on December 20, 2010, Jiaxing Youka Science & Technology Information Co., Ltd. (hereinafter referred to as Youka) was incorporated, with Liu Zheng as the legal representative, and his business card was prominently marked with an orange figure “ ” and words “Youka Science & Technology”; the website of Youka was registered on July 30, 2011, and adopts the orange figure “ ” and words “Youka Science & Technology” as its logo; the logo of the Taobao shop of Youka is composed of the orange figure “ ” and the words “Youka Science & Technology”; the Plaintiff Liu Zheng has also registered an account on Sina Weibo, with “言吾言视觉” as the account name, and the orange figure “ ” and words “Youka Science & Technology” as his account labels.

On May 30, 2012, Liu Zheng applied to the Copyright Administration of PRC for registering the copyright of the figure “ ”. On July 2, 2012, the Copyright Administration of PRC issued the copyright registration certificate of artwork “ ” to the Plaintiff.

The Defendant Hantao Company was incorporated on September 23, 2003, with a registered capital of RMB 1,000,000. And its business scope covers business consulting, the four technologies service in the field of computer software expertise, market research & planning, various ads design, production, agency, etc.

The www.dianping.com sponsored by the Defendant Hantao Company was founded in May 2004, and at the top left corner of the website, there was a mark combination composed of “ ”, “大众点评” and “zSurvey.com”.

At the top left corner of the web pages of www.dianping.com, there was a mark “ ”, some pages had a mark “ ” or “ ”, and at the bottom right corner of some group purchase information pictures, there was a pattern combination composed of “ ” and “点评团”.

As of the third quarter of 2012, the number of monthly active users on www.dianping.com was over 54,000,000, the number of reviews exceeded 22,000,000, the number of merchants included was nearly 1,800,000, covering over 2,300 cities in China, and the monthly comprehensive page view (website and mobile client) exceeded 1,200,000,000, with a wide ranging influence.

On September 1, 2010, the Defendant Hantao Company applied to the State Trademark Office for registering No. 8630310 trademark "t.dianping.com 点评团" used on services of Class 38. On September 21, 2011, the State Trademark Office approved for registration of the trademark, with a valid period until September 20, 2021. On September 1, 2011, the Defendant Hantao Company applied to the State Trademark Office for registering No. 9919691 trademark "大众点评 dianping.com" used on services of Class 38. On Wednesday, November 07, 2012, the State Trademark Office approved for registration of the trademark, with a valid period to Sunday, November 06, 2022.

On September 1, 2010 and September 1, 2011, Hantao Company respectively applied to the State Trademark Office for registering the trademark "t.dianping.com 点评团" and trademark "大众点评 dianping.com" used on services of Class 35, including advertising, computer database information system, etc. On August 15, 2011 and May 28, 2012, the State Trademark Office dismissed the registration applications of Hantao Company based on the ground that the trademark "t.dianping.com 点评团" and trademark "大众点评 dianping.com" Hantao Company applied for registration were similar to the trademarks registered in advance including the trademarks registered on the similar services by the Plaintiff Liu Zheng and others.

The Plaintiff claimed that the mark " " used by the Defendant Hantao Company on the advertising service of Class 35 had constituted similarity to the No. 4213221 trademark " " of the Plaintiff, which would confuse and mislead the relevant public and had infringed the Plaintiff's exclusive right to use the trademark. Thus, the Plaintiff lodged a lawsuit to the court, requesting the court to rule that: (1) the Defendant immediately cease infringing the Plaintiff's exclusive right to use No. 4213221 registered trademark " ", cease using the mark " " in its operating activities and on the Internet mobile client, cease promoting on Baidu website, www. baidu. com; (2) the Defendant publish a statement on the home page of www. dianping. com, the layout except for the centre joint of Xinmin Evening News and Jiefang Daily, and eliminate the effects caused thereby, the time for publishing the statement on website may not be less than thirty days; (3) the Defendant compensate the Plaintiff for economic losses of RMB 100,000 (the same as the following currency); (4) the Defendant compensate the Plaintiff for reasonable expenses of RMB 2,272.

The Defendant Hantao Company argued that www. dianping. com had been launched since April 2003, and Hantao Company was established in September,

2003, and Wang Hong, staff of the company, started to design the small figure Logo “ ” of www. dianping. com. The figure “ ” was used as the website Logo in December, 2003, earlier than the time when the Plaintiff's trademark “ ” was applied for registration; Hantao Company owns the exclusive right to used No. 8630310 registered trademark “ ” and No. 9919691 registered trademark “ ” on services of Class 38, and the services provided by the Defendant should be classified as the telecommunication information service of Class 38, thus it should not be accused to have separately or prominently used the small figure “ ” or the registered trademarks “ ”, “ ” on advertising services of Class 35; its trademarks “ ”, “ ” and small figure “ ” were significantly different from the Plaintiff's trademark “ ”, they were neither identical nor similar to each other, and would not confuse or mislead the relevant public. Thus, its act did not constitute trademark infringement.

[**Trial**]

After the trial, the People's Court of Shanghai Xuhui District held that first, although the Defendant Hantao Company did not charge any fee on ordinary consumers, registered members and ordinary merchants, it would charge certain amount of information fees on the partner merchants when providing keyword searching and promoting service, sign-in promoting service and other services, so as to conduct preferential or special publicity and promotion to the partner merchants; the group purchase and discount coupons would directly introduce the contents and price of service provided by a particular merchant, which meets the general characteristics of commercial advertising. Therefore, www. dianping. com operated by the Defendant Hantao Company had provided the advertising service to relevant public, similar to the advertising service in the service items ratified to be used by the Plaintiff's trademark “ ”.

Second, with regard to whether the Defendant's mark “ ” was similar to the Plaintiff's mark “ ”, according to the facts found in this case, the main structure of the mark “ ” was a 2D small figure standing upright, the small figure's head was a globe, the upper and lower limbs were standard semicircles of equal length connecting with each other closely. The main structure of the mark “ ” was an orange small figure tilted to the left with its right foot away from the ground. The head of the small figure was a solid ball, the upper limbs were composed of a semicircle, the lower limbs were composed of semicircle with larger radius, and the lower limbs were thicker and stronger than the upper limbs. The shadow of left foot on the ground indicated that it was a 3D shape. The structure of the small figure with small spherical head and semi-circular four limbs was relatively simple and had small space to deduct different expressions. Moreover, some outsiders had also registered other similar trademarks on commodities or services of different classes, and the inherent distinctiveness of the small figure was unconspicuous. Through long term operation, the Defendant Hantao Company and www. dianping. com had achieved great commercial success and gained numerous praises and honors in and outside the industry, so the figure “ ” was much more popular than the trademark “ ” registered by the Plaintiff Liu Zheng. In addition, the relevant public had established a consistent and sustainable relationship between the figure “ ” and www. dianping. com, and had clear understanding and judgment on the difference between the trademark “ ” and the figure “ ”, while the differences between the marks “ ” and “ ” with Chinese words and website address and the trademark “ ” were much more obvious; from the perspective of the figures' service time, although the copyright of the figure “ ” as an artwork was registered, and according to the copyright registration application form filled by Liu Zheng, the creation of the artwork was completed on October 1, 2003, he failed to provide any evidence to prove; while according to the records of the relevant website, the “ ” had been on service since May 2004 at the latest, which was earlier than the date of application for registration and the date of approval for registration of the trademark “ ”, so it was impossible that the Defendant subjectively intended to play up to the Plaintiff's trademark “ ”.

The People's Court of Shanghai Xuhui District held that the Defendant Hantao Company and www. dianping. com under its operation did not use any identical or similar trademark on any service identical or similar to the service that the Plaintiff's trademark “ ” was ratified to be used on. Thus, the Defendant did not infringe the Plaintiff's exclusive right to use its registered trademark, and shall not be held liable therefor. Based on the above grounds, in accordance with Article 4. 3 and Article

52. (1) of the Trademark Law of the PRC, Article 9 and Article 10 of the Interpretation of the Supreme People's Court Concerning the Application of Laws in the Trial of Cases of Civil Disputes Arising from Trademarks, the court ruled that all claims made by the Plaintiff be dismissed.

After first instance, Liu Zheng refused to accept the ruling as final, and appealed to the court based on the grounds that it was inappropriate in the determination made by the court of first instance that the alleged infringing mark and the Plaintiff's infringed trademark did not constitute similarity, there was no obvious difference between the both in overall visual effect, the ground for the determination made by the court of first instance that the both did not constitute similarity was very far-fetched and was contrary to the determination made by the State Trademark Office that the both were similar to each other, and requested the court to rule that the ruling of the first instance be repealed and uphold all the claims made by the Plaintiff according to law.

After the trial, Shanghai No. 1 Intermediate People's Court held that although to some extent the alleged infringing mark " " was similar to the involved trademark " " in terms of composition, the two did not constitute confusing similarity, thus the claim made by the Appellant that the Appellee Hantao Company had constituted trademark infringement should be inadmissible. There is no necessary connection between the trademark administrative procedure and the trademark infringement lawsuit, and the standards adopted by the trademark administrative procedure and the trademark infringement lawsuit for examining the similarity between marks are not completely the same. The claim made by the Appellant that the ruling of the first instance was contrary to the State Trademark Office in determination of similar marks and should be treated as wrong determination can be neither established nor supported. The relevant public can objectively distinguish the alleged infringing mark and the Appellant's claiming trademark, and no market confusion would be caused. Therefore, the court held that the court of first instance ascertained the fact clearly and applied laws correctly, thus the appeal of the Appellant was not supported, and the court ruled that the appeal should be dismissed and the ruling of the first instance should be affirmed.

[Comments and Analysis]

In traditional trademark protection, "confusing similarity" is used as the standard for infringement determination, which is in line with the functional requirements and objective of the trademark protection. Article 52 of the Trademark Law of the People's Republic of China before it was amended for the third time did not provide the "confusion" infringement standard for trademark similarity infringement, the trademark infringement was determined directly by "similar commodity" and "similar trademark", rather than the "confusion" standard, which was inconsistent with the fundamental theory of the Trademark Law. However, the Interpretation of the Supreme People's Court Concerning the Application of Laws in the Trial of Cases of Civil Disputes Arising from Trademarks (hereinafter referred to as the Judicial Interpretation) has introduced the "confusion" standard, and Article 9.2 of the Judicial Interpretation provides that the trademark similarity as provided in Article 52.(1) of the Trademark Law shall refer to the similarity between an alleged infringing trademark and a registered trademark of the plaintiff in script, pronunciation or meaning of texts, layout and color of a graphics, or the overall structure or three-dimensional shape and color combination of all elements, which is likely to confuse relevant public in the source of the alleged infringing products or mislead them to believe that the source of such products has certain connection with the products bearing the plaintiff's trademark. Article 57 of the new Trademark Law effective since 2014 has affirmed the "confusion" standard in the above mentioned Judicial Interpretation. In this case, although the alleged infringing mark was similar to the involved trademark in constitutive elements, the court still dismissed the Plaintiff's claims based on the ground that the two did not constitute confusing similarity. Therefore, what is "confusing similarity", how to determine whether it constituted confusing similarity, and what are the differences between the administrative authorization and the infringement identification of the court in understanding of trademark similarity are all issues worthy of discussion.

Ⅰ. Meaning of confusing similarity

Concepts related to similarity include "mark similarity of trademarks", "trademark similarity", "confusing similarity", etc., it is of great importance for identification of trademark infringement to clarify their meanings.

The mark similarity of trademarks emphasizes the similarity of trademarks in natural state or in physical sense, i.e. the so called "similarity in the character pattern, pronunciation, meaning of words, or the composition and color of images, or the overall structure of the combination of various elements, or the combination of 3D shape and colors" in the judicial interpretation. Of course, the new Trademark Law has included in the sound mark, and we will not discuss how to identify the similarity of sound marks herein.

However, trademark similarity not only includes the mark similarity of trademarks, but also includes the possibility of making the relevant public feel confused about the source of the commodities due to the use of the two trademarks on the same or similar commodities. Therefore, we can say the trademark similarity includes two parts, i. e. the mark similarity of trademarks and the confusion possibility of trademarks. On the other hand, the life of a trademark lies in use, so when determining whether the trademarks are similar to each other, we should not just rest on the comparison and analysis of the constitutive elements of the trademarks, but should pay more attention to the usage of the trademarks in commercial activities. Through the use of trademark, the trademark shall become a communication medium between a commodity and consumers, and the basic function of the trademark, i. e. the recognition function can play its role so that the relevant public will not feel confused about the source of the commodity. The mark similarity of trademarks is a kind of static similarity, while to a greater extent, the confusion possibility is a kind of dynamic similarity in the use of the trademarks. The static mark similarity of trademarks would not certainly make the relevant public feel confused, and thus would not affect the recognition function of the trademarks. Only when there may be any confusion possibility, the recognition function of the trademarks would be affected, and thus resulting in infringement upon the trademark.

Therefore, in the determination of trademark infringement, the so-called trademark similarity shall refer to a kind of confusion similarity. The confusion similarity means that only the mark similarity of trademarks is insufficient to make the relevant public feel confused about the source of the commodity, and it is inappropriate to hold that it will result in trademark infringement.

Ⅱ. Considerations for determination of confusion similarity

As stated above, if the relevant public can objectively distinguish the alleged infringing mark and the claiming trademark and no market confusion would be caused, only the mark similarity of trademarks would not constitute confusion similarity, which will not necessarily cause trademark infringement. While there are a lot of reasons for confusion similarity, and it is a complex proposition which can be determined properly only by comprehensively considering various factors.

The most direct factor causing confusion is the similarity in the marks themselves, and the precondition for mark similarity is similarity in commodities. Otherwise, if the commodities or services on which the trademarks are used are classified into different categories, it is less likely that there would be any intersection existing between the relevant public of the commodities or services of different classes, so it would not make the relevant public feel confused. Therefore, the precondition for determining confusion is to distinguish the class of commodities that the trademark is ratified to be used on. For instance, the court of this case firstly determined that www. dianping. com operated by the Defendant Hantao Company had provided the advertising service to relevant public, which was similar to the advertising service in the service items ratified to be used by the Plaintiff's trademark “ ”.

The mark similarity of the trademarks is only a kind of static similarity in physical sense, while the value of a trademark is reflected in its dynamic use in the commercial activities. The use of a trademark would make the trademark gain more distinctiveness, higher awareness among relevant public, and accumulate good reputation for the commodity provider. Consequently, a sustainable and consistent relationship would be established between the trademark and the particular provider, the trademark would have the function of indicating and distinguishing the source of a commodity, and confusion would be avoided thereby. Therefore, besides the factor on whether the constitutive elements of the trademarks are similar, such factors as the registration, use time, use mode, marketing channels, business scope, and main users of the involved trademark should be considered from the perspective of the relevant public so as to balance the distinctiveness and awareness of the trademark. After the trial, the court of this case held that the Defendant Hantao Company and www. dianping. com had achieved great commercial success and gained numerous praises and honors in and outside the industry, so the awareness of the figure “ ” was far greater than the trademark “ ” registered by the Plaintiff Liu Zheng. In addition, the relevant public had established a consistent and sustainable connection between the figure “ ” and www. dianping. com, and had clear understanding and judgment to the differences between the trademark “ ” and the figure “ ”, so it would not confuse or mislead the relevant public, and the two trademarks did not constitute confusion similarity. Therefore, the Defendant's marks had not infringed the Plaintiff's trademark.

Essentially, the law maintains the recognition function of the trademark for the purpose to promote the trademark user to actively expand its own market without the worry of confusion in the market. Once the recognition function of a trademark is impaired, the consumers are likely to feel confuse about the commodity source, which means that the market boundary is no longer that clear, and the trademark infringer may have infringed the market achievements achieved by the trademark owner with hard work. While the determination made by the court that the involved trademark or mark did not constitute confusion similarity means that the court respected the market pattern created by the user of the alleged infringing marks by resolving the dispute and clarifying the right limits.

Ⅲ. Different standards adopted by the trademark administrative procedure and the trademark infringement lawsuit for examining the confusion similarity

Article 9 of the Trademark Law provides that: "the trademark applied for registration should feature distinctiveness, be easy to recognize, and should not conflict with others' legal rights and interests obtained previously." The primary condition for a trademark to obtain the administrative registration shall be that such trademark features distinctiveness. Generally, at the trademark registration stage, the mark applied for registration has not been actually used in the market, so whether it is sufficient to avoid confusion can only be judged according to the similarity of commodities and the similarity of trademarks, and the constitution of the mark, relationship between the mark and the object, and the relationship between the mark and the prior trademark would certainly become the review focuses. A mark can be directly concluded as featuring distinctiveness and can be registered as long as it contain no content prohibited by law. While if it can be presumed that there has been the possibility of confusion from the constitutive elements and other natural properties of the trademark and the prior trademark, it may not be registered, as specified in Article 30 of the Trademark Law: "for any trademark applied for registration not meeting the relevant stipulations of this law, or identical or similar to the registered or preliminary approved trademark of others on the same kind of commodity or the similar kind of commodities, the Trademark Office would dismiss its application and the trademark may not be announced."

Article 57 of the Trademark Law provided that: "any of the following acts constitutes infringement upon the exclusive right to use a registered trademark: (2) using a trademark similar to a registered trademark on identical goods or using a trademark identical or similar to a registered trademark on similar goods without permission of the trademark registrant which would result in confusion." This provision indicates that in a trademark infringement lawsuit, what the court considers is not always the confusion actually occurred, but the confusion possibility between the alleged infringing mark and the claiming trademark. However, the basis for the determination of such confusion possibility is not the conclusion of the sameness or similarity of the trademarks themselves, but the comprehensive consideration of the distinctiveness and awareness of the alleged infringing mark in its actual commercial use, i. e. whether such distinctiveness and awareness are sufficient for the consumers (relevant public) to distinguish the source of commodity or service, and thereby avoid confusion and mistaking.

It should be mentioned that the administrative authorization of trademark and the determination of trademark infringement are identical in maintaining the recognition function of the trademark and avoiding the circumstance that the relevant public feel confused about the commodity source. The trademark administrative procedure is the first step for determining whether the trademarks are identical or similar in the constitutive elements of the trademarks. If the trademarks are similar, it can be concluded that there is a confusion possibility. While trademark infringement lawsuit considers whether it constitutes confusion similarity from the actual use of trademark, which is closer to the nature of the trademark. Because if detached from the commodity or service, no sign or mark would be a real trademark, and the so-called "trademark" would not exist. The object protected by the trademark is not the mark, but the business reputation that the mark accumulates and carries through commercial use, and a stable and consistent relationship between the trademark and the commodity provider. This cognition is of great importance in further understanding of the "confusion standards" in the determination of trademark infringement.

(Written by: Wang Limin Zhang Kewei)

Recycling the Beer Bottles Engraved with Other Person's Trademark for the Sale of One's Own Beer Shall Constitute Trademark Infringement

—AB InBev (China) Sales Co., Ltd. v.
Zhejiang XIYINGMEN Brewery Co., Ltd. et al.
Dispute over Infringement upon Exclusive Right to
the Use of Trademark and Unfair Competition

[**Summary**]

Engraving the embossed words of a trademark on beer bottles is an act of using the trademark. The transfer of possession of a beer bottle only represents the transfer of property right, but has nothing to do with the trademark. Although a counterpart's act of recycling and reusing the beer bottles is in line with the guidance of the environmental policy, because the beer bottles carry the trademark of a competitor, such trademark has been used actually after the beer is put into the market. Such use would make relevant public feel confused about the provider of the two kinds of beer, thereby shall not be treated as fair use of trademark, but has constituted trademark infringement.

[**Facts**]

Plaintiff: AB InBev (China) Sales Co., Ltd.

Defendant: Heilongjiang Northern Brewery Group Co., Ltd.

Defendant: Zhejiang XIYINGMEN Brewery Co., Ltd. (the former was Zhejiang Fenhu Brewery Co., Ltd.)

Defendant: Fuzhou XIYINGMEN Brewery Co., Ltd.

Defendant: Zhejiang Lanbao Investment Co., Ltd.

Cause of Action: Dispute over infringement upon exclusive right to use trademark and unfair competition

Case No. at First Instance: (2012) HYZMW(Z)CZ No. 188

Case No. at Second Instance: (2013) HGMS(Z)ZZ No. 111

On August 7, 2011, Anheuser-Busch Company was approved the registration of the No. 7069881 word mark "百威英博", which was ratified to be used on Class 32 beer. In July 2012, Anheuser-Busch Company (licensor) and the Plaintiff AB InBev (China) Sales Co., Ltd. (licensee) signed a License Agreement on Trademark Use and Right Protection, stating that the licensor shall permit the licensee to use the trademark as listed in the appendix, and authorize the licensee to exercise the right to lodge a lawsuit in China in its own name to stop any act of infringing the licensed trademark that occurred before and after the commencement of the agreement, and the right to get compensation from right safeguarding. The appendix of this agreement included the No. 7069881 trademark "百威英博".

On May 8, 2012, under the supervision of the notary, the agent of the Plaintiff went to the warehouse at No. 275 Tonghai Road, Shanghai and photographed the XIYINGMEN chill beer stored in the warehouse. The beer in the warehouse was stored as entrusted by Pudong Branch of Shanghai Administration for Industry and Commerce, wherein, there were 105 cases of 500ml beer, and each case had 12 bottles. Taking 2 bottles of beer as samples, and the embossed words "AB InBev" or "Dedicated Bottle for AB InBev" can be seen at the bottoms of the samples. Shanghai Changning Notary Public Office notarized the above facts.

On May 25, 2012, under the supervision of the notary, the agent of the Plaintiff purchased a case (12 bottles) of XIYINGMEN chill beer (580ml) from a century mart (Huidong Fair-price Shop at Caota town, Zhuji City) located at the intersection of Kaixiang Av. and Zhisheng Rd. at Caota Town, Zhuji City, Zhejiang Province, and paid for RMB 35 (the same as the following currency). The agent of the Plaintiff purchased another 2 bottles of the above mentioned beer, and paid RMB 10 therefor. There were embossed words "AB InBev" or "Dedicated Bottle for AB InBev" at the bottoms of the above-mentioned beer bottles. The back label of the beer bottles indicated in small characters that the beer was made by Zhejiang XIYINGMEN Brewery Co., Ltd. (hereinafter referred to as Fenhu Company) and supervised by Harbin XIYINGMENG Company. In addition, there were smaller characters "the words on the bottles have nothing to do with this product". Shanghai Changning Notary Public Office notarized the above facts.

In June of the same year, under the supervision of the notary, the agent of the

Plaintiff had a dinner in Yuemin Laoshan Restaurant located at No. 585 Laoshan Road, Pudong New District, Shanghai. The agent purchased several dishes and 2 bottles of "Harbin Brewery chill beer", and paid RMB 280 in total. After the dinner, the agent of the Plaintiff obtained an empty beer bottle and a bottle of beer not drunk. The volumes of the beer bottles were 500ml, and there were embossed words "AB InBev" or "Dedicated Bottle for AB InBev" at the bottoms of the beer bottles. The small character on the back label of the beer bottles specified that the producer and production date shall refer to the code No. on the bottle cover: A. Fenhu Company, B. Fuzhou XIYINGMEN Brewery Co., Ltd. (hereinafter referred to as Fuzhou XIYINGMEN), C. Heilongjiang Northern Brewery Group Co., Ltd. (hereinafter referred to as Northern Company), and the production was supervised by Harbin XIYINGMENG Company. In addition, there were smaller characters "the words on the bottles have nothing to do with this product". The code on the cover of the bottle with beer not drunk was "20120601 A". Shanghai Putuo Notary Public Office notarized the above facts.

The agent of the Plaintiff had paid RMB 16,000 for reasonable notarization fees and RMB 990 for translation fees as entrusted by the Plaintiff.

In addition, It was also found that the enterprises invested and managed by Zhejiang Lanbao Investment Co., Ltd. (hereinafter referred to as Lanbao) include Northern Company, Fenhu Company, Harbin XIYINGMEN Company, Fuzhou XIYINGMEN, etc. Both Fenhu Company and Fuzhou XIYINGMEN are the beer brewing enterprises controlled by Lanbao.

Yang Meidi, Xie Bingchao and Cai Fudi were the shareholders and directors ofLanbao, and Yang Meidi was the chairman of Lanbao and the supervisor of Harbin XIYINGMEN Company and Fuzhou XIYINGMEN. Xie Bingchao was the executive director, general manager and person in charge of financial affairs of Harbin XIYINGMEN Company, and Cai Fudi was the general manager of Fenhu Company. The shareholders of Fuzhou XIYINGMEN were Zhang Jianhui and Lanbao, and Xu Qiuhua was the general manager. Yang Meidi was the former vice chairman of InBev Double Deer Brewery Group Co., Ltd., and Xu Qiuhua was the former general manager of Jinhua InBev Double Deer Brewery Co., Ltd.

On February 25, 2011, Lanbao authorized Fenhu Company to use the trademarks "喜盈门" and "Heimen", and the use period was from March 1, 2011 to March 1, 2013. On June 13, 2011, Lanbao accepted the transfer of No. 3201694 trademark "喜盈门" and No. 6940579 trademark "Heimen", which were ratified to be used on commodities of Class 32, like beer.

The Plaintiff claimed that: "Budweiser" is a world famous beer brand with extremely high awareness in Chinese market, and was once identified as a well-known trademark in China. According to the License Agreement on Trademark Use and Right Safeguard, the Plaintiff shall exercise the right to use the registered trademarks "百威" and "百威英博", and shall be entitled to lodge a lawsuit against any infringement. The trade name "百威英博" in the Plaintiff's enterprise name had already had extremely high market recognition through several years of promotion, so it can be protected as the enterprise name according to law. The four Defendants produced and sold jointly beer, and used the trademarks "百威" and "百威英博" and the trade name "百威英博" on the bottles holding the beer they produced and sold, which had resulted in mistaking of the relevant public. The act of the four Defendant had seriously impaired the trademarks, trade name and reputation of the Plaintiff. Thus, the Plaintiff requested the court to rule that the four Defendant should cease immediately producing and selling the products using the Plaintiff's trade name "百威英博", and cease producing and selling the products using the trademarks "百威" and "百威英博"; the four Defendants should jointly compensate the Plaintiff for economic losses and reasonable expenses of RMB 5, 000, 000; the four Defendants should jointly publish a statement on Wenhui News to apologize to the Plaintiff and eliminate the effects.

The four Defendants argued that: from the perspective of procedure, trademark and trade name right shall be two different rights, so the Plaintiff should respectively lodge a lawsuit. From the perspective of the entity, firstly, the words "AB InBev" on the beer bottles were not used as trademark. Secondly, the alleged infringing beer was produced by the Defendant Fenhu Company, and the rest Defendants did not involve in the production. Thirdly, the bottles Fenhu Company used were recycled bottles, what Fenhu Company used was the container function of the bottle, and Fenhu Company did not use the words on the bottles as trademark. Moreover, the use of recycled bottles meets the State policy and industry practice. Finally, the consumers did not distinguish the commodity source according to the words on the bottles, and the Defendant had already used its own trademark prominently, which was significantly different from the trademark of the Plaintiff, so the consumers would not mistake the Plaintiff's goods for the Defendant's goods.

[**Trial**]

After the trial, Shanghai No. 1 Intermediate People's Court held that: in accordance with Article 3 and Article 40 of the Trademark Law of the People's Republic of China, the trademark registrant shall own the exclusive right to use the trademark which is protected by law, and can permit others to use its registered trademark by signing a trademark license contract. Thus, as the licensee of the trademark "百威英博", the Plaintiff's right to use the trademark should be protected by law.

The bottles which the Defendant Fenhu Company used to contain its beer had the embossed words "AB InBev" or "Dedicated Bottle for AB InBev", which should be deemed as the use of the trademark "百威英博". Even though it was an act of recycling and reusing the bottles with other person's trademark, it should not be treated as fair use of trademark. The Defendant's use of the above mentioned bottles would result in confusion of the sources of the Plaintiff's beer and the Defendant's beer, and should constitute trademark infringement. As the four Defendants were independently legal persons, the claim that the four Defendants should assume joint and several liability lacked factual and legal bases. Thus, the liabilities should be assumed by Fenhu Company.

As the Plaintiff cannot provide any evidence proving the losses arising from such infringement or the profits received by the Defendant therefrom, the court thereby determined as appropriate the amount of damages that the Defendant should bear by taking into consideration the factors like the reputation of the trademark "百威英博", the type, time, scope of the trademark license, the nature, duration, consequences of the infringement committed by Fenhu Company, the reasonable expenses of the Plaintiff for stopping the infringement, etc.

The Plaintiff requested the court to rule that the Defendant should publicly apologize on newspapers and eliminate the effects. However, apology is generally used to comfort the mental trauma of a natural person arising from any harm to his/her personal right. The Plaintiff in this case was a legal person, its human dignity is protected by law. Even though the Plaintiff suffered any infringement, there shall not be any mental trauma. Thus, the court did not support the claim made by the Plaintiff. The Defendant's act had infringed the Plaintiff's trademark, and the use of a trademark involves the recognition of relevant public to the commodity source. Thus, the claim on eliminating the effects as made by the Plaintiff had legal basis.

Based on the above mentioned grounds, in accordance with Article 8, Article 15. 1. (1), Article 15. 1. (6), Article 15. 1. (8) and Article 15. 2 of the Tort Law of the People's Republic of China, Article 52. (1), Article 56. 1 and Article 56. 2 of the Trademark Law of the People's Republic of China, Article 144 of the Civil Procedure Law of the People's Republic of China, the court ruled that: (1) the Defendant Zhejiang XIYINGMEN Brewery Co., Ltd. should immediately cease infringing the right to use the No. 7069881 trademark "百威英博" of the Plaintiff AB InBev (China) Sales Co., Ltd.; (2) the Defendant Zhejiang XIYINGMEN Brewery Co., Ltd. should compensate the Plaintiff AB InBev (China) Sales Co., Ltd. for economic losses and reasonable expenses of RMB 100,000 within ten days after the effective date of this ruling; (3) the Defendant Zhejiang XIYINGMEN Brewery Co., Ltd. should publish a statement on Wenhui News within thirty days after the effective date of this ruling, to eliminate the effects (the contents should be approved by the court and the costs should be borne by the Defendant); (4) all the other claims made by the Plaintiff AB InBev (China) Sales Co., Ltd. should be dismissed.

After the first instance, the Defendant Zhejiang XIYINGMEN Company refused to accept the ruling as final, and appealed to Shanghai High People's Court. After the trial, the court of second instance dismissed the appeal and upheld the ruling of the first instance.

[Comments and Analysis]

Ⅰ. Whether the use of words "AB InBev" or "Dedicated Bottle for AB InBev" on the beer bottles should be treated as a use of trademark "百威英博"

The Plaintiff held that it used the embossed words "AB InBev" or "Dedicated Bottle for AB InBev" on the beer bottles was to distinguish the source of the beer, and "百威英博" here was used as a trademark.

The Defendant held that the color of these embossed words was identical to the color of the bottle, and the embossed words were located at the bottom of the bottle, so they cannot play the role of trademark. And the Plaintiff was fully aware that its bottles may recycled and reused by other beer manufacturers and cannot be used exclusively, so these embossed words were not used as trademark, but as the trade name.

With regard to this issue, we can analyze by dividing it into two levels, i. e. whether such use shall be treated as trademark use, and whether such use would have an effect of identifying the commodity source.

Firstly, whether such use shall be treated as trademark use. There is no restrictive provision on the specific use of the trademark in the Trademark Law of the People's Republic of China, it only gives an open list. Article 3 of the Regulations on the Implementation of the Trademark Law of the People's Republic of China provides that: "the trademark use means affixing trademarks to products, packages or containers as well as product exchange documents or using trademarks in advertisements, exhibitions and other business activities". It is obvious that the use of the embossed words "AB InBev" or "Dedicated Bottle for AB InBev" on the beer bottles was the use of trademark on the commodity containers, and shall be treated as trademark use.

Secondly, whether such use would have an effect of identifying the commodity source. The fact that such use shall be treated as trademark use cannot be certainly concluded that such use is the trademark use, the key point shall be whether such use can distinguish the commodity source. In accordance with Article I of the Trademark Law of the People's Republic of China, maintaining the trademark reputation is one of the legislative intentions of this law. The realization of such intention depends on the most basic function of trademark, i. e. whether the recognition function of commodity source can be realized. The trademark reputation can be maintained only when the market operators use their own trademarks and the commodity sources can be distinguished effectively. Therefore, whether the use of a mark has the recognition function of commodity source shall be the key factor for determining whether such use shall be treated as trademark use. The Defendant held that such trademark use would likely be ignored, and cannot have an effect of distinguishing the commodity source. However, the relevant public observing the words "AB InBev" would generally consider that the beer was from AB InBev, and such understanding was extremely clear and would not be misleading. In other words, the use of such word mark would have an effect of identifying the commodity source. The arguments made by the Defendant that such words were in the same color of the bottle, and were at the bottom of the bottle, etc. only has something to do with the strength to realize the recognition function, but has nothing to do with whether it has the function of recognizing the beer source. Therefore, the use of the words "AB InBev" on the bottles shall be treated as trademark use.

Ⅱ. Whether the act of recycling and reusing the bottles with other person's trademark shall be treated as fair use

The Plaintiff held that although the Defendant had provided the acceptance certificate of the bottles and cases, it cannot prove that the bottles it used were recycled bottles. And even though the bottles used were recycled bottles, the Defendant cannot infringe the legal rights and interests of other person.

The Defendant claimed that the bottles it used were recycled, which meets the State policy of clean energy and recycling economy, so itsact was legitimate.

In fact, the existing evidence provided by the Defendant wasn't sufficient to prove that the bottles with words "AB InBev" it used were recycled bottles. Talking a step back, even though what the Defendant said was true, the bottles it used were recycled, its claimshould be inadmissible either.

Firstly, no doubt theact of recycling and reusing beer bottles meet the guidance of the environmental policy, but it cannot be interpreted as such policy guidance has the intention of interfering with other person's exercising of the trademark right. There is no statutory provision on using the recycled bottle in the current laws and regulations, so the beer brewing enterprises have no statutory obligation to recycle and reuse the bottle, and there would no risk of impairing other person's trademark as the statutory obligations have been fulfilled.

Secondly, the transfer of possession of a beer bottle only represents the transfer of property right, and has nothing to do with the trademark. Thus, the transfer of bottle should not be considered as having endowed the possessor with the right to use the trademark on the bottle. If the Defendant was allowed to use the bottles with the Plaintiff's trademark for containing the beer of the Defendant, it would inevitably impair the Plaintiff's trademark's function of recognizing the commodity source. The defense on fair use as defined in the Trademark Law must be of legitimacy enough. In this case, it can hardly say that the argument made by the Defendant that the benefits brought by the trademark "百威英博" to the both parties were obviously unbalanced was of legitimacy. Thus, the argument made by the Defendant here should be inadmissible.

Ⅲ. Whether the Defendant's use of the above mentioned bottles would result in confusion of beer source

The Plaintiff claimed that the Defendant's use of such works can easily make the relevant public mistake the commodity source.

The Defendant held that as the words "AB InBev" on the bottles cannot be observed easily, and it had used its own trademark prominently, so it would be impossible to make the relevant public feel confused about the beer source.

In accordance with Article 52. (1) of the Trademark Law of the People's Republic of China, using a trademark identical to a registered trademark on the same goods without the authorization of the trademark owner shall be an infringement upon the trademark. According to the provisions of this law, with regard to the use of the same trademark on the same goods, the confusion possibility is not a constitutive element for such infringement sht. Once the Defendant had committed the act of using such trademark, it would certainly be held to have constituted infringement. Although the Defendant claimed that the purpose for recycling and reusing the bottles was to use the bottles as containers, rather than use the words "AB InBev" on the bottles as a trademark. However, it was obvious that the defense cannot be established. Although the bottle itself was a container, the words on the bottles existed objectively, and the use of such words shall be a trademark use, so the act of the Defendant shall be held to have constituted trademark infringement, and the Defendant should assume the liabilities of ceasing infringement, compensating for damages and eliminating the effects caused thereby.

(Written by: Hu Zhenyuan)

Import and Resale of Genuine Goods from Formal Channel Should not Be Held to Necessarily Infringe the Trademark Right

—Victoria's Secret Store Brand Management Co. , Ltd. v. Shanghai Jintian Clothing Co. , Ltd.
Dispute over Trademark Infringement and Unfair Competition

[**Summary**]

According to the principle of exhaustion of trademark right, as the buyer's sale of genuine goods would not make the relevant public feel confused in the international trade of parallel import, although there may be an act of default for selling beyond the authorized scope, such act itself does not constitute infringement upon the exclusive right to use the trademark. However, the act of claiming itself as the exclusive distributor of the brand in the sale without permission shall constitute unfair competition of misleading publicity.

[**Facts**]

Plaintiff: Victoria's Secret Store Brand Management Co. , Ltd.

Defendant: Shanghai Jintian Clothing Co. , Ltd.

Cause of Action: Trademark infringement and unfair competition

Case No. at First Instance: (2012) HEZMW(Z)CZ No. 86

The Plaintiff Victoria's Secret Store Brand Management Co. , Ltd. (hereinafter referred to as Victoria's Secret Company) is a wholly-owned subsidiary of the outsider Intimate Brands Holding, LLC, incorporated in USA. Intimate Brands Holding, LLC is a wholly-owned subsidiary of the outsider Intimate Brands, Inc, and Intimate Brands, Inc. is a wholly-owned subsidiary of LBI. Besides, LBI has another wholly-owned subsidiary Victoria's Secret Stores LLC (hereinafter referred to as VSSLLC).

The Plaintiff is responsible for the registration, use, management and protection of all trademarks of the brand "VICTORIA'S SECRET"（维多利亚的秘密）, including the involved registered trademarks, and is the right owner of the above trademarks. LBI and other wholly-owned subsidiaries are authorized by the Plaintiff to use the trademark "VICTORIA'S SECRET"（维多利亚的秘密）, including the involved registered trademarks.

The Plaintiff is the owner of the exclusive right to use the four disputed registered trademarks in this case: 1. the No. 4481217 trademark "维多利亚的秘密", which was ratified to be used on service items of Class 35: advertising in mail order form; direct mail advertising; commercial shop window dressing; on-line advertising on data communication network; business information; organizing fashion show for advertising or marketing; sales promotion (for others); commercial management of artist performance. The valid period of its registration shall be from September 14, 2008 to September 13, 2018; 2. the No. 4481218 trademark "维多利亚的秘密", which was ratified to be used on commodities of Class 25: clothing; women's lingerie, etc. The valid period of its registration shall be from December 21, 2008 to December 20, 2018; 3. the No. 6699957 trademark "VICTORIA'S SECRET PINK", which was ratified to be used on service items of Class 35: advertising; business information; sales promotion (for others), etc. The valid period of its registration shall be from November 7, 2010 to November 6, 2020; 4. the No. 1505378 trademark "VICTORIA'S SECRET", which was ratified to be used on commodities of Class 25: clothing, belt decoration (women's wear), socks, stockings, scarf, gloves (garment). The valid extension shall be from January 14, 2011 to January 13, 2021.

The Defendant Shanghai Jintian Clothing Co., Ltd. (hereinafter referred to as Jintian) was founded in 2007, and is a one-person limited liability company. The business scope of the company includes knitwear & textile, clothing, bedclothes, shoes & hats, scarf, textile raw materials, department store sale of daily necessities, clothing processing.

From March 2011 to October 2012, the Defendant Jintian had sold lingerie to some counters of "维多利亚的秘密" brand in the department stores in Shanghai, Tianjing, Hunan, Sichuan, Hebei, Shandong, Shanxi, Liaoning, Zhejiang, Guangdong, etc., and the interior labels of the above mentioned lingerie were printed with words "VICTORIA'S SECRET". In addition, the shop signs, interior decoration, hangers, packaging bags, lingerie tags of the above mentioned counters were printed with words "VICTORIA'S SECRET", "维多利亚的秘密", "VS", "PINK", "exclusive distributor in China: Shanghai Jintian Clothing Co., Ltd.", "franchised exclusive distributor of Victoria's Secret in China", etc.

From December 2011 to May 24, 2012, the Plaintiff found that the web pages of some websites like www.3188.tv, http:// brand.chinasspp.com, http:m.china-ef.com, etc. contained the contents as "Shanghai Jintian Clothing Co., Ltd. is the exclusively designated distributor of America's top lingerie brand VICTORIA'S SECRET and America's best selling leisure brand OLD NAVY ...". Moreover, the above mentioned websites also contained the pictures of Victoria clothing products, and the below the above mentioned pictures, there were words "manufacturer attracting investment: Shanghai Jintian Clothing Co., Ltd.", etc.

The Defendant Jintian had signed a Terminal Sales Contract of "VICTORIA'S SECRET" Brand with Yu Yanqiong, Cui Yafeng, Weihai Jiawo Trade Co., Ltd. The main contents of such contract included: "Party A (the Defendant) hereby authorizes Party B (outsider) as the terminal retailer in the region of ... Party B shall be responsible for the sale and promotion of the lingerie series products of VICTORIA'S SECRET brand in the manner of counter in such region ...", "Party A shall supply Party B at a price of 35% of the product's unified retail price across the country", "stores of B Class (i.e. counter or shop in shop) shall have at least four showcases for VICTORIA'S SECRET, and the styles of the VICTORIA'S SECRET products shall be at least 50. It is required that the subject image of VICTORIA'S SECRET should be pasted on the prominent places in the store. Joint operation with other brands of the same kind is allowed", "The annual purchasing amount of Party B from the effective date of the agreement shall be up to RMB ..., and Party A shall guarantee the delivery in full", "Obligation of Party A: authorize Party B to conduct the terminal sale of goods of VICTORIA'S SECRET brand", "Obligation of Party B: After signing the terminal sales contract, Party B must pay Party A ... as the credit margin within ... days after signing the contract".

On February 14, 2013, the Plaintiff, VSSLLC and LBI jointly issued a statement, announcing that: 1. the three companies had neither sold or provided any product under the trademark "维多利亚的秘密" to Jintian or Ningbo ETDZ Company via AFB Company, nor authorized AFB Company as the intermediary. 2. the three companies did not know whether AFB Company had any contractual or sales relationship with Jintian or Ningbo ETDZ Company. 3. the three companies had neither signed any agreement with Jintian or Ningbo ETDZ, nor authorized Jintian or

Ningbo ETDZ to establish any contractual relationship. 4. VSSLLC once signed an Inventory Sales Agreement with AFB, authorizing AFB to sell some inventory marked as stock-out in several areas including China, and the agreement took effect from January 1, 2007. In accordance with the above mentioned agreement, AFB can sell the said products only to retailers with any physical store or distributors with the written consent of VSSLLC. In addition, the above mentioned distributors can only sell the products purchased to retailers obtaining the written consent of VSSLLC in advance and with any physical store. Except for the above mentioned method, the distributors may sell the products by any other means. Meanwhile, the agreement also indicated that VSSLLC had neither issued any authorization, nor designated AFB or its subsidiaries, customers or the buyers of AFB products as the agent on behalf of VSSLLC. AFB also promised that it would not sell any product to the above mentioned buyers before the above mentioned buyers signed the "Non-agent Statement".

It was also found that: 1. on September 10, 2007, Dean Brocious, the brand protection director of LBI, issued a confirmation letter, stating that "LBI is very pleased to confirm that AFB has been selected to assist to sell the existing excessive inventory of VSSLLC of top quality, and provide products to Shanghai Jintian Clothing Co., Ltd. via AFB for sale in China. Most stock clothes carry the Victoria's Secret's world famous trademark and INTIMISSIMI brand. AFB is approved (not catalog or Internet) by LBI for providing goods to traditional retailers and selling in the approved countries (except USA, Canada). LBI would continuously provide AFB with additional inventory on the precondition that LBI has the inventory and AFB complies with the contract, and the customers of AFB observe the same conditions and terms..."; 2. On August 22, 2007, Mohamed A. Barry, the CEO of AFB, issued an authorization letter, stating that "... AFB has been authorized by Limited Brands to supply these goods to regular retailers (not catalog or Internet sale). AFB has selected Shanghai Jintian Fashion Co., Ltd. (address: No. 1 Dapuqiao Rd. Shanghai, China, 200023) to exclusively handle the import and distribution affairs of the goods in China."; 3. on September 1, 2007, the Defendant entrusted the outsider Ningbo ETDZ to import the lingerie of American brand "Victoria's Secret", with the quantity: 810000 (bra, underpants, nightgown), price terms: FOB OHIO, USA, total amount: USD6000000; 4. in September 2007, Ningbo Branch of Industrial and Commercial Bank of China and the Housing and Urban Construction Sub-branch of Ningbo Branch of China Construction Bank issued two letters of credit for the outsider Ningbo ETDZ, amounting to about 3,100,000 USD and 2,000,000 USD, and the

No. of the letters of credit were respectively LC83028010002528 and LC333010701666, with LBI as the beneficiary. The above mentioned letters of credit were accepted in October and November 2007. 5. In September 2007, Ningbo ETDZ imported the lingerie commodities amounted to about 5, 100, 000 USD from LBI, and obtained relevant financial vouchers, wherein, the commercial invoice issued by LBI was signed by "Mr. John Talamo/VP Limited Brands, Inc." and stamped with the steel seal containing the company name of the Plaintiff. The backs of the packing list and ocean bill of lading issued by LBI had the signature of "Limited Brands, Inc Dean Brocious".

The Plaintiff claimed that the Defendant declared without authorization that it operated in China in the form of direct selling or franchise as the exclusive distributor of the Plaintiff, and may use the trademarks "维多利亚的秘密" and "VICTORIA'S SECRET" and enterprise name of the plaintiff for the sale of commodities during the above mentioned operations. The Plaintiff held that the Defendant's acts had infringed its exclusive right to use the registered trademarks, and had constituted unfair competition by using other person's enterprise name without authorization and misleading publicity. Thus, the Plaintiff lodged a lawsuit to the court, requesting the court to rule that: 1. the Defendant cease trademark infringement and unfair competition; 2. the Defendant compensate the Plaintiff for economic losses of RMB 5, 000, 000, including the reasonable expenses of RMB 233, 323.

The Defendant argued that: 1. there was no need to apply for the cross-class protection of registered trademark in this case, and the Defendant did not agree with the identification of the involved registered trademarks of the Plaintiff as well-known trademarks; 2. the goods sold by the Defendant were from the parent company of the Plaintiff, i. e. the outsider Limited Brands, Inc. (hereinafter referred to as LBI). That is to say, the lingerie commodities of Victoria's Secret brand the Defendant sold were genuine. The entire purchase process is as follows: in 2007, as introduced by the outsider American Fashion Brands, LLC (hereinafter referred to as AFB), LBI and the Defendant concluded a transaction on selling the "VICTORIA'S SECRET" lingerie commodities of LBI amounted to about 5, 100, 000 USD, and the transaction was actually completed in the same year. During the performance of the transaction, the Defendant entrusted the outsider Ningbo ETDZ Holdings Ltd. (hereinafter referred to as Ningbo ETDZ) to successively issue two letters of credit on October and November, 2007 for the payment to LBI, respectively amounted to 2, 000, 000 USD and about 3, 100, 000 USD. Thereafter, LBI delivered by commission the corresponding commodities to the port of Ningbo in China from California respectively in November and December, 2007. Therefore, the Plaintiff's exclusive right to use the registered trademarks had been exhausted, and the Defendant should be entitled to resell the above mentioned commodities and conduct necessary promotion, which would not constitute trademark infringement; 3. the enterprise name of the Plaintiff was not used commercially in China, so the Plaintiff shall not enjoy the civil rights and interests of the involved enterprise name right, and the Defendant did not commit any unfair competition of using without authorization the enterprise name of other person; 4. as the Plaintiff did not carry out any retail business in China, as the distributor of the brand "VICTORIA'S SECRET" of LBI, the Defendant was indeed the sole distributor in China's mainland, and there was nothing inappropriate that the Defendant claimed itself as the exclusive distributor, so the Defendant did not committed any unfair competition of misleading publicity. In summary, the Defendant requested the court to dismiss all the claims of the Plaintiff.

[**Trial**]

After the trial, Shanghai No. 2 Intermediate People's Court held that the alleged infringing goods the Defendant sold were from LBI, the parent company of the Plaintiff. The alleged infringing goods that the Defendant sold to the retailers of the department stores were from LBI, the parent company of the Plaintiff. So the Defendant did not committed any act of authorizing others to sell the lingerie commodities of Victoria's Secret in the form of franchise, and the relationship between the Defendant and the above mentioned retailers was still purchase and sale relationship. In accordance with Article 52. (2) of the Trademark Law, the sale of any commodity infringing the exclusive right to use the registered trademark shall constitute infringement upon the exclusive right to use the registered trademark. In this case, the goods sold by the Defendant were genuine, which shall not be treated as the commodities infringing the Plaintiff's exclusive right to use its registered trademarks, and would not make the relevant public feel confused. Thus, the Defendant did not constitute trademark infringement. According to Article 9 of the Anti-Unfair Competition Law, business dealers shall not make misleading or misleading publicity regarding product information such as the quality, composition, performance, usage, manufacturer, expiration date, and place of origin by advertising or any other means. In this case, the Defendant had no evidence to prove that it was "the exclusively designated distributor of America's top lingerie brand Victoria's Secret". In fact, the

Defendant only purchased the products in stock from LBI, the parent company of the Plaintiff, for sale in China. The claim made by the Defendant would make the relevant public mistake the relationship between the Defendant and the Plaintiff for a relationship between a licensee and a licensor, the Defendant could thereby acquire unfair competitive advantages, which would have an effect on the future commercial activities of the Plaintiff in China, and cause damages to the Plaintiff's interests. Therefore, the court determined that the Defendant had committed unfair competition and should assume the civil liabilities for ceasing infringement and compensating for damages, because the Defendant was subjectively malicious in misleading others by making up a fact, and had committed the objective act of misleading publicity.

Based on the above mentioned grounds, in accordance with Article 52. (2) of the Trademark Law of PRC, Article 5. (3), Article 9 and Article 20 of the Anti-Unfair Competition Law, Article 6. 1 and Article 17. 1 of the Interpretation of the Supreme People's Court on Some Issues Concerning the Application of Law in the Trial of Civil Cases Involving Unfair Competition, Article 3. 1. (1) of the Interpretation of the Supreme People's Court on Issues Concerning the Application of Laws in the Trial of Cases of Civil Disputes over the Protection of Well-known Trademarks, Shanghai No. 2 Intermediate People's Court ruled that: (1) the Defendant Shanghai Jintian Clothing Co., Ltd. immediately cease the unfair competition of misleadingly publicizing the Plaintiff Victoria's Secret Store Brand Management Co., Ltd.; (2) the Defendant Shanghai Jintian Clothing Co., Ltd. compensate the Plaintiff Victoria's Secret Store Brand Management Co., Ltd. for economic losses of RMB 60,000 within ten days after the effective date of this ruling; (3) the Defendant Shanghai Jintian Clothing Co., Ltd. compensate the Plaintiff Victoria's Secret Store Brand Management Co., Ltd. for reasonable expenses of RMB 20,000 within ten days after the effective date of this ruling; (4) all the other claims made by the Plaintiff Victoria's Secret Store Brand Management Co., Ltd. be dismissed.

After the trial of the first instance, neither party filed an appeal, thus the ruling of the first instance took effect.

[**Comments and Analysis**]

Ⅰ. This case was not a typical trademark parallel import case

As the root of the dispute in this case was the international trade involving commodities with trademark, there are different opinions concerning whether this case is a trademark parallel import case. One view holding that the Plaintiff in this case and the oversea commodities manufacturer is of parent-subsidiary relationship, and there is an inherent connection between them. Moreover, the exercising of trademark right is controlled by one subject, i. e. the Plaintiff in this case. So this case shall be a trademark parallel import case. However, in my opinion, this case shall not be treated as the trademark parallel import cases. Trademark parallel import means that in the international trade, the importer imports from abroad the commodity of the same class which is produced under legal authorization and marked with the same trademark without the permission of the domestic trademark owner or the holder of the right to use the trademark. The constitutive elements of trademark parallel import include: 1. the commodity of parallel import should be authentic, not counterfeited; 2. the commodity of parallel import should be purchased legally, rather than through any illegal channel (e. g. : smuggling); 3. the trademark of the imported commodity and that of the domestic trademark owner should be from the same trademark owner; 4. the act of the importer did not obtain the permission of the domestic trademark owner. According to the facts of this case, the Plaintiff Victoria's Secret Company is a company incorporated in USA. The Plaintiff and the outsider LBI, the oversea manufacturer of the alleged infringing commodities, is of subsidiary-parent relationship. Both parties has reached an agreement on the registration and use of the trademark of the brand "VICTORIA'S SECRET"（维多利亚的秘密）, i. e. the Plaintiff shall be responsible for such affairs as registration, use, management and protection of all trademarks under LBI, and LBI and other wholly-owned subsidiaries are authorized by the Plaintiff to use the trademarks "VICTORIA'S SECRET"（维多利亚的秘密）, including the involved registered trademarks. Therefore, the right of the trademark "VICTORIA'S SECRET"（维多利亚的秘密）in the jurisdiction of different countries in the world shall belong to the Plaintiff, i. e. the trademark owner of the trademarks on the involved commodities and the trademark owner of the registered trademark "VICTORIA'S SECRET"（维多利亚的秘密）in China shall be the same person. However, the court finally determined that the involved commodities were from LBI and the Plaintiff was fully aware of the fact according to such evidence as the fact that the commercial invoices issued by LBI were stamped with the company seal of the Plaintiff, the issuing materials of the letters of credit, which meant that the sale carried out by the Defendant as the importer had obtained the permission of the Plaintiff. In fact, the Plaintiff was aware of and permitted the act of selling the unseasonable commodities overseas via middleman by its parent company. Therefore, for this case lacked the constitutive element of "the act of the importer did not obtain the permission of the domestic trademark owner", so the Defendant's act shall not be treated as the typical trademark parallel import.

Ⅱ. Whether the act of the Defendant in this case shall constitute trademark infringement

In fact, the legal issue to be solved in this case is as follows: in the context of international trade, whether the Defendant's act of selling the involved commodities beyond the authorized scope shall constitute trademark infringement. With regard to the issue, there are different views:

One view holds that the Defendant's act of selling the goods should constitute trademark infringement. The main reason is that although the commodities sold by the Defendant were authentic rather than counterfeited, according to the Inventory Sales Agreement and the restrictive provisions concerning the resale in the authorization letter, the Defendant can only retail the relevant commodities in its self-operating stores, not conduct the wholesales to other unauthorized retailers. While in its actual operation, the Defendant went beyond the above mentioned authorization and conducted the wholesales, which would have an effect on the trademark reputation of the Plaintiff. Thus, it shall constitute trademark infringement.

The other view holds that the Defendant'sact of selling the goods shall not constitute trademark infringement. The main reason is that: the commodities sold by the Defendant were authentic rather than counterfeited. Although the Defendant had conducted the sale beyond the authorized scope which breached the agreement with the trademark owner, the sales act itself would not make the relevant public confuse or mistake the involved registered trademarks for others. So the act shall be a nonperformance in nature, and shall not be treated as trademark infringement.

Finally, the court adopted the above two views by combining the specific circumstance of the Plaintiff's actual use of the involved trademarks in China, and applying the theory of confusion standards. The court held in this case that: firstly, according to the statement jointly made by the Plaintiff, VSSLLC and LBI, LBI can use the involved registered trademarks as authorized by the Plaintiff, so the commodities of the brand Victoria's Secret sold by LBI shall be authentic goods, rather than counterfeited one infringing the involved registered trademarks; secondly, according to the Inventory Sales Agreement submitted by the Plaintiff and the Confirmation Letter of LBI submitted by the Defendant, after purchasing the authentic lingerie commodities of the brand Victoria's Secret from LBI, the parent company of the Plaintiff, the Defendant's act of selling the commodities to several retailers in the manner of wholesales had indeed violated the agreement reached between the Defendant and LBI that "the resale (not by catalog or Internet) can only be conducted to the traditional retailers. However, the commodities the Defendant sold were authentic lingerie commodities of the brand Victoria's Secret purchased from LBI and imported through regular channel, rather than counterfeited commodities, so the Defendant's act of using the Plaintiff's involved registered trademarks on the tags of the commodities, hangers, packaging bags, brochures in the process of commodity sales shall be a part of the sales act, and would not make the relevant public confuse and mistake the source of the commodities for any other source. That is to say, according to the exhaustion of trademark theory, after purchasing the authentic commodities from the associated company of the Plaintiff, the Defendant should be entitled to resell the commodities with the trademarks of the Plaintiff, including the fair use of the trademarks in the sales process. If any agreement concerning the sales method and sales channel of the commodities had been reached between the Defendant and the associated company of the Plaintiff, under the circumstance that the Defendant breached such agreement, the liability for breach of contract, rather than the liability for trademark infringement, can be held to the Defendant only by the associated company of the Plaintiff according to their agreement.

Ⅲ. Whether the Defendant's acts shall be treated as unfair competition

With regard to whether the Defendant'sact of claiming itself as "the exclusively designated distributor of America's top lingerie brand Victoria's Secret" shall be treated as the unfair competition of misleading publicity, there was little controversy, and the court held that according to Article 9 of the Anti-Unfair Competition Law, business dealers may not conduct misleading publicity on product information such as the quality, composition, performance, usage, manufacturer, expiration date, and place of origin through advertisements or other means. In this case, the Defendant had no evidence to prove that it was "the exclusively designated distributor of America's top lingerie brand Victoria's Secret". In fact, the Defendant only purchased the products in stock from LBI, the parent company of the Plaintiff, for sale in China. The claim made by the Defendant would make the relevant public mistake the relationship between the Defendant and the Plaintiff to be a relationship between a licensee and a licensor, the Defendant could thereby acquire unfair competitive advantages, which would have an effect on the future commercial activities of the Plaintiff in China, and cause damages to the Plaintiff's interests. Therefore, the court determined that the Defendant had committed unfair competition of misleading publicity.

It is worth considering that although the Defendant'sact of selling the involved commodities beyond the authorized scope did not constitute trademark infringement, whether it can be regulated from the perspective of the Anti-Unfair Competition Law. One view holds that the Plaintiff's trademark "VICTORIA'S SECRET" (维多利亚的秘密) has extremely high awareness in the fashion lingerie industry. Although the Plaintiff did not open any physical store and conduct any sales activity in China, it does not represent that the Plaintiff's trademarks have no awareness in China. In fact, the Plaintiff had also sold its lingerie commodities to Chinese consumers through network sales and telephone sales, and the objects of the Plaintiff's advertising and promotion activities for its trademarks also cover the consumers in China. Under the circumstance of being fully aware that the commodities it sold were unseasonable commodities of the Plaintiff, the Defendant still sold a huge amount of the commodities as new products to the counters in the department stores beyond the authorized scope, which would impair the reputation of the Plaintiff's trademark, reduce the evaluation of the public to the trademark. Meanwhile, as there was no association between the counters of each department stores, their sales service would certainly in disordered state, and they cannot provide thoughtful sales service and comprehensive after-sales service, which would thereby impair the interests of the consumers. Therefore, according to the principle clause in the Anti-Unfair Competition Law, the liability for unfair competition can be held to the Defendant. In my opinion, the principle clause in the Anti-Unfair Competition Law should be applied carefully. When identifying an act not falling into the seven unfair competition acts specified in the law as unfair competition, a more stringent standard should be applied to the constitutive elements of the Defendant's act and the burden of proof of the Plaintiff. With regard to this case, as the trademark owner, the Plaintiff has never conducted any large-scale sales activity in the manner of physical store in China, and its current sales mode isn't the mainstream. The Plaintiff has neither established its own market environment and order in China, nor made any great contribution to the accumulation of the business reputation and brand image of the involved trademarks. Therefore, so far as the current circumstance, the Defendant's act neither diversified the Plaintiff's market share, nor caused damage to the commodity reputation the Plaintiff established, so the application of the principle clause in the Anti-Unfair Competition Law was inappropriate.

(Written by: Ling Zongliang)

Conflict between the Trademark Right and the Prior Rights and Interests and Settlement Thereof

—Hangzhou Boke Travel Agency Co. , Ltd. v.
Shanghai Chiyu Network Technology Co. , Ltd.
Dispute over Trademark Infringement

[**Summary**]

This case was about a dispute arising from rush registration of trademark, and the lawsuit was lodged by the party applying for rush registration against the alleged infringement of the Defendant's domain name, unregistered trademark, trade name. In the trial, the court found that the identification part of the domain name, unregistered trademark, trade name used by the Defendant was really identical to the identification part of the Plaintiff's registered trademark. However, the use of the above mentioned commercial marks by the Defendant was earlier than the registration time of the Plaintiff's trademark, and the Plaintiff was aware of and had come into contact with the above mentioned commercial marks before the trademark registration. The highlights of the rulings of this case were the layered identification of the prior rights and the determination of whether the "rights and interests" of the domain name shall be applicable to the prior right. The court determined that the right basis for the Plaintiff claiming the infringement of the Defendant's domain name should be inadmissible by adopting the claim basis analysis method, and made a ruling against the issue in a creative manner.

[**Facts**]

Plaintiff: Hangzhou Boke Travel Agency Co. , Ltd.

Defendant: Shanghai Chiyu Network Technology Co. , Ltd.

Cause of Action: Dispute over trademark infringement

Case No. at First Instance: (2014) HEZMW (Z) CZ No. 130

The Plaintiff Boke Company was incorporated on January 10, 2007, with a business scope covering domestic travel business, inbound travel, hotel reservation; ticket agency; exhibition service, etc. The legal representative of the Plaintiff is Li Songjin. On October 26, 2007, the Plaintiff applied to the Trademark Office of the State Administration for Industry and Commerce of China for registering the trademark "HAppytoo" combined with Chinese characters, English letters and graph, and was approved for registration on June 28, 2010, the registration No. of the combination trademark was No. 6342012. The registered combination trademark was ratified to be used on service items of Class 39, including express delivery (letters or commodities), travel escort, yacht travel arrangement, sightseeing tour, tour arrangement, travel arrangement, travel seat reservation, travel booking, travel agency (excluding hotel reservation) and tour guide. The valid period of the trademark registration shall be from June 28, 2010 to June 27, 2020.

The Defendant Chiyu Company was incorporated on April 15, 2008, with a business scope covering the technology development, technology transfer, technology consulting and technical services in the field of (network technology, computer); web page design and making; networking product sales; travel consultation; enterprise management consultation; business consulting; conference services; exhibition services; design and production of various ads; ads publication with own media. There are several websites operated by the Defendant Chiyu Company, wherein a website is Chiyu Trip, the domain name of which is www. tripb2b. com. The website was formally called Travel Trade; another website is Chiyu Happytoo, which is a B2B (business to business) website specialized in travel information publication and travel arrangement, the domain name of which is www. happytoo. cn.

On April 23, 2014, Wang Gang, agent entrusted by the Plaintiff, applied to Xihu Notary Public Office in Hangzhou, Zhejiang Province for web page evidence preservation, and he had conducted the following main operations: connected to the Internet, entered Chiyu Trip website (the domain name: www. tripb2b. com). The contents "Chiyu Trip (the former Travel Trade website)..." were shown on the label of the web page, the English words "Happytoo. cn" and Chinese words "驰誉·欢途" were displayed in the middle below the navigation bar of the web page. Entered Chiyu Happytoo website (domain name: www. happytoo. cn), the Chinese words

“驰誉·欢途” and English words “www. happytoo. cn” were displayed on the upper left part of the web page.

The domain name of Chiyu Happytoo website (www. happytoo. cn) operated by the Defendant was registered by the outsider Chen Qiang (witness of the Defendant) on January 14, 2007. Now, the registrant of the website domain name (haapytoo. cn) has been changed to the Defendant Chiyu Company, with a valid period from January 14, 2007 to January 14, 2020. The first ICP record of the domain name happytoo. cn was October 26, 2007, and the organizer was the outsider Hangzhou Dongyun Air Ticket Service Co., Ltd. (hereinafter referred to as Dongyun Company). Dongyun Company was funded by Chen Qiang and the outsider Xu Xiaoqing, and the cancellation procedure of the Company was handled on January 8, 2014, and the ICP record procedure for canceling the domain name happytoo. cn was handled on March 20, 2014. Now, the website organizer in the domain name ICP record information has been changed to the Defendant Chiyu Company, the website record No. was also correspondingly changed to HU-ICP-Bei No. 09009739 - 10, and the website name was changed to Chiyu Happytoo.

In 2006, Chen Qiang and Li Songjin, the legal representative of the Plaintiff, and other persons funded Hangzhou Boke Travel Information Service Co., Ltd. (hereinafter referred to as Boke Information Service Company), which underwent the cancellation procedure in November 2007 due to bad management. In the trial, the witness Chen Qiang testified that during the joint operation of Boke Information Service Company with Li Songjin, he had already operated a travel website with happytoo. cn as the domain name and “欢途网” as the logo, so Li Songjin had already contact the information during the communication with him. With regard to the testimony of Chen Qiang, the Plaintiff said it had already been aware of the existence of happytoo website (www. happytoo. cn) since September 2007 through the advertising publication Huizhong Travel Express. On August 19, 2008, Chen Qiang funded Shanghai Happytoo Network Technology Co., Ltd. (hereinafter referred to as Happytoo Company) with other people, and operated the Happytoo website in the name of Happytoo Company and with www. happytoo. cn as the website domain name. At the end of 2013, Happytoo Company and the Defendant Chiyu Company started to cooperate with each other, and the Defendant Chiyu Company was responsible for the operation of the platform integrated by the original platforms of both parties. In March 2014, the Defendant Chiyu Company used the domain name www. happytoo. cn to operate the website named Chiyu Happytoo website.

With regard to the usage of the domain name www. happytoo. cn and the relevant marks: 1. Magazine promotion. Words "欢途网", "www. happytoo. cn", etc. were included in several travel advertisements on the cover, in the main body, etc. of Huizhong Travel Express (travel advertising publication distributed for free in Zhejiang Province) (No. 125 first volume) published on September 3, 2007. Huizhong Travel Express, Changyou Tianxia, Xinyou Tianxia and other magazines provided by the Defendant from September 5, 2011 to April 21, 2014 had published the travel advertisements publicizing and promoting "欢途网", "happytoo. cn" and "www. happytoo. cn". 2. Customized telephone set. In 2009, happytoo company customized some telephone sets and distributed them to its travel agency customers. The customized telephone sets were printed with words "Happytoo. cn" and "欢途网". 3. Website operation Now, Chiyu Happytoo website (www. happytoo. cn) covers 32 cities including "Shanghai", "Hangzhou", etc. According to the statistics, the number of transaction records of the website from 8:20, June 24, 2014 to 14:52, July 24, 2014 amounted to 11, 845, and the total transaction amount was up to over RMB 120, 000, 000. Up to 2014, the number of travel agencies joining in the website had reached to 305. According to the evidence issued by Association of Zhejiang Travel Agencies, happytoo. cn had been engaging in the on-line platform business of B2B transactions in the travel industry since its opening in 2007, and had relatively high awareness within this association.

The Plaintiff held that the Defendant'sact of using the domain name happytoo. com, "欢途", "Happytoo" and "HAppytoo" had infringed the exclusive right to use its registered trademark, and thereby requested the Defendant to assume the liabilities for ceasing infringement, compensating for damages, etc.

[**Trial**]

After the trial, Shanghai No. 2 Intermediate People's Court held that the Plaintiff is the right owner of No. 6342012 registered trademark, which is within the valid period, so the Plaintiff's exclusive right to use the trademark shall be protected according to law. The dispute focuses of this case were mainly: I. whether the Defendant's act of registering the domain name "happytoo. cn" had infringed the Plaintiff's exclusive right to use the registered trademark; II. whether the Defendant's using of words "happytoo", "欢途", etc. on its website had infringed the Plaintiff's exclusive right to use the registered trademark; III. if the above mentioned acts of the Defendant constituted infringement, what civil liabilities should the Defendant assume.

With regard to the dispute focus I, the Plaintiff claimed that the word "happytoo" in the domain name happytoo. cn registered by the Defendant was identical to the English part "HAppytoo" in registered trademark of the Plaintiff, and the website under the domain name operated by the Defendant was a website providing travel wholesale service, which was identical to the service ratified to be used on the registered trademark of the Plaintiff. Thus, the public would feel confused, and the Defendant's acts had constituted infringement upon the Plaintiff's exclusive right to use the registered trademark. The Defendant argued that the domain name happytoo. cn was approved for registration as early as on January 14, 2007, which was earlier than the date when the Plaintiff applied for registering the trademark, thus it should constitute a prior right, and the Plaintiff cannot prevent the Defendant from exercising its prior right.

The court held that in accordance with Article 1. 3 of the Interpretation of the Supreme People's Court Concerning the Application of Laws in the Trial of Cases of Civil Disputes Arising from Trademarks, the act of registering lexical items identical or similar to another party's registered trademark as a domain name, and conducting, via the domain name, e-commerce of transactions of relevant goods, which is likely to cause confusion among relevant public shall have constituted infringement which has impaired the other party's exclusive right to use the registered trademark. Article 4 of the Interpretation of the Supreme People's Court on Application of Laws in the Trial of Civil Disputes Over Domain Names of Computer Network provides that the people's court shall ascertain that defendant has committed infringement after registering and using domain name under the following circumstances: (1) the civil rights claimed by the plaintiff for protection are legal and valid; (2) the domain name or its main part of the defendant was copied, imitated, translated or transliterated from the plaintiff's famous trademark or was identical or similar to the trademark or domain name registered by the plaintiff, being sufficient to mislead the relevant public; (3) the defendant does not own any right and interest in the domain name or its main part and has no just cause to register or use it; (4) the defendant registered and used the domain name with malicious intent. In this case, the registered trademark of the Plaintiff was composed of the English letters "HAppytoo", the Chinese characters "欢途" and an arc curve, wherein the English letter "HAppytoo" in big font occupies the primary place in the middle of the trademark, the Chinese characters "欢途" in small font is located below the letter "H", while the arc curve encircles the English letters "HAppytoo". Upon comparison, it was found that except the case difference of the first two English letters, the primary part "happytoo" of the domain name registered by the Defendant and the English part "HAppytoo" of the major component of the Plaintiff's registered trademark were completely identical in the order and arrangement of other letters. The website operated by the Defendant under such domain name provided the travel agencies with such services as information related to travel, which were identical to the services ratified to be used on the registered trademark of the Plaintiff. However, according to the facts investigated, the outsider Chen Qiang had already registered the domain name happytoo. cn as early as January 2007, and such domain name had been used no later than the date when the advertisement concerning www. happytoo. cn was placed in Huizhong Travel Express published on September 3, 2007. While the date when the Plaintiff applied for registering the trademark was October 26, 2007, and the Plaintiff failed to provide any evidence proving that it had used the trademark before applying for registering the trademark. It was thus clear that the registration and service time of the alleged infringing domain name was earlier than the application and service time of the Plaintiff's registered trademark. Therefore, the court held that the original registrant of the domain name happytoo. cn registered the domain name for his own business requirements, and had used actively the domain name after registration. So Chen Qiang had no malicious intent to confuse with the services provided by the Plaintiff, and the alleged infringing domain name shall constitute a prior right relative to the Plaintiff's exclusive right to use the registered trademark. In accordance with Article 32 of the Trademark Law of the People's Republic of China (hereinafter referred to as the Trademark Law), the application for registering a trademark cannot impair the existing prior right of other person. The Defendant acquired the alleged infringing domain name after transfer, and obtained the registration certificate of the domain name as the registrant, so its act shall be treated as fair exercise of the prior right, and shall not constitute infringement upon the Plaintiff's exclusive right to use the registered trademark. Therefore, the argument made by the Defendant that the alleged infringing domain name shall constitute a prior right can be accepted. The claim made by the Plaintiff that the Defendant's act of registering the domain name happytoo. cn shall constitute trademark infringement lacked factual and legal bases, and should not be supported.

With regard to the dispute focus II, the Plaintiff claimed that in accordance with the relevant provisions of the Trademark Law, using a trademark similar to a registered trademark on identical services, or using a trademark identical or similar to a registered trademark on similar services without the permission of the trademark registrant which would result in confusion shall be treated as infringement upon registered trademark. Therefore, the Plaintiff held that the Defendant had infringed the Plaintiff's exclusive right to use the registered trademark, because the Defendant had used the mark combination composed of "欢途" and "Happytoo" on www. tripb2b. com operated by the Defendant, and the mark combination composed of "欢途" and "happytoo" and the mark "欢途网" on www. happytoo. cn, which were similar to the registered trademark of the Plaintiff, and the services provided by the Plaintiff and the Defendant were identical. The Defendant argued that it did not prominently use the words "Happytoo", "happytoo", and "欢途", which was not similar to the Plaintiff's registered trademark, and the Plaintiff had never used its registered trademark, so it would not cause any confusion. "欢途" has the meaning of "happy trip", and has been used by many domestic travel agencies, so it cannot play a role in distinguishing the Plaintiff from other travel agencies. In addition, the Plaintiff was aware that the relevant marks of www. happytoo. cn had been used as early as 2007, but it never raised any objection, instead it conducted a rush registration of the trademark, and started to publicize and promote the trademark from April 2014. Thus, the Plaintiff had a malicious intent.

The court held that firstly, although the word "欢途" can easily make relevant public think that it has a meaning of "happy trip" when combining with the travel industry, the word itself is not an existing word, but a word combination composed of two characters respectively from the two existing words "欢乐" and "旅途", which features certain distinctiveness. Thus, the argument made by the Defendant that the word "欢途" can play the role in distinguishing the sources of services cannot be supported. The Plaintiff applied for registering the trademark with the word being as a part and obtained the approval, so its exclusive right to use the registered trademark should be protected according to law.

Secondly, with regard to the argument made by the Defendant that the Plaintiff had never used its registered trademark, the court held that in accordance with the relevant provisions of the Trademark Law, once the registered trademark is within its term of protection and has not been canceled or declared as being invalid, the Plaintiff, as the right owner of the exclusive right to use the registered trademark, the Plaintiff shall be entitled to forbid others to commit the infringement upon its exclusive right to use the registered trademark.

Thirdly, trademark is a mark used by a commodity or service provider to distinguish its own commodity or service from the commodities or services of the same or similar class provided by others. The main role of a trademark is to distinguish the source of a commodity or service. In this case, the alleged infringing marks "Happytoo", "happytoo" and "欢途" were used on the websites www. tripb2b. com and www. happytoo. cn operated by the Defendant respectively in the form of "Happytoo. cn", "www. happytoo. cn" and "驰誉・欢途", "欢途网". Wherein, "Happytoo. cn" and "www. happytoo. cn" is a domain name that the Defendant registered legally and owns the right, so the Defendant's use of the domain name on the websites under its operation shall be a fair act of publicizing and promoting its domain name. The words "Happytoo", "happytoo" had never been separated from the whole domain name, and there was no circumstance of prominent use in aspects of the font, font size, color, arrangement, etc. In addition, it would not make people have any visual impression of being independent from the domain name itself. Therefore, the court held that besides the role of a domain name, the words "Happytoo" and "happytoo" used by the Defendant in its domain name cannot have a role equal to a trademark, and shall not be treated as the use defined in the Trademark Law, and thereby shall not constitute infringement upon the Plaintiff's exclusive right to use the registered trademark. "驰誉・欢途" and "欢途网" were the names of the website operated by the Defendant under the domain name happytoo. cn, and as the marks of the services provided by the website, they can objectively play the role in distinguishing the services provided by different websites. So "驰誉・欢途" and "欢途网" should be identified as the use defined in the Trademark Law.

Finally, in accordance with the Trademark Law, before the trademark registrant applying for registration of trademark, if others have used a trademark with certain influence and identical or similar to the registered trademark on the same goods (service) or similar goods (service) before the trademark registrant, the owner of the exclusive right to use the registered trademark has no right to prohibit the user from using such trademark within the original scope, but can request the user to add appropriately some distinctive mark. Based on the above mentioned grounds, the court held that First, the use of "欢途网" on the website www. happytoo. cn included the words "欢途" in the Plaintiff's registered trademark. From such evidence as the advertising publication provided by the Defendant, the relevant advertisements on the website www. happytoo. cn were the various travel information. Therefore, the mark of "欢途网" was used within an industry wide identical to that of the service class ratified to be used on the registered trademark of the Plaintiff. Second, with regard to the website name "欢途网", the relevant right owner had already used it in the advertisements and promotion of the website together with the domain name www. happytoo. cn. Moreover, the court also observed that the time when Chen Qiang registered the domain name happytoo. cn and started to operate the website www. happytoo. cn was in the period when he was operating Boke Information Service Company together with Li Songjin, the Plaintiff's legal representative, and that the Plaintiff was fully aware of the existence of www. happytoo. cn, but still registered the trademark including the Chinese characters "欢途" and English letters "HAppytoo". With regard to this issue, the Plaintiff failed to provide any evidence proving it should own legitimate rights to the trademark it applied for registration and used. Therefore, the court held that the Defendant's use of the mark "欢途网" was subjectively well-intentioned, and had no improper intention to play up to the good reputation that the Plaintiff's trademark had obtained. Third, the advertising publication provided by the Defendant can prove that after the website www. happytoo. cn was launched, the relevant right owner had already promoted and publicized the alleged infringing marks through placing advertisements in magazines, making the alleged infringing marks have certain influence and awareness in Zhejiang Province before the application of the Plaintiff for trademark registration. According to such evidence as various travel-related advertising publications, customized telephone sets, franchise agreements with local travel agencies, certificate issued by the industry association, etc., the use of the trademark continues to this day and has never been interrupted, and the trademark has accumulated numerous users and has had relatively high industrial influence and awareness through years of use. Fourth, from the current usage of relevant marks by the Defendant, the Defendant had tried its best to avoid confusion by adding "Chiyu" before "happytoo" to help the relevant public to distinguish the trademark of the Plaintiff from that of the Defendant. In summary, the argument on prior use of the Defendant shall be supported, the Defendant shall be entitled to continue to use the above mentioned marks, and the Plaintiff had no right to prohibit the Defendant from continuing to use the above mentioned marks. Therefore, the court did not support the claim made by the Plaintiff that the Defendant's use of the mark "驰誉·欢途" on the website www. happytoo. cn should constitute infringement.

With regard to the dispute focus III, considering that neither the Defendant's registration of the domain name "happytoo. cn" nor its use of the marks "Happytoo", "happytoo", "欢途", etc. on the websites shall constitute infringement upon the Plaintiff's exclusive right to the registered trademark, the court did not support the relevant claims of the Plaintiff.

The court of first instance finally dismissed all the claims made by the Plaintiff. After the first instance, the Plaintiff refused to accept the ruling as final and appealed to the court. After the trial, Shanghai High People's Court dismissed the appeal and upheld the ruling of the first instance.

[Comments and Analysis]

This case is a typical case concerning the relation between the precedent domain name, trade name, unregistered trademark and the posterior registered trademark. Article 59. 3 of the Trademark Law provides that "before the trademark registrant applying for registration of trademark, if others have used a trademark with certain influence and identical or similar to the registered trademark on the same goods or similar goods before the trademark registrant, the owner of the exclusive right to use the registered trademark has no right to prohibit the user from using such trademark within the original scope, but can request the user to add appropriately some distinctive mark." This article is a provision on the identification of trademark infringement. Meanwhile, Article 32 of the Trademark Law provides that "An application for the registration of a trademark shall not create any prejudice to the prior right of another person, nor unfair means be used to preemptively register the trademark with certain reputation another person has used." This article is a provision on trademark registration. The above mentioned articles have jointly ascertained the rule that the right scope of the registered trademark should not have any influence on any prior trademark and right. In this case, the Defendant enjoyed the prior right to the words part "欢途" in the involved trademark. After the registration of the Plaintiff's trademark, the Defendant added its trade name before "欢途" for the purpose of distinguishing from the Plaintiff's trademark, in order to meet the requirement of "add appropriately some distinctive mark" in the law.

However, in our theory of law science, "domain name" is always recognized as "interest" rather than "right", then whether the precedent domain name should be applicable to the above mentioned rules, and be listed in the precedent "rights"? In this case, the court adopted the determination method of infringement elimination and quoted the provision of Article 4 of the Interpretation of the Supreme People's Court on Application of Laws in the Trial of Civil Disputes Over Domain Names of Computer Network in the determination, i. e. "the people's court shall ascertain that defendant has committed infringement after registering and using domain name under the following circumstances：（1）the civil rights claimed by the plaintiff for protection are legal and valid；（2）the domain name or its main part of the defendant was copied, imitated, translated or transliterated from the plaintiff's famous trademark or was identical or similar to the trademark or domain name registered by the plaintiff, being sufficient to mislead the relevant public；（3）the defendant does not own any right and interest in the domain name or its main part and has no just cause to register or use it；（4）the defendant registered and used the domain name with malicious intent." In this case, through its prior use and promotion, the Defendant kept owning the "rights and interests" of the involved domain name, which is not in line with the requirement of "does not own any right and interest" as specified in the above mentioned item（3）, and the possibility of infringement upon the involved domain name was eliminated. Therefore, the court did neither break through the existing theory, nor define the "domain name" as a right.

So far the claims made by the Plaintiff had been unable to get any support. But for the purpose of standardizing and guiding the competition order, the court made a judgment to the Plaintiff's act during trademark registration：Being fully aware that the domain name happytoo. cn had been already registered and the website www. happytoo. cn had already been under operation, the Plaintiff still registered the trademark including the Chinese characters "欢途" and English letters "HAppytoo", but the Plaintiff still cannot deprive other person's right and interest due to its trademark registration under the circumstance that its right did not arise prior to other person's right.

Finally, the court indicated that the so-called prior right does not refer to the prior right from the perspective of trademark registration time, but refer to the prior right relative to the trademark registrant. In the judgment, it was mentioned that "the Plaintiff failed to provide any evidence proving it should own legitimate rights to the trademark it applied for registration and used", i. e.：if the right owner of the registered trademark owns legitimate right before the Defendant's use of the involved domain name or marks, it should still quote the exclusive right to use the registered trademark when claiming remedy, which is a guidance to the definition of "prior right" in the law from another side.

The determination of the use conflict between the exclusive right to use the registered trademark and the precedent unregistered trademark, trade name, domain name and the determination of the fair use boundary are complex problems in the

Trademark Law. In this case, the court meticulously and scrupulously combed through the relations between the exclusive right to use the registered trademark and various rights and interests, and itemized and analyzed in details, which had a strong guiding significance.

(Written by: Ling Zongliang)

III.

Cases of Civil Disputes over Patent

Determination on the Functional Attributes in the Claims

—Nokia Corporation v. Shanghai HUAQIN Telecom Technology Co. , Ltd. Dispute over Invention Patent Infringement

[**Summary**]

Where there are no embodiments of functions recorded in either the Specification or its figures for realizing the functional features of the claims, in accordance with Article 4 of the Interpretation of the Supreme People's Court on Several Issues concerning the Application of Law in the Trial of Patent Infringement Dispute Cases, the content of corresponding functional features in the claim will not be able to be determined, neither shall the protection scope of the claim be able to be determined. Since the protection scope of the claim cannot be determined, it can be directly determined that the alleged patent infringement is not established.

[**Facts**]

Plaintiff: (Appellant): Nokia Corporation

Defendant (Appellee): Shanghai HUAQIN Telecom Technology Co. ,Ltd.

Cause of Action: Dispute over invention patent infringement

Case No. at First Instance: (2011) HYZMW(Z)CZ No. 47

Case No. at Second Instance: (2013) HGMS(Z)ZZ No. 96

Nokia Corporation is the patentee of the invention patent titled "selection of data transfer method" (patent No.: ZL200480001590. 4, hereinafter referred to as the involved patent). The involved patent was authorized on July 9, 2008. On May 31, 2012, the Patent Re-examination Board of State Intellectual Property Office of the People's Republic of China (hereinafter referred to as the Patent Re-examination Board) made the No. 18676 Review Decision against Request for Announcement of Invalidation specific to the request for announcement of invalidation made by Shanghai

HUAQIN Telecom Technology Co., Ltd. (hereinafter referred to as HUAQIN) against the involved patent, declaring that the claims 1, 3, 5, 6, 8 and 10 of the involved patent right should be void, the technical scheme in claim 4 quoting claim 1 through claim 3 and the technical scheme in claim 9 quoting claim 6 through claim 8 should be void; the claims 2 and 7 should be maintained valid, the technical scheme in claim 4 quoting claim 2 through claim 3 and the technical scheme in claim 9 quoting claim 7 through claim 8 should be valid.

The claim 1 of the involved patent was that: "a method of selecting the data transfer method in telecommunications system where there are several data transfer methods for selecting, the methods as described includes; determine the information to be transferred based on the input received by the user; examine the messages being input or having been input for at least a portion of the characteristic information; select the data transfer method associated to the characteristic information of the message mentioned under the predetermined selection condition, in order to transfer the message mentioned, which features that: the characteristic information as described is one of the following information: information type, which designates the format of the information input in the message mentioned and/or selected for the message mentioned; identifier of the receiver; type of the receiver's identifier."

The claim 2 was that: "the method as mentioned in claim 1, which features that: apply the method as mentioned to the message editor used to input messages in the terminal device; based on the selection of the mentioned data transfer method implemented in the said message editor, transfer the message to the data transfer application supporting the selected data transfer method; and according to the data transfer protocol used in the data transfer application as mentioned, transfer the message to the telecommunication network."

The claim 6 was that: "a kind of terminal device, which is configured to determine the message to be transferred based on the input received by the user, the said terminal device is also configured to: examine the messages being input or having been input for at least a portion of the characteristic information; and the said terminal device is configured to: select the data transfer method associated to the characteristic information of the message mentioned under the predetermined selection condition, in order to transfer the message mentioned, which features that: the characteristic information as described is one of the following information: information type, which designates the format of the information input in the message mentioned and/or selected for the message mentioned; identifier of the receiver; type of the receiver's identifier."

The claim 7 was that: "the terminal device as mentioned in claim 6, which features that: the terminal device as mentioned is configure to: apply the selected data transfer method as mentioned to the message editor used to input messages; the terminal device as mentioned is configured to: based on the selection of the mentioned data transfer method implemented in the said message editor, transfer the message to the data transfer application supporting the selected data transfer method; and the terminal device as mentioned is configured to: according to the data transfer protocol used by the data transfer application as mentioned, transfer the message to the telecommunication network."

The background technologies and invention purpose specified in the specifications of the involved patent are as following: "The existing wireless terminal devices (e. g. : mobile station) are equipped with several different methods for transferring message to telecommunication network or another terminal device. Many terminal devices support the transferring of text form short message (Short Message Service SMS), multi-media message (Multi-media Message Service, MMS) and email message, etc. As for example the SMS and MMS messages allow the transferring of information in different types, each message type is equipped with its own special editor. Generally, when transferring a message, the user must select the data transfer application first for transferring the message. After the user selected the data transfer application, the message editor shall be open in the user interface, so that the user can input the message by using for example the keypad of the terminal device." "However, for those unskilled users, they are not always clear about which kind of editor should be selected for transferring the desired message. For example, if wanting to transfer a modified text, the user should select MMS application (and editor) rather than the SMS application, because the modified text cannot be transferred as a SMS message. The users always have no idea about the data transfer method and the special characteristics and restrictions of the editor for such method, which would cause some problems during message transferring, and thereby make the users dissatisfied." "So the purpose of this invention is to provide a method and a device for realizing such method, so as to avoid or at least relieve the above mentioned problems."

On September 16, 2010, Zhou Kefeng, the agent entrusted by the outsider Beijing Xiangkun Law Firm, contacted and negotiated with Cheng Hairi, Wang Shuchong, Zhang Ning, Wang Huiping, the staff of HUAQIN, for the purchase of mobile phones at the domicile of HUAQIN, No. 1 building, No. 399 Keyuan Rd. Zhangjiang Hi-tech Park, Shanghai. On October 14, 2010, the outsider Wang

Zhigang remitted via telegraphic transfer the outsider Zhuhai Huabei Science and Technology Co., Ltd. RMB 18,257.5. On October 21, 2010, Zhou Kefeng, the agent entrusted by the outsider Beijing Xiangkun Law Firm, fetched a total of 48 mobile phones including the five alleged infringing models: L160A, V91, S300C, S520A and L18 from the domicile of HUAQIN, No. 1 building, No. 399 Keyuan Rd. Zhangjiang Hi-tech Park, Shanghai, and obtained at the same time a receipt with the signature of Wang Huiping and the seal of HUAQIN Telecom (Hong Kong) Co., Ltd. (the information on the bank, account specified in the receipt were identical to the information on the T/T receiving bank, account of the outsider Wang Zhigang).

The Plaintiff Nokia Corporation claimed that: the mobile phones it purchased from HUAQIN had implemented the technical scheme as claimed for protection by the claim 7 of the involved patent. The acts of manufacturing, offering for sale and selling the alleged infringing products by HUAQIN without permission had constituted infringement upon the above mentioned patent of Nokia Corporation. Therefore, Nokia Corporation requested the court to rule that: 1. the acts of manufacturing, offering for sale and selling the mobile phones of L160A, V91, S300C, S520A and L18 models by HUAQIN had infringed the No. ZL200480001590.4 patent of Nokia Corporation; 2. HUAQIN should immediately cease the infringement upon the above mentioned patent of Nokia Corporation; 3. HUAQIN should compensate Nokia Company for economic losses of RMB 20,000,000.

The Defendant HUAQIN argued that HUAQIN had never manufactured, sold the mobile phones of the five models as alleged by Nokia Corporation, and the act of offering for sale as alleged by Nokia Corporation did not exist either; the technical features of the alleged infringing mobile phones were completely different from the patent of Nokia Corporation, and did not fall into the protection scope of the patent right of Nokia Corporation. Moreover, the alleged infringing mobile phones adopted the existing technologies; the claims 1, 3, 5, 6, 8 and 10 of the patent of Nokia Corporation were declared as void, while the claims 1 and 6 were independent claims in this case, and were the bases of other claims. Moreover, the only differences between the involved patent and the existing technologies were the literal expression. So the involved patent right was not stable.

[**Trial**]

After the trial, Shanghai No. 1 Intermediate People's Court held that what the claim 7 of the involved patent claimed for protection was a device being able to realize or implement the method as described in claims 1 and 2. The writing manner of claim 7 was adding "was configured to" before the method steps for restriction. From the perspective of literary content, the "was configured to" should be interpreted as having or achieving the function or effect to implement a certain step as restricted. The contents of the technical features expressed in the manner of "was configured to" in the claims should be determined by combining with the specific implementation mode and its equal manners as described in the specifications and attached figures. The illustration and examples in the specifications of the patent claimed by Nokia Corporation mainly involved the methods, steps or functions, while lacked the description to the device itself. Moreover, when further checking the full text of the specifications, there was still no specific implementation means on how the device "was configured to". Therefore, the protection scope claimed for the involved patent right cannot be determined by combining with the specifications. Considering that the protection scope of the claim 7 of the involved patent cannot be determined, it was neither required to nor able to ascertain whether had HUAQIN implemented the patent of Nokia Corporation. Thus, it should not determine that the act of HUAQIN had constituted infringement.

Based on the above mentioned grounds, in accordance with Article 11. 1 and Article 59. 1 of the Patent Law of PRC, Article 4 and Article 7 of the Interpretation of the Supreme People's Court on Several Issues concerning the Application of Law in the Trial of Patent Infringement Dispute Cases (hereinafter referred to as Patent Judicial Interpretation), Shanghai No. 1 Intermediate People's Court hereby ruled that: all the claims made by Nokia Corporation should be dismissed.

After the trial of first instance, Nokia Corporation refused to accept the rulings as final and appealed to Shanghai High People's Court.

The Appellant Nokia Corporation appealed that: Firstly, the determination made in the trial of first instance that the claim 7 of the involved patent was a functional technical feature was wrong, the contents of claim 7 of the involved patent should not be determined as functional technical feature. Secondly, the determination made in first instance that the protection scope of claim 7 of the involved patent cannot be ascertained was wrong, and the protection scope of claim 7 can be ascertained. Thirdly, the determination made in first instance concerning the so-called "contributions" of the invention itself was wrong. Fourthly, when applying Article 4 of the Patent Judicial Interpretation, the court of first instance failed to refer to Article 2 of the Patent Judicial Interpretation, so there was a mistake in the sequence of law application, and the ruling was erroneous in the application of law. In summary, Nokia Corporation requested the court to rule that the ruling of the first instance should be repealed, and the case should be remanded for retail.

The Appellee HUAQIN defended that: Firstly, from the writing manner and the expression of literary contents, the claim 7 of the involved patent should be classified as the functional technical feature. Secondly, the specifications and attached figures of the involved patent did not disclose the specific implementation manner of the "message editor", so it was unable to understand how to configure the "message editor" after reading the claims and specifications of the involved patent. Therefore, in this case, it was impossible to determine the protection scope of claim 7 of the involved patent, and the ruling of the first instance was appropriate. Thirdly, Nokia Corporation did not express clearly the difference in hardware between the terminal it described and the existing terminal. In fact, Nokia Corporation was unwilling to acknowledge that the differences between them were in software. Fourthly, the judgment on the authorization of patent application cannot be applicable to the infringement determination, so the determination made in first instance that the protection scope of claim 7 of the involved patent was not clear was not in conflict with the relevant identification of the administrative procedure.

After the trial, Shanghai High People's Court held that the facts ascertained by the court of first instance were substantially true.

Shanghai High People's court held that the claim 7 of the involved patent included the functional technical features. The specifications and attached figures of the involved patent did not specify the specific implementation manner for the terminal device, message editor to "be configured to" realize the corresponding functions. Thus, in accordance with Article 4 of the Patent Judicial Interpretation, the contents of technical feature 5 as restricted by "was configured to" in claim 7 of the involved patent, and thereby it was impossible to determine the protection scope of claim 7 of the involved patent. As claim 7 of the involved patent included functional technical features, and the protection scope of claim 7 still cannot be determined by combining with the specifications and attached figures of the involved patent, so no matter what the technical schemes of the alleged infringing products were, the alleged infringement of the Appellant Nokia Corporation should be inadmissible. In accordance with provisions of Article 170. 1. (1) of the Civil Procedure Law of the People's Republic of China, Shanghai High People's Court ruled that: the appeal should be dismissed and the ruling of the first instance should be affirmed.

[**Comments and Analysis**]

This case mainly involves the judgment of functional technical features and the determination of the technical contents. In accordance with Article 4 of the Interpretation of the Supreme People's Court on Several Issues concerning the Application of Law in the Trial of Patent Infringement Dispute Cases, if any technical feature in claims is represented in terms of function and effect, the People's Court should determine its content according to the embodiments for the said function or effect as described in the Description and figures and their equivalent embodiments. According to the above mentioned provision, when determining the contents of the functional technical features, firstly, it must determine whether the relevant technical features shall be classified as the functional technical features; secondly, if the relevant technical features are classified as the functional technical features, the contents of the technical features should be determined based on the implementation manner described in the specifications and attached figures of the patent.

The functional technical features refers to the technical features restricting the structure, parts, components of the product or the relation between them, or the steps, conditions of a method or the relation between them, etc. according to their roles, functions or effects in the invention, but the technical features whose technical contents can be determined directly and expressly by the ordinary technical personnel in the field after reading the claims, specifications and attached figures. For example, such technical terms as magnifying lens, although it also adopts the functional description, the ordinary technical personnel in the field know the conventional implementation manner of such technical features, so such technical features shall not be classified as functional technical features.

In this case, firstly, according to the claims and specifications of the involved patent, what the claims 1 and 2 of the involved patent claimed for protection was a method for selecting the data transfer method in telecommunications system, while what the claim 7 of the involved patent claimed for protection was a terminal device being able to realize or implement the method mentioned above. The claim 7 of the involved patent adopted a writing manner of adding "was configured to" before each step corresponding to the method of claim to express the relevant technical features it restricted, while from the perspective of literary contents, the "was configured to" should be interpreted as making the device, part be able to realize or achieve the function or effect to implement a certain step it restricted. Therefore, the technical features of claim 7 of the involved patent should be classified as the technical features restricted by functional words. Secondly, with regard to the technical features restricted by functional words in the claims, if the understanding of such technical feature after reading the claims, specifications and attached figures was identical to the common understanding of the ordinary technical personnel in the field, and the realizing manner of the function or effect that such technical feature reflected was clear, the contents of such technical feature can be determined just according to the common understanding, and such technical feature shall not be classified as the functional technical features. Otherwise, such technical feature shall be classified as functional technical features. Although Nokia Corporation held that the text description of claim 7 did not go beyond the common understanding of the ordinary technical personnel in the field, and the ordinary technical personnel in the field can be clear about the realizing manner of each technical feature restricted by "was configured to", as well as the improving manner of the structure, it also claimed that the "message editor" restricted in the claim 7 of the involved patent was the main difference from the existing technologies. Therefore, Nokia Corporation also held that at least the interpretation of "message editor" was not identical to the common understanding of the ordinary technical personnel in the field, so there shall be no conventional technical means that can realize the function or effect of such technical feature reflected. In summary, the technical feature "the terminal device as mentioned is configure to: apply the selected data transfer method as mentioned to the message editor used to input messages" in the claim 7 of the involved patent had only expressed the function to be realized by such feature, and the ordinary technical personnel in the field cannot directly and clearly determine the technical contents of such technical feature after reading the claims, specifications and attached figures. Therefore, the claim 7 of the involved patent included the functional technical feature.

The method that the claim 2 of the involved patent claimed for protection and the device for implementing such method that the claim 7 of the involved patent claimed for protection were technically associated with each other, but the protected objects and protection scopes of them shall be different. With regard to the writing manner, the technical feature of the claim 7 of the involved patent was composed by just adding "was configured to" before each step of the corresponding method of claim. Page 6 to Page 9 of the specifications of the involved patent had respectively described the following contents: "Figure 3 describes the method for selecting a data transfer method based on the embodiment, and the method in the figure shall be specially applicable to the mobile station MS; applicable to message editor ED based on the embodiment", "Figure 4a describes how to use the selection condition based on the embodiment, and the selection condition as mentioned was determined to be applied to the data transfer method for different information types", "Figure 4b describes how to use the selection condition based on another embodiment, and the selection condition as mentioned was determined to be applied to the data transfer method for the type of the receiver's identifier", "The embodiments in figure 4a and figure 4b can be applied to message editor ED". According to the above mentioned descriptions, and combining with figure 3, figure 4a, figure 4b and the specific descriptions in corresponding figures in the specifications of the involved patent, it was clear that the embodiments disclosed in the specifications of the involved patent together with figure 3, figure 4a and figure 4b were descriptions specific to methods, steps and functions. The specifications of the involved patent only stated simply that the above mentioned methods and steps can be applied to mobile station MS or to message editor ED, and explained that the innovative means as mentioned can be implemented via a solution of software, hardware or the combination of software and hardware. However, in the specifications and attached figures, there was no description concerning the specific technical means for applying the above mentioned methods and steps to the terminal device or message editor. That is also to say, the specifications and attached figures did not specify the specific implementation manner for the terminal device, message editor to "be configured to" realize the corresponding functions. Thus, in accordance with Article 4 of the Interpretation of the Supreme People's Court on Several Issues concerning the Application of Law in the Trial of Patent Infringement Dispute Cases, the contents of technical feature 5 as restricted by "was configured to" in claim 7 of the involved patent, and thereby it was impossible to determine the protection scope of claim 7 of the involved patent.

In summary, as claim 7 of the involved patent included functional technical features, and the protection scope of claim 7 still cannot be determined by combining with the specifications and attached figures of the involved patent, so no matter what the technical schemes of the alleged infringing products were, the alleged infringement of the Appellant Nokia Corporation should be inadmissible.

(Written by: Ma Jianfeng)

Judgment of Equivalent Feature in Patent Infringement Determination

—Fang Junxia v. Shanghai Shengji International Trade Co., Ltd., Shanghai Shoujuntang Industrial Co., Ltd. Dispute over Infringement of Utility Model Patent

[**Summary**]

When determining whether the alleged infringing technical scheme shall be within the protection scope of a patent right, the people's court should try all the technical features specified in the claims as claimed by the right owner. If the technical features of the alleged infringing technical scheme are neither identical nor equivalent to more than one technical features specified in the claims of the involved patent right, the people's court should determine that the alleged infringing technical scheme does not fall into the protection scope of the patent right. When determining whether it constitutes equivalent feature, the corresponding technical feature of the alleged infringing product must be compared specifically with the corresponding technical feature of the involved patent, so as to judge whether they are the features that adopt the basically identical manners to realize the basically identical function and achieve the basically identical effect, and that the ordinary technical personnel in the field can think of without any creative effort when the alleged infringing act occurs.

[**Facts**]

Plaintiff (Appellee): Shanghai Shengji International Trade Co., Ltd.

Defendant (Appellant): Fang Junxia

Defendant: Shanghai Shoujuntang Industrial Co., Ltd.

Cause of Action: Dispute over infringement of utility model patent

Case No. at First Instance: (2012) HEZMW (Z) CZ No. 85

Case No. at Second Instance: (2013) HGMS (Z)ZZ No. 48

The involved utility model patent is titled " folding tactile stick" (hereinafter referred to as the involved patent), and the patent No. is ZL200820153676.4, which was applied on September 28, 2008 and authorized on June 10, 2009. On December 30, 2011, Jin Ming, the original right owner of the involved patent, signed a Patent Transfer Contract with the Plaintiff Shanghai Shengji International Trade Co., Ltd. (hereinafter referred to as Shengji Company), to transfer the involved patent he owned to the Plaintiff. On January 4, 2012, Jin Ming and the Plaintiff signed a supplemental agreement of the above mentioned Patent Transfer Contract, specifying that " from the signing date of the transfer contract, in the event that any claim concerning the above mentioned patent due to the infringement upon the above mentioned patent by any third party before or after the effective date of the patent transfer should be made in the manner of lodging a lawsuit, applying for administrative intervention or any other manner, the relevant rights should be exercised by Party B (the Plaintiff in this case), including but not limited to lodge a lawsuit, obtain the compensation, etc. in the name of Party B. According to the copy of the patent register book, on February 2, 2012, the right owner of the involved patent was formally changed from Jin Ming to the Plaintiff Shengji Company.

On July 9, 2012, the Defendant Fang Junxia applied to the Patent Re-examination Board of State Intellectual Property Office of the People's Republic of China (hereinafter referred to as the Patent Re-examination Board) for the announcement of invalidation of the involved patent. On December 10, 2012, the Patent Re-examination Board made the No. 19638 Review Decision against Request for Announcement of Invalidation, declaring that the claims 1, 2, 5 - 9 of the involved patent should be void, and the patent should be maintained valid based on the claims 3, 4, 10.

In this case, the patent right scope claimed for protection by the Plaintiff covered claim 4 (quoting claim 1) and claim 10 (quoting claim 1). The technical scheme of claim 1 was that: a kind of folding tactile stick, including the hand shank, the stick body connecting to the hand shank and the ground contacting part connecting to the stick body, which features that the stick body as mentioned is composed of several sections of pluggable tubes and an elastic band; each tube is equipped with a connecting portion at one end, and the outer diameter of the said connecting portion is smaller than the inner diameter of the tube; one end of the elastic band as mentioned is fixed at the top of the stick body, and the other end is fixed at the bottom. The technical scheme of claim 4 had added a technical feature, i. e. "the pluggable part of each tube as mentioned is sleeved by a ring, and when the tubes are connected with each other, the two rings at the pluggable parts shall be butted together", based on the technical scheme of claim 1. The technical scheme of claim 10 had added a technical feature, i.e. "the ground contacting part as mentioned is composed of a sheath and a pulley. The sheath as mentioned shall closely entangle itself with the lower end of the stick body, while the pulley as mentioned shall be entangle with the bottom of the sheath, and shall be able to rotate around with the shaft of the sheath", based on the technical scheme of claim 1.

On January 4, 2012, the Plaintiff applied to Shanghai Oriental Notary Public Office for evidence preservation notarization. Under the site supervision of the notary from Shanghai Oriental Notary Public Office, Jin Ming, the agent entrusted by the Plaintiff, came to a room with words "402" marked at the door on 4 floor, No. 12, Lane 977 Changhua Rd. Shanghai in the evening on January 4, 2012, purchased three "tactile sticks" and received an invoice, a confirmation letter (the back was receipt) and a business card on the spot. Thereafter, Jin Ming packed and sealed the above mentioned articles, which was then fixed with a seal of Shanghai Oriental Notary Public Office by the notary of such office. In addition, Jin Ming also took 16 photos of the purchasing place, the articles purchased, etc. To this end, the notary public office also issued the Notarial Certificate (2012) HDZJZ No. 47 as the evidence. The products purchased under the above mentioned notarization included: one four-section straight head tactile stick, one seven-section straight head tactile stick and one four-section roller head tactile stick, wherein the seven-section straight head tactile stick was labeled with a tag, and the content of the tag was "心迹(xinji) Nantong Xiafei Hardware Factory www.ntlj.com 13862906248".

On March 9, 2012, the Plaintiff applied to Shanghai Oriental Notary Public Office for evidence preservation notarization. Under the site supervision of the notary from Shanghai Oriental Notary Public Office, Jin Ming, the agent entrusted by the Plaintiff, connected to the Internet with a computer at the office, browsed the relevant web pages on the website www.ntlj.com, and printed out twenty-eight pages of web-page printouts. To this end, the notary public office also issued the Notarial Certificate (2012) HDZJZ No. 2328 as the evidence. According to the No. 2328 Notarial Certificate, the organizer of the website mentioned above was Nantong Xiafei Hardware Factory, and the person in charge was Fang Junxia. There were pictures of tactile stick series products on the web pages of such website. In addition, the web pages also contained such information as "Nantong Gangzha Xiafei Hardware Factory, address: No. 44 Zhaxi Road Industrial Park in Nantong, Jiangsu, Telephone: 0513 - 85563760, Mobile phone: 13862906248, Contact person: Fang Junlin".

The Defendant Fang Junxia was an operator of an individual business, and www.ntlj.com was the website she operated. However, she held that she only published the product information, and did not carry out any sales activity in reality.

The Defendant Shanghai Shoujuntang Industrial Co., Ltd. (hereinafter referred to as Shoujuntang Company) said it had actually sold the alleged infringing tactile stick products, and provided such evidence as the web page printouts, a description of the situation, detailed list of its Peony Card account, express waybills, so as to prove that the alleged infringing tactile stick products it sold were purchased from the individual business operated by Fang Junxia, and had legal source.

For the lawsuit, the Plaintiff had paid RMB 168 for purchasing and RMB 2,500 for notarization fees.

The Plaintiff Shengji Company claimed that: the Plaintiff acquired the utility model patent titled "folding tactile stick" (hereinafter referred to the involved patent) after transfer, and found that the tactile stick products produced by the Defendant Fang Junxia and sold by the Defendant Shoujuntang Company had employed the above mentioned involved patented technology, which had infringed the involved patent owned by the Plaintiff. Thus, the Plaintiff lodged a lawsuit to the court, requesting the court to rule that: 1. the two Defendants should immediately cease infringement, and destroy all the infringing products; 2. the Defendant Shoujuntang Company should compensate the Plaintiff for economic losses of RMB 20,000 (the following currencies shall be RMB); 3. the Defendant Fang Junxia should compensate the Plaintiff for economic losses of RMB 500,000; 4. the two Defendants should compensate jointly the Plaintiff for reasonable expenses of RMB 2,668 (included in the above mentioned economic losses).

The Defendant Shoujuntang Company argued that it had ceased the sales, and the tactile stick products it sold were sourced from the other Defendant in this case Fang Junxia. As a retailer, it was not aware that the products it sold were patent infringing products, and it had already provided the legal source. Thus, it should not assume the liability for compensation, and requested the court to dismiss the claims of the Plaintiff.

The Defendant Fang Junxia argued that: 1. the alleged infringing tactile stick products were not manufactured by her; 2. the technical features of the alleged infringing tactile stick products were neither identical nor equivalent to the technical features of the Plaintiff's patent involved in this case. Therefore, she did not infringe the Plaintiff's patent involved in this case, and requested the court to dismiss the claims of the Plaintiff.

[**Trial**]

After the trial, Shanghai No. 2 Intermediate People's Court held that the labels of the alleged infringing tactile sticks had the information related to the individual business operated by the Fang Junxia, and such information corresponded to the relevant information on the website www. ntlj. com operated by Fang Junxia. The express waybills submitted by Shoujuntang Company can also prove that Fang Junxia had supplied the products to Shoujuntang Company by express. Shoujuntang Company also provided such information as the contact person, contact phones and bank account of the individual business operated by Fang Junxia, which also corresponded to the relevant information on the above mentioned website. In addition, Fang Junxia failed to provide any opposing evidence to disprove the above mentioned facts. Therefore, according to all evidence of this case, the alleged infringing tactile stick products were manufactured and sold by Fang Junxia.

With regard to claim 4 (quoting claim 1), firstly, the elastic band of the alleged infringing four-section straight head tactile stick, seven-section straight head tactile stick and four-section roller head tactile stick was running through the hand shank and stick body of the tactile stick, and was fixed at the top end of the hand shank by a plastic buckle. While the description and interpretation of the technical feature "8. one end of the elastic band as mentioned is fixed at the top of the stick body" in claim 4 and the specifications did not expressly exclude the above mentioned fastening mode of the elastic band. So the alleged infringing four-section straight head tactile stick, seven-section straight head tactile stick and four-section roller head tactile stick had the technical feature "8. one end of the elastic band as mentioned is fixed at the top of the stick body". Secondly, the tubes of the alleged infringing four-section straight head tactile stick, seven-section straight head tactile stick and four-section roller head tactile stick were pasted with color films, making the end near the ground visually appear to be in a metallic annular shape and the end far from the ground appear to be in a tapered transition structure. However, butt joints of the tubes had no cyclic structure. Thus, the alleged infringing four-section straight head tactile stick, seven-section straight head tactile stick and four-section roller head tactile stick lacked the technical feature "the pluggable part of each tube is sleeved by a ring, and when the tubes are connected with each other, the two rings at the pluggable parts shall be butted together". Therefore, upon comparison, the alleged infringing four-section straight head tactile stick, seven-section straight head tactile stick and four-section roller head tactile stick did not fall into the protection scope of claim 4 (quoting claim 1) of the Plaintiff's patent involved in this case.

With regard to claim 10 (quoting claim 1), upon comparison, it was found that besides all the technical features of claim 1, the technical scheme of the alleged infringing four-section roller head tactile stick also had the three technical features "10. the ground contacting part as mentioned has a sheath and a pulley; 11. the sheath as mentioned shall closely entangle itself with the lower end of the stick body; 12. the pulley as mentioned shall be entangling with the bottom of the sheath, and shall be able to rotate around with the shaft of the sheath". Thus, the alleged infringing four-section roller head tactile stick shall fall into the protection scope of claim 10 (quoting claim 1) of the Plaintiff's patent involved in this case.

Therefore, the acts of the two Defendants shall constitute infringement, and they should assume the civil liabilities for ceasing infringement, compensating for damages. As a retailer, Shoujuntang Company had submitted the evidence of legal source, so it may not assume the liabilities for compensation. In addition, as destroying the infringing products is not a manner for assuming the civil liability, so the related claim made by the Plaintiff lacked legal basis, and was not supported by the court. Based on the above mentioned grounds, in accordance with Article 15. 1. (1), Article 15. 1. (6) and Article 2 of the Tort Law of the People's Republic of China, Article 11. 1, Article 59. 1, Article 65 and Article 70 of the Patent Law of the People's Republic of China, Article 16. 1 of the Interpretation of the Supreme People's Court on Several Issues concerning the Application of Law in the Trial of Patent Infringement Dispute Cases, Shanghai No. 2 Intermediate People's Court ruled that: (1) the Defendant Shoujuntang Company and the Defendant Fang Junxia should immediately cease the infringement upon the utility model patent (patent No.: ZL200820153676.4) titled "folding tactile stick" owned by the Plaintiff Shengji Company; (2) the Defendant Fang Junxia should compensate the Plaintiff Shengji Company for economic losses of RMB 40,000 within ten days after the effective date of this ruling; (3) the Defendant Fang Junxia should compensate the Plaintiff Shengji Company for reasonable expenses of RMB 2,668 paid by the Plaintiff for stopping the infringement within ten days after the effective date of this ruling; (4) all the other claims made by the Plaintiff Shengji Company should be dismissed. With regard to the court fee of RMB 9,000 for the first instance of this case, Shengji Company should bear RMB 4, 131, and Fang Junxia should bear RMB 4, 869.

However, Fang Junxia refused to accept the rulings as final, and appealed to Shanghai High People's Court, requesting the court to repeal the ruling of the first instance, and directly change the ruling of the first instance or remand this case for retrial. The main reasons for her appeal were: (1) the evidence for the determination made by the court of first instance that Fang Junxia was the manufacturer and seller of the involved products comprehensively based on the evidence concerning the legal source of products submitted by Shoujuntang Company was insufficient. (2) the hand shank and stick body were different parts, as indicated in claim 1, "one end of the elastic band as mentioned is fixed at the top of the stick body", so the upper end of the elastic band cannot go beyond the hand shank. Thus, the interpretation of such technical feature by the court of first instance was wrong, and the conclusion of the technical comparison was wrong.

The Appellee Shengji Company defended that: the findings of facts at the first instance had been fully proved, and the application of laws was correct. There was nothing inappropriate in the finds of facts and the application of relevant laws at the first instance concerning the two reasons for the appeal of Fang Junxia. Thus, the Appellee Shengji Company requested the court of second instance to dismiss the appeal and uphold the ruling of the first instance.

The Defendant of first instance Shoujuntang defended that: it purchased the involved products from Xiafei Hardware Factory in Gangzha District, Nanjing, and was not clear about whether the products purchased constituted infringement.

After the trial, Shanghai High People's Court held that the ruling of the first instance that the products provided by Shoujuntang had legal source was supported by factual and legal bases. The technical feature of the alleged infringing product that "the elastic band was running through the stick body and hand shank, and was fixed at the external part of the hand shank" and the technical feature of the involved patent that "one end of the elastic band as mentioned is fixed at the top of the stick body" did not constitute identical or equivalent features. Thus, the alleged infringing technical scheme did not fall into the protection scope of the patent and thus did not constitute infringement upon the involved patent. The ruling of the first instance that the alleged infringing products had constituted infringement upon patent for falling into the protection scope of the involved patent was wrong, and should be corrected. Based on the above grounds, the court ruled that: (1) the (2012) HEZMW(Z)CZ

No. 85 Civil Judgment made by Shanghai No. 2 Intermediate People's Court should be overruled; (2) the claims made by Shanghai Shengji International Trade Co., Ltd. should not be supported.

[Comments and Analysis]

The dispute between both parties concerned was mainly whether the alleged infringing products had the technical feature that "one end of the elastic band as mentioned is fixed at the top of the stick body" as specified in the claim of the involved patent.

In accordance with the Patent Law of the People's Republic of China, when determining whether the alleged infringing technical scheme shall fall into the protection scope of a patent right, the people's court should try all the technical features specified in the claims as claimed by the right owner. Where the alleged infringing technical solution includes the technical features identical or equivalent to all the technical features defined in a claim, the People's Court shall determine that it falls into the protection scope of the patent right. Where, compared with all the technical features of a claim, the alleged infringing technical solution lacks more than one technical feature defined in the claim, or more than one technical feature is neither identical nor equivalent, the People's Court shall determine that it does not fall into the protection scope of the patent right.

In this case, with regard to whether the alleged infringing products fell into the protection scope of claims 4 and 10 quoting claim 1, the alleged infringing products should be compared one by one with all technical features of the claims mentioned above. If the alleged infringing products lacked more than one technical feature of claims 4 and 10 quoting claim 1, or had more than one technical feature that was neither identical nor equivalent, the alleged infringement would not be established. Upon comparison, both parties concerned had no objection against other technical features, the only dispute was whether the alleged infringing products had the technical feature that "one end of the elastic band as mentioned is fixed at the top of the stick body".

The Patent Law of the People's Republic of China provides that the protection scope of utility model patent shall be subject to its claim, and that the specifications and attached figures can be used to interpret the content of the claim. Therefore, with regard to the interpretation of the words "one end of the elastic band as mentioned is fixed at the top of the stick body" as specified in claim 1 of the involved patent, we should understand by combining with the specifications and the descriptions of the attached figures of the involved patent. As indicated in the specifications and attached figures of the patent, "the hand shank is made of silicone rubber materials, and there is a cavity at the top; while the stick body is composed of several sections of pluggable tubes and an elastic band", so the hand shank and stick body were two parts of the involved patent. According to the descriptions of claim 1, "one end of the elastic band as mentioned is fixed at the top of the stick body", so the fixed position of the elastic band should be on the stick body rather than the hand shank. In this case, the elastic band of the alleged infringing products was running through the stick body and hand shank, and was fixed at the external part of the hand shank, so the fixing manner of the elastic band of the alleged infringing products was not identical to the technical feature of the involved patent that "one end of the elastic band as mentioned is fixed at the top of the stick body". Therefore, at this moment, it must consider whether the technical features of the two shall constitute equivalent features.

According to the Several Provisions of the Supreme People's Court on Issues Concerning Applicable Laws to the Trial of Patent Controversies, an equivalent feature refers to one that adopts the basically identical manners to realize the basically identical function and achieve the basically identical effect, compared with the technical features defined, and that the ordinary technical personnel in the field can think of without any creative effort when the alleged infringing act occurs. In this case, comparing the technical feature of the alleged infringing products that "the elastic band was running through the stick body and hand shank, and was fixed at the external part of the hand shank" with the technical feature in the technical scheme of the involved patent that "fixed at the top of the stick body", it can be found that the former adopted the adjustable fixing manner, while the latter adopted the unadjustable fixing manner. Thus, two technical manners were not basically identical. To say the latest, even though the two adopted manners are basically identical technical manners, the functions they realized and the use effects they achieved shall not basically identical. Firstly, the elastic band of the alleged infringing products was running through the whole stick body, so that the user will adjust at his/her own body according to personal preference for the tightness of the elastic band when folding the tactile stick; Secondly, under the circumstance when part of the elastic band loses elasticity, the user can correct the tightness of the elastic band by tightening and fixing the elastic band, so as to guarantee the regular use of the product. While the corresponding technical feature of the involved patent did not feature the above mentioned functions and use effects. Meanwhile, in the documents of the involved patent, there was no technical implication that can make the ordinary technical personnel in the field think of such fixing manner adopted by the alleged infringing products to the elastic band. And there was no evidence in this case proving that the above mentioned technical personnel can think of the improvement to such fixing manner without any creative effort. Therefore, the two manners shall not be classified as the equivalent features that adopt the basically identical manners to realize the basically identical functions and achieve the basically identical effects, and that the ordinary technical personnel in the field can think of without any creative effort. In summary, as the alleged infringing products lacked the technical feature of the involved patent that "one end of the elastic band as mentioned is fixed at the top of the stick body", so they should not be held to have constituted infringement upon the involved patent.

(Written by: Wang Jing)

Judicial Liabilities of the Party Concerned for Counterfeiting Key Evidence in a Case

—Muen Industrial Co. , Ltd. v. Cangnan Xinbang Organic Glass Products Co. , Ltd. et al. Dispute over Infringement upon Design Patent

[Summary]

Cracking down the infringement and counterfeiting is one of the important functions of IP judicial adjudication. In this case, the Appellee not only committed infringement upon the design patent of the right owner, but also counterfeited the key evidence during the lawsuit, which had seriously impacted the trial and IP judicial protection works of the people's court. The above mentioned acts featured odious nature and were rarely seen in the trial practices. In this regard, the court of second instance took the initiative, conducted the spot investigation on the strength of its power and found the facts of the case. What's more, the court fined the same party concerned and its legal representative of the two associated cases respectively RMB 200, 000 and RMB 100, 000, based on the amended rulings and the principle of increasing damages, which shall be the highest amount among such kind of judicial penalties imposed by Shanghai people's court, and had a positive demonstration significance for seriously cracking down such kind of illegal acts.

[Facts]

Plaintiff (Appellant): Muen Industrial Co. , Ltd.
Defendant (Appellee): Cangnan Xinbang Organic Glass Products Co. , Ltd.
Defendant (Appellee): Shanghai Xinbang International Trade Co. , Ltd.
Cause of action: Dispute over infringement of design patent
Case No. at First Instance: (2013) HYZMW(Z)CZ No. 129, 130
Case No. at Second Instance: (2014) HGMS(Z)ZZ No. 67, 68

Muen Industrial Co., Ltd. (hereinafter referred to as Muen) is the patentee of the two involved design patents respectively titled "body wash bottle" and "toilet brush suite". Muen held that Shanghai Xinbang International Trade Co., Ltd. (hereinafter referred to as Shanghai Xinbang) sold without permission the products counterfeiting the above mentioned design patents, Cangnan Xinbang Organic Glass Products Co., Ltd. (hereinafter referred to as Cangnan Xinbang) manufactured, offered for sale and sold without permission the products counterfeiting the above mentioned design patents. Thus, it lodged a lawsuit and claimed that the two Defendants should cease infringement, jointly compensate for economic losses and reasonable expenses of RMB 223,500, and eliminate the effects, etc.

In the first instance, Cangnan Xinbang submitted the "7th China International Consumer Goods Fair Catalog" in 2008 to the court, and page 34 of the fair catalog published the advertising images of the relevant body wash bottles and toilet brush products of Cangnan Xinbang, so as to prove that the designs of the alleged infringing products in the two cases were existing designs.

[**Trial**]

After the trial, Shanghai No. 1 Intermediate People's Court finally determined that the defense of the Defendant on existing designs should be supported according to the fair catalog, and based on that ground, the court dismissed all the claims made by Muen.

In the second instance, Muen also submitted the "7th China International Consumer Goods Fair Catalog" purchased from the outsider Ningbo Xinrui International Exhibition Co., Ltd., and the page 34 of such fair catalog published the advertising images of relevant products of the outsider "Go leader Industries (Zhejiang) Co., Ltd.", which were completely different from the relevant contents of the fair catalog submitted by Cangnan Xinbang.

In this regard, Shanghai High People's Court conducted the spot investigation based on its power, obtained a copy (with the seal of the office) of the cover and page 34 of the "7th China International Consumer Goods Fair Catalog" from the outsider the organizing committee office of China International Consumer Goods Fair, and purchased a "7th China International Consumer Goods Fair Catalog" from Ningbo Xinrui International Exhibition Co., Ltd., the design unit of the whole "7th China International Consumer Goods Fair Catalog" as the evidence collected by the court based on its power. The above mentioned evidence indicated that the contents in page

34 of the "7th China International Consumer Goods Fair Catalog" were completely identical to those in page 34 of the fair catalog submitted by Muen.

After the trial, Shanghai High People's Court held that the contents in the advertising page, i. e. page 34 of the "7th China International Consumer Goods Fair Catalog" submitted by the Appellee Cangnan Xinbang in the first instance were the key evidence for the court of first instance to determine that the involved designs implemented by Cangnan Xinbang were existing designs. Considering that in the second instance, according to the evidence submitted by the Appellant and the investigation and verification of the court based on its power, the contents in the advertising page, i. e. page 34 of the evidence submitted by the Appellee Cangnan Xinbang were counterfeited. Thus, the defense on existing designs made by the Appellee in the first instance lacked corresponding evidence and factual basis, and the determination concerning such fact made by the court of first instance was wrong, so the court of second instance hereby corrected according to the law. Considering that the alleged infringing products and the involved patented designs were basically identical in overall shape and constitutive elements, they should constitute identical designs, i. e. the alleged infringing products shall fall into the protection scope of the involved patent. Thus, the corresponding acts of the two Appellees constituted infringement upon the involved designs of the Appellant.

Based on the above mentioned grounds, in accordance with Article 134. 1. (1) and Article 134. 1. (7) of the General Principles of the Civil Law of the People's Republic of China, Article 11. 2, Article 59. 2 and Article 65 of the Patent Law of the People's Republic of China, Article 64. 2, Article 144, Article 170. 1. (3) and Article 174 of the Civil Procedure Law of the People's Republic of China, Article 73. (3) of the Opinions of the Supreme People's Court on Several Issues Concerning the Application of the Civil Procedure Law of the People's Republic of China, Article 8 of the Interpretation of the Supreme People's Court on Several Issues concerning the Application of Law in the Trial of Patent Infringement Dispute Cases, Article 22 of the Several Provisions of the Supreme People's Court on Issues Concerning Applicable Laws to the Trial of Patent Controversies, Shanghai High People's Court ruled that: (1) the (2013) HYZMW (Z) CZ No. 129 and No. 130 Civil Judgments made by Shanghai No. 1 Intermediate People's Court should be repealed; (2) Shanghai Xinbang and Cangnan Xinbang should immediately cease the infringement upon the two involved design patents of Muen; (3) Cangnan Xinbang should compensate Muen for economic losses of RMB 157, 000 in total within ten days after the effective date of the rulings of the two cases, Shanghai Xinbang should assume the joint compensation liability for the above mentioned amount within RMB 3,000 in total; (4) Cangnan Xinbang should compensate Muen for reasonable expenses of RMB 46,000 in total paid for stopping the infringement within ten days after the effective date of the rulings of the two cases, Shanghai Xinbang should assume the joint compensation liability for the above mentioned amount; (5) all the other claims made by Muen should not be supported.

During the ruling of the cases, Shanghai High People's Court held that according to the investigation of the court based on its power, the key evidence, i. e. page 34 of the "7th China International Consumer Goods Fair Catalog" submitted by Cangnan Xinbang in the first instance was counterfeited; Wu Shaowu, the legal representative of the company, shall have an obligation to cooperate with the court in investigating and verifying the specific perjury act, but he had always been refusing to cooperate during the investigation and verification of the court. The acts of the company and its legal representative had impeded the trial of the people's court, and featured odious nature and serious circumstance. Therefore, in accordance with Article 111.1.(1), Article 111.2, Article 115.1 and Article 116.3 of the Civil Procedure Law of the People's Republic of China, the court decided that: (1) Cangnan Xinbang should be fined RMB 200,000 in total for the two cases; (2) Wu Shaowu, the legal representative of Cangnan Company, should be fined RMB 100,000 in total for the two cases.

[Comments and Analysis]

This case was an ordinary dispute over infringement upon design patent, but its judicial guidance significance was highlighted due to the act of counterfeiting the key evidence committed by the Appellee Cangnan Xinbang.

In this case, according to the spot investigation conducted by the court, the development cost of the involved counterfeited evidence was extremely low, the development method was simply, and the development time was not so long. In the presence of the lure of huge economic benefits and the low evidence counterfeiting costs, how the people's court to strictly guarantee the evidence verification process becomes particularly important for the cases involving documentary evidence, especially the evidence of printing materials. Especially under the circumstance when the other party concerned raises an objection against the existence of such evidence, the court should strictly adhere to the principle of "a verdict can't base on isolated evidence", request the party submitting the relevant evidence to reinforce the contents to be proved, and conduct the investigation and verification based on its power when the party concerned refuses to reinforce or when the court deems it necessary, so as to avoid the occurrence of such situation to a maximum extend.

In addition, considering that such act of evidence counterfeiting features odious nature, and is a serious contempt of the judicial trial works, which should not be allowed during the construction of legal China. Especially that the legal representative of the company consistently refused to cooperate and took up a rude and unreasonable attitude. Therefore, the court of second instance decided to take proper legal action against the company and its legal representative, which not only punished such kind of evidence counterfeiting act, cracked down the arrogance of the party concerned for contempt of law and judiciary, but also had a positive demonstration effect on cases of the same kind.

(Written by: Tao Ye)

The "General Consumer" Who Determines the Similar Design Shall Be the Purchaser of the Alleged Infringing Product

—HOYACANDEO Co., Ltd. v. Shanghai Aibiete Electronic Technology Co., Ltd., ARK TECH Co., Ltd. Dispute over Infringement upon Design Patent

[**Summary**]

The "general consumer" determining whether a design is identical or similar should be the purchasers of the alleged infringing product, and the purchaser should know very well the prior design in the field. When determining whether the designs are identical or similar, the people's court should judge comprehensively according to the design features of the authorized design and the alleged infringing design, and the overall visual effects of the designs; compared with the other design features of the authorized design, the design features of the authorized design which make it different from the existing designs would have much more influence on the overall visual effect of the product.

[**Facts**]

Plaintiff: HOYACANDEO Co., Ltd.

Defendant: Shanghai Aibiete Electronic Technology Co., Ltd.

Defendant: ARK TECH Co., Ltd.

Cause of Action: Dispute over infringement of design patent

Case No. at First Instance: (2012) HYZMW(Z) CZ No. 120

On July 8, 2009, the State Intellectual Property Office of the People's Republic of China authorized the Plaintiff HOYACANDEO Co., Ltd. (hereinafter referred to as HOYACANDEO Company) the design patent titled "electric-discharge lamp". The application date of the patent was January 28, 2008, and the patent No. was ZL200830004776.6. HOYACANDEO Company entrusted the outsider Shanhua High-tech Electronic (Shenzhen) Co., Ltd. (hereinafter referred to as Shanhua Company) to purchase the alleged infringing products. On March 4, 2011, the Defendant Shanghai Aibiete Electronic Technology Co., Ltd. (hereinafter referred to as Aibiete Company) gave a quotation to Shanhua Company. The quotation specified that: the production country of the WD250－A5D UV lamp is Japan, the unit price for no more than 10 lamps shall be RMB 7,500, and for 11 to 50 lamps shall be RMB 7,300. Later, Shanhua Company purchased two WD250－A5D UV lamps from the Defendant Aibiete Company at a unit price of RMB 7,500. The products were sent from Shanghai to Shenzhen, and the Defendant Aibiete Company issued an invoice. The Defendant ARK TECH Co., Ltd. confirmed that it was the manufacturer of the products.

It was also found that: the Plaintiff had paid RMB 15,000 for purchasing the products as mentioned.

The Plaintiff claimed that it was the patentee of the appearance patent titled "electric-discharge lamp" (patent No.: ZL200830004776.6). The design of the WD250－A5D UV lamp manufactured by the Defendant ARK TECH Co., Ltd. was similar to the Plaintiff's patented design, and thereby fell into the protection scope of the disputed patent. The Defendant ARK TECH Co., Ltd. manufactured and sold without permission the alleged infringing products, and the Defendant Aibiete Company imported, sold and offered for sale without permission the alleged infringing products, both of which constituted patent infringement. As the two Defendants constitute joint infringement, so they should assume the joint compensation liability. Therefore, the Plaintiff requested the court to rule that: (1) the Defendant Aibiete Company should cease the patent infringement of importing, selling and offering for sale the alleged infringing products; (2) the Defendant ARK TECH Co., Ltd. should cease the patent infringement of manufacturing, selling and offering for sale the alleged infringing products; (3) the two Defendants should jointly compensate the Plaintiff for economic losses of RMB 300,000; (4) the two Defendants should jointly compensate the Plaintiff for reasonable expenses of RMB 66,376.20 paid for stopping the infringement.

The Defendant Aibiete Company argued that: (1) the alleged infringing products were neither identical nor similar to the involved patented design, so the act of selling such products would not constitute patent infringement; (2) the Defendant Aibiete

Company did not implement the importing act, and the alleged infringing products were obtained in Japan from the Defendant ARK TECH Co. , Ltd. in the form of samples, so the Defendant Aibiete Company did not have subjective intention of infringing the Plaintiff's patent, and had already fulfilled its reasonable duty of care. Moreover, the products had legal source. According to the law, even though the Defendant has constituted infringement, it shall not assume the liability for compensation. Therefore, the Defendant Aibiete Company requested the court to dismiss the claims made by the Plaintiff.

The Defendant ARK TECH Co. , Ltd. argued that: (1) the alleged infringing products were neither identical nor similar to the involved patented design, so the products did not fall into the protection scope of the Plaintiff's patent; (2) the alleged infringing products adopted the existing design, thus did not constitute infringement upon the Plaintiff's design patent; (3) the alleged infringing products were manufactured by the Defendant ARK TECH Co. , Ltd. in Japan with its own patented technology, and the Defendant ARK TECH Co. , Ltd. had never committed the acts of manufacturing, selling and offering for sale the alleged infringing products in China. Thus, even though the products fell into the protection scope of the Plaintiff's patent, the Defendant ARK TECH Co. , Ltd. did neither commit any patent infringement. Therefore, the Defendant ARK TECH Co. , Ltd. requested the court to dismiss all the claims made by the Plaintiff.

According to the comparison: the same points between the alleged infringing products and the involved patent were that: both were composed of lamp bases, lamp tube, electrodes, etc. , wherein the two ends of the lamp tube were cylinders, the middle of the lamp tube was in bubble shape bulging outwards, and there was a rounded projection on the bubble shaped lamp tube, and an arc discharger in the lamp tube. The main differences of the two were that: (1) the lamp bases were different, specifically: the lamp bases of the involved patent were cylinders with the opposing sides being cut off partially, the heads of the lamp bases had a round gasket with a nut in its center; the lamp bases of the alleged infringing products were cylinders with the both sides near the lamp tube being cut off partially, the middle part was in abnormal shape formed by symmetric S-shape curves and arcs, the heads of the lamp bases had a elliptic gasket with a nut in its center and two smaller nuts on both sides; (2) the electrodes were different, the wires of the electrodes of the alleged infringing products were obviously longer than the corresponding part of the involved patented design. According to the comparison, the lamp bases and electrodes of the existing design as claimed by the Defendant were obviously different from those of the involved design.

[**Trial**]

After the trial, Shanghai No. 1 Intermediate People's Court held that the first issue of the dispute of this case was to determine whether the alleged infringing products shall fall into the protection scope of the involved design patent. In accordance with the relevant provisions of the Patent Law of the People's Republic of China and its judicial interpretation, the protection scope of design patent should be subject to the product adopting such design patent expressed in the picture or photograph. If the design identical or similar to the authorized design is adopted on a type of product identical or similar to the product adopting the design patent, the people's court should determine that the alleged infringing design falls into the protection scope of the design patent right as provided in Article 59. 2 of the Patent Law. The dispute of this case mainly focused on comparing the alleged infringing products with the disputed patented design, whether the differences between the lamp bases and electrodes of the two were sufficient to cause significant influence on the products as a whole.

Firstly, according to the provisions of the judicial interpretation of the Patent Law, the people's court should determine whether the designs are identical or similar based on the knowledge level and cognitive competence of the general consumers of the products adopting the design patent. The general consumers of the involved products shall always be the purchasers and the actual users of the products. However, with regard to this case, as the involved electric-discharged lamp products were relatively specialized products, the purchasers and actual users and the general consumers may not be the same group, so the determination standards they established respectively shall be different. Therefore, the interpretation of "general consumers" in this case shall be of great significance in determining whether the two constituted similar designs. With regard to specialized product, any change to the design of the product would have relatively significant influence on the product selection of the product purchasers, and only the influence on the product selection of the product purchasers can result in damage consequence to the market shares of the infringed patented product. Therefore, in this case, the "general consumers" as provided in the judicial interpretation should be interpreted as the purchasers of the electric-discharged lamp products, and their knowledge level and cognitive competence should be taken as the standards for determining whether the two constituted similar designs. The purchasers of the electric-discharged lamp products should have a common sense to the prior design of the electric-discharged lamp products, and compared with the designs of other parts, the differences in the designs of the lamp bases and electrodes between the alleged infringing products and the involved patent should be easily noticed by the purchasers.

Secondly, according to the relevant provisions of the judicial interpretation, when determining whether the designs are identical or similar, the people's court should judge comprehensively according to the design features of the authorized design and the alleged infringing design, and the overall visual effects of the designs; compared with the other design features of the authorized design, the design features of the authorized design which make it different from the existing designs would have much more influence on the overall visual effect of the product. For the general consumers of light source products, the differences in lamp base and electrodes shall have significant influence on the overall visual effect. Moreover, the search report provided by the Defendant can prove that the differences between the involved design and the prior design were also in the lamp bases and electrodes. Therefore, the court held that the differences in the lamp bases and electrodes between the alleged infringing products and the involved patented design were sufficient to cause influence on the overall visual effects of the two, and thereby make the two have substantial difference in overall visual effect.

In conclusion, the alleged infringing products and the involved patent shall not constitute similar designs in the sense of patent infringement. Based on the above mentioned grounds, in accordance with Article 11.2 of the Patent Law of the People's Republic of China, the court ruled that: all the claims made by the Plaintiff HOYACANDEO Co., Ltd. should be dismissed.

After the ruling, all parties concerned did not file an appeal.

[Comments and Analysis]

The significance of this case was that: it had defined that the "general consumers" determining whether designs are identical or similar as provided in the judicial interpretation should be the purchasers of the alleged infringing product. According to the provisions of the judicial interpretation of the Patent Law, the people's court should determine whether the designs are identical or similar based on the knowledge level and cognitive competence of the general consumers of the products adopting the design patent. With regard to whether such "general consumers" should be the purchasers or the actual users, there is disagreement not only in the patent infringement and right verification procedure, but also in the judicial practice.

Under normal circumstances, the general consumers of alleged infringing product shall usually the product purchasers and actual users. The two feature certain identity, and would not have any substantial influence on the determination of the similar designs. However, under some special circumstances, the purchasers and actual users of the alleged infringing product are different subjects. Whether the similarity judgment shall be done based on the knowledge level and cognitive competence of the product purchasers or the actual users is an issue always faced in the judicial practice. This case is a relatively typical case of such kind. However, with regard to this case, as the involved electric-discharged lamp products were relatively specialized products, the purchasers and actual users and the general consumers may not be the same group, so the determination standards they established respectively shall be different. Therefore, the interpretation of "general consumers" in this case shall be of great significance in determining whether the two constituted similar designs. As the "electric-discharged lamp" was a relatively specialized product, comparing the alleged infringing products with the disputed patented design, it can be found that both were composed of lamp bases, lamp tube, electrodes, etc. , wherein the two ends of the lamp tube were cylinders, the middle of the lamp tube was in bubble shape bulging outwards, and there was a rounded projection on the bubble shaped lamp tube, and an arc discharger in the lamp tube. The main differences between the two lay in the lamp bases and electrodes, and whether the differences in these two parts were sufficient to cause significant influence on the overall effects of the two shall directly affect the determination of similar designs. The Plaintiff claimed that there was only slight difference in the lamp heads of the alleged infringing products and the involved patented design, and the two constituted similarity in overall visual effect; while the Plaintiff argued that with regard to the involved electric-discharged lamp products, the differences in lamp bases and electrodes would be sufficient to constitute substantive difference in the overall visual effect of the product. The court held that with regard to specialized product, any change to the design of the product would have relatively significant influence on the product selection of the product purchasers, and only the influence on the product selection of the product purchasers can result in damage consequence to the market shares of the infringed patented product. Therefore, in this case, the "general consumers" as provided in the judicial interpretation should be interpreted as the purchasers of the electric-discharged lamp products, and their knowledge level and cognitive competence should be taken as the standards for determining whether the two constituted similar designs. The purchasers of the electric-discharged lamp products should have a common sense to the prior design of the electric-discharged lamp products. Compared with the designs of other parts, the differences in the designs of the lamp bases and electrodes between the alleged infringing products and the involved patent should be easily noticed by the purchasers.

With regard to the investigation of the technical fact concerning the common design of electric-discharged lamp products, the court had taken the following two factors into consideration: (1) the Defendant ARK TECH Co., Ltd. had provided the design patent of the alleged infringing products authorized in Japan, and the application date of such patent was later than the application date of the Plaintiff's disputed design patent. Although it cannot constitute the defense on existing design as provided according to law, because Japan adopts the manner of "first substantive examination, then patent authorization", so under the circumstance that the products of both the Plaintiff and the Defendant successively enjoyed the patent right in Japan, we can consider that there shall be significant differences between the designs of the two products based on such ground; (2) the search report provided by the Defendant can prove that the differences between the involved design and the prior design were in the lamp bases and electrodes. Therefore, the court held that the differences in the lamp bases and electrodes between the alleged infringing products and the involved patent were sufficient to cause significant influence on the overall visual effects of the two. Thus, the two shall not constitute similar designs, and the alleged infringing products shall not fall into the protection scope of the disputed design patent.

(Written by: Sun Qian)

Determination of Service Invention Remuneration

—Qian Ming v. Shanghai Angfeng Mining Technology Co. , Ltd. Dispute over Remuneration of the Inventor of Service Invention-Creation

[**Summary**]

The realization of the remuneration of the service invention-creation should meet the following two conditions: (1) the invention of the relevant service has been implemented; (2) the unit has gained economic benefits from the implementation of service invention. With regard to the above mentioned facts, the service inventor always faces the difficulty in providing evidence. In the trial of such kind of disputes, we can use for reference the values of "inclined protection" towards the workers by the Labor Law, appropriately make it easier for the inventor to preserve the evidence, and apply in appropriate time the rule of obstruction of proof. In case that the unit authorized with the patent can provide relevant products, financial documents and other evidence but refuses to provide, or even transfer, destroy the evidence, the people's court can conclude that the relevant claim made by the inventor shall be supported by combining with the just cause for the claim of the inventor, and the inventor does not need to provide any evidence to prove the fact.

[**Facts**]

Plaintiff: Qian Ming

Defendant: Shanghai Angfeng Mining Technology Co. , Ltd.

Cause of Action: Dispute over remuneration of the inventor of service invention-creation

Case No. at First Instance: (2012) HEZMW(Z)CZ No. 124

Case No. at Second Instance: (2013) HGMS(Z)ZZ No. 88

On March 29, 2005, the Plaintiff and the Defendant signed a Patent Licensing Agreement, and Article 1 of the agreement specified that the patent that the Plaintiff developed during his term of office at the Defendant by utilizing his several years of work experience and theoretical knowledge and combining with the Defendant's product needs and that is applied by the Defendant should be applicable to this agreement after being reviewed and approved. Other patents should be the non-service patents of the Plaintiff. Article 4 specified that during the Plaintiff's term of office, or when the Plaintiff left office but would not separately use the patent, the Defendant shall pay the Plaintiff 1% of the selling price of the products (including the kit, the fittings of the patented part) as the patent licensing fees. The Defendant should settle and pay the patent licensing fees of the previous year deserved by the Plaintiff in January of every year. However, the annual licensing fees of each patent should be at least RMB 10,000, and at most RMB 30,000; Article 6 specified that this agreement should be effective during the valid period of the patent. With regard to the patent void, both parties shall not be subject to this agreement.

On July 15, 2005, the Defendant successively applied to the State Intellectual Property Office of the People's Republic of China (hereinafter referred to as the State IP Office) for the patents respectively titled "dual fluid flow automatic control valve block" (hereinafter referred to patent 1) "dual fluid flow differential cylinder automatic control valve block" (hereinafter referred to as patent 6) "remote controlled reversing electro-hydraulic grab bucket" (hereinafter referred to as patent 8) and "electro-hydraulic grab bucket with solenoid cartridge valve control structure" (hereinafter referred to as patent 10), and obtained the authorization of all the above mentioned patents.

On April 20, 2010, the Defendant signed a Remote Controlled Grab Bucket Reconstruction Agreement with Dongguan JEC Electric Technology Co., Ltd. (hereinafter referred to as Dongguan JEC Company). Dongguan JEC Company accepted the grab bucket reconstructed by the Defendant, and paid the Defendant RMB 50,000 as the additional reconstruction fees.

In the court trial, the Defendant submitted the sales status of AMG, AMGD, AMG-F series hydraulic grab buckets, wherein, the sales amount of the above mentioned three models of hydraulic grab buckets in 2010 were respectively RMB 5,648,000, RMB 1,640,800 and RMB 1,242,500 (from April 13, 2010); the sales amounts in 2011 were respectively RMB 8,781,130, RMB 1,549,800 and RMB 4,132,039; the sales amounts in 2012 were respectively RMB 7,126,000, RMB 280,000 and RMB 2,812,000.

In the court trial, the Defendant said it did not use the patents claimed by the

Plaintiff on the AMG, AMGD, AMG-F series hydraulic grab buckets, but made technical improvement to the relevant patents. In the reconstruction process of the grab buckets of Dongguan JEC Company, the Defendant had tried to use the patent 10 and patent 8, but the reconstruction failed, so the Defendant had neither used the patent 8. In order to prove its claim, the Defendant submitted the automatic control blocks applied to the products of AMG, AMGD and AMG-F models and the hydraulic schematic of AMG model.

The Plaintiff claimed that he had held the post of chief engineer at the Defendant from 2003 to June 2011. On March 29, 2005, the Plaintiff and the Defendant signed the Patent Licensing Agreement. Thereafter, the Plaintiff had developed, applied for and obtained several patents. The products of AMG, AMGD and AMG-F models manufactured by the Defendant had respectively applied for patent 1, patent 6 and patent 10; in the reconstruction process of the grab buckets of Dongguan JEC Electronic Technology C., Ltd. (hereinafter referred to as Dongguan JEC Company), the Defendant had applied for patent 8 and patent 10. In accordance with the Patent Licensing Agreement, the Defendant should pay the Plaintiff corresponding patent remuneration. The Plaintiff had requested the Defendant to pay the patent remuneration for several times, but failed. Thus, the Plaintiff lodged a lawsuit to the court, requesting the court to rule that the Defendant should immediately pay the Plaintiff RMB 250,000 for the patent remuneration from January 2010 to August 2012.

The Defendant argued that: (1) both parties had indeed signed a Patent Licensing Agreement, but they did not actually fulfill the agreement. Although the Defendant had paid some rewards to the Plaintiff, such rewards were neither the patent licensing fees nor the patent remuneration; (2) before 2009, the Defendant had actually used part of the involved patents, but after 2010, it had improved the technologies used, and no long used the involved patents. Thus, the Defendant should not pay the Plaintiff the so-called patent remuneration. Therefore, the Defendant requested the court to dismiss the claims made by the Plaintiff.

[**Trial**]

After the trial, Shanghai No. 2 Intermediate People's Court held that the Plaintiff shall be the inventor of the involved patents, and his legal rights and interests that may get the service invention remuneration according to law should be protected. Upon comparison, the AMG, AMGD and AMG-F hydraulic grab buckets manufactured by the Defendant respectively fell into the protection scope of patent 1, patent 6 and patent 10; Dongguan JEC Company had accepted the grab buckets reconstructed by the Defendant using the patent 8, and paid the Defendant RMB 50,000 as the additional reconstruction fees, so it can be considered that the Defendant had used the patent 8 in the reconstruction project. The Patent Licensing Agreement made by the Plaintiff and the Defendant shall be the real intention of both parties, and had been established and taken effect according to law. Although the Patent Licensing Agreement used the expression of "patent licensing fees", from the contents of the agreement, the "patent licensing fees" as specified in the Patent Licensing Agreement shall be in fact the service invention remuneration as provided in the Patent Law. Therefore, under the circumstance that there was no evidence proving that the Patent Licensing Agreement had been terminated, there was nothing inappropriate that the Plaintiff requested the Defendant to pay him the service invention remuneration according to the Patent Licensing Agreement. Article 4 of the Patent Licensing Agreement specified that during the Plaintiff's term of office, or when the Plaintiff left office but would not separately use the patent, the Defendant shall pay the Plaintiff 1% of the selling price of the products (including the kit, the fittings of the patented part) as the patent licensing fees. The Defendant should settle and pay the patent licensing fees of the previous year deserved by the Plaintiff in January of every year. However, the annual licensing fees of each patent should be at least RMB 10,000, and at most RMB 30,000. In this case, combining with the sales amounts of the products of AMG, AMGD and AMG-F models, and in accordance with Article 16 and Article 42 of the Patent Law of the People's Republic of China (hereinafter referred to as the Patent Law) and Article 76.1 of the Implementing Rules of the Patent Law of the People's Republic of China (hereinafter referred to as the Implementing Rules of the Patent Law), the court ruled that the Defendant should pay the Plaintiff RMB 212,451 for the service invention remuneration from January 2010 to August 2012.

After the first instance, the Defendant refused to accept the ruling as final and appealed to Shanghai High People's Court. After the trial, Shanghai High People's Court held that the findings of facts by the court of first instance had been fully proved and the application of laws was correct. Thus, the court ruled that the appeal should be dismissed and the ruling of the first instance should be affirmed.

[Comments and Analysis]

The right ownership and interest distribution system of the service invention directly affects the enthusiasm of the inventor and the unit of the inventor to conduct the technology innovation, as well as the transformation and application, and the Patent Law and the Implementing Rules of the Patent Law have specific provisions on such issue. But the above mentioned provisions generally focus on the substantive rules, and lack the procedure guarantee for realizing the service invention remuneration. Especially in the aspect of the burden of proof allocation, they don't fully take into account the inequality in status between the inventor and the unit of the inventor, making the inventor always face the difficulty in providing evidence when dispute occurs. In order to ensure the substantive rules related to service invention remuneration can be actually implemented, we shall focus on analyzing the realization dilemma of the service invention remuneration from the perspective of procedure guarantee by combining with the difficulties and problems occurred in the trial of this case, and put forward the corresponding countermeasures and suggestions, hoping to be conducive to the trial of relevant disputes and the improvement of the legislation.

Ⅰ. Basic conditions for realizing the service invention remuneration

In accordance with the Implementing Rules of the Patent Law, the unit authorized with the patent right can reach an agreement with the inventor, designer concerning the service invention-creation rewards and remuneration. In case of any agreement reached, the corresponding rewards and remuneration of the service invention-creation should be determined according to the agreement; in case of none agreement reached, the corresponding rewards and remuneration of the service invention-creation should be determined according to the standards as provided in the Implementing Rules of the Patent Law. Therefore, when determining the service invention remuneration, the agreement between the parties concerned should be given priority, i. e. the "agreement first, statutory provisions assistant" should be implemented. In this case, the parties concerned had signed a Patent Licensing Agreement, which expressly specified the payment terms and amount of the service invention remuneration. But as the inventor, the Plaintiff should still meet the following conditions in order to successfully realize the invention remuneration.

Firstly, the invention of the relevant service has been implemented. The service invention remuneration is different from the service invention reward, the differences of the two are the payment premise and conditions. "At present, the relatively consistent opinion is that: once the inventor has completed a service invention, the unit should give the inventor certain reward; while the service invention remuneration depends on the implementation and application of the service invention."① The implementation of the service invention patent specially includes the unit applies the patent to its own product, permits others to use the service invention patent, transfers with compensation the service invention patent to others, etc. In this case, the dispute between the Plaintiff and the Defendant focused on whether the products manufactured by the Defendant had used the patents claimed by the Plaintiff, which shall be the basic fact that must be investigated in the trial of such kind of cases.

Secondly, the unit has gained economic benefits from the implementation of service invention. After implementing the service invention patent, the unit must have actually gained economic benefits from the implementation of the patent so as to pay the inventor remuneration. Otherwise, the unit shall have no obligation to pay the inventor any remuneration. In accordance with Article 78 of the Implementing Rules of the Patent Law, the economic benefits that the unit gains shall mainly be the operating profits, i. e. in case of no agreement reached, the unit should gain profits from the implementation of the service invention-creation. However, according to the principle of agreement first, if the parties concerned have reached an agreement, the manifestation mode of "economic benefits" should be determined based on the specific agreement between the parties concerned. For example, in this case, the manifestation mode agreed by the Plaintiff and the Defendant was the "product selling price", i. e. once the unit realized the sale of the product, it should pay the inventor remuneration, no matter whether the unit has gained profits from the selling or not.

Ⅱ. Procedure dilemma for realizing the service invention remuneration

Firstly, the weak position of the inventor relative to the unit decides that the inventor can hardly collect relevant evidence directly. In the dispute over service invention remuneration, the inventor is substantively a worker in relatively weak position in the labor relations, the information on whether the service invention patent has been applied to the production, licensed to others or transferred, etc. shall always involve the major business of the enterprise. Even though the inventor is still at his/her post, he/she would be hardly aware of such information, let alone obtain directly

① Zhou Lu, Xiao Bing: Legislation Improvement concerning the Service Invention Reward and Remuneration System—with the Local Patent Regulations as the Object of Study, published in the Transactions of Beijing Institute of Technology (Social Sciences Edition), 2nd edition, 2013, p. 117.

the text of the patent licensing contract or transfer contract. Generally, the unit would not actively let the inventor know such information. What's more, considering their labor relations, many inventors claim their service invention remuneration by resorting to litigation and other means after leaving office, so it is more difficult for them to access to or be aware of the information on whether their service invention patents have been implemented or not. In this case, the Plaintiff only provided some photographs of the products in the litigation, while it was difficult to determine whether the Defendant had applied for patents as claimed by the Plaintiff just with the photographs. It was precisely the corresponding products submitted by the Defendant attempting to prove that it did not use the relevant patents that led to the investigation.

Secondly, the high costs of right safeguarding prevented the inventor from obtaining relevant evidence. Under the circumstance that the service invention patent has been applied to production, in order to successfully get the service invention remuneration, the inventor shall generally purchase relevant product to make comparison between the product and the claims of the patent. If the price of the relevant product is excessively high, frequently hundreds of thousands, even millions, the inventor shall be unable to bear as an ordinary technology worker. While if there is no real product, it would be unable to prove whether the relevant product has applied the service invention patent as claimed by the inventor. If the technology is relatively complex, judicial expertise report may be required, which the inventor who bears the burden of proof should pay in advance the relevant appraisal cost. Under the current circumstance, the appraisal cost would also cause some burden to the inventor.

Thirdly, the relatively high threshold of evidence preservation has set up legal obstacles for the inventor to obtain relevant evidence. Someone may suggest, although the inventor cannot directly obtain the relevant evidence, he/she can preserve the relevant product and financial documents by resorting to the property preservation before litigation or the property preservation during litigation as provided in the Civil Procedure Law of the People's Republic of China (hereinafter referred to as the Civil Procedure Law). However, in order to prevent mistake preservation, the threshold for the application of evidence preservation in practices is always high. Besides the corresponding guarantee, the inventor is always required to provide preliminary evidence to prove that the relevant product may have applied the service invention patent as claimed. Because complicated technology comparison is always required to judge whether the patent has been applied, the inventor can hardly provide the preliminary evidence. While with regard to the preservation of financial documents, it involves the calculation of the service invention remuneration, the premise should be that application for service invention patent has been made for the relevant product.

Under the circumstance that such premise cannot be met, the court would hardly approve for the preservation application of the inventor.

Ⅲ. Reasonable countermeasures in current judicial practice

In our opinion, from the current judicial practice, we can develop the rules from two aspects, i. e. lower the evidence preservation threshold and apply in appropriate time the rule of obstruction of proof, so as to minimize the obstacles for the inventor to realize the service invention remuneration.

1. Lower the evidence preservation threshold. Considering the insufficiencies of the inventor in economic strength, ability to collect evidence, and other aspects, the judicial practice should lower as far as possible the threshold for the inventor to collect evidence by resorting to the evidence preservation means. On one hand, lower the requirement that the application for evidence preservation should submit preliminary evidence. In many cases, the inventor seems unable to collect the basic evidence. We hold that if the inventor can prove that she/he is the inventor of the relevant service invention patent, while the unit is in normal production and operation, even though the inventor cannot provide the evidence proving that a specific product may have actually applied for patent, the people's court can also approve the inventor's application for evidence preservation proposed against the product or the financial documents of the unit. On the other hand, low the amount of the guarantee. In accordance with the relevant provisions of the Civil Procedure Law, when the party applies for evidence preservation, the people's court can require it to provide a bond as appropriate. Therefore, considering the actual situation of the inventor, the people's court can lower as appropriate the amount of the guarantee, or adopt a flexible guarantee manner. For the circumstance that the inventor actually has economic difficulty and the existing evidence indicates that the unit should indeed pay the inventor the service invention remuneration, the inventor shall not be required to provide guarantee.

2. Apply in appropriate time the rule of obstruction of proof. The obstruction of proof means that the party not bearing the burden of proof obstructs the party bearing the burden of proof from providing evidence to support the fact that the party bearing

the burden of proof claims by active or passive means. [1] In accordance with Article 75 of the Some Provisions of the Supreme People's Court on Evidence in Civil Procedures, if there is any evidence proving that a party hold the evidence but refused to provide such evidence without any just cause, while the other party claims that the contents of such evidence would not be good for the party holding the evidence, it can be concluded that the claim should be supported. Therefore, the one committing the obstruction of proof should assume the corresponding adverse consequence. In the dispute over service invention remuneration, if the people's court upon the application of the inventor conducts the evidence preservation or requires the unit authorized the patent to provide relevant product, financial documents and other evidence for investigating the facts, the relevant unit can provide but refused to provide, or even transfer, destroy the evidence, the people's court can conclude that the relevant claim made by the inventor shall be supported by combining with the just cause for the claim of the inventor, and the inventor does not need to provide any evidence to prove the fact.

(Written by: Ling Zongliang)

① Zhang Weiping: Discussion on Proving Obstruction and Countermeasures, included in the Forum of Science of Evidence Law (Volume 7), chief editor: He Jiahong, published by China Procuratorate Press in 2004, p. 157.

IV.

Cases of Civil Disputes over Unfair Competition

Judicial Evaluation on Behavior of Restricting the Minimum Resale Price

—Beijing Ruibang Yonghe Technology and Trade Co. , Ltd. v. Johnson & Johnson (Shanghai) Medical Company, Johnson & Johnson (China) Medical Company Dispute over Vertical Monopoly Agreement

[**Summary**]

The agreements, decisions or other collaborativeacts on restricting the minimum resale price can be determined as constituting monopoly agreement only when having the effect of excluding, restricting competition; the plaintiff of the dispute over vertical monopoly agreement shall assume the burden of proof for the fact that the vertical agreement has an effect of excluding, restricting competition; the analysis and evaluation on the economic effects of the act of restricting the minimum resale price can be conducted comprehensively from four aspects, i. e. whether the competition in relevant market is sufficient, whether the committing enterprise has a strong market position in the relevant market, whether the committing enterprise has the motive for restricting competition, the actual effect of the act of restricting the minimum resale price; in case that the agreement on restriction of the minimum resale price constitutes a monopoly agreement, the distributor can claim for compensation of the profit losses resulted from the monopoly agreement, but the compensation should be limited to the profit losses calculated based on the normal market price.

[**Facts**]

Plaintiff (Appellant): Beijing Ruibang Yonghe Technology and Trade Co., Ltd. (hereinafter referred to as Ruibang)

Defendant (Appellee): Johnson & Johnson (Shanghai) Medical Company (hereinafter referred to as Johnson & Johnson Shanghai)

Defendant (Appellee): Johnson & Johnson (China) Medical Company (hereinafter referred to as Johnson & Johnson China)

Cause of Action: Dispute over vertical monopoly agreement

Case No. at First Instance: (2010) HYZMW (Z) CZ No. 169

Case No. at Second Instance: (2012) HGMS (Z) ZZ No. 63

The Plaintiff was the distributor of the two Defendants' anastomat and suture products in the region of Beijing. The both parties cooperated with each other for up to 15 years, with the distribution contract being signed for each year and valid for one year. On January 2, 2008, the three companies signed the Distribution Contract for 2008 (hereinafter referred to as the Distribution Contract), stating that the Plaintiff shall sell the suture product within the relevant region as designated by the two Defendants, and the contract term shall be from January 1, 2008 to December 31, 2008. Article 2 of the Appendix V of the Contract specified that the Plaintiff should not sell the product at a price lower than the product price as provided by the two Defendants. On July 1, 2008, Johnson & Johnson Shanghai deprived the Plaintiff of its right to market in Fu Wai Hospital for Cardiovascular Diseases, Beijing Plastic Surgery Hospital of China Academy of Medical Sciences (hereinafter referred to as Fu Wai Hospital, Plastic Surgery Hospital) based on the ground that the Plaintiff lowered the sale price without permission in the bidding of the People's Hospital in March, 2008. The Plaintiff Ruibang claimed that it was punished by the two Defendants for violating the article on restriction of the resale price in the Distribution Contract. The two Defendants deprived it of the distribution right in partial hospitals, then completely ceased delivery, making the Plaintiff suffer heavy economic losses. The two Defendants' acts of stipulating the article of restricting the resale price in the Distribution Contract, punishing Ruibang based on such article, and finally terminating the Distribution Contract shall constitute an unlawful act of "restricting the minimum price for reselling a commodity to a third party" as listed in Article 14. 1. (2) of the Anti-Monopoly Law of the People's Republic of China (hereinafter referred to as the Anti-Monopoly Law), so the Plaintiff lodged a lawsuit to Shanghai No. 1 Intermediate People's Court in August 2010, requesting the court to rule that the two Defendants should compensate Ruibang for economic losses of RMB 1, 439. 93 resulted from the above mentioned unlawful act, and bore all the costs of court.

The two Defendants argued that the act of signing the Distribution Contract involved in this case and the alleged monopolistic act took place before the implementation of the Anti-Monopoly Law, so this case should not apply the Anti-

Monopoly Law; the alleged monopoly agreement were jointly signed and implemented by both parties, and as the direct participant and implementer of the alleged monopolistic act, Ruibang shall not be entitled to lodge the lawsuit; from the nature, the economic losses as claimed by Ruibang were losses under the contractual dispute, and had nothing to do with monopolistic dispute. Thus, the two Defendants requested the court to dismiss all the claims made by Ruibang.

[**Trial**]

Firstly, after first instance, Shanghai No. 1 Intermediate People's Court held that Firstly, in accordance with Article 13. 2 of the Anti-Monopoly Law, the monopoly agreement as stipulated in the Anti-Monopoly Law shall refer to the agreements, decisions or other collaborative acts excluding, restricting the competition. Thus, the determination on whether the acts as stipulated in Article 14 of the Anti-Monopoly Law constitute a monopoly agreement should not be just based on whether an agreement on fixing or restricting the resale price has been reached between the operator and the trading party. It is also required to further investigate whether such agreement has the effect of excluding, restricting the competition. The evidence submitted by the Plaintiff in this case was only a brief introduction made by the Defendant Johnson & Johnson Shanghai on the Internet to its suture product, which can neither reflect exactly the shares of the involved product in the relevant market, nor indicate the situations of relevant market, such as the competition level, product supply and price change. Instead, the evidence submitted by the Defendants indicated that there were several suppliers of similar products. Thus, the factual basis for determining that the Defendants had committed monopolistic acts was insufficient. Secondly, the damages resulted from the monopolistic act should mainly be the damages caused by excluding, restricting the competition, and the damages as claimed by the Plaintiff in this case should be treated as the damages to be claimed in the dispute over credit sales contract, which had no direct relation with the price restriction article. Based on the above grounds, and in accordance with Article 2 of the Some Provisions of the Supreme People's Court on Evidence in Civil Procedures, Article 50 of the Anti-Monopoly Law, Shanghai No. 1 Intermediate People's Court ruled on May 18, 2012 that all the claims made by the Plaintiff should be dismissed.

Ruibang refused to accept the ruling of the first instance as final, and appealed to Shanghai High People's Court, claiming that: (1) The horizontal monopoly agreement and vertical monopoly agreement as respectively stipulated in Article 13, Article 14 of the Anti-Monopoly Law were expressly prohibited by law for the intentions of such acts are illegal, so once signed, such agreements shall constitute a monopoly agreement, and it is not necessary to determine whether it shall constitute a monopoly agreement based on whether it has the effect of excluding, restricting competition. (2) The purpose for the Appellees to restrict the minimum resale price was to directly restrict the competition, so it should constitute a monopoly agreement. (3) In accordance with Article 7 of the Regulations of the Supreme People's Court on Several Issues Concerning the Application of Laws in Trial of Civil Disputes Over Monopolistic Behaviors (hereinafter referred to as the Regulations of the Supreme People's Court on Trial of Disputes Over Monopoly), the maker of an alleged horizontal monopoly agreement should assume the burden of proof for the fact that such agreement does not have the effect of excluding, restricting competition. So as the makers of the vertical agreement involved in this case, the Appellees should assume the burden of proof for the fact that the involved agreement did not have the effect of excluding, restricting competition. (4) The purpose for the Appellees to restrict the resale price was neither to promote any new product, nor to improve the product technology, so it did not have the effect of promoting competition. Instead, the act of the Appellees had distorted the market competition mechanism, and it had not only restricted the intra-brand competition, but also restricted the inter-brand competition, making the suture price of Johnson & Johnson in the area of Beijing be maintained at a high level, and seriously impairing the interests of the consumers. (5) The losses as claimed by the Appellant were resulted from the resale price restriction committed illegally by the Appellees, and shall be treated as the losses as provided in the Anti-Monopoly Law, so the Appellees should compensate for such losses. Therefore, the Appellant requested the court of second instance to repeal the ruling of the first instance, and ruled that the claims made by the Appellant in the first instance should be supported.

The Appellees argued that: (1) In accordance with Article 7 of the Regulations of the Supreme People's Court on Trial of Disputes Over Monopoly, the determination of horizontal monopoly agreement must meet the requirement of having the effect of excluding, restricting competition. Compared with horizontal agreement, the influence of vertical agreement on the market competition is much less, so when determining that the agreement on restriction of the minimum resale price constitutes a monopoly agreement, the premise should be that such agreement has the effect of excluding, restricting competition. (2) Because there is no specific provision in the laws and judicial interpretations, the involved agreement on restriction of the minimum resale price shall not apply to the reversion of burden of proof, and it shall still be the Appellant who must assume the burden of proving that the involved agreement had the effect of excluding, restricting competition. (3) The Appellant failed to provide any evidence proving that the involved agreement on restriction of the minimum resale price had the effect of excluding, restricting competition. (4) The competition of the involved product, i. e. the medical suture product, in the Chinese mainland market is sufficient. So the involved agreement did not have the effect of excluding, restricting competition. Instead, it can promote the competition between the distributors of Johnson & Johnson brand in such aspects as product promotion, after-sale service, brand maintaining, integrity and compliance. (5) The Anti-Monopoly Law has been implementing since August 1, 2008. The involved Distribution Contract was signed in January 2008, and the Appellees deprived the Appellant of its distribution right at the above mentioned two hospitals in July 2008. After August 1, 2008, the Appellees did not commit the monopolistic acts as claimed by the Appellant. So this case shall not apply the Anti-Monopoly Law. (6) The losses as claimed by the Appellant in this case should not be treated as the "monopolistic losses", but the losses resulted from the contractual acts. (7) The Anti-Monopoly Law protects the fair competition order in the market, the interests of consumers, and the social public interests, rather than the interests of the participants and implementers of the monopolistic acts. Thus, the subject entitled to lodge a lawsuit against monopoly shall include the competitors and consumers suffering from the damages of the monopolistic acts, rather than the participants and implementers of the monopolistic acts. So the Appellant shall not be the qualified plaintiff in this case. Therefore, the Appellees requested the court of second instance to uphold the ruling of the first instance.

After the second instance, Shanghai High People's Court found that: (1) with regard to the marketing system of the involved product. The involved product of Johnson & Johnson was sold via distributors, and Johnson & Johnson don't conduct direct selling; the distributors may not sell the similar products of other brands; Johnson & Johnson authorize the distribution right with a hospital as the basic marketing unit, and the distributor without authorization cannot sell at hospitals; with regard to the suture product of the same brand, a hospital shall always choose only one distributor based on such factors as product price, business contact, sales service of the distributor, payment days of the hospital. (2) With regard to the agreement on restriction of minimum resale price. Johnson & Johnson adopted the restriction of minimum resale price before 2009, and after 2009, it modified the distribution agreement and abandoned the restriction of minimum resale price adopted for a long time. (3) With regard to the medical suture products. The suture products of various brands must meet the national standards for suture products, and in practice, there is no unified, authoritative or recognized evaluation on the product qualities of various brands; when choosing among the suture products of different brands, the hospitals are less sensitive to the product price, but for the same brand, the hospitals are more inclined to choose the distributor being able to provide lower price. (4) With regard to the time to market of the involved product. Most involved products were registered before 2004, and were not new products until 2008. (5) With regard to the price of the involved products. Until 2008, the price of the suture product of Johnson & Johnson had been maintained substantively unchanged for 15 years; after the Appellant bid at a low price at the People's Hospital, the sale price of the involved product at the People's Hospital had been maintaining at the bidding level of the Appellant. (6) With regard to the sales service of distributors. The pre-sale service of the distributors mainly includes the product promotion, quotation and bargain, the after-sale service mainly includes goods preparation, delivery, regular and irregular visiting the hospitals, assistance in answering the questions of hospitals, assistance in collecting the feedback information on clinical application, etc. (7) With regard to the Appellees' ceasing delivery. On August 15, 2008, the Appellant issued an order requirement for suture product to the Appellees, but the Appellees refused to supply under the circumstance that the Appellant did not default on its payment for the goods, and then ceased delivering the suture product. After September 11, 2008, the Appellees ceased delivering the anastomat product, but at that time, the Appellant had already had several payments for the goods exceeding the payment term of 30 days, which met the condition for ceasing delivery as agreed in the Distribution Contact.

After second instance, Shanghai High People's Court held that:

1. this case shall apply the Anti-Monopoly Law. The Anti-Monopoly Law has been implementing since August 1, 2008, although the involved Distribution Contract was signed on January 2, 2008, its valid period continued into December 30, 2008. After the implementation of the Anti-Monopoly Law, Johnson & Johnson and the distributor continued to fulfill such contract, and committed the alleged monopolistic acts. Thus, this case shall apply the Anti-Monopoly Law.

2. As the distributor, the Appellant shall be the qualified plaintiff in this case. The distributor shall be the party concerned of the agreement on restriction of the

minimum resale price, but it may lose the opportunity of selling below the minimum restricted price, and thus lose partial customers and profits because it implements the agreement on restriction of the minimum resale price. So it shall be the civil subject suffering from the damages caused by monopolistic acts as stipulated in Article 50 of the Anti-Monopoly Law, and can lodge a civil lawsuit against monopoly.

3. The monopoly agreement should take the effect of excluding, restricting competition as a constitutive requirement. Article 13. 2 of the Anti-Monopoly Law stipulates that: "the monopoly agreements as specified in this law shall refer to the agreements, decisions or other collaborative acts excluding, restricting the competition", and the definition of monopoly agreement in this article shall be applicable to the whole law. So the vertical agreement as specified in Article 14 of the Anti-Monopoly Law must be "an agreement excluding, restricting competition" to constitute a monopoly agreement. In accordance with Article 7 of the Regulations of the Supreme People's Court on Trial of Disputes Over Monopoly, when determining that the horizontal monopoly agreement as stipulated in Article 13 of the Anti-Monopoly Law constitutes a monopoly agreement, the premise should be that such agreement has the effect of excluding, restricting competition. According to the principle of taking a heavy offense as an example to clarify a minor offense, the vertical agreement with relatively weak competition restricting effect should take the effect of excluding, restricting competition as an essential requirement.

4. The Appellant should assume the burden of proof for the fact that the involved agreement on restriction of minimum resale price had the effect of excluding, restricting competition. Because there is no specific provision concerning the burden of proof for the agreement on restriction of the minimum resale price in the existing laws and judicial interpretations, this case should not apply the reversion of burden of proof. According to the principle of "burden of proof borne by claimant", it shall still be the Appellant who must assume the burden of proof for the fact that involved agreement on restriction of minimum resale price had the effect of excluding, restricting competition.

5. The involved agreement on restriction of the minimum resale price shall constitute a monopoly agreement. This case should be analyzed from the four aspects, i. e. whether the competition in relevant market was sufficient, whether the Defendants had a strong market position, the motive of the Defendant for committing the restriction of minimum resale price, the competition effect of restricting the minimum resale price.

(1) The competition in relevant market involved in this case was insufficient. Firstly, we can affirm that the relevant market involved in this case shall be the market of medical suture products in Chinese mainland according to the following facts: ①the medical suture is a necessity for stitching a wound in a surgical operation, and there is no product that can be used as an alternative of the medical suture. ②China adopts a strict admittance restriction for production and sale of medical apparatus and instruments, the domestic and abroad medical products lack alternative, and there is no evidence indicating that the domestic hospitals shall purchase the suture product from abroad. Thus, the relevant regional market involved in this case shall be defined as the Chinese mainland market. Secondly, we can affirm that the relevant market involved in this case shall be a market with insufficient competition based on the following facts: ① The costs of hospitals for purchasing suture can finally be transferred to the patients, so the medical suture market lacks sufficient price competitive force from the purchasers. ②Johnson & Johnson promotes the suture sales by cultivating and enhancing the habits of doctors and nurses to use the suture product of Johnson & Johnson, and the doctors and nurses have formed brand dependence on the suture products due to their usage acts, which therefore has reduced the competition in the relevant market involved in this case. ③There are a lot of high admittance obstacles in the medical suture product market in several aspects, including the market admittance, brand dependence, as well as the long-term stable customer relations between the suture product manufacturer, distributor and hospital customers, these obstacles have made it be difficult for the potential competitors to be admitted in the market. ④ The price of the suture product of Johnson & Johnson had been maintained substantively unchanged for 15 years, and it can prove that Johnson & Johnson had strong pricing ability in the relevant market, which can be taken as counter evidence proving that the medical suture market lacked competition.

(2) Johnson & Johnson had a strong market position in the relevant market involved in this case. It was believed that Johnson & Johnson had a strong market position in the relevant market based on the following facts: ① according to the website dissemination of Johnson & Johnson, its suture product accounted for over 70% of the global market, and 80% of the America market. However, Johnson & Johnson was able to provide but refused to provide the actual market shares of its suture product in Chinese mainland market. Considering its status in litigation of this case, the actual market shares of its suture product in the relevant market involved in this case should be higher than the about 20. 4% it estimated. The evidence in this

case indicated that the suture product of Johnson & Johnson shall account for very high market shares in the Class III Grade I hospitals in Beijing. ②The facts that the price of the suture product of Johnson & Johnson had been maintained substantively unchanged for 15 years and that Johnson & Johnson had strong pricing ability in the relevant market not only indicated that the competition in the relevant market was insufficient, but also indicated that Johnson & Johnson had a strong market position in the relevant market. ③Johnson & Johnson and its suture product enjoyed very high reputation in the global market and Chinese market, and its brand influence had to certain extent maintained its market position in the relevant market involved in this case. ④Johnson & Johnson had strong control to its distributors. The distributors cannot sell the products of other brands, and the hospital customers were allocated by Johnson & Johnson among distributors. In addition, Johnson & Johnson had been conducting very strict supervision and management towards its distributors, the short-term contract signed each year provided that the distributors may only be controlled by Johnson & Johnson.

(3) The motive for restricting the minimum resale price in this case was to avoid price competition. ①Such evidence as the Distribution Contract and its appendixes indicated that not only Johnson & Johnson forbid the distributor to actively reduce the price, but also the act of passive price reduction under the market price reduction pressure shall also be covered by the negative evaluation on the performance of the distributor. ② The evidence concerning the distribution management program submitted by the Appellant indicated that even though under the circumstance that its suture product price was at a competitive disadvantage, Johnson & Johnson would rather maintain the price through maintaining its customer relations, than reduce the sale price.

(4) The agreement on restriction of the minimum resale price involved in this case had an obvious effect of restricting competition, but did not have an obvious effect of promoting competition. Firstly, the agreement on restriction of the minimum resale price involved in this case has an obvious effect of restricting competition: ①Johnson & Johnson had been adopted the restriction of the minimum resale price for several years, and its suture product price had been maintained substantively unchanged for 15 years, but was generally higher than the prices of the suture products of other brands. Thus, it can be affirmed that the act of restricting the minimum resale price adopted by Johnson & Johnson for several years helped its suture product price be maintained for a long time above the competitive price level. ②The act of Johnson &

Johnson also gave the manufacturers of other brands the opportunity to avoid price competition, and the price competition in the relevant market was thereby weakened. ③The act of Johnson & Johnson had excluded the efficient distributors, so that its price system can be maintained, but the consumer welfare was thereby impaired. Secondly, the agreement on restriction of the minimum resale price involved in this case did not have an obvious effect of promoting competition: ①it was insufficient to prove that there was an effect of promoting the product quality and safety through the restriction of the minimum resale price as stated by the Appellees. The quality and safety of a suture product mainly depend on the two links, i. e. the factory production and medical staff's usage. The production link shall be guaranteed by Johnson & Johnson, and the training to the medical staff shall also be the responsibility of Johnson & Johnson. No matter whether or not the price is restricted, the sale services provided by the distributors have no significant contribution to the improvement of product quality and safety. ②it was insufficient to prove that it was necessary to solve the "hitchhike" issue of the distributors through the restriction of the minimum resale price as stated by the Appellees. The hospital customers were allocated by Johnson & Johnson among distributors. If without the authorization of Johnson & Johnson, even though a distributor reduces the price, it can never take customers away from other distributors. Thus, there wasn't the so-called "hitchhike" issue. ③The involved product was not a new product, so it was insufficient to prove that it was necessary to promote a new brand, new product into the relevant market through the restriction of the minimum resale price. ④It was insufficient to prove that the agreement on restriction of the minimum resale price involved in this case had an effect of promoting competition and having the consumers share the benefits which can be interpreted from the economic point of view, such as maintaining the product reputation, encouraging stock, expanding the distributor system, etc. In conclusion, the effect of the agreement on restriction of the minimum resale price involved in this case on promoting competition was not obvious or very limited, and was far less than its effect of excluding, restricting the competition. Therefore, it can be affirmed that the agreement on restriction of the minimum resale price in the Distribution Contact involved in this case shall be treated as the monopoly agreement prohibited by the Anti-Monopoly Law, and the Appellees' acts of making such agreement and punishing the Appellant according to such agreement were illegal.

6. The Appellees should assume the liability for compensating the losses of the Appellant incurred by the monopolisticacts involved in this case. According to Article

50 of the Anti-Monopoly Law, the Appellees of this case should assume the liability for compensating the losses of the Appellant incurred by their acts of making and implementing the monopoly agreement involved in this case. Firstly, with regard to the profit losses of its suture product in 2008 as claimed by the Appellant, there was a direct causal relationship between such losses and the Appellees' act of implementing the agreement on restriction the minimum resale price involved in this case, and the Appellant claimed for its losses based on the Anti-Monopoly Law, so such losses shall be held as the damages as provided in the Anti-Monopoly Law. However, the Appellant cannot calculate the damages for losses. That is to say, the Appellant shall calculate the profit losses according to the normal profits in the relevant market, rather than according to the profit receivable by fulfilling the agreement on restriction of the minimum resale price. Considering the product prices of other brands in the same industry, the burden of taxation borne by the Appellant, and other factors, the court determined as appropriate that the normal profits of the Appellant that should be gained through the sale of suture product in 2008, but lost due to the monopolistic acts of the Appellees shall be RMB 530, 000. Secondly, other losses as claimed by the Appellant had no direct causal relationship with the monopolistic acts involved in this case, so the court did not support.

In conclusion, Shanghai High People's Court held that the ruling of the first instance was indeed wrong, and should be corrected. In accordance with Article 14. 1. (2) and Article 50 of the Anti-Monopoly Law of the People's Republic of China, Article 170. 1. (2) of the Civil Procedure Law of the People's Republic of China, the court ruled on August 1, 2013 that: (1) the (2010) HYZMW(Z)CZ No. 169 Civil Judgment made by Shanghai No. 1 Intermediate People's Court should be repealed; (2) the Appellees Johnson & Johnson (Shanghai) Medical Company, Johnson & Johnson (China) Medical Company should jointly compensate the Appellant Beijing Ruibang Yonghe Technology and Trade Co., Ltd. for economic losses of RMB 530, 000 within ten days after the effective date of this ruling; III. other claims made by Beijing Ruibang Yonghe Technology and Trade Co., Ltd. should be dismissed.

[Comments and Analysis]

This case is the first dispute over vertical monopoly agreement in China. It involves a series of basic issues not specified in the laws but required to be specified during the anti-monopoly analysis and determination of the act of restricting the minimum resale price according to the Anti-Monopoly Law, especially the issues from the two aspects, i. e. the legal evaluation principle of the act of restricting the minimum resale price, the factors for analyzing and evaluating such act. The ruling of second instance had made a pioneering exploration to such issues.

Ⅰ. Principle of legal evaluation on act of restricting the minimum resale price

The legal evaluation principle of the act of restricting the minimum resale price is a common concern of judicial practices against monopoly in each country. America started to adopt the regulations against monopoly aiming at the act of restricting the resale price over 100 years before. At that time, it adopted the so-called "per se rule", i. e. absolutely forbid signing the agreement on restriction of resale price between upstream and downstream firms, between the manufacturer and distributor, and the agreement on restriction of resale price itself was illegal. In 2007, the famous "Leegin" case passed by the supreme court of the united states changed the legal evaluation principle towards the act of restricting the minimum resale price. America gave up the "per se rule", and adopted the so-called "reasonable analysis" principle, i. e. allow the defendant to make an argument in a lawsuit based on the ground that the act of restricting the minimum resale price has an effect of promoting competition. Such change had affected the implementation of the Anti-Monopoly Law in America and other countries and regions. The vast majority of states in America took the same stand with the supreme court of the united states, and adopted the "reasonable analysis" principle for the act of restricting the minimum resale price. As another biggest area implementing the Anti-Monopoly Law in the world, the European Union also changed its practice of absolutely forbidding the act of restricting the minimum resale price, and started to forbid restricting the minimum resale price in principle, but allowed the party concerned in individual case to apply for exemption by proving that its act of restricting the minimum resale price shall be treated as promoting competition, including promoting a new product, improving the pre-sale services, short-term promotion to the benefits of the consumers in a franchise. There are mainly two views in China for which legal evaluation principle shall be applied to the vertical monopoly agreement including the agreement on restriction of the minimum resale price. One view holds that the legislation of the Anti-Monopoly Law in China is similar to that of the European Union, i. e. adopting the legislation mode of "prohibition in principle + exemption of an exception", so the agreement on restriction of the minimum resale price shall be directly determined as illegal, unless it falls into the exemptions as stipulated in Article 15 of the Anti-Monopoly Law; another view holds that the "reasonable analysis" principle adopted in America shall be used for reference, so as to protect the act of restricting the minimum resale price meeting the normal market demands and being able to promote the market competition, and avoid the excessive intervene of the Anti-Monopoly Law to the market acts.

The judgment of this case held that the agreement on restriction of the minimum resale price was not certainly illegal, which expressly excluded the application of the "per se rule". Moreover, it further specified that the agreement on restriction of the minimum resale price shall constitute a monopoly agreement only under the circumstance that its effect of excluding, restricting competition can neither be avoided, nor be offset by its effect of promoting competition. It adopted an evaluation principle named as "balance between substantive effects" for the time being, which was not only different from the "reasonable analysis" principle adopted in America, but also different from the practice of "prohibition in principle + exemption of an exception" in European Union. Compared with the legal evaluation principles adopted by America and European Union, the adopting of such principle in the judicial practices against monopoly in China has more sufficient bases: (1) At present, the economic empirical research cannot determine whether most of the acts of restricting the minimum resale price in the real economic life have the effect of restricting competition or promoting competition, so the stand that the "prohibition in principle" shall be adopted for the act of restricting the minimum resale price lacks empirical basis; (2) China is an emerging-market country, the new products, new enterprises, new brands keep entering the market, so we should value the effect of promoting the new products, new enterprises, new brands into the market by the act of restricting resale price; (3) When making the Anti-Monopoly Law of the People's Republic of China, the influence of the "Leegin" case in America on the study on the science of the Anti-Monopoly Law and the legislation of the Anti-Monopoly Law in China was not significant, and the knowledge of the negative effects caused by the act of restricting the minimum resale price was relatively sufficient, but the knowledge of its positive effects was still not enough. Thus, even though the legislation at that time seemed to have adopted relatively strict requirements, today we can still make use of the space left in the expressions of legal provisions to apply the interpretation better meeting the market rules and better meeting the market development requirements; (4) The act of restricting the minimum resale price can be found everywhere in current market practices in China. However, the practice of the Anti-Monopoly Law of the People's Republic of China is still at the start stage, if the "prohibition in principle" was adopted against the act of restricting the minimum resale price, it would result in an excessive low threshold of law enforcement and litigation against the act of restricting the minimum resale price, and a huge impact on the real economic life; (5) The "reasonable analysis" principle is too abstract and lacks the guidance on orientation and focuses of the anti-monopoly analysis of the act of restricting the minimum resale price, which would result in excessive factors to be examined and considered in an individual case, and the increase of the law enforcement or judicature costs. While adopting the principle of "balance between substantive effects" reflected in the judgment of second instance can filter some factors not having great, significant influence on the market competition, and make the court only pay attention to those factors having substantive influence on the market competition, so as to improve the judicial correctness, and meanwhile improve the legislation efficiency.

Ⅱ. Basic factors for analyzing and evaluating the act of restricting the minimum resale price

What standard should be based on, and what factor should be considered, so as to determine whether a vertical agreement is legal or not? It is a judicial issue with much more substantive meanings and more importance in cases concerning the vertical price agreement. However, at present, the attention and studies on such issue in the academic circles and judicial circles are not enough. The judgment of second instance had made the following breakthroughs on such issue: (1) expressly put forward the analysis and evaluation factors for the anti-monopoly analysis of the act of restricting the minimum resale price, i. e. whether the competition in relevant market is sufficient, whether the defendant has a strong market position, the motive of the defendant for committing the restriction of minimum resale price, the actual effect of restricting the minimum resale price. (2) Further clarifying that in the four factors mentioned above, the two factors, i. e. whether the competition in relevant market is sufficient, whether the committing enterprise has a strong market position, are the necessary conditions for determining whether the act of maintaining the resale price shall constitute a monopoly agreement. In fact, it took the market structure as a screening condition for the anti-monopoly examination of the agreement on maintaining the resale price, which not only used the judicial experience of other countries, but also considered the situation of market economy development in China, the fact that the market development was insufficient, and all industries are maintaining the resale price. Taking the market structure as the screening condition would be conducive to prohibiting those acts actually impairing the overall market competition. (3) In the judgment, some specific analysis conclusions had followed the consensus reached in the economics circle, met the common sense of economic life, and had a strong power of persuasion, e. g. : the restriction of the minimum resale price implemented in the market with sufficient competition and the restriction of the minimum resale price implemented by enterprises not with strong market position shall not have the effect of restricting competition on which the anti-monopoly intervene should be conducted; in all the negative effects of the act of restricting the minimum resale price, the effect of restricting price competition shall be the most critical effect; in all the positive effects of the act of restricting the minimum resale price, the effects of promoting the improvement of product quality or service quality, promoting the new product or new enterprise into the market shall be the most critical; and the act of restricting the minimum resale price committed by the enterprise with strong market position for the purpose of restricting competition shall be more prone to the practical effect of restricting competition.

(Written by: Ding Wenlian)

Identification of Infringement upon the Layout Design of Integrated Circuit

—HiTrend Technology (Shanghai) Co. , Ltd v. Shenzhen RENERGY Technology Co. , Ltd. et al. Dispute over Infringement upon the Layout Design of Integrated Circuit

[**Summary**]

Any part featuring originality in the protected layout design of the integrated circuit shall be protected by law, regardless of its size or role in the overall layout design. As the innovation space of the layout design of integrated circuit is limited, in the identification of infringement upon the layout design, a strict standard should be adopted when determining whether two layout designs are identical or substantively similar to each other.

In the case of infringement upon the layout design of integrated circuit, the Plaintiff should assume the burden of proof for the fact that the layout design of integrated circuit it claims for protection features originality. However, after the Plaintiff completed the preliminary proof for "originality", the burden of proof for refuting the "originality" of the Plaintiff's layout design should be transferred to the Defendant. If the refutation made by the Defendant shall be supported, the Plaintiff should assume the consequence of losing the lawsuit; while if the refutation made by the Defendant shall not be supported, the Defendant should assume the consequence of losing the lawsuit. With regard to the issue concerning the burden of proof for "originality", the Plaintiff is not required to conduct the comparison with all existing designs. Meanwhile, with regard to the refutation made by the Defendant, it is just required to provide an effective evidence of conventional design.

[**Facts**]

Plaintiff (Appellant) : HiTrend Technology (Shanghai) Co. , Ltd.

Defendant (Appellant): Shenzhen RENERGY Technology Co., Ltd.

Defendant: Shanghai Yachuang Electric Parts Co., Ltd.

Case No. at First Instance: (2011) HYZMW(Z)CZ No. 47

Case No. at Second Instance: (2013) HGMS(Z)ZZ No. 96

On March 1, 2008, HiTrend Technology (Shanghai) Co., Ltd. (hereinafter referred to as HiTrend Company) completed the creation of the layout design titled "ATT7021AU", and registered the layout design in the same year. There were a total of 16 layers of drawings in the registration of the layout design of integrated circuit, and the "brief descriptions on the structure, technologies, functions of the layout design of ATT7021AU integrated circuit" in the registration documents indicated that: (1) meet the demand for layout design with optimized function/performance among the same chips (single-phase electric energy metering) with the same area in the industry; (2) layout design of analog-digital mix-mode chip with high anti-interference/high electrostatic protection; (3) adopt the circuit design techniques and layout techniques like reasonable layout of metal layer, diffusion layer, signal flow to shield the sensitive signal noise and isolate the large and small signal interference.

Shenzhen RENERGY Technology Co., Ltd. (hereinafter referred to as RENERGY Company) applied to the Patent Re-examination Board of State Intellectual Property Office of the People's Republic of China for repealing the exclusive right of HiTrend Company to the above mentioned layout design. After examination, the Patent Re-examination Board of State Intellectual Property Office of the People's Republic of China did not find any defect in the exclusive right of HiTrend Company to the involved layout design that did not meet the provisions stipulated in the Regulations and that can be repealed, so it terminated the repealing procedure proposed by RENERGY Company.

Beijing Zitu Intellectual Property Judicial Expertizing Center (hereinafter referred to as Zitu Judicial Expertizing Center) accepted the delegation of the court of first instance to conduct the judicial expertise. Zitu Judicial Expertizing Center entrusted Beijing Cellixsoft Corporation to dissect respectively the RN8209G chip and the RN8209 chip. Upon comparison, the dissection reports of the two chips were identical. HiTrend Company claimed that there were a total of ten parts featuring originality in the layout design of ATT7021AU integrated circuit. According to the technical comparison and judgment of the judicial expertizing expert, and the one-by-one analysis of the evidence submitted by RENERGY Company for its argument of conventional design, the final judicial expertizing conclusions were that: (1) RN8209,

RN8209G were identical to the originality point 5 (layout with digital rail linking with analog rail) as claimed by the Plaintiff; (2) RN8209, RN8290G were identical to the layout of the independent voltage booster circuit of the second sector in the originality point 7 (the layout of analog-digital conversion circuit) as claimed by the Plaintiff; (3) According to the existing evidence, it should identify that the above mentioned points 1 and 2 featured originality, and were not conventional designs.

The company website of RENERGY Company indicated that: ... the sales volume of RN8209 in September 2010 broke through 10, 000, 000 pieces. According to partial VAT invoices of RENERGY Company sequestered, the sales volume of RMB8209G chip was 1, 120 pieces in total, with most unit prices between RMB 5. 50 to RMB 4. 80, and there was one invoice indicated that the unit price was about RMB 2; the sale volume of RN8209 chip was 6, 610 pieces in total, with the unit prices between RMB 4. 80 to RMB 4. 20.

It was also found that: on March 21, 2003, Zhuhai Actions Semiconductor Co. , Ltd. (hereinafter referred to as Actions Company) signed a labor contract with Yang Jianming, whose job was the engineer of R&D Department of Actions Company, and the contract specified that the labor relation between the two parties shall be terminated on March 31, 2007. Thereafter, Yang Jianming came to the Defendant RENERGY Company, and held the position of technical consultant. In May 2006, HiTrend Company signed a Technology Transfer Contract and a Supplemental Agreement with Actions Company, which specified that Actions Company shall transfer its proprietary technology of the electric energy metering chips to HiTrend Company, and the total contractual amount shall be RMB 12, 000, 000. After acquiring such proprietary technology, HiTrend Company continued the R&D, and applied to the State Intellectual Property Office of the People's Republic of China for registering the layout design completed in the R&D, i. e. the layout design of the involved ATT7021AU. In 2006, HiTrend Company signed a Labor Contract respectively with Chen Qiang and Zhao Cong, which specified that HiTrend Company shall employ Chen Qiang as its sales manager and Zhao Cong for IC design work in R&D Department, and the contract term shall be from 2006 to 2009. In addition, HiTrend Company also signed a Confidentiality Contract respectively with Chen Qiang and Zhao Cong, which specified that Chen Qiang and Zhao Cong had the obligation to keep the Plaintiff's relevant technical information and operation information a secret. Thereafter, Chen Qiang came to RENERGY Company for the post of general manager, and Zhao Cong also came to work in RENERGY Company.

The Plaintiff HiTrend Company claimed that: the Plaintiff had completed the layout design of the integrated circuit titled "ATT7021AU", and obtained the registration certificate of the layout design. The Plaintiff found that the Defendant RENERGY Company had duplicated its layout design under protection as mentioned above without its permission, and sold for the commercial purpose together with the Defendant Shanghai Yachuang Electric Parts Co., Ltd. (hereinafter referred to as Yachuang Company) the integrated circuits including such layout design, i. e. RN8209G chip and RN8209 chip. The Plaintiff held that the two Defendants' acts had infringed its exclusive right to the layout design of integrated circuit, and thereby lodged a lawsuit to the court, requesting the court to rule that the two Defendants should: (1) immediately cease the infringement upon the exclusive right to the layout design of integrated circuit; (2) immediately destroy thc infringing products and the promotion materials of the products involving the layout design of the Plaintiff's integrated circuit; (3) apologize to the Plaintiff at a prominent place on the website MeteringChina. com or Electronics Supply and Manufacturing-China, and guarantee that it would no longer infringe the Plaintiff's exclusive right to the layout design of integrated circuit; (4) compensate the Plaintiff for economic losses of RMB 15, 000, 000 (the same as the following currency), including the reasonable expenses of the Plaintiff for stopping the infringement.

The Defendant RENERGY Company argued that the layout designs of the alleged chips were developed independently by RENERGY Company, and had obtained the registration certificates, as well as the utility model patent rights; the layout designs of the alleged chips were different from the layout design of HiTrend Company, and RENERGY Company had realized the improvement in the function of the alleged chips via its own originality; the layout design of HiTrend Company did not feature originality and was a conventional design. In conclusion, the act of RENERGY Company did not constitute infringement, so the Defendant requested the court to dismiss the claims made by HiTrend Company.

The Defendant Yachuang Company argued that it agreed with the argument made by RENERGY Company.

[**Trial**]

After the trial, Shanghai No. 1 Intermediate People's Court held that: (1) HiTrend Company shall enjoy the exclusive right to the involved layout design of the integrated circuit, i. e. enjoy the reproduction right and the right to put it into commercial exploitation. (2) After the technical comparison and evaluation, it was found that the layout designs of RN8209 and RN8209G chips were identical to the "layout with digital rail linking with analog rail" and the "layout of the independent voltage booster circuit of the second sector in the layout of analog-digital conversion circuit" in the layout design of ATT7021AU chip of HiTrend Company. (3) As the layout design of HiTrend Company was developed and created based on the proprietary technology of the electric energy metering chip acquired from the outsider, so the layout design included the intellectual work of HiTrend Company. Moreover, the evidence that RENERGY Company used for the argument of conventional design was insufficient to prove that the "layout with digital rail linking with analog rail" and the "layout of the independent voltage booster circuit" of the Plaintiff were the recognized conventional designs. Therefore, the "layout with digital rail linking with analog rail" and the "layout of the independent voltage booster circuit" of ATT7021AU chip of HiTrend Company were not conventional designs, and featured originality. (4) The RN8209 and RN8209G chips produced and sold by the two Defendants included the "layout with digital rail linking with analog rail" and the "layout of the independent voltage booster circuit" to which the Plaintiff shall enjoy the exclusive right. In addition, some employees of RENERGY Company once worked at the Plaintiff and were engaged in R&D, etc., so it was possible that they had the opportunity to come into contact with the Plaintiff's layout design of integrated circuit. Therefore, the Defendant RENERGY Company duplicated without the Plaintiff's permission the "layout with digital rail linking with analog rail" and the "layout of the independent voltage booster circuit" of the Plaintiff's ATT7021AU chip which featured originality for the purpose of producing and selling the RN8209 and RN8209G chips, the acts of the Defendant had infringed the Plaintiff's exclusive right to the layout design of ATT7021AU, and the Defendant should assume the civil liabilities for ceasing infringement, compensating for damages, etc. according to the law. The involved chips sold by Yachuang Company were produced by RENERGY Company, and on the premise that HiTrend Company failed to provide any evidence proving that their act constituted joint infringement, Yachuang Company was not aware that, and had no just cause to be aware that the involved chips included the layout designs duplicated illegally. Thus, the act of Yachuang Company should not be determined as infringement.

With regard to offering an apology, as the dispute over infringement upon the exclusive right to the layout design was a dispute over property right, the act of the Defendant did not cause any damage to the business reputation of the Plaintiff, so the court did not support such claim made by the Plaintiff. With regard to the claim of destroying the infringing products made by the Plaintiff, as the Plaintiff did not provide any evidence for such claim, and after ruling that the Defendant should assume the civil liabilities for ceasing infringement, compensating for damages, the relevant rights of the Plaintiff had been fully protected. So the court did neither support such claim made by the Plaintiff. The court of first instance determined as appropriate the amount that the Defendant RENERGY Company should compensate the Plaintiff by combining with the claims and arguments on liability for compensation made by the Plaintiff and the Defendant, and comprehensively considering the actual circumstances of this case. Based on the above grounds, and in accordance with Article 2, Article 3. 1, Article 4, Article 7, Article 30 and Article 33. 1 of the Regulations on Protection of thc Layout Design of Integrated Circuit (hereinafter referred to as the Regulations), Shanghai No. 1 Intermediate People's Court ruled that: (1) the Defendant RENERGY Company should immediately cease infringing the exclusive right of the Plaintiff to the layout design of ATT7021AU (registration No.: BS. 08500145. 7) integrated circuit; (2) the Defendant RENERGY Company should compensate the Plaintiff HiTrend Company for the economic losses and the reasonable expenses paid for stopping the infringement of RMB 3, 200, 000 in total; (3) the other claims made by the Plaintiff HiTrend Company shall be dismissed.

Both HiTrend Company and RENERGY Company refused to accept the ruling of the first instance as final, and appealed to Shanghai High People's Court.

HiTrend Company requested the court to rule that RENERGY Company should compensate it for losses of RMB 15, 000, 000, including the reasonable expenses. The main reason for the appeal was that: the ruling made by the court of first instance that RENERGY Company should compensate HiTrend Company RMB 3, 200, 000 failed to apply the laws and ascertain the facts correctly. (1) RENERGY Company possessed the financial materials on the production and sale of the alleged infringing products, but it refused to provide without any just cause, so RENERGY Company should assume the liability for lacking evidence. The court of first instance should conclude by law that the claim concerning the sale price of the alleged infringing product to be RMB 5, and the profit to be 50% made by HiTrend Company shall be established. (2) The fact ascertained by the court of first instance that "the involved 'layout with digital rail linking with analog rail' and the 'layout of the independent voltage booster circuit' occupied small areas in the layout of the involved chips, so their functions and roles in the involved chips were not the main and core ones" was wrong.

RENERGY Company requested the court to rule that the first and second rulings of first instance should be repealed, and all claims made by HiTrend Company should be dismissed. The main reasons for its appeal were that: (1) the Judicial Export Report issued by Zitu Judicial Expertizing Center had two issues, i. e. the expertizing procedure was illegal, the basis for the expertizing conclusions was obviously insufficient, so it should not be taken as the basis for the conviction of the court. (2) The layout designs of RENERGY Company were obviously different from the "layout with digital rail linking with analog rail" and the "layout of the independent voltage booster circuit" in the layout design of HiTrend Company. (3) The "layout with digital rail linking with analog rail" and the "layout of the independent voltage booster circuit" in the layout design of HiTrend Company were conventional designs, and did not feature originality. (4) The acts of RENERGY Company met the circumstances as stipulated in Article 23. (2) of the Regulations, thus its act shall not constitute infringement upon the exclusive right of HiTrend Company to its layout design. (5) The determination of first instance on the amount of damages for infringement lacked basis.

After the trial, Shanghai High People's Court found that the findings of facts by the court of first instance were basically true. It was also found that Zhao Cong, the design director of RENERGY Company, stated in the second trial: he saw the layout design of ATT7021AU integrated circuit of HiTrend Company when working at HiTrend Company. RENERGY Company did not carry out any reverse engineering to the ATT7021AU chip of HiTrend Company.

After the trial, Shanghai High People's Court held that: (1) Zitu Judicial Expertizing Center carried out the expertizing as entrusted by the court of first instance, and the court of first instance had implemented strictly the procedure of expertizing experts getting around. All the expertizing personnel had the expertizing qualification, the expert group adopted scientific and reasonable methods for expertizing via the procedures of entrusting a third party to dissect the chips, evidence submission of both parties, holding technical hearings, etc. Therefore, the expertizing conclusion was supported by sufficient bases, and should be taken as the evidence for the conviction of the court. (2) as the innovation space of the layout design of integrated circuit is limited, in the identification of infringement upon the layout design, a strict standard should be adopted when determining whether two layout designs are identical or substantively similar to each other. In this case, even though a stricter criterion was adopted, the corresponding layout designs of the involved

RN8209 and RN8209G chips of RENERGY Company shall constitute substantive similarity to the "layout with digital rail linking with analog rail" and the "layout of the independent voltage booster circuit" in the layout design of ATT7021AU integrated circuit of HiTrend Company. (3) according to the provision of Article 4 of the Regulations, the originality in the layout design means that such layout design shall be the intellectual work of the creator, and such layout design shall not be a recognized conventional design among the creators of layout design creators and the creators of integrated circuits. HiTrend Company should assume the burden of proof for the fact that the layout design of integrated circuit it claimed for protection featured originality, but it was not required and was unable to list all the related conventional layout designs, so as to prove that the layout design it claimed for protection was an unconventional design. As long as the evidence provided by HiTrend Company and the statement it made can prove that the layout design it claimed for protection was not a conventional design, it should be determined that HiTrend Company had already fulfilled the preliminary burden of proof. In such case, if RENERGY Company claimed that the relevant layout design was a conventional design, as long as RENERGY Company can provide a conventional layout design identical or substantively identical to the layout design of HiTrend Company, it shall be enough to overrule the claim on unconventional design made by HiTrend Company. In this case, with regard to its claim that the "layout with digital rail linking with analog rail" and the "layout of the independent voltage booster circuit" in the layout design of ATT7021AU integrated circuit featured originality, HiTrend Company had already fulfilled the preliminary burden of proof. While the evidence submitted by RENERGY Company was insufficient to prove that the "layout with digital rail linking with analog rail" and the "layout of the independent voltage booster circuit" in the layout design of ATT7021AU integrated circuit of HiTrend Company were conventional designs. (4) the acts of producing and selling the involved RN8209 and RN8209G chips by RENERGY Company had infringed the exclusive right of HiTrend Company to the layout design of ATT7021AU integrated circuit. Firstly, the standard for the originality of layout design does not have any direct relation with the function realized by the chip. It is completely possible that a layout design composed of conventional designs realizes a new chip function, and that an unconventional layout design developed independently realizes a function completely identical to the function of other chips; Secondly, according to Article 30 of the Regulations, the act of duplicating all or any part featuring originality in the layout design under protection shall constitute infringement. It can be found that any part featuring originality in the protected layout design of the integrated circuit shall be protected by law, regardless of its size or role in the overall layout design; Secondly, according to Article 23. (2) of the Regulations, the law did not prohibit the act of conducting reverse engineering to the layout design of other's chip, like photographing and then analyzing its circuit principle. Therefore, an enterprise can duplicate the layout design by obtaining directly the permission of the right owner of such layout design; and can redesign a layout design featuring originality based on the reverse engineering, so as to achieve the purpose of copying other's chip but non-infringement. However, in this case, RENERGY Company partially duplicated the layout design of ATT7021AU integrated circuit of HiTrend Company neither for personal purpose, nor simply for the purposes of evaluation, analysis, research, teaching, etc., but for the purpose of developing new integrated circuit for commercial exploitation; RENERGY Company acknowledged that it had come into contact with the layout design of ATT7021AU integrated circuit of HiTrend Company, rather than obtained same via reverse engineering. Thus, no matter whether the layout designs of the involved RN8209 and RN8209G chips of RENERGY Company featured originality or not, its act shall not apply the provisions of Article 23. (2) of the Regulations. In conclusion, according to Article 30 of the Regulations, the act of RENERGY Company had already infringed the exclusive right of HiTrend Company to the layout design of ATT7021AU integrated circuit, and RENERGY Company should assume the corresponding civil liabilities. (5) the court of first instance had taken the sales volume of 10,000,000 pieces shown on the website of RENERGY Company and claimed by HiTrend Company as the basis for calculating the damages of this case, i.e. RENERGY Company had assumed the consequence of lacking evidence according to law; in this case, both parties did not submit any evidence proving the sales profit of the alleged infringing product; the appraisal report issued by Zitu Judicial Expertizing Center made it clear that the rest parts featuring originality claimed by HiTrend Company were not identical or substantively identical to those of RENERGY Company, so the claim made by HiTrend Company that RENERGY Company should compensate with all its profits based on the ground that the rest modules of both parties had identical part(s) lacked basis; the roles of the "layout with digital rail linking with analog rail" and the "layout of the independent voltage booster circuit" in the alleged infringing chips were indeed not core and main roles, and the areas they occupied were indeed small; through directly duplicating the "layout with digital rail linking with analog rail" and the "layout of the independent voltage booster circuit" of HiTrend Company, RENERGY Company had saved the input to independent R&D, shortened the R&D times of the chips, and thereby had obtained the advantages in market competition, so the damages cannot be determined completely according to the proportions of the two layouts in the chips. In conclusion, there was nothing inappropriate that the court of first instance ruled that RENERGY Company should compensate HiTrend Company for economic losses of RMB 3, 200, 000, including the reasonable expenses. Based on the above grounds, and in accordance with provisions of Article 170. 1. (1) of the Civil Procedure Law of the People's Republic of China, Shanghai High People's Court ruled that: the appeal should be dismissed and the ruling of the first instance should be affirmed.

[Comments and Analysis]

This case is a very typical dispute over infringement upon layout design of integrated circuit. As the comparison principles specified in the Regulations and the relevant judicial practices are very few, and the layout design of integrated circuit is highly professional, in the judicial practice, it has been always difficult to grasp the determination standards for infringement upon exclusive right to the layout design of integrated circuit. The difficulties in the determination of infringement upon the layout design of integrated circuit are mainly that: how to interpret the provisions of Article 30 of the Regulations; how to determine the standards for identifying "substantive similarity" of the layout designs; how to grasp the proof standards and identification bases for "originality".

Ⅰ. How to interpret the word "any" as stipulated in Article 30 of the Regulations

According to Article 30 of the Regulations, unless otherwise specified in the Regulations, the person committing one of the following acts without the permission of the right owner of the layout design must immediately cease infringement and assume the liability for compensation: (1) duplicate all or any part featuring originality in the layout design under protection; (2) import, sell or provide in other manners the layout design under protection, the integrated circuit with such layout design or goods with such integrated circuit for commercial purpose. In the judicial practices, how to interpret this article, especially how to interpret and grasp the word "any"? Whether the duplicating of all parts shall constitute infringement, or the duplicating of partial part(s) shall also constitute infringement? If the duplicating of partial part(s) shall also constitute infringement, is there any proportion restriction or importance restriction? The answers to the above mentioned issues would influence the definition threshold of the determination standards for infringement upon exclusive right to the layout design of integrated circuit, and consequently influence the interests balance between each group in the relevant industry. In addition, they would become the importance principle for the domestic industry figures to define whether that act has constituted infringement or not.

Firstly, because of the characteristics of electronic components and the restriction of design costs, any part of layout design of the integrated circuit runs specific design feature, if delete forcibly a part of layout, it would be impossible to realize the core design functions of the circuit or the necessary assistant functions would be missing, and finally weaken the market competitive force of the integrated circuit. Secondly, if a part of layout designs featuring originality cannot obtain protection only because their proportions in the overall layout design are very small or because they are not the core parts, the duplication of these parts would be done without restraint, and it would further be impossible to encourage the innovation to the non-core parts of the layout design. What's more, it would be an empty talk that the Regulations encourage innovation to the technologies of integrated circuit, and would finally be impossible to promote the design innovation in the whole integrated circuit industry via effective competition. Therefore, in this case, the court adopted a stricter standard, and held that the originality of the non-core part of layout design accounting for very small proportion of the whole layout design of integrated circuit shall also be protected by law.

Ⅱ. With regard to the identification standards of "substantive similarity"

Considering that the innovation space of the layout design of integrated circuit is limited, the determination of whether the layout designs of two integrated circuits constitute substantive similarity should adopt a stricter standard, i. e. only under the circumstance that the alleged infringing integrated circuit is "extremely similar" to all or part of the layout designs of the integrated circuit under protection, can it be identified as constituting "substantive similarity", so there may be infringement. As if any part of layout design meet the standard of substantive similarity, it may be determined as constituting infringement, so the purpose for adopting stricter standard to determine substantive similarity is to balance the interests between the exclusive right owner and the alleged infringer, i. e. protect the legal interests of the right owner and encourage creation, but not make the late-comers be overcautious in utilizing the products of the formers for innovation.

The though adopted by the court when determining specifically what was an "extremely similar" layout design in a stricter sense was that: mainly consider the 3D positional relationship between each electric component based on the 3D configuration formed by the electric components and the interconnecting circuits, i. e. besides the 3D configuration of the interconnecting circuits, the configuration of the combination presented by the components connected with the interconnecting circuits in the 3D space shall be more important for determining whether it is an "extremely similar" layout design. As in this case, RENERGY Company claimed that the "layouts with digital rail linking with analog rail" of the two at M2 layer were different. Combining with the interpretation of the expertizing experts, the court held that although there may be difference in a wiring route of the layout designs of both parties after considering the M2 layer, the wiring and the 3D configuration combined by the interconnecting components had no substantive change, so the difference at M2 layer in the "layouts with digital rail linking with analog rail" of the two parties was subtle, and was insufficient to influence the judgment on whether such part of layout designs of both parties were substantively similar. Similarly, at the ST layer where there was a considerable controversy between both parties, as the arrangement mode of four capacitances was the layout of components, the layout designs of both parties adopted the mode of four capacitances arranged in the shape of Chinese character Tian, so the two were identical in the combination of components. As to how many traps shall be used to place the capacitances, it was neither an issue on the combination of components or interconnecting wirings nor a layout, but a process, so whether the trap was in the shape of Chinese character Kou or Chinese character Tian would have no influence on the judgment concerning whether the layout was identical or not, and the court finally determined that the "layouts of the independent voltage booster circuit" of both parties were identical.

Ⅲ. With regard to the burden of proof and the identification standards for "originality"

As mentioned above, the "non-proportional standard" as specified in the Regulations indicates that the layout design of integrated circuit is completely and thoroughly protected by law in China, which is no doubt very conducive to encourage the innovation in the layout design of integrated circuit. However, as the innovation space of the layout design of integrated circuit is limited, a certain degree of mutual learning and use for reference should be allowed. Over-protection to the right owner may cause other designers be overcautious and difficult to conduct any innovation and improvement based on the existing designs, and would also restrain to certain extent the positivity in industry innovation. Therefore, it is required to find a balance point of interest between the right owner and the competitors of the same trade. As mentioned above, a stricter standard shall be adopted for identifying "substantive similarity", i. e. a kind of balance towards "non-proportional standard". In this case, how the court shall grasp the burden of proof and identification standards for the "originality" of layout design shall also reflect such balance.

(I) The proof standards and burden of proof for "originality"

According to the evidence principle of "burden of proof borne by claimant" in the civil procedure, in the cases of infringement upon layout design, the plaintiff should assume the burden of proof for the fact that the layout design of integrated circuit it claims for protection features originality. That is to say, once the plaintiff cannot fulfill the preliminary burden of proof for originality, there shall be neither any need to conduct the subsequent counter suit activities, nor any need for the court to determine the probative force of both parties' evidence, and it shall be the plaintiff who should assume the consequence of losing the lawsuit. However, after the plaintiff completed the preliminary proof for "originality", the burden of proof for refuting the "originality" of the plaintiff's layout design should be transferred to the defendant. If the refutation made by the defendant shall be supported, the plaintiff should assume the consequence of losing the lawsuit; while if the refutation made by the defendant shall not be supported, the defendant should assume the consequence of losing the lawsuit.

For the plaintiff, it shall be easier to prove that it is the intellectual work created by the plaintiff, but more difficult to prove that the created work is non-conventional design. If requiring the plaintiff to conduct the comparison with all related conventional layout designs, it not only cannot be realized in actual operation, but also will lead to excessively high costs of right protection of the plaintiff. Thus, it is neither necessary nor possible. On the contrary, it shall be enough to overrule the claim on unconventional design made by the plaintiff as long as the defendant can provide a conventional layout design identical or substantively identical to the layout design of the plaintiff. Therefore, the court of this case balanced the interests of both parties, regulated and controlled the costs of right protection of both parties through reasonable allocation of the burden of proof. In the trial, the court requested that as long as the evidence provided by the Plaintiff and the statement it made can preliminarily prove that the layout design it claimed for protection featured originality, it should be determined that the Plaintiff had already fulfilled the corresponding burden of proof. Thereafter, the court transferred the burden of proof for refuting the originality of the Plaintiff's layout design to the Defendant. Under such circumstance, as long as the Defendant can provide a conventional layout design substantively identical to the layout design of the Plaintiff, it shall be enough to overrule the claim made by the Plaintiff that its layout design featured originality and was a non-conventional design. It had not only reduced the too much burden of proof of the plaintiff, but also provided the defendant with an opportunity to prove its own claim in a relatively easy manner. As both parties are the layout designers of integrated circuit, as the professional personnel in such field, they should be capable of knowing the existence of relevant layout designs. In this case, the Defendant only provided the schematic diagram and expert statement on ESD circuit as the opposing evidence, but none evidence of conventional design, so the court determined that the refutation made by the Defendant should be inadmissible.

(II) The identification standards for "originality"

Firstly, the defendant is required to provide the evidence of conventional design to prove that it can find a conventional design similar to the plaintiff's design, so the identification basis for "originality" must only be actual evidence, rather than theoretical speculation. Because in the field of the layout design of integrated circuit, the circuit principles existing as the design ideas cannot be protected by law, if the monopolizing of circuit principles is just like the suppressing of ideas, it would be inconsistent with the spirit of encouraging innovation as pursued by the Regulations. In this case, the ESD circuit principles and electrical schematic diagram or the manufacturing process of diode, etc. in the opposing evidence as provided by the Defendant were not layout designs. Even though the design ideas of the corresponding layout designs in this case were similar to these circuit principles or from these theories, it was impossible to prove that the layout designs created via intellectual innovation on the basis of these principles shall be conventional designs. Although the basic principles of these designs were conventional, the subsequent intellectual innovation may make these layout designs become non-conventional designs.

Secondly, with regard to the conventional design for comparison provided by the defendant as the opposing evidence and the layout design of the plaintiff, to what degree of similarity should the proof for conventional design be regarded as being completed? The court held that the determination of similarity should adopt the same standard for infringement determination, i. e. adopt a stricter standard for determining "substantive similarity". If the two standards are inconsistent, the court would adopt a stricter standard when conducting the comparison of the layout designs of the plaintiff and the defendant for "substantive similarity" in the process of determining infringement or not, but a relatively lenient standard when conducting the comparison of the plaintiff's layout design and the conventional design provided by the defendant in the process of determining whether the plaintiff's layout design features "originality", and the result shall be that the layout design of the right owner may be easily determined as not featuring originality, while the layout design of the alleged infringer would not be easily determined as constituting infringement. Finally, an unreasonable situation would occur, i. e. it would be difficult for the layout design to obtain any patent right due to its originality, while the patented layout design would be easily duplicated by others but not identified as constituting infringement. Therefore, besides specifying the burden of proof of the plaintiff and the defendant as mentioned above, it is necessary to specify that the standard for determining whether the plaintiff's layout design and the conventional design shall constitute "substantive similarity" shall be in line with the standard for determining whether the plaintiff's layout design and the defendant's layout design shall constitute "substantive similarity". In this case, the feature points of the reference layout design provided by the Defendant were not identical to the feature points of the corresponding layout design of the Plaintiff, so it was impossible to make the court believe that the two were identical or substantively similar; the expert entrusted by the Defendant came to the court as witness, and confirmed that no diode layout in the shape of Chinese character Tian was found in the electric meter field, and the Plaintiff was unable to provide any other layout designs not involved in this case that were identical or similar to the "layout with digital rail linking with analog rail" and the "layout of the independent voltage booster circuit". Therefore, from the existing evidence, the court can only determine that the Plaintiff's layout design featured originality.

In conclusion, according to the provisions of the Regulations, the court of this case had adopted the "non-proportional standard" for protecting the layout design of integrated circuit and strengthened the incentives for layout design innovation of integrated circuit. While in the process of infringement determination, it had adopted a strict identification standard for "substantive similarity", and reasonably set the burden of proof of the Plaintiff and the Defendant and the judicial identification standards during the proof and identification of the "originality" of the right owner's layout design. All of the facts above mentioned can be conducive to balancing the interests between the right owner and the competitors, and facilitate the health development of the layout design industry of integrated circuit.

(Written by: Ding Wenlian Ma Jianfeng Cao Wenjia)

Whether Means Behavior and Results Behavior Should Be Regulated Respectively for the Behavior of Impairing the Right Owner's Trade Secrets by Means of Counterfeiting the Registered Trademark, Trade Name

—Parrot Trade (Shenzhen) Co., Ltd. v. Shanghai Parrot International Trade Co., Ltd., Qiu Gang Dispute over Trademark Infringement and Unfair Competition

[**Summary**]

If a senior manager of an enterprise "flies the order" of specific business of his/her enterprise to other person by means of counterfeiting, like using the trademark identical to the registered trademark of his/her enterprise, the trade name similar to the trade name of his/her enterprise, and his/her means act of "counterfeiting" and resulting act of "flying the order" have infringed the rights of different civil subjects, and would not result in the legal consequence of results absorbing means, then legal regulations should be done respectively, i. e. the means act shall constitute Trademark Infringement and enterprise name respectively, and the resulting act shall constitute infringement upon trade secrets.

[**Facts**]

Plaintiff (Appellee): Parrot Trade (Shenzhen) Co., Ltd.

Defendant (Appellant): Shanghai Parrot International Trade Co., Ltd.

Defendant (Appellant): Qiu Gang

Cause of Action: Dispute over Trademark Infringement, enterprise name right, trade secret

Case No. at First Instance: (2013) PMS (Z) CZ No. 483 of the People's Court of Shanghai Pudong New Area

Case No. at Second Instance: (2014) HYZMW (Z) ZZ No. 82 of Shanghai No. 1 Intermediate People's Court

France Parrot Co., Ltd. (hereinafter referred to as France Parrot Company) is an internationally famous supplier of vehicle-mounted communication products, and the registrant of G944420 "Parrot and its figure" and G947073, G650645 "PARROT" trademarks. The above mentioned trademarks are respectively ratified to be used on stored program software, radio telephone, sound or image transmission appliances and other commodities and services, and are within the valid period of registration. The Plaintiff Parrot Trade (Shenzhen) Co., Ltd. (hereinafter referred to as Parrot Company) was founded in April 2006, and is the right owner to exclusively license and use the involved trademarks in China. Its business scope includes the consultation, wholesale, import & export and other business of telecommunication products. The Defendant Shanghai Parrot International Trade Co., Ltd. (hereinafter referred to as Parrot S. H.) was founded in January 2005 with a registered capital of RMB 1,000,000 and the Defendant Qiu Gang as its legal representative. Its former name was Shanghai Senmeng International Trade Co., Ltd., and shareholders include Qiu Gang and other two persons. Its business scope includes the R&D and sale of automotive electronics, etc. On May 21, 2012, it was changed to the current name, and the applied changing name at that time was Shanghai Parrot International Trade Co., Ltd. The change materials were signed by Qiu Gang.

On November 21, 2011, the Plaintiff and Qiu Gang signed a Labor Contract, specifying that: Qiu Gang shall hold the post of regional commercial manager at the Plaintiff, responsible for operating and management works. Within the contractual period, Qiu Gang may not establish any labor relation with other unit, may not be engaged in any business identical, similar to or competing with the business of the Plaintiff, may not retain any business opportunity of the Plaintiff or attempt to persuade any supplier, customer not to do business with the Plaintiff; Qiu Gang acknowledges that the existing and expectant customer list and other information related to the Plaintiff, customers, etc. that he has obtained and is about to obtain shall be treated as the confidential data, and that he cannot disclose, provide such information to others or permit others to use such information. Qiu Gang had held an additional post, i. e. the chief representative of Shanghai Office of France Parrot Company since April 10, 2012, and an additional post, i. e. the regional commercial manager of the Plaintiff's Shanghai branch office since January 1, 2013.

On May 3, 2012, Chrysler Asia Pacific Investments Co., Ltd. (hereinafter referred to as Chrysler Company) sent Qiu Gang the demand information on purchasing from "Parrot" the vehicle-mounted digital TV box and its antenna, software, components and other products. The next day, Qiu Gang forwarded such information to Parrot S. H., requesting Parrot S. H. to follow up. With regard to the above mentioned purchasing matter, Qiu Gang had negotiated with Chrysler Company for several times, and used prominently the involved trademarks, and the enterprise name including the words "Parrot S. H. Co., Ltd.", "parrot China", "Parrot" in the e-mail address, e-mail texts, contract negotiating texts. Moreover, the address of such enterprise was extremely close to the address of the Plaintiff's Shanghai branch office. In the above mentioned processes, Chrysler Company provided Qiu Gang with detailed materials like the purchasing inquiry sheet, order quantity, specifications, technical data, schedule, contact information, contract negotiating texts. After Chrysler Company chose the brand "Parrot" as its supplier, Qiu Gang submitted a contract with Parrot S. H. being the supplier. Thereafter, both parties signed a contract, and Parrot S. H. received the contract payments of over RMB 1,570,000 from this. In July 2013, Chrysler Company inquired of France Parrot Company about the order because Parrot S. H. failed to fulfill the contract, and thereby resulted in this case. Chrysler Company confirmed that it purchased from the office in China of France Parrot Company, i. e. the Plaintiff, because the vehicle-mounted communication products of the "Parrot" brand of France Parrot Company enjoyed popularity in the world, but Qiu Gang misled it in signing the involved contract.

The Plaintiff Parrot Company claimed that: the Plaintiff owned the exclusive right to license and use the registered trademarks like G944420 "Parrot and its figure" and G947073, G650645 "PARROT", etc. The outsider Chrysler Company provided the Plaintiff with the information on purchasing the vehicle-mounted digital TV box products in May 2012, and the purchasing inquiry sheet, order quantity, specifications, technical data, schedule, contact information, contract negotiating texts and other information in July of the same year. All the above mentioned information shall be the trade secrets of the Plaintiff. The Defendant Qiu Gang had held the post of chief representative of Shanghai Office of the outsider France Parrot Company since April, 2012, and the post of regional commercial manager of the Plaintiff's Shanghai branch office since January, 2013, so as to represent the Plaintiff in negotiating with Chrysler Company on the above mentioned business project. Thus, he was aware of the above mentioned trade secrets. When working at the Plaintiff, Qiu Gang was also the shareholder, legal representative of Parrot S. H., and had disclosed the involved trade secrets to Parrot S. H.. By using the involved trade secrets and through Qiu Gang's using of the involved trademarks, the Plaintiff's e-mail, the trade name "派若特" similar to the Plaintiff's trade name "派诺特", Parrot S. H. misled Chrysler Company to think that there was a relation between Parrot S. H. and the Plaintiff, as well as the involved trademarks, and thereby to reach a commercial transaction that should have belonged to the Plaintiff with Parrot S. H.. Thus, the two Defendants had jointly constituted the infringement upon the Plaintiff's exclusive right to license and use the trademarks, enterprise name right, and trade secrets. On July 29, 2013, the Plaintiff lodged a lawsuit, requesting the court to rule that: 1. the two Defendants should immediately ccasc infringing the Plaintiff's trademark; 2. the two Defendants should immediately cease the unfair competition, cease using the enterprise name including the words "派若特"; 3. the two Defendants should compensate the Plaintiff for economic losses and reasonable expenses paid for right protection of RMB 500, 000 in total.

The Defendants Parrot S. H. and Qiu Gang argued that Parrot S. H. negotiated in its own name with Chrysler Company on the involved business, but did neither sign any formal contract, nor produce any product, let alone use the Plaintiff's trademarks. Thus, it did not infringe the Plaintiff's trademark. Qiu Gang was engaged in the management works at the Plaintiff, and his act of using the Plaintiff's trademark shall be a duty act, so he did neither infringe the Plaintiff's trademark. The trade name "派诺特" of the Plaintiff neither had market awareness, nor was known to the public. While Parrot S. H. was founded by law, and its enterprise name was different from the Plaintiff's name in aspects of administrative division, trade name, organization form. Thus, it did not infringe the Plaintiff's enterprise name right. Parrot S. H. manufactured auto spare parts, while the Plaintiff did not manufacture automotive products, so both parties had no horizontal competition relation. Moreover, the Plaintiff had no cooperation with Chrysler Company before the involved business, so there was not any trade secret related to Chrysler Company, and it did not infringe the Plaintiff's trade secrets. Therefore, the Defendants requested the court to rule that the claims made by the Plaintiff should be dismissed.

[**Trial**]

After the trial, the People's Court of Shanghai Pudong New Area held that

Firstly, in accordance with Article 52 of the Trademark Law, using a trademark identical or similar to the registered trademark of the trademark registrant on the same kind of commodities without permission shall be an act of trademark infringement. Based on his position of the Plaintiff's regional commercial manager, Qiu Gang shall be entitled to use the involved trademarks for the commercial activities of the Plaintiff, but he used the involved trademarks for the commercial activities between Parrot S. H. and Chrysler Company for the benefits of Parrot S. H. of which he was the shareholder and legal representative. So his use of the involved trademarks shall not be an act of properly fulfilling his duties, and the act of the two Defendants has constituted infringement upon the Plaintiff's exclusive right to license and use the trademarks. Secondly, in accordance with Article 2 of the Anti-Unfair Competition Law of the People's Republic of China, the operators should follow the principles of voluntariness, equality, fairness and honesty & integrity, and the generally recognized business ethnics during market transactions. When there is a conflict between enterprise names, the adjustment shall be based on the principles of honesty & integrity, fair competition and protecting prior right. The involved vehicle-mounted digital TV box shall be classified as the radio communication products and automotive electronics, and both the Plaintiff and Parrot S. H. had the above mentioned business, so there was a horizontal competition relation between both parties. After being aware of the involved business information, Qiu Gang changed the former name of Parrot S. H. for the purpose of retaining such business, hoping to change and register a trade name identical to the Plaintiff's trade name "派诺特". The difference between the actually changed trade name "派若特" and the Plaintiff's trade name "派诺特" was just one character, and the two were similar in pronunciation and writing. Moreover, the brand "派诺特(Parrot)" had certain awareness in the industry of vehicle-mounted communication products, while the trade name in the English enterprise name "Parrot S. H. Co., Ltd." of Parrot S. H. and the words in the shortened forms "parrot China", "Parrot" of Parrot S. H. were identical to the Plaintiff's English trade name "Parrot", and the addresses of both parties were very close, all of which were sufficient to cause the relevant public to fell confused about Parrot S. H. and the Plaintiff, and to make Chrysler Company mistake Parrot S. H. for the Plaintiff and thereby trade with Parrot S. H. Thus, the two Defendants constituted the unfair competition of infringing the Plaintiff's enterprise name right. Thirdly, in accordance with Article 10. 3 of the Anti-Unfair Competition Law of the People's Republic of China, trade secrets refer to the technical information and management information which is not known to the public and, being protected by the security measures taken by the copyright owner, can bring economic benefits to their owners. The operation information claimed for protection by the Plaintiff included the contracting information, inquiry sheet, specifications, technical data, schedule, contact information, service agreement negotiating texts and other information, which were sent to the Plaintiff by Chrysler Company for specific business, which cannot be obtained by others from public channels, and which were non-public. What was more, such information can bring commercial benefits to the Plaintiff and featured practicability, the Plaintiff also took some security measures to the business information it obtained during operation by means of labor contract. Thus, the involved operation information shall be treated as the trade secrets as stipulated in Article 10.3 of the Anti-Unfair Competition Law of the People's Republic of China. In accordance with Article 10.1 of the Anti-Unfair Competition Law of the People's Republic of China, the operators should not disclose, use or permit others to use the trade secrets they obtained by violating the agreement or the requirements on keeping the trade secrets of the right owner. The obtaining, using or disclosing of other's trade secret by any third person being fully aware or should be aware of the above mentioned illegal acts should be determined as trade secret infringement. Qiu Gang disclosed the involved trade secrets to Parrot S. H. by violating the Plaintiff's requirement of confidentiality, Parrot S. H. was fully aware of the illegal acts committed by Qiu Gang but still actively use the involved trade secrets. Thus, the two Defendants constituted unfair competition of infringing the Plaintiff's trade secrets. Fourthly, in accordance with Article 8 of the Tort Law of the People's Republic of China, two or more parties, who jointly commit a tortuous act and bring damage to another party, shall assume the joint and several liability. Being not only the regional commercial manager of the Plaintiff, but also the legal representative and manager of Parrot S. H., Qiu Gang "flew the order" to Parrot S. H. which should have been the commercial opportunity of the Plaintiff for the benefits of Parrot S. H. by taking advantages of the position of regional commercial manager at the Plaintiff. Parrot S. H. actively negotiated with Chrysler Company being fully aware of the above facts, and actually obtained the commercial opportunity. Thus, the two Defendants had the intention to jointly infringe the right of the Plaintiff, had committed the infringement through labor division and cooperation, had seriously subjective fault, constituted jointly infringement and should assume the joint and several liability.

In conclusion, in accordance with Article 8, Article 15.1.(1) and Article 15.1.

(6) of the Tort Law of the People's Republic of China, Article 3.1, Article 52.(1), Article 56.1 and Article 56.2 of the former Trademark Law of the People's Republic of China, Article 2.1, Article 10.1.(3), Article 2, Article 3 and Article 20 of the Anti-Unfair Competition Law of the People's Republic of China, Article 2 and Article 3 of the former Regulations for the Implementation of the Trademark Law of the People's Republic of China, Article 16.1, Article 16.2 and Article 17 of the Interpretation of the Supreme People's Court Concerning the Application of Laws in the Trial of Cases of Civil Disputes Arising from Trademarks, Article 9.1, Article 10, Article 11, Article 13.1 and Article 17.1 of the Interpretation of the Supreme People's Court on Some Issues Concerning the Application of Law in the Trial of Civil Cases Involving Unfair Competition, the court ruled that: the two Defendants should immediately cease infringing the Plaintiff's exclusive right to license and use the G944420, G650645, G947073 registered trademarks, immediately cease the unfair competition against the Plaintiff, cease using the trade name including the words "派若特", compensate the Plaintiff for economic losses (including the reasonable expenses) of RMB 400,000.

After the first instance, the two Defendants refused to accept the ruling as final and appealed to the court.

After the trial, Shanghai No. 1 Intermediate People's Court held that the findings of facts at the first instance had been fully proved, the application of laws was correct, the judicial procedure was legal, and there was nothing inappropriate in the rulings, thus the court ruled that the appeal should be dismissed and the ruling of the first instance should be affirmed.

[Comments and Analysis]

This case is a typical case involving theTrademark Infringement, enterprise name right, trade secrets which were resulted from the act of "flying the order" committed by a company's senior manager through a series of combination means and by counterfeiting the unit identity, and features certain representativeness. The rulings had specified the law application rule that the means act of "counterfeiting the unit identity" and the resulting act of "flying the order" should be respectively regulated for they had infringed the rights of different civil subjects.

Ⅰ. The features of the act of "flying the order" by counterfeiting the unit identity

The so-called "flying the order" always means that the employee hands the information on the demand for the commodity, service of his/her current unit by the customer obtained during his/her performance of duties over a third party, and actively promotes the third party and the customer to reach a commercial transactions for his/her personal interests. The act of "flying the order" can be roughly divided into two kinds: one is that the employee directly resell the demand information of the customer to a third party, with the third party completing the transaction and paying the employee the referral fees; the other is that after obtaining the demand information of the customer, the employee himself/herself or a third party having direct economic-interest relation with the employee shall complete the transaction. Generally, no matter which kind of act of "flying the order", in the transaction process, especially when signing the contract, the customer shall have already been aware that the party with whom it has a transaction relation is not the unit of such employee. The act of "flying the order" involved in this case approximated the second kind of act mentioned above in the form. However, the customer mistook that it was trading with the unit of the employee from the beginning to the end, and it did not found that the transaction subject was wrong until the other party cannot fulfill the contract. So it shall be a kind of new act of "flying the order", and has a typical feature of counterfeiting the unit identity.

Firstly, from the context of the act of "flying the order", it always occurs in the market fields like the high-tech product market where the trading product does not feature high substitutability and the product value is relatively high. In such field, the customer concerns more about the factors influencing the conclusion of the transaction, like the brand awareness, performance capability, etc. of the transaction party. In most cases, it has a specific or relatively fixed transaction object, and would not change the transaction object easily for the reasons like price. So it is much more difficult for the employee to "fly the order", and it is less possible to complete the act of "flying the order".

Secondly, from the committing subject of the act of "flying the order", it shall always be a senior manager of the company with the bargaining right and decision right, or the professional sales personnel responsible for the specific business operation. Because of the factors like their duties, positions, etc., the above mentioned personnel cannot only easily obtain the first-hand customer demand information, but also control the access scopes of these information. In addition, they can easily obtain the trust of the customer, and make the customer mistake that it was negotiating the business and making a deal with the unit represented by the above mentioned personnel, i. e. the desired specific object.

Thirdly, from the committing means of the act of "flying the order", it always manifests as counterfeiting the unit identity. During negotiation, the customer mainly concerns the specific transaction object of the brand, so it shall be easier to obtain the transaction opportunity by counterfeiting the unit identity, which always manifests as using the commercial marks like the unit's trademark or similar trademark, the trade name in the unit's name or similar trade name, and assisted by using the address, telephone, email and other resources of the unit, so as to mislead the customer and cause the customer to mistake the transaction object for the desired unit from the beginning to the end, and therefore obtain the transaction opportunity.

Ⅱ. Regulations for the act of "flying the order" by counterfeiting the unit identity

For the law application of theact of counterfeiting the unit identity for "flying the order", one view holds that the purpose and result of "flying the order" naturally infringe the trade secrets of the unit, "counterfeiting the unit identity" is only a kind of means to realize the purpose and to pursue the result, so the act's results of "flying the order", i. e. infringement upon the trade secrets, should be taken as the legal relation, and the right of claim for judgment shall be based on this. The act's means of "counterfeiting the unit identity" is just a consideration factor for identifying the severity of the infringement, the degree of subjective fault. The other view holds that although the relation between "counterfeiting the unit identity" and "flying the order" is means and result, the civil rights they infringing are different, and they would not result in the legal consequence of results absorbing means. Even though the infringer failed to conclude any transaction with the customer, his/her/its act's means has constituted corresponding infringement, so the two should be regulated respectively. Hence the judgment of this case finally adopted the second view.

Firstly, from the point of the infringed object, the trademark, trade name right, trade secret, etc. are different civil rights enjoyed by the right owner according to the law, and it is completely possible that different infringing acts committed by the same infringer have infringed different civil rights. As long as the acts meet the constitutive elements of infringement, they shall constitute respectively independent infringement. In this case, the means of "counterfeiting the unit identity" was one expression form of the infringing acts, and the Defendants' acts of using the Plaintiff's trademark, similar trade name met respectively the constitutive elements of infringement upon the trademark, enterprise name right, so they shall constitute independent infringement;

the result of "flying the order" was a consequence of damage resulted from the Defendants' acts of disclosing and using the Plaintiff's trade secrets, as well as the synthesis of the infringing acts and the consequence of damage. Therefore, the Defendants had committed three infringing acts of different nature, which should be regulated respectively.

Secondly, from the point of law application, the circumstance of this case was similar to the "implicated offenses" as stipulated in the Criminal Law, so the law application rules of "implicated offenses" can be referred to. Implicated offenses refer to a criminal condition that several criminal acts have been committed for one criminal purpose, and the several criminal acts have an implicative relationship of means and end or an implicative relationship of causes and effect, and have respectively offended several accusations. Because the means act and the resulting act are independent crime, and have offended different accusations, so they should be convicted respectively by law. In this case, the Defendants had committed the means act of "counterfeiting the unit identity" and the resulting act of "flying the order" for the only purpose of retaining the involved business, which had infringed different civil rights, and should be regulated respectively.

Thirdly, from the point of the effects of judicial regulations, the act of "flying the order" in this case featured great subjective malicious and more serious consequence of damage. The application of the Trademark Law and the Anti-Unfair Competition Law to regulate respectively such act can better reflect the consistency between the infringement nature, severity, fault, etc. and the assuming of civil liabilities, and can have better legal and social effects.

(Written by: Xu Genhua Guo Jie)

The Product Shape Not Featuring the Recognition Function of Commodity Source Should not Be Protected as Special Decoration of Well-Known Goods

—BTSR International S. P. A. v.
Cixi Taiyangzhou Textile Technology Co. , Ltd.
Dispute over Unfair Competition

[**Summary**]

The product shape featuring functionality, rather than the recognition function of distinguishing the commodity source would not make the relevant public confuse and mistake the product for others, and shall not be included into the protection scope of the special decoration of well-known goods. The application of general terms of the Anti-Unfair Competition Law should be restricted strictly, and for unfair competition that can be included into the Chapter II of the Anti-Unfair Competition Law, it should be regulated by applying the provisions of such Chapter. For the same alleged act, in case that the claim for protection as the special decoration of well-known commodity failed, it cannot claim for applying the general terms of the Anti-Unfair Competition Law at the same time.

[**Facts**]

Plaintiff: BTSR International Co. , Ltd.

Defendant: Cixi Taiyangzhou Textile Technology Co. , Ltd.

Cause of Action: Dispute over unfair competition

Case No. at First Instance: (2013) PMS(Z)CZ No. 269

Case No. at Second Instance: (2014) HYZMW(Z)CZ No. 5

Ⅰ. Introduction to the products of the Plaintiff and the Defendant

The Plaintiff is an Italian enterprise founded in November 2003. The Defendant is a domestic enterprise founded in July 2010. Both are engaged in producing, selling the textile machine, etc.

The involved product was a part used on the textile machine, and can determine the motion trend and state of the yarn in the process of production. The product was in vertical "W" shape (see attached figure (I)), its main color was black, and its parts from the top to the bottom were successively: upper baffle; two telescopic cylinders with one inside the other, and there were two silver circular clamping pieces behind the cylinders; U-shaped sensor; lower baffle. In the above mentioned parts, all were the accessory of the product except the sensor. The sensor can be pulled out from the accessory, and shall be fixed on the accessory when using. There was respectively a tail clamp at the top and the bottom of the socket for fixing the sensor, so as to hang on the textile machine. On the upper and lower baffles (the baffles were rectangular) of the product, as well as the metal bar for fixing the cylinders, there was respectively a small plastic hole in pink color. When using the product, the yarn shall penetrate into the U-shaped groove of the sensor from the upper hole and through the two clamping pieces behind the cylinders (for fixation), and then out from the small hole of the lower baffle. In this way, the sensor can determine the motion state (whether there was any broken yarn, kinking, etc.) of the yarn passing through it The sensor was a U-shaped body, and the widths of the U-shaped groove and the U-shaped base were basically the same. The widths of the two arms extending from the U-shaped body were asymmetric, with one wider and the other narrower. A transparent small window was embedded in the front end of the wider arm, and in the small window, there installed with two indicator lights for determining the motion state of the yarn (red light on: yarn broken; green light on: yarn in normal condition). The transmitter and receiver were built in the U-shaped groove, and were covered by transparent decorative band in white color. The upper surface of the U-shaped base had four strips of nicks, and the lower surface had two strips of nicks. The last two strips of nicks on the upper surface shall play a role of fixation when connecting with the accessory, and the nicks on the lower surface shall play a role of fixation after the lower baffle of the accessory was inserted.

Compared with the Defendant's product, the Defendant's product (see attached figure (II)) was basically identical to the Plaintiff's product except for the following aspects: 1. the shapes of the upper and lower baffles were similar to a square, and radian processing had been done to the four corners of the square; 2. There was no nick at the bottom of the U-shaped sensor base, and the lower baffle was fixed at the bottom of the base; 3. With regard to the two tail clamps behind the sensor, the radian of the lower tail clamp was larger than that of the Plaintiff's product.

Both the Plaintiff and the Defendant had marked their own trademarks (the Plaintiff's trademark was "BTSR", the Defendant's trademark was " NSC ") on the sensors and accessories of their own products.

Ⅱ. Promotion and usage conditions of the Plaintiff and its product

The Defendant and its affiliated enterprises, as well as the Plaintiff had jointly participated in the following trade shows: Shanghai Tex 2005 and 2011; ITMA ASIA + CITME 2008, 2010 and 2012; China (Yiwu) International Exhibition on Hosiery, Knitting, Dyeing & Finishing Machinery 2010 and 2012.

The Plaintiff had published advertisements on the 46 issues of Knitting Industry Journal from March 2005 to October 2012, and except for 6 issues, the advertisements of the rest 40 issues were the same contents, i. e. the pictures of six types of products manufactured by the Plaintiff, including the involved product. The header of the advertisement were the words "Yarn Control Specialist for Textile Machine", followed by the Chinese and English names of four types of products, wherein the Chinese names were respectively "断纱控制感应器(Yarn breakage control sensor), 纱线品质感应器(Yarn quality sensor), 纱线张力感应器(Yarn tension sensor), 均衡张力送纱器(Constant tension yarn feeder)".

In March 2013, the outsider Yuren Company issued a document indicating that it was a famous manufacturer of seamless textile machine, and had been purchasing from the Plaintiff and using on its textile machines the IS3W/HS yarn sensor product (i. e. the involved product) since 2007. The Plaintiff's IS3W/HS yarn sensor product enjoying an extremely high awareness among its customers was an important part of the textile machine, and was widely praised by the customers.

Ⅲ. With regard to the circumstance claimed by the Plaintiff that it had used the "electric eye for yarn feeding", the "electric eye" as the special names of the well-known commodity, i. e. the involved product, for promotion

In the brochure of SMART248TW production control system as provided by the Plaintiff, it was specified that: "SMART248TW is a completely new production control system applicable to the warping machine and the bedding sewing machine. This system can learn the yarn consumption by itself, and thereby be aware of some abnormal conditions in the process of production, e. g.: yarn breaking, yarn lacking ... SMART248TW must be used cooperatively with IS3W/HS and IS3N/HS electric eyes for yarn feeding, so as to become a complete control system. IS3W/HS (wide model) and (narrow model) electric eye for electronically yarn feeding ... sensor the absolutely affirmative motion or stationary state of the yarn from the mapping change of the yarn movement. Thanks to the innovative electric eye management system, SMART248TW does not need any complicated yarn connection or long-time installation. In addition, it can manage up to 248 electric eyes for one time".

In the Knitting Industry Journal of April 2005, Baoyuan Company, a domestic agent of the Plaintiff, indicated in the introduction to "BTSR yarn monitoring system" that: "... Wherein, SMART 64H/200K system can be applicable to the footwear machines of all brands, if used cooperatively with IS3W/HS, IS3N/HS electric eye for yarn feeding, it would effectively reduce the losses and waste on production, lower the production costs".

In the fair catalog of China (Yiwu) International Exhibition on Hosiery, Knitting, Dyeing & Finishing Machinery 2010, there had published the brief introductions to relevant participants. Wherein, the introduction to the Plaintiff was that: "BTSR Company has passed its 30th anniversary, it has been providing the industry with leading yarn control solutions, including the electric eye and intelligent system ...".

Ⅳ. The shapes of similar products of the outsiders and the relevant national standards

On May 2, 2013, the agent entrusted by the Plaintiff mainly conducted the following operations on the computer of the notary public office: entered the Internet, input respectively the relevant URL in the address bar, and the products manufactured by four foreign companies were displayed, respectively the piezoelectric sensors of ROJ company, capacitance-type sensors of STUBER company, broken yarn devices titled Spyder of dinema company, broken yarn sensors respectively titled CapTex AND OptoTex of fibrevision company. Among the above mentioned products, several types of sensor products manufactured by STUBER company and the CapTex broken yarn sensor manufactured by fibrevision company all adopted the U-shaped structure, the slight differences were just in aspects like the opening size of the U-shaped groove, the proportion of the width of the U-shaped groove opening part to the width of the base, the thickness of the two arms extending from the U-shaped groove. The rest products were not identical to the involved product in shape.

The advertisement published by the outsider Guangyang Company in the Cotton Textile Technology (March, 2011) had published the pictures of several types of products it manufactured, wherein, the shape of a product titled broken filament sensor was similar to that of the CapTex broken yarn sensor manufactured by fibrevision company displayed in the above mentioned web page browsing process.

In the national standard GB/T 19384. 1－2012 "Textile Machines and Accessories-Yarn Feeder and Yarn Control Device for Knitting Machine-Part 1: Terms" (implemented from June 1, 2013), the definition of photo induced broken yarn sensor was that: a kind of photo induced device who would raise an alarm when the yarn is broken, the yarn is in stationary state or there is no yarn. The attached figure was a type of product in U-shaped structure. The front left and right sides of the U-shaped opening part had a transmitter and a receiver respectively. The yarn shall pass through the middle of the transmitter and the receiver, and the cable connection was realized at the bottom of the product base.

Ⅴ. Evidence obtained for the claim made by the Plaintiff that the Defendant had committed the infringement

The affiliated companies of the Defendant, Taiyang Company and Ningbo Taiyang Textile Company, had published 32 issues of advertisements in Knitting Industry Journal from March 2005 to October 2009, mainly introducing the Defendant's products of Taiyangzhou brand, but without any introduction to the alleged infringing product. In the advertisement of Taiyangzhou products published in the Knitting Industry Journal of December 2009, the alleged infringing product appeared, and was called as "electric eye for electronically yarn feeding". In the Knitting Industry Journal of May 2010, the alleged infringing product was also called as "electric eye for electronically yarn feeding" in the introduction to the exhibits of Taiyang Company. The legal representative of the Defendant also published an article titled "Electric Eye for Electronically Yarn Feeding" in the journal of May 2010, introducing in detail the alleged infringing product.

In June and November, 2012, the agent entrusted by the Plaintiff respectively went to the site of ITMA ASIA + CITME and Thirteenth China (Yiwu) International Exhibition on Hosiery, Knitting, Dyeing & Finishing Machinery 2010, and obtained the brochures of the Defendant's products from the Defendant's booth. In addition, the agent also took some photos of the Plaintiff's booth at the exhibition site of the

Defendant. The relevant photos indicated that the Plaintiff had exhibited the main body part, i. e. the U-shaped sensor, and the control panel of the involved product, and the title marked on the exhibited product was "SMART MATRIX TWIST". The cover of the Defendant's product brochure was printed with the sketch of the alleged infringing product, the pictures and relevant introduction of the alleged infringing product were in the inside pages of the brochure, and the alleged infringing product was called as "electric eye for electronically yarn feeding".

The Plaintiff claimed that it was a company providing yarn control solution. The Plaintiff's IS3W/HS mapping electric eye management system (also called as yarn sensor) (used cooperatively with SMART 64H&200K production control system) had adopted the complicated control technologies, and can detect the image change of the moving yarn, precisely determine whether the yarn was in motion or stationary state. As early as a dozen years ago, the involved product had already in Chinese market. Through its development and promotion of a dozen years, it had already had relatively high awareness in the field of textile machine, and had become a well-known commodity. The involved product had also adopted a special decoration design, and through the long-term use in the same industry, such decoration design had already established a unique, fixed and corresponding relation with the Plaintiff, which was sufficient to make the consumers identity its product source. Thus, it shall constitute the decoration peculiar to the Plaintiff's well-known commodity. Since 2005, the Plaintiff has named this product as "electric eye for yarn feeding", "electric eye" in China. Through the Plaintiff's usage, such titles had become the special names of the well-known commodity.

The Plaintiff and the Defendant were competitors of the same trade. However, the Plaintiff found that the Defendant had used not only a decoration almost identical to the involved product, but also a name similar to the names peculiar to the Plaintiff's well-known commodity on the "electric eye for yarn feeding" product of "SEA" series not only manufactured, sold, but also exhibited and promoted at relevant exhibitions by the Defendant. The acts of the Defendant had violated Article 2 and Article 5. (2) of the Anti-Unfair Competition Law, constituted unfair competition against the Plaintiff, and seriously infringed the legal rights and interests of the Plaintiff. Therefore, the Plaintiff lodged a lawsuit to the court, requesting that: 1. the Defendant should immediately cease the unfair competition against the Plaintiff; 2. the Defendant should compensate the Plaintiff for economic losses and reasonable expenses for stopping the infringement of RMB 500, 000 (including the attorney fees of RMB

26,000 and the notarization fees of RMB 24,000) in total; 3. the Defendant should publish a statement on its official website (www. nbsun. com) and China Textile News to eliminate the effects.

The Defendant argued that the claims made by the Plaintiff lacked factual and legal bases, and it had never committed any unfair competition. Thus, the Defendant requested the court to dismiss all claims made by the Plaintiff. 1. The Plaintiff's product was not well-known commodity, and the awareness of the Defendant's product was far higher than the Plaintiff's product. The Defendant had participated in all the exhibitions the Plaintiff attended, and published all the advertisements published by the Plaintiff. The customers of the Plaintiff also had business relation with the Defendant. Therefore, the evidence provided by the Plaintiff was insufficient to prove the awareness of its product; 2. the Plaintiff deliberately mistook the "product decoration" for the product itself, and took the structure, shape and functional parts of the product as the product decoration. The products of the Plaintiff and the Defendant were completely identical in aspects of function and usage, so their products must be similar in aspects of structure and shape, which were resulted from the requirements of the international standards and national standards related to the products; 3. the distributors and customers of the Plaintiff and the Defendant did not take "electric eye" as the name of the involved product, which shall be "sensor". The "electric eye" cannot be taken as the name peculiar to the Plaintiff's well-known commodity; 4. it was impossible that the products of the Plaintiff and the Defendant would make the buyers feel confused. The products of the Plaintiff and the Defendant are a kind of industrial part supporting product provided to the OEMs manufacturing the textile machines, rather than the consumer goods purchased at the department stores and supermarkets. The purchase process of an industrial part is that the OEM shall firstly investigate the factory of supporting product, and the factory shall submit the samples for inspection, then both parties shall sign a contract with the factory being as the supplier, finally the supplier shall supply such part in batch. If an OEM wanted to use the product of the Plaintiff or the Defendant, it would contact directly with the Plaintiff, or the Defendant, or the distributor of the Plaintiff or the Defendant. So none circumstance of confusion would happen; 5. with regard to the involved product, it should be protected by the Plaintiff through the patent system. However, in this case, the Plaintiff enjoyed none patent right to its product, while the Defendant had applied for and obtained the authorization of utility model patent for the "electric eye" product it manufactured. So the Defendant's product had been under the intellectual property protection, and no circumstance of infringing other's rights would occur.

[Trial]

After the trial, the People's Court of Shanghai Pudong New Area held that the main focuses of dispute in this case were that: 1. whether the Plaintiff's product was a well-known commodity; 2. whether the "electric eye for yarn feeding" and "electric eye" were names peculiar to the Plaintiff; 3. whether the Plaintiff's product shape can be protected as special decoration. The existing evidence indicated that although the Plaintiff had published certain quantities of advertisement for the involved product in relevant journal, it had exhibited the main part of the involved product only at one exhibition, and there was only one customer providing evidence on the sale of the involved product in China. It was obvious that the evidence provided by the Plaintiff did not meet the requirements of proof for identifying a well-known commodity, like the sales volume, sales region, sales time, continuous promotion of the commodity, and cannot prove that the Plaintiff's product had already had certain awareness in the market and was known to relevant public. So the Plaintiff's product cannot be identified as a well-known commodity. As the Plaintiff rarely used the "electric eye for yarn feeding" or "electric eye" as its product name, and the evidence it provided also failed to prove that such names had already had any distinct feature being able to distinguish from the commodity source, so the court did not support the claim made by the Plaintiff that the "electric eye for yarn feeding" or "electric eye" should be protected as the special names of its well-known commodity. The Plaintiff's product shall be of functional product shape which did not feature peculiarity, and the relevant public would not confuse and mistake it for others. Thus, such product shape shall not be included into the protection scope of special decoration of well-known goods. The Plaintiff not only claimed that the Defendant's acts had violated the provisions of Article 5. (2) of the Anti-Unfair Competition Law, but also claimed that the general terms of Article 2 of the Anti-Unfair Competition Law should be applied. The court held that the premise for applying Article 2 of the Anti-Unfair Competition Law shall be that the Defendant's acts were not specifically provided in the Anti-Unfair Competition Law. The special name and special decoration of well-known goods as claimed by the Plaintiff in this case are specifically provided in Article 5. (2) of the Anti-Unfair Competition Law. Thus, with regard to whether the claims made by the Plaintiff should be established, the contents of this provision should be applied to determine whether the Defendant's acts were legitimate or not, and Article 2 of the Anti-Unfair Competition Law shall not be applied. The court thereby did not support the claim made by the Plaintiff that such provision should be applied. Based on the above grounds, and in accordance with Article I of the Anti-Unfair Competition Law of the People's Republic of China, Article 1. 1 and Article 2. 1. (3) of the Interpretation of the Supreme People's Court on Some Issues Concerning the Application of Law in the Trial of Civil Cases Involving Unfair Competition, the court ruled that the claims made by the Plaintiff should be dismissed.

After the first instance, the Plaintiff refused to accept the ruling as final and appealed to the court. The court of second instance upheld the ruling of the first instance.

[Comments and Analysis]

The Plaintiff in this case not only claimed for special names of well-known goods, but also claimed for special decoration of well-known goods. With regard to the issue of special names, it was obvious that the claim made by the Plaintiff should be inadmissible. Because the Plaintiff rarely called the involved product as "electric eye for yarn feeding" or "electric eye" in exhibition, advertisements and sales, instead the Chinese and English name "IS3W/HS 纱线传感器(Yarn sensor)" was directly used in most circumstances. What was more, the Plaintiff cannot provide any evidence proving that the name had already featured the distinctiveness of distinguishing the commodity source. Thus, the claim made by the Plaintiff cannot be supported by the court. At the second instance, the Plaintiff was also aware that its evidence was insufficient, and expressly indicated that it would no longer claim for special name of well-known goods at the second instance. Therefore, the main focus of dispute in this case was that whether the shape of the Plaintiff's product can be protected as the special decoration of well-known goods.

Ⅰ. The constitutive elements for a product shape to be protected as the special decoration of well-known goods

The special decoration of well-known goods shall refer to the decoration of well-known goods which has the distinct feature being able to distinguish from the commodity source.①In the real word, most decorations can be classified into two

① Case Guidance of the Supreme People's Court on Intellectual Property Trials (3rd compilation), chief editor: Xi Xiaoming, p. 54, China Legal Publishing House, May 2011, Version 1.

types, i. e. the text and pattern decoration and the shape and structure decoration. Generally, under the circumstance that a product with text and pattern decoration constitutes a well-known commodity, the product decoration can usually play a role in distinguishing the commodity source, and meets the constitutive elements for protecting as the special decoration of well-known goods, except for lacking distinctiveness. However, as the shape and structure decoration is inseparable from the product, the relevant public is more prone to consider it as a part of the product, rather than directly connect it with the product manufacturer. Therefore, a stricter condition should be met when determining that a shape and structure decoration constitutes the special decoration of well-known goods, i. e. there should be more sufficient evidence proving that such shape has already play a role in distinguishing the commodity source. In the case on special decoration of "M&G pen", the Supreme People's Court has specified the constitutive elements for the shape of a product to be protected as the special decoration of well-known goods: "1. the shape and structure shall have the distinct feature being able to distinguish from the common designs. 2. through the usage in the market, the relevant public has already connected the shape and structure with specific manufacturer, provider, i. e. the shape and structure have obtained the second meaning through the use."① Therefore, with regard to whether the shape of the involved product can be protected as the special decoration of well-known goods, besides the examination on its awareness, the determination shall be based on whether it met the above mentioned constitutive elements, and according to the relevant provisions of the Anti-Unfair Competition Law.

Ⅱ. Identification of the court on the shape of the involved product

In accordance with Article 5. (2) of the Anti-Unfair Competition Law of the People's Republic of China②, the shape of the involved product shall meet the requirements in four aspects to be protected as the special decoration of well-known goods, i. e. well-known commodity, peculiar, identical or similar use, confusion.

---

① Article 29 of the Annual Report on Intellectual Property Cases published by the Supreme People's Court (2010).

② Article 5. (2) of the Anti-Unfair Competition Law of the People's Republic of China stipulates that: Operators shall not adopt any of the following unfair means to carry on transactions in the market and cause damage to competitors: using the names, packaging or decoration peculiar to well-known goods or using the names, packaging or decoration similar to those of well-known goods without authorization, so that their goods are confused with the well-known goods of others, causing buyers to mistake them for the well-known goods of others.

Therefore, with regard to whether the claim made by the Plaintiff can be established, examination should be conducted from the above mentioned four aspects.

1. Upon comparison, the products of the Plaintiff and the Defendant were slightly different in details, but similar in overall structure.

2. With regard to the issue of awareness, in accordance with Article 1 of the Interpretation of the Supreme People's Court on Some Issues Concerning the Application of Law in the Trial of Civil Cases Involving Unfair Competition, when identifying a well-known commodity, the people's court should determine by comprehensively considering the factors like the sales time, sales region, sales volume and sales objects of the commodity, the duration, extent and region of any promotion, the protection situation as a well-known commodity. Considering the evidence provided by the Plaintiff, although the Plaintiff had published certain quantities of advertisement for the involved product in relevant journal, it had exhibited the main part of the involved product only at one exhibition, and there was only one customer providing evidence on the sale of the involved product in China. It was obvious that the evidence provided by the Plaintiff did not meet the requirements of proof for identifying a well-known commodity, like the sales volume, sales region, sales time, continuous promotion of the commodity, and cannot prove that the Plaintiff's product had already had certain awareness in the market and was known to relevant public. So the Plaintiff's product cannot be identified as a well-known commodity.

3. With regard to the issue of peculiarities. The Plaintiff claimed that the special decoration of its product shape was particularly reflected in its overall visual image formed by the combination of factors including the product's shape, size, curve, radian, stripes, color matching, 3D effect, which was mainly reflected in that: (1) the U-shaped groove was symmetric with the rear half part. The Plaintiff had lengthened the base part of the U-shaped sensor, so that its proportion to the groove part can be close to 1 : 1, which was different from the traditional U-shape design (the depth of the U-shaped groove was much larger than the base), making the overall visual effect be with a feeling of symmetry; (2) the transmitter and receiver were built in the U-shaped groove, and were embedded in a transparent decorative band in white color. Such design had improved the feeling of disharmony that the traditional design had in the process of production because the transmitter and receiver were exposed; (3) the two front arms were thickened. After thickened, it shall make the sensor feature symmetry and harmony from all horizontal angles; (4) two decorative lights were embedded in the right forearm extending from the U-shaped

groove, which would turn green or red when in use. The lights themselves were not essential equipment of the sensor. However, the adding of the soft light sensation design, and the embedding of the decorative lights in the right arm made them and the sensor feel like a nice coherent entity, and had avoided the heavy sense produced by the external decorative light; (5) on the accessory of the sensor, there were two cylinders and two rings with one inside the other, and three pink holes. The holes themselves played the functional roles in meeting the requirement of yarn conveying by the sensor. However, the adding of pink decorative element gives the dull and unattractive product appearance vitality and sense of beauty; (6) the sensor and the accessory presented as a whole in a shape similar to a small bird or a vertical W.

With regard to the above mentioned peculiarities as claimed by the Plaintiff, firstly, for the issue on the design of the U-shaped groove. The evidence provided by the Plaintiff and the Defendant indicated that the U-shaped groove design was a product shape commonly adopted by such type of sensors, e. g. : the several types of sensor products manufactured by STUBER company and the CapTex broken yarn sensor manufactured by fibrevision company all adopted such shape. The slight differences were just in aspects like the opening size of the U-shaped groove, the distance between the U-shaped groove opening part and the base, the thickness of the two arms extending from the U-shaped groove. The U-shaped groove design is also adopted as the legend of photo induced broken yarn sensor in Chinese standards. Such design also has something to do with the operating principle of the sensor. To determine the motion state of the yarn, the yarn must be induced by the transmitter and receiver, so the U-shaped groove design becomes the best choice. The sensor of the Plaintiff in this case also adopted the U-shaped groove design. Compared with other similar products, modification was only made to the proportion of the depth of the U-shaped groove to the base, and the thickness of the two arms. The innovation of such modification in details was limited, so it should not be a right exclusively owned by the Plaintiff. As the constitutive elements of U-shaped groove are relatively simple, which mainly include the two arms and the base, for the designer, if any modification is required, the adjustments he/she can make are just the thickness of the arms, the proportion of the opening size of the U-shaped groove to the arms and the base, etc. If the slight modification to the above mentioned details made by the Plaintiff can be taken as the right exclusively owned by the Plaintiff, it would restrict the innovation of other competitors in U-shaped groove, and be not conducive to maintaining the free competition market order. Secondly, with regard to the issue on the built-in transmitter and receiver and the usage of the decorative lights, for a U-shaped sensor, the transmitter and receiver must be installed on the two arms, so as to induce the motion state of the yarn. The methods for installing the transmitter and receiver on the two arms are also limited, no more than two methods, i. e. built-in installation and external installation. Thus, the built-in method shall not be regarded as the original use method of the Plaintiff. For the decorative lights, the green and red lights are the colors commonly adopted in various industries to determine whether the operation is normal or not. Thus, there was no wonder that the Plaintiff adopted the green and red lights to determine whether the operation of the yarn was normal or not. The built-in method shall neither be regarded as the basis of its originality. Finally, for the issue on the originality of the accessory, in the accessory claimed by the Plaintiff, there were three round holes for conveying the yarn, two cylinders and rings with one inside the other for controlling the tension of the yarn, all of which were required for realizing the basic functions of the involved product. For the color of the three round holes, pink shall not be the color exclusively used by the Plaintiff. Based on the above mentioned grounds, although the Plaintiff's sensor and accessory presented as a whole in vertical W shape, they were required for realizing the basic functions of the product, and shall not be taken as the decoration peculiar to the Plaintiff's product.

4. With regard to the issue on confusion. In accordance with Article 5. (2) of the Anti-Unfair Competition Law, "be confused with the well-known goods of others, causing buyers to mistake them for the well-known goods of others" shall be one constitutive requirement for identifying such kind of unfair competition. Therefore, the Plaintiff shall assume the burden of proof for whether the products of the Plaintiff and the Defendant constitute confusion. That was to say, the Plaintiff should firstly provide evidence to prove that its product shape had already had the feature distinguishing from other similar commodities, and that the relevant public can identify the commodity source based on such feature, so as to determine whether the relevant public would mistake the Plaintiff's product for the Defendant's product.

The evidence on awareness provided by the Plaintiff indicated that the promotion on its product shape made by the Plaintiff was only reflected in the advertisements published in the Knitting Industry Journal for years. In the advertisements, the involved product was one of numerous products, and had no corresponding product name. Thus, such promotion can neither make the Plaintiff's product feature distinctiveness, nor make the relevant public connect with the Plaintiff when seeing the involved product. Considering that the evidence provided by the Plaintiff cannot prove that its product had already featured distinctiveness, although the Defendant's product adopted a shape similar to that of the Plaintiff's product, the relevant public would not mix the product sources of the Plaintiff and the Defendant. Meanwhile, on the account of the facts that the involved product was a part of the textile machine, its sales object was a specific customer group, and its sales volume was also different from the retail mode of other products, the textile machine manufacturers would concentrate on the investigation of the producer and the practicability of the product when purchasing the product, and they shall be aware of the product supplier before purchasing. Thus, they would not mix the sources of the products of the Plaintiff and the Defendant. The Plaintiff claimed that on account of the product's characteristics, even though in the process of direct production, order and sales, there may not be direct confusion, there may be confusion before and after sales. Because the relevant public would mistake the Defendant's product as the Plaintiff's product from the product shape, and negotiate with the Defendant, which would result in confusion before sales. Meanwhile, after the Defendant's product was put on the market, when seeing the Defendant's product, the relevant public would mistake it for the Plaintiff's product, which may thereby result in confusion after sales. The court held that the premise for resulting in the above mentioned confusion shall be that the Plaintiff shall provide evidence to prove that its product had already had the distinct feature being able to distinguish from the sources of other commodities. Considering that the Plaintiff did not fulfill the above mentioned burden of proof, the relevant public would not connect the Defendant's product with the Plaintiff's product. Thus, no confusion before and after prior design would occur.

In conclusion, the involved product shape shall be of functional product shape. It had no distinct feature to distinguish it from the commodity source, and it would neither make the relevant public establish a relationship between such product shape and the shape of the Plaintiff's product, nor make them confuse and mistake the Plaintiff's product as the Defendant's product. Thus, such product shape shall not be included into the protection scope of the special decoration of well-known commodities.

Ⅲ. Conditions for applying the general terms of the Anti-Unfair Competition Law

The Plaintiff not only claimed that the Defendant's acts had violated the provisions of Article 5. (2) of the Anti-Unfair Competition Law, but also claimed that the general terms of Article 2 of the Anti-Unfair Competition Law should be applied.

On account of the instinct of the businessmen to pursue interests, the means for market competition show a trend of diversity and novelty. Because of its hysteresis nature, the law cannot include in time these new means for competition. At this moment, the application of general terms can effectively prohibit the unfair competition, and thereby maintain the fair market competition order. However, when applying the general terms, the court should strictly control the conditions for their application, so as to avoid any inappropriate intervene which would impede the free market competition. The acts which the law has protected as far as possible by specific provisions shall no longer be regulated by applying the general provisions of the Anti-Unfair Competition Law. In the unfair competition case of "Kelp Quota", the Supreme People's Court held that the application of general terms needs to meet the following conditions: (1) the law does not have any specific provision for such competition; (2) such competition has actually caused any damage to the legal rights and interests of other operators; (3) such competition features improperness or accountability for it has indeed violated the principles of honesty and integrity and the recognized business ethnics①.

The special name and special decoration of well-known goods as claimed by the Plaintiff in this case are specifically provided in Article 5. (2) of the Anti-Unfair Competition Law. Thus, with regard to whether the claims made by the Plaintiff should be established, the contents of this provision should be applied to determine whether the Defendant's acts were legitimate or not, and Article 2 of the Anti-Unfair Competition Law shall not be applied. It was obviously inappropriate that the Plaintiff turn to claim for applying the general terms to protect the same alleged act under the circumstance that its claim for protection as the special decoration of well-known commodity failed. Otherwise, it would result in an mess that the non-special decoration of non-famous goods can also be protected, which obviously disobeys the legislative intentions of the Article 5. (2) of the Anti-Unfair Competition Law.

(Written by: Du Lingyan)

① For details, please refer to (2009) MSZ No. 1065 Civil Judgment of the Supreme People's Court.

Attached figure (Ⅰ): Product of the Plaintiff

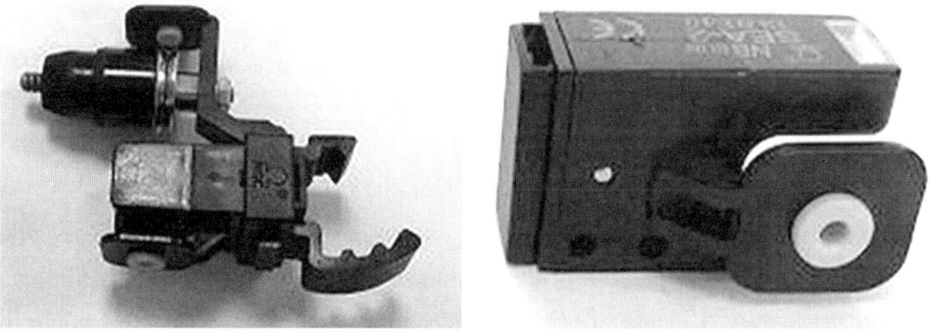

Attached figure (Ⅱ): Product of the Defendant

Applicable Subjects of the Anti-Unfair Competition Law and Definition of Infringement upon Trade Secret

—Shanghai Hualian Lawson Co. , Ltd. v.
Zhang Yiwen Dispute over Infringement upon Trade Secrets

[**Summary**]

This case has broken through the restriction that the "operator" in the Anti-Unfair Competition Law should be a business entity of market operations and that the unfair competition must have a purpose of unfair competition. Instead, the court of this case determined whether the subject shall constitute the "operator" from the points of whether the subject had participated in the commodity operation or service, whether the subject had influenced the market competition, and defined the unfair competition from the points of whether the alleged infringement had breached the competition order and impaired the competitive advantages of others. Meanwhile, with regard to the type of the infringement upon the trade secrets, this case has also made a relatively flexible interpretation by combining with the legislative intentions and the specific circumstances.

[**Facts**]

Plaintiff: Shanghai Hualian Lawson Co. , Ltd.

Defendant: Zhang Yiwen

Cause of Action: Disputer over infringement of operation secrets

Case No. at First Instance: (2014) HUANG-PMS(Z)CZ No. 173

The Plaintiff Shanghai Hualian Lawson Co. , Ltd. (hereinafter referred to as Hualian Lawson Company) was founded in 1996 with a business scope including the articles of daily use, foods, subsidiary foodstuff, and its main business is the opening of 24-hour convenience stores.

The Defendant Zhang Yiwen worked at the Plaintiff Hualian Lawson Company from August 1, 2011 to July 30, 2013, mainly responsible for the addressing, opening, rental negotiation and other works. The convenience stores developed and established with the Defendant Zhang Yiwen in charge include the convenience store at No. 2100 Dongming Road, which started the business in June 2013. With regard to the relevant materials for establishing the convenience store at No. 2100 Dongming Road, some were developed by Zhang Yiwen, some were reproduced by Zhang Yiwen in the form of duplication or photography after he applied for borrowing and was approved for lending due to his work needs. The above mentioned materials included the bank transfer order of the deposit for leasing the store, the opening schedule, the headquarters' turnover profit and loss statement, the store lease contract, etc. (hereinafter referred to as the involved materials). The Defendant Zhang Yiwen returned the original copy of the involved materials to the Plaintiff Hualian Lawson Company before leaving office, but retained the reproduction copies.

In December 2013, the Defendant Zhang Yiwen sent a letter to the Plaintiff Hualian Lawson Company, stating that "During my service as the person in charge of Lawson convenience store development at Your company, I have completed the works for opening the convenience store at No. 2100 Dongming Road. Now, this store is in normal operation. According to the provisions on performance rewards of Your company, you should have paid my rewards to my account at one time before November 2013. However, after several times of urging, I have not yet received the rewards. Now, please pay the full amount of rewards to me within five working days after receiving this letter, otherwise I would maintain my legal rights and interests in judicial method and expose to both the Chinese and Japanese media." On December 4, 2013, the Defendant Zhang Yiwen sent the Plaintiff Hualian Lawson Company a disc containing the copy of the involved materials, and wrote that "the heads of 2 departments shirked mutually and refused to pay my rewards by making an excuse. I have written continuously 4 emails, but received only one evasive reply. So I have collected relevant materials and prepare to apply to the court for arbitration. In addition, I would expose the whole process of this matter to Chinese and Japanese media!" On December 6, 2013, in the email sent to Xu Shiping, an employee of the Plaintiff Hualian Lawson Company, the Defendant Zhang Yiwen said that: "Your company did not pay the rewards owned to its employee, and assert eloquently ... Since Your company have received my letter and disc, there will be 3 days of response time before the day when I expose to relevant Chinese and Japanese media. Please consider seriously. I am a man of my words, and I suppose that you have seen my actions. The first step shall be the Japanese TV media, the second step shall be the Japanese Securities Regulatory Commission, and the third step shall be the Japanese commercial media, please wait and see what happens!"

In the involved materials, the target turnover, break-even point, forecasting of annual sales volume by class, estimates of risk and revenue should be a part of the experience and secrets of success of the Plaintiff Hualian Lawson Company concluded in its long-term operation of convenience stores; the information on lease term, store rental, rent-free period, deposit, investment amount, promotion fees should be the relatively cheap operation costs realized by the Plaintiff Hualian Lawson Company through its efforts, both of which should be treated as the trade secrets of the Plaintiff Hualian Lawson Company.

It was also found that: the Labor Contract signed between the Plaintiff Hualian Lawson Company and the Defendant Zhang Yiwen specified that the Defendant shall keep secret of the information he obtained when working at the Plaintiff to a maximum limit. The above mentioned information included but not limited to the information of the Plaintiff or its affiliated companies on production and management procedures, technologies including software, market or financial situations, as well as the information related to the operation, products, processes, business, services or affairs of the Plaintiff or its affiliated companies. During the contract term or after the contract terminated, the Defendant should not use, publish the above mentioned proprietary information, or disclose in any other method the above mentioned proprietary information to any third party without the prior written consent of the Plaintiff. At the time of expiration or termination of this contract, the Defendant should return all the information related to the operation of the Plaintiff and obtained by the Defendant to the Plaintiff, including all the diagrams, drawings, memos, customer list, formulas, financial materials, market information, books, files, plans, recordings, and all the information contained in any media. The Defendant agreed that he would not use the Plaintiff's trade secrets and proprietary information to compete with the Plaintiff or impair the Plaintiff's interests.

Article 37.2 of the 2012 Employee Handbook of the Plaintiff Hualian Lawson Company stipulates that: any specific commercial information that is obtained by any employee during his/her term of office, can bring about any economic benefit or competitive advantage to the company, and has not been known to the public should be treated as the trade secrets of the company. Article 37. 3 stipulates that: the trade secrets of the company can be in written, electronic form or any other form, like files, books and periodicals, drawings, statements, discs, films, slides, photos, audio tapes, emails, mobile hard disks, etc. Article 37. 4 stipulates that: the employee should not reveal or publish any trade secret of the company in any form to any other person outside the company during his/her term of office or after leaving office. Reveal refers to the disclosure or use not for the purpose of work, such as paraphrase, copying, reproduction, E-mail, or carrying out of the company or providing to others to read, reproduce, transmit, etc. in any other form. Article 37. 5 stipulates that: at the time of expiration or termination of the employee's labor contract or as required by the company, the employee should immediately return the materials related to the company's business and held by the employee to the company, including but not limited to the diagrams, memos, customer list, teaching materials, financial materials, market information, and the related information recorded in any carrier. The employee should not use the company's trade secrets and proprietary information to compete with the company or impair the company's interests. The Defendant Zhang Yiwen acknowledged in written form that he had received the above mentioned Employee Handbook, and promised that he would observe the relevant provisions.

The Plaintiff Hualian Lawson Company claimed that its convenience stores under the name "LAWSON 罗森" had extremely high awareness. The Defendant Zhang Yiwen made unreasonable demands threatening to expose the involved materials. His act made the Plaintiff's trade secrets be under a serious risk of being exposed, and constituted the unfair competition of infringing the Plaintiff's trade secret. Thus, the Plaintiff lodged a lawsuit to the court, requesting the court to rule that the Defendant Zhang Yiwen should cease disclosing the trade secrets of the Plaintiff Hualian Lawson Company, be forbidden to disclose, use or permit others to use the trade secrets of the Plaintiff Hualian Lawson Company, and compensate the Plaintiff Hualian Lawson Company for the attorney fees paid for stopping the infringement of RMB 48, 000 (the following currencies shall be RMB).

The Defendant Zhang Yiwen argued that: 1. the Defendant was a worker, rather than a business entity of market operations, and he had no competitive relation with the Plaintiff Hualian Lawson Company; 2. the contents burnt onto the disc were materials for establishing the convenience store at No. 2100 Dongming Road under the responsibility of the Defendant Zhang Yiwen, rather the trade secrets of the Plaintiff Hualian Lawson Company; 3. the Plaintiff Hualian Lawson Company had been refusing to pay the rewards that the Defendant deserved for establishing the convenience store at No. 2100 Dongming Road. The Defendant was forced to send the relevant materials in the form of a disc to the Plaintiff Hualian Lawson Company, so as to prove the fact that the Plaintiff did not pay the rewards he deserved. The Defendant retained the relevant materials as evidence in order to prevent the Plaintiff Hualian Lawson Company from refusing to pay the rewards after he left office, and he had no subjective intention to infringe the Plaintiff's trade secrets. Therefore, the Defendant requested the court to repeal the claims made by the Plaintiff Hualian Lawson Company.

[**Trial**]

The court held that the main dispute focuses of this case were that: I. whether the Defendant Zhang Yiwen should be treated as the "operator" as provided in the Anti-Unfair Competition Law of the People's Republic of China (hereinafter referred to as the Anti-Unfair Competition Law); II. whether the Defendant Zhang Yiwen had committed the infringement upon trade secrets.

Ⅰ. Whether the Defendant Zhang Yiwen should be treated as the "operator" as provided in the Anti-Unfair Competition Law

Article 2.3 of the Anti-Unfair Competition Law stipulates that: "the operators as specified in this law shall refer to the legal persons, other economic organizations and individuals engaged in commodity marketing or profitable services (the commodities below include services). While according to the provision concerning "This law is developed to guarantee the health development of the socialist market economy, encourage and protect the fair competition, prohibit unfair competition, and protect the legal rights and interests of the operators and consumers" in Article 1 of the Anti-Unfair Competition Law, it can be concluded that the legislative intentions of this law are to regulate the market competition order, promote the health development of market economy. Therefore, the "operators" provided in this law shall be interpreted in a broad sense. Essentially, the "operators" shall be the entities participating in the commodity marketing or services and being able to influence the market competition, including the individuals. As an employee of the Plaintiff Hualian Lawson Company, the Defendant Zhang Yiwen could obtain the trade secrets of the Plaintiff Hualian Lawson Company, and influence the market competition strategy of the Plaintiff Hualian Lawson Company. Once the Defendant's act had infringed the trade secrets of the Plaintiff Hualian Lawson Company, it would result in the consequences of destroying the competitive advantages of the Plaintiff Hualian Lawson Company, impairing the competition order. Therefore, the Defendant Zhang Yiwen shall fall into the "operators", and the Plaintiff Hualian Lawson Company shall be entitled to lodge a lawsuit against the Defendant Zhang Yiwen based on the ground of unfair competition.

Ⅱ. Whether the Defendant Zhang Yiwen had committed the infringement upon trade secrets

Although the Defendant Zhang Yiwen told the Plaintiff Hualian Lawson Company for several times that he would expose the involved information, he did not really commit such act. Thus, the Defendant did not constitute the infringement of "disclosing, using or permitting others to use the trade secrets obtained by violating the agreement or the requirements on keeping the trade secrets of the right owner." as stipulated in Article 10 of the Anti-Unfair Competition Law. While according to Article 10 of the Anti-Unfair Competition Law, the operators cannot obtain the trade secrets of the right owner through theft, inducement, coercion or other improper means. In this case, the Defendant Zhang Yiwen developed the relevant materials by himself or obtained such materials with approval after making an application due to his work needs during his term of office. He obtained the above mentioned materials by fulfilling his duties, rather than through theft, inducement, coercion, or other improper means, so he obtained the trade secrets of the Plaintiff Hualian Lawson Company through proper means. Thus, the above mentioned act shall neither constitute infringement upon trade secrets. However, the Defendant Zhang Yiwen only submitted the original copy of the involved materials but deliberately retained the reproduction copies when leaving office. His acts had violated the provisions of the Labor Contract and the Employee Handbook, featured improperness, and fell into the "act of obtaining the trade secrets of the right owner in other improper means" as stipulated in Article 10 of the Anti-Unfair Competition Law. Thus, the Defendant constitutes infringement upon trade secrets, and shall assume the corresponding liabilities for infringement according to the law. The attorney fees paid by the Plaintiff Hualian Lawson Company were the necessary expenses for stopping the infringement upon trade secrets. The court decided as appropriate to support the RMB 4, 000 therein by comprehensively considering the factors like the complexity of the legal relation, the difficulty of investigation and evidence collection, etc. and based on the principles of reasonableness and necessity.

In conclusion, according to Article 2. 3, Article 10. 1. (1) and Article 20 of the

Anti-Unfair Competition Law of the People's Republic of China, the court ruled that: (1) the Defendant Zhang Yiwen should immediately cease infringing the trade secrets of the Plaintiff Shanghai Hualian Lawson Co., Ltd., i. e. destroy the materials he obtained, including the information on the target turnover, break-even point, forecasting of annual sales volume by class, estimates of risk and revenue, lease term, store rental, rent-free period, deposit, investment amount, promotion fees of the convenience store at No. 2100 Dongming Road, from the effective date of this ruling, and should not disclose, use or permit others to use the above mentioned materials until such materials were known to the public; (2) the Defendant Zhang Yiwen should pay the Plaintiff Shanghai Hualian Lawson Co., Ltd. the reasonable expenses of RMB 4,000 paid for stopping the infringement within 15 days after the effective date of this ruling; (3) the rest claims made by the Plaintiff Shanghai Hualian Lawson Co., Ltd. should be dismissed.

After the first instance, neither party filed an appeal, thus the ruling of the first instance took effect.

[Comments and Analysis]

Ⅰ. How to define the operator and the market competition

It is generally acknowledged that the legal subject applicable the Anti-Unfair Competition Law must be the business entity of market operations, and the act regulated by the Anti-Unfair Competition Law must be the market competition with unfair competition purpose. The relevant provisions of the Anti-Unfair Competition Law are as following: "Unfair competition shall refer to the operator's acts of violating the provisions of this law, impairing the legal rights and interests of other operators, and disturbing the social economic order. The operators as specified in this law shall refer to the legal persons, other economic organizations and individuals engaged in commodity marketing or profitable services (the commodities below include services)". While the Defendant Zhang Yiwen in this case was not a business entity of market operations, and the alleged infringement was resulted from the dispute over salary. Thus, it was obvious that the Defendant Zhang Yiwen had no subjective intention to commit the unfair competition.

With regard to this issue, the court held that the Anti-Unfair Competition Law was not a special legislation specially protecting the operators. The interpretation of the definition of "operators" in this law was just to emphasize that the subject should follow the business ethnics meeting the principle of honesty and integrity or the principle of public order and good custom, and that the commercial acts of the operators cannot breach the competition order and the market order. What the law really protects were just the market competition acts, rather than the market competitors. Therefore, considering its value goals, any act breaching the competition order shall be regulated, which was the objective pursued by the Anti-Unfair Competition Law. Although the Defendant Zhang Yiwen was not a business entity of market operations, and was not the traditional "operator", the "operators" shall be interpreted in a broad sense based on the legislative intentions of the Anti-Unfair Competition Law and the standpoint of the system interpretation. Essentially, the "operators" shall be the entities participating in the commodity marketing or services and being able to influence the market competition. As an employee of the Plaintiff Hualian Lawson Company, the Defendant Zhang Yiwen can obtain the trade secrets of the Plaintiff Hualian Lawson Company, and influence the market competition strategy of the Plaintiff Hualian Lawson Company. Once the Defendant's act had infringed the trade secrets of the Plaintiff Hualian Lawson Company, it would result in the consequence of impairing the market competition order. Therefore, the Defendant Zhang Yiwen should also be treated as the objects that shall be regulated by the Anti-Unfair Competition Law.

Similarly, if the unfair competition act is defined unilaterally from the aspect of whether it features competition purpose, it shall act against the legislative intentions of the Anti-Unfair Competition Law, i. e. guarantee the health development of the socialist market economy, encourage and protect the fair competition, and protect the legal rights and interests of the operators and consumers. At present, the market operations are increasingly diversified, and the phenomenon of disordering competition is also very prominent, which have brought many obstacles to the daily operation of enterprises. In real life, if we dwell on the fact that the constitutive elements of infringement should include the competition purpose, it would be unable to prohibit some unfair competition, and the market competition order would also be breached. When determining whether the alleged infringement is an unfair competition act, the court should consider from the points of whether the alleged infringement has the objective effect of breaching the market competition order, and whether it would illegally impair the competitive advantages of others.

Ⅱ. Whether the acts of the Defendant Zhang Yiwen constituted the "act of obtaining the trade secrets of the right owner in other improper means"

The Anti-Unfair Competition Law has specified three kinds of trade secret infringement. However, the Defendant Zhang Yiwen neither obtained the involved trade secrets through theft, inducement or coercion, nor disclosed, used or permitted others to use the involved trade secrets. So whether he had committed the infringement or not depended on whether his act constituted the "act of obtaining the trade secrets of the right owner in other improper means". This case was special in that the methods for the Defendant Zhang Yiwen to obtain the involved materials for the first time were legitimate and proper. If interpret the Chinese term "获取" semantically, it shall be a verb accomplished for one time. After the Defendant Zhang Yiwen "obtained" legitimately the involved materials, it is impossible for him to "obtain" once again unless he had lost the materials. However, since the Defendant Zhang Yiwen obtained legitimately the involved materials for the first time, he had been occupying such materials and never lost the control of the involved materials. Thus, there were different opinions concerning whether his act constituted the "act of obtaining the trade secrets of the right owner in other improper means".

With regard to whether the act of the Defendant Zhang Yiwen constituted the "act of obtaining the trade secrets of the right owner in other improper means", the court held that it should be determined by combining with the legislative intentions of the law and the specific circumstances of the case, and it was not advised to interpret the articles of law mechanically. The Defendant Zhang Yiwen was fully aware of the provisions of the Labor Contract and the Employee Handbook, but he deliberately retained the reproduction copies of the involved materials when leaving office. His act had violated the relevant provisions, and featured obvious improperness. From the moment when the Defendant Zhang Yiwen leaving office, the occupation of the involved materials was illegal, and made the trade secrets of the Plaintiff Hualian Lawson Company be under the risk of being disclosed at any time, which had brought extremely high operation risk to the Plaintiff Hualian Lawson Company. Thus, his act should be treated as the "act of obtaining the trade secrets of the right owner in other improper means", and meet the constitutive elements of trade secret infringement.

(Written by: Wang Weijia)

Competition between the Lawyer and the Law Firm May Be Regulated by Applying the Anti-Unfair Competition Law

—The Plaintiffs Wang Zhongyu and Lv Xiaolin v. The Defendants Ju Fuheng and Shanghai Huigu Law Firm Dispute over Discrediting

[**Summary**]

This case is a dispute over discrediting resulted from the contest for business between two lawyers and the law firm they practiced before. The industry involved is special, and the case type is novel. It involves the issues on whether the lawyer is a subject tha tcan be regulated by the Anti-Unfair Competition Law, whether there is a competition relation between lawyer and lawyer, lawyer and law firm, and whether the involved dispute can be regulated by the Anti-Unfair Competition Law, etc.

[**Facts**]

Plaintiff (Appellee): Wang Zhongyu

Plaintiff (Appellee): Lv Xiaolin

Defendant: Ju Fuheng

Defendant (Appellant): Shanghai Huigu Law Firm

Cause of Action: Dispute over discrediting

Case No. at First Instance: (2013) YANG-Min-San(Z)CZ No. 235

Case No. at Second Instance: (2014) HEZMW(Z)CZ No. 47

In April 2010, the Plaintiff Wang Zhongyu and the Defendant Shanghai Huigu Law Firm (hereinafter referred to as Huigu Firm) signed a Lawyer Labor Contract, which specified that the Defendant Huigu Firm shall employ the Plaintiff Wang Zhongyu as its full-time lawyer; Huigu Firm shall implement a system of unified case acceptance and fee collection, and it would arrange the Plaintiff Wang Zhongyu to undertake the cases sought by the Plaintiff Wang Zhongyu himself; the Plaintiff Wang Zhongyu should complete a volume of business of no less than RMB 200, 000 every year; Huigu Firm shall distribute the profits to the Plaintiff Wang Zhongyu according to 70% of the pretax income; for the volume of business exceeding RMB 200, 000, the profits shall be distributed according to 75% of the pretax income; for the volume of business exceeding RMB 300, 000, the profits shall be distributed according to 80% of the pretax income, etc. The Plaintiff Lv Xiaolin entered the Defendant Huigu Firm as a full-time lawyer in December 2011. The person in charge of the Defendant Huigu Law firm was the Defendant Ju Fuheng.

In June 2012, the former Shanghai Zhongyi Constructional Engineering Co., Ltd. (hereinafter referred to as the former Zhongyi Company) signed a Special Legal Service Contract with the Defendant Huigu Firm due to business needs, and engaged the Defendant Huigu Firm to provide the special legal service. Article 1 of the contract specified that the former Zhongyi Company shall engage the lawyer team composed of the two Plaintiff, lawyer Wang Xujie and assistant lawyer Xing Chong as designated by the Defendant Huigu Firm to provide professional legal services throughout its project; Article 3. 1 specified that the former Zhongyi Company shall pay the Defendant Huigu Firm a legal service fee of RMB 800, 000; Article 3. 2 specified that the former Zhongyi Company shall remit such fee to the account as required by the Defendant Huigu Firm, wherein the former Zhongyi Company agreed that the reimbursement that Huigu Firm can apply for in the form of travel fees shall not exceed 50% of the legal service fee; Article 3. 5 specified that the travel fees and other expenses of the lawyer of the Defendant Huigu Firm for handling the matters as entrusted by the former Zhongyi Company incurred beyond Shanghai should be borne by the former Zhongyi Company.

In June 2012, the two Plaintiff requested to leave office, but both parties failed to reach an agreement in handling the demission procedure.

On August 8, 2012, the Defendant Huigu Firm sent a letter to the former Zhongyi Company, the main contents of which were that: "Considering that the lawyer Wang Zhongyu will not practice at our firm due to his transferring to another law firm, and as the Lawyers Employment Contract and the Special Legal Consultant Contract signed between your company and our firm are still in force, our firm hereby propose two solutions for your choice: 1. you can continue to entrust the lawyer Wang Zhongyu to provide legal service for your company, but a new contract between your company and the law firm the lawyer Wang Zhongyu shall practice can be signed only after the Lawyers Employment Contract and the Special Legal Consultant Contract signed with our firm are terminated ... 2. you can follow the agreements of the Lawyers Employment Contract and the Special Legal Consultant Contract, and a reconstituted lawyer team of our firm as agreed by your company shall provide the service for your company ..."

On August 14, 2012, the former Zhongyi Company sent a reply to the Defendant Huigu Firm, stating that: "With regard to the following litigation practice and non-litigation practice entrusted to your firm, our company request that it shall still be undertaken by the lawyer Wang Zhongyu, and the contracts signed between your firm and our company shall be terminated. Our company shall change the subject of the contract to the new firm which the lawyer Wang Zhongyu will transfer to..."

On August 17, 2012, the Defendant Huigu Firm sent a reply to the former Zhongyi Company, stating that: "... At present, the lawyer Wang Zhongyu had still been practicing at our firm, and your company has not reached any agreement with our firm on the termination of the Special Legal Service Contract, so the Special Legal Service Contract signed between your company and our firm shall still be legitimate and effective. The purpose of this letter is to inform your company that our firm refuse to agree the implementation of the relevant clauses in Article 3 of the Special Legal Service Contract, and our reasons are that: First, with regard to the Special Legal Service Contract signed by the lawyer Wang Zhongyu in the name of our firm with your company, it was the lawyer Wang Zhongyu who made it come into force by sealing it at the administrative back office in the method violating the objective fact and under the premises that he had breached the Lawyer Labor Contract and the internal management of our firm, and did not submit the Special Legal Service Contract to the partners of our firm or the director of our firm for examination; Second, our firm refuse to implement partial provisions of Article 3.1, 3.2 and 3.5 of the Special Legal Service Contract at the same time, because the combination of these provisions would impair the economic benefits of our firm, directly making the attorney fees of about RMB 400,000 illegally flow into the pocket of the undertaking lawyer; in addition, our firm have reasons to suspect that all or part of such fees are kickbacks that the undertaking lawyer paid to the related personnel of your company ... Thus, our firm suggest that: the agreement in Article 3.2 of the Special Legal Service Contract that "wherein, Party A agrees that the reimbursement that Party B can apply for in the form of travel fees shall not exceed 50% of the legal service fee" shall be deleted. If your company has any actual modification solution better meeting this clause, you can modify it, so as to realize the legitimate purpose of Article 3 of the Special Legal Service Contract …"

On August 24, 2012, the former Zhongyi Company sent the Defendant Huigu firm the Notice of Commission Revocation, stating that: "We hereby inform you that our company has received the reply sent by your firm on August 17, 2012. Your firm said that it was Wang Zhongyu who made the Special Legal Service Contract between your firm and our company into force by sealing it at the administrative back office in the method violating the objective fact and under the circumstances that he had breached the internal management and other agreements of your firm, and did not submit the said contract to the partners or the director of your firm for examination; in addition, your firm suspect that part of the attorney fees are kickbacks the undertaking lawyer paid to the related personnel of our company. Our company shall attach great importance to the reply of your firm. After study, our company decides to revoke the commission to the lawyers Wang Zhongyu and Lv Xiaolin in this project. With regard to the presumption your firm made that these two lawyer had given "the related personnel" of our company the kickbacks, our company shall carry out the examination".

In October 2012, the Defendant Huigu Firm sent the former Zhongyi Company an Official Letter, mainly stating that: When conducting the annual examination against the "service contracts signed externally and the attorney fees receivable", our firm found that there are some clauses that our firm can neither understand nor correctly interpret in various contracts that the lawyer Wang Zhongyu of our firm responsible for signing externally. Our firm hereby consults your company about these issues, hoping you can make a correct judgment, so as to maintain the joint interests of your company and our firm: I. … II. … Article 3.1.1 to 3.1.4 of the Special Legal Service Contract specified that the legal service fees receivable of this contract shall be RMB 800,000, and the agreement on the collection of the specific money of the RMB 800,000 in different periods. That is to say, the legal service fees your company should pay are fixed; Article 3.5 of the Special Legal Service Contract specified that your company shall bear "the travel fees incurred beyond Shanghai" of the undertaking lawyer, and the all expenses other than the legal service fees. That is to say, our firm and the undertaking lawyer of our firm shall neither bear nor collect any expenses other than the legal service fees; Article 3.2 of the Special Legal Service Contract also specified that in the RMB 800,000 legal service fees payable to our firm, your company agreed that the reimbursement that the undertaking lawyer of our firm can apply for in the form of travel fees shall not exceed 50% of the legal service fees ... we can interpret these fees literally from two aspects: one is that the lawyer can collect by himself the RMB 400,000 deducted from the RMB 800,000 attorney fees that our firm should collect; the other is that based on the standard RMB 800,000 attorney fees that our firm should collect, the lawyer can collect separately an expense within RMB 400,000 from your company in the form of invoice reimbursement ... In the opinion of our firm, if these expenses shall be collected separately by the lawyer of our firm, the expenses of your company would be increased; if they shall be deducted from the RMB 800,000 attorney fees that should be collected by our firm, the legal service fees that should be paid to our firm as agreed in this contract would be decreased ... After finding this issue, our firm further looked up the legal service contracts signed by the lawyer Wang Zhongyu in the name of our firm with your company and with China Construction First Building (Group) Corporation Limited (HU), and also found some similar agreements ... In addition, when talking with the lawyer Wang Zhongyu, he also showed unintentionally that "the unit wants kickbacks" to the director of our firm. Based on the above grounds, our firm held that we have the obligation to cooperate with your company to jointly make a thorough investigation of the fact on whether there is any personnel in your company and China Construction First Building (Group) Corporation Limited (HU) cooperating with someone outside to obtain illegally the state-owned property by utilizing the "legal service contract" for a long term ..."

In October and November 2012, the Plaintiff Wang Zhongyu and the Plaintiff Lv Xiaolin left successively the Defendant Huigu Firm after handling the related procedures.

It was also found that in September 2012, Wang Xujie (a member of the lawyer team providing legal services for the former Zhongyi Company as designated by the Defendant Huigu Firm and agreed in the involved Special Legal Service Contract) issued a Certificate proving that the Plaintiff Wang Zhongyu had asked him to hand the involved contract over to the Defendant Ju Fuheng for examination. After examining, the Defendant Ju Fuheng agreed the contract and hand over to the administrative back office for sealing, then asked Wang Xujie to sign in the seal usage registration form. Thereafter, Wang Xujie delivered the contract to the Plaintiff Lv Xiaolin. The official seal usage registration form indicated that the time was: June 20, 2012, the content sealed was: Special Legal Service Contract, signature: Wang Xujie, remark: in duplicate (Zhongyi).

The Plaintiffs Wang Zhongyu and Lv Xiaolin claimed jointly that: the Defendant

Ju Fuheng sent a letter to the former Zhongyi Company in the name of the Defendant Huigu Firm by taking advantages of the convenience that he controls the official seal, asserting that "Considering that the lawyer Wang Zhongyu will not practice at our firm due to his transferring to another law firm...", and that the Special Legal Service Contract between the two Plaintiffs and the former Zhongyi Company was signed with the Plaintiff Wang Zhongyu breaching the management provisions of the law firm and dredging without authorization the administrative back office. In addition, the Defendant Ju Fuheng slandered that the two Plaintiff had privately collected the attorney fees of the service project and had conducted the commercial bribery to the management personnel of the company. The Defendant Ju Fuheng also attempted to achieve his aim of obtaining the business by promoting his practice term, specialties, etc. The above mentioned acts of the Defendant Ju Fuheng had caused the former Zhongyi Company to conduct an investigation and revoke the commission to the two Plaintiffs in the service project. The act of making up a story and discrediting the reputation of the two Plaintiff committed by the Defendant Ju Fuheng had seriously impaired the right of the two Plaintiffs to practice, and caused economic losses to the two Plaintiffs. Thus, the Defendant Ju Fuheng had constituted unfair competition against the two Plaintiffs. Considering that the act of the Defendant Ju Fuheng was committed in the name of the Defendant Huigu Firm by taking advantages of his job convenience, the two Defendants should jointly assume the liabilities for the infringement. Thus, the two Plaintiffs requested the court to rule that: 1. the two Defendants should cease the infringement of unfair competition against the two Plaintiff; 2. the two Defendants should publish a clarification announcement in written form within the office spaces of the business units (First Construction Company Limited of China Construction First Building Group and its parent company China Construction First Building Group Corporation Limited) of the two Plaintiffs and the Defendant Huigu Firm involved in the unfair competition to eliminate the effects to the two Plaintiff, and the clarification announcement should be submitted to the court for approval; 3. the two Defendants should apologize to the two Plaintiff, and publish a written apology in the magazine Shanghai Lawyers which should be submitted to the court for approval; 4. the two Defendants should jointly compensate the two Plaintiffs for economic losses of RMB 150,000.

The Defendants Ju Fuheng and Huigu Firm argued jointly that: 1. this case was a dispute between the law firm and the lawyers, and the Plaintiffs were not operators, so the dispute between both parties shall not be governed by the Anti-Unfair Competition

Law; 2. the involved three letters were sent in the name of Huigu Firm; before sending the first letter, the Plaintiff Wang Zhongyu had submitted Huigu Firm the materials requesting leaving the firm, and as a party signing the Special Legal Service Contract with the former Zhongyi Company, the Defendant Huigu Firm informed the company about such fact and requested the company to make a choice on whether to continuously entrust the Plaintiff Wang Zhongyu to provide legal services for the company, which completely met the relevant provisions and had not discredited the two Plaintiffs; with regard to the last two letters, the Defendant Huigu Firm sent the letters to warn the company, because it found some problems concerning the attorney fees in the above mentioned Special Legal Service Contract, and suspected that the relevant fees would be possessed by the lawyer in private, which were not made up, and had no words discrediting the two Plaintiffs. Therefore, they requested the court to dismiss the claims of the Plaintiffs.

[**Trial**]

After the trial, the court of first instance held that the two Plaintiffs once practiced at the Defendant Huigu Firm. During their practicing, the cases sought by the two Plaintiffs shall be undertaken by themselves, and the profits shall be distributed with the Defendant Huigu Firm according to certain proportion. Such circumstance that the lawyer seeks cases by himself/herself always indicates that the served unit signed the legal service contract with the law firm where the lawyer practices based on its selection of such lawyer. In this case, the choice of the former Zhongyi Company shall not only have direct influence on who would continuously undertake the business, the two Plaintiff or the Defendant Huigu Firm and the lawyer practicing at the firm, but also directly influence the earnings of each party concerned. Therefore, the lawyer shall meet the requirements for competition subject as specified in the Anti-Unfair Competition Law of the People's Republic of China, there was a competitive relation between the Plaintiffs and the Defendants, and the dispute involved in this case shall be regulated by the Anti-Unfair Competition Law of the People's Republic of China. The involved letters were sent in the name of the Defendant Huigu Firm to the former Zhongyi Company and inscribed the official seal of the Defendant Huigu Firm, and the relevant subject involved in the contents of the letters was also the Defendant Huigu Firm; the Defendant Ju Fuheng was the person in charge of the Defendant Huigu Firm, and the act of sending the letters involved in this case should be an on-duty behavior. Thus, it should be determined that committing subject of the alleged infringement in this case shall be the Defendant Huigu Firm, rather than the Defendant Ju Fuheng. With regard to the contents involved in the relevant letters, the Defendant Huigu Firm did not provide corresponding evidence, so the Defendant Huigu Firm had committed the act of making up stories. The Defendant Huigu Firm sent the letters containing false facts to the former Zhongyi Company to whom the two Plaintiffs were providing services, which had to some extent depreciated the service quality of the two Plaintiffs, made the company have bad impression on the business ethnics, practicing images and other aspects of the two Plaintiffs, impaired the service reputation of the two Plaintiffs, and further caused the former Zhongyi Company to revoke the commission to the two Plaintiffs in the project as mentioned in the involved Special Legal Service Contract. Thus, the act of the Defendant Huigu Firm had constituted discrediting of the two Plaintiffs. According to the law, the Defendant Huigu Firm should assume the corresponding civil liabilities for ceasing infringement, eliminating effects, compensating losses, etc. In conclusion, and in accordance with Article 134. 1. (1), Article 134. 1. (7) and Article 134. 1. (9) of the General Principles of the Civil Law of the People's Republic of China, Article 14 and Article 20 of the Anti-Unfair Competition Law of the People's Republic of China, Article 64. 1 of the Civil Procedure Law of the People's Republic of China, Article 17. 1 of the Interpretation of the Supreme People's Court on Some Issues Concerning the Application of Law in the Trial of Civil Cases Involving Unfair Competition, Article 2 of the Some Provisions of the Supreme People's Court on Evidence in Civil Procedures, the court of first instance ruled that the Defendant Huigu Firm should immediately cease the unfair competition against the two Plaintiffs; issue a written statement to First Construction Company Limited of China Construction First Building Group to eliminate the effects; compensate the two Plaintiff for economic losses of RMB 10, 000.

After the first instance, the Defendant Huigu Firm refused to accept the rulings as final and appealed to the court. After the trial, the court of second instance held that the court of first instance had made a clear finding of fact and applied correct laws. Thus, the court ruled that the appeal should be dismissed and the ruling of the first instance should be affirmed.

[**Comments and Analysis**]

This case is a dispute over discrediting resulted from the contest for business between two lawyers and the law firm they practiced before. The focuses of dispute in this case include whether the disputes between the lawyers and between the lawyers and law firm involved in this case can be regulated by the Anti-Unfair Competition Law of the People's Republic of China, whether the acts of the two Defendants shall constitute the act of discrediting, if so, what civil liabilities shall them assume, etc.

With regard to whether the disputes involved in this case can be regulated by the Anti-Unfair Competition Law of the People's Republic of China, the issues on whether the lawyer is a subject that can be regulated by the Anti-Unfair Competition Law of the People's Republic of China, and whether there is a competitive relation between lawyer and lawyer, and between lawyer and law firm should be solved firstly.

Article 2.2 of the Anti-Unfair Competition Law of the People's Republic of China stipulates that: "The unfair competition provided in this law shall refer to the operator's acts of violating the provisions of this law, impairing the legal rights and interests of other operators, and disturbing the social economic order." Such defining standard has defined the unfair competition from aspects of the subject, property of illegality, harmful consequences. In other words, the so-called unfair competition shall refer to an operator's act of striving for trading opportunity by improper means. That is to say, firstly, the anti-unfair competition shall an act of the "operator"; secondly, it shall be an act "violating the provisions of this law", "impairing the legal rights and interests of other operators, and disturbing the social economic order".

1. With regard to the "operators", Article 2.3 of the Anti-Unfair Competition Law of the People's Republic of China stipulates that: "the operators as specified in this law shall refer to the legal persons, other economic organizations and individuals engaged in commodity marketing or profitable services." The competition subjects involved in this case were lawyers and law firm. According to the relevant provisions of the Law of the People's Republic of China on Lawyers, a lawyer is a practitioner who has acquired a lawyer's practice certificate pursuant to law and accepts a commission or is designated to provide legal services to a party concerned; a law firm is the organization in which lawyers practice. Therefore, although it is required that a lawyer should sign the legal service contract with the served unit in the name of the law firm he/she practices when providing legal service, the one providing legal services to the unit is actually the lawyer who accepts the commission or is designated. In this case, the two Plaintiffs once practiced at the Defendant Huigu Firm. During their practicing, the cases sought by the two Plaintiffs shall be undertaken by themselves, and the profits shall be distributed with the Defendant Huigu Firm according to certain proportion. Such circumstance that the lawyer seeks cases by himself/herself always indicates that the served unit signed the legal service contract

with the law firm where the lawyer practices based on its selection of such lawyer. As the lawyers of the Defendant Huigu Firm, the two Plaintiffs sought cases by themselves during their practicing and distributed the profits with the Defendant Huigu Firm according to certain proportion, so they should be the operators as provided in the Anti-Unfair Competition Law of the People's Republic of China.

2. With regard to "whether there is a competitive relation between lawyer and lawyer, and between lawyer and law firm". From the point of civil procedure, the competitive relation is a relation established when the operator is suffering damages arising from competition due to the acts of other operators. The judicial policy of the Supreme People's Court on the Trial of Unfair Competition pointed out that: "the competition relation is a social relation established between the equal market subjects having acquired the qualification to operate." In this case, although the two Plaintiff had not handled the demission procedure when the Defendant Huigu Firm sent the letters to the former Zhongyi Company, they had requested to leave office before the Defendant Huigu Firm sent the letters, and it was based on this reason, the Defendant Huigu Firm requested the former Zhongyi Company to make a choice on whether to continuously entrust the Plaintiff Wang Zhongyu to provide legal services for the company in the letter sent on August 8, 2012. The choice of the former Zhongyi Company shall not only have direct influence on who would continuously undertake the business, the two Plaintiff or the Defendant Huigu Firm and the lawyer practicing at the firm, but also directly influence the earnings of each party concerned. Therefore, a competitive relation had been actually established between the two Plaintiffs and the Defendant Huigu Firm.

It should be pointed out that whether there is a horizontal competition relation between the operators or not is not a precondition for constituting unfair competition, and the competition relation is not limited to that the operators are engaged in the same kind of commodity marketing or services. Although the business they run may be different, as long as the operators violate the competition principles of voluntariness, equality, honesty and integrity, and following the commonly recognized business ethnics as stipulated in the Anti-Unfair Competition Law of the People's Republic of China, it can still be determined that they have a competition relation. That is to say, as long as impairing the legal rights and interests of other operators or consumers by improper means, the operator shall constitute unfair competition.

(Written by: Wu Yingzhe　Liu Ming)

Legal Considerations and Restrictions for Protecting the Generic Word as Enterprise Name

—Shanghai Talent (Group) Co., Ltd. v. Wangju Jingying (Beijing) Information and Technology Co., Ltd. et al.
Dispute over Unauthorized Use of Other's Enterprise Name

[**Summary**]

Generic words shall fall within the scope of public domain, and when used as the trade name of an enterprise, the generic word cannot be protected by law always because it does not feature distinctiveness. However, if the generic word features distinctiveness and identifiability due to commercial use, it can be protected as the enterprise name by the Anti-Unfair Competition Law when pointing to the operator of such trade name. The relevant protection shall be restricted, and cannot forbid others to use such generic word legitimately, but the precondition shall be that such use must be in good faith, and shall not cause the relevant public to feel confused or mistake the meaning of the generic word.

[**Facts**]

Plaintiff (Appellee): Shanghai Talent (Group) Co., Ltd.

Defendant (Appellant): Wangju Jingying (Beijing) Information and Technology Co., Ltd.

Defendant (Appellant): Shanghai Zhuze Human Resource Management Co., Ltd.

Cause of Action: Dispute over using without authorization other's enterprise name

Case No. at First Instance: (2013) PMS(Z)CZ No. 174

Case No. at Second Instance：(2014) HEZMW(Z)CZ No. 67

The Plaintiff Shanghai Talent (Group) Co., Ltd. (hereinafter referred to as Shanghai Talent Group), formerly named Shanghai Talent Information and Technology Co., Ltd., was founded on March 29, 2004 with a registered capital of RMB 85,000,000. Its business scope includes personnel information consultant, personnel recommendation, personnel recruitment, personnel training, personnel evaluation, personnel information networking services, personnel dispatching, computer software and hardware, network engineering, e-commerce, corporation management consultant, etc. (the business involving administrative licensing is operated with license). It has been performing well, and was upgraded to a group company in February 2010. In addition, it is a professional enterprise engaged in human resource services with relatively high awareness in Shanghai and even in China. The label "Shanghai Talent" of the Plaintiff Shanghai Talent Group won the gold award in China International Patent & Brand Expo which was organized by State Intellectual Property Office of the People's Republic of China in May 2004, the gold award in China International Patent & Brand Fair which was organized by State Intellectual Property Office of the People's Republic of China and other departments in August 2004, and the special gold award in China (Hefei) Patent Technology Trade which was organized by State Intellectual Property Office of the People's Republic of China in 2011; and its label "Shanghai Talent Website" won the gold award in China International Patent & Brand Expo which was organized by State Intellectual Property Office of the People's Republic of China in September 2008. The document of Shanghai Zhabei People's Government has expressly defined that the Plaintiff is an enterprise introduced with a focus to develop the personnel services industry of Zhabei District, so the Plaintiff has been receiving the care and support from the Organization Department of the Central Committee of the CPC, the human resources and Social Security Department and the relevant leaders of Shanghai Municipal and Zhabei District. In 2005, the media referred the Plaintiff as "Shanghai Talent Website" for short in relevant news reports, like a report in Wenhui News which was quoted from the Xinhua News Agency. On May 31, 2010, the Plaintiff became a member of China Human Resources Association. On June 9, 2010, the National Committee for Standardization of Human Resource Services approved of the Plaintiff being the unit undertaking the project of developing and constructing the information system for standardization of national human resource services. In June 2010, the relevant leaders looked over the Plaintiff and other enterprises in Shanghai Human Resources Building, and got to known the development of the personnel services industry. Many news media of central level and Shanghai municipal level referred the Plaintiff as "Talent Website" or "Shanghai Talent Website" for short when reporting the above mentioned news. The HU-Fu-Han〔2010〕No. 41 document of Shanghai Municipal People's Government expressly indicated that: "Shanghai human resources market in China" is one of the seven regional markets jointly constructed by Shanghai Municipal People's Government and the former Ministry of Personnel, and Shanghai Human Resources Building, as the carrier of "Shanghai human resources market in China", has become the core area providing public human resource services. Organizations, like SFSC, Shanghai Talent, and some international well-known enterprises have been successively settling Shanghai Human Resources Building. Shanghai shall build the first state-level human resource service industry cluster district in China centered on Shanghai Human Resources Building. "Shanghai Talent Service Shanghai Talent (Group) Co., Ltd." was recommended as Shanghai's famous brands in 2010 and 2012 by Shanghai Famous Brand Recommendation Committee. The Plaintiff was honored the "2011 - 2012 Trusted HR Service Organization" by Shanghai Human Resources Consulting Association.

The Defendant Wangju Jingying (Beijing) Information and Technology Co., Ltd. (hereinafter referred to as Wangju Jingying Company) was founded on March 28, 2005. Its business scope includes Internet information services (including the publication of on-line ads by making use of the website www.dshrc.com); collection of personnel supply and demand information, publication and consultant services; personnel registration and recommendation, etc.

The Defendant Shanghai Zhuze Human Resource Management Co., Ltd. (hereinafter referred to as Shanghai Zhuze) was founded on October 19, 2010, and its ratified business scope includes personnel recommendation; personnel recruitment; collection, organization, storage, publication and consultant of personnel supply and demand information; personnel information networking services; etc.

The website of the Plaintiff Shanghai Talent Group was filed at Shanghai Communications Administration on January 31, 2005, and the filing/licensing No. is HU-ICP-Bei 06036084. The website name is "Shanghai Talent Website", the home page address iswww.shanghaitalent.com, and the domain names include two Chinese domain names including "上海人才.中国", "上海人才网.中国" and 30 English domain names like dragonhr.cn, dragonhr.com. The columns and main contents of the websites are recruitment, job searching, training, member services, message board, etc. The Plaintiff Shanghai Talent Group uses the above mentioned website to run the business of human resource. On May 23, 2001, the legal representative Wu Qiang of the Defendant Wangju Jingying Company registered the domain name dshrc. com, and then transferred to the Defendant Wangju Jingying Company. On June 15, 2005, the Defendant Wangju Jingying Company acquired the business certificate of telecom and information services, the certificate No. was JING-ICP-Zheng No. 050289, and the business type shall be the Internet information services, with service items excluding press, publication, education, medical care, medicine, medical apparatus and instruments, BBS. On the same day, the website www. dshrc. com was filed the name "Dashanghai Rencai Hot Line" at Beijing Communications Administration, which was changed to "Dashanghai Rencai Website" on January 4, 2008.

The Plaintiff claimed that it had been continuously using its enterprise name in shortened form "Shanghai Talent Website", trade name "Talent Website", registered trademark "上海人才" for a long term during its operation, and the "Talent Website", especially the "Shanghai Talent Website" had been featuring the recognition function of distinguishing the Plaintiff from other enterprises and other talent websites. Thus, the Plaintiff shall own the intellectual property right to its shortened enterprise name "Shanghai Talent Website". The Defendants Wangju Jingying (Beijing) Information Technology Co., Ltd., Shanghai Zhuze Human Resource Management Co., Ltd. were also engaged in the personnel intermediary services, and used "Dashanghai Rencai Website" as the website name (domain name: dshrc. com) which was extremely similar to the Plaintiff's website name to run the business similar to that of the Plaintiff, as well as for promotion. Meanwhile, they purchased "shanghai rencai" etc. as the on-line search keywords via paid listing. All the above mentioned acts were sufficient to cause the relevant public to mistake the Defendants for the Plaintiff, damage the Plaintiff's business reputation, and thereby constitute unfair competition. Based on the above grounds, the Plaintiff requested the court to rule that the two Defendants should immediately cease the unfair competition of using "Dashanghai Rencai Website", "Shanghai Talent Website", "Talent Website" in their production and management activities, like the websites they operated, the Internet, print media, TV, publicity materials; the two Defendants should cease the unfair competition of using the Plaintiff's enterprise names "Shanghai Talent Website", "Shanghai Talent Group", "Shanghai Talent (Group) Co., Ltd." as the keywords for promotion in the search engine of Yahoo, and should assume the civil liabilities for eliminating effects, compensating for losses, etc.

The Defendants Wangju Jingying Company and Shanghai Zhuze argued jointly that: "Dashanghai Rencai Website" (www. dshrc. com) is one of the 31 provincial websites of 51 website group under "www. 51rc. com". A common characteristic of these websites is that they are named by means of "the alias of a region + Rencai Website", and their domain names are all ended with "rc. com". The domain name "dshrc. com" was registered in May 2001 (its owner is the Defendant Wangju Jingying Company). The Dashanghai Rencai Website (www. dshrc. com) was officially launched as a non-business personal website at that time, and its external business started officially in March 2005. The history and influence of the industry of Dashanghai Rencai Website (www. dshrc. com) were far beyond the Plaintiff's Shanghai Talent Website. Moreover, not only the two phrases "Dashanghai Rencai Website" and "Shanghai Talent Website", the contents of the pages and menu settings of the two websites were obviously different, the page heads and footers of the two websites were significantly identified. So, it would not cause the public feel confused about and mistake the two websites. "Talent Website", "Shanghai Talent Website" shall be generic names, rather than the enterprise name of the Plaintiff, so the Plaintiff shall not own the independent and exclusive right to use them. The Plaintiff's trade name "Talent Website" shall be a generic name, and did not have the market popularity and public awareness so as to be protected as an enterprise name. What's more, the usage of the generic name by the Plaintiff did not make it have a specific secondary meaning. The Defendants set "Shanghai Talent" as a word for promotion on Yahoo, and adopted the promotion way of "broad matching" rather than precise paid listing, i. e. the websites of the Defendants shall be displayed when a user was searching any phrase containing "Shanghai Talent". In conclusion, the Defendants did not commit any unfair competition, so they requested the court to rule that the claims made by the Plaintiff should be dismissed.

[**Trial**]

After the trial, the People's Court of Shanghai Putuo Districtheld that the Plaintiff had been continuously using the enterprise name containing the words "Shanghai Talent Website", the trade name "Talent Website" and operating the website "www. shanghaitalent. com" for a long term, so it can be identified that the "Talent Website", especially the "Shanghai Talent Website" had been featuring the recognition function of distinguishing the Plaintiff from other talent websites. That was to say, the "Talent Website", especially the "Shanghai Talent Website" had already had the secondary meaning that was different from the generic website name, and as the business logo, they had already had the function of distinguishing from the market subjects, and the role of preventing confusion. In this case, the domain name dshrc. com was registered by Wu Qiang, the legal representative of the Defendant Wangju Jingying Company, in 2001. However, in June 2005, when the Defendant Wangju Jingying Company filed the website www. dshrc. com at Beijing Communications Administration and Beijing industrial and commercial administration for the first time, the website name was "Dashanghai Rencai Hot Line", until January 2008, the Defendant changed the website name into Dashanghai Rencai Website. Analyzing from the change time, the time when the Defendant started to use the website name "Dashanghai Rencai Website" was later than the registration time of the Plaintiff's enterprise name and the establishment time of the website "Shanghai Talent Website". At this time point, the Plaintiff and "Shanghai Talent Website" operated by the Plaintiff had already gained relevant honors, and gained certain awareness in the industry. Analyzing from the changed suffix, in the network environment, "website" generally refers to websites, so the identifiability of phrase "hot line" is always higher than the word "website". Although the Defendant argued that such change was an overall adjustment involving all provincial websites, rather than just to Dashanghai Rencai Hot Line, the court held that combining with the specific circumstances of this case, as an enterprise among the early batch of enterprises running the personnel intermediary business in the industry, the Defendant Wangju Jingying Company should be much more cautious about changing the website name under the circumstance that the Plaintiff and the website named "Shanghai Talent Website" had already had certain awareness. However, the Defendant changed the suffix from the phrase "hot line" with high identifiability to the word "website" with low identifiability, so that it would be much more similar to the Plaintiff's enterprise name as whole. Thus, it was difficult to identify that the Defendant was in good faith.

Combining with the explanation of the two Defendants on the broad matching search function and the evidence provided by the Plaintiff, even though the relevant users used the words "Shanghai Talent Website", especially "Shanghai Talent Group", "Shanghai Talent (Group) Co., Ltd." for precise search in the Yahoo search engine, the website www. dshrc. comoperated by the two Defendants shall still be the first among the searched results. Under the circumstance that the actual name of www. dshrc. com was "Dashanghai Rencai Website", the two Defendants deliberately set the word displayed as "Shanghai talent website", which was identical to not only the core words "Shanghai Talent Website" in the enterprise name of the Plaintiff competing horizontally with the two Defendants, but also the website name of the Plaintiff. The above mentioned acts of the two Defendants would easily cause confusion and mistaking among the users. Thus, the two Defendants were subjectively malicious in deliberately hitchhiking the Plaintiff, and playing up to the brand of the Plaintiff, which had infringed the Plaintiff's enterprise name right, disturbed the market order of fair competition, and constituted unfair competition.

The Plaintiff held that the two Defendants set the telephone to automatically answer "welcome to call talent website" in the customer service line, which shall constitute unfair competition. "Talent Website" was the trade name of the Plaintiff, and had already had the recognition function of distinguishing the Plaintiff from other talent websites through the Plaintiff's usage. However, when including the terms with relatively high generality into the protection of the Anti-Unfair Competition Law, there shall be reasonable boundary and restrictions, and it shall not be expanded arbitrarily. As the enterprises engaged in personnel intermediary services, the two Defendants had also been operating relevant websites. Although the call collected as evidence under notarization by the Plaintiff was from Shanghai, the customer service hot line of the Defendants was oriented towards the whole country, and the using of "talent website" in their telephone answering system matched their business. The Plaintiff failed to provide sufficient evidence proving that the separately using of "talent website" by the two Defendants only in the automatic answering system of their customer service hot line shall constitute malignity, so it can hardly identify that the two Defendants had constituted unfair competition.

Based on the above grounds, in accordance with Article 99. 2, Article 120, Article 134. 1. (1), Article 134. 1. (7) and Article 134. 1. (9) of the General Principles of the Civil Law of the People's Republic of China, Article 5. (3) and Article 20. 1 of the Anti-Unfair Competition Law of the People's Republic of China, Article 6. 1 and Article 17. 1 of the Interpretation of the Supreme People's Court on Some Issues Concerning the Application of Law in the Trial of Civil Cases Involving Unfair Competition, and referring to Article 63. 1 and Article 63. 2 of the Trademark Law of the People's Republic of China, Article 16. 1, Article 16. 2 and Article 17 of the Interpretation of the Supreme People's Court Concerning the Application of Laws in the Trial of Cases of Civil Disputes Arising from Trademarks, Article 2 of the Some Provisions of the Supreme People's Court on Evidence in Civil Procedures, the court ruled that: (1) the two Defendants should immediately cease the unfair competition of using "Dashanghai Rencai Website", "Shanghai Rencai Website" in their business activities; (2) publish a statement in the layout except the center joint of Xinmin Evening News to eliminate the effects resulted from their unfair competition of using "Dashanghai Rencai Website", "Shanghai Rencai Website"; (3) compensate the Plaintiff for economic losses of RMB 80, 000 and reasonable expenses of RMB 15, 000 for stopping the infringement; (4) the rest claims made by the Plaintiff Shanghai Talent (Group) Co. , Ltd. should be dismissed.

After the first instance, the Defendants Wangju Jingying Company and Shanghai Zhuze refused to accept the rulings as final, and appealed to Shanghai No. 2 Intermediate People's Court.

After the trial, Shanghai No. 2 Intermediate People's Court held that the findings of facts in the first instance had been fully proved and the application of laws was correct, thus dismissed the appeal and affirmed the original judgment.

[**Comments and Analysis**]

Generic words shall fall within the scope of public domain, and when used as the trade name of an enterprise, the generic word cannot be protected by law always because it does not feature distinctiveness. However, if the generic word features distinctiveness and identifiability due to commercial use, it can be protected as the enterprise name by the Anti-Unfair Competition Law when pointing to the operator of such trade name. The relevant protection shall be restricted, and cannot forbid others to use such generic word legitimately, but the precondition shall be that such use must be in good faith, and shall not cause the relevant public to feel confused or mistake the meaning of the generic word.

Ⅰ. Generic word as the trade name of an enterprise can be protected by law

It was not the first time that Shanghai Talent Group lodged a lawsuit to the court for the dispute over unauthorized using of other's enterprise name, and the court had determined in the previous litigations that "Shanghai Talent Website" should be protected by law as the trade name. Article 5. (3) of the Anti-Unfair Competition Law stipulates that: "Operators shall not adopt any of the following unfair means to carry on transactions in the market and cause damage to competitors: (III) using others' enterprise names or names without authorization, which causes people to mistake the product of the operator for the commodity of others." According to Article 6 of the Interpretation of the Supreme People's Court on Some Issues Concerning the

Application of Law in the Trial of Civil Cases Involving Unfair Competition, the trade name in the enterprise name with certain market popularity and known to relevant public can be identified as the "enterprise name" as stipulated in Article 5. (3) of the Anti-Unfair Competition Law. Generic words shall fall within the scope of public domain, and when used as the trade name of an enterprise, the generic word cannot be protected by law always because it does not feature distinctiveness. However, if the generic word features distinctiveness and identifiability due to commercial use, it shall have a secondary meaning different from the generic word itself when pointing to the operator of such trade name, and thereby should be protected by law for featuring the characteristics of intellectual property right. In the business operation process, the malicious use of the generic word with specific secondary meaning which would cause the relevant public feel confused or mistake the meanings shall be determined as constituting unfair competition, and the party committed such act should assume the liability for infringement. In this case, as the Plaintiff had been continuously using the enterprise name containing the words "Shanghai Talent Website", the trade name "Talent Website" and operating the website "www. shanghaitalent. com" for a long term, and in the relevant government documents and the reports of authoritative news media, the Plaintiff was referred to "Talent Website" or "Shanghai Talent Website", making "Shanghai Talent Website" become the trade name in the enterprise name with certain market popularity and known to relevant public, have had the specific secondary meaning that was different from the generic website name, and can prevent the public from feeling confused, so it can be identified as the "enterprise name" as stipulated in Article 5. (3) of the Anti-Unfair Competition Law, and thereby should be protected.

On the other hand, when including a generic word into the protection scope of the Anti-Unfair Competition Law of the People's Republic of China as the enterprise name, itc annot forbid others to use such generic word legitimately, but the precondition shall be that such use must be in good faith, and shall not cause the relevant public to feel confused or mistake the meaning of the generic word. In this case, the Defendants also made relevant defense, and provided evidence proving the popularity of their "Dashanghai Rencai Website" in the industry. It cannot be denied that according to the evidence provided by the Defendant Wangju Jingying Company, as a company qualified for running the human resource business, the "www. 51rc. com" under its operation also had a certain scale in the industry. However, we cannot equate such evaluation with the determination on whether the involved website constituted unfair competition. That was to say, on one hand, the popularity of website group cannot be equal to the popularity of a specific website; on the other hand, if a certain website constituted infringement, whether it had gained popularity or not afterwards shall not be taken as a consideration for the determination of infringement. In this case, the domain name dshrc. com was registered by Wu Qiang, the legal representative of the Defendant Wangju Jingying Company, in 2001. However, in June 2005, when the Defendant Wangju Jingying Company filed the website www. dshrc. com at Beijing Communications Administration and Beijing industrial and commercial administration for the first time, the website name was "Dashanghai Rencai Hot Line", until January 2008, the Defendant changed the website name into Dashanghai Rencai Website. Considering the time node that the Plaintiff's trade name gained popularity, the geographical features of human resource business, and combining with the evidence documented, it was difficult to identify that the Defendant was in good faith. Meanwhile, even though the relevant users used the words "Shanghai Talent Website", especially "Shanghai Talent Group", "Shanghai Talent (Group) Co., Ltd." for precise search in the Yahoo search engine, the website www. dshrc. com operated by the two Defendants shall still be the first among the searched results. With regard to the method of the two Defendants for using the search engine paid listing, they not only directly set the word displayed as the Plaintiff's enterprise name, but also made the Defendants' website be displayed at the top when the network users using the Plaintiff's enterprise name for precise searching, which was easily to result in confusion. Thus, it cannot be identified that the Defendants were in good faith, and the Defendants shall constitute unfair competition.

Ⅱ. Restrictions for protecting the generic word as the trade name of an enterprise according to the law

If the generic word features distinctiveness and identifiability due to commercial use, it shall have a secondary meaning different from the generic word itself when pointing to the operator of such trade name, and thereby should be protected by law for featuring the characteristics of intellectual property right. However, it is worth noting that the intellectual property right aims to balance the interests between the social public and the right owner. The generic words should be a part of the resources in the public domain, so it should prevent the right owner from misusing the right of action based on the ground that it owns intellectual property right to its enterprise name. Even though the generic word can be protected by the Anti-Unfair Competition

Law as the "enterprise name" under the circumstances that it had certain market popularity and was known to relevant public, there shall be reasonable boundary and restrictions, and it shall not be expanded arbitrarily.

When including a generic word into the protection scope of the Anti-Unfair Competition Law of the People's Republic of China as the enterprise name, it cannot forbid others to use such generic word legitimately, in case that such use is in good faith, and shall not cause the relevant public to feel confused or mistake the meaning of the generic word.

Article 7.1 of the Provisions on Administration of Enterprise Name Registration stipulates that: "Enterprise name should be successively composed of the following parts: trade name (or firm, similarly hereinafter), industry or operation characteristic, organization form." Article 7.2 stipulatcs that: "Entcrprisc namc should be named with the administrative division name of a province (including the autonomous region, municipality directly under the central government, similarly hereinafter) or a city (including state, similarly hereinafter) or a county (including municipal district, similarly hereinafter) where the enterprise is located." According to these two stipulations, the enterprise name shall be composed of four basic elements, i.e. the administrative division name, the trade name, the industry or operation characteristic, the organization form. The Provisions on Administration of Enterprise Name Registration stipulates that an enterprise is only allowed to use one name, which should not be identical or similar to the registered enterprise name of the same trade within the jurisdiction of the component registration authority. Wherein, "should not be identical or similar to..." mainly means that the trade name should not be identical or similar. Because enterprises founded in the same administrative region can be named with the same administrative division. And enterprises in the same field engaged in a certain business can use the same industry term. In addition, the name of any corporation established in accordance with the Company Law of the People's Republic of China must be marked with words "Limited Liability Company" or "Joint Stock Limited Company". Only trade name is restricted to administrative region and industry, and there is unlikely for the occurrence of identical trade names. Thus, the difference between enterprise names is mainly reflected in trade names. However, when an enterprise adopts the administrative division name or an industry term as its trade name, such trade name shall be a generic word, and can be protected by the Anti-Unfair Competition Law only under the circumstance that it has had certain market popularity and has been known to relevant public. Such protection must be cautious, and cannot prevent the enterprise with its enterprise name containing the same administrative division name or industry term from using legitimately such generic word. In this case, the Plaintiff adopted the industry term "Talent Website" as the trade name of its enterprise name, but it can be considered that the two Defendants used "talent website" in the automatic answering message of their customer service hot line to indicate their business. On the other hand, although the call collected as evidence under notarization by the Plaintiff was from Shanghai, the customer service hot line of the Defendants was oriented towards the whole country. The Anti-Unfair Competition Law does not protect the act of restraining others from using "talent website" in other administrative division. What's more, the evidence provided to prove that it had caused confusion and mistaking of the relevant public beyond Shanghai should be more convincing. The Plaintiff failed to provide sufficient evidence proving that the separately using of "talent website" by the two Defendants only in the automatic answering system of their customer service hot line shall constitute malignity, and was sufficient to cause confusion and mistaking of the relevant public. Thus, the claim made by the Plaintiff that the protection scope should be expanded to "talent website" did not consider the restriction for including the generic name into the protection of the Anti-Unfair Competition Law, and cannot be supported by the court.

(Written by: Zhang Jialu　Hu Chao)

V.

Civil Contract Disputes over Intellectual Property

Trial Principle of Parallel Litigations Concerning Foreign Trade Secrets

—SI Group, SI Chemical (Shanghai) Co., Ltd. v. Sino Legend (China) Chemical Co. Ltd. et al. Dispute over Infringement upon Trade Secrets

[**Summary**]

In the trial of cases concerning foreign trade secrets, we should insist on the principles of equal protection, reciprocal protection, honesty and integrity, etc. For the trial of whether there is any trade secret and whether there is any infringement, we should reasonably allocate the burden of proof, develop appropriate evidence provision and cross-examination rules and confidential system, and implement the well-established and normative judicial expertizing procedure and other procedures. In addition, we should standardize the fair competition between parties concerned, maintain the fair market order, and present a good judicial image.

[**Facts**]

Plaintiff (Appellant): SI Group

Plaintiff (Appellant): SI Chemical (Shanghai) Co., Ltd.

Defendant (Appellee): Sino Legend (China) Chemical Co. Ltd.

Defendant (Appellee): Xu Jie

Cause of Action: Dispute over infringement of trade secrets

Case No. at First Instance: (2011) HEZMW(Z)CZ No. 50

Case No. at Second Instance: (2013) HGMS(Z)ZZ No. 93

SI Group (hereinafter referred to as America SI) is the manufacturer of the product SP - 1068. America SI authorized SI Chemical (Shanghai) Co., Ltd. (hereinafter referred to as Shanghai SI) to use its technology to produce and sell the products including SP - 1068 in China.

Xu Jie was an employee of Shanghai SI. In May 2007, After leaving Shanghai SI, Xu Jie held the project manager of Zhongyuan Phenolic Fiber Project and Zhangjiagang Phenolic Resin Project.

Sino Legend (China) Chemical Co. Ltd. (hereinafter referred to as Sino Legend Company) was founded on August 11, 2006. At the end of 2007, Sino Legend Company started to produce the product SL－1801. On January 7, 2009, the State Intellectual Property Office of the People's Republic of China made public the application publication of the involved resin patent.

In November, Shanghai SI reported a case to the economic crime investigation detachment of Shanghai Public Security Bureau (hereinafter referred to as Shanghai economic crime investigation) based on the ground that Sino Legend Company and Xu Jie had infringed its trade secrets. Afterwards Shanghai economic crime investigation entrusted Shanghai Sci-Tech Consultation Service Center (hereinafter referred to as Shanghai Sci-Tech Consultation Center to conduct the expertizing on whether the technical information of Shanghai SI for producing the product SP－1068 was non-public technical information. To this end, Shanghai Sci-Tech Consultation Center issued three copies of expertizing reports (hereinafter referred to as Shanghai Sci-Tech reports). The main contents of Shanghai Sci-Tech reports were that: 1. the reports indicated for the first time that in the technical information of Shanghai SI for producing the product SP－1068, three pieces of technical information including the formula values of the raw materials were non-public technical information, based on which, the reports confirmed that the technical information of product SP－1068 was non-public technical information. 2. the reports held that the production process of product SP－1068 was basically identical to that of product SL－1801. However, the reports indicated that there were significant differences between the non-public technical information in the above mentioned technical information of product SP－1068 and the corresponding technical information of product SL－1801. 3. the reports did not analyze and explain why the above mentioned different technical information was basically identical, which was required by Shanghai economic crime investigation. On September 4, 2009, Shanghai economic crime investigation refused to place the case as reported by Shanghai SI on file based on the ground that there wasn't any crime.

On March 5, 2010, Shanghai SI lodged the lawsuits of the two cases of (2010) HEZMW(Z)CZ No. 38 and No. 39 (hereinafter referred to as the two cases of No. 38 and No. 39) to the court based on the ground that Sino Legend Company, Xu Jie had infringed its trade secrets. During the trial of the two cases, Shanghai SI changed the two technical secret points it originally claimed to the specific technical information for producing the product SP – 1068, 10 secret points in total, and changed the details of the secrets it originally claimed. In addition, Shanghai SI withdrew the lawsuits of the above mentioned two cases without the approval of the court, and lodged the lawsuit of this case together with America SI. In this case, the two Plaintiffs changed the technical information of the product SP – 1068 to 20 secret points, which were different from the contents as confirmed in the trial of the original case of No. 38.

On December 21, 2012, the court entrusted the Forensic Science Center of MIIT to conduct the technical appraisal for the involved technical issues. On May 14, 2013, the Forensic Science Center of MIIT issued a Judicial Export Report to the court. The above mentioned Judicial Export Report held that: 1. the secret points 4, 9, 10, 11, 12, 15, 16, 20 and the temperature control for adding raw material C at the first reaction stage in secret point 6 as claimed by the two Plaintiffs were non-public technical information. The rest technical secret points as claimed by the two Plaintiffs were public technical information. 2. the technical information of Sino Legend Company for producing the product SL – 1801 was not identical to and substantively different from the non-public technical information in the secret points as claimed by the two Plaintiffs. 3. the technical information of Sino Legend Company in the involved resin patent was not identical to and substantively different from the non-public technical information in the secret points as claimed by the two Plaintiffs. 4. the independent R&D materials provided by Sino Legend Company had revealed the R&D process of the product SL – 1801 of Sino Legend Company.

[**Trial**]

After trial, Shanghai No. 2 Intermediate People's Court held that: firstly, in the process from the investigation stage of Shanghai economic crime investigation to the lawsuit of this case, the two Plaintiffs had changed for several times the contents of relevant secret points in the technical information for producing the product SP – 1068. The technical information of the 20 secret points in the involved trade secrets as claimed by the two Plaintiffs in this case was completely different from the technical information of the 3 secret points as confirmed in the expertizing opinions of Shanghai Sci-Tech Consultation Center. Moreover, there were several contradictions between the relevant expertizing conclusions of Shanghai Sci-Tech Consultation Center and its expertizing bases, but Shanghai Sci-Tech Consultation Center did not make any explanation. Therefore, the basis for the expertizing conclusion in the reports of Shanghai Sci-Tech Consultation Center that the production process of product SP－1068 was basically identical to that of product SL－1801 was obviously insufficient, and the expertizing conclusion was neither scientific nor accurate. And the court did not adopt the reports of Shanghai Sci-Tech Consultation Center. In addition, the court had held an open trial according to the law, in order to conduct the cross-examination to the Judicial Export Report of the Forensic Science Center of MIIT; consulted the expertizing experts; examined the expertizing contents, materials, bases, process, conclusions, etc., and the court did not find any violation of the law in the involved expertizing by the Forensic Science Center of MIIT during the examination. Therefore, the court did not accept the application of the two Plaintiffs for conducting another expertizing.

Secondly, according to the facts investigated by the court, the technical information of the secret points 4, 9, 10, 11, 12, 15, 16, 20 and the temperature control for adding raw material C at the first reaction stage in secret point 6 as claimed by the two Plaintiffs in this case met the provisions of Article 10.3 of the Anti-Unfair Competition Law, and should be treated as the trade secrets of the two Plaintiffs.

Finally, according to the facts investigated by the court, the technical information of Sino Legend Company for producing the product SL－1801 and the relevant technical information of the involved resin patent were not identical to and substantively different from the technical information of the secret points 4, 9, 10, 11, 12, 15, 16, 20 and the temperature control for adding raw material C at the first reaction stage in secret point 6 which were the trade secrets of the two Plaintiffs. Therefore, the claim made by the two Plaintiffs that the two Defendants had infringed their trade secrets could not be established, and could not be supported by the court.

Based on the above mentioned grounds, and in accordance with Article 10 of the Anti-Unfair Competition Law of the People's Republic of China, Article 9, Article 10, Article 11 and Article 14 of the Interpretation of the Supreme People's Court on Some Issues Concerning the Application of Law in the Trial of Civil Cases Involving Unfair Competition, Article 145.2 of the Civil Procedure Law of the People's Republic of China, the court ruled that: the claims made by the Plaintiffs America SI and Shanghai SI should be dismissed.

America SI and Shanghai SI refused to accept the ruling of first instance as final and appealed to Shanghai High People's Court.

After trial, Shanghai High People's Court held that: firstly, the court of first instance had implemented the expertizing procedure strictly, the expertizing conclusions of the Forensic Science Center of MIIT were sufficiently grounded and the expertizing method was scientific and reasonable. Thus, the Judicial Export Report of the Forensic Science Center of MIIT should be taken as the decisive evidence of this case. It was legitimate and evidence-based that the court of first instance determined accordingly whether the technical information as claimed by the Appellants in this case shall constitute trade secrets, whether the technical information of Sino Legend Company for producing the product SL – 1801 and in the involved resin patent should be treated as the technical information identical or substantively identical to that in the trade secrets of the Appellants, and there was nothing inappropriate in the determination made by the court of first instance. Secondly, during the expertizing process, Shanghai Sci-Tech Consultation Center neither gave both parties sufficient right to provide evidence, nor conducted any investigation like field inspection. For the expertizing contents, the technical information of the Appellants' 3 secret points as expertized by Shanghai Sci-Tech Consultation Center was obviously different from the technical information of the 20 secret points as claimed by the Appellants in this case. Moreover, the expertizing reports of Shanghai Sci-Tech Consultation Center did not explain whether the non-corresponding technical information of both parties was identical or substantively identical. Therefore, the basis for the expertizing conclusions of Shanghai Sci-Tech Consultation Center was obviously insufficient. It was reasonable that the court of first instance did not adopt such expertizing conclusions based on the above mentioned grounds, and thus was accepted by the court of second instance. Finally, during the trial of first instance, when being aware that the expertizing conclusions of the Forensic Science Center of MIIT obviously went against them, and that the fact of infringement they alleged had been examined basically and express determination could be made, the Appellants committed the behaviors of delaying the litigation like adding defendants, applying for withdrawing the lawsuit, refusing to appear on the court for trial, which had obviously violated the principle of honesty and integrity. Combining with various factors and considering the litigation rights of both parties, the court of first instance ruled that the application of the Appellants should be dismissed, and that there was nothing inappropriate to be absent from the trial according to the law, but the resulting adverse consequences should be certainly assumed by the Appellants themselves. Based on the above grounds, and in accordance with provisions of Article 170. 1. (1) of the Civil Procedure Law of the People's Republic of China, Shanghai High People's Court ruled that: the appeal should be dismissed and the ruling of first instance should be affirmed.

[Comments and Analysis]

This case had undergone the criminal investigation procedure of the public security organ, and two civil procedures, which had represented the complete judicial process of the trial of the case concerning trade secrets. In the trial of this case, America SI applied to ITC for "337 investigation" against the same facts of this case, making this case become the first new type of case concerning the infringement upon trade secrets tried concurrently in both China and USA against the same fact of infringement. In the trial of this case, the bench had conducted in-depth practice and beneficial exploration against the parallel trial in both China and USA, establishment of confidential system, determination of rules for evidence providing and cross-examination, setting of the expertizing procedure, treatment of the behavior of delaying the litigation, etc. involved in the trial of this case based on the principles of reciprocal protection, equal protection, honesty and integrity, which had drawn certain reference to the trial of cases concerning foreign trade secrets.

Ⅰ. Principle of reciprocal protection

In the international private law, the behavior of the same party concerned lodging the lawsuits in two or more than two countries at the same time for the same disputed fact and the same cause of action shall be referred to as "parallel litigations". ①On one hand, the parallel litigations would increase the litigation costs of the party concerned, and result in waste of judicial resources; on the other hand, the parallel litigations would encourage the party concerned to "select the court", increase the unpredictability of the case, and bring numerous difficulties to international judicial assistance. Although different countries have different solutions to parallel litigations, and there has not been any unified international treaty for restriction, based on the judicial comities between countries, the first appellate court shall be in principle the basic way to solve the parallel litigations as recognized internationally. As stipulated in Article 21 of the EU Convention on Jurisdiction and Enforcement of Judgments concerning Civil and Commercial Matters in 1968 (i.e. Brussels Convention), "in case that the same parties concerned lodge the lawsuits to the courts of different state parties for the same cause of action, the other courts rather than the first appellate court must give up the

---

① Li Jian, "Reasons and Countermeasures of Issue on Parallel Litigations", published in Legal System and Society, 2nd edition, 2009, p. 33.

jurisdiction on their own initiative, and let the appellate court to accept and hear the case." Such principle had also been stipulated in the Hague Convention on Jurisdiction and Foreign Judgment concerning Civil and Commercial Matters. ① In this case, after lodging a lawsuit against the Defendants for infringing their trade secrets in China, the Plaintiffs applied to ITC for "337 investigation" based on the ground that the Defendants infringed the same trade secrets. In order to save the litigation costs, and avoid judicial conflict, the American court should have followed the principle of judicial comities, and let the Chinese court who accepted the case first to try. Now, the American court did not follow the principle of judicial comities, so the Chinese court should also adopt the principle of reciprocal protection, insist on judicial independence, suppress the external interference, try the case and make judgment independently according to the law of the People's Republic of China.

Ⅱ. Principle of equal protection

Equality is a basic principle of the market economy, and providing the transaction participants of each country with equal judicial protection environment is an earnest commitment made by the People's Republic of China when joining in WTO. In the trial of this case, the principle of equal protection was reflected by the bench mainly through standardizing the confidential system, the rules for evidence providing and cross-examination, the expertizing procedure, etc.

(Ⅰ) Set a strict confidential system

Considering that the parties concerned proposed in the trial that the involved relevant technical information was their own trade secrets, the bench had developed the Notification of Duties of Confidentiality and sent such to all participants in the litigation, requesting the relevant personnel participating in the trial of this case to undertake the duties of confidentiality, sign the letter of confidentiality undertaking, and not to reproduce, excerpt, disseminate, disclose, use or permit others to use the materials in this case involving the state secrets, trade secrets or other contents that should be kept secret according to the law. The materials that need to be disclosed in the trial could only be shown to the attorney agents of the parties concerned and the

① Article 21.1 of the Convention stipulates that if the same party concerned lodges the lawsuits to the courts of different state parties, and these lawsuits are based on the same cause of action, no matter what kind of remedy it seeks, as long as the precedent appellate court has the right of jurisdiction and is expected to make a judgment recognized and implemented by the posterior appellate court according to this convention, the posterior appellate court should cease the lawsuit.

relevant personnel participating in the trial of this case that the bench deemed as necessary to read the above mentioned materials. The establishment of the above mentioned duties of confidentiality had not only basically relieved the anxieties of each party concerned to secondary disclosure due to the litigation, but also made the court successfully obtain the technical materials of both parties in the expertizing process, which had laid a foundation for the subsequent trial of the case. In the judgment of this case, the bench had also followed strictly the confidentiality system. In the judgment of this case, the bench had protected the trade secrets of the parties concerned as far as possible by using codes to replace the specific contents of the involved trade secrets, and informing the party concerned via oral explanation when pronouncing judgment.

(II) Rules for evidence providing and cross-examination under the confidential principle

At the preliminary stage of the trial, both parties requested the bench to access to the archives of Shanghai economic crime investigation for the expertizing of the case, while Shanghai economic crime investigation refused the court to access to such materials based on the ground that it was not put on record and the relevant materials involved the trade secrets. Thus, the trial once came to a deadlock. At that time, the bench explained as following: 1. the court would obtain the evidence as requested by both parties as far as possible; 2. the claiming party should bear the burden of proof when the relevant evidence could not be obtained for some reason; 3. establish strict confidential system, and take strict precautions against the secondary disclosure; 4. under the confidential principle, fully disclose the confidential evidence within the period as accepted by both parties. The setting of the above mentioned rules for evidence providing and cross-examination had broken the deadlock of the trial, making the trial enter a substantive stage.

(III) Standardized expertizing procedure

Through the interpretation and setting of the above mentioned rules for evidence provision and cross-examination, and the confidential system, the bench had obtained relatively complete technical materials of both parties, which had laid a solid foundation for the expertizing of the involved technologies. At the expertizing stage, the bench further standardized the expertizing procedure through the following steps: 1. The bench had confirmed 5 members of the expertizing expert group from the 14 candidates through two procedures of expertizing experts getting around. 2. Before the evidence for expertizing was submitted to the expertizing organization, the bench had organized both parties to conduct the cross-examination. 3. The bench had organized the expertizing experts and the attorneys of both parties to conduct the field inspection. In addition, the bench asked the expertizing experts to extract the relevant technical materials, challenged the technical personnel of both parties, and required both parties to supplement corresponding materials for examination. 4. The bench had held an expertizing expert technical hearing. On the technical hearing, the expertizing experts challenged the relevant technical issues, and heard the statement of each party concerned on the technical issues involved in the dispute; 5. Under the circumstance that the two Plaintiffs refused to appear on the court for the trial, the bench still summoned the expertizing experts to the court as witness, and required the experts to further explain and interpret the relevant disputed technical issues.

Ⅲ. Principle of honesty and integrity

Article 13 of the Civil Procedure Law of the People's Republic of China stipulates that the civil procedure should follow the principles of honesty and integrity. The party concerned shall be entitled to dispose its own civil right and right of action within the limit prescribed by law. In this case, when being aware that the expertizing opinions shall go against them and that the fact of infringement they alleged had been examined basically and express determination could be made, the two Plaintiffs applied to the court for adding defendants, withdrawing the lawsuit. What was more, they refused to appear on the court for the trial under the circumstance that the court had dismissed their application for withdrawing the lawsuit. The above mentioned behaviors of the two Plaintiffs were abuse of the right of action, and intention to delay the litigation, which obviously had violated the principle of honesty and integrity. But if the application of the two Plaintiffs for withdrawing the lawsuit was approved, or the two Plaintiffs' behavior of refusing to appear on the court for the trial was deemed as withdrawing the lawsuit, the two Defendants would be in an uncertain status of being suspected as infringer for a long time, which would thereby impair the legal rights of the two Defendants. Therefore, the court dismissed the application of the two Plaintiffs for withdrawing the lawsuit and made the judgment by default according to the law and based on the principle of honesty and integrity.

(Written by: He Yuan Jiang Guangrui)

Protection of Data Information by General Terms of Anti-Unfair Competition Law

—Shanghai Ganglian E-commerce Co. , Ltd. v. Shanghai Zongheng Jinri Iron and Steel E-commerce Co. , Ltd. et al. Dispute over Unfair Competition

[**Summary**]

As a special object of right, data information may become the object protected as copyright and trade secret. However, the data information under specific circumstance could not be protected as copyright or trade secret for neither featuring the "originality" prescribed in the Copyright Law, nor featuring the "privacy" as required by the trade secret. Not owning any statutory right towards the data information does not mean being unable to obtain the protection of the law. If any actual consequence of disturbing the market competition order has been caused, it could be considered to apply the general term of the Anti-Unfair Competition Law. When applying the general term of the Anti-Unfair Competition Law to protect the data information, we should consider the factors like the legal rights and interests of the right owner to the data information, the improperness of the behavior of the actor, as well as the interest balance between the positivity of the creator and the free imitation of the public.

[**Facts**]

Plaintiff: Shanghai Ganglian E-commerce Co. , Ltd.

Defendants: Shanghai Zongheng Jinri Iron and Steel E-commerce Co. , Ltd. , Shanghai Tuodi E-commerce Co. , Ltd.

Cause of Action: Dispute over unfair competition

Case No. at First Instance: (2012) HEZMW(Z)CZ No. 130

Case No. at Second Instance: (2013) HGMS(Z)ZZ No. 101

The Plaintiff was founded in 2000, and is an integrated operator of Internet platform engaged in the business information and its value-added services in iron and steel industry. It provides the customers with the information services on iron & steel and the related business through My Steel website (www. mysteel. com) under its operation. The market data on steel prices published by the Plaintiff was also published in the media authorities like CBN, Xinhua, and Netease. In addition, the Plaintiff had released the series of steel price indexes in China together with the CBN Research Institute, which had very high popularity in the industry. The website of the Plaintiff was set with channels including steel, furnace burden, special steel, etc. Each channel was sub-segmented by region and variety, providing the customers with information on steel prices, etc., including the commodity name, specification, material, steel mill/place of origin, price (RMB/ton), rise or fall in price, note (pricing manner), inventory status, etc. In order to collect the information on steel prices, the Plaintiff had set up an information collection team composed of nearly one thousand people and formed a professional data collection system. The information collection objects were mainly members of the Plaintiff, and the Plaintiff shall provide them with market quotation, market analysis and other services in the process of gathering the price information from its information collection objects. The Plaintiff adopted the membership system for its information services, and the number of registered members up to the time was over 400,000, wherein the number of paid members was about 45,000. Collecting information service fees from the registered members was one of the main sources of income of the Plaintiff. The paid members could see the latest information on steel prices, while the non-paid registered members could only see the information on steel prices a month ago.

Today Steel website (www. todaysteel. com) was founded in 2006, and is under the joint operation of the Defendant Zongheng Company and the Defendant Tuodi Company. On February 28, 2012, the Plaintiff retrieved 24,276 pieces of relevant information on steel prices published on such website from January 4, 2011 to the notary day in the form of evidence preservation under notarization, and then opened randomly 242 information. After comparison, the contents of the above mentioned 242 pieces of data information in the Defendants' website were basically identical to those of the data information published in the Plaintiff's website.

The Plaintiff claimed that: the data information on steel prices published in "My Steel website" of the Plaintiff was its operating results, so the Plaintiff's investment in its data information and the resulting legitimate interests should be protected by law. The two Defendants' behavior of providing the data information to which the Plaintiff owned the right to the public for making profits via the "Today Steel website" under the joint operation of the two Defendants without the permission of the Plaintiff had infringed the legal rights and interests of the Plaintiff. Thus, the Plaintiff lodged a lawsuit to the court according to Article 2 of the Anti-Unfair Competition Law, requesting the court to rule that: 1. the two Defendants should immediately cease the infringement; 2. the two Defendants should compensate jointly the Plaintiff for economic losses of RMB 1,000,000 (the following currencies shall be RMB) and reasonable expenses of RMB 50,000; 3. the two Defendants should publish a statement on a prominent place of the home pages of their website for 30 consecutive days to apologize and eliminate the effects.

The two Defendants argued that: 1. the Plaintiff's data information was public information, and the Plaintiff did not process and organize the data information it collected, so the information should be information in public domain, its collection manner, publication form, etc. did not feature originality, and shall not be protected by law. 2. the information in the Defendants' Today Steel website was collected and sorted out by their employees, and part of the information was from the forum "Steel Information Post Bar", so their behaviors did not constitute infringement, and they requested the court to dismiss all the claims made by the Plaintiff.

During the trial, the two Defendants conducted the evidence preservation under notarization against the website of Steel Information Post Bar on November 30, 2012. According to the notarial certificate and its appendixes, the website of Steel Information Post Bar was a forum, and the latest information on steel prices in each forum zone displayed in the home page was September 18. During the notarization, the Defendant Zongheng Company had preserved a total of 49 posts on steel prices published in this website by means of searching, all of which were published on February 27, 2012. In addition, the specific posting times and information sources were not displayed, and all the above posts had no reply. The above mentioned 49 posts were identical to the contents of the relevant information published in the website of the Defendants.

[**Trial**]

The court of first instance held that: Firstly, the Plaintiff had invested in a lot of manpower, materials and financial resources for collecting the data information, so such data information was the labor income of the Plaintiff. The Plaintiff gathered and sorted out the individual and scattered market information on steel prices, and for the database users, they could get at the same time a lot of summarized information on steel prices, so such data information featured high practicability and could bring commercial interests to the Plaintiff. Meanwhile, the data information of the Plaintiff had high popularity, and reflected the competitive advantages of the Plaintiff. Thus, the Plaintiff shall own legal rights and interests to its data information. Secondly, with regard to the determination on the nature of the two Defendants' behaviors. The two Defendants should assume the burden of proof for the legal source of their information. Although the two Defendants argued that part of their information was collected and sorted independently by them, they failed to provide relevant evidence. In addition, the two Defendants also argued that part of their information was from the forum of Steel Information Post Bar, and notarized such website. However, according to the contents stated in the notarial certificate, the forum of Steel Information Post Bar was not a website under normal operation. The website of the two Defendants published a lot of information on steel prices every day, and the claim made by the two Defendants that their information was from a website under normal operation was inconsistent with the fact. Thus, the two Defendants failed to prove that their information had legal source.

In conclusion, the court of first instance held that the two Defendants' behavior of publishing the data information on steel prices to which the Plaintiff owned the legal rights and interests for commercial purpose without the permission of the Plaintiff had violated the principle of honesty and integrity and the commonly recognized business ethnics which shall be followed by the operators in market transactions, impaired the legitimate interests that the Plaintiff could obtain based on its data information, so they had jointly committed the unfair competition against the Plaintiff. Therefore, the court ruled that the two Defendants shall jointly compensate the Plaintiff for economic losses of RMB 50,000 and reasonable expenses of RMB 30,000.

However, the two Defendants refused to accept the rulings as final and appealed to the court. In the second instance, the Plaintiff and the two Defendants reached a mediation agreement, specifying that the two Defendants shall cease the infringement, and jointly compensate the Plaintiff for economic losses and reasonable expenses of RMB 50,000.

[Comments and Analysis]

As a special object of right, data information may become the object protected as copyright and trade secret. However, the data information of the Plaintiff could hardly be protected as copyright or trade secret for neither featuring the "originality" prescribed in the Copyright Law, nor featuring the "privacy" as required by the trade secret. The difficulties for trying this case were that: under the circumstance that the conditions for protecting as the copyright and trade secret, and that the Plaintiff's legal rights and interests to its data information and the Plaintiff's market competition interests had been actually impaired due to the behaviors of the Defendants, whether the Plaintiff's data information shall still be under protection and how it would be protected. In my opinion, we should analyze from the following aspects:

Ⅰ. Specificity of data information as the object of right

(I) Limitations of protection as the copyright

Article 14 of the Copyright Law stipulates that: "If the selection or compilation of the contents reflects originality, the works collecting several works, parts of works, data not constituting a work or other materials can be considered as collective works. The copyright of a collective work shall belong to the compiler. However, when excising the copyright, the compiler should not infringe the copyright of the original works." According to this stipulation, it seems that the data information could be included into "data not constituting a work or other materials". However, if the compilation of data information constitutes a work, the selection and compilation of the contents must feature originality. In this case, the data information collected by the Plaintiff included the product information of 273 subclasses in 51 categories like steel, energy, mining, non-ferrous metals, etc. from more than 60 cities in China. What the Plaintiff selected were the main cities across the country and the main steel categories, and such selection did not reflect any peculiarity. In addition, with regard to the compilation of the contents, the information published by the Plaintiff was reflected in ordinary tabular form, arranged by the distribution order of different steel mills in various regions, especially including the commodity name, specification, materials, etc. Such arrangement order and form were limited, and it was hard to say that the compilation of the Plaintiff's data information featured originality. Therefore, although the Plaintiff had invested a lot of capitals and manpower for collecting the data information, it was not the constitutive requirement for determining whether the data information featured originality or not. Originality means independent judgment and certain innovation, and is reflected as a process of intellectual activity. Thus, in my opinion, the data information of the Plaintiff did not meet the protection conditions for collective works as prescribed in the Copyright Law.

Talking a step back, even though for the data information with originality, it shall still be insufficient to protect the data information according to the Copyright Law. According to the principle that the Copyright Law only protects expression rather than the thoughts, for the data information, the Copyright Law only protects its expression in the selection or compilation featuring originality, rather than the contents selected or compiled. For the competitors of the Plaintiff, it shall be very easy to evade the protection of the Copyright Law by changing the compilation structure of the data information, which would make the protection of data information meaningless. For this case, the core of the Plaintiff's data information on steel prices was not the compilation structure of such data information, but the data on prices, and for the information users, what really made sense were also the contents of the data information rather than the structure. Therefore, even though for the data information with originality, the principle of only protecting the expression rather than the thoughts would make the protection of data information by Copyright Law very weak.

(II) Limitations of protection as the trade secret

Article 10. 2 of the Anti-Unfair Competition Law of the People's Republic of China stipulates that "trade secrets prescribed in this article refer to the technical information and management information which is not known to the public and, being protected by the security measures taken by the copyright owner, can bring economic benefits to their owners". According to the provisions of relevant judicial interpretation, "not known to the public" means that the related information is not generally known to the relevant personnel in the field of such information, and is not easy to obtain. In this case, the data information of the Plaintiff was collected through public channels, and the Plaintiff only collected and sorted out such public and scattered information in a simple way. The data information was mainly reflected in tabular form, and the information like commodity name, specification, materials, place of origin, pricing manner, etc. in the table was relatively stable within a certain period. The contents that the Plaintiff collected and updated every day were mainly the steel prices, which shall be the core of the Plaintiff's data information. Thus, the Plaintiff's data information mentioned above did not meet the requirement of the trade secret for privacy. Besides, with regard to the security measures, the number of the Plaintiff's registered members was very huge, and the Plaintiff's information would be public to the non-paid registered members one month after. That was to say, as long as registering an account, anyone could look over the data information of the Plaintiff, and the Plaintiff actually could not control the access scope and extent of the public to its data information. Even though the Plaintiff had agreed the duties of confidentiality with its registered members, such security measure was still very weak, and did not meet the requirements of the trade secret for privacy. Therefore, it was difficult to protect the Plaintiff's data information as trade secret.

Ⅱ. Whether the protection of data information could apply the general terms

The provisions to general rules and the definition of unfair competition in Article 2 of the Anti-Unfair Competition Law possess the nature of general terms. The judicial practice has been cautious about the application of this article. Generally, for the unfair competition behavior is explicitly prohibited by the special provision of the Anti-Unfair Competition Law, the unfair competition behaviors of the same kind could only be regulated according to the special provision, and the expanded application scope of the provisions to general rules shall not be applicable any more in principle; for the behavior not specially prohibited by the Anti-Unfair Competition Law, the provisions to general rules could be applied to prohibit the behavior only under the circumstances that such behavior has caused damages to the legal rights and interests of the other operators, and features improperness for actually violating the principle of honesty and integrity and the commonly recognized business ethnics, and that the fair competition order could not be maintained if not prohibiting the behavior. ① Chapter 2 of the Anti-Unfair Competition Law has stipulated 11 types of specific unfair competition behaviors, and those could be included into the specific behavioral types shall not be handled according to the general terms.

As a special object of right, the data information of the Plaintiff in this case could not be protected by special laws like the Copyright Law for being unable to be included into the specific rights. Meanwhile, the data information of the Plaintiff did not meet the protection requirements for trade secrets, so it could not be protected by the special provisions of the Anti-Unfair Competition Law. However, the behaviors of the two Defendants had actually disturbed the competition order and caused market damages, and what method should be used for correction and adjustment was the biggest dilemma in the law application of this case. With regard to whether the general terms could be applied, one view held that the Plaintiff did not own any statutory right to its data information, and according to the principle of applying the general terms in great caution, the Plaintiff's data information should not be protected, so as to prevent

---

① Kong Xiangjun: Basic Issues on Application of Intellectual Property Laws—Judicial Philosophy, Judicial Policies and Judgment Methods, P. 116, published by China Legal Publishing House, 2013.

any right creation by the Plaintiff itself, otherwise it would expand improperly the scope of unfair competition, and disturb the free and fair competition order; the other view held that the Plaintiff shall own legal rights and interests to its data information, the behaviors of the two Defendants shall be a kind of completely "take-in" and "hitchhiking" behaviors, which had impaired the Plaintiff's competition interests, and if not prohibited, the fair competition could not be maintained. Thus, it could be protected according to the general terms.

Hence the rulings of this case finally adopted the second view. On one hand, what the general terms of the Anti-Unfair Competition Law emphasize is the concept of legal rights and interests, which are reflected as a kind of interests in most cases. Such interest has not reached the extent of right, its boundary is relatively vague and scope is difficult to determine. Thus, it could not become a sufficient legal right, but is a kind of interests in legal sense. The Plaintiff did not own any statutory right to its data information, but it could still enjoy the interest in legal sense to its data information based on some other grounds. On the other hand, normal market competition must be a kind of honest competition between competitors through their own labor. That is to say, their competition results must be the products of their hardworking. The behavior of acquiring competitive advantages without any work but through unfairly using the market results of others shall be unfair competition. ① In this case, the two Defendants' hitchhiking behavior of reaping without sowing had obviously violated the principle of honesty and integrity, and featured improperness. In my opinion, when identifying the unfair competition behaviors not specified in law according to the general terms, the focus shall not be whether the right itself falls into the scope of statutory rights, but be whether such behavior features improperness and the consequence impairing the competition caused by such behavior. The biggest differences between the Anti-Unfair Competition Law and other intellectual property laws are that the starting point of the Anti-Unfair Competition Law is not the right rules, but a kind of obligation rules, its purpose is to advocate the legitimacy for acquiring the intellectual property, and the standard it considers is the moral rationality of the defendant's behavior. ② Therefore, not owning any right as prescribed by law towards its data information did not mean that the Plaintiff's data information could not

① Kong Xiangjun: Trademark and Anti-Unfair Competition Law, p. 693, Law Publishing House, 2009.

② Xie Xiaoyao: Between the Experience and the System: Type Study on Judicial Cases of Unfair Competition, p. 133, Law Publishing House, 2010.

obtain the protection provided by the law. Under the circumstance that specific conditions were met, the Plaintiff's data information could still be protected by applying the general terms. For we could not let the unfair competition behaviors go unchecked for the reason that the Plaintiff did not own any statutory right towards its data information, otherwise, it would undoubtedly be a breach of the market order of fair competition.

Ⅲ. Specific conditions for applying the general terms to protect the data information

The general terms have increased the uncertainties of the law application. Improper application is likely to disturb the competition order, so strict application conditions should be made. To this case, in my opinion, if applying the general terms to protect the data information, the following conditions should be met:

(Ⅰ) The Plaintiff shall own legal rights and interests to its data information

According to Article 2 of the Anti-Unfair Competition Law, the fact that the Plaintiff owned legal rights and interests to its data information was the premise that the Plaintiff's data information could be protected by the Anti-Unfair Competition Law. In this case, the legal rights and interests that the Plaintiff owned to its data information were reflected in the following aspects: Firstly, the Plaintiff had invested heavily in the collection, compilation, development of the data information on steel and assumed the investment risks, so such data information was acquired through the Plaintiff's work; Secondly, the Plaintiff's data information featured high practicability and commercial values. The Plaintiff gathered and sorted out the individual and scattered market information on steel prices, and for the database users, they could get at the same time a lot of summarized information on steel prices, so such data information featured high practicability, which was an important factor that the Plaintiff's information was more valuable than the original individual market information on steel prices. Meanwhile, the Plaintiff's data information could bring high commercial interests to the Plaintiff, and collecting information service fees from the members was one of the main sources of income of the Plaintiff; Thirdly, the Plaintiff's data information was not the information that could be easily obtained by other market players. The main source of the Plaintiff's information was its member units, although such information was obtained for free, it was the result of the Plaintiff's long term operation and accumulation; Finally, the Plaintiff's relevant data information on steel was published in the media authorities like Xinhua, CBN, featured high social influence and market popularity, and had reflected the competitive advantages of the Plaintiff. In conclusion, the Plaintiff's data information was obtained after paying a lot of work, and its economic value lay in its immediacy. The Plaintiff gained benefits by releasing in real time the comprehensive information on steel prices to its members, which had formed a business mode specific to the Plaintiff. Such data information could bring interests to the Plaintiff, and had reflected the competitive advantages of the Plaintiff. Thus, the Plaintiff shall own the legal rights and interests to its data information.

(II) The behaviors of the two Defendants featured improperness

The fact that the Plaintiff owned legal rights and interests to its data information shall not mean that its data information could certainly be protected by law. In consideration of preventing information monopoly from impairing the interests of the public, the law doesn't restrain different subjects to use the same information as their own collecting materials, so even though there is something in common or similarity between the contents of two pieces of data information, if the two pieces of data information were collected and sorted out independently, no mutual infringement shall be constituted, and the two pieces of data information shall be protected by law. Only when there is special circumstance of unfair competition, the general terms could be applied as an exception, and the relevant behavior could be identified as constituting unfair competition. ①

Generally, according to the principle of "burden of proof borne by claimant" in the Civil Procedure Law, the Plaintiff should bear the burden of proof for the fact that the Defendants had committed the unfair competition behavior. However, as there is a wide gap between the production costs of data information and the infringement costs of unauthorized reproduction, for any competitor, using illegally the results of the opponent would minimize the costs, but the competition interests it brings are huge. In practice, the defendant would always claim that the alleged infringing data information was completed independently, rather than plagiarized, which would thereby involve the allocation of the burden of proof. In this case, the Plaintiff had over ten thousand members, any paid registered member could look over the data information of the Plaintiff at will, so it was difficult to require the Plaintiff to be aware of the two Defendants' specific ways of infringement. The right owner was almost impossible to

① Shao Jiandong: Discussion on Conditions for Applying the Anti-Unfair Competition Law of the People's Republic of China to Protect the Operating Results, published in the Journal of Nanjing University, 1st edition, 2006.

fulfill its burden of proof in theory due to the specificity of data information as the object of right. In such case, the fairness and justice of the law could be realized only by requiring the Defendants to prove that the sources of their data information were legal. The Plaintiff in this case had submitted the preliminary evidence proving that the relevant data information had been released to its members. While the information published by the two Defendants was highly identical to that of the Plaintiff in contents, and the information of the two Defendants did not have specific release time. Thus, it was possible that the two Defendants constituted infringement, and they should assume the burden of proof for the legal source of their information.

With regard to the determination of improperness of a behavior, the general terms define the unfair competition behavior as the behavior violating the principle of honesty and integrity and the commonly recognized business ethnics. However, honesty and integrity, as well as the commonly recognized business ethnics are uncertain legal concepts, which should be determined on the basis of case by case. For this case, the two Defendants could not explain the legal source of their data information, which directly reflected that their behaviors were not legitimate. Although the two Defendants argued that part of their information was collected and sorted independently by them, they failed to provide relevant evidence. In addition, the two Defendants also argued that part of their information was from the forum of Steel Information Post Bar, and notarized the relevant information of such website. From the contents specified in the notarial certificate, although the relevant 49 pieces of information were identical to the information in the two Defendants' website in contents, all posts were published on February 27, 2012, and there wasn't any price information on the date of the notary day. Moreover, The time span of the data information published by the two Defendants was over one year, and when the Plaintiff notarized the information in the two Defendants' website, the two Defendants' website had already published the price information on the date of the notary day. Therefore, the notarial certificate could not prove that all the data information and the latest real-time data information published by the two Defendants were from the forum of Steel Information Post Bar. In addition, the post times of all information were displayed as 00:00:00, the posters were different, and the page view was up to one thousand, but the reply was zero, all of which did not meet the nature of the forum of Steel Information Post Bar. Meanwhile, the website of Steel Information Post Bar had no information and contact of the sponsor, and the relevant file information of such website could not be retrieved in the ICP filing system. However, combining with the above mentioned points, it could be determined that the forum of Steel Information Post Bar was not a website under normal operation. The website of the two Defendants published a lot of information on steel prices every day, and the claim made by the two Defendants that their information was from a website under normal operation was inconsistent with the fact. Thus, the two Defendants failed to prove that their information had legal sources.

(III) The behaviors of the two Defendants had caused substantive damage to the Plaintiff's market competition interests

With regard to the definition of unfair competition behavior, "impair the legal rights and interests of other operator" and "disturb the social market order" are included into the general terms, which are the constitutive requirements of unfair competition behaviors in aspects of the object and mechanism of the damage.① Such damage should be significant or substantive damage, i. e. the key point on whether a behavior could constitute unfair competition or not does not depend on whether the actor of such behavior has utilized the results of others, but depend on whether the act of utilization has substantively impaired the competition interests of the opponent, and then further influenced the output efficiency of the intellectual products of the whole society.② The unfair competition behavior must be a market competition behavior, i. e. the actor has committed the behavior of acquiring or destroying the competitive advantages of others for the purpose of competition,③ and the competition relation between the actor and the victim is one of the preconditions for determining the unfair competition. In addition, it is still difficult to quantify the standard of substantive damage, and a very important aspect of the substantive damage is emphasizing the behavior of the defendant has caused adverse influence to the market of the plaintiff. In some cases, the court proposed the substantively alternative damage standard,④

---

① Kong Xiangjun: Trademark and Anti-Unfair Competition Law, p. 696, Law Publishing House, 2009.

② Zhou Xiping: Regulation of the Anti-Unfair Competition Law to "Commercial Plagiarizing Behavior", published in the Science of Law, 6th edition, 2012.

③ Written by: Kong Xiangjun, Basic Issues on Application of Intellectual Property Laws —Judicial Philosophy, Judicial Policies and Judgment Methods, p. 111, published by China Legal Publishing House in 2013.

④ Refer to (2010) HMCZ No. 24463 Civil Judgment, the court held that: "The utilization of information in a specific industry website by a website using the vertical search technology should be controlled within a reasonable scope, and should not result in a consequence of replacing the market of such industry website... The merchant introduction and user reviews of Aibang had constituted substantive replacement of the corresponding contents of www. dianping. com, and would certainly impair the commercial interests of Hantao Company in a unreasonable way."

which had expressly explained the understanding of substantive damage. For this case, both the Plaintiff and the Defendants were the market players in the steel industry who had published the information on steel, so there was an obvious competition relation between the websites of the Plaintiff and the Defendants, which could be included into the adjustment scope of the Anti-Unfair Competition Law. In the website of the Defendants, there were a lot of commercial advertisements, so the two Defendants had directly made profits and impaired the competition interests of the Plaintiff by publishing the data information to which the Plaintiff owned the right. Such behaviors would make the Plaintiff be faced with the risks of loss of members and revenue, and even substantively impair the overall business mode of the Plaintiff. Thus, the adverse influence to the Plaintiff's market was obvious.

For the above mentioned three points, in my opinion, the general terms have expressly pointed out the concept of "legal rights and interests", and emphasized at the same time the improperness of the behavior and the damages to the competition interests of other operators. Thus, the legal rights and interests of the Plaintiff to its data information could be protected by the general terms. The two Defendants' behavior of providing their customers with the data information to which the Plaintiff owned the rights and interests for commercial purposes without the permission of the Plaintiff was a kind of "hitchhiking" behavior of acquiring the competitive advantages through illicit use of others' fruits of labor. The behaviors of the two Defendants had violated the principle of honesty and integrity and the commonly recognized business ethnics which shall be followed by the operators in market transactions, impaired the legitimate interests that the Plaintiff could gain based on its data information, so they had jointly committed the unfair competition against the Plaintiff.

Ⅳ. Conclusions: interests balance during the application of the general terms

We should be cautious about the application of the general terms of Anti-Unfair Competition Law rather than the special intellectual property law to protect the intellectual property, and should be vigilant about the concept of natural rights like labor generating right, in order to prevent the protection scope of intellectual property from expanding through the application of the Anti-Unfair Competition Law. The key point that a behavior could constitute unfair competition does not lie in whether the actor of such behavior has utilized the results of others, but lie in whether the act of utilization has substantively impaired the competition interests of the competitor. What I want to emphasize is that not all the behaviors of utilizing others' intellectual property are improper. The achievements of human are established on the efforts and foundations of others, and it is the free utilization of information and achievements that has achieved the rapid development of the science and society today. In judicial practice, when applying the general term to protect the intellectual property as a supplementary means, the interest balance between the positivity of the creator and the free imitation of the public must be considered.

(Written by: Ling Zongliang)

Peculiarity Identification of the Decoration of Well-Known Goods

—Crocs Company et al. v. Xiamen Crocs Trade Co. , Ltd. et al. Dispute over Unauthorized Use of the Special Name, Packaging, Decoration of Well-Known Goods

[**Summary**]

In this case, the Plaintiff claimed that the shapes of 7 products and the names of 10 products among the "CROCS" brand footwear products under its operation should be protected by applying Article 5. 2 of the Anti-Unfair Competition Law. The core of the trial shall be the determination of well-known commodity and its special name and decoration. This case featured that the special decoration of well-known commodity finally determined by the court was the decoration with the same design features of the decoration of several products as claimed by the Plaintiff, rather than the decoration of a certain product as claimed by the Plaintiff.

[**Facts**]

Plaintiff: Crocs Company

Plaintiff: Crocs Shoe Accessories (Shanghai) Co. , Ltd.

Defendant: Xiamen Crocs Trade Co. , Ltd.

Defendant: Crocs (Jinjiang) Commerce Co. , Ltd.

Defendant: Jinjiang Mingji Footwear Co. , Ltd.

Defendant: Lin Zhiyuan

Defendant: Shanghai Laihong Commerce Co. , Ltd.

Cause of Action: Unauthorized use of the special name, packaging, decoration of well-known goods

Effective Case No. : (2013) HEZMW(Z) CZ No. 172

Crocs Company was founded in USA in April 2005. In November 2005, the

State Trademark Office of the People's Republic of China approved for registering the "CROCS" trademark as applied by Crocs Company for commodities of Class 25, and the trademark was ratified to be used on commodities including shoes, clothes, etc.

From September 2005 to July 2011, a subordinate company of the Plaintiff Crocs Company had successively set up several affiliated companies in Hong Kong Special Administrative Region and the mainland China. The Plaintiff Crocs Shoe Accessories (Shanghai) Co., Ltd. (hereinafter referred to as Crocs Shoe Accessories Company) was founded in July 2011, with a business scope including the wholesale of clothes, shoes, etc. After obtaining the authorization of Crocs Company, Crocs Shoe Accessories Company was entitled to use and protect the intellectual property of Crocs Company.

The Plaintiff Crocs Company had authorized the agents to agent, sell, and publicize the series of products of "CROCS" brand in mainland China since 2006. After the establishment, the Plaintiff Crocs Shoe Accessories Company and the affiliated companies started to operate several types of footwear products like "Cayman", "Crocband", "Mammoth", "Dieter", "Off Road", "Baya", "Electro", etc. Since 2009, Crocs Shoe Accessories Company and its affiliated companies had signed a distribution contract with over 200 distributors in several cities including Shanghai, Beijing, and opened 434 stores of "CROCS" brand and 51 branches selling the "CROCS" series of products.

Since 2006, the two Plaintiffs and their affiliated companies had continued to advertise and promote the footwear products of "CROCS" brand operated by the two Plaintiffs in mainland China through newspapers, magazines, network, TV and other media. From 2009 to 2012, the footwear products of "CROCS" brand obtained the administrative and judicial protection for several times in several places.

The Defendant Xiamen Crocs Trade Co., Ltd. (hereinafter referred to as Xiamen Crocs Company) founded in May 2010 is the right owner of the trademark "COQUI". The Defendant Crocs (Jinjiang) Commerce Co., Ltd. (hereinafter referred to as Jinjiang Crocs Company) was founded in January 2009. The Defendant Jinjiang Mingji Footwear Co., Ltd. (the former name was Quanzhou Jinsike Sports Goods Co., Ltd., hereinafter referred to as Mingji Company) was founded in November 2010, and its former name was Quanzhou Jinsike Sports Goods Co., Ltd. In April 2014, its company name was changed to the current enterprise name. The Defendant Lin Zhiyuan was the former legal representative of the Defendants Xiamen Crocs Company, Jinjiang Crocs Company, Mingji Company. After December 2013, he no longer held the post of legal representative of the above mentioned three Defendants. The Defendant Shanghai Laihong Commerce Co., Ltd. (hereinafter referred to as Laihong Company) was founded in July 2011, and was the distributor of "COQUI" brand in Shanghai region as authorized by the Defendant Xiamen Crocs Company. The business scopes of the above mentioned four companies all included shoes and hats, etc.

In July and September 2011, the agent entrusted by the Plaintiffs purchased the footwear products of "Cayman", "Women Crocband light-weight shoes", "Baya", "Off Road" and other series of "COQUI" brand from the "COQUI" brand counters in Shenzhen, Shanghai and other cities. In June 2012, the agent entrusted by the Plaintiffs purchased the footwear products of "Candy", "Baya Wood Grain", "Henry Smiling Face", "Off Road", "Youken II", etc. under the brand "COQUI" from the store "Lanhong Footwear" operated by the Defendant Laihong Company. In the Alibaba on-line store operated by the company, there were footwear products of "Cayman Bowknot", "Baya Wood Grain", "Henry II", "Off Road", "Youken II", etc. under the brand "COQUI" for sale.

In August 2011, March 2012, November 2012, the agent entrusted by the Plaintiffs found that the Taobao store "COQUI Exclusive Shop" as authorized by the Defendant Xiamen Crocs Company, the Tmall "COQUI" Brand Flagship Store operated by the Defendant Xiamen Crocs Company and three Tmall franchise stores were selling the footwear products of "Off Road", "Baya" under the brand "COQUI".

In January 2010, the Defendant Lin Zhiyuan signed a Patent Licensing Contract with the Defendant Xiamen Crocs Company, authorizing the Defendant Xiamen Crocs Company to use the design patents including the designs of two suspected infringing products within Chinese territory, and the authorization period shall be from January 1, 2010 to December 31, 2015. However, the Patent Re-examination Board of State Intellectual Property Office of the People's Republic of China decided that the designs of the above mentioned two suspected infringing products shall be null and void.

The Plaintiffs Crocs Company and Crocs Shoe Accessories Company thereby lodged a lawsuit, claiming that the "CROCS" brand footwear products operated by the Plaintiff Crocs Company had relatively high market popularity, and shall constitute well-known goods. The designs and names of the "CROCS" brand footwear products shall constitute the special decoration and names of well-known goods. The decoration and product names used on a dozen of footwear products of "Cayman", "Women

Crocband light-weight shoes", "Baya", "Off Road" and other series of "COQUI" brand jointly produced and sold by the Defendants Xiamen Crocs Company, Jinjiang Crocs Company, Mingji Company, Lin Zhiyuan, and sold by the Defendant Laihong Company were identical or similar to the special decoration and names of the footwear products of the Plaintiff's "CROCS", "卡骆驰", which could easily cause confusion or mistaking of the consumers. The behaviors of the five Defendants violated the provisions of the Anti-Unfair Competition Law, and constituted unfair competition. Thus, the Plaintiffs requested the court to rule that: The five Defendants should immediately cease the infringement; the five Defendants should jointly compensate the two Plaintiffs for economic losses and reasonable expenses of RMB 3, 000, 000 in total (the following currencies shall be RMB); the five Defendants should publish a statement on Economic Daily and Quanzhou Evening News to eliminate the effects.

The Defendants Xiamen Crocs Company, Jinjiang Crocs Company, Mingji Company, Lin Zhiyuan jointly argued that: 1. the Defendants Xiamen Crocs Company, Jinjiang Crocs Company, Mingji Company were the producers and sellers of the "CUQUI" brand footwear products; 2. the commodities of the Plaintiffs were not well-known, so the decoration and names of its commodities were also not the special decoration and names of well-known goods; 3. the Defendant Lin Zhiyuan was the former legal representative of the Defendants Xiamen Crocs Company, Jinjiang Crocs Company, Mingji Company, so his acts should be on-duty behavior, and he did not commit infringement as a person; 4. the damages as claimed by the Plaintiffs were too high, and the requirement of the Plaintiffs for publishing a statement to eliminate the effects lacked basis.

The Defendant Laihong Company neither appeared on the court, nor made any argument.

The two Plaintiffs requested to determine and protect the decoration of the 7 series of footwear products including "Cayman", "Crocband", "Mammoth", "Dieter", "Off Road", "Baya", "Electro" as the special decoration of well-known goods. After comparison one by one, the 7 series of decoration as claimed by the Plaintiffs were basically identical to the 7 series of decoration of the suspected infringing "COQUI" brand footwear products. Meanwhile, the two Plaintiffs requested to determine and protect the names of the ten footwear products like "Cayman", "Crocband", "Mammoth", etc. as the special names of well-known goods.

[Trial]

After the trial, Shanghai No. 2 Intermediate People's Court held that:

The "CROCS" brand footwear products operated by the two Plaintiffs were known in the industry and to relevant public in mainland China, and could be determined as "well-known goods" by law.

Based on the claims of the two Plaintiffs and their real products provided, it could be determined that the decoration of the 6 series of footwear products like "Cayman" as claimed by the Plaintiffs had the following distinct features different from the decoration of other similar footwear products: 1. the wide toe cap was in arc shape; 2. the vamp was distributed uniformly with circular holes; 3. the rear was equipped with flexible straps. The above mentioned decoration with the three common features possessed the function of distinguishing the commodity source through the long term use of the two Plaintiffs, met the requirements for peculiarity as prescribed by law, and thus could be determined as the special decoration of well-known goods (hereinafter referred the decoration as the decoration of Crocs garden shoes). The decoration of the above mentioned 6 series of footwear products was only included into other design features based on the above mentioned three common features. Considering that the decoration of Crocs garden shoes was determined as the special decoration of well-known goods, it shall be sufficient to protect the decoration of the Plaintiffs' 6 series of footwear products. However, the court did not support the claim made by the Plaintiffs' that the decoration of the 6 series of footwear should be respectively determined as the special decoration of well-known goods.

With regard to the decoration of "Mammoth" footwear product as claimed by the Plaintiffs, because the evidence provided by the Plaintiffs was insufficient to prove its peculiarity, the court did not support the claim made by the Plaintiffs that the decoration of "Mammoth" product shall constitute the special decoration of well-known goods.

The evidence provided by the Plaintiffs was insufficient to prove that the names of the ten series of products had already had the function of distinguishing the commodity sources, so the claim made by the Plaintiffs that the names of ten series of products including "Cayman" should be determined as the special names of well-known goods did not meet the requirements for peculiarity as prescribed by law.

In conclusion, the decoration of Crocs garden shoes had reflected the common features of the decoration of the 6 series of footwear as claimed by the Plaintiffs, and thus constituted the special decoration of well-known goods. The court neither affirmed the peculiarity of the decoration of "Mammoth" series of products as claimed by the Plaintiffs, nor affirmed the peculiarity of the names of the 10 series of products as claimed by the Plaintiffs for lacking basis.

After comparison, the decoration of the alleged infringing products like "Cayman", "Cayman Coral", "Cayman Bowknot", "Cayman Letter" and other series of "COQUI" brand produced and sold by the Defendants Mingji Company, Xiamen Crocs Company, Jinjiang Crocs Company had the three common features of the decoration of the Plaintiffs' Crocs garden shoes. Thus, the decoration of the alleged infringing products was similar to the relevant decoration of the Plaintiffs. The Defendants Xiamen Crocs Company, Jinjiang Crocs Company, Mingji Company were respectively the producer, seller of footwear products, and had a horizontal competition relation with the Plaintiffs, so the behavior of using decoration similar to the special decoration of the Plaintiffs' well-known goods on the similar products produced, sold by the three Defendants was sufficient to make the relevant public feel confused and mistake the commodity source for any other source, and thus constituted unfair competition. When committing the alleged infringement, the legal representatives of the Defendants Xiamen Crocs Company, Jinjiang Crocs Company, Mingji Company were the same, so they were affiliated companies, and had common operation and common subjective faults. Thus, the three Defendants had jointly committed the unfair competition behaviors.

The Defendant Lin Zhiyuan was the former legal representative of the Defendants Xiamen Crocs Company, Jinjiang Crocs Company, Mingji Company, and had applied for the design patents of the decoration of 2 alleged infringing products. Combining with the other relevant facts and evidence of this case, the Defendant Lin Zhiyuan should be aware that the above mentioned design patents he applied for had infringed the special decoration of the Plaintiffs' well-known goods, but he still authorized the Defendant Xiamen Crocs Company to use such patents. Thus, the Defendant Lin Zhiyuan had a malicious intent, and constituted unfair competition.

The Defendant Laihong Company had a horizontal competition relation with the two Plaintiffs, and it sold the products infringing the special decoration of the Plaintiffs' well-known goods in its places of business and on-line stores. Thus, the Defendant Laihong Company had a malicious intent, and constituted unfair competition.

In conclusion, and according to Article 8, Article 15.1.(1), Article 15.1.(6) and Article 15.1.(8) of the Tort Law of the People's Republic of China, Article 5.

(2) and Article 20 of the Anti-Unfair Competition Law of the People's Republic of China, Article 1.1, Article 2.1 and Article 17.1 of the Interpretation of the Supreme People's Court on Some Issues Concerning the Application of Law in the Trial of Civil Cases Involving Unfair Competition, Article 144 of the Civil Procedure Law of the People's Republic of China, the court ruled that: (1) the Defendants Xiamen Crocs Company, Jinjiang Crocs Company, Mingji Company, Lin Zhiyuan, Laihong Company should cease infringing the right to special decoration of well-known goods owned by the Plaintiffs Crocs Company, Crocs Shoe Accessories Company; (2) the Defendants Xiamen Crocs Company, Jinjiang Crocs Company, Mingji Company should jointly compensate the Plaintiffs Crocs Company, Crocs Shoe Accessories Company for economic losses of RMB 200, 000, and reasonable expenses paid by the two Plaintiffs for stopping the infringement of RMB 40, 000. The Defendant Lin Zhiyuan should assume the joint compensation liability for RMB 100, 000 therein, and the Defendant Laihong Company should assume the joint compensation liability for RMB 8, 000 therein; (3) the Defendants Xiamen Crocs Company, Jinjiang Crocs Company, Mingji Company, Lin Zhiyuan should publish a statement on Economic Daily and Quanzhou Evening News to eliminate the effects to the Plaintiffs Crocs Company, Crocs Shoe Accessories Company incurred by their unfair competition behaviors.

After the first instance, both parties did not file an appeal within the time limit for appeal, and the rulings thus took effect.

[Comments and Analysis]

This case was a dispute over unauthorized use of the special name, packaging, decoration of well-known goods. The Plaintiffs claimed that the shapes of 7 products and the names of 10 products among the "CROCS" brand footwear products under its operation should be protected by applying Article 5.2 of the Anti-Unfair Competition Law. The two preconditions for applying this article are that: 1. the commodity is well-known; 2. the decoration and name of the commodity feature peculiarity. The core of the trial shall be the determination of well-known goods and its special names and decoration. This case featured that the special decoration of well-known goods finally determined by the court was the decoration with the common design features of the decoration of several products as claimed by the Plaintiffs, rather than the decoration of a certain product as claimed by the Plaintiffs.

I. Determination of well-known goods

Article 1. 1 of the Interpretation of the Supreme People's Court on Some Issues Concerning the Application of Law in the Trial of Civil Cases Involving Unfair Competition stipulates that, within the territory of China, the commodity with certain market popularity and known to relevant public should be identified as the "well-known goods" as stipulated in Article 5. (2) of the Anti-Unfair Competition Law. When identifying a well-known commodity, the people's court should determine by comprehensively considering the factors like the selling time, sales region, sales volume and sales objects of the commodity, the duration, extent and region of any propaganda, the protection situation as a well-known commodity.

In this case, the two Plaintiffs had authorized several distributors to distribute their "CROCS" brand footwear products since 2006, and opened several branches in mainland China for selling the footwear products of such brand. The Plaintiffs and their affiliated companies had invested a lot of money to continuously advertise and promote the footwear products of such brand through newspapers, magazines, network and other media. In addition, the footwear products of such brand had won several awards in China, the products were selling in most regions of China and had obtained the administrative and judicial protection in several places of China. Therefore, the "CROCS" brand footwear products operated by the two Plaintiffs were known in the industry and to relevant public in mainland China, and could be determined as "well-known goods" by law.

II. Peculiarity identification of the commodity decoration

The special name and special decoration of well-known goods feature the function and role in identifying the commodity source, and shall be one of the preconditions for obtaining the protection of the Anti-Unfair Competition Law. The decoration of a commodity refers to the words, figures, colors and their arrangement and combination on the commodity or its package for the purpose of identifying and beautifying the commodity. In this case, the "CROCS" brand footwear products produced and operated by the Plaintiffs featured special design. Although the designs like the arc shaped toe cap, the arrangement of the circular holes in the vamp, the rear straps, etc. were to meet certain functional requirements, they were more for decorative purpose, featured certain aesthetic value, and could play a role in identifying and beautifying the products. Therefore, the design of "CROCS" brand footwear products could constitute the product decoration.

In this case, the Plaintiffs requested to protect the decoration of the 7 series of products they claimed according to the Anti-Unfair Competition Law. In the trial, based on the Plaintiffs' statement and real products, etc., the court found that although the footwear products as claimed by the Plaintiffs featured many different styles and colors, the decoration of the 6 series of products they claimed had three common decorative features, i. e. the wide toe cap was in arc shape; the vamp was distributed uniformly with circular holes; the rear was equipped with flexible straps. Each series was only included into other design features based on the above mentioned three common features, such as one or two strap(s), patterning decoration on the vamp or sides, etc. While the above mentioned three common decorative features were the most prominent and most identifiable parts in the decoration of the 6 series of footwear products as claimed by the Plaintiffs, and the decoration applying the above mentioned three features had a remarkable overall image. The decoration with the above mentioned three features had a distinct function of distinguishing from the decoration of other similar footwear products through the Plaintiffs' long term publicity and repeated use since 2006, and was sufficient to make the relevant public connect the footwear products adopting the decoration with the above mentioned features with the products of the Plaintiffs. In conclusion, the decoration with the above mentioned three features could be determined as the special decoration of well-known goods. As providing the protection of special decoration of well-known goods to the decoration with the above mentioned three features was sufficient to cover the decoration of the 6 series of footwear products as claimed by the Plaintiffs, besides the above mentioned three common features were also the main features distinguishing the Plaintiffs' footwear products from the other similar products, and the additional design features alone except the common features as claimed by the Plaintiffs could not play the role in distinguishing the commodity source. Therefore, comprehensively considering the facts of this case and the claims of the Plaintiffs, the court determined that the decoration with the three common features of the decoration of several series of products as claimed by the Plaintiffs as the special decoration of well-known goods, and did not support the claim made by the Plaintiffs that the decoration of the 6 series of footwear should be respectively determined as the special decoration of well-known goods. The decoration of the seventh footwear product "Mammoth" as claimed by the Plaintiffs did not have the above mentioned three common features, and the evidence provided by the Plaintiffs was insufficient to prove that the decoration of such product could play the role in distinguishing the commodity source. Therefore, the court did not support the claim made by the Plaintiffs that the decoration of such series of product should be determined as the special decoration of well-known goods.

Ⅲ. Peculiarity identification of product name

Another dispute focus of this case was whether the names including "Cayman", "Crocband", "Mammoth", etc. that the Plaintiffs used on their products shall be the special names of well-known goods. In the trial, the Defendants argued that most of the above mentioned names were personal names or geographic names, etc., the names themselves did not feature originality. However, the Plaintiffs held that the using of the above mentioned names as the commodity names on the footwear products for the purpose of distinguishing different series was of certain novelty. The name, package and decoration of well-known goods are essentially unregistered trademarks, and their peculiarity means that the name, package and decoration of the commodity could play a role in distinguishing the commodity source, rather than that the name, package and decoration of the commodity feature novelty or originality. Therefore, whether the above mentioned names featured originality or novelty was not the requirement for determining whether the product names featured peculiarity. In this case, the evidence provided by the Plaintiffs was insufficient to prove that the above mentioned product names had very high popularity, and from the perspective of the consumption habits of relevant public, with regard to the footwear products, they always use the trademark, but rarely the product name to refer to the footwear product. Thus, the above mentioned product names alone could not play the role in distinguishing the commodity source. In conclusion, the court did not support the claim made by the Plaintiffs that the above mentioned product names should be determined as the special names of well-known goods.

(Written by: Han Min)

Judgment on Authenticity of the Intention of Trademark Transfer Contract in Absence of the Written Contract

—Shanghai Handalong Trade Co. , Ltd. v.
Shanghai Zhujiajiao Investment Development Co. , Ltd. et al.
Dispute over Trademark Transfer Contract

[**Summary**]

Under the circumstance that there isn't any contract in writing, the trademark transfer procedure has been handled and there is some other evidence for proof, the trademark transfer contract could be determined as existing. Under this premise, the authenticity of intention of trademark transfer contract could be determined by comprehensively combining with the holding of the right certificate, the use condition of the trademark, the maintenance condition of the trademark, the condition of the entrusted agent and other relevant agreements.

[**Facts**]

Plaintiff (Appellant): Shanghai Handalong Trade Co. , Ltd.

Defendant (Appellee): Shanghai Zhujiajiao Ancient Town Investment Development Co. , Ltd.

Defendant (Appellee): Shanghai Zhujiajiao Ancient Town Tourism Development Co. , Ltd.

Cause of Action: Dispute over trademark right transfer contract

Case No. at First Instance: (2013) PMS(Z)CZ No. 192

Case No. at Second Instance: (2014) HEZMW(Z)ZZ No. 84

The Plaintiff Shanghai Handalong Trade Co. , Ltd. (hereinafter referred to as Handalong Company) was founded on June 17, 1999, with the shareholders being

Shanghai Baoyi Real Estate Co., Ltd. (hereinafter referred to as Baoyi Company) and Chen Haiyan. On March 16, 1999, Baoyi Company signed a Transfer Contract of Property Right with Qingpu Supply and Marketing Cooperative, specifying that the Handalong sauce and pickle workshop owned by the cooperative shall be transferred to Baoyi Company as a whole (including the house, land, electric power facilities, Handalong shop sign, etc.), wherein, the Handalong shop sign was valuated as the intangible assets for RMB 100,000.

In January 2001, Handalong Company acquired through registration the No. 1506317 and No. 1510017 figurative marks "Handalong", which was ratified to be used on commodities of Class 29 and Class 30. The valid periods of the trademarks were respectively from January 14, 2001 to January 13, 2011, from January 21, 2001 to January 20, 2011.

On December 10, 2004, Baoyi Company signed the Assets Transfer Agreement of Handalong and Miaoqu Building at North Street with Shanghai Zhujiajiao Investment Development Co., Ltd. (hereinafter referred to as Zhujiajiao Investment Company), mainly specifying that: "Party A: Baoyi Company, Chen Shuchang (the real control person of Handalong Company), Party B: Zhujiajiao Investment Company... Party A and Party B hereby reach the following agreements on the transfer of the land, houses and structures involved in Handalong and Miaoqu building at north street after negotiation. I. Transfer objects: Handalong with an area of 863.21 m^2 and Miaoqu building with an area of 547 m^2, total area of 1,410.21 ... II. Transfer price: the transfer price shall be RMB 760 per m^2 as agreed by both parties, RMB 1,071.759,6 in total, and the subsidized price for the illegally built part shall be RMB 120 per m^2, RMB 20,760 in total ... III. Payment of the assets transfer money: Party B shall pay Party A RMB 2,500,000 as the earnest of this agreement within 3 days after signing this agreement. For the second building of No. 158 North Street, as it did not have the property ownership certificate, Party B shall settle separately after Party B handling the relevant property right procedures. The residual balance shall be settled by Party B at one time after completing the procedure of transfer of property right and within five days after Party A emptied the site ..."

On June 17, 2005, Chen Shuchang was sentenced criminal detention for being suspected of committing the crime of contract fraud, and then he was arrested; on July 7, 2006, Baoyi Company was fined RMB 1,500,000 for committing the crime of contract fraud, and as the direct person in charge of Baoyi Company, Chen Shuchang was sentenced to 10 years of imprisonment and fined RMB 100,000 for being convicted of the crime of contract fraud.

Shanghai Zhujiajiao Handalong Food Co. , Ltd. was invested and founded jointly by Zhujiajiao Investment Company and Shanghai Zhujiajiao Ancient Town Tourism Development Co. , Ltd. (hereinafter referred to as Zhujiajiao Tourism Company) on February 24, 2006, with a business scope including the development and selling of fermented bean curd and pickles, the selling of articles of daily use.

On November 2, 2006, the two involved trademarks were ratified to be transferred to Shanghai Zhujiajiao Handalong Food Co. , Ltd.

In June 2009, Shanghai Zhujiajiao Handalong Food Co. , Ltd. and Zhujiajiao Tourism Company applied to the Trademark Office for transferring the two involved trademarks. On September 18, 2009, Shanghai Zhujiajiao Handalong Food Co. , Ltd. was canceled. On January 18, 2010, the two involved trademarks were ratified to be transferred to Zhujiajiao Tourism Company, and then Zhujiajiao Tourism Company immediately acquired the trademark registration certificates of the two involved trademarks of which it was the registrant. In July of the same year, Zhujiajiao Tourism Company filed a trademark renewal application, and the No. 1506317 registered trademark and No. 1510017 registered trademark were ratified to be respectively renewed to January 13, 2021 and January 20, 2021. Zhujiajiao Tourism Company held the original registration certificates of the two involved trademarks with "Shanghai Handalong Company" (i. e. Handalong Company) as the registrant and the original registration certificates of the two involved trademarks with "Zhujiajiao Tourism Company" as the registrant.

It was also found by investigation that Baoyi Company was founded on October 10, 1996, and its shareholders were Shanghai Xinyi Car Accessories Co. , Ltd. and Lu Huilong, and the legal representative was Lu Huilong; Shanghai Xinyi Car Accessories Co. , Ltd. was founded on October 26, 1993, and its shareholders were Chen Shuchang and Lu Jianjing, and the legal representative was Lu Jianjing.

The enterprise state of Handalong Company had been revoked but not canceled since December 15, 2006.

The Plaintiff Handalong Company claimed that it was the right owner of the No. 1506317 and No. 1510017 registered trademarks. Through its operation and publicity, the Handalong sauce and pickle workshop on the verge of bankruptcy and the brand "Handalong" took a new lease of life. In June 2005, Chen Shuchang, the real control person and person in charge of the operation of Handalong Company, was sentenced criminal detention for being suspected of committing the crime of contract fraud, and was thereby sentenced to ten years of imprisonment, making the operation and management of Handalong Company fall into disorder. In August 2012, Chen Shuchang was released on parole, and Handalong Company discovered that the No. 1506317 and No. 1510017 registered trademarks it owned were transferred to Shanghai Zhujiajiao Handalong Food Co. , Ltd. in March 2006, and was transferred from Shanghai Zhujiajiao Handalong Food Co. , Ltd. to Zhujiajiao Tourism Company in June 2009. Handalong Company had neither reached any agreement concerning the transfer of the involved trademarks, nor undertaken any consultation with Shanghai Zhujiajiao Handalong Food Co. , Ltd. , and Handalong had no intention to transfer the trademarks. The seal of Handalong Company on the application for trademarks transfer in 2006 was affixed by Zhujiajiao Investment Company without authorization with the official seal of Handalong Company it controlled. The exclusive right to use the trademarks obtained by Handalong Company according to the law shall be protected by law, so the behavior of illegally acquiring the registered trademarks committed by Shanghai Zhujiajiao Handalong Food Co. , Ltd. without the permission of Handalong Company had seriously impaired the legal rights and interests of Handalong Company, and could not be established by law; the subsequent behavior of transferring the illegally acquired registered trademarks by Shanghai Zhujiajiao Handalong Food Co. , Ltd. to its shareholder Zhujiajiao Tourism Company shall be null and void, and Zhujiajiao Tourism Company also did not meet the requirement of being in good faith. Shanghai Zhujiajiao Handalong Food Co. , Ltd. was invested and founded jointly by Zhujiajiao Investment Company and Zhujiajiao Tourism Company, and was ratified to be canceled in September 2009, so its liabilities should be assumed by its shareholders. Therefore, Handalong Company lodged a lawsuit and requested the court to: 1. determine that the behavior of transferring the No. 1506317 and No. 1510017 registered trademarks to Shanghai Zhujiajiao Handalong Food Co. , Ltd. should not be established; 2. determine that the behavior of transferring the No. 1506317 and No. 1510017 registered trademarks from Shanghai Zhujiajiao Handalong Food Co. , Ltd. to Zhujiajiao Tourism Company should be null and void; 3. determine that Handalong Company shall be the owner of the exclusive right to use the No. 1506317 and No. 1510017 registered trademarks; 4. the litigation costs of this case should be borne by Zhujiajiao Investment Company and Zhujiajiao Tourism Company.

The Defendant Zhujiajiao Investment Company argued that it did not agree with the claims made by Handalong Company. The transfer procedures of the involved trademarks were legitimate. For the first transfer, it was Shanghai Zhujiajiao

Handalong Food Co. , Ltd. who entrusted a trademark agency to handle the relevant procedures, the transfer applications were affixed with the seal of Handalong Company, and the facts of trademarks transfer were also involved in relevant assets transfer agreement. Moreover, the original trademark registration certificates were at Zhujiajiao Investment Company. Thus, the behaviors of transferring the trademarks were the real intention of Handalong Company. In this case, Handalong Company was not owned by Chen Shuchang himself, and he was not the legal representative of Handalong Company, so the matters of trademark transfer had nothing to do with whether Chen Shuchang was detained or not. During the declaration of the two trademark transfers, Handalong Company did not raise any objection, and the original registration periods of the trademarks were expired in 2011. After then, it was Zhujiajiao Tourism Company who applied for renewal. Thus, the Defendant Zhujiajiao Investment Company requested the court to dismiss the claims made by Handalong Company.

The Defendant Zhujiajiao Tourism Company argued that it did not agree with the claims made by Handalong Company. The two transfer procedures of the involved trademarks were legitimate, and now it was the owner of the exclusive right to use the involved trademarks. Moreover, it possessed the original trademark registration certificates, and Chen Shuchang had nothing to do with this case. Thus, the Defendant Zhujiajiao Tourism Company requested the court to dismiss the claims made by Handalong Company.

[**Trial**]

After trial, Shanghai Putuo People's Court held that:

In accordance with the Trademark Law and the relevant judicial interpretation, the transfer of registered trademark requires the parties concerned to sign the transfer agreement and file an application to the Trademark Office. In this case, although both parties could not provide the trademark transfer agreement, both the Trademark Office and the relevant trademark agency indicated that there was a transfer agreement at the time of transfer. What was more, the trademark transfer applications were affixed with the official seal of the Plaintiff. Thus, it could be determined that both parties had reached an agreement concerning the transfer of the trademarks. The official seal affixed on the trademark transfer applications was handed by the real control person of the Plaintiff over to the outsider for custody, so it could be deemed that the Plaintiff handed its official seal to the outsider. Although such outsider was temporarily employed by the Defendant I, it could not thus be determined that the official seal on the trademark transfer applications was affixed by the Defendant I without authorization. Combining with the facts that the original trademark registration certificates were possessed by the Defendant II, the involved trademarks had been used by the two Defendants and relevant companies after the transfer, the Plaintiff neither raised any objection during the declaration periods of the trademark transfers, nor applied for renewal after the expiration of the original periods, the matters on trademark transfers were reflected in relevant asset transfer agreement, and the involved trademarks were closely linked to the real estate of Handalong sauce and pickle workshop, the court determined that the Plaintiff was fully aware of the transferring of the involved trademarks in 2006, so the transferring of the trademarks was the real intention of the Plaintiff, and the transferring behaviors were legal and effective. Thus, the claim made by the Plaintiff that the transferring behaviors in 2009 should be null and void lacked factual and legal basis, and the claim made by the Plaintiff that it was the owner of the exclusive right to use the two involved trademarks could not be supported. In accordance with Article 4 and Article 55. (2) of the General Principles of the Civil Law of the People's Republic of China, Article 38. 1 and Article 39. 1 of the Trademark Law of the People's Republic of China, Article 25. 1 of the Regulations for the Implementation of the Trademark Law of the People's Republic of China, Article 2 of the Some Provisions of the Supreme People's Court on Evidence in Civil Procedures, the court ruled that all the claims made by the Plaintiff should not be supported.

After the first instance, the Plaintiff refused to accept the rulings as final and appealed to Shanghai No. 2 Intermediate People's Court.

The Appellant Handalong Company appealed that: Zhujiajiao Investment Company, Zhujiajiao Tourism Company did not provide the transfer agreement of the involved trademarks signed between Handalong Company and Shanghai Zhujiajiao Handalong Food Co. , Ltd. , so it was obvious that the direct presumption that there was a transfer agreement between both parties violated the rules of evidence; the behavior that the witness Yuan Deyou took care of the official seal of Handalong Company should be considered as such official seal was possessed by Zhujiajiao Investment Company rather than Yuan Deyou personally, and the behavior of affixing such official seal for the purpose of transferring the involved registered trademarks committed by Zhujiajiao Investment Company during the period of possessing such official seal should be presumed as an unauthorized behavior of Zhujiajiao Investment

Company; it did not accept the authenticity of the Transfer Agreement of Partial Handalong Assets, for such agreement could not prove that the Plaintiff was aware of the transfer of the involved trademarks; Handalong Company neither signed any agreement on transferring the involved trademarks, nor had any intention to transfer the involved trademarks. No matter whether Handalong Company was fully aware the using of the involved trademarks by Zhujiajiao Investment Company and Zhujiajiao Tourism Company, whether Handalong Company filed an application for renewal of the involved trademarks, etc., we could not presume that Handalong Company had an intention of transferring the involved trademarks; the asset transfer agreement on real estate made by Handalong Company and Zhujiajiao Investment Company did not involve the involved trademarks. Therefore, Handalong Company requested the court to repeal the rulings of first instance according to the law, and support the claims made by Handalong Company in first instance.

The Appellees Zhujiajiao Investment Company and Zhujiajiao Tourism Company jointly argued that the court of first instance had made a clear finding of fact and applied correct laws, thus requested the court to dismiss the appeal by law and affirm the original judgment.

After trial, Shanghai No. 2 Intermediate People's Court held that the findings of facts by the court of first instance had been fully proved and the application of laws was correct. Thus, the court ruled that the appeal should be dismissed and the rulings of first instance should be affirmed.

[**Comments and Analysis**]

Trademark transfer is a common behavior in daily commercial activities. Today, the value of intellectual property is growing, and the effectiveness of the behavior of trademark transfer becomes the main disputed content. To this end, the authenticity of intention of trademark transfer contract is an important way to determine the effectiveness of the contract. When there is a trademark transfer contract in writing, it should be determined according to the contents of the contract. But if there isn't any contract in writing, the behavior of trademark transfer shall not certainly be null and void. Under the circumstance that the trademark transfer procedure has been handled and there is some other evidence for proof, it could still be presumed that there is a trademark transfer contract. In such case, the authenticity of intention of trademark transfer contract could be determined by combining with the holding of the right certificate, the use condition of the trademark, the maintenance condition of the trademark, the condition of the entrusted agent and other relevant agreements.

Ⅰ. Lacking contract in writing would not influence the effectiveness of the behavior of trademark transfer

According to the Trademark Law of the People's Republic of China and relevant judicial interpretation, the transfer of registered trademark requires that the transferor and the assignee should sign a transfer agreement, jointly apply to the Trademark Office and file the application for registered trademark transfer. The procedure to apply for registered trademark transfer should be handled by the assignee. According to the above mentioned provisions, the trademark transfer agreement shall be a required document for trademark transfer. However, for a variety of reasons, neither the parties concerned in the case could provide the trademark transfer contract in writing, nor the trademark agency commissioned to handle the relevant procedures or the Trademark Office could provide the contract in writing. In this case, the trademark agency had been commissioned to complete the behavior of trademark transfer and the procedures related to the transfer, and in such case, it should be presumed that there was a trademark transfer contract between both parties. In the trial of this case, both the trademark agency and the Trademark Office indicated that there was indeed a trademark transfer agreement at that time, but they could not provide the transfer contract for special reasons. In such case, according to the trademark transfer application affixed with the official seals of the transferor and the assignee, the asset transfer agreement made by both parties and their affiliated companies and the verbal evidence of the personnel participating in the transfer, as well as the evidence with high probability, the court concluded that there was indeed a trademark transfer agreement between both parties at that time.

Ⅱ. Determination on the authenticity of intention of the party concerned in trademark transfer contract

According to Article 4 of the General Principles of the Civil Law of the People's Republic of China, in civil activities, the principles of voluntariness, fairness, making compensation for equal value, honesty and integrity shall be observed. The conditions that the civil legal act should meet include the authentic intention. Therefore, the authenticity of intention shall be an essential requirement for the behavior of trademark transfer. Under the circumstance that there isn't any trademark transfer contract in writing, it is required to comprehensively combine with several factors when determining whether the party concerned was really intended to transfer the trademark or not. The factors to be considered shall include:

1. The holding of the trademark registration certificate. Under normal conditions, if the right owner hands the original right certificate over to the assignee, it could be considered that the right owner intends to transfer the trademark right. In this case, the original trademark registration certificates of the involved trademarks (with the Plaintiff as the registrant) were possessed by the Defendant Zhujiajiao Tourism Company, which could be indicated that the registration certificates were provided by the Plaintiff in the process of transfer. In such case, it could be presumed in advance that both parties had the intention of transferring the exclusive rights to use the registered trademarks. The party holding a contrary opinion should provide evidence to prove that both parties did not have the intention of transaction. The Plaintiff in this case held that the transfer of the trademark registration certificates was resulted from the disordered operation after its main control person was put in prison, but it could not provide any evidence to prove its claim. Thus, such claim was insufficient to overrule the presumption that the transfer of trademark registration certificates was the transaction intention of both parties.

2. The use conditions of the trademarks by both parties. Under normal conditions, after completing the trademark right transfer, the transferor should cease using the original trademark, and the assignee should start to use the trademark. In this case, as the transferor of the trademark transfer, the Plaintiff did not cease its normal use of the involved trademarks before transferring, while after both parties completed the behavior of trademark transfer, i. e. the year 2006, the transferor immediately ceased using the involved trademarks. As the assignees of the trademark transfer, after completing the trademark transfer, the two Defendants had been using the involved trademarks. The above mentioned behaviors met the common practice for both parties to use the trademark after the trademark transfer.

3. The maintenance conditions of the trademarks by both parties. Under normal conditions, the trademark right owner shall have the obligation to maintain the trademark, including the positive renewal after the trademark right expires, and the positive right protection by civil, administrative means, etc. when discovering any infringement by others. In this case, after obtaining the involved time-honored brand, the Plaintiff immediately applied for registering the involved trademarks, which indicated that the Plaintiff had a strong awareness of trademark protection. However, from the expiration of the two involved trademarks to the expiration of 6 months, i. e. the period of grace of the trademark renewal, the Plaintiff did not file any application for renewal, which was contrary to the expression of its claim that there wasn't any

trademark transfer. On the contrary, as the assignee of the trademarks, the Defendant Zhujiajiao Tourism Company immediately applied to the Trademark Office for renewing the involved trademarks and completed the relevant procedures after the trademark transfer and before the first expiration of the trademarks. Thus, it could be considered as its confirmation by its heart that it had completed the trademark transfer and possessed the involved trademark rights. Meanwhile, after completing the trademark transfer, the two Defendants immediately started to produce, sell the products with the involved trademarks, and such behaviors were public. But the Plaintiff claiming itself as the right owner never raise any objection against such "infringement", which was contrary to the common sense that the right owner should positively maintain its own rights and interests.

4. Contents of relevant asset transfer agreement. Besides the trademark transfer agreement, there shall be other relevant asset transfer agreements between both parties of the transfer, which could be taken as an important inference on whether there is any behavior of trademark transfer or not. The Handalong trademarks involved in this case are famous time-honored brands in Shanghai, and their main carriers, i. e. the Handalong sauce and pickle workshop and the products like the pickles with Handalong trademarks, have jointly constituted the brand and asset of the time-honored brand "Handalong" through several years of historical accumulation and publicity of the operators. In addition, the involved Handalong graphic trademark was quite consistent with the building shape of Handalong sauce and pickle workshop. To fully acquire and exercise the assets and relevant rights involving Handalong, the transfer contents should include at the same time the tangible assets and intangible assets (including the trademark rights). When signing the Transfer Agreement of Partial Handalong Assets in writing and completing the overall purchase of the tangible assets of Handalong, i. e. the real estate of Handalong sauce and pickle workshop and relevant materials, the assignee also expressly indicated that if it continued to operate the sauce and pickle workshop, the exclusion of trademark right transfer would result in difficulty in the actual operation, and the purpose of the purchase could not be realized. Meanwhile, such asset transfer agreement also included the agreement in writing on trademark transfer fees, which corresponded to the relevant expression of the trademark agency. In addition, the relevant personnel of the Plaintiff (the son of the real operator of the Plaintiff and the trustee) also signed the asset transfer agreement, which had indirectly proved that the Plaintiff was aware of the transfer of the involved trademarks, and had the intention of transferring the trademarks.

5. The status of the agent and whether the agent went beyond the authorization. In order to complete the asset transfer transaction with the Defendants, and based on its trust in the outsider Yuan Deyou, the Plaintiff entrusted Yuan Deyou to handle the affairs related to the Plaintiff, and handed its company official seal, etc. over to Yuan Deyou. When Chen Lingfeng, the son of the real control person of the Plaintiff, was handling the matters on transferring partial assets of the Plaintiff's company according to the authorization of the Plaintiff's company and the real control person, Yuan Deyou had also been authorized to handle on behalf of the Plaintiff the payment of relevant taxes and dues and the related matters on the transfer of the registered trademarks. It was thus clear that when handling the related matters concerning the transfer of the involved trademarks to the Defendants with the official seal of the Plaintiff, Yuan Deyou had already obtained the authorization of the Plaintiff. Therefore, the official seals of the Plaintiff on the transfer documents of the involved trademarks reflected the Plaintiff's real intention of transferring the involved trademarks to the Defendants.

Combining with the above mentioned factors, it could be concluded that the transferring of the trademarks was the real intention of the Plaintiff.

(Written by: Zhang Jialu　Fan Danjie)

VI.

Criminal Cases over Intellectual Property

Conviction and Sentencing of Copyright Infringement and Sale of Infringing Duplicates

—Case of Copyright Infringement Committed by Zhu Jianjun and Ning Chuanyin, and Sale of Infringing Duplicates by Thirteen People Including Luo Mingyong and Ning Chuanyin

[**Summary**]

This case involves such infringed works as CFA and ACCA text books, a large amount of people and money, the determination of protection over copyright owner of foreign works, determination of the nature of the criminal behavior and sentencing of the defendant, and the implementation of the principle of balance between crime and punishment and combining punishment with leniency.

[**Facts**]

Public Prosecutor: People's Procuratorate of Shanghai Yangpu District

Defendants: Zhu Jianjun, Luo Mingyong, Yu Fei, Gao Lei, Yu Chun, Cao Xudong, Luo Shaoli, Yu Wenzhong, Chen Gang, Zhang Mingquan, Zeng Hui, Ning Chuanyin, Guo Yi, Yu Wenyan

Cause of Action: Copyright infringement and selling infringing duplicates

Case No.: (2012) YX (Z)CZ No. 216

Kaplan is the copyright owner of CFA textbooks. In October 2011, for gaining illegal profits, the Defendants Luo Mingyong, Yu Fei, Gao Lei, Yu Chun, Cao Xudong, Luo Shaoli, Yu Wenzhong, Chen Gang, Zhang Mingquan, Zeng Hui, Ning Chuanyin, Guo Yi, Yu Wenyan et al. reached an agreement to form an alliance to sell illegally reproduced CFA textbooks with uniform supply, purchasing price, sales price and dividends, each participant of which shall pay RMB 5,000 as cash deposit. The Defendants Luo Mingyong and Yu Fei, who informed the Defendant Zhu Jianjun to print, were responsible for supplying the illegally reproduced CFA textbooks, and the Defendants Gao Lei, Yu Chun, Cao Xudong, Luo Shaoli, Yu Wenzhong, Chen Gang, Zhang Mingquan, Zeng Hui, Ning Chuanyin, Guo Yi, Yu Wenyan et al. were responsible for selling these textbooks in Taobao shops. For each set of books sold, the seller shall hand in RMB 50 as the joint profit of the alliance, which shall be kept and recorded by the Defendant Yu Fei, and evenly distributed to each alliance member after counting the total profits of each month. Till the crime was disclosed, the Defendant Zhu Jianjun had sold a total of over 20, 000 sets of illegally duplicated CFA textbooks (5 or 6 books for each set) to Luo Mingyong and Yu Fei in three times, with a total sales volume of more than RMB one million. From January to March of 2012, the Defendants Luo Mingyong, Yu Fei, Gao Lei, Yu Chun, Cao Xudong, Luo Shaoli, Yu Wenzhong, Chen Gang, Zhang Mingquan, Zeng Hui, Ning Chuanyin, Guo Yi, Yu Wenyan et al. gained illegal proceeds of over RMB 1. 3 million from selling the illegally duplicated CFA textbooks.

On July 26, 2012, 25, 000 copies of pirated CFA textbooks were found by the police at the warehouse rented by Luo Mingyong.

It was also found that You Zhiming and Liu Zhongyun (who had been convicted and sentenced in another case), also illegally copied and sold ACCA textbooks with the Defendant Ning Chuanyin for illegal profit. Ning illegally copied the ACCA textbooks. You Zhiming and Liu Zhongyun sold the copies in their Taobao shops at the price of RMB 60 to 80 per set (two books for each set). Ning Chuanyin sent the copies through express delivery as required by buyers. After the buyers paid for the books, You Zhiming and Liu Zhongyun would divide their earnings at the price of RMB 45 per set with Ning Chuanyin through Alipay. Till the crime was disclosed, the Defendant You Zhiming had paid Ning Chuanyin more than RMB 2, 500 and sold more than 100 illegal copies of the ACCA textbooks. The Defendant Liu Zhongyun had paid Ning Chuanyin more than RMB 4, 600 through Alipay and sold more than 180 illegal copies of ACCA textbooks in total. On July 26, 2012, 521 copies of illegally duplicated ACCA textbooks were seized by the police at the warehouse rented by Ning Chuanyin, and printing equipment such as printer, paper cutter, mulch applicator as well as computers, etc. were found at the print store operated by Ning Chuanyin. The authentication showed that all the seized textbooks were pirated and photocopied.

The fourteen Defendants had no objection to the charges in the indictment.

The defender of Zhu Jianjun argued that Zhu Jianjun, who was a salesman of Shanghai Yincen Printing Co., Ltd., had turned in most of the RMB one million received by him to the company as the costs and profits of the company, and that the business of printing the books involved is not solicited by him, therefore he should be given lighter punishment and probation should be applied.

The defender of Luo Mingyong argued that Luo Mingyong should be given lighter punishment and probation for his truthful confession and good attitude towards admission of guilty.

The defender of Yu Fei argued that Yu Fei was an accomplice and had pleaded guilty, thus should be given lighter punishment and probation.

The defender of Gao Lei argued that as it could not be confirmed whether the involved CFA textbooks were protected by Chinese laws, Gao Lei had no active or serious circumstances compared with the Defendants after him, and he had pleaded guilty, thus requesting for mitigated punishments and application of probation.

The defender of Yu Chun argued that no evidence showed that CFA were protected by the copyright law of China and there was no discrimination of prime culprit and accomplices in the indictment. Yu Chun was an accomplice and had pleaded guilty, so he should be given lighter punishment and probation.

The defender of Cao Xudong argued that Cao Xudong should be given lighter punishment and probation as he was an accomplice and showed good attitude towards admission of guilty.

The defender of Luo Shaoli argued that Luo Shaoli, who was an accomplice, committed crime for a short time and had pleaded guilty, thus should be given lighter punishment and probation.

The defender of Zhang Mingquan argued that Zhang Mingquan should be given lighter punishment and probation as he was an accomplice and showed good attitude towards admission of guilty.

The defender of Zeng Hui argued that Zeng Hui should be given lighter punishment and probation for his truthful confession and admission of guilty.

The defender of Ning Chuanyin argued that Ning Chuanyin confessed truthfully and played an subordinate role in the sales, thus requesting for a lighter punishment.

The defender of Guo Yi argued that Guo Yi was an accomplice who had confessed his crime truthfully, thus requesting for mitigated punishment and application of probation.

[**Trial**]

After the trial, the People's Court of Shanghai Yangpu District held that Zhu

Jianjun, without permission from the copyright holder, illegally reproduced and distributed over 2, 500 copies and gained an illegal sales volume of more than RMB 250, 000, resulting in serious circumstances and constituting the crime of copyright infringement; for profit making, Luo Mingyong, Yu Fei, Gao Lei, Yu Chun, Cao Xudong, Luo Shaoli, Yu Wenzhong, Chen Gang, Zhang Mingquan, Zeng Hui, Ning Chuanyin, Guo Yi, Yu Wenyan ganged up to illegally reproduce and distribute CFA textbooks, gaining illegal proceeds of more than RMB 100, 000, which was a huge amount, thus constituting the crime of selling infringing duplicates; Ning Chuanyin illegally reproduced more than five hundred copies of ACCA textbooks without obtaining permission from the copyright holder, constituting serious circumstances and the crime of copyright infringement. The crimes charged by the Public Prosecutor were established, and therefore the fourteen defendants should be given punishments according to law. Ning Chuanyin, who committed several crimes before announcement of the judgment, should be given accumulative punishments. As Ning Chuanyin, who repeated the offense within five years upon the execution of the fixed-term imprisonment, should be given criminal punishment above fixed-term imprisonment, and should be a severer punishment as a recidivist. Zhu Jianjun truthfully confessed their crime after appearing before court and thus could be given a lesser punishment according to the law. Luo Mingyong, Gao Lei, Yu Chun, Cao Xudong, Luo Shaoli, Yu Wenzhong, Zhang Mingquan, Zeng Hui, Guo Yi, Yu Wenyan confessed their crimes after appearing before court, returned the illegal proceeds, and prepaid whole or partial fines, thus could be given lesser punishment according to law. Zhu Jianjun truthfully confessed his crime after appearing in court and returned the illegal proceeds, thus could be given a lesser punishment according to law. Chen Gang pleaded guilty in the court, returned illegal proceeds and prepaid fines, thus could be given lighter punishment according to the circumstances. Yu Fei after appearing in the court truthfully confessed his crime, thus could be given lesser punishment in accordance with law. But he didn't return the illegal proceeds, so his defender's view on application of probation did not conform to relevant laws and thus was not accepted. Therefore, the court ruled that Zhu Jianjun was convicted of copyright infringement, and sentenced to three years and eight months of imprisonment with a fine of RMB 150, 000; Luo Mingyong was convicted of the crime of selling infringing duplicates, sentenced to one year and six months of imprisonment, suspended for one year and six months and fined RMB 70, 000; Yu Fei was convicted of the crime of selling infringing duplicates, sentenced to one year and three months of imprisonment, suspended for one year and six months and fined RMB 70,000; Gao Lei was convicted of the crime of selling infringing duplicates, sentenced to one year and three months of imprisonment, suspended for one year and three months and fined RMB 35,000; Yu Chun, Cao Xudong, Luo Shaoli, Yu Wenzhong, Chen Gang and Yu Wenyan was convicted of the crime of selling infringing duplicates, sentenced to one year and two months of imprisonment, suspended for one year and two months and fined RMB 35,000; Zhang Mingquan, Zeng Hui and Guo Yi was convicted of the crime of selling infringing duplicates, sentenced to one year of imprisonment, suspended for one year and fined RMB 35,000; Ning Chuanyin was convicted of the crime of selling infringing duplicates, sentenced to one year and eight months of imprisonment with a fine of RMB 35,000, and was also convicted of copyright infringement, and sentenced to eleven months of imprisonment with a fine of RMB 3,000, therefore it was decided that he should be subject to two years and three months of imprisonment and a fine of RMB 38,000; the illegal proceeds of RMB 384,857 detained as well as the infringing books, such means of crime as computer, printer, paper cutter and mulch applicator seized were forfeited, and Defendant Zhu Jianjun, Yu Fei and Ning Chuanyin were ordered to return the illegal proceeds.

After the ruling was made, no counter appeal was filed by the Public Prosecutor, but the Defendants Yu Fei and Ning Chuanyin filed an appeal. After trial, Shanghai No. 2 Intermediate People's Court dismissed the appeal and upheld the ruling of the first instance.

[**Comments and Analysis**]

This is a typical case of copyright infringement and sale of infringing duplicates participated by more than ten people in an organized way and with division of labor, involving such infringed works as CFA and ACCA textbooks, etc. As the role of the Defendants played in the crime, involved amounts and quantities varied, the court gave corresponding punishments according to specific circumstances.

With respect to crimes committed in this case, although Zhu Jianjun reproduced these textbooks as required by Luo Mingyong and Yu Fei, only Zhu Jianjun himself was involved in the reproduction process, and the reproduced books were sold to Luo Mingyong and Yufei, therefore the nature of behaviors of Zhu Jianjun and Luo Mingyong et al. should be determined separately. The criminal behaviors involved in copyright infringement include reproduction and distribution. Zhu Jianjun, who illegally reproduced and sold the involved textbooks, meeting the constitutive elements of the crime of copyright infringement, therefore should be convicted of this crime and given punishment accordingly. The rest of the defendants, except Ning Chuanyin, only sold the pirated textbooks, thus should be punished for the crime of selling infringing duplicates.

With respect to whether foreign CFA and ACCA works are under the protection of Chinese law. The entitlement of copyright is subject to strict geographical restrictions while the validity is generally limited to the territory of its country. The provisions regarding the copyright infringement in the criminal law of China only protects the works that are entitled to such right within the Chinese territory. In principle, as foreign works do not have copyrights, they are not protected by law in China. However, the authors of foreign works can obtain the copyright in China under certain conditions. The first paragraph of Article 2 of the Copyright Law of the PRC stipulates that any work of a foreigner published outside the territory of the People's Republic of China which is eligible to enjoy copyright under an agreement concluded between the country to which the foreigner belongs or country of habitual residence and China, or under an international treaty to which both countries are party, shall be protected in accordance with Chinese law. The copyright owners of these involved CFA and ACCA textbooks are American and British people, and US, UK and China are members of Berne Convention, therefore the involved textbooks with copyright owned by the companies of the two countries should be protected by Chinese law according to the principle of national treatment.

With regard to the proposal of the defenders to discriminate prime culprit from accomplice among the thirteen defendants including Luo Mingyong. The thirteen Defendants including Luo Mingyong ganged up to sell the infringing duplicates and founded an alliance, in which the participating defendants actively engaged in supply of goods, accounting and sales, etc. as members of the alliance, and the joint profit of RMB 50 handed in for each set was shared evenly, thus there is no discrimination from prime culprit and accomplice. However, as Luo Mingyong and Yu Fei, who were responsible for supply of goods and accounting, played more important roles compared with other members, their sentencing should be properly differentiated.

In regard to sentencing, considering that Zhu Jianjun illegally reproduced and distributed quite a large number of textbooks, involving a huge amount; Ning Chuanyin was a recidivist who had committed several crimes; and Yu Fei played a prominent role in selling the infringing duplicates and held the illegal proceeds that had not been allocated yet and refused to return the same during the trial, probation shall not be applied to them according to law. Probation could be applied to the rest of the defendants by considering such circumstances as their roles in the crime, hazard to the society, the actual damage, attitudes towards admission of guilt, return of illegal proceeds and prepayment of fines, so as to realize the principle of balance between crime and punishment and combining punishment with leniency.

(Written by: Chen Manli Zhang Cheng)

Determination of Losses of Right Owner in the Disclosure-type Crime of Infringement upon Trade Secrets

—Case of Infringement upon Trade Secrets Committed by Wu Guang

[**Summary**]

The Defendant illegally disclosed the trade secrets of the right owner, thus causing losses to the right owner as the trade secret sentered the public domain and lost their due commercial value. However, it's difficult to calculate the direct economic loss suffered by the right owner, and the Defendant gained no profits from it. In this case, the court determined the losses caused to the right owner by referring to the methods for determining compensation amount in civil infringement of trade secrets provided in the Anti-unfair Competition Law based on the costs for search and development of the trade secrets.

[**Facts**]

Public Prosecutor: People's Procuratorate of Shanghai Pudong New Area

Victim: PFIZER INC.

Victim: WuXi AppTec

Defendant (Appellant): Wu Guang

Cause of Action: Infringement upon trade secret

Case No. at First Instance: (2012) PX (Z)CZ No. 42

Case No. at Second Instance: (2013) HYZX (Z)ZZ No. 10

The victim WuXi AppTec provided chemosynthesis services for Pfizer, which included designing structured synthesis routes, conducting experiments, and delivering the synthetic compounds and lab reports recording the detailed synthesis data to Pfizer according to the order of Pfizer. For this purpose, WuXi AppTec took a series of security measures such as entrance guard for the lab, login password on computers, forbidden drivers, floppy drivers and USB interfaces.

The Defendant Wu Guang had been working as a synthetic chemist at Pfizer Project Group of WuXi AppTec since March 18, 2008, and had signed a confidential agreement. In September and October of 2010, Wu Guang stole the research materials such as test reports in the computers of other researchers of WuXi AppTec by secretly disassembling and replacing the hard disks in the computers for several times. After leaving the company, the Defendant in the name of Shanghai Ainake Biomedical Technology Limited, which was not founded yet at that time (founded on June 2, 2011, and its legal representative was Wu Guang), disclosed the structural formulas from the stolen data on the website of the company as well as the two databases SciFinder and ACDFIND on March 2, 2011 and March 11, 2011.

The public security organ entrusted Shanghai Technological Consultancy Service Center to authenticate the 89 structural formulas disclosed by the Defendant. Apart from one mistaken structural formula, the remaining 88 were disclosed to the public for the first time on March 2, 2011 and March 11, 2011, and were technical information unknown to the public before such disclosure. With respect to No. 28, 29 and 75 structural formula, Pfizer enjoyed patent priority to the three structural formulas before the first disclosure by the Defendant, but its publication date was after the date of first disclosure. The compounds with the above-mentioned structures have high medical value or potential value and application prospect in other biochemistry, featuring practicability, and can bring economic interests. The above-mentioned 88 structural formulas were the same as the 88 structural formulas developed by WuXi AppTec for Pfizer, excepting that No. 61 structural formula disclosed by the Defendant was the structural formula of the reactant of No. 61 structural formula used for comparison by Pfizer. Furthermore, according to the opinions of the authentication agency upon demonstration by the experts, the relevant information including the structural formulas of the above-mentioned compounds was no longer novel as the disclosure was more than six months earlier than November of 2011, which directly resulted in loss of entitlement to patent protection of the relevant information including the structural formulas of the above-mentioned compounds. As audited by Shanghai Gong Xin Zhong Nan Certified Public Accountants, the development and research expenditures for the 80 structural formulas totaled RMB 2, 686, 103. 43.

The public prosecutor alleged that the Defendant Wu Guang stole the structural formulas and synthesis information, his disclosure of the structural formulas caused the inability to apply for patent, and the development and research expenditures including the expenditures for design of the structural formulas and synthesis were all the loss of the victim company. The ascertained expenditures for synthesis had already reached RMB 2, 686, 103. 43. Accordingly, it was determined that the Defendant stole and disclosed the trade secrets of the right owner, having caused especially serious consequence, and that his behavior had violated the Sub-paragraph I and II of Paragraph I of Article 219 of Criminal Law, constituting infringement of trade secrets, thus it was suggested that the Defendant should be sentenced to imprisonment of more than three years and less than seven years with fines; as the Defendant after appearing in the court truthfully confessed his crime, he should be given lighter punishment.

The Defendant had no objection to the charges in the indictment. The Defendant and his defender's view mainly included: 1. the involved structural formulas were research and development results rather than trade secrets. The test reports failed to show whether there were isomers or similar structural formulas that were "easily accessible without having to pay certain price", and such opinions unknown to the public lacked basis. The structural formulas themselves had no value or practicability, let alone the ones failed synthesis. 2. The public prosecutor failed to ascertain the actual losses caused by the Defendant's behavior to Pfizer. Only verification of whether newly designed structural formulas could be synthesized belonged to research and development of structural formulas, so the expenditures for synthesizing structural formulas that provided preparation methods and structural formulas of intermediates were R&D expenditures for compound purposes, and the synthesis weight which exceeded that required for verifying the structural formulas were not for the purpose of researching and developing structural formulas. Structural formulas that had been publicized still could apply for patent protection without loss of value. 3. Even if the crime was constituted, the expenditures for synthesizing the structural formulas should be deducted, after which the amount involved in the crime was impossible to reach RMB 2. 5 million. They also proposed that several evidences had serious defects.

[**Trial**]

People's Court of Shanghai Pudong New Area held after trial that apart from one structural formula, the Defendant disclosed 88 structural formulas the same as those of Pfizer. According to the charges and defenses, the contending focuses of this case were: 1. whether the 88 structural formulas and the synthesis information were trade secrets; 2. determination of losses of the right owner. With regard to the first contending focus, as retrieved by a professional agency, the 88 structural formulas were technological information unknown to the public before disclosure by the Defendant; the research and development of the structural formulas included the creative work of technicians, and the structural formulas could be used to synthesize compounds or used for further research. Even failed synthesis could broaden the thinking, thus bringing competitive advantage to the right owner and having practicability and value. Therefore, the involved structural formulas and the synthesis information were trade secrets. As for the second contending focus, the action of the Defendant caused the structural formulas to be known by the public, and the losses thus incurred to the right owner should be calculated according to the corresponding R&D expenditure. The research and development process included such processes as design of structural formulas, synthesis verification and re-synthesis. The expenditures for these stages were R&D expenditures of structural formulas. The synthesis expenses ascertained in this case were R&D expenditures of the last two phases, and could be determined as the losses to the right owner caused by the Defendant. However, the No. 61 structural formula of Pfizer, the expenditures for which was included, was actually the research results of the next step of the Defendant's disclosure of structural formulas, thus should not be determined as the losses of the right owner; the synthesis expenditure for the three structural formulas to which Pfizer enjoyed patent priority should also be deducted. After the deduction, the amount totaled over RMB 2.6 million. To sum up, the Defendant stole the structural formulas and the synthesis information, which were trade secrets, and disclosed the former, thus causing serious consequences and constituting infringement of trade secrets. The Defendant truthfully confessed his crime after appearing in court and thus could be given a lesser punishment according to law. Taking the circumstances of the crime, attitudes towards admission of guilt and the impact of the crime into consideration, in accordance with Subparagraph I and II, Paragraph I, Article 219, Paragraph III of Article 67, Article 52, Article 53 and Article 64 of Criminal Law of the People's Republic of China and Paragraph II, Article 7 of Interpretation of the Supreme People's Court and the Supreme People's Procuratorate Concerning Some Issues on the Specific Application of Law for Handling Criminal Cases of Infringement upon Intellectual Property Rights, Wu Guang was convicted of infringement of trade secrets and was sentenced to imprisonment of three years and six months with a fine of RMB 100,000; the mobile HDD detained was also forfeited.

After the trial of first instance, Wu Guang, not satisfied with such decision, lodged an appeal against Shanghai No. 1 Intermediate People's Court.

Shanghai No. 1 Intermediate People's Court found after the trial that the facts found by the court of first instance were true, and held that the conviction and sentencing according to the nature of the crime, detailed circumstances and hazards to the society was not inappropriate, and the litigation process was also legal, thus ruling to dismiss the appeal and affirm the original judgment in accordance with Sub-paragraph I, Paragraph I, Article 250 of Criminal Procedure Law of the People's Republic of China.

[**Comments and Analysis**]

One of the constitutive elements of infringement of trade secrets is causing great loss to the right owner, and judicial interpretation provides two criminal prosecution standards, namely, RMB 500.000 and RMB 2.5 million. Nevertheless, no provision has been made on calculation of losses of the right owner in the *Criminal Law* and its judicial interpretation, making it difficult to manifest the loss of the right owner in a detailed and quantitative form, which becomes the focus and difficulty in trying criminal cases over infringement of trade secrets.

Ⅰ. Determination of losses of right owner in the crime of infringement upon trade secrets

The expression of loss of right owner is "the amount of direct economic loss" in Provisions of the Supreme People's Procuratorate and the Ministry of Public Security on Prosecution Standards for Cases of Economic Crimes of 2001 (abolished), and "amount of loss" in the Interpretation of the Supreme People's Court and the Supreme People's Procuratorate Concerning Some Issues on the Specific Application of Law for Handling Criminal Cases of Infringement upon Intellectual Property Rights of 2004 and Provisions (Ⅱ) of the Supreme People's Procuratorate and the Ministry of Public Security on Standards for Filing Criminal Cases under the Jurisdiction of the Public Security Organs for Investigation and Prosecution of 2010. As you can see, although no provisions have been made on calculation of loss of right owner in Criminal Law and its Judicial Interpretation, its connotation is expanding instead of being limited to the direct and actual economic loss. According to the meaning of "amount of loss", the scope of amount of loss is essentially the same as that of compensation for damages in civil cases of infringement of trade secrets, so as to reflect the loss suffered by the right owner from the infringement of trade secrets to the greatest extent. Hence, in criminal cases of infringement of trade secrets, judges often use the method for determining the compensation amount for loss in civil case of infringement of trade secrets to determine the loss of the right owner. It is also specified in the Reply to How to Calculate "Heavy Loss Caused to Right Owner of Trade Secrets" in Handling Cases of Business Crimes published by the Ministry of Public Security that if it's difficult to calculate the loss caused to the right owner by infringement of trade secrets, the method for calculating compensation amount in criminal cases stipulated in Anti-Unfair Competition Law may be referenced in judicial practices.

Article 20 of Anti-Unfair Competition Law stipulates that the compensation amount for cases of infringement of trade secrets is first determined by the loss of the right owner and then the gains of the infringer. Article 17 of Interpretation of the Supreme People's Court on Some Issues Concerning the Application of Law in the Trial of Civil Cases Involving Unfair Competition also regulates that the method for determining compensation amount in cases of patent infringement may be referenced, that is, determining the compensation amount in the order of loss of the right owner, gains of the infringer and the patent royalty, and that in case the infringement causes the trade secrets to be known by the public, the compensation amount could be determined based on the commercial value of the trade secret, R&D expenditure, profits from using the trade secret, prospect interest, the time with competitive advantages and other factors. In light of the above regulations, the amount of loss in infringement upon trade secret varies due to the different modalities of consequences. The modalities of consequences of infringement upon trade secrets mainly include illegally using or allowing others to use trade secrets, only disclosing but not using others' trade secrets, and disclosing and using others' trade secrets. Therefore, in judicial practices, generally there are the following methods for determining the amount of loss of the right owner.

1. Calculating the direct loss of the right owner, that is, calculating the lost profit of the right owner during the infringement, which means the reduced profit compared to the profit of the right owner during the infringement the last year at the same time and the same production. This mainly applies to the circumstance under which the market quotation is quite stable, the production and operation of the right owner is under a continuous state, and the materials for operation are complete. There are two calculation methods: first, the total reduced sales volume caused by infringement of the products of the right owner multiplied by the reasonable profit of each product of the right owner; second, total sale of infringed products on the market multiplied by the reasonable profit of each product of the right owner. For instance, in Case of

infringement of trade secret committed by Zhou Delong, et al. [Shanghai No. 2 Intermediate People's Court (2003) HEZXCZ No. 150, Shanghai High People's Court (2004) HGXZZ No. 50], the above two calculation methods were adopted in the audit report submitted by the public procurator.

2. Calculating the profit of the infringer, that is, the total sale of the infringing products multiplied by the reasonable profit of each infringing product. For instance, in Case of infringement of trade secret committed by Zhang Shuxian, et al. [Shanghai Pudong New Area People's Court (2003) PXCZ No. 137, Shanghai No. 1 Intermediate People's Court (2003) HYZXZZ No. 343], the loss of the right owner was determined by determining the illegal profit of the defendant by the number of products actually sold multiplying by the gross profit of each infringing product.

3. Calculating R&D expenditure, i. e. determining the loss of the right owner by assessing the value of the trade secret based on the investment of the right owner in researching and developing trade secrets. This method is mainly applicable to the circumstance under which the trade secret is spread to the industry or among the public, causing the trade secret developed by the right owner to be no longer secret, thus losing its value as trade secret. For instance, in Case of infringement of trade secret committed by Shen Dajun [Beijing Mentougou District People's Court (2008) MEN-XCZ Indictment No. 25], for venting resentment and taking revenge, the defendant uploaded the trade secret of the victim not yet put into production, which was widely browsed and downloaded. So the court calculated the research and development expenditure as the loss of the right owner.

Ⅱ. Determination of losses of right owner in the crime of infringement upon trade secret by disclosing trade secret

In the crime of infringement upon trade secret by disclosing trade secret, the determination method varies based on whether the right owner has used the trade secret. If the trade secret has been used by the right owner and has generated yields, based on which the profits made and prospect interest can be calculated, the R&D expenditure, profits, prospect interest and the time with competitive advantage can be considered for valuation. If the trade secret has not yet been used by the right owner, the R&D expenditure paid by the right owner for developing the trade secret becomes the best basis for determining loss. However, as the resources invested for developing the trade secret by the right owner are diversified, including financial, material and labor resources which are difficult to quantize, and some investments are not directly made to the research and development of certain trade secret. We should pay emphasis on two aspects in determining which costs of the right owner can be included into the R&D expenditure of the trade secret: one is whether the cost is generated due to research and development activities; the other is whether the cost is corresponding to the trade secret involved.

The technical information involved in this case is structural formulas and compound information, which are phased results of research and development of new drugs and have not been put into production by the right owner, so it's difficult to ascertain the actual loss of the right owner. The crime of the Defendant is illegally gaining and disclosing trade secrets, but not gaining economic interests from it. However, the Defendant disclosed the trade secret, making the trade secret developed by the right owner no longer secret and loss its value as trade secret, thus inevitably causing loss to the right owner. The Public Procurator determines the synthesis expenditure of structural formulas paid by the right owner, which is R&D costs, as the loss of the right owner, while the defender holds that such synthesis costs are processing costs incurred after research and development rather than R&D costs. So there are two problems to be solved: one is whether the expenditure for synthesizing the structural formulas is R&D expenditure; the other is whether the synthesizing expenditure is used for researching and developing the involved structural formulas.

Whether the expenditure for synthesizing the structural formulas is R&D expenditure can be judged in combination with the research and development process of the structural formulas. The research and development of the involved structural formulas mainly involve three main stages: design of structural formulas, synthesis verification to verify whether the structural formulas can be used to synthesize compounds and repeated synthetic tests for improvement. The design of structural formulas is completed by Pfizer, and synthesis verification and synthetic test is completed by WuXi AppTec. It's no doubt that the costs for design of structural formulas are R&D expenditure, but the Public Procurator and the victim company failed to give evidence. The synthesis expenditure for the latter two stages is the consideration for the synthesis service provided by WuXi AppTec according to the orders of Pfizer. The content of order includes the target structural formulas, while the test reports of WuXi AppTec include target structural formulas, synthesis path, experimental conditions and steps. The comparison between the order and the test reports shows that WuXi AppTec did not conduct synthesis only according to the instruction of Pfizer, but needed to design synthesis routes and steps. The experimental results are the target compounds, turning the structural formulas from imagination to reality, or other compounds. The above process, which is ordinary for scientific experiments and a quite creative process, belongs to research and development rather than contracting of processing work, therefore synthesis expenditure is R&D expenditure rather than processing expenditure as thought by the defender.

With regard to whether synthesis expenditure is R&D expenditure for involved structural formulas. The R&D result corresponding to the synthesis expenditure is the test reports, which include the structural formulas and the synthesis information, hence the synthesis expenditure covers the value of the structural formulas and the synthesis information. However, in terms of the R&D objectives of the structural formulas, the value of the two parts is closely related. Pfizer entrusts WuXi AppTec to synthesize the structural formulas for developing new drugs. It often takes a decade from basic research, target determination, design and synthesis of structural formulas, activity and toxicity experiment to turning the compound into drugs. And most research and development activities focus on structural formulas. Before manufacturing of drugs, the drug company often applies for patents for structural formulas. Before that the structural formulas are protected as trade secret. Hence structural formulas are the key for research and development of new drugs. Though the Defendant only disclosed the structural formulas and others are not able to know the synthesis information directly from the structural formulas, the acts of the Defendant deprived the structural formulas of the protection of patents for inventions. To the drug company which develops new drugs, the value of the structural formulas is almost totally lost once they are disclosed. Therefore, the synthesis verification expenditure and repeated synthesis experiment expenditure invested by Pfizer for researching and developing the involved structural formulas can be determined as the research and development costs of the structural formulas and accordingly determined as the loss of the right owner.

The circumstance for loss caused by infringement of trade secret is very complicated. Different calculation standards may be adopted for different circumstances in trying the cases. As for this case, the disclosure by the Defendant caused the involved trade secret to be no longer secret and lose its value for the purpose of research and development of new drugs, thus it's appropriate to determine the amount of loss according to the R&D expenditure paid by the right owner that has been verified.

(Written by: Ye Jufen)

Application of Standards for Conviction and Sentencing in Copyright Infringement

—Case of Copyright Infringement Committed by He Aiwei, Shanghai Tongwei Graphic & Text Co. , Ltd. , Yang Xiongwei and Cai Zhihua

[**Summary**]

There are two standards for conviction and sentencing of the crime of copyright infringement: one is the amount of illegal operation, and the other is the quantity of works illegally reproduced and distributed. When the two standards do not point to the same level of sentencing, the standard that points to severer punishment shall apply.

[**Facts**]

Public Prosecutor: People's Procuratorate of Shanghai Yangpu District
Defendant: He Aiwei
Defendant Company: Shanghai Tongwei Graphics Company
Defendant: Yang Xiongwei
Defendant: Cai Zhihua
Cause of Action: Copyright infingement
Case No.: (2014)YX(2)CZ No. 62

The Defendant He Aiwei, without permission of the relevant copyright holders, downloaded from the Internet such e-books as A New Account of Zhi River, Getting Rid of Poverty, Science and Patriotism, and To Be Steadfast in the Work and To Spearhead or purchased books and disassembled them, and printed, duplicated, tailored, and bound them into volumes by utilizing purchased printers, photocopiers, and thread-less binders, and sold such books at a price below the market price in such online Taobao shops as "Huisheng Graphics" and "Shanghai Fudan Universality Online Bookstore" which were registered on Taobao with his own ID card or ID cards of other persons. From January 2013 till the exposure of the crime, the online shop

"Huisheng Graphics" sold a total of 1, 327 the aforesaid books and the online shop "Shanghai Fudan University Online Bookstore" sold a total of 3, 320 pieces of the aforesaid books, amounting to over RMB 87, 000 Yuan in total.

Defendant He Aiwei commissioned Shanghai Tongwei Graphics Company to print the covers of such books as Getting Rid of Poverty and A New Account of Zhi River for him at the price of RMB 1. 6 Yuan per piece. Till the exposure of this case, Shanghai Tongwei Graphics Company had printed more than 1, 400 covers of such books as Getting Rid of Poverty and A New Account of Zhi River for He Aiwei. Till the exposure of this crime, Shanghai Tongwei Graphics Company had printed more than 1, 400 covers of such books as Getting Rid of Poverty and A New Account of Zhi River for He Aiwei (among 800 plus pieces printed some have two covers).

On April 15, 2014, the Defendants He Aiwei, Yang Xiongzhi and Cai Zhihui were arrested by the police, and confessed their crime truthfully.

According to the Public Prosecutor, the acts of Defendants He Aiwei, Shanghai Tongwei Graphics Company, Yang Xiongwei and Cai Zhihua had constituted the crime of copyright infringement. The circumstances of He Aiwei were especially serious, and the circumstances of Shanghai Tongwei Graphics Company, Yang Xiongwei and Cai Zhihua were also serious. Shanghai Tongwei Graphics Company, Yang Xiongwei and Cai Zhihua were accomplices. He Aiwei, Shanghai Tongwei Graphics Company, Yang Xiongwei and Cai Zhihua confessed their crime truthfully, the Public Prosecutor therefore brought the case to court for punishment in accordance with law.

Defendants He Aiwei, and Tongwei Graphics Company, Yang Xiongwei and Cai Zhihua had no objects to the facts and crimes alleged in the indictment.

The defender of Defendant He Aiwei argued that He Aiwei who committed the offense for the first time should be given lighter punishment as he showed good attitude towards admission of guilty, confessed his crime and his family was willing to pay the compensation and fines.

The defender of Defendant Yang Xiongwei argued that Yang Xiongwei gained less profit and had low education level with less serious subjective malignant.

The defender of Defendant Cai Zhihua argued that Cai Zhihua who committed the offense for the first time should be given lighter punishment as he had less serious subjective malignant, played an minor role in the reproduction of the pirated books, showed good attitude towards admission of guilty and confessed his crime truthfully.

[Trial]

Shanghai Yangpu District People's Court held that Defendant He Aiwei illegally reproduced and distributed others' literary works without the permission of the copyright owner. The reproduced and distributed number totaled over 2, 500 copies, resulting in especially serious consequences. The Defendant Shanghai Tongwei Graphics Company printed covers for partial books reproduced and distributed by He Aiwei, and offered help, also resulting in serious consequences. Defendants Yang Xiongwei and Cai Zhihua were the operators and managers of the company. Their acts had constituted the crime of copyright infringement. The crime in this case was joint offense, in which Defendant He Aiwei who played the leading role was the prime culprit; and Shanghai Tongwei Graphics Company who played the subordinate role was an accomplice. Therefore Shanghai Tongwei Graphics Company, Defendants Yang Xiongwei and Cai Zhihua should be given lighter punishment. Defendant He Aiwei truthfully confessed his crime after appearing in court and thus could be given a lesser punishment according to the law. As Defendants Shanghai Tongwei Graphics Company, Yang Xiongwei and Cai Zhihua truthfully confessed their crime after appearing in court, returned their illegal gains and paid their fines in advance, they could be given a lesser punishment in accordance with law. Therefore, the court ruled that He Aiwei was sentenced to imprisonment of three years and six months and a fine of RMB 50, 000; Shanghai Tongwei Graphics Company was sentenced to a fine of RMB 1, 000; Defendant Yang Xiongwei was sentenced to a criminal detention of six months and a fine of RMB 200; the illegal gains detained and the infringing books and guilty tools seized such as printer, paper cutter, mulch applicator as well as computers, etc. were forfeited; Defendant He Aiwei was ordered to return the illegal gains.

After the ruling was made, no Defendant filed an appeal, and the Public Prosecutor didn't file a counter appeal either. The judgment of first instance thus took effect.

[Comments and Analysis]

This case is an important one in the Campaign of "Online Sword 2014" carried out by National Copyright Administration. Most cases of copyright infringement involve both amount and number of offenses, so Article 5 of Interpretation of the Supreme People's Court and the Supreme People's Procuratorate Concerning Some

Issues on the Specific Application of Law for Handling Criminal Cases of Infringement upon Intellectual Property Rights and Article 1 of Interpretation (II) of the Supreme People's Court and the Supreme People's Procuratorate Concerning Some Issues on the Specific Application of Law for Handling Criminal Cases of Infringement upon Intellectual Property Rights had regulations on conviction and sentencing in light of illegal turnover and illegally reproduced and distributed number: in case of the crime of copyright infringement, if the illegal turnover is above RMB fifty thousand or the number of illegally reproduced and distributed works is more than five hundred, the offender shall be sentenced to imprisonment of less than three years; if the illegal turnover is more than RMB 250,000 or the number of illegally reproduced and distributed works is more than 2,500, the offender shall be sentenced to imprisonment of more than three years and less than seven years. In this case, in order to gain illegal interests, the Defendant He Aiwei illegally printed and sold more than 4,600 books without permission of the right owners with the turnover amounting to RMB 87,000. If according to the amount of crime, the Defendant He Aiwei should be sentenced to less than three years, while if according to the number of books printed, he should be sentenced to more than three years. When two sentencing standards point to different sentencing levels, the severer punishment shall apply to realize the principle of balance between crime and punishment.

In illegally reproducing the involved books, the Defendant He Aiwei entrusted Shanghai Tongwei Graphcis Company to reproduce partial covers of the infringing books, and Shanghai Tongwei Graphcis Company, who was aware of He Aiwei's illegal production, offered help for making profits. Although the illegal turnover of the company was not high enough to get criminal punishment, the number of covers provided to the Defendant He Aiwei reached over 1,400, therefore in terms of such number, the company committed joint offense with He Aiwei, and its principals Defendants Yang Xiongwei and Cai Zhihua shall undertake the corresponding criminal liabilities.

(Written by: Chen Manli Zhang Cheng)

Conviction and Sentencing of Online Sale of Pirate ISO and IEC International Standard Documents

—Case of Copyright Infringement Committed by Wang Kai

[**Summary**]

According to the principle of national treatment in Berne Convention, the court determined that ISO and IEC international standard documents were works under the protection of Chinese law. The Defendant Wang Kai's online sale of pirated ISO and IEC international standard documents belonged to the "reproduction and distribution" specified in Article 217 of Criminal Law. In light of the actual conditions and based on the principle of modest restraint, the infringing ISO and IEC international standard documents seized would be calculated into the number of crime of copyright infringement committed by the Defendant.

[**Facts**]

Public Prosecutor: Shanghai Baoshan District People's Procuratorate

Defendant: Wang Kai

Cause of Action: Copyright infringement

Case No.: (2014) YANG-Xing (Z)CZ No. 35

In order gain illegal profits, the Defendant Wang Kai opened five websites, namely, www. pdfez. com, www. normnow. com, www. pdfstd. com, www. buystd. com, www. enstd. com from October of 2010, and uploaded contents of a large number of ISO and IEC national standard documents in categories on these website with prices clearly marked for sales. Among them, there were 28, 086 contents of ISO standard documents and 7, 865 contents of IEC standard documents on www. enstd. com, and there were 20, 084 contents of ISO standard documents on www. buystd.

com. The buyer bought online and made payment to the Paypal account registered or controlled by Wang Kai, and then Wang Kai received payment via the bank account bound with the Paypal account controlled by him. After the payment was done, Wang Kai sent the national standard document to the buyer through email. On September 24, 2013, policemen arrested Wang Kai and seized the involved desktop computer, notebook computer and hard disks. The authentication showed that there were 5,065 ISO standard documents stored in Wang Kai's computer and hard disks, including 4,407 contents of ISO standards the same as those for sales on www.enstd.com and 1,699 standard contents the same as those for sales on www.buystd.com; there were 2,017 IEC standard documents, including 1,370 IEC standard contents the same as those for sales on www.buystd.com.

Shanghai Baoshan District People's Procuratorate alleged: the Defendant sold national standard documents reproduced by him through information network, which constituted the distribution specified in Article 217 of Criminal Law.

The Defendant Wang Kai had no objection to the alleged facts and crime.

The defender of Wang Kai held that: 1. As Wang Kai infringed others' copyright by means of communication through information network, he should be sentenced according to the actually communicated number rather than the stored number; 2. Not all records of income of Wang Kai were from sale of the national standard documents; 3. According to the actually communicated number of Wang Kai, his acts should be determined as "serious circumstance" of the crime, and he should be given lighter punishment as he confessed his crime, showed good attitude towards admission of guilty and was willing to compensate the loss of the right holder.

[**Trial**]

After the trial, the People's Court of Shanghai Yangpu District held that Wang Kai reproduced and distributed the works of copyright owners for profit without their permission, resulting in serious consequences and copyright infringement. Wang Kai truthfully confessed his crime after appearing in court and paid fines in advance thus could be given a lesser punishment according to the law. Hence Wang Kai should be sentenced to three years of imprisonment with a probation of four years and a fine of RMB 180,000; the means of crime as computer and hard disks should be forfeited.

After the first instance, neither the Public Prosecutor nor the Defendant Wang Kai filed an appeal. The judgment has thus taken effect.

[Comments and Analysis]

ISO (International Standardization Organization) and IEC (International Electrotechnical Commission) are two international standard organizations with global impact. The standards formulated by them play great role in improving product manufacturing level and increasing international competitiveness of enterprises and countries. With the increasing of demands for international standard documents, their pirated versions are increasing accordingly. This case is just a case in point.

This case involves works with copyright claimed by international organizations, i. e. ISO and IEC international standard documents. As the Defendant communicates the above works by means of Internet, the key for whether constituting the crime of copyright infringement lies in two aspects: first, whether the ISO and IEC international standard documents are under the protection of Chinese laws; second, whether the acts of the Defendant can be defined as the "reproduction and distribution" specified in Paragraph I, Article 217 of Criminal Law.

Ⅰ. ISO and IEC international standard documents should be under the protection of Chinese laws

ISO and IEC compiled the ISO and IEC international standard documents, and claimed copyright of these documents. They are located in Switzerland, so these ISO and IEC international standard documents are "works of foreigner or stateless person".

With regard to the protection of works of foreigners or those without stateless persons by Chinese law, Article 2. 2 of the Copyright Law of the People's Republic of China provides that "the ownership of copyright of works of foreigners or stateless persons shall be protected by the Law according to the agreement that China reached with the country or habitual residence country of the author or the international treaties which both countries joined". Article 5. 1 of the Berne Convention joined by our country provides that "with respect to a work protected by the Convention, the author shall enjoy the rights of the people of countries given or will be given by their laws other than the origin country of the work as well as the rights particularly authorized by the Convention". Therefore, our country should treat foreigners and locals equally with respect to protection over works. The residence country of ISO and IEC is Switzerland, which is a contracting party of Berne Convention, so their works shall be protected as local works according to Copyright Law of our country.

According to the general rules of Copyright Law of our country, the author enjoys copyright of his work, unless the work itself is not under the protection of the

Copyright Law. ISO and IEC are the compilers of ISO and IEC international standard documents, which include original expression to standards and requirements on product process, etc. and are not under circumstances not applicable to Copyright Law as provided by Article 5 of Copyright Law. Accordingly, the above documents shall be deemed as works specified in the Copyright Law of our country and under the protection of Chinese law. Moreover, according to the relevant policies introduced by the State Council on strengthening protection over copyright of international standard documents, it's also appropriate to determine the copyright of international standard documents as under the protection of Chinese law.

Ⅱ. Whether the acts of the Defendant can be defined as the unauthorized "reproduction and distribution" specified in Paragraph Ⅰ, Article 217 of *Criminal Law*

1. The meaning of "reproduction and distribution" specified in Paragraph Ⅰ, Article 217 of Criminal Law

In Paragraph Ⅰ, Article 217 of Criminal Law, the expression for copyright infringement is "reproducing and distributing" works of various kinds. While Article 10 of Copyright Law provides that the right of reproduction is the right to produce one or more copies of a work by printing, photocopying, lithographing, making a sound recording or video recording, duplicating a recording, or duplicating a photographic work, or by other means; the right of distribution is the right to provide the original copy or reproductions of a work to the public by selling or donating. These two rights are only one aspect of copyright. If interpreting the "reproduction and distribution" specified in Paragraph Ⅰ, Article 217 of Criminal Law only as the right of reproduction and right of distribution, the application scope of the crime will be greatly narrowed. In this regard, Article 2.1 and 2.2 of the Interpretation II of the Supreme People's Court and the Supreme People's Procuratorate of the Issues concerning the Specific Application of Law in Handling Criminal Cases of Infringement of Intellectual Property Rights (hereinafter referred to as Interpretation (II)) stipulates that the reproduction and distribution in the copyright infringement stipulated by Article 217 of the Criminal Law of the PRC includes reproduction, distribution and committing both simultaneously. Marketing the infringing products through advertisement, subscription, etc., by the holder of the infringing products constitutes the "distribution" specified in Article 217 of Criminal Law. Article 12 of Opinions on Several Issues concerning the Application of Law in Handling Intellectual Property Right Infringement Criminal Cases (hereinafter referred to as Opinions) provides that "Distribution" includes activities such as general distribution, wholesale, retail, dissemination through information networks as well as rental, exhibition selling, etc. The above two regulations show that the "reproduction and distribution" in Criminal Law is not the same as the right of reproduction and the right of distribution in Copyright Law. The reproduction and distribution in Criminal Law actually covers various kinds of reproduction, sales, rental, transmission via information network and other unauthorized reproduction and communication of works

2. Determination on the nature of acts of the defendant in this case

The defendant in this case admitted that he was not granted authorization from ISO and IEC, and there are evidences such as the Paypal account information, bank account details and the emails in the mailboxes controlled by the Defendant proving that the Defendant actually sold the ISO and IEC international standard documents. Such acts conform to the illegal "reproduction" (i. e. copy and then send the international standard document via email) and "distribution" (i. e. sell the document) specified in Paragraph I, Article 217 of Criminal Law. The Defendant and his defender had no objection to this, but they held that the Defendant committed the crime by infringing the right of communication through information network of documents stored in the computer and hard disks, which should not be determined as infringement; according to the wording such as "holder of infringing products" and "marketing infringing products" in Article 2. 2 of Interpretation (II), the provision aims at paper infringing products rather than electronic documents. The "distribution" under this provision does not refer to the distribution under the environment of network. Nor Interpretation (II) had provision on transmission through information network. While Opinions had special provisions on transmission through information network, so this case should apply to Article 12 of the Opinions rather than Interpretation (II). Therefore, the Defendant who committed the crime by transmission through information network should be sentenced according to the actually transmitted number rather than the stored number.

The defender, who determines the nature of the acts of the Defender as copyright infringement by means of infringing the right of communication through information network of documents and reaches the conclusion that the illegally "reproduced and distributed" number of the Defendant is only limited to the actually transmitted number, actually held that holding documents by the Defendant is not reproduction and distribution in the sense of Criminal Law. Therefore, whether the Defendant commits the crime by infringing the right of communication through information network, and whether holding international standard documents is "reproduction and distribution" become to the focus of this case.

(1) The Defendant hasn't infringed the copyright of ISO and IEC documents by means of communication through information network

Though the Defender sold the involved works online, not all online sales are communication through information network. Communication through information network is a specific concept. Its meaning can be determined as the right to make a work available to the public by wire or by wireless means, so that people may have access to the work from a place and at a time individually chosen by them according to Paragraph 12, Section 1, Article 10 of Copyright Law and Article 26 of Regulation on Protection of the Right to Communication through Information Network. Such definition does not only require the actor to put the work on the Internet, but also requires the work to be accessed by the public from a place and at a time individually chosen by them. In this case, although the Defendant has the intent to sell international standard documents online, and has put the catalog of the documents to be sold on the website and to be viewed and bought by the public, international standard documents themselves are not put on the website, which means these international standard documents are not actually put on the Internet; seen from the sales mode of the Defendant, the public can view and buy catalog of the standard documents at place and time chosen by themselves, but they do not obtain the standard documents automatically after they click and pay. Instead they receive the documents from the Defendant through emails. Hence, the public actually cannot obtain the international standard documents at their chosen time and place. Therefore, the Defendant has not communicated the involved international standard documents through information network. It's groundless for the Defendant to propose to include the actually sold number into the crime, and not to include the documents stored by the Defendant into the crime.

(2) The Defendant's holding and communication of international standard documents can be determined as the "Distribution" contained in Article 2.2 of Interpretation (II)

The Defendant held that the "Distribution" contained in Article 2.2 of Interpretation (II) aimed at infringing products in written form rather than electronic documents. Interpretation (II) had no provisions on communication through information network, while Article 12 of Opinions had, so Article 2.2 of Interpretation (II) did not apply to this case.

Communication through information network includes communication of electronic documents, but electronic documents can be communicated not only through information network. If release of electronic documents is not communication through information network, provisions on communication through information network of Article 12 of Opinions will not apply, but other provisions on "distribution" may apply.

Article 2.2 of Interpretation (II) provides that marketing the infringing products through advertisement, subscription, etc., by the holder of the infringing products constitutes the "distribution" specified in Article 217 of Criminal Law. This provision means that even if there is no actual sale but only holding of infringing works, if there is marketing, the Criminal Law should still apply. The owner marketed the infringing works held by him through advertisement, subscription, etc., thus constituting the distribution in copyright infringement, because the owner can be deemed as having the intent to communicate the infringing products and has already taken the action of communication, causing hazard to the society that should be held criminally liable. In this case, the Defendant actually held a large number of ISO and IEC international standard documents, uploaded the catalog of these documents on the website opened by him, set such items as categories of international standards, in-site search box, sales ranking, information on discount, indicated introduction and price at each catalog for sale and set a purchase button. Such display of list of catalogs of international standard documents for sale sufficiently shows that he intends to communicate the international standard documents held by it and has taken the action of communication. Such action is in essence advertising (advertisement communicated through online display) or Internet marketing similar to advertising, which is the "distribution" referred to in Article 2.2 of Interpretation (II).

Ⅲ. Application of modesty and restraint principle in this case

The Defendant in this case actually sold international standard documents and took the action of "reproduction and distribution". In addition, the catalogs of over 7,000 documents held by him are the same as those of international standard documents displayed for sale. So the court determines that these documents are "distributed" by him. According to regulations, the number "reproduced and distributed" by the Defendant includes the number of actually sold international standard documents and over than 7,000 documents "distributed" by him. However, in this case, there are transaction records on the sold infringing international standard documents on the website operated by the Defendant, but the records include the transaction details of items other than ISO and IEC international standard documents. And it's impossible to discern the records of ISO and IEC international standard documents from these transaction records, or to verify the number of documents actually sold by the Defendant. Therefore, based on the realities and the modesty and constraint principle, the court hasn't included the actually sold number into the number illegally "reproduced and distributed" by the Defendant, thus only over 7,000 documents "distributed" by the Defendant are determined. As the number has exceeded the 2,500 specified in Article 1 of Interpretation (II), constituting "other serious circumstances", the Defendant will be given the sentenced punishment.

(Written by: Chen Manli Zhang Cheng)

Judicial Recognition of Copyright Infringement in Provision of Network Services

—Case of Copyright Infringement Committed by Zhang Junxiong

[**Summary**]

Case of copyright infringement committed by Zhang Junxiong is the first case of copyright infringement by provision of network service that enters criminal proceedings. Provision of network service rather than provision of works conforms to substantial elements of communication through information network, belonging to "communicating others' works to the public through information network" of "distribution" in judicial interpretation of criminal law. Where the fact that the direct providers of works "has not obtained permission from the copyright owner" is established, and the network service provider has known the infringement, the network service provider shall be convicted of and punished as copyright infringement.

[**Facts**]

Public Prosecutor: People's Procuratorate of Shanghai Jing'an District

Defendant: Zhang Junxiong

Cause of Action: Copyright Infringement

Case No.: (2013) PX (Z)CZ No. 11

At the end of 2009, the Defendant Zhang Junxiong applied for registration of website domain name, and opened the website www. 1000ys. cc (the name of the website is 1000ys). With server rented at Shaoxing, Jiaxing, he installed relevant software and completed the connection of the website and the server. After that, the Defendant Zhang Junxiong, without permission from the copyright owner, managed the background through www. 1000ys. cc, linked to Hacow to obtain seed files and index addresses of films and TV programs, and provided network services to users by forcing them to use QVOD Players to watch films and TV programs on www. 1000ys.

cc. In order to raise the awareness of the website and the click rate of the linked films and TV programs, the Defendant Zhang Junxiong recommended films and TV programs to users by setting catalogs, indexes, introduction to contents, rankings, etc. on www. 1000ys. cc. In February 2010, the Defendant Zhang Junxiong joined the "Baidu Advertisement Alliance", which published advertisements of various kinds on www. 1000ys. cc, to gain profits from the advertisements. It is authenticated that among the films and TV programs linked by www. 1000ys. cc, 941 are the same as those with copyrights certified by copyright authorities from China, US, Korea and Japan, etc.

On September 5, 2012, the Defendant Zhang Junxiong was arrested by the police in Meizhou, Guangdong.

The Public Prosecutor alleged: the Defendant Zhang Junxiong reproduced and distributed more than 900 literary works (communicate to the public through information network) for profit without the permission of the copyright owner, resulting in serious consequences. Based on these grounds, he should be prosecuted for criminal liability on the charge of copyright infringement.

The Defendant Zhang Junxiong had no objection to the copyright infringement alleged in the indictment and determination of nature of the crime .

The defender of Zhang Junxiong argued: the facts in this case were not clear with insufficient evidence. The Defendant Zhang Junxiong only provided network service instead of providing the works directly. There was no explicit provision stipulating that provision of network service constituted copyright infringement in the current Criminal Law or relevant regulations. According to the principle of a legally prescribed punishment for a specific crime, the acts of the Defendant Zhang Junxiong didn't constitute a crime. In addition, the linked Hacao was not a website that directly uploaded works, and the technology used for www. 1000ys. cc was P2P. That there was no video record for detention of the involved computer, server and hard disk, authentication process, comparison of works and valid test of linkage, etc. did not meet legal requirements.

[**Trial**]

After trial, Shanghai Putuo District People's Court held:

Ⅰ. Facts about ownership of the involved films and television programs and valid linkage

The defender proposed that there was no video record for digital evidence collection, comparison of works and valid test of linkage, etc., but defective normative evidence was not excluded as illegal evidence by *Chinese Criminal Procedure Law*. In this case, the Public Procurator supplemented evidence by applying for inviting investigators and appraisers to appear in the court as witness and providing supplementary explanations issued by copyright certification authority and right owners, verified that the investigators had visited www. 1000ys. cc, watched the films, contacted a copyright administration authority to submit the films to national copyright certification authority with the contact information of the right owner at the film titles and had the right owners check the works and copyright certification; the right owners visually inspected and compared the contents, and issued copyright certificates according to the comparison results; the appraisals completed the verification of the valid links at court; the Defendant Zhang Junxiong confessed and verified that the involved website www. 1000ys. cc could allow users to watch the films. All these evidence formed an evidence chain and confirmed each other. Therefore, the court could ascertain the copyright of the films and TV programs belong to the right owners, and the fact that www. 1000ys. cc provided valid links for users to watch the involved works.

Ⅱ. Technical facts involving provision of network service by the Defendant Zhang Junhui

According to the evidences for the facts of crime of the Defendant Zhang Junxiong alleged by the Public Procurator, both www. 1000ys. cc and the linked Hacow used QVOD to play films and TV programs. The expert witness applied by the defender held that the addresses on the Hacow were indeed the index addresses of the seed files of films under P2P technology, but Hacow was not the absolute address that directly uploaded films and TV programs. Based on the technological fact that transmission of works with P2P technology had been widely known in the field of Internet, the defender's opinion that Hacow was not a website that directly uploaded works and the Defendant Zhang Junxiong transmitted film and TV programs on www. 1000ys. cc with P2P technology was adoptable.

III. What the Defendant Zhang Junxiong has done is provision of network service, rather than direct provision of works; and whether such act has constituted the crime of copyright infringement.

According to the Criminal Law of PRC and relevant regulations, distribution of more than five hundred works of others in total (communicate to the public through information network) for making profits without permission of the copyright owner constitutes the crime of copyright infringement. In this case, analysis is made as follows in such aspects as purpose, nature, subjective conditions and circumstances of Zhang Junxiong's acts:

1. The purpose for the Defendant Zhang Junxiong to build www.1000ys.cc. The Defendant Zhang Junxiong learnt from an Internet forum that profits could be made by collecting resources of pirated films and opening website, and then joined "Baidu Advertisement Alliance" immediately after the website was built to make profits by putting up advertisement. So he had the subjective intent of making profits.

2. The nature of the acts of the Defendant Zhang Junxiong. Nothing in the server or disk detained by the organ of investigation showed that there were involved films or TV programs on the rented server, so the Defendant Zhang Junxiong was not the direct provider of works, and he completed the transmission of the involved film and TV programs on the Internet by managing the background of www.1000ys.cc, linking to Hacow to obtain the index addresses of the seed files of the films and TV programs, and forcing users to watch the films and TV programs with QVOD Player. The provision of the above-said network service by the Defendant Zhang Junxiong, which enabled the public to obtain works via www.1000ys.cc at individually chosen time and place, conforms to substantive elements of transmission through information network, thus constituting transmission through information network and according with nature of the "distribution" in the crime of copyright infringement (transmitting to the public through information network).

3. Subjective state of the Defendant Zhang Junxiong Firstly, with the P2P technology, based on the obtained evidences in this case, it was hard to determine the direct provider of the works who made the works into "seeds" and uploaded to the Internet, but we could tell from the operation mode and authorization form of the right owner of the films and television programs (gaining profits by granting permission of works) that according to the characteristics of P2P technology, it was impossible for the right owner to allow its films and TV programs to be made into "seeds" (i.e. P2P technology) and transmit the "seeds" online free of charge. Therefore, it was ascertained that the provider of the works who made the works into "seeds" and uploaded to the Internet "without permission of the copyright owner". Secondly, the Defendant Zhang Junxiong knew well that providing and allowing users to watch the films and television programs on www.1000ys.cc infringe rights. The facts and reasons were as follows: first, he obtained information and operation technique for collecting resources of pirated films and building website for making profits from

Internet forum, linked to Hacow, collected resources of films, and recommended films by setting catalog, index, introduction of content and rankings; second, the works on the www. 1000ys. cc are films and TV series. Authorized video sharing websites were publicly known information in the industry, but Hacow was not among them; third, the website opened by the Defendant Zhang Junxiong was a video sharing website for making profit. But it was an illegal website for having not obtained relevant administrative licensing. The Defendant Zhang Junxiong as the operator of the video sharing website hadn't obtained authorization from relevant right owner, and was impossible to obtain legal authorization from relevant right owners of the works due to the illegality of the website. To sum up, the Defendant Zhang Junxiong and those who made the works into "seeds" had the subjective intent to transmit films and TV programs onlinc without "pcrmission from copyright owners".

4. The circumstances of the crime of the Defendant Zhang Junxiong. According to the evidences provided by the public prosecutor, sampling by investigation organ, visual inspection and comparison of works by relevant right owners and effective link test by identification agency, Zhang Junxiong had disseminated 941 films and TV programs to the public through information network, having constituted copyright infringement.

To summarize, the Defendant Zhang Junxiong had distributed 941 films and TV programs (disseminated to the public through information network) for profit without their permission, resulting in serious consequences. His acts had constituted copyright infringement, thus should be given punishment according to law. The crime charged by the Public Prosecutor against the Defendant Zhang Junxiong was thus established. The Defendant Zhang Junxiong truthfully confessed his crime after appearing in court and thus could be given a lesser punishment according to the law. As the Defendant Zhang Junxiong observed disciplines and complied with the laws during the bail period, he should be given probation for testing him. Based on these grounds, in accordance with Article 217. (1), the third paragraph of Article 67, the first and third paragraph of Article 72, the second and third paragraph of Article 73, Article 53 and Article 64 of the Criminal Law of the People's Republic of China, and the first and third paragraph of Article 11 of the Interpretation of the Supreme People's Court and the Supreme People's Procuratorate of the Issues concerning the Specific Application of Law in Handling Criminal Cases of Infringement of Intellectual Property Rights, the court ruled that: 1. the Defendant Zhang Jun was convicted of copyright infringement, sentenced to one year and three months of imprisonment, suspended for one year and three months and fined RMB 30,000 Yuan; 2. the illegal gains shall be confiscated; 3. the detained tools for criminal purpose shall be confiscated according to law.

After the first instance, Zhang Junxiong did not file an appeal and the Public Prosecutor did not file a counter appeal either. The judgment has thus taken effect.

[Comments and Analysis]

The Defendant Zhang Junxiong is the Internet service provider that provides P2P service, rather than the direct provider of films and TV programs. So in the theory of intellectual property infringement, it may only constitute indirect infringement. At present, the focus of dispute in judicial practice and theory lies in: whether indirect infringement that offers help rather than provide works in infringement upon right to network communication constitutes criminal offense to be regulated by criminal law, that is, whether "disseminate to the public through information network" in judicial interpretation includes provision of network service or only refers to direct provision of works; if provision of network service can be added to crimes under the current framework of law, what is the path to identify it as a crime? Should he be held to be a principal offender or accessory in the accessory theory; if provision of network service is criminalized as principal offender, how to apply the standard for examining and determining the constitutive elements of the crime of "without permission from the copyright owner" and how to consider the connection between civil and criminal law. The analysis of the new modus operandi, criminalization path and standards for examining and determining elements are the difficult points of hearing this case.

Ⅰ. Analysis on the nature of defendant's behavior

According to Article 217 of Criminal Law, reproduction and distribution of other's works without permission from the copyright owner should be given punishment as the crime of copyright infringement. Article 11 of Interpretation of the Supreme People's Court and the Supreme People's Procuratorate of the Issues concerning the Specific Application of Law in Handling Criminal Cases of Infringement of Intellectual Property Rights stipulates that the dissemination of others' works through information network shall be regarded as "duplication and distribution" in Article 217 of the Criminal Law of the PRC. As there is no explicit definition on "dissemination through information network" is what kind of behavior in the judicial interpretation, disputes exist in theoretical research and juridical practice.

Some believe that according to the concept of "dissemination through information network" in copyright law dissemination of works without permission of right owners is typical case of infringing the right to network dissemination, but provision of network service is just disseminating infringing works that have already existed on the network by providing network service, which only constitutes indirect infringement and requires bearing tortuous liability when the doer "has known or should have known" the direct infringement. Under such circumstance, based on the modesty and restraint principle of criminal law, the "dissemination to the public through information network" in judicial interpretation should be limited to direct provision of works, thus it's inappropriate to incorporate provision of network service, which only may constitute indirect infringement in civil law, into the category of criminal punishment.

After trial, the Court holds that if giving punishment by upgrading tort to be regulated by criminal law, determining whether to regulate the behavior by criminal law should be based on its damage to social and economic order and private rights. Therefore, criminal culpability of provision of service through network should consider the influence of such factors as cost of breaking the law, damages, and balance with freedom of information, so as to determine the value orientation of justice, rather than making uniform interpretation by excluding of all indirect infringement. Copyright Law defines the right to disseminate through information network from the perspective of positive function, while dissemination through information network is a kind of objective process and state of dissemination. The two cannot replace each other and are not equal, that is, the definition of dissemination through information network cannot be simply obtained from the definition of right to disseminate through information network. Provision of works is the core behavior or the starting link of dissemination through information network, but provision of network service is also an important link in network communication. The rise and development of information network is brought by information network technologies, and providers of information network services are important subjects of the world of information network. Hence excluding provision of network service from dissemination through information network conforms to neither legal actualities nor actualities of dissemination through information network. If from the perspectives of both positive and negative rights, it's definitely all right to define "the right to disseminate through information network" as the right to "disseminate works to the public through information network", which includes both exclusive right and right to exclude. Essentially, the right to exclude is also the right to exclude others from arbitrary dissemination. Correspondingly, dissemination through information network also includes both provision of works and provision of network services. In the perspective of principle of necessity and punishability of criminal law, with existing network technology, network service providers often commit infringement more concentratedly and continuously at lower cost. In terms of means of infringement, provision of network service is more epidemic and its social harmfulness is no less than uploading of scattered direct work providers. From subjective analysis, those using and communicating others' infringing works for their own profits, the network service providers have the criminal intent equivalent to "direct provision". Take this case as an example, although the Defendant is only the network service provider, it obtained information and technology for "making profits by collecting resources of pirated films and building website", "gathered" a large number of infringing works on the website built by him, and recommend to the users by providing catalogs, index, introduction and ranks. All these acts are equivalent to direct uploading works to the extent of criminal law valuation.

To summarize, to define dissemination through information network with the definition of right to disseminate through information network is misinterpretation of law. The denotation of "dissemination through information network" in the judicial interpretation of Supreme People's Procuratorate and Supreme People's Court should be larger than those acts under the control of right to disseminate through information network. Although provision of network service does not involve direct provision of works and is not a typical act violating the right to disseminate through information network, but only further disseminating the works that have already existed on the Internet through networks such as P2P and deep links, the results of such act have already allowed the public view and watch the works on the website built by the network service provider at individually chosen time and place. The nature of the act conforms to the substantive elements of dissemination through information network, thus belonging to dissemination through information network. Therefore, as long as conforming to other constitutive elements of copyright infringement, the provision of network service may be incriminated based on the act itself and get punished by applying copyright infringement in Article 217 of Criminal Law provided that "dissemination through network" has been deemed as "distribution and reproduction" in relevant judicial interpretation of criminal law. To make it clear further, "duplication and distribution" in the copyright infringement includes duplication, distribution or both duplication and distribution. In combination with the stipulation that "distribution, including dissemination through information network..." in Article

12 of the Opinions of the Supreme People's Court, the Supreme People's Procuratorate and the Ministry of Public Security on Several Issues concerning the Application of Law in Handling Intellectual Property Right Infringement Criminal Cases of 2011, provision of network services belongs to "distribution" in copyright infringement (disseminate to the public through information network).

Ⅱ. Choosing the path for criminalizing provision of network service as copyright infringement

Under the current legal framework, provision of network service may be incriminated, but the specific path choice remains in dispute in the judicial circle.

Some hold that as helping-type indirect tort in the tort theory is constituted on the premise of the existence of direct infringement, correspondingly, the criminalization of provision of network service shall adopt the path of complicity, that is, with conviction of copyright infringement by the direct provider of works as the premise, network service provider becomes the accomplice. The main legislation basis of the view is Article 15 of Opinions on Several Issues concerning the Application of Law in Handling Intellectual Property Right Infringement Criminal Cases jointly issued by the Supreme People's Court, the Supreme People's Procuratorate, and the Ministry of Public Security, which specifies that "Anyone who provides such services as Internet access, server hosting, network storage space, communication transmission path, charge and settlement of fees while knowing other's commitment of intellectual property infringement should be punished as the accomplice of intellectual property infringement." Besides, based on the characteristics of communication through network, in order to resolve the difficulty to determine intention liaison between the direct provider of works and Internet service provider, the academic field also assumes to introduce the theory of one-side accomplice.

The collegiate bench believes that although there is problem with connection of civil and criminal law, we cannot directly graft the concept into criminal law. The circumstance of upgrading helping-type indirect tort to criminal offense was not equivalent to accessory in joint offense in criminal law. According to Article 15 of the*Opinions on* Several Issues concerning the Application of Law in Handling Intellectual Property Right Infringement Criminal Cases jointly issued by the Supreme People's Court, the Supreme People's Procuratorate and the Ministry of Public Security, "accomplice" refers to the circumstance that the network service provider offers assistance for other's ongoing intellectual property infringement, but the provision of network service involved in this case does not belong to such circumstance. The criminal law identifies the acts themselves. In this case, the "assistance" offered by the defendant means the provision of network service assisted to broaden the scope of communication after direct providers of works uploaded the works. Such assistance is not the assistance in criminal law. Moreover, if identifying such type of provision of network service with the accessory in accomplice theory, the direct provider of works may not be criminalized as the number of works and amount of illegal gains is not big enough for criminalization. Accordingly, it's not appropriate to apply the complicity theory in criminal law to identify such type of provision of network service. In conclusion, under the condition that "dissemination through network" is deemed as "reproduction and distribution" in current judicial interpretation, the court may criminalize in light of the acts themselves, namely, the principal offender of the copyright infringement. Provision of network service may be criminalized as one of the crimes of copyright infringement if (taking the circumstance that "the number of others' work communicated totals more than five hundred" as example): first, the network service provider helps one direct provider of works communicate more than five hundred pieces of works; second, the network service providers helps several direct providers of works communicate more than five hundred pieces of works; third, the network service provider also provides works directly, and the works communicated by him by the two communication means are respectively less than five hundred pieces, but totally more than five hundred pieces.

III. Standards for examining and determining constitutive elements of the crime

While recognizing the general direction that "the network service provider may be criminalized as principal", some still believe that there is no need to discriminate direct provision of works and provision through network service, and the two are the same when judging such elements as "without permission from the copyright owner". In this regard, the collegiate bench believes that the connection between civil and criminal law is unavoidable, and civil and criminal law should keep consistency in determination of constituting infringement or offense by provision of network service. Therefore, with regard to fact-finding, we should discriminate different dissemination through information network, so as to apply the examination and determination standards prudently and rigorously when judging whether different dissemination through information network conforms to the element of "without permission from copyright owner". With respect to provision of network service, on one hand, in civil law network service provider who has the subjective fault of "having knowing or should have known" the direct infringement shall be deemed as having committed indirect infringement, on the other hand, provision of network service shall obey the law and rule of criminal judicature. The collegiate bench believes that this rule and law is mainly represented by: firstly, due to the complexity of network technology, under specific technological mode, such as P2P, provision of network service points to scattered and populous direct infringers. The infringement of scattered and populous direct providers of works shall not be determined as "having been known" by network service provider. The "having known" of network service provider shall point to having knowing the infringing nature of the communicated works; secondly, in terms of subjective elements, the defendant convicted of copyright infringement shall have the intent to do so "without permission from the copyright owner". So, if the network service provider has committed criminal offense, his subjective mode should be limited to "having known" instead of "should have known". In terms of this case, we should examine the element of "without permission of the copyright owner" in two steps: firstly, whether the direct provider of works who firstly uploads the works to the Internet has obtained authorization from rights owners of the works; secondly, whether the Defendant in this case has known infringing nature of the films and TV shows communicated by him.

(Written by: Zhang Jialu)

VII.

Administrative Cases over Intellectual Property

Review of Reasonableness of Extent of Administrative Punishment

—Case of Haorun Catering (Shanghai) Co., Ltd.'s Dissatisfaction with the Administrative Punishment

[**Summary**]

In administrative proceedings, rather than confined to the claim of the plaintiff, we should examine the authority basis of the defendant, the facts and evidence determined, the procedures of law enforcement and applicable laws. For cases of administrative punishment, we should examine the consistency, coherency and appropriateness of administrative punishment from such aspects as motivation, means and results of law enforcement, so as to decide whether the administrative punishment is unfair or obviously improper.

[**Facts**]

Plaintiff: Haorun Catering (Shanghai) Co., Ltd.

Defendant: Huangpu Branch of Shanghai Administration for Industry and Commerce

Cause of Action: Dispute arising from dissatisfaction within administrative punishment

Case No. at First Instance: (2014) HPXCZ No. 147

Case No. at Second Instance: (2014) HEZXZZ No. 380

Plaintiff Haorun Catering (Shanghai) Co., Ltd. (hereinafter referred to as Haorun Catering) was founded on Feb. 17, 2013. Its business scope covers baking and sale of bread, etc. In November 2012, an outsider Xu Xunping applied to Trademark Office to register the trademark "胖達人手感烘焙 TOP POT BAKERY" in Class 30 and Class 43, but got rejected. Later, Xu Xunping authorized the Defendant to use the trademark.

Since March 2013, the Defendant has been selling breads in the store located at the ground floor of No. 353, Central Fujian Road, Huangpu District, Shanghai

On Aug. 26, 2013, when the staff Huangpu Branch of Shanghai Administration for Industry and Commerce (hereinafter referred to as SHAIC Huangpu Branch) was checking the store of Haorun Catering, they found the identification "TOP POT BAKERY®" in the advertisement in the store, and "TOP POT BAKERY®" on the plastic bags of bread. SHAIC Huangpu Branch held that Haorun Catering was suspected of violating Paragraph 1 of Article 48 of Trademark Law of PRC by using counterfeit trademark, and the total turnover of RMB 9,715,935.20 from Mar. 3, 2013 to Aug. 27 was all from selling breads, and all the plastic bags used for the breads sold were marked "TOP POT BAKERY®". However, making the four A4 pages of record of question by SHAIC Huangpu Branch to the witness Zhou Xiaoli only cost ten minutes, and there were similar template expressions in several copies of records of question. On Dec. 6, 2013, SHAIC Huangpu Branch decided to give an administrative punishment (HGSHACZ〔2013〕No. 010201310948) to Haorun Catering which ordered Haorun Catering to correct the behavior of using trademark falsely represented as registered within fifteen days upon Haorun Catering's receipt of the written decision of administrative punishment, and imposed a fine of RMB 485,796.70. In the decision of administrative punishment, the trademark used by Haorun Catering was "TOPPOTBAKERY®", rather than the actually used "TOP POT BAKERY®". On Mar. 3, 2014, Shanghai Administration for Industry and Commerce reconsidered and upheld the decision of administrative punishment.

The Plaintiff Haorun alleged that: The Defendant determined that the operation of the Defendant is counterfeiting registered trademark, thus imposing the Plaintiff a fine of RMB 485,796.70. The Plaintiff had no objection to the authority basis and application of laws of the punishment decision, but administrative law enforcement should also conform to the principle of justice, fairness and combination of punishment and education. The administrative decision was made after its parent company Top Pot Bakery in Taiwan was investigated and punished by competent authority in Taiwan due to concealment of the fact of addition of essence. The Defendant deliberately enforced the law selectively against the Plaintiff, violating the principle of fairness and justice. However, making the four A4 pages of record of question to the witness Zhou Xiaoli only cost ten minutes, and there were similar template expressions in several copies of records of question, which was not true record of the inquiry. The trademark "TOP POT BAKERY" was founded by an outsider, and was applying for trademark registration. The Plaintiff had been running business in good faith. Its offense was resulted from lack of legal acknowledge. In addition, it had no evil intention to infringe other's trademark, and had not caused great harm to the society. So the purpose of law enforcement would be achieved only by ordering the Plaintiff to correct. Above all, we request the court to change the decision of administrative punishment to the Defendant in accordance with law.

SHAIC Huangpu Branch argued that it had the function and power to give the sued administrative punishment, enforced the law through due process, clearly ascertained facts, and applied law correctly. According to law, the Plaintiff should be imposed of a fine of less than 20% of its illegal turnover. Considering that the Plaintiff made active cooperation and had no subjective maliciousness, the Defendant had given lighter punishment within reasonable punishment extent. Accordingly, the Defendant requested the court to uphold the sued decision of administrative punishment.

[**Trial**]

After the trial, Shanghai Huangpu District People's Court held that:

1. The Defendant SHAIC Huangpu Branch had the function and power to investigate and deal with the illegal act of the Defendant. As to the claim of the Defendant Haorun that the sued decision of administrative punishment was given by the Defendant against the Plaintiff selectively, the Court held that the Defendant, as a competent administrative organ, had the power to make investigation and crack down upon illegal acts to safeguard public interests, and had the duty do to so to supervise and manage market order, hence, the relevant cause of action of the Defendant Haorun was untenable.

2. The Defendant SHAIC Huangpu Branch, after finding the illegal operation of the Plaintiff, filed the case, made investigation, gave the notice before making the decision of administrative punishment, gave the Plaintiff the right to make statement, defend for themselves and participate in the hearing, and made the decision of administrative punishment within legal time limit. Such administrative process was not inappropriate.

3. With regard to the fact of offense ascertained by SHAIC Huangpu Branch. The records of inquiry made to the staff of Haorun, income statement provided by Haorun to SHAIC Huangpu Branch and such evidences as records made on the scene and photos could prove that Haorun used "TOP POT BAKERY" with "®" marked on its

upper right corner on the advertisement in the shop and plastic bags of bread from March 3, 2013 to August 27, 2013 when "TOP POT BAKERY" hadn't yet been approved by trademark office as registered trademark, and that the illegal turnover in this period was RMB 9,715,935.2. So the decision of administrative punishment made by SHAIC Huangpu Branch was based on ascertained and clear facts and complete evidence. With regard to Haorun's allege that there were similar template expressions in several copies of records of question, and the truthfulness of the record of question of witness Zhou Xiaoli was in doubt and should not be identified as the basis for offense as making the four A4 pages of record only cost ten minutes, the Court held that there were defects in record-making, but the Plaintiff failed to provide any evidence to demonstrate that the records were not expression of true intention while it was fully able to obtain counter-evidence to support its opinion as most of those interrogated were the employees or affiliates of the Plaintiff.

4. Haorun's marking of "®" on the upper right corner of "TOP POT BAKERY", which had not been approved by the trademark office as registered trademark, violated the rule for using the registered trademark symbol "®" as provided in Article 37 of Regulation on the Implementation of the Trademark Law, and constitute counterfeiting registered trademark. SHAIC Huangpu Branch punished Haorun's offense pursuant to Paragraph I, Article 48 of Trademark Law and Paragraph I, Article 42 of Regulation on the Implementation of the Trademark Law, thus laws had been applied correctly.

5. With regard to whether the sued administrative punishment is given within reasonable extent, the Court held that whether the administrative punishment was reasonable depended on whether the extent of punishment corresponded to subjective fault, circumstance of the offense and hazards to the society. The use of registered mark by the Plaintiff Haorun showed obvious subjective malice. Such behavior obscured the boundary between registered and unregistered mark, which not only misled consumers, but also disturbed the order of trademark management of the country, causing harm to the seriousness and authoritativeness of trademark registration and hazards to the society. According to Paragraph I, Article 42 of Regulation on the Implementation of the Trademark Law, the Plaintiff, whose illegal turnover was RMB 9,715,935.20, should be imposed of a fine of less than 20% of the illegal turnover. So the fine of around 5% of the illegal turnover imposed by SHAIC Huangpu Branch was neither too high nor too low.

To sum up, the appeal of Haorun to change the decision of administrative punishment lacked factual and legal basis and was dismissed according to law. In accordance with Article 56. (4) of the Supreme People Court's Interpretation on Several Issues concerning the Implementation of the Administrative Procedure Law of the People's Republic of China, the court ruled that the appeal made by Haorun Catering (Shanghai) Co., Ltd. shall be dismissed.

After the first instance, the Plaintiff Haorun, not satisfied with the ruling, lodged an appeal to Shanghai No. 2 Intermediate People's Court. the court of the second instance dismissed the appeal and affirmed the original judgment.

[Comments and Analysis]

1. This is the first administrative case accepted by No. 3 Civil Tribunal of Shanghai Huangpu District People's Court since the three-in-one trial mode was adopted for intellectual property cases. The judge of administrative tribunal was invited to join the collegiate bench. when the case was tried, the brand "Top Pot Bakery" was exposed for adding artificial flavors and publishing false advertisement, which became hot news. The judicial review to the sued administrative punishment in this case achieved good legal and social results.

2. Whether the sued administrative punishment is evidently unfair. Evident injustice of administrative punishment means the administrative body gives punishment within its discretionary power and not in violation of laws or regulations in form, but in fact against the spirit of law as the punishment is too light or too severe, which cause damage to the society or individual interest. In order to decide whether an administrative punishment is evidently unfair, the reasonableness of the administrative punishment should be examined. Examination of reasonableness requires administrative body or law enforcement officer to rule out the influence of all kinds of irrelevant factors in giving administrative punishment to make the administrative punishment not only conform to laws in form (including substantive law and procedural law), but also conform to the principle of reasonableness in respect of law enforcement motive, means and results, etc., so as to achieve overall consistency of administrative punishment and appropriateness in individual cases. We should note that the extent of judicial intervention of administrative discretion is limited, that the court only can change when the discretionary behavior is obviously unreasonable and deviates from the inner requirements of law and losses legitimacy in essence. If the administrative punishment is slightly lighter or severer, the court usually doesn't convene for fear of violating the discretionary power of administrative organ.

In this case, the Plaintiff Haorun as the operator has been trying to obtain the right to use the registered trademark, and is applying for registration of a series of relevant trademarks since its establishment. From this we can tell that the Plaintiff knows well the significance of trademark registration to an enterprise. Under such circumstance, it's groundless for the Plaintiff to argue that it doesn't know the legal meaning of the registered trademark symbol "®", which is known by ordinary consumers. Thus it's obvious that the Plaintiff arbitrarily used the registered trademark symbol with subjective malice. In addition, registration of trademark has positive significance for creating a healthy market environment. First, whether the trademark is registered affects the trust of ordinary consumers to specific commodities and guides their purchase. Second, the scope of rights protection differs for registered and unregistered trademarks. Only right owners of approved registered trademark can enjoy the exclusive right to use trademark. Therefore, standard use of trademark symbol not only concerns protection of the private rights of consumers and other operators in the same industry, but also is the cornerstone for safeguarding the public order of trademark management in our country. The Plaintiff Haorun's arbitrary use of registered trademark symbol obscured the boundary between registered and unregistered mark, which not only misled consumers, but also disturbed the order of trademark management of the country, causing harm to the seriousness and authoritativeness of trademark registration and hazards to the society.

According to Paragraph I, Article 42 of Regulation on the Implementation of the Trademark Law, the Plaintiff, whose illegal turnover was RMB 9, 715, 935. 2, should be imposed of a fine of less than 20% of the illegal turnover. SHAIC Huangpu Branch, having considered the active cooperation of the Plaintiff in investigation and other circumstances, imposed a fine of 5% of the illegal turnover. So the punishment, neither to severe nor too light, is not evidently unfair. It also should be noted that in Article 52 of Regulation on the Implementation of the Trademark Law the amount of fine for infringing other's exclusive right to use trademark tripled the illegal turnover. It is thus clear that relevant regulations have clearly differentiated counterfeiting registered trademark from infringing other's exclusive right to use trademark, and have given lighter administrative punishment to the former. Thus the Plaintiff's opinion that it didn't infringe other's trademark, the Defendant SHAIC Huangpu Branch only needs to order it to rectify instead of imposing a hefty fine was not established.

3. Adopting the judgment form of dismissing the Plaintiff's claim. In Administrative Procedure Law of PRC, there are only four forms of judgment, namely, upholding

the judgment, revoking the judgment, performing within a certain period of time and change the sued administrative act, without dismissing the claim of the Plaintiff. In accordance with Article 56 of the Supreme People Court's Interpretation on Several Issues concerning the Implementation of the Administrative Procedure Law of the People's Republic of China, the judgment of dismissing the plaintiff's claims should be given when: (1) the reasons for suing the defendant's inaction is groundless; (2) the sued administrative act is legitimate but lacks reasonableness; (3) the sued administrative act is legitimate, but needs to be changed or revoked due to change of laws or policies; (4) other circumstances under which the claim should be dismissed. In this case, the first three circumstances do not exist, so the court dismissed the plaintiff's claim by applying the forth circumstance based on the following grounds:

First, one of the conditions for upholding the judgment on specific administrative acts sued is that the conclusion of facts must be conclusive, and the court can make judgment to revoke the specific administrative acts only when the main evidence is not adequate. However, the meaning of conclusive evidence and having main evidence is different whether literally or substantively. Conclusive evidence means the factual basis for implementing specific administrative acts is definite and reliable; having main evidence means the administrative organ has evidence, which certainly must be true, to prove the conclusion of facts made by it. The two different regulations on fact examination of administrative procedure law often cause difficulties in application of laws in practice. If different standards are adopted for determining legality and illegality, it would be difficult to determine the nature of behaviors. In this case, whether the evidence that making the four A4 pages of record of question by SHAIC Huangpu Branch to the witness Zhou Xiaoli only cost ten minutes, and there were similar template expressions in several copies of records of question is conclusive is in doubt. In addition, the Defendant has enough evidence to support that the sued decision of administrative punishment does not belong to the situation that the judgment should be canceled due to "lack of main evidences" as provided by law.

Secondly, the essential results of dismissing the appeal is basically the same as upholding the judgment, but upholding the judgment may prejudice the relief for the Plaintiff that may arise in the future. Once the sued administrative punishment is upheld by the judicial department with final and binding force, administrative organs should not make any change. This means if the Defendant wants to change the sued decision of administrative punishment when new evidence shows up in the future, it will cause conflict with judgment of the court in force. This contradicts with the original intention to create administrative litigation system and provide relief to related counterparts. In this case, SHAIC Huangpu Branch mistakenly identified the trademark used by Haorun as "TOPPOTBAKERY® ", having omitted two blank spaces, in the written decision of administrative punishment. As a result, considering the above reasons, the court finally adopted the verdict form of dismissing the appeal of the Plaintiff.

It is worth mentioning that the problem in administrative procedure law also draws attention of legislators. Half a year after the trial of this case, the people's congress changed the verdict form of administrative proceedings by canceling the verdict form of upholding the specific administrative acts sued and adopting the verdict form of dismissing the appeal of the Plaintiff.

(Written by: Wang Weijia)